U0880328

•1月14日，广东省乐器协会在广州召开第六届会员大会暨换届选举大会。

•1月24日至27日，2013 NAMM乐器展览会在美国加州阿纳海姆举办。

•3月5日，《乐海观邮——邮票中的乐器王国》邮票展在国家大剧院隆重开幕。

•3月19日，《钢琴制作工》资考委工作会议在北京召开。

•3月20日，中国乐器协会在京表彰“2012年度中国乐器行业50强”。

•3月20日至22日，中国乐器协会六届五次理事（扩大）会议在北京江西大酒店召开。

•3月21日，珠江钢琴获得首批“广东老字号”称号。

•4月10日至13日，第34届德国法兰克福国际乐器展在德国举办。

•5月1日，第一届雅马哈全国钢琴比赛在北京落幕。

•5月16日至19日，第二届俄罗斯乐器及灯光音响展在莫斯科举办。

•5月21日至22日，中国乐器协会口琴专业委员会五届四次会议在江苏江阴召开。

•5月27日至29日，中国乐器协会电鸣乐器分会2013年厂商联谊会在杭州举办。

•6月7日至10日，第22届中国国际专业音响·灯光·乐器及技术展在北京举行。

•6月10日，“新中国成立以来中国民族乐器改革回顾展演展示活动”在京举办。

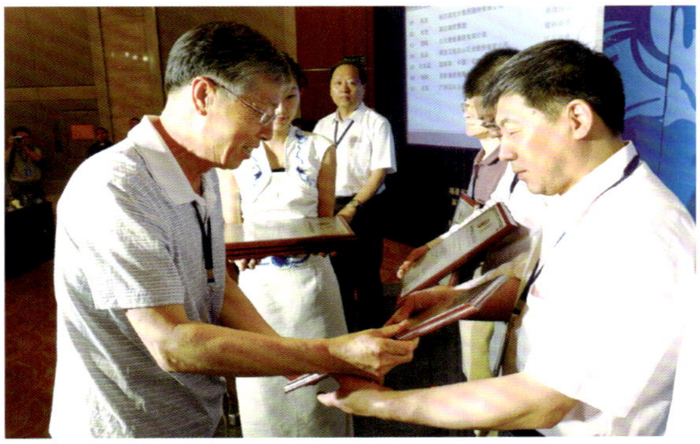

•6月21日，“2012年度中国轻工业乐器行业十强企业”公布。

中国社会组织评估等级证书

中国乐器协会

经评估，你会被评为4A级社会组织，特颁此证。

（有效期：2013 年至 2018 年）

中华人民共和国民政部

•7月，中国乐器协会获得“4A级社会团体”称号。

•7月28日，中国乐器协会专家组在红棉乐器公司进行“全国吉他通用技术研究及专业化应用研发基地”评估认证。

•8月6日，第二届中国（北京）国际提琴及琴弓制作比赛在北京开幕。

•9月21日，第三届宜昌长江钢琴音乐节闭幕。

•10月8日至9日，第18届国际钢琴制造技师调律师年会在杭州召开。

•10月10日至13日，2013中国（上海）国际乐器展在上海新国际博览中心举行。

•10月10日，中国轻工业联合会副会长陶小年一行参观考察上海乐器展。

•10月10日，第七届"NAMM CMIA"行业论坛在上海新国际博览中心举办。

•10月12日，中国乐器协会民族乐器分会五届二次会员代表大会在上海召开。

- 11月11日， 2013珠江·恺撒堡全国青少年钢琴大赛总决赛隆重举行。

- 12月1日，2013年首届“海伦杯”中国钢琴公开赛在上海落下帷幕。

- 12月8日，第六届施坦威全国青少年钢琴比赛落下帷幕。

- 12月13日，中国乐器协会组织复评专家组对“中国提琴产业之都”和“中国提琴产业基地”进行实地复评。

Kayserburg
Kayserburg
恺撒堡
珠江·恺撒堡经典复古系列
大师设计，精心雕琢，细节成就经典。
经典美观的欧式雕花工艺，永不退色的欧洲古典韵味，
恺撒堡经典复古系列以卓越的品质
再现欧罗巴的风姿。
造世界最好的钢琴，做世界最强的乐器企业
广州珠江钢琴集团股份有限公司
Guang Zhou Pearl River Piano Group Co., Ltd.

珠江·恺撒堡经典复古系列

铁板：亮光金葱粉金色铁板，采用传统沙铸铁板工艺，音色纯正。

音板：采用欧洲白松制作的不等厚加强型实木音板，在各种不同的气候条件下均能保持优良的音色，非常符合钢琴共鸣系统的发声规律，产生更加优美琴声和纯正的音质效果。

琴弦：采用德国Roslau的防锈钢线，音色纯净，音准稳定。

弦码：采用弯压结构设计，音频振动响应精确、迅速。

弦轴板：由多层坚硬的色木交错拼接而成，为弦轴钉提供稳固的握钉力，保证了音准稳定性。

弦槌：采用德国原装Renner（雷诺）弦槌，具有优良的弹性和适当的硬度，使音色丰满圆润富于变化。

弱音毡：采用优质羊毛毡制造，制音效果好。

顶杆：采用优质色木制作，运动灵敏，观感典雅。

琴键：采用檀木黑键，手感舒适，观感高雅。

键板：采用欧洲白松制作的实木键板，性能稳定。

踏瓣：采用框架式疏扶档，结构更稳固。

脚轮：采用新型金属双轮脚轮，外形美观高贵，具有转动灵活、推行顺畅、噪声低的特点。

Kayserburg 恺撒堡

珠江·恺撒堡经典复古系列

造世界最好的钢琴，做世界最强的乐器企业

广州珠江钢琴集团股份有限公司

Guang Zhou Pearl River Piano Group Co., Ltd.

转型升级 做复

2012年3月27日，珠江钢琴国家文化产业示范基地破土动工。一期项目包括“增城中高档立式钢琴产业基地项目”。总投资：3.6亿元，建筑面积76195平方米。计划年产4.5万架中高档立式钢琴及中高档钢琴部件。目前，一期项目已基本竣工，中高档立式钢琴生产基地于2013年7月投入使用。

珠江钢琴国家文化产业示范基地鸟瞰效果图

先进的数控钢琴共鸣系统专用设备

中高档钢琴总装配生产线

先进的数控击弦机设备

合型乐器文化强企

——珠江钢琴集团

珠江·恺撒堡助力2014CCTV新年音乐会，享誉海内外的钢琴大师、珠江·恺撒堡钢琴大赛评委会主席——刘诗昆老师激情奏响马年心曲。

珠江钢琴集团与中国艺术教育促进会共同主办国内规格最高、规模最大、最具权威的钢琴赛事之一“珠江·恺撒堡”全国青少年钢琴大赛。培养了一大批优秀钢琴演奏人才和音乐爱好者。

珠江钢琴集团一直支持我国音乐教育事业的改革和发展，连续十多年与教育部共同组织举办“珠江·恺撒堡”全国高校音乐教育专业大学生基本功比赛和全国高校音乐教育专业师生声乐比赛等活动。

珠江·恺撒堡钢琴成为中国音乐金钟奖唯一指定用琴，恺撒堡钢琴品质赢得专业用户一致好评。

敦煌牌

上海民族乐器一厂

上海民

Shanghai No.1 Nati

上海民族乐器一厂创建于1958年，是目前我国规模最大、品
30个省市及香港、台湾地区，并远销日本、美国、加拿大、新加
称号。“敦煌牌”古筝、琵琶、二胡荣获上海名牌称号。企业获
级非物质文化遗产保护单位等荣誉称号。

“敦煌杯”第106届琵琶制作交流现场评

中央民族乐团大型民族乐剧
“敦煌之夜”——《印象·国乐》

中

上海市著名商标
中华老字号
中国非物质文化遗产
上海名牌

族樂器一廠

al Musical Instruments Factory

齐全、技术和综合实力最强的民族乐器制造企业之一。产品销往全国
马来西亚等国家。“敦煌牌”商标荣获上海市著名商标、中华老字号
全国实施用户满意工程先进单位、全国轻工业卓越绩效先进企业、国家

2014第二届“敦煌杯”全国琵琶大赛

“敦煌之夜”
办古筝学会庆典音乐会

亚信上海峰会
民族乐器文化展示

企业网址：http://www.dunhuang-yueqi.com/
敦煌乐器旗舰店网址：http://dunhuang.tmall.com/
敦煌国乐网网址：http://www.dunhuangguoyue.com/

电话：021-54864800　传真：021-54865771
全国统一服务热线：400-1518-400
联系地址：上海市闵行区七宝镇联明路400号

鳳靈集團

各界关怀（部分）

全国人大常委副委员长路甬祥在北京接见李书董事长

全国政协副主席孙家正在北京接见李书董事长

江苏省委书记罗志军详细询问凤灵提琴生产工艺

原省委副书记、省政协主席许仲林来凤灵视察

江苏省委副书记石峰来凤灵视察

江苏省副省长曹卫星莅临凤灵视察指导

中国轻工业联合会会长步正发等领导在凤灵展位视察

省委常委、副省长黄莉新来凤灵视察

荣誉证书（部分）

凤灵提琴，音质感动世界

Legend Violin, Inspires the World by its Timbre

鳳靈集團

企业简介

BRIEF INTRODUCTION TO ENTERPRISE

集团董事长李书是中国提琴协会会长，荣获“全国轻工行业劳动模范”、“全国创业之星”、“全国优秀企业家”、“全国乐器行业优秀人物”、“全国企业信息化优秀领导奖”、“全国道德诚信企业家”、“江苏省优秀民营企业家”。

公司聘请国际著名小提琴制作大师、中央音乐学院教授郑荃为技术总顾问，聘请国际著名小提琴演奏家迈克·嘉玛尼斯和大提琴演奏家沙拉·梅尔为凤灵提琴国际文化大使。

公司秉承“品质让顾客满意，服务让客人感动”的经营理念，以“凤灵提琴，音质感动事业”为品牌夙求，以先进文化发展企业，以产业繁荣促进文化发展，全面推进“科技凤灵、品牌凤灵、文化凤灵”的各项建设，实施全球化、科技化品牌战略，未来的凤灵将更加繁荣、更加辉煌，必将为国家文化产品的科学发展和中国提琴产业的腾飞作出重大贡献。

江苏凤灵乐器集团是专业生产提琴、吉他系列产品的大型企业，有技术人员 500 多人，占地面积 13.8 万平方米；年产各类型号和各种档次的提琴产品 32 万套、90% 以上的产品销往美国、德国、日本、意大利等 86 多个国家和地区。

提琴的生产规模、技术力量、出口创汇均居世界首位，凤灵提琴连续 20 年世界销量第一，达世界提琴总量的 30% 以上。

公司是中国提琴协会会长单位，是国家 9 项提琴行业标准、3 项吉他行业标准的参与起草、编制单位，是国家《提琴制作工》职业技能等级标准及教材的起草编制单位。“凤灵”乐器被认定为“中国驰名商标”、“国家免检产品、“中国著名品牌、“江苏省著名品牌”、“江苏省品牌产品”。企业拥有国家级乐器声学品质检测实验室、国家级特有工种职业技能培训中心、国家级职业技能鉴定站、国家级木材生物改性中试基地、省级乐器材料与技术应用工程研究中心。木材生物改性与光电处理技术为当前国际最先进科技，已获国家发明专利，荣膺国家科技发明二等奖，企业拥有国家文化部科研成果 3 项，拥有国家专利 65 项目。

企业连续多年跻身全球乐器音响制造业 150 强。企业被命名为国家文化产业示范基地、国家工业旅游示范点，荣获全国提琴行业唯一国家文化出口重点企业、国家文化出口重点项目。企业荣获全国卓越绩效先进企业特别奖、全国质量效益型先进企业、全国出口企业双优奖，全国企业信息化先进单位、中国乐器行业 10 强企业、全国企业文化优秀企业。被授予江苏省明星企业、江苏省优秀民营企业、江苏省质量诚信企业、江苏省现代企业制度示范企业、江苏省民营企业就业先进单位、江苏省精神文明建设先进单位、江苏省 AAA 级信用企业、江苏省关爱员工优秀企业等荣誉称号。

凤灵提琴，音质感动世界

Legend Violin, Inspires the World by its Timbre

HAILUN PIANOS
中国·海伦钢琴

MMR
MUSICAL MERCHANDISE REVIEW
国际乐器评选

第20届、第21届经销商选择奖
年度声学钢琴大奖
Acoustic Piano Line Of The Year
Annual Dealers' Choice Awards

在第20届MMR北美国际乐器公开评选中，海伦H-5P立式钢琴（北美市场型号名称为HU 5P）以其精致做工、经典设计与优秀音色完胜日本某国际品牌著名型号钢琴，荣获MMR2012年度声学钢琴大奖。

在第21届的钢琴评选中，海伦HG178三角钢琴代表海伦钢琴再次荣获MMR 2013年度声学钢琴大奖。该次评选结果除海伦HG178以外，全北美经销商票选出的其他产品均不是传统钢琴。中国海伦钢琴蝉联该重量级大奖，再次印证了自信而骄傲的美国人对如今中国钢琴研发制造水平的赞赏。事实上在北美市场，他们正在以与日本名牌钢琴同等的价格购置海伦钢琴。

附注：

美国《音乐视角》杂志(MMR)是北美经销商和音乐领域消费者在市场上选择评价钢琴的权威指南。

在中国海伦钢琴获奖之前，该奖项长期被欧洲和日本的钢琴所占据。

HAILUN PIANOS

中国·海伦钢琴

中国钢琴音乐性能鉴定

参照样琴

国家轻工业乐器质量监督检测中心

（2010）乐监检字第 002 号

海伦钢琴股份有限公司：

经我中心检测你公司生产的 H-3P123 型立式钢琴、HG178 型三角钢琴和查证并综合国外、国内演奏界对其音乐性能评价等相关资料后，认为你公司生产的上述两种规格型号的钢琴处于目前国内先进水平。经我中心研究决定，将你公司生产的 H-3P123 型立式钢琴、HG178 型三角钢琴作为我中心对钢琴音乐性能鉴定的参照样琴。

国家轻工业乐器质量监督检测中心

2010 年 1 月 18 日

国家《钢琴》标准

(GB/T10159-2008)

起草修订单位

关于委托起草修订《钢琴》国家标准的函

（2006）全乐标字第1号

宁波海伦乐器制品有限公司：

广州珠江钢琴集团有限公司：

GB/T 10159-2002《钢琴》自发布实施以来，对指导生产和确保质量起到了促进作用。但由于钢琴产业的发展和技术的进步，现行钢琴国标中所表述的内容已不能满足实际生产的需求。因此，根据国家对标准化工作的有关政策，我中心决定对其进行修订。该项标准的修订计划已得到国家标准化主管部门的正式批准。

现正式委托宁波海伦乐器制品有限公司、广州珠江钢琴集团有限公司两单位并会同我中心共同负责，承担对GB/T 10159-2002《钢琴》国家标准的修订与文本的起草工作。

请两单位以现行钢琴国标为基础，重点对产品规格的划分以及产品的音准稳定性和外观涂饰等，制定出科学、合理的技术指标并提出与之相应的检验测试方法。

请两单位在标准起草过程中，按国家有关采标规定，严格执行GB/T1编写之规定，于2007年4月底前，完成钢琴国标文本的起草、数据验证等工作，并将文本的征求意见稿、编制说明以及相关材料报送我中心。

全国乐器标准化中心

2006.8.31

长江钢琴精选世界最适合钢琴制造的高品质木材；传承钢琴发源地—欧洲传统手工技艺；以坚稳厚实之技术为根基，以追求终极理想为原点，起步于成功设计与生产演奏会专用的九尺钢琴。这一创举不仅在世界钢琴制造史上镌刻了新的一笔，同时也掀开了一场永无止尽的极致挑战。

作为中国宜昌长江钢琴音乐节、中国音乐“小金钟”奖长江钢琴全国钢琴比赛指定用琴，长江钢琴以优雅大方的外观和圆润饱满的音质，赢得了业内专家的一致好评。其无与伦比的演奏性能，必将引领我们步入钢琴铸造世界的最高潮流，让永恒的璀璨之声响彻世界舞台！

宜昌金宝乐器制造有限公司
中国湖北省宜昌市东山经济开发区珠海路1号

电话：+86-（0）717-634-1949
网站：www.yangtzeriver-pianos.com

长江钢琴官方网站
长江钢琴微博

JUPITER 傑普特

从最初的研发到最终完美的合奏效果Quantum系列
行进管乐专为最高级别的演奏竞赛而生

KHS 功学社 集團 网址：www.chinakhs.com 品牌服務電話：4006 508 170

MAPEX
MAPEX
军火库
给你最狠的武器
SONICLEAR™技术
鼓皮更加平整，调音方便容易，同时增强了鼓腔共鸣，也使音色清晰度达到最佳水平。
普通导角设计
易导致鼓皮波浪，鼓腔共鸣不良，音色清晰度低，调音也相对困难。
MAPEX
美派司
SONICLEAR™ 技术让鼓腔
共振发挥到极致，搭配温暖与力量的枫桦组合。
如此便成为鼓手无懈可击的最佳武器！军火库让你火力全开！
KHS 功学社 集團 网址：www.chinakhs.com 品牌服务电话：4006 508 170

ROLAND PIANO
DIGITAL
罗兰·数码钢琴的首选
中国好声音人气选手
MP-100
好声音好钢琴
典雅黑
时尚白
扫描二维码，关注罗兰官方微博
地址 :http://weibo.com/rolandchina

V-Drums

Roland

TD-30 系列电鼓

- 领先业界的罗兰的革命性 V-Drums 电鼓旗舰级产品系列
- 适合专业舞台表演及专业录音
- 拥有先进的感应技术以及 SuperNATURAL 超真实音色

罗兰电子打击乐系列产品

V·Drums

不断挖掘鼓的潜力，创新由这里开始

探索音乐与控制的全新世界，罗兰重新定义了鼓的含义。
让您自由的表现音乐，体验革命性 V-Drums 的强大力量。
V-Drums 是不同风格鼓手的最佳选择。

TD-15 系列电鼓

- 中端产品同样拥有 SuperNATURAL 超真实电鼓音色
- 全网状打击板为你带来超凡的演奏感受
- 全系配备 U 盘接口和 USB MIDI/AUDIO 接口

TD-11 系列电鼓

- 入门级产品，拥有 SuperNATURAL 超真实电鼓音色
- 紧凑型硬件配置，超高的便携性和性价比
- 全系配备 U 盘接口和 USB MIDI/AUDIO 接口

TD-4KP 电鼓

- 体积小巧，采用可折叠设计，方便运输存放
- 超自然的演奏感受
- 配有音色丰富、功能强大的 TD-4 音源

HD-3 电鼓

- 适合所有家庭的 V-Drums，体积更加小巧，易于使用
- 20 套鼓音色、LCD 显示屏、镲片双触发——麻雀虽小五脏俱全
- 配合 Roland 电鼓教学娱乐软件，更好的体验打鼓乐趣

* 所有电鼓包装中不含耳机、音箱、踩镲支架、军鼓支架、踩锤、鼓凳、鼓棒、电鼓教学软件及鼓毯

上海乐兰电子有限公司

上海公司：电话：021-55800800 传真：021-65727999　北京公司：电话：010-59600777 传真：010-59602548　www.roland.com.cn　售后服务热线：4007-888-010

中国乐器年鉴

CHINA MUSICAL INSTRUMENT YEARBOOK

(2014)

中国乐器协会　编

中国轻工业出版社

中国乐器年鉴 (2014)

CHINA MUSICAL INSTRUMENT YEARBOOK

主办单位：中国乐器协会
协办单位：广州珠江钢琴集团股份有限公司

支持单位：上海民族乐器一厂
江苏凤灵乐器集团
海伦钢琴股份有限公司
宜昌金宝乐器制造有限公司
功学社（天津）商贸有限公司
上海乐兰电子有限公司

地　　址：北京市丰台区顺三条 21 号嘉业大厦二期 1 号楼 706 室
电　　话：010-67665718
传　　真：010-67666220
邮　　编：100079
网　　址：www.cmia.com.cn
电子邮箱：zgyq@vip.sina.com

《中国乐器年鉴》编辑委员会

主　　编：安　志

顾　　问：王根田

副 主 编：齐建平　曾泽民　王松美

编　　委：（按姓氏笔画排序）

王松美　王国振　王根田　安　志　刘卫国
刘运斌　朱文玉　齐建平　李　书　李爱群
吴天延　陈学孔　陈海伦　陈晋武　陈惠庆
张　琳　杨盛惠　郑　荃　林伯龙　罗建峰
施少斌　祝宁伟　盛子斐　黄志康　黄茂强
焦永达　曾泽民　蓝汉民

责任编辑：高　萍

编　　辑：张芳芳　刘　勇　常　杰　刘金荣　刘佳雨
黄　伟　曹　磊　王　超　郑　雷

设计制作：北京蓝色目标企划有限公司

出版单位：中国轻工业出版社

编 辑 说 明

一、《中国乐器年鉴》由中国乐器协会编辑出版。本书以汇总乐器行业年度经济运行主要指标数据、发展特点、大事记及趋势预测为主，囊括当年度全行业管理、生产、经营、进出口等主要方面发展的基本情况，国内各省市乐器制造业及市场信息、国外乐器发展动态等重要内容，是一本为乐器行业及社会相关部门和单位提供最新资讯服务的大型权威性行业工具书。

《中国乐器年鉴》（2014）版是继《中国乐器年鉴》（2013）版之后第九次出版发行。年鉴编辑部以乐器行业发展为主线，按时间顺序，力求客观真实记载展现年度乐器行业发展脉络和特点，配合方便查阅的分类设置，尽可能详尽的数据图表展示，希望能在编辑的内容和形式上有所突破，突出特色，编出新意，以更好满足读者不断提升的要求。

二、《中国乐器年鉴》（2014）设有“行业要闻篇”、“数据统计篇”、“协会工作篇”、“综合篇”、“海外资讯篇”、“专利篇”、“产品篇”7个栏目。

三、中国乐器制造行业是一个历史悠久、门类繁多、与音乐文化教育密切相关内涵丰富的行业，同时又处在高速发展和调整升级关键期，由于时间仓促、能力所限、经验不足，不可能将乐器行业一年来所有的重要事件和相关信息全部收集到《年鉴》中，今后我们将加强信息汇集工作，不断提高《年鉴》的编辑质量和水平。同时希望继续得到各企业、单位和相关人士的理解和大力支持。敬请各界读者对《中国乐器年鉴》在内容、编辑和出版中的不足给予批评指正。

四、《中国乐器年鉴》（2014）在组稿、编辑、出版过程中得到乐器生产企业、经营单位、音乐艺术教育单位以及我国台湾、香港、澳门地区的同仁、朋友们的大力支持和帮助，在此一并表示感谢。

《中国乐器年鉴》编辑部
2014年8月

中国乐器年鉴(2014)

CHINA MUSICAL INSTRUMENT YEARBOOK

目录

行业要闻篇

数据统计篇

协会工作篇

综合篇

海外资讯篇

专利篇

产品篇

CHINA MUSICAL INSTRUMENT YEARBOOK (2014)

Contents

Industry

Statistical Data

Tasks of Association

Featured Events

Comprehensive Information

Overseas Information

Patents

Products

2014 中国乐器年鉴

CHINA MUSICAL INSTRUMENT YEARBOOK

2013年度中国乐器行业新闻综述

1月

1月，国家统计局发布，2012年我国乐器行业206家规模以上生产企业主要经济指标继续保持平稳增长态势。共计实现工业总产值264.26亿元，同比增长11.83%，销售产值259.10亿元，同比增长11.32%，出口交货值84.86亿元，同比增长3.59%。

1月，国家海关总署公布，2012年中国乐器进出口增速放缓，累计出口金额17.03亿美元，同比增长4.85%；进口金额3.03亿美元，同比增长11.42%；进出口贸易总额20.06亿美元，同比增长5.8%；贸易顺差13.99亿美元，顺差比值为5.62:1，顺差比值继续缩小，较2011年缩小了0.35。

1月9日，中国乐器协会理事长安志一行参观考察海伦钢琴公司新厂区基建和技术改革情况。据陈海伦董事长介绍，海伦钢琴秉承“洋为中用，外为我用，持续创新，自成一体”的技术发展理念，加大研发投入，2012年，技术研发投入同比增长37.08%。

1月14日，中国乐器协会理事长安志一行到北京乐器研究所参观考察，陈晋武所长介绍了乐研所近期改革创新的情况，确定要建设好数码音源开发，乐器声学研究，器乐文化、科技资料库三个平台。

1月，为加强乐器行业科技平台建设，促进行业企业的科技攻关、技术交流与合作，中国乐器协会授予海南东盛弘蟒业科技有限公司“全国蟒皮乐器材料研发基地”、江阴金杯安琪乐器有限公司“全国手风琴簧片研发基地”、成都川雅木业有限公司“全国乐器声学木材研发基地”。

1月14日，广东省乐器协会在广州召开第六届会员大会暨换届选举大会。大会通过了《广东省乐器协会第五届理事会工作报告》、《财务工作报告》、《监事会工作报告》，选举产生了第六届广东省乐器协会理事会、监事会成员。广州珠江钢琴集团股份有限公司董事长施少斌当选为会长。

1月23日，中国乐器协会安志理事长出席在美国洛杉矶召开的2013国际乐器联盟会议，并与美国国际音乐制品协会、欧洲音乐产业联盟以及加拿大等国乐器组织的负责人进行了亲切的交谈。

1月23日，安志理事长一行在美国阿纳海姆与欧洲音乐产业联盟举行第四次双边会谈。会议围绕乐器知识产权保护、乐器进出口关税、音乐教育推广、乐器质量检测标准、中欧军乐团联络、乐器行业信息交流等七项议题逐项展开热烈讨论。

1月24日至27日，2013 NAMM乐器展览会在美国加州阿纳海姆举办。展会吸引来自世界94个国家和地区的各类观众总计93908名。

2月

2月，中国乐器协会、国家轻工业乐器信息中心联合发布2012年中国钢琴产量统计数据。2012年全国钢琴总产量379746架，同比增长8.05%。其中立式钢琴产量363168架，同比增长9.15%；三角钢琴16578架，同比减少11.61%。

2月28日，广州珠江钢琴集团公司董事长施少斌一行拜访中国乐器协会，就当前国内外钢琴行业形势以及公司今后一段时间的主要工作思路与协会领导进行了交流探讨。

2月28日，宜昌金宝乐器制造有限公司总裁吴天延一行拜访中国乐器协会。吴天延就目前市场上存在的假冒伪劣二手钢琴等危害和阻碍行业有序发展的问题，希望能借助行业协会的影响力，从舆论造势、监督管理以及向相关部门反映诉求等方式，以使问题得到切实的解决。

2月，江苏奇美乐器有限公司被国家工商行政管理总局授予“守合同重信用企业”。

3月

3月5日，由国家大剧院主办、北京乐器研究所协办的首个以乐器为主题的邮票展——《乐海观邮——邮票中的乐器王国》在国家大剧院隆重开幕。展品中包括1859年由汉诺威出版的世界上第一枚乐器邮票——“邮政号角”。

3月9日至12日，中国（广州）国际乐器展览会在中国进出口商品交易会琶洲展馆A区隆重举办。本届展会乐器展示面积近2万平方米，展商数量近400家。

3月12日，中国乐器协会组织文化产业综合发展调研组赴河北武强开发区、金音集团和周窝音乐小镇调研，撰写考察调研报告。

3月19日，《钢琴制作工》资考委工作会议在北京召开。会议研究通过了《钢琴制作工》技师、高级技师评审标准，评审出一批《钢琴制作工》技师、高级技师。与会资考委员还讨论了《钢琴及键盘乐器制作工》职业大典的修改和《钢琴制作工》培训教程。

3月20日至22日，中国乐器协会六届五次理事（扩大）会议在北京江西大酒店召开。会议首先听取了安志理事长的工作报告要点，随后学习了国务院国资委副主任邵宁做的经济形势报告。下午，就理事长工作报告和行业面临的形势与任务展开分组讨论。

3月，中国乐器协会按照历年行业评选规则，根据企业所报数据指标测评和广泛征求意见并公示，决定授予广州珠江钢琴集团股份有限公司等50家单位“2012年度中国乐器行业50强”称号、授予中国乐器协会钢琴分会等3个分支机构“先进集体”称号。

3月21日，珠江钢琴集团积极响应商务部实施“振兴老字号工程”号召，深入开展老字号的保护促进工作，获得首批“广东老字号”称号。

3月28日，中共中央政治局常委、中央书记处书记刘云山到天津深入企业、村镇、社区和文化单位，了解经济社会发展情况，来到天津津宝乐器有限公司进行调研。

4月

4月，经中国轻工业联合会科学技术奖励委员会审定和中国轻工业联合会批准，北京乐器研究所及北京东奇天成技术有限公司联合完成的“钢琴键盘振奏仪的研制与开发”项目获得“2012年度中国轻工业联合会科学技术发明奖” 三等奖。

4月，人力资源和社会保障部、中国轻工业联合会和中华全国手工业合作总社决定授予乐器行业江苏凤灵乐器集团技术总监李书、广州格利蒙那公司技术总监关尚持、珠海得理乐器质量总监顾冰峰、广州珠江钢琴集团工会主席麦俊桦、北京星海钢琴集团首席技师董堇、北京乐器研究所技术员韩国芳“全国轻工行业劳动模范”称号。

4月10日至13日，第34届德国法兰克福国际乐器展在德国法兰克福国际展览中心举办。来自世界50多个国家和地区的1500多家展商参展。展会期间吸引了来自世界142个国家和地区的11.3万观众前来参观。

4月29日至5月1日，由上海之春国际音乐节组委会、上海市人民政府外事办公室等12家单位联合主办的“中华号角——2013上海之春国际音乐节管乐艺术节”上海举行。共吸引了来自美国、德国等近10个国家的20余支外国团队和来自全国25个省、市及港澳台的270余支乐团参加。

5月

5月，经中国轻工业联合会信息统计部评价、中国乐器协会确认，中国轻工业联合会会长办公会审定通过，广州珠江钢琴集团股份有限公司等10家企业被授予“中国轻工业乐器行业十强企业”。

5月1日，由雅马哈乐器音响（中国）投资有限公司与中央音乐学院联合举办的“第一届雅马哈全国钢琴比赛”在北京落幕。这是雅马哈公司在中国境内首次举办的大范围、高规格的钢琴比赛，体现了雅马哈公司对社会音乐文化事业发展的支持。

5月11日，国家标准化管理委员会工业标准二部王莉副主任一行在中轻联质量标准部王旭华处长，乐标委主任曾泽民、秘书长王伟陪同下，到常州吟飞科技有限公司考察，就《废弃乐器产品回收利用通用技术规范》国家标准的立项及相关情况，以及乐器行业标准工作进行调研。

5月13日，由手风琴专业委员会组织的《手风琴通用技术条件》行业标准审议会在江阴金杯安琪乐器公司召开。标准起草单位对标准编制情况做了详细说明。

5月16日至19日，由美国国际音乐制品协会（NAMM）及法兰克福展览公司共同举办的第二届俄罗斯乐器及灯光音响展览会在俄罗斯首都莫斯科举办。本届展会共有来自14个国家及地区的130家乐器及灯光音响公司参展，共计12061人次参观了本届展会。

5月16日，中国乐器协会安志理事长一行日专程赴河南省开封市兰考县考察调研当地民族乐器企业及产业集群发展状况。期间走访了一些乐器企业以及正在兴建中的固阳镇乐器产业园区和一批中小民乐企业，从不同层面和多个角度对兰考乐器行业、企业和产业集群进行调研。

5月21日至22日，中国乐器协会口琴专业委员会五届四次会议在江苏省江阴市召开。此次会议重点关注如何提高中高档口琴生产制作，特别是提高口琴簧片的材质，希望行业联合开发簧片材料，以解决制作中高档口琴所需。

5月27日至29日，中国乐器协会电鸣乐器分会2013年厂商联谊会在杭州举办。来自电鸣乐器行业整机制造和相关原配件供应厂商近30家企业的40多位代表参会。

6月

6月7日至10日，第22届中国国际专业音响·灯光·乐器及技术展览会在北京国际展览中心(新馆)隆重举行。展览总面积11万平方米，其中乐器展面积2万平方米。

6月7日至10日，由中国民族管弦乐学会主办的“新中国成立以来中国民族乐器改革回顾展演展示活动”在北京国展中心(新馆)精彩亮相，集中展示了中国民族乐器改革发展的过程及取得的成果。

6月21日，“中国轻工业百强企业颁奖盛典暨企业家高峰论坛”在北京举行，会上发布了“2012年度中国轻工业百强企业”荣誉榜单。广州珠江、上民一厂、宜昌金宝、天津津宝、河北金音等5家企业荣获“2012年度中国轻工业百强企业成长能力奖”。

6月，由江苏省文化厅申报的凤灵乐器文化产业有限公司“直立音板双音箱竹制弦鸣乐器研究与应用”项目入选“2013年度文化部科技创新项目立项名单”。立项项目代表着文化科技创新研究工作的方向和水平，对促进科学技术在文化领域的广泛应用具有十分重要的作用。

6月，由中国音乐学院申报的“民族低音拉弦乐器改良”项目入选“2013年国家级文化科技提升计划”，获补助经费50万元。中国乐器协会作为合作单位参与该项目。

6月24日至27日，《手风琴通用技术条件》、《爵士鼓》、《吉他》、《电吉他》和《口风琴》等5项乐器类行业标准审定会在扬州召开。会议期间还召开了钢琴行业标准修订座谈会，就近年二手钢琴市场的假冒伪劣问题展开了讨论。

7月

7月，根据《全国性民间组织评估实施办法》的规定，中国乐器协会参加了民政部组织的社会团体评估工作。经民政部组织的专家组评估认证，中国乐器协会获得“4A级社会团体”称号。

7月，中国乐器协会在“midi及图”争议商标案中胜诉，国家工商行政管理总局商标局裁定争议商标予以撤销。

7月10日，中国乐器协会秘书长曾泽民一行前往山东省郿部镇电声乐器产业基地进行调研，在郿部镇副书记和镇乐器协会秘书长王永德陪同下，走访了6家企业及乐器产业发展服务中心，并与郿部镇书记张义增就郿部电声乐器产业基地发展现状及未来规划进行了深入探讨和交流。

7月16日，江苏省副省长曹卫星一行上午前往吟飞电子有限公司视察。曹副省长指出，作为省、市共同支持的创意文化重点项目，下一步的重点就是要加大自主创新力度，特别是要在关键技术领域取得突破，形成更大生产能力，占有更大市场份额。

7月16日，江苏省副省长曹卫星一行下午前往江苏凤灵乐器集团视察，曹副省长要求相关主管部门主动帮助研究解决企业发展中遇到的困难，推进做强做大，让提琴产业在打造文化江苏、致富黄桥人民上多做贡献。

7月24日，广东省副省长刘志庚一行前往广东红棉乐器有限公司位于河源市高新技术开发区的新产业基地视察。他要求各级政府部门支持企业做强做大，同时鼓励红棉乐器加大发展力度，为广东省的文化产业和经济建设作出贡献。

7月28日，中国乐器协会专家组在广东红棉乐器有限公司进行“全国吉他通用技术研究及专业化应用研发基地”评估认证，通过听取项目汇报和实地考察，通过了项目认证。

8月

8月1日，中共中央政治局委员、上海市委书记韩正到上海环球港考察指导工作，并参观了乐器会馆——敦煌民乐展示中心。上海民族乐器一厂厂长王国振向韩正书记介绍了上民一厂近几年创新研发的民族乐器，展示出了国家级非物质文化遗产项目——上海民族乐器制作技艺的新时代风貌。

9月

9月6日，由中共北京市委宣传部、北京市文化局、中国乐器协会、中央音乐学院等共同举办的第二届中国（北京）国际提琴及琴弓制作比赛在北京开幕。来自意大利、法国等11个国家和地区的245名制作师报名参赛，提交参赛作品399件，其中海外参赛者37名，参赛作品61件。

9月13日，安志理事长一行专程参加了2013年中国（营口）乐器博览会，展会面积6000平方米，100多家乐器企业参展，安理事长一行走访了主要参展商，并与营口市主要领导座谈。

9月20日至23日，由广东省人力资源和社会保障厅主办的2013年广东省职业技能大赛钢琴调修工种竞赛活动在广州星海音乐学院成功举办。本次钢琴调修工种总决赛第一名获得者由广东省总工会授予“广东省五一劳动奖章”荣誉称号 。

9月21日，第三届宜昌长江钢琴音乐节闭幕暨中国音乐“小金钟”奖——长江钢琴第一届全国钢琴比赛颁奖音乐会在宜昌剧院隆重上演。

10月

10月8日至9日，第18届国际钢琴制造技师调律师年会在杭州召开，来自全球14个国家和地区的363名钢琴技师调律师代表出席本届年会。这是国际钢琴制造技师调律师协会（IAPBT）成立36年来首次在中国内地举办年会。

10月9日，中国乐器协会与欧洲音乐产业联盟在上海举行第五次会谈。双方就管乐培训活动、进出口关税税率、社会音乐教育培训，知识产权保护、乐器质量检测标准及军乐团合作等诸多议题进行了广泛交流。

10月10日，中国轻工业联合会陶小年副会长一行专程参观考察了第12届中国（上海）国际乐器展览会，陶小年副会长对上海乐器展能够将乐器商贸与音乐教育、大众音乐生活相结合，积极创造音乐文化大市场的做法给予充分的肯定，并希望继续做好企业深入调研，有针对性地做好服务政府、服务企业的各项工作。

10月10日，第七届“NAMM CMIA”行业论坛在上海新国际博览中心举办。NAMM新任主席莫朗伟、柏斯音乐集团总裁吴天延等嘉宾从不同角度、不同方面汇集的精辟论述组成“思想库”，受到现场观众热烈好评。

10月10日，由中国音乐学院、中国民族管弦乐学会、四川音乐学院、沈阳师范大学主办的中国民族低音拉弦乐器改良与发展论坛在上海隆重举行。本次论坛讨论了民族低音拉弦乐器改良成果、加强民族乐器改革技术交流，促进中国民族乐器改革事业健康发展等，明确了中国民族低音拉弦乐器改良发展方向。

10月10日至13日，2013中国（上海）国际乐器展览会在上海新国际博览中心隆重举行。本届展会的展览面积达92000平方米，来自世界29个国家和地区的1680家展商参展，观众人数达到6.8万人，各项指标均创历史新高。

10月12日，中国乐器协会秘书长曾泽民在上海会见美国MIDI协会主席汤姆·怀特一行。双方一致认为，协会应成立MIDI技术工作委员会，在技术开发、标准制定、网络兼容、市场准入、品牌保护等方面加强沟通，为加强行业内MIDI技术工作，并引导社会形成对MIDI的正确认识和使用而不懈努力。

10月12日，中国乐器协会民族乐器分会五届二次会员代表大会在上海召开。会议围绕“行业创新”核心议题展开深入讨论。会议还讨论审议了《全国乐器标准化技术委员会民族乐器标准制修订工作组章程》、《工作组工作计划》和《工作组秘书处工作细则》。

11月

11月9日至11日，珠江钢琴集团与中国艺术教育促进会共同主办的2013珠江·恺撒堡全国青少年钢琴大赛总决赛在广州星海音乐学院内隆重举行。来自国内40多个主要城市、国内外各大专业音乐院校、港澳台地区及东南亚国家合计近400名钢琴好手现身花城。

11月14日，2013年中国乐器协会钢琴分会、琴行分会年会在福州隆重举行。中国乐器协会理事长安志、秘书长曾泽民，钢琴分会会长施少斌，琴行分会会长黄茂强及会员代表近200人出席了本次会议。

12月

12月1日，由海伦钢琴股份有限公司和美国国际音乐家协会、上海音乐学院等单位联合主办的2013年首届“海伦杯”中国钢琴公开赛在上海落下帷幕。有来自全国四十个分赛区的上万名选手参加比赛。

12月6日至8日，由施坦威钢琴（上海）有限公司和中国音乐学院联合主办的第六届施坦威全国青少年钢琴比赛暨第77届施坦威国际青少年钢琴比赛中国区总决赛在厦门圆满落下帷幕。

12月9日至12日，全国乐器标准化技术委员会在宁波举办标准审定会，来自全国各地的45位乐标委委员出席。会议审定通过了《废弃乐器回收利用通用技术规范》、《钢琴》、《定音鼓》、《木琴》、《管钟》5项国标、行标。

12月12日，新跨乐与亚马逊(中国)战略合作发布会于12日在京举行。亚马逊与新跨乐旗下的音乐教育在线icanmusic合作，大胆尝试“买乐器送培训，买培训送乐器”的网络经营新模式。

12月13日、20日，中国乐器协会组织复评专家组分别对泰兴市黄桥镇“中国提琴产业之都”和北京市平谷区东高村镇“中国提琴产业基地”进行实地复评。专家组认为，两个地区都符合《中国轻工业特色区域和产业集群共建管理办法》和中国乐器协会《关于共建和授予中国乐器行业特色区域称号的行业规范》标准的要求，一致通过复审。

12月，美国《音乐贸易》杂志2013年第12期公布了2012年全球乐器与音响制品行业225强榜单。全年225强销售收入192亿美元，较2011年下降6.24%，员工总数共计116207人，较2011年下降8.1%。225强榜单中包括中国台湾和中国香港在内的中国企业共有34家入选，其中中国内地21家，中国香港4家，中国台湾9家。

12月，2013年，由国家知识产权局公布的中国各类乐器专利共计975件，发布数量较2012年度的943件小幅增长3%，其中发明专利208项，同比减少70%，实用新型476项，同比增长36%，外观设计289项基本与上年持平，同比增长0.3%。乐器行业的知识产权专利结构更加优化，质量逐步提升。

2014 中国乐器年鉴

CHINA MUSICAL INSTRUMENT YEARBOOK

2004～2013年中国社会经济主要指标数据

指标		单位	2004年	2005年	2006年	2007年	2008年	2009年	2010年	2011年	2012年	2013年
人口	年末总人口	万人	129988	130756	131448	132129	132802	133450	134091	134735	135404	136072
	城镇人口	万人	54283	56212	58288	60633	62403	64512	66978	69079	71182	73111
	乡村人口	万人	75705	74544	73160	71496	70399	68938	67113	65656	64222	62961
各年龄段人口比重	0～14岁人口	%	21.5	20.3	19.8	19.4	19	18.5	16.6	16.5	16.5	16.4
	15～64岁人口	%	70.9	72	72.3	72.5	72.7	73	74.5	74.4	74.1	73.9
	65岁以上人口	%	7.6	7.7	7.9	8.1	8.3	8.5	8.9	9.1	9.4	9.7
就业和工资	就业人员（年底数）	万人	74264	74647	74978	75321	75564	75828	76105	76420	76704	76977
	城镇单位就业人员工资总额	亿元	17615	20627.1	24262.3	29471.5	35289.5	40288.2	47269.9	59954.7	70914.2	92995.5
	城镇单位就业人员平均工资	元	15920	18200	20856	24721	28898	32244	36539	41799	46769	51474
消费	全体居民消费水平	元	5032	5596	6299	7310	8430	9283	10522	12570	14110	15632
	城镇居民家庭人均现金消费支出	元	7182.1	7942.9	8696.6	9997.5	11242.9	12264.6	13471.5	15160.9	16674.3	18022.6
	城镇居民家庭恩格尔系数	%	37.7	36.7	35.8	36.3	37.9	36.5	35.7	36.3	36.2	35
	城镇居民家庭用于文教娱乐现金消费支出	元	1032.9	1097.4	1203.1	1329.2	1358.3	1472.8	1627.6	1851.7	2033.5	2294
	农村居民家庭人均消费支出	元	2184.7	2555.4	2829	3223.9	3660.7	3993.5	4381.8	5221.1	5908	6625.5
	农村居民家庭恩格尔系数	%	47.2	45.5	43	43.1	43.7	41	41.1	40.4	39.3	37.7
	农村居民家庭用于文教娱乐现金消费支出	元	247.6	295.5	305.1	305.7	314.5	340.6	366.7	396.4	445.5	485.6
国民经济	国民总收入	亿元	159453.6	183617.4	215904.4	266422	316030.3	340320	399759.5	468562.4	518214.7	566130.2
	国内生产总值	亿元	159878.3	184937.4	216314.4	265810.3	314045.4	340902.8	401512.8	473104	519470.1	568845.2
财政和金融	国家财政收入	亿元	26396.5	31649.3	38760.2	51321.8	61330.4	68518.3	83101.5	103874.4	117253.5	129142.9
	金融机构人民币存款余额	亿元	241424.3	287163	335459.8	389371.2	466203.3	597741.1	718237.9	809368.3	917554.8	1043847
住房	城镇居民人均住房建筑面积	平方米	26.4	27.8	28.5	30.1	30.6	31.3	31.6	32.7	32.9	/
	农村居民人均住房面积	平方米	27.9	29.7	30.7	31.6	32.4	33.6	34.1	36.2	37.1	/

	指标	单位	2004年	2005年	2006年	2007年	2008年	2009年	2010年	2011年	2012年	2013年
对外贸易和利用外资	进出口总额	亿美元	11545.5	14219.1	17604.4	21765.7	25632.6	22075.4	29740	36418.6	38671.2	41596.9
	出口额	亿美元	5933.2	7619.5	9689.8	12204.6	14306.9	12016.1	15777.5	18983.8	20487.1	22093.7
	进口额	亿美元	5612.3	6599.5	7914.6	9561.2	11325.7	10059.2	13962.4	17434.8	18184.1	19503.2
	实际使用外资额总计	亿美元	640.7	638.1	670.8	783.4	952.5	918	1088.2	1177	1132.9	1187.2
	外商直接投资	亿美元	606.3	603.3	630.2	747.7	924	900.3	1057.3	1160.1	1117.2	1175.9
国内贸易和旅游	社会消费品零售总额	亿元	59501	68352.6	79145.2	93571.6	114830.1	132678.4	156998.4	183918.6	210307	237809.9
	入境过夜游客人数	万人次	4176.1	4680.9	4991.3	5472	5304.9	5087.5	5566.5	5758.1	5772.5	5568.6
	国际旅游外汇收入	亿美元	257.4	293	339.5	419.2	408.4	396.8	458.1	484.6	500.3	516.6
	国内旅游人数	亿人次	11.02	12.12	13.94	16.1	17.12	19.02	21.03	26.41	29.57	32.62
	国内旅游总花费	亿元	4710.7	5285.9	6229.7	7770.6	8749.3	10183.7	12579.8	19305.4	22706.2	26276.1
教育文化	学校总数	所	609582	587044	567337	542570	526446	507698	494714	493073	493519	494943
	普通高等学校	所	1731	1792	1867	1908	2263	2305	2358	2409	2442	2491
	普通高中	所	15998	16092	16153	15681	15206	14607	14058	13688	13509	13352
	中等职业教育	所	14454	14466	14693	14832	14847	14401	13872	13093	12663	12281
	初中	所	63757	62486	60885	59384	57914	56320	54890	54117	53216	52804
	普通小学	所	394183	366213	341639	320061	300854	280184	257410	241249	228585	213529
	特殊教育学校	所	1560	1593	1605	1618	1640	1672	1706	1767	1853	1933
	学前教育	所	117899	124402	130495	129086	133722	138209	150420	166750	181251	198553
	在校学生总数	万人	23454.2	24865.3	25032.9	25085.2	25017.6	24987.2	25136.9	25426.2	25154.9	24596.3
	普通本专科	万人	1333.5	1561.8	1738.8	1884.9	2021	2144.7	2231.8	2308.5	2391.3	2468.1
	普通高中	万人	2220.4	2409.1	2514.5	2522.4	2476.3	2434.3	2427.3	2454.8	2467.2	2435.9
	中等职业教育	万人		1600	1809.9	1987	2087.1	2195.2	2238.5	2205.3	2113.7	1960.2
	初中	万人	6527.5	6214.9	5958	5736.2	5585	5440.9	5279.3	5066.8	4763.1	4440.1
	普通小学	万人	11246.2	10864.1	10711.5	10564	10331.5	10071.5	9940.7	9926.4	9695.9	9360.5
	特殊教育学校	万人	37.2	36.4	36.3	41.9	41.7	42.8	42.6	39.9	37.9	36.8
	学前教育	万人	2089.4	2179	2263.9	2348.8	2475	2657.8	2976.7	3424.5	3685.8	3894.7
	艺术表演团体	个	2759	2805	2866	4512	5114	6139	6864	7055	7340	8180
	省、地市级群众艺术馆	个	380	375	395	411	389	361	374	379	382	385
	县市级文化馆	个	2841	2851	2819	2806	2829	2862	2890	2905	2919	2930

（数据来源：《2014中国统计摘要》 中国乐器协会信息部编辑）

2002～2012年全国城镇居民家庭平均每百户钢琴拥有量

（按收入等级划分）

（单位：架）

居民收入层次	2002年	2003年	2004年	2005年	2006年	2007年	2008年	2009年	2010年	2011年	2012年
总 平 均	1.76	1.91	2.22	2.25	2.31	2.36	2.29	2.47	2.62	2.65	2.81
最低收入户	0.18	0.3	0.24	0.39	0.36	0.32	0.2	0.19	0.22	0.5	0.35
困 难 户	0.07	0.08	0.08	0.43	0.16	0.27	0.06	0.07	0.12	0.37	0.26
低 收 入	0.68	0.93	1.02	0.65	0.66	0.64	0.25	0.39	0.53	0.67	0.77
中等偏下户	0.96	0.85	0.97	0.81	0.97	1.12	0.92	1.16	1.23	1.15	1.46
中等收入户	1.29	1.28	1.75	1.79	2.05	2.09	1.95	1.88	2.06	2.07	2.25
中等偏上户	2.29	2.43	2.71	2.82	3.06	2.71	2.91	3.27	3.53	3.12	3.44
高收入户	2.75	2.94	3.71	3.6	3.43	4.35	4.33	4.63	4.82	4.88	5.03
最高收入户	4.6	5.28	6.34	7.4	6.81	6.47	7.12	7.54	7.63	8.46	8.35

2002～2012年全国城镇居民家庭平均每百户其他中高档乐器拥有量

（按收入等级划分）

（单位：件）

居民收入层次	2002年	2003年	2004年	2005年	2006年	2007年	2008年	2009年	2010年	2011年	2012年
总 平 均	6.38	6.88	7.23	6.63	7.07	6.03	4.33	4.65	4.86	4.21	4.64
最低收入户	1.24	1.55	1.68	1.54	1.39	1.8	0.84	1.12	1.16	1.23	1.39
困 难 户	0.87	0.92	1.54	0.79	1.22	1.18	0.56	0.85	1.03	0.92	1.29
低 收 入	2.93	3.05	3.88	2.54	3.34	2.75	1.72	2.09	2.59	2.02	2.02
中等偏下户	4.7	4.69	5.25	4.31	4.66	4.73	3.16	3.58	2.56	2.86	3.29
中等收入户	6.08	6.91	7.17	6.88	7.23	5.86	4.69	4.64	4.79	3.99	4.51
中等偏上户	8.5	8.66	9.24	8.73	9.33	7.27	5.51	6.12	6.38	5.69	6.41
高收入户	9.58	9.1	10.71	10.06	10.77	8.75	6.49	7.06	6.72	5.89	6.47
最高收入户	12.47	13.44	12.56	12.82	13.34	11.38	8.01	8.21	9.34	8.5	8.81

（摘自2013年《中国统计年鉴》）

2002～2012年全国各地区城镇居民家庭平均每百户钢琴拥有量

（按地区划分）

（单位：架）

地区	2002年	2003年	2004年	2005年	2006年	2007年	2008年	2009年	2010年	2011年	2012年
全国	1.76	1.91	2.22	2.25	2.31	2.36	2.29	2.47	2.62	2.65	2.81
北京	3.23	3.74	4.18	4.12	4.55	3.8	3.64	3.99	4.92	4.38	5.00
天津	1.35	1.4	1.13	1.27	1.27	1.16	1.48	1.68	1.85	1.32	1.56
河北	1.24	1.18	1.38	1.51	1.47	1.14	2.03	1.95	1.8	1.72	1.54
山西	1.06	1.22	1.41	0.72	1.42	1.02	2.04	2	1.76	1.68	1.81
内蒙古	0.91	0.9	1.18	1.11	1.18	1.1	1.9	1.39	1.41	1.54	1.79
辽宁	2.24	2.46	2.47	2.38	2.09	2.1	3.09	3.56	3.49	2.67	2.95
吉林	1.71	1.5	1.75	1.15	1.24	1.43	1.02	1.51	2.13	2.08	2.08
黑龙江	1.19	1.28	1.74	1.57	1.78	1.95	1.28	1.12	1.13	1.37	1.22
上海	3.6	3.2	5.8	4.3	5.01	5.85	5.77	5.74	6.73	7.64	7.58
江苏	1.64	1.67	1.86	2.56	2.66	2.5	2.47	2.65	2.86	3.31	3.46
浙江	1.11	2	2.28	2.64	2.48	2.62	2.7	2.97	3.12	4.16	4.17
安徽	1.17	1.29	1.52	1.96	2.01	2.21	0.97	0.94	1.11	1.45	1.56
福建	1.75	2.03	3.15	2.85	4.04	3.9	3.32	3.75	3.97	3.44	4.01
江西	1.41	1.52	1.44	1.5	1.49	1.71	1.03	1.15	1.28	1.37	1.46
山东	2.66	3.06	3.14	3.02	3.45	3.4	3.38	3.55	3.88	4.24	4.43
河南	1.41	1.95	1.96	2.08	1.8	1.6	1.72	1.92	1.87	1.61	1.75
湖北	2.01	1.68	1.53	1.63	1.93	1.84	1.49	1.62	1.68	2.63	2.99
湖南	1.36	1.47	2.39	2.21	1.45	2.45	1.94	1.87	2.06	1.36	1.13
广东	2.98	2.89	3.5	4.12	3.75	4.17	3.36	4.16	4.24	4.51	4.53
广西	1.26	1.16	1.57	1.77	1.62	1.35	1.8	1.61	1.96	1.08	1.23
海南	0.76	0.76	0.76	2.01	1.92	1.04	2.05	1.91	1.9	0.76	0.55
重庆	1.39	1.33	2	1.67	2	2.34	1.85	1.76	1.68	1.28	1.29
四川	1.06	1.44	1.39	2.17	1.84	1.94	1.87	1.84	1.84	1.4	1.56
贵州	1.43	2.07	2.07	1.72	1.91	1.06	1.84	1.88	1.79	2.07	2.66
云南	1.17	1.39	2.78	2.25	2.43	2.68	1.91	2.3	1.96	2	2.58
西藏	0	0	1.26	0	0.58	0.47	1.12	0.85	0.69	0.48	0.97
陕西	0.97	1.26		1.07	1.59	1.49	1.33	1.56	2.26	2.66	2.32
甘肃	1.91	2.57	1.69	1.89	1.53	1.99	1.14	1.33	1.48	1.2	2.19
青海	1.43	1.19	1.5	1.46	2.27	2.44	1.12	1.34	1.95	1.23	1.29
宁夏	0.86	0.87	0.7	0.92	1.32	0.89	0.76	1.36	1.31	0.93	1.11
新疆	1.93	2.37	2.51	2.23	1.96	1.38	1.95	2.23	2.04	1.36	2.63

2002～2012年全国各地区城镇居民家庭平均每百户其他中高档乐器拥有量

（按地区划分）

（单位：件）

地 区	2002年	2003年	2004年	2005年	2006年	2007年	2008年	2009年	2010年	2011年	2012年
全 国	6.38	6.88	7.23	6.63	7.07	6.03	4.33	4.65	4.86	4.21	4.64
北 京	12.98	13.76	9.81	11.32	12.35	9.71	5.63	6.72	7.51	6.1	7.83
天 津	3.51	4.13	3.33	2.67	3.2	1.74	1.73	2.11	2.68	2.77	2.87
河 北	5.31	6.52	7.51	5.82	5.48	4.91	5.12	4.38	4.32	2.23	1.89
山 西	5.61	5.69	6.16	5.38	5.52	4.9	2.18	2.6	2.8	3.45	3.66
内蒙古	6.24	6.83	6.79	6.88	7.59	6.88	4.96	5.39	5.21	3.43	3.35
辽 宁	5.8	5.97	6.13	5.7	5.94	5.16	4.68	4.86	5.15	3.52	3.47
吉 林	5.24	6.83	7.43	6.87	7.03	6.76	4.13	5.3	5.35	5.1	4.88
黑龙江	3.8	4.77	5.97	5.56	6.37	6.65	2.28	2.49	2.52	2.26	2.68
上 海	6.33	6.8	7.7	7.2	7.52	7.51	6.47	7.52	7.32	7.44	8.57
江 苏	4.36	4.18	5.03	4.04	4.43	4.57	4.34	4.28	4.73	4.22	4.51
浙 江	6.99	6.5	8.19	7.83	8.99	7.16	4.59	5.85	6.11	4.53	4.8
安 徽	6.24	7.09	7.75	7.89	7.63	5.77	3.82	4.42	3.95	3.66	3.81
福 建	6.29	7.28	5.88	5.86	7.88	7.44	4.02	5.11	5.43	4.32	5.15
江 西	7.35	7.41	7.88	7.17	6.12	6.69	5.81	5.6	5.42	3.76	4.18
山 东	8.13	8.67	9.18	8.51	9.86	7.37	6.8	7.25	7.45	7.88	8.4
河 南	5.9	7.39	7.89	6.52	6.67	6.02	3.74	4.26	4.74	4.01	4.42
湖 北	7.11	7.09	7.27	5.84	5.68	6.29	4.56	5.16	5.32	3.82	3.66
湖 南	6.41	6.65	7.48	8.89	7.65	5.15	2.01	2.14	2.11	1.7	1.92
广 东	8.79	8.79	9.24	9.17	9.61	8.34	4.34	3.9	4.58	4.74	5.8
广 西	6.17	6.36	7.09	5.13	6.03	2.69	6.24	5.03	5.72	5.21	6.55
海 南	3.8	4.98	5.09	3.37	3.29	2.96	1.2	1.01	1.01	1.17	1.55
重 庆	2.94	3	6.33	5	8	5.13	2.62	2.74	2.55	2.35	2.66
四 川	4.59	6.22	5.45	4.66	5.2	4.61	3.21	3.9	3.95	2.64	2.75
贵 州	3.83	4.71	5	5.06	5.69	4.69	3.89	4.29	4.83	3.59	3.62
云 南	5.35	6.13	5.84	5.18	5.1	4.03	3.28	3.72	4.73	6.85	8.19
西 藏	2	2	2	2	2.28	1.6	0.63	0.95	0.95	1.22	1.55
陕 西	5.76	5.62	6.41	8.41	9.03	7.03	6.54	6.93	6.19	5.89	5.82
甘 肃	10.3	8.7	9.69	8.67	8.24	6.97	2.18	2.85	3.38	3.77	6.2
青 海	5.51	6.92	7.78	4.7	5.44	5.79	3.98	4.18	3.14	2.37	3.1
宁 夏	4.08	5.64	6.32	4.24	4.92	4.67	4.76	5.18	5.37	3.1	3.57
新 疆	12.66	13.57	12.24	5.97	6.78	7.02	4.82	6.63	6.54	5.05	6.21

（摘自2013年《中国统计年鉴》）

2002～2012年全国居民人均工资、住房、消费、教育、文化统计数据

指标		2002年	2003年	2004年	2005年	2006年	2007年	2008年	2009年	2010年	2011年	2012年
城镇单位就业人员平均工资（在岗职工）（元）		12422	14040	16024	18364	21001	24932	29229	32736	37147	42452	47593
城镇居民人均消费支出（元）		6029	6511	7182	7943	8697	9997	11243	12265	13471	15161	16674
其中教育文化娱乐服务比重（%）		14.96	14.35	14.38	13.82	13.83	13.29		12.01	12.08	12.21	12.2
城镇人均住房建筑面积（平方米）		24.5	25.3	26.4	27.8	28.5	30.1	30.6	31.3	31.6	32.7	32.9
城镇居民家庭恩格尔系数（%）		37.7	37.1	37.7	36.7	35.8	36.3	37.9	36.5	35.7	36.3	36.2
农村居民家庭恩格尔系数（%）		46.2	45.6	47.2	45.5	43	43.1	43.7	41	41.1	40.4	39.3
教育单位	普通高等学校（所）	1396	1552	1731	1792	1867	1908	2263	2305	2358	2409	2442
	普通高中	15406	15779	15998	16092	16153	15681	15206	14607	14058	13688	13509
	初中	65645	64730	63757	62486	60885	59384	57914	56320	54890	54117	53216
	普通小学（所）	456903	425846	394183	366213	341639	320061	300854	280184	257410	241249	228585
	学前教育（个）	111752	116390	117899	124402	130495	129086	133722	138209	150420	166750	181251
文化艺术单位	艺术表演团体（个）	2587	2618	2759	2805	2866	4512	5114	6139	6864	7055	7321
	文化馆（站）	42516	41816	41402	41588	40088	40601	41156	41959	43382	43675	43876
	省级、地市级文化馆（个）	389	382	380	375	395	411	389	361	374	379	382
	县市级文化馆（个）	2854	2846	2841	2851	2819	2806	2829	2862	2890	2906	2919
	乡镇（街道）文化站（个）	39273	38588	38181	38362	36874	37384	37938	38736	40118	40390	40575

（摘自2013年《中国统计年鉴》）

2013年乐器行业规模以上企业主要经济指标完成情况

（按产品类别划分）

（单位：千元）

行业名称		中乐器制造	西乐器制造	电子乐器制造	其他乐器及零件制造	总计
汇总企业数（个）		27	116	27	47	217
主营业务收入	2013年累计	3390161	15005723	5344065	4352731	28092680
	2012年累计	3149598	13894229	5532294	3718491	26294612
	同比%	7.64	8.00	-3.40	17.06	6.84
出口交货值	2013年累计	1224849	4676251	2021868	863709	8786677
	2012年累计	850790	4317312	2091073	855651	8114826
	同比%	43.97	8.31	-3.31	0.94	8.28
应收账款	2013年累计	91006	1151533	385185	275531	1903255
	2012年累计	76431	1107308	338429	225598	1747766
	同比%	19.07	3.99	13.82	22.13	8.90
产成品存货	2013年累计	102749	790925	155204	141176	1190054
	2012年累计	83442	809535	178999	132513	1204489
	同比%	23.14	-2.30	-13.29	6.54	-1.20
利润总额	2013年累计同比%	4.99	14.78	8.40	26.26	13.34
亏损企业（个）	2013年12月	0	20	6	6	32
	2012年12月	1	18	5	3	27

（资料来源：国家统计局 中国乐器协会信息部编辑）

2013年乐器行业规模以上企业主要经济指标完成情况

（按地区划分）

表1　（单位：千元）

地区		广东	山东	天津	河北	浙江	江苏	湖北	河南	北京
汇总企业数（个）		46	30	15	22	24	21	7	11	6
主营业务收入	2013年累计	6932438	4826775	3659365	3023389	2937940	2188464	982727	639267	576398
	2012年累计	6646919	4446943	3090941	2638521	2958243	2214249	1025647	581657	640464
	同比%	4.30	8.54	18.39	14.59	-0.69	-1.16	-4.18	9.90	-10.00
出口交货值	2013年累计	1543139	784224	2475812	939336	894601	809446	224909	261738	172408
	2012年累计	1715540	577781	2209314	912240	957891	648364	36791	211705	176957
	同比%	-10.05	35.73	12.06	2.97	-6.61	24.84	511.32	23.63	-2.57
应收账款	2013年累计	590493	85876	242610	60731	341213	159465	44171	14521	106818
	2012年累计	433907	73857	215706	55990	311850	162209	149773	12419	99497
	同比%	36.09	16.27	12.47	8.47	9.42	-1.69	-70.51	16.93	7.36
产成品存货	2013年累计	271299	64035	78707	30422	177987	106053	45763	9492	138905
	2012年累计	276883	639267	112839	29495	164803	99778	75444	9402	149218
	同比%	-2.02	-89.98	-30.25	3.14	8.00	6.29	-39.34	0.96	-6.91
亏损企业（个）	2013年12月	8	0	3	2	3	2	3	0	2
	2012年12月	6	1	3	2	1	1	2	0	2

表2　（单位：千元）

地区		上海	重庆	辽宁	湖南	福建	黑龙江	吉林	安徽	陕西
汇总企业数（个）		12	1	6	3	4	4	2	2	1
主营业务收入	2013年累计	536983	499879	446372	226197	198774	186927	124614	76050	28892
	2012年累计	534661	16898	443899	151001	219278	127366	79737	54988	28807
	同比%	0.43	2858.21	0.56	49.80	-9.35	46.76	56.28	38.30	0.30
出口交货值	2013年累计	73385	130779	306229	/	139093	24559	/	7019	/
	2012年累计	92174	109354	288501	/	147959	22417	/	7838	/
	同比%	-20.38	19.59	6.14	/	-5.99	9.56	/	-10.45	/
应收账款	2013年累计	138811	16898	41894	13738	18076	14682	8615	2942	1612
	2012年累计	123634	13562	40249	6965	21063	10680	11696	3089	1752
	同比%	12.28	24.60	4.09	97.24	-14.18	37.47	-26.34	-4.76	-7.99
产成品存货	2013年累计	159767	8604	65670	631	20701	1161	9027	199	1420
	2012年累计	135226	7564	54360	407	19152	872	8364	214	1623
	同比%	18.15	13.75	20.81	55.04	8.09	33.14	7.93	-7.01	-12.51
亏损企业（个）	2013年12月	6	0	1	0	2	0	0	0	0
	2012年12月	6	0	2	0	2	0	0	0	0

（数据来源：国家统计局 中国乐器协会信息部）

2013年乐器行业规模以上企业主要经济指标完成情况

（按注册类型划分）

(单位：千元)

注册类型		内资企业	港、澳、台商投资企业	外商投资企业	总计
汇总企业数（个）		136	26	55	217
主营业务收入	2013年累计	15854312	4118117	8120251	28092680
	2012年累计	14119236	4040601	8134775	26294612
	同比%	12.29	1.92	-0.18	6.84
出口交货值	2013年累计	2303245	2544375	3939057	8786677
	2012年累计	1962957	2176469	3975400	8114826
	同比%	17.34	16.90	-0.91	8.28
应收账款	2013年累计	866246	378740	658269	1903255
	2012年累计	693256	474860	579650	1747766
	同比%	24.95	-20.24	13.56	8.90
产成品存货	2013年累计	693287	219961	276806	1190054
	2012年累计	690776	198258	315455	1204489
	同比%	0.36	10.95	-12.25	-1.20
利润总额	2013年累计同比%	8.55	12.73	37.07	13.34
亏损企业（个）	2013年12月	9	7	16	32
	2012年12月	9	5	13	27

2013年乐器行业规模以上企业主要经济指标完成情况

（按企业规模划分）

(单位：千元)

企业规模		大型企业	中型企业	小型企业	总计
汇总企业数（个）		10	41	166	217
主营业务收入	2013年累计	7325122	7258968	13508590	28092680
	2012年累计	7329348	6669417	12295847	26294612
	同比%	-0.06	8.84	9.86	6.84
出口交货值	2013年累计	3935085	2554985	2296607	8786677
	2012年累计	3895597	2183520	2035709	8114826
	同比%	1.01	17.01	12.82	8.28
应收账款	2013年累计	632164	672294	598797	1903255
	2012年累计	586943	637764	523059	1747766
	同比%	7.70	5.41	14.48	8.90
产成品存货	2013年累计	257684	589242	343128	1190054
	2012年累计	253590	588068	362831	1204489
	同比%	1.61	0.20	-5.43	-1.20
利润总额	2013年累计同比%	7.88	13.49	19.09	13.34
亏损企业（个）	2013年12月	0	11	21	32
	2012年12月	0	9	18	27

2013年中国乐器海关出口量值

商品代码	商品名称	单位	数量			金额（美元）		
			2013年	2012年	同比%	2013年	2012年	同比%
92011000	竖式钢琴，包括自动钢琴	台	33029	43025	-23.23	46494273	57605370	-19.29
92012000	大钢琴，包括自动钢琴	台	6806	7168	-5.05	27552391	26691161	3.23
92019000	拨弦古钢琴及其他键盘弦乐器	台	8530	12200	-30.08	2286974	1395538	63.88
92021000	弓弦乐器	只	1307761	1522046	-14.08	68528687	71505515	-4.16
92029000	其他弦乐器	只	10378407	12238990	-15.20	353633934	366198805	-3.43
92051000	铜管乐器	只	707425	775406	-8.77	88001473	88082358	-0.09
92059010	键盘管风琴;簧风琴等游离金属簧片键盘乐器	只	2191965	2029521	8.00	9440405	8066364	17.03
92059020	手风琴及类似乐器	只	669971	496486	34.94	19788340	18643847	6.14
92059030	口琴	只	7445409	8312281	-10.43	12450111	14767787	-15.69
92059090	其他管乐器，但游艺场风琴及手摇风琴除外	只	8358858	8537470	-2.09	52726672	54399579	-3.08
92060000	打击乐器	只	10582070	11721135	-9.72	135063167	140125556	-3.61
92071000	通过电产生或扩大声音的键盘乐器	只	5219930	5183171	0.71	343426800	350376121	-1.98
92079000	其他通过电产生或扩大声音的乐器	个	2558027	2932790	-12.78	186859045	211665851	-11.72
92081000	百音盒	个	24952861	24380532	2.35	60296484	46688801	29.15
92089000	其他乐器;各种媒诱音响器、哨子、号角等	个	84344386	76849076	9.75	30758552	31568691	-2.57
92093000	乐器用弦	千克	458270	369121	24.15	8153940	6522757	25.01
92099100	钢琴的零件、附件	千克	8391797	7849893	6.90	43012850	41302184	4.14
92099200	品目9202所列乐器的零件、附件	千克	4058525	3770483	7.64	34401200	30587927	12.47
92099400	品目9207所列乐器的零件、附件	千克	5066389	5050687	0.31	42677794	40438332	5.54
92099910	节拍器、音叉及定音管	千克	110905	130081	-14.74	3395379	3327763	2.03
92099920	百音盒的机械装置	千克	357043	583807	-38.84	3771790	4842612	-22.11
92099990	其他乐器的零件、附件	千克	14561994	16215370	-10.20	88175754	87771884	0.46
总计						1660896015	1702574803	-2.45

（资料来源：国家海关总署 中国乐器协会信息部编辑）

2013年中国乐器出口世界各大洲概况

洲别	国家和地区数量		金额（万美元）		
	2013年	2012年	2013年	2012年	同比%
亚　洲	45	44	50126	49036	2.22
北美洲	2	2	46379	47487	-2.33
欧　洲	43	41	40656	43454	-6.44
非　洲	49	44	5223	5141	1.60
南美洲	35	37	19494	21167	-7.90
大洋洲	15	14	4209	3969	6.05
合　计	189	182	166089	170254	-2.45

（资料来源：国家海关总署 中国乐器协会信息部编辑）

2013年中国乐器出口国家和地区

（按出口金额排序）

排序		国家和地区	数量（件）			金额（美元）		
2013年	2012年		2013年	2012年	同比%	2013年	2012年	同比%
1	1	美国	35569153	36894652	-3.59	431322706	441715971	-2.35
2	2	德国	7746571	10585822	-26.82	130157491	144470705	-9.91
3	3	日本	9846317	12942842	-23.92	96815584	107794805	-10.19
4	4	巴西	8262838	4818220	71.49	76430849	78471916	-2.60
5	5	中国香港	9191875	13081250	-29.73	69222105	76350875	-9.34
6	6	英国	4625917	4858797	-4.79	63885919	64355252	-0.73
7	9	印度尼西亚	9966213	9543065	4.43	62973912	55064232	14.36
8	8	荷兰	6462165	5948514	8.63	54137511	55093735	-1.74
9	7	韩国	4050121	4155197	-2.53	49700113	55398391	-10.29
10	10	法国	4218903	1956354	115.65	38805910	43804688	-11.41
11	11	澳大利亚	2429120	2262524	7.36	37326742	33861234	10.23
12	12	加拿大	2243318	2189644	2.45	32471358	33160997	-2.08
13	13	墨西哥	3847411	2887164	33.26	27602113	30337749	-9.02
14	15	马来西亚	4113618	4329801	-4.99	26322230	27011824	-2.55
15	26	印度	5336677	3087170	72.87	23506065	14613065	60.86
16	22	新加坡	2528989	967643	161.36	22767584	17192175	32.43

排序		国家和地区	数量（件）			金额（美元）		
2013年	2012年		2013年	2012年	同比%	2013年	2012年	同比%
17	20	俄罗斯	2010153	2284994	-12.03	21374714	17984663	18.85
18	17	智利	2761884	3826967	-27.83	20887823	23831158	-12.35
19	14	泰国	2064509	2299109	-10.20	20565578	27823417	-26.09
20	16	意大利	2155086	2189948	-1.59	19858452	23881198	-16.84
21	25	阿联酋	2733376	2536324	7.77	19037831	15543266	22.48
22	34	伊朗	4292662	2532286	69.52	17938581	8997095	99.38
23	24	尼日利亚	2112932	1868512	13.08	17584451	15700988	12.00
24	21	中国台湾	1632753	1440282	13.36	17541683	17224447	1.84
25	23	阿根廷	1756711	1401707	25.33	16790722	16403941	2.36
26	19	土耳其	2731763	2688542	1.61	14469130	18190292	-20.46
27	28	南非	1169445	1128236	3.65	14195336	12937267	9.72
28	18	西班牙	2829430	5227946	-45.88	14022235	18195323	-22.93
29	32	秘鲁	1246154	1274729	-2.24	11611834	9688631	19.85
30	30	菲律宾	1989438	1338039	48.68	11525795	11048195	4.32
31	29	比利时	1692922	1188725	42.41	11423265	12576507	-9.17
32	27	巴拿马	1122243	1461334	-23.20	9937673	13885341	-28.43
33	31	哥伦比亚	1177383	1595667	-26.21	8921473	9837455	-9.31
34	38	芬兰	421615	601635	-29.92	8087937	6423866	25.90
35	33	波兰	817695	4904667	-83.33	7840689	9395280	-16.55
36	35	越南	384946	346250	11.18	7006667	7957210	-11.95
37	37	瑞典	341558	454992	-24.93	6629410	6917324	-4.16
38	39	捷克	748166	880877	-15.07	6275266	6371828	-1.52
39	41	以色列	854793	944201	-9.47	5511448	6148369	-10.36
40	36	乌拉圭	598674	719132	-16.75	4962150	7476116	-33.63
41	47	沙特阿拉伯	768917	569012	35.13	4476461	2874499	55.73
42	44	危地马拉	814480	624872	30.34	4272959	3611017	18.33
43	60	哈萨克斯坦	131504	55695	136.11	4224503	1681277	151.27
44	40	加纳	1722776	1272560	35.38	4181737	6303739	-33.66
45	90	乌兹别克斯坦	58501	26688	119.20	3837341	614063	524.91
46	43	新西兰	312565	373093	-16.22	3799180	4217636	-9.92
47	45	厄瓜多尔	884278	1246309	-29.05	3685332	3437731	7.20
48	46	斯里兰卡	756462	665437	13.68	3303980	2901654	13.87
49	42	委内瑞拉	656779	1363312	-51.82	2950788	5697609	-48.21
50	49	乌克兰	1044986	800194	30.59	2902553	2756737	5.29
51	57	爱尔兰	108179	118387	-8.62	2103973	1796622	17.11

排序		国家和地区	数量（件）			金额（美元）		
2013年	2012年		2013年	2012年	同比%	2013年	2012年	同比%
52	48	丹麦	454592	533188	-14.74	2030172	2840131	-28.52
53	52	希腊	546020	371505	46.98	2005970	1951602	2.79
54	53	瑞士	77430	122304	-36.69	1958685	1948489	0.52
55	51	多哥	204101	166491	22.59	1905641	2276878	-16.30
56	50	朝鲜	21319	35503	-39.95	1846369	2619714	-29.52
57	54	罗马尼亚	894931	549527	62.85	1802760	1913044	-5.76
58	113	叙利亚	83217	408240	-79.62	1718022	255729	571.81
59	74	巴基斯坦	6751172	2920005	131.20	1709179	994662	71.84
60	65	埃及	326353	308336	5.84	1639929	1421528	15.36
61	62	黎巴嫩	266043	140986	88.70	1617480	1558865	3.76
62	58	萨尔瓦多	331370	235750	40.56	1566506	1745398	-10.25
63	81	中国澳门	297728	65815	352.37	1540032	783574	96.54
64	69	葡萄牙	172992	157715	9.69	1339717	1173690	14.15
65	106	文莱	85456	265382	-67.80	1326136	326950	305.61
66	70	约旦	569856	579666	-1.69	1325792	1161940	14.10
67	84	孟加拉国	167651	212135	-20.97	1305689	669263	95.09
68	71	伊拉克	1495175	1420168	5.28	1273364	1125667	13.12
69	55	阿曼	77711	23136	235.89	1176486	1825766	-35.56
70	/	摩洛哥	1208216	/	/	1154154	/	/
71	64	奥地利	79419	120407	-34.04	1146346	1490731	-23.10
72	85	肯尼亚	299244	364184	-17.83	1133570	667286	69.88
73	83	也门	595786	240068	148.17	1120590	687611	62.97
74	75	阿尔及利亚	348507	252275	38.15	1106030	898884	23.04
75	73	斯洛文尼亚	311390	236033	31.93	1080819	998759	8.22
76	56	挪威	146874	301789	-51.33	1021598	1800839	-43.27
77	116	卡塔尔	76859	16395	368.80	998060	225713	342.18
78	67	突尼斯	141849	150767	-5.92	985886	1315858	-25.08
79	59	洪都拉斯	199265	179101	11.26	974418	1693791	-42.47
80	82	巴拉圭	157932	102166	54.58	938813	745905	25.86
81	63	苏丹	905190	386509	134.20	924862	1526691	-39.42
82	61	安哥拉	316954	323456	-2.01	896963	1638474	-45.26
83	78	克罗地亚	112582	146960	-23.39	853960	837254	2.00
84	86	拉脱维亚	76456	69928	9.34	829361	650204	27.55
85	100	斯洛伐克	44342	46221	-4.07	819316	424098	93.19
86	79	哥斯达黎加	192296	171917	11.85	817955	816888	0.13

排序		国家和地区	数量（件）			金额（美元）		
2013年	2012年		2013年	2012年	同比%	2013年	2012年	同比%
87	93	马耳他	20208	35494	-43.07	770218	519325	48.31
88	91	利比亚	298009	367448	-18.90	761979	596269	27.79
89	72	立陶宛	233887	161617	44.72	735118	1026210	-28.37
90	80	波多黎各	73137	98027	-25.39	712558	794184	-10.28
91	89	巴林	23884	50069	-52.30	658421	620849	6.05
92	108	贝宁	34762	20566	69.03	595031	304193	95.61
93	68	巴布亚新几内亚	90705	131464	-31.00	584004	1187561	-50.82
94	109	吉布提	520806	289718	79.76	550904	302126	82.34
95	105	塞浦路斯	15777	21568	-26.85	544653	355959	53.01
96	94	尼泊尔联邦民主共和国	62037	30679	102.21	537001	482402	11.32
97	112	白俄罗斯	18213	14605	24.70	501089	272083	84.17
98	77	缅甸	14202	11003	29.07	464597	872101	-46.73
99	88	科威特	88987	133808	-33.50	463078	634341	-27.00
100	136	喀麦隆	172910	100819	71.51	442785	87157	408.03
101	99	尼加拉瓜	176694	42050	320.20	439218	431967	1.68
102	92	坦桑尼亚	382679	188633	102.87	423986	533473	-20.52
103	124	柬埔寨	49821	15603	219.30	413215	166884	147.61
104	130	格鲁吉亚	233327	36728	535.28	390347	121088	222.37
105	95	马拉维	39261	12159	222.90	366269	457984	-20.03
106	141	纳米比亚	80121	26145	206.45	355806	58542	507.78
107	96	阿塞拜疆	21205	46763	-54.65	316187	452677	-30.15
108	87	爱沙尼亚	45085	110529	-59.21	309249	642373	-51.86
109	76	古巴	33681	12423	171.12	306974	882550	-65.22
110	98	莫桑比克	282776	113067	150.10	288136	434311	-33.66
111	97	乌干达	5085	30417	-83.28	275504	449961	-38.77
112	137	塞内加尔	929190	209799	342.90	273101	83694	226.31
113	110	匈牙利	25115	36623	-31.42	256808	301321	-14.77
114	101	多米尼加共和国	113912	97322	17.05	253090	413344	-38.77
115	120	刚果(金)	812344	355705	128.38	231526	210377	10.05
116	102	保加利亚	76831	88627	-13.31	223945	392177	-42.90
117	119	几内亚	33713	87337	-61.40	208639	217791	-4.20
118	131	马达加斯加	68304	121279	-43.68	206793	117073	76.64
119	115	科特迪瓦	70516	211627	-66.68	202392	249809	-18.98
120	/	马里	4976	/	/	195098	/	/
121	103	牙买加	58605	24175	142.42	192788	370983	-48.03

排序		国家和地区	数量（件）			金额（美元）		
2013年	2012年		2013年	2012年	同比%	2013年	2012年	同比%
122	123	毛里求斯	38093	33942	12	184923	172830	7
123	111	留尼汪	13034	58139	-77.58	173389	287952	-39.79
124	128	苏里南	9000	9287	-3.09	171860	130766	31.43
125	129	阿尔巴尼亚	22153	33827	-34.51	171800	124393	38.11
126	126	特立尼达和多巴哥	164110	114931	42.79	162639	146813	10.78
127	127	斐济	37355	61450	-39.21	160076	146505	9.26
128	140	佛得角	9408	2328	304.12	151099	69586	117.14
129	114	蒙古	4397	1748	151.54	150509	251633	-40.19
130	104	塞尔维亚	46562	59365	-21.57	139037	356114	-60.96
131	121	加蓬	11933	36205	-67.04	134607	207924	-35.26
132	148	亚美尼亚	6231	15	41440.00	128589	35909	258.10
133	171	圣卢西亚	20589	1304	1478.91	126127	2032	6107.04
134	107	津巴布韦	25868	67852	-61.88	125653	308983	-59.33
135	/	巴勒斯坦	2742	/	/	111315	/	/
136	122	多民族玻利维亚国	15279	7761	96.87	104052	173290	-39.95
137	/	直布罗陀	3610	/	/	103285	/	/
138	117	土库曼斯坦	3071	7926	-61.25	99231	219478	-54.79
139	/	马约特	834	/	/	80760	/	/
140	143	新喀里多尼亚	31215	16993	83.69	77062	53226	44.78
141	179	莱索托	11638	100	11538.00	65959	190	34615.26
142	118	巴哈马	4010	9274	-56.76	59783	219369	-72.75
143	161	黑山	23605	8614	174.03	59608	9455	530.44
144	139	老挝	2357	2145	9.88	55345	71104	-22.16
145	168	汤加	2483	2388	4	52743	4358	1110
146	138	冰岛	506	1399	-63.83	49877	75243	-33.71
147	149	瓦努阿图	5447	2311	135.70	42735	30176	41.62
148	177	索马里	334625	1600	20814.06	42290	251	16748.61
149	142	埃塞俄比亚	10588	6875	54.01	41965	54143	-22.49
150	134	博茨瓦那	6324	58338	-89.16	40218	106623	-62.28
151	169	马尔代夫	7830	248	3057	35990	3659	884
152	/	刚果(布)	19108	/	/	35006	/	/
153	144	圭亚那	15371	42021	-63.42	27999	44887	-37.62
154	157	毛里塔尼亚	93090	10071	824.34	21621	11252	92.15
155	155	冈比亚	86831	52768	64.55	19452	12698	53.19
156	/	不丹	1060	/	/	17814	/	/

排序		国家和地区	数量（件）			金额（美元）		
2013年	2012年		2013年	2012年	同比%	2013年	2012年	同比%
157	152	法属波利尼西亚	1157	727	59.15	15619	22046	-29.15
158	/	乍得	36	/	/	13938	/	/
159	153	萨摩亚	1211	1215	-0.33	13752	18532	-25.79
160	146	马提尼克	286	294	-3	12871	42936	-70
161	170	法属圭亚那	1010	1348	-25.07	11140	3623	207.48
162	181	利比里亚	6615	3200	106.72	10621	144	7275.69
163	/	吉尔吉斯斯坦	6461	/	/	8191	/	/
164	159	波黑	3126	3949	-21	7935	11068	-28
165	174	库克群岛	198	88	125	6475	708	815
166	163	所罗门群岛	505	677	-25	5050	6633	-24
167	165	安提瓜和巴布达	21750	39	55669	4205	5700	-26
168	/	社会群岛	349	/	/	4124	/	/
169	/	斯威士兰	7204	/	/	3620	/	/
170	172	伯利兹	21462	2420	786.86	3126	1632	91.54
171	133	摩尔多瓦	1057	2624	-59.72	2847	111327	-97.44
172	150	塞拉利昂	4100	32539	-87.40	2439	26917	-90.94
173	/	马绍尔群岛	155	/	/	2401	/	/
174	175	赞比亚	2	1001	-100	2004	600	234
175	173	库腊索岛	2166	1500	44.40	1945	1462	33.04
176	180	塔吉克斯坦	1	1680	-100	1917	173	1008
177	151	圣马力诺	32	16	100	1760	22214	-92
178	125	格林纳达	417	4848	-91.40	1718	154582	-98.89
179	132	海地	6000	8360	-28	1440	114639	-99
180	176	布基纳法索	220	1000	-78.00	1113	570	95.26
181	167	密克罗尼西亚联邦	270	250	8.00	986	4500	-78.09
182	/	卢森堡	3	/	/	708	/	/
183	/	阿鲁巴	174	/	/	679	/	/
184	/	瓜德罗普	6	/	/	485	/	/
185	/	中非	1160	/	/	104	/	/
186	/	帕劳	13	/	/	48	/	/
187	/	厄立特里亚	670	/	/	43	/	/
188	178	卢旺达	118	570	-79	8	204	-96
189	/	布隆迪	100	/	/	6	/	/

（资料来源：国家海关总署　中国乐器协会信息部编辑）

2013年中国立式钢琴出口国家和地区

（按出口金额排序）

排序		国家和地区	数量（台）			金额（元）		
2013年	2012年		2013年	2012年	同比%	2013年	2012年	同比%
1	1	美国	5209	8200	-36.48	7927006	12532743	-36.75
2	2	中国香港	3857	4546	-15.16	6886336	7542242	-8.70
3	3	德国	3759	4239	-11.32	5276564	5415229	-2.56
4	4	法国	1893	2053	-7.79	2154147	2378387	-9.43
5	11	新加坡	1087	1190	-8.66	1597811	1567373	1.94
6	6	伊朗	1011	1535	-34.14	1511156	2104634	-28.20
7	10	英国	1345	1688	-20.32	1504684	1831537	-17.85
8	/	乌兹别克斯坦	982	/	/	1313916	/	/
9	8	荷兰	925	1477	-37.37	1299469	1987456	-34.62
10	7	韩国	831	1584	-47.54	1175953	2056009	-42.80
11	13	澳大利亚	741	1522	-51.31	1121905	1372817	-18.28
12	9	日本	666	1486	-55.18	1096792	1975327	-44.48
13	12	朝鲜	1326	1663	-20.26	1090569	1469220	-25.77
14	14	土耳其	839	1056	-20.55	1043930	1249637	-16.46
15	5	加拿大	629	1420	-55.70	1017010	2243229	-54.66
16	17	俄罗斯	635	604	5.13	898063	806040	11.42
17	16	意大利	714	754	-5.31	844782	910825	-7.25
18	27	中国澳门	568	331	71.60	671032	391654	71.33
19	15	马来西亚	440	962	-54.26	605665	1129706	-46.39
20	22	阿联酋	396	326	21.47	597546	449767	32.86
21	19	比利时	330	471	-29.94	520716	721123	-27.79
22	26	捷克	230	132	74.24	415469	393326	5.63
23	25	爱尔兰	411	378	8.73	412349	400115	3.06
24	23	巴西	342	388	-11.86	406938	425789	-4.43
25	28	以色列	327	285	14.74	372594	310797	19.88
26	18	泰国	241	504	-52.18	339636	736283	-53.87
27	20	中国台湾	193	287	-32.75	335552	519704	-35.43
28	29	奥地利	206	203	1.48	331762	291140	13.95
29	24	墨西哥	259	323	-19.81	330384	412198	-19.85
30	37	芬兰	223	128	74.22	317524	146424	116.85
31	30	印度尼西亚	168	530	-68.30	240404	265188	-9.35

排序		国家和地区	数量（台）			金额（元）		
2013年	2012年		2013年	2012年	同比%	2013年	2012年	同比%
32	34	西班牙	205	174	17.82	226719	178325	27.14
33	21	黎巴嫩	164	350	-53.14	226704	470608	-51.83
34	40	希腊	188	141	33.33	182995	129143	41.70
35	35	印度	127	144	-11.81	162312	177186	-8.39
36	36	越南	113	138	-18.12	160984	176788	-8.94
37	31	新西兰	133	213	-37.56	157099	256682	-38.80
38	38	哥伦比亚	112	107	4.67	152697	138747	10.05
39	32	阿塞拜疆	98	173	-43.35	133171	232697	-42.77
40	50	智利	72	40	80.00	111031	60052	84.89
41	52	瑞士	66	27	144.44	104670	39004	168.36
42	41	南非	72	86	-16.28	97484	118198	-17.52
43	43	丹麦	72	76	-5.26	89605	106945	-16.21
44	39	秘鲁	76	112	-32.14	78207	135334	-42.21
45	44	塞浦路斯	56	87	-35.63	70535	102113	-30.92
46	45	突尼斯	60	83	-27.71	67317	94026	-28.41
47	55	约旦	50	25	100.00	58063	33995	70.80
48	42	蒙古	35	95	-63.16	50632	111968	-54.78
49	58	挪威	35	22	59.09	48779	28168	73.17
50	57	马耳他	31	27	14.81	44680	28497	56.79
51	68	厄瓜多尔	34	13	161.54	43204	15590	177.13
52	/	摩洛哥	25	/	/	37175	/	/
53	62	阿尔巴尼亚	25	16	56.25	34860	22013	58.36
54	46	哈萨克斯坦	30	69	-56.52	32973	78344	-57.91
55	47	波兰	23	53	-56.60	32930	73614	-55.27
56	72	巴拿马	27	13	107.69	32424	13740	135.98
57	70	肯尼亚	16	8	100.00	30233	14740	105.11
58	54	阿根廷	20	25	-20.00	25580	34101	-24.99
59	74	缅甸	35	15	133.33	25050	9800	155.61
60	48	埃及	18	49	-63.27	23461	62395	-62.40
61	65	葡萄牙	21	16	31.25	22250	17872	24.50
62	/	文莱	18	/	/	20118	/	/
63	61	尼日利亚	12	15	-20.00	18055	22035	-18.06
64	78	阿尔及利亚	16	3	433.33	17776	3649	387.15
65	76	留尼汪	12	6	100.00	17548	7749	126.46
66	49	冰岛	13	46	-71.74	17385	60394	-71.21

排序		国家和地区	数量（台）			金额（元）		
2013年	2012年		2013年	2012年	同比%	2013年	2012年	同比%
67	64	多民族玻利维亚国	14	18	-22.22	15324	20482	-25.18
68	77	亚美尼亚	11	4	175.00	14579	4604	216.66
69	84	阿曼	9	1	800.00	13152	1250	952.16
70	/	沙特阿拉伯	15	/	/	12100	/	/
71	/	委内瑞拉	11	/	/	12067	/	/
72	/	特立尼达和多巴哥	9	/	/	10831	/	/
73	81	立陶宛	7	2	250.00	10485	2258	364.35
74	/	罗马尼亚	7	/	/	10143	/	/
75	/	斯里兰卡	10	/	/	9800	/	/
76	/	保加利亚	6	/	/	8378	/	/
77	/	乌干达	5	/	/	7735	/	/
78	66	波多黎各	6	14	-57.14	7032	16218	-56.64
79	/	苏里南	5	/	/	6486	/	/
80	33	古巴	1	53	-98.11	6240	202550	-96.92
81	51	菲律宾	3	29	-89.66	5319	57763	-90.79
82	/	格鲁吉亚	1	/	/	4800	/	/
83	79	乌拉圭	3	2	50.00	4756	3586	32.63
84	/	马达加斯加	3	/	/	4557	/	/
85	73	乌克兰	2	8	-75.00	4332	9864	-56.08
86	/	博茨瓦那	1	/	/	3201	/	/
87	/	塔吉克斯坦	1	/	/	1917	/	/
88	63	巴拉圭	1	16	-93.75	1910	21088	-90.94
89	/	赞比亚	1	/	/	1650	/	/
90	/	安哥拉	1	/	/	1400	/	/
91	56	孟加拉国	1	25	-96.00	1380	32022	-95.69
92	71	克罗地亚	1	12	-91.67	1248	13818	-90.97
93	/	坦桑尼亚	1	/	/	1081	/	/

（资料来源：国家海关总署　中国乐器协会信息部编辑）

2013年中国三角钢琴出口国家和地区

（按出口金额排序）

排名		国家和地区	数量（台）			金额（美元）		
2013年	2012年		2013年	2012年	同比%	2013年	2012年	同比%
1	1	美国	3319	3370	-1.51	12682132	11496978	10.31
2	2	德国	473	518	-8.69	2118581	2194699	-3.47
3	3	中国香港	131	185	-29.19	1607770	2096036	-23.29
4	/	乌兹别克斯坦	211	/	/	1240450	/	/
5	5	英国	257	273	-5.86	938787	887484	5.78
6	4	加拿大	200	309	-35.28	833069	1190154	-30.00
7	7	澳大利亚	185	202	-8.42	704010	756251	-6.91
8	8	捷克	135	140	-3.57	622760	619595	0.51
9	12	俄罗斯	147	106	38.68	549638	408722	34.48
10	6	荷兰	115	205	-43.90	471886	780265	-39.52
11	13	巴西	131	132	-0.76	443852	401458	10.56
12	10	法国	99	122	-18.85	410902	512962	-19.90
13	32	阿联酋	163	24	579.17	395051	81361	385.55
14	15	日本	86	92	-6.52	342748	354282	-3.26
15	18	土耳其	85	60	41.67	331592	217944	52.15
16	9	伊朗	87	179	-51.40	308919	524921	-41.15
17	16	意大利	85	73	16.44	297224	331507	-10.34
18	17	比利时	54	87	-37.93	228133	322948	-29.36
19	46	印度尼西亚	60	9	566.67	202312	27666	631.27
20	11	马来西亚	51	125	-59.20	197135	451540	-56.34
21	28	奥地利	36	22	63.64	177069	101325	74.75
22	19	芬兰	47	64	-26.56	171406	182051	-5.85
23	25	新加坡	24	34	-29.41	169363	134359	26.05
24	24	爱尔兰	63	54	16.67	168495	148344	13.58
25	23	中国台湾	37	34	8.82	157573	150271	4.86
26	21	韩国	39	45	-13.33	119516	176182	-32.16
27	27	墨西哥	24	30	-20.00	103576	127495	-18.76
28	33	哈萨克斯坦	28	23	21.74	100994	80995	24.69
29	14	朝鲜	71	227	-68.72	98177	366774	-73.23
30	51	瑞士	17	3	466.67	81404	16417	395.85
31	31	以色列	25	29	-13.79	77885	93345	-16.56

排名		国家和地区	数量（台）			金额（美元）		
2013年	2012年		2013年	2012年	同比%	2013年	2012年	同比%
32	29	南非	20	25	-20.00	76878	97647	-21.27
33	30	泰国	20	26	-23.08	75117	94023	-20.11
34	35	丹麦	17	23	-26.09	73906	64771	14.10
35	20	阿塞拜疆	17	47	-63.83	66729	176650	-62.23
36	43	西班牙	16	3	433.33	65005	28800	125.71
37	26	黎巴嫩	20	37	-45.95	62286	130915	-52.42
38	57	塞浦路斯	16	4	300.00	61628	13067	371.63
39	34	哥伦比亚	13	18	-27.78	55216	72220	-23.54
40	36	新西兰	14	17	-17.65	54862	57463	-4.53
41	38	越南	12	12	0.00	50307	48650	3.41
42	42	乌克兰	10	15	-33.33	49320	29049	69.78
43	41	亚美尼亚	13	8	62.50	46298	31242	48.19
44	39	印度	11	10	10.00	45112	44995	0.26
45	50	厄瓜多尔	10	4	150.00	38380	16542	132.02
46	66	阿根廷	7	1	600.00	32201	4244	658.74
47	61	希腊	10	4	150.00	30948	8377	269.44
48	/	尼泊尔联邦民主共和国	9	/	/	30612	/	/
49	49	智利	7	5	40.00	27863	20481	36.04
50	71	尼日利亚	7	1	600.00	25187	3387	643.64
51	45	中国澳门	12	7	71.43	22890	27897	-17.95
52	/	马达加斯加	5	/	/	20020	/	/
53	59	菲律宾	5	2	150.00	18894	10800	74.94
54	52	巴拿马	6	5	20.00	17628	15798	11.58
55	37	秘鲁	4	18	-77.78	14485	51403	-71.82
56	/	莫桑比克	5	/	/	12145	/	/
57	/	苏里南	3	/	/	11224	/	/
58	74	委内瑞拉	4	1	300.00	10776	2687	301.04
59	/	沙特阿拉伯	1	/	/	8105	/	/
60	/	阿尔巴尼亚	2	/	/	7439	/	/
61	53	挪威	2	4	-50.00	7277	15160	-52.00
62	/	保加利亚	2	/	/	6978	/	/
63	72	突尼斯	2	1	100.00	6807	3098	119.72
64	40	埃及	2	13	-84.62	6536	41925	-84.41
65	48	卡塔尔	1	6	-83.33	5864	21637	-72.90
66	62	冰岛	2	3	-33.33	5678	8202	-30.77

排名		国家和地区	数量（台）			金额（美元）		
2013年	2012年		2013年	2012年	同比%	2013年	2012年	同比%
67	65	毛里求斯	1	1	0.00	5480	5361	2.22
68	/	文莱	1	/	/	5228	/	/
69	47	蒙古	1	6	-83.33	5225	27213	-80.80
70	75	匈牙利	2	1	100.00	5075	2460	106.30
71	22	波兰	1	32	-96.88	5052	156513	-96.77
72	70	立陶宛	1	1	0.00	3858	3623	6.49
73	/	阿曼	1	/	/	3766	/	/
74	/	格鲁吉亚	1	/	/	3500	/	/
75	/	特立尼达和多巴哥	1	/	/	3458	/	/
76	56	波多黎各	1	4	-75.00	3258	13268	-75.44
77	60	孟加拉国	1	3	-66.67	2381	10303	-76.89
78	/	葡萄牙	1	/	/	1700	/	/
79	/	缅甸	1	/	/	1400	/	/

（资料来源：国家海关总署　中国乐器协会信息部编辑）

2013年中国主要乐器出口额前10位国家和地区

（按出口金额排序）

商品名称	国家和地区数量	排序	国家和地区	数量（件）			金额（美元）		
				2013年	2012年	同比%	2013年	2012年	同比%
立式钢琴	93	1	美国	5209	8200	-36.48	7927006	12532743	-36.75
		2	中国香港	3857	4546	-15.16	6886336	7542242	-8.70
		3	德国	3759	4239	-11.32	5276564	5415229	-2.56
		4	法国	1893	2053	-7.79	2154147	2378387	-9.43
		5	新加坡	1087	1190	-8.66	1597811	1567373	1.94
		6	伊朗	1011	1535	-34.14	1511156	2104634	-28.20
		7	英国	1345	1688	-20.32	1504684	1831537	-17.85
		8	乌兹别克斯坦	982	/	/	1313916	/	/
		9	荷兰	925	1477	-37.37	1299469	1987456	-34.62
		10	韩国	831	1584	-47.54	1175953	2056009	-42.80
三角钢琴	79	1	美国	3319	3370	-1.51	12682132	11496978	10.31
		2	德国	473	518	-8.69	2118581	2194699	-3.47

商品名称	国家和地区数量	排序	国家和地区	数量（件）			金额（美元）		
				2013年	2012年	同比%	2013年	2012年	同比%
三角钢琴	79	3	中国香港	131	185	-29.19	1607770	2096036	-23.29
		4	乌兹别克斯坦	211	/	/	1240450	/	/
		5	英国	257	273	-5.86	938787	887484	5.78
		6	加拿大	200	309	-35.28	833069	1190154	-30.00
		7	澳大利亚	185	202	-8.42	704010	756251	-6.91
		8	捷克	135	140	-3.57	622760	619595	0.51
		9	俄罗斯	147	106	38.68	549638	408722	34.48
		10	荷兰	115	205	-43.90	471886	780265	-39.52
拨弦古钢琴及其他键盘弦乐器	54	1	荷兰	1674	311	438.26	483080	94129	413.21
		2	日本	1642	431	280.97	456656	109873	315.62
		3	德国	726	12	5950.00	356748	5423	6478.43
		4	美国	779	214	/	198302	270529	/
		5	马来西亚	286	286	/	122873	122873	/
		6	英国	367	1030	-64.37	75189	57108	31.66
		7	中国澳门	17	2	750.00	40103	3433	1068.16
		8	印度尼西亚	21	21	/	39524	39524	/
		9	阿根廷	82	163	-49.69	31100	27050	14.97
		10	澳大利亚	15	103	/	30671	5690	/
弓弦乐器	110	1	美国	399406	434837	-8.15	25630887	25823206	-0.74
		2	英国	69307	102082	-32.11	3374220	4141507	-18.53
		3	韩国	76386	79498	-3.91	3308772	3215903	2.89
		4	德国	38515	63119	-38.98	3189594	4711111	-32.30
		5	巴西	69321	66271	4.60	2506682	2790563	-10.17
		6	加拿大	25355	21598	17.40	2310218	2056321	12.35
		7	日本	24437	36943	-33.85	2175734	2224714	-2.20
		8	墨西哥	61333	57970	5.80	1846058	1780385	3.69
		9	澳大利亚	31554	29781	5.95	1709875	1494085	14.44
		10	委内瑞拉	8645	15998	-45.96	1412232	1835277	-23.05
其他弦乐器	166	1	美国	2230564	434837	412.97	88518489	25823206	242.79
		2	巴西	827597	66271	1148.81	26525253	2790563	850.53
		3	德国	458586	63119	626.54	19216353	4711111	307.89
		4	英国	656360	102082	542.97	16100907	4141507	288.77
		5	荷兰	263446	7429	3446.18	13392755	527460	2439.10
		6	澳大利亚	396718	29781	1232.12	10959913	1494085	633.55
		7	韩国	226692	79498	185.15	9778318	3215903	204.06

商品名称	国家和地区数量	排序	国家和地区	数量（件）			金额（美元）		
				2013年	2012年	同比%	2013年	2012年	同比%
其他弦乐器	166	8	法国	174356	23448	643.59	8877951	1201988	638.61
		9	泰国	288646	15943	1710.49	8784274	551684	1492.27
		10	日本	186037	36943	403.58	8501518	2224714	282.14
铜管乐器	108	1	美国	166497	188903	-11.86	26679740	25759853	3.57
		2	德国	81034	86203	-6.00	11355341	12224590	-7.11
		3	巴西	70753	87321	-18.97	8910892	7690376	15.87
		4	英国	41654	47493	-12.29	5051896	5528682	-8.62
		5	法国	14645	19690	-25.62	3410277	3447547	-1.08
		6	墨西哥	22785	29187	-21.93	2553865	3486233	-26.74
		7	韩国	15562	19012	-18.15	2254112	2481930	-9.18
		8	中国台湾	10430	10797	-3.40	2185130	2128435	2.66
		9	智利	35858	38726	-7.41	2171986	2000141	8.59
		10	日本	20076	22414	-10.43	2126959	2773867	-23.32
键盘管风琴;簧风琴等游离金属簧片键盘乐器	69	1	日本	242192	182019	33.06	2168458	1543487	40.49
		2	土耳其	612258	459702	33.19	1707111	1372522	24.38
		3	马来西亚	438727	461035	-4.84	1705930	1871120	-8.83
		4	印度尼西亚	393654	340195	15.71	1544632	1273320	21.31
		5	韩国	87478	100764	-13.19	409415	268932	52.24
		6	泰国	28260	113624	-75.13	316269	284135	11.31
		7	斯里兰卡	45390	24534	85.01	230724	102433	125.24
		8	厄瓜多尔	56630	54814	3.31	173956	297369	-41.50
		9	墨西哥	26850	18245	47.16	167261	123425	35.52
		10	阿根廷	23396	20338	15.04	112046	92878	20.64
手风琴及类似乐器	86	1	美国	47500	33671	41.07	3083406	2651875	16.27
		2	墨西哥	29800	25056	18.93	1129317	1339691	-15.70
		3	哥伦比亚	16709	17758	-5.91	708431	908145	-21.99
		4	智利	39335	39615	-0.71	1994921	1402567	42.23
		5	巴西	21677	17851	21.43	3406489	3253876	4.69
		6	阿根廷	13088	8636	51.55	669344	447958	49.42
		7	俄罗斯	23568	10266	129.57	634978	303000	109.56
		8	德国	14634	16884	-13.33	1776455	1776734	-0.02
		9	韩国	79127	67804	16.70	1556295	1212573	28.35
		10	日本	13693	2715	404.35	667586	420659	58.70
口琴	104	1	美国	2031296	2585453	-21.43	2587094	3120641	-17.10
		2	日本	313307	336822	-6.98	1496677	1727281	-13.35

商品名称	国家和地区数量	排序	国家和地区	数量（件）			金额（美元）		
				2013年	2012年	同比%	2013年	2012年	同比%
口琴	104	3	德国	569138	623557	-8.73	1233485	1854310	-33.48
		4	韩国	140386	86761	61.81	490288	127225	285.37
		5	荷兰	284164	59217	379.87	468457	149195	213.99
		6	中国香港	433778	201234	115.56	455884	253032	80.17
		7	马来西亚	146619	393932	-62.78	393313	867490	-54.66
		8	巴西	157120	124460	26.24	390350	206792	88.76
		9	印度	282846	396874	-28.73	377198	541867	-30.39
		10	土耳其	205080	398636	-48.55	287758	502748	-42.76
其他管乐器，但游艺场风琴及手摇风琴除外	119	1	美国	1935757	1863647	3.87	21508932	25630090	-16.08
		2	德国	215328	429785	-49.90	3409218	3032077	12.44
		3	加拿大	169155	102218	65.48	2800411	2193881	27.65
		4	中国香港	52476	25912	102.52	2774844	1614541	71.87
		5	巴西	342158	204869	67.01	2513160	2618605	-4.03
		6	英国	89045	129379	-31.18	2106110	2544693	-17.24
		7	尼日利亚	224577	240195	-6.50	1482941	983966	50.71
		8	墨西哥	701003	795457	-11.87	1247151	1444750	-13.68
		9	意大利	146090	145064	0.71	1195476	1119074	6.83
		10	日本	315271	359283	-12.25	1131964	873413	29.60
打击乐器	142	1	美国	2159532	2100369	2.82	34200575	34570393	-1.07
		2	尼日利亚	171151	132394	29.27	8463538	8971752	-5.66
		3	德国	1015333	1746458	-41.86	8458564	9880068	-14.39
		4	荷兰	1168579	476210	145.39	7042368	3907772	80.21
		5	巴西	467324	244705	90.97	6365077	8072755	-21.15
		6	日本	602293	660537	-8.82	5054369	5007591	0.93
		7	印度尼西亚	105392	74636	41.21	4170715	2593147	60.84
		8	韩国	770303	495298	55.52	3866023	3476739	11.20
		9	墨西哥	164840	176139	-6.41	3441900	5220215	-34.07
		10	英国	252529	323357	-21.90	3431447	4562609	-24.79
通过电产生或扩大声音的键盘乐器	147	1	美国	1214348	1351773	-10.17	90097321	90290821	-0.21
		2	德国	539020	535604	0.64	42510388	43233388	-1.67
		3	日本	332496	355107	-6.37	33231738	36187236	-8.17
		4	中国香港	245300	458020	-46.44	17903499	27473532	-34.83
		5	英国	232500	183931	26.41	15648001	13116366	19.30
		6	韩国	107665	103269	4.26	13290297	13913643	-4.48
		7	法国	143845	149272	-3.64	13266319	15124044	-12.28

商品名称	国家和地区数量	排序	国家和地区	数量（件）			金额（美元）		
				2013年	2012年	同比%	2013年	2012年	同比%
通过电产生或扩大声音的键盘乐器	147	8	阿联酋	151982	114061	33.25	10506448	7261642	44.68
		9	印度	247131	35790	590.50	9319000	1720201	441.74
		10	澳大利亚	118640	91523	29.63	7216529	6358760	13.49
其他通过电产生或扩大声音的乐器	123	1	美国	806448	922392	-12.57	62591799	67755494	-7.62
		2	日本	191588	230840	-17.00	20394140	23930018	-14.78
		3	荷兰	179498	188411	-4.73	17308172	20677819	-16.30
		4	德国	186298	195543	-4.73	13076150	14256094	-8.28
		5	巴西	171566	219009	-21.66	9261110	11362416	-18.49
		6	英国	138732	98291	41.14	6750925	7703705	-12.37
		7	澳大利亚	92312	70613	30.73	5878851	4981348	18.02
		8	加拿大	51819	44742	15.82	4837949	4159269	16.32
		9	墨西哥	61277	80940	-24.29	4331354	4586264	-5.56
		10	中国香港	57818	43344	33.39	2735109	2502462	9.30
百音盒	125	1	中国香港	4500286	6876291	-34.55	12195327	8008468	52.28
		2	美国	2659767	2379774	11.77	9570395	9082863	5.37
		3	巴西	2541404	1354165	87.67	2995474	1537695	94.80
		4	伊朗	1065530	617933	72.43	2257519	671121	236.38
		5	荷兰	642903	804220	-20.06	2067950	1604727	28.87
		6	英国	471151	365121	29.04	1829021	2503104	-26.93
		7	马来西亚	656360	604819	8.52	1702191	1523215	11.75
		8	墨西哥	1059068	563091	88.08	1469752	758721	93.71
		9	日本	492168	692358	-28.91	1335155	1050719	27.07
		10	中国台湾	247081	81978	201.40	1323968	159462	730.27
其他乐器;各种媒诱音响器、哨子、号角等	152	1	美国	15992569	16242575	-1.54	7791123	7507563	3.78
		2	巴西	2903474	746873	288.75	1906377	695793	173.99
		3	日本	5335362	7635475	-30.12	1570189	2174072	-27.78
		4	新加坡	1704638	167973	914.83	1299119	102662	1165.43
		5	德国	1442698	2801707	-48.51	1028467	1509911	-31.89
		6	巴基斯坦	6573770	2799224	134.84	961657	626941	53.39
		7	马来西亚	1665461	1902870	-12.48	950234	802580	18.40
		8	韩国	440855	371595	18.64	747965	367029	103.79
		9	阿联酋	1752399	1774045	-1.22	711214	381492	86.43
		10	伊朗	2465539	1245459	97.96	658465	546931	20.39
乐器用弦	89	1	美国	26809	24536	9.26	747666	608928	22.78
		2	日本	23718	27556	-13.93	644524	586248	9.94

商品名称	国家和地区数量	排序	国家和地区	数量（件）			金额（美元）		
				2013年	2012年	同比%	2013年	2012年	同比%
乐器用弦	89	3	荷兰	21530	4380	391.55	575381	13640	4118.34
		4	印度尼西亚	21820	28303	-22.91	552218	362730	52.24
		5	马来西亚	43941	10393	322.79	551937	123704	346.18
		6	印度	13722	12457	10.15	396035	215367	83.89
		7	德国	9272	34863	-73.40	394807	1016497	-61.16
		8	韩国	65763	60825	8.12	368408	300119	22.75
		9	泰国	27095	9045	199.56	298180	181842	63.98
		10	新加坡	5333	2814	89.52	252274	175213	43.98
钢琴的零件、附件	57	1	印度尼西亚	5573397	5437431	2.50	29391398	26851891	9.46
		2	捷克	479680	589508	-18.63	3161061	3148379	0.40
		3	日本	228788	292182	-21.70	2894714	2944446	-1.69
		4	韩国	455078	563596	-19.25	2156582	2394283	-9.93
		5	德国	289174	312052	-7.33	1103600	1285882	-14.18
		6	中国香港	855275	55484	1441.48	991556	519785	90.76
		7	中国台湾	229244	197136	16.29	964850	903179	6.83
		8	美国	43164	58757	-26.54	583132	1339488	-56.47
		9	伊朗	101485	265524	-61.78	521081	1308268	-60.17
		10	马来西亚	19079	1871	919.72	295029	12881	2190.42
弦乐器的零件、附件	118	1	美国	515023	579039	-11.06	6280706	6812723	-7.81
		2	印度尼西亚	833055	558282	49.22	4831922	3602082	34.14
		3	德国	451829	560428	-19.38	2308334	2595732	-11.07
		4	韩国	163173	171141	-4.66	1965819	1028817	91.08
		5	日本	302146	352305	-14.24	1892682	2157643	-12.28
		6	英国	185358	274365	-32.44	1739236	1645462	5.70
		7	印度	82101	20354	303.37	1646634	177514	827.61
		8	中国香港	89229	118441	-24.66	1508761	1727604	-12.67
		9	巴西	96526	79233	21.83	1084708	942337	15.11
		10	新加坡	54018	53749	0.50	1009063	651290	54.93
键盘电子乐器的零件、附件	94	1	中国香港	370281	402146	-7.92	8902597	7436140	19.72
		2	美国	1343273	1447197	-7.18	8775310	8581283	2.26
		3	印度尼西亚	719320	696248	3.31	8069643	7636807	5.67
		4	韩国	703935	788255	-10.70	3469798	3539113	-1.96
		5	德国	508946	333315	52.69	2544878	1638319	55.33
		6	日本	280599	445360	-37.00	2357817	3811095	-38.13
		7	意大利	206397	158431	30.28	1622489	1534610	5.73

商品名称	国家和地区数量	排序	国家和地区	数量（件）			金额（美元）		
				2013年	2012年	同比%	2013年	2012年	同比%
键盘电子乐器的零件、附件	94	8	荷兰	62632	73898	-15.25	761627	1046273	-27.21
		9	英国	92061	82747	11.26	664697	564700	17.71
		10	新加坡	41592	26684	55.87	542937	131084	314.19
节拍器、音叉及定音管	75	1	美国	21964	38813	-43.41	1052081	1352604	-22.22
		2	中国香港	18662	22899	-18.50	557785	578628	-3.60
		3	德国	10349	10408	-0.57	231905	293323	-20.94
		4	新加坡	6880	1283	436.24	180816	27727	552.13
		5	澳大利亚	3697	1773	108.52	132745	23581	462.93
		6	日本	4462	2915	53.07	115497	87669	31.74
		7	泰国	3438	702	389.74	111331	26552	319.29
		8	荷兰	3548	2120	67.36	98262	54571	80.06
		9	巴西	2868	1275	124.94	88541	41350	114.13
		10	英国	2791	6905	-59.58	86754	129547	-33.03
百音盒的机械装置	35	1	斯里兰卡	82343	59811	37.67	962674	603058	59.63
		2	中国香港	74956	149007	-49.70	542479	1051372	-48.40
		3	法国	29565	34448	-14.17	497215	592183	-16.04
		4	德国	37885	49310	-23.17	468949	574095	-18.32
		5	日本	60485	71503	-15.41	378120	508244	-25.60
		6	美国	14053	160519	-91.25	190178	593715	-67.97
		7	印度尼西亚	17798	5531	221.79	177940	19059	833.63
		8	荷兰	5684	4655	/	85125	57436	/
		9	瑞士	2391	3158	-24.29	82857	79253	4.55
		10	芬兰	2722	1053	158.50	46914	3057	1434.64
其他乐器的零件、附件	127	1	美国	3921711	3947461	-0.65	20526585	19455817	5.50
		2	德国	1185539	1455083	-18.52	9147454	9550089	-4.22
		3	日本	874805	1020995	-14.32	6781547	8121588	-16.50
		4	中国香港	437775	1490098	-70.62	3732051	4513798	-17.32
		5	荷兰	440886	384566	14.65	3637753	2711974	34.14
		6	英国	491006	500945	-1.98	3184648	2728291	16.73
		7	中国台湾	341810	324323	5.39	3116494	3248873	-4.07
		8	法国	513676	591354	-13.14	2571406	2959716	-13.12
		9	加拿大	553633	543842	1.80	2568168	2600670	-1.25
		10	尼日利亚	431879	360564	19.78	2495774	2263445	10.26

（资料来源：国家海关总署　中国乐器协会信息部编辑）

2013年中国海关进口乐器量值

商品代码	商品名称	单位	数量			金额（美元）		
			2013年	2012年	同比%	2013年	2012年	同比%
92011000	竖式钢琴，包括自动钢琴	台	116982	102199	14.46	92564930	82619867	12.04
92012000	大钢琴，包括自动钢琴	台	4625	4632	-0.15	34957253	37820500	-7.57
92019000	拨弦古钢琴及其他键盘弦乐器	台	502	804	-37.56	626893	647125	-3.13
92021000	弓弦乐器	只	2556	2198	16.29	671691	1470757	-54.33
92029000	其他弦乐器	只	67937	71546	-5.04	5892932	5273598	11.74
92051000	铜管乐器	只	4618	5422	-14.83	3276343	2605838	25.73
92059010	键盘管风琴;簧风琴等游离金属簧片键盘乐器	只	94	263	-64.26	539279	2242145	-75.95
92059020	手风琴及类似乐器	只	121	579	-79.10	18539	125578	-85.24
92059030	口琴	只	100558	53602	87.60	280293	370336	-24.31
92059090	其他管乐器，但游艺场风琴及手摇风琴除外	只	42355	57108	-25.83	3422694	4476797	-23.55
92060000	打击乐器	只	548064	346505	58.17	8548305	6587854	29.76
92071000	通过电产生或扩大声音的键盘乐器	只	26054	31476	-17.23	12444468	10658396	16.76
92079000	其他通过电产生或扩大声音的乐器	个	30262	50211	-39.73	5563689	6241893	-10.87
92081000	百音盒	个	109481	35561	207.87	484285	500261	-3.19
92089000	其他乐器;各种媒诱音响器、哨子、号角等	个	630873	564265	11.80	533984	252421	111.54
92093000	乐器用弦	千克	292011	318894	-8.43	5759291	6003022	-4.06
92099100	钢琴的零件、附件	千克	4391450	5271638	-16.70	31906205	36652412	-12.95
92099200	品目9202所列乐器的零件、附件	千克	552341	658880	-16.17	11473481	12918670	-11.19
92099400	品目9207所列乐器的零件、附件	千克	2962022	4180008	-29.14	28335201	35842990	-20.95
92099910	节拍器、音叉及定音管	千克	6525	10318	-36.76	204810	319472	-35.89
92099920	百音盒的机械装置	千克	35317	56773	-37.79	548144	611314	-10.33
92099990	其他乐器的零件、附件	千克	1191807	1389092	-14.20	44269285	48674364	-9.05
合计						292321995	302915610	-3.50

（资料来源：国家海关总署　中国乐器协会信息部编辑）

2013年中国从世界各大洲进口乐器概况

洲别	国家和地区数量		数量（件）			金额（美元）		
	2013年	2012年	2013年	2012年	同比%	2013年	2012年	同比%
亚 洲	19	17	10186169	12096583	-15.79	231091929	247770999	-6.73
非 洲	8	6	38145	3597	960.47	49318	43055	14.55
欧 洲	24	21	698606	828632	-15.69	47588584	41888131	13.61
南美洲	4	4	5286	2473	113.75	1212125	467560	159.24
北美洲	2	2	187978	280427	-32.97	12333415	12675348	-2.70
大洋洲	2	2	371	262	41.60	46624	70517	-33.88
合 计	59	52	11116555	13211974	-15.86	292321995	302915610	-3.50

（资料来源：国家海关总署　中国乐器协会信息部编辑）

2013年中国海关乐器进口国家和地区

(按进口金额排序)

排序		国家和地区	数量（件）			金额（美元）		
2013年	2012年		2013年	2012年	同比%	2013年	2012年	同比%
1	1	日本	4493447	5685552	-20.97	109383793	135572354	-19.32
2	2	印度尼西亚	1622993	2937075	-44.74	63950427	55224800	15.80
3	3	德国	375542	415277	-9.57	32885732	28595032	15.01
4	4	韩国	735182	855960	-14.11	25925348	23202120	11.74
5	5	中国台湾	1309341	1239762	5.61	15243786	16591159	-8.12
6	6	※中国内地	1351124	1249970	8.09	13551499	14798384	-8.43
7	7	美国	165663	160002	3.54	11527206	11535381	-0.07
8	8	意大利	154318	129305	19.34	4356333	4783015	-8.92
9	9	捷克	27963	28540	-2.02	4292836	3341746	28.46
10	10	法国	8061	8457	-4.68	1963605	1755725	11.84
11	20	马来西亚	593416	10982	5303.53	1523094	325928	367.31
12	12	奥地利	1140	695	64.03	1239218	1135514	9.13
13	18	墨西哥	5029	2118	137.44	1169298	424618	175.38
14	13	荷兰	2633	2777	-5.19	1143553	689475	65.86
15	11	加拿大	22315	120425	-81.47	806209	1139967	-29.28
16	17	英国	53282	47765	11.55	654060	496911	31.63

排序		国家和地区	数量（件）			金额（美元）		
2013年	2012年		2013年	2012年	同比%	2013年	2012年	同比%
17	19	泰国	21576	46961	-54.06	531398	421063	26.20
18	15	瑞士	1252	3517	-64.40	452593	553803	-18.28
19	16	越南	10071	5047	99.54	404520	540625	-25.18
20	22	西班牙	48908	55725	-12.23	198003	141280	40.15
21	27	土耳其	3705	629	489.03	197419	42158	368.28
22	46	丹麦	155	4801	-96.77	169388	1381	12165.60
23	24	印度	5533	3060	80.82	127404	107486	18.53
24	34	瑞典	645	402	60.45	88866	17391	410.99
25	14	中国香港	12236	28825	-57.55	83706	679611	-87.68
26	30	尼泊尔联邦民主共和国	25620	16566	54.65	63348	34852	81.76
27	28	匈牙利	273	259	5.41	45398	41441	9.55
28	35	菲律宾	347	257	35.02	44822	14496	209.20
29	32	阿根廷	250	151	65.56	41293	24010	71.98
30	26	澳大利亚	361	229	57.64	36472	59225	-38.42
31	33	新加坡	931	749	24.30	30895	20910	47.75
32	31	比利时	115	118228	-99.90	30329	29390	3.19
33	23	以色列	506	13940	-96.37	21163	129748	-83.69
34	/	冈比亚	630	/	/	20060	/	/
35	40	阿塞拜疆	3	1	200.00	18000	6000	200.00
36	47	芬兰	25	1	2400.00	17985	1174	1431.94
37	/	埃及	34020	/	/	10578	/	/
38	37	克罗地亚	580	108	437.04	9478	10405	-8.91
39	42	新西兰	6	1	500.00	9096	3636	150.17
40	/	波兰	1	/	/	7523	/	/
41	29	加纳	1462	2544	-42.53	6722	37928	-82.28
42	/	科特迪瓦	234	/	/	6567	/	/
43	25	朝鲜	80	1188	-93.27	5100	64825	-92.13
44	/	拉脱维亚	13	/	/	4336	/	/
45	45	希腊	23004	10405	121.09	4218	1447	191.50
46	/	保加利亚	24	/	/	3795	/	/
47	/	巴基斯坦	58	/	/	3633	/	/
48	/	塞内加尔	1242	/	/	2761	/	/
49	41	俄罗斯	64	4	1500.00	2582	5411	-52.28
50	52	埃塞俄比亚	552	264	109.09	1687	79	2035.44
51	38	国(地)别不详	4	32	-87.50	1056	7656	-86.21

排序		国家和地区	数量（件）			金额（美元）		
2013年	2012年		2013年	2012年	同比%	2013年	2012年	同比%
52	39	巴西	5	161	-96.89	1006	7543	-86.66
53	49	南非	3	2	50.00	907	592	53.21
54	21	罗马尼亚	4	2104	-99.81	586	278200	-99.79
55	/	波多黎各	2	/	/	528	/	/
56	/	柬埔寨	2	/	/	321	/	/
57	/	中国澳门	1	/	/	253	/	/
58	/	葡萄牙	1	/	/	119	/	/
59	/	爱沙尼亚	600	/	/	48	/	/
60	/	马里	2	/	/	36	/	/

（资料来源：国家海关总署　中国乐器协会信息部编辑）

2013年中国进口立式钢琴国家和地区

(按进口金额排序)

排序		国家和地区	数量（台）			金额（元）		
2013年	2012年		2013年	2012年	同比%	2013年	2012年	同比%
1	2	日本	57817	51338	12.62	47991822	50445733	-4.86
2	3	印度尼西亚	13880	10991	26.29	24055089	17400209	38.25
3	4	韩国	43573	38718	12.54	13598907	10079842	34.91
4	5	德国	596	311	91.64	3799117	2489224	52.62
5	6	捷克	579	472	22.67	2664030	1931972	37.89
6	7	英国	147	101	45.54	129029	69676	85.18
7	13	奥地利	111	18	516.67	87404	6651	1214.15
8	10	美国	55	44	25.00	63252	37014	70.89
9	9	意大利	6	10	-40.00	44070	43844	0.52
10	8	※中国内地	65	96	-32.29	39326	51741	-23.99
11	11	中国台湾	78	12	550.00	28884	19507	48.07
12	24	法国	24	1	2300.00	27498	807	3307.43
13	14	阿塞拜疆	3	1	200.00	18000	6000	200.00
14	18	比利时	12	5	140.00	8333	2607	219.64
15	25	荷兰	24	1	2300.00	3882	603	543.78
16	12	加拿大	6	24	-75.00	3696	11312	-67.33
17	23	俄罗斯	2	2	0.00	1050	905	16.02

18	15	瑞士	1	13	-92.31	500	5383	-90.71
19	26	南非	1	2	-50.00	401	592	-32.26
20	19	菲律宾	1	5	-80.00	387	1632	-76.29
21	/	中国澳门	1	/	/	253	/	/

注：※系指中国立式钢琴出口后复进口

（资料来源：国家海关总署　中国乐器协会信息部编辑）

2013年中国进口三角钢琴国家和地区

(按进口金额排序)

排名		国家和地区	数量（台）			金额（美元）		
2013年	2012年		2013年	2012年	同比%	2013年	2012年	同比%
1	2	德国	412	344	19.77	12928635	12044716	7.34
2	1	日本	2464	2440	0.98	11575118	15203872	-23.87
3	3	印度尼西亚	1297	1458	-11.04	5846086	6495208	-9.99
4	6	美国	59	32	84.38	1383813	514442	168.99
5	4	意大利	18	29	-37.93	1128955	1667767	-32.31
6	5	奥地利	139	21	561.90	922901	837036	10.26
7	7	捷克	47	29	62.07	789287	480378	64.31
8	9	英国	100	75	33.33	252848	181358	39.42
9	11	法国	19	11	72.73	53795	35370	52.09
10	8	韩国	49	173	-71.68	38145	270388	-85.89
11	12	比利时	10	3	233.33	8357	14856	-43.75
12	/	荷兰	1	/	/	6936	/	/
13	10	澳大利亚	3	1	200.00	6635	51655	-87.16
14	16	加拿大	3	2	50.00	6098	3920	55.56
15	13	中国台湾	1	1	0.00	5000	5000	0.00
16	/	瑞士	1	/	/	2913	/	/
17	14	新西兰	1	3	-66.67	983	4514	-78.22
18	/	丹麦	1	/	/	748	/	/

（资料来源：国家海关总署　中国乐器协会信息部编辑）

2013年中国主要乐器进口额前10位国家和地区

（按出口金额排序）

商品名称	国家和地区数量	排序	国家或地区	数量（件）			金额（美元）		
				2013年	2012年	同比%	2013年	2012年	同比%
立式钢琴	21	1	日本	57817	51338	12.62	47991822	50445733	-4.86
		2	印度尼西亚	13880	10991	26.29	24055089	17400209	38.25
		3	韩国	43573	38718	12.54	13598907	10079842	34.91
		4	德国	596	311	91.64	3799117	2489224	52.62
		5	捷克	579	472	22.67	2664030	1931972	37.89
		6	英国	147	101	45.54	129029	69676	85.18
		7	奥地利	111	18	516.67	87404	6651	1214.15
		8	美国	55	44	25.00	63252	37014	70.89
		9	意大利	6	10	-40.00	44070	43844	0.52
		10	※中国内地	65	96	-32.29	39326	51741	-23.99
三角钢琴	18	1	德国	412	344	19.77	12928635	12044716	7.34
		2	日本	2464	2440	0.98	11575118	15203872	-23.87
		3	印度尼西亚	1297	1458	-11.04	5846086	6495208	-9.99
		4	美国	59	32	84.38	1383813	514442	168.99
		5	意大利	18	29	-37.93	1128955	1667767	-32.31
		6	奥地利	139	21	561.90	922901	837036	10.26
		7	捷克	47	29	62.07	789287	480378	64.31
		8	英国	100	75	33.33	252848	181358	39.42
		9	法国	19	11	72.73	53795	35370	52.09
		10	韩国	49	173	-71.68	38145	270388	-85.89
拨弦古钢琴及其他键盘弦乐器	12	1	日本	441	387	13.95	501124	459765	9.00
		2	意大利	1	2	-50.00	45651	28335	61.11
		3	美国	7	9	-22.22	25734	91269	-71.80
		4	德国	17	7	142.86	22902	29355	-21.98
		5	新西兰	5	/	/	8113	/	/
		6	波兰	1	/	/	7523	/	/
		7	韩国	13	82	-84.15	6826	27643	-75.31
		8	英国	9	11	-18.18	3429	9001	-61.90
		9	法国	4	/	/	2932	/	/
		10	比利时	2	2	0.00	1177	507	132.15
弓弦乐器	19	1	德国	110	206	-46.60	422917	379957	11.31

商品名称	国家和地区数量	排序	国家或地区	数量（件）			金额（美元）		
				2013年	2012年	同比%	2013年	2012年	同比%
弓弦乐器	19	2	意大利	31	24	29.17	74503	862493	-91.36
		3	墨西哥	531	/	/	62829	/	/
		4	美国	221	77	187.01	52364	26364	98.62
		5	※中国内地	1452	448	224.11	36208	17067	112.15
		6	西班牙	48	43	11.63	3965	9629	-58.82
		7	荷兰	15	19	-21.05	3435	4018	-14.51
		8	英国	24	/	/	3301	/	/
		9	捷克	16	13	23.08	3150	12930	-75.64
		10	芬兰	20	/	/	2467	/	/
其他弦乐器	28	1	印度尼西亚	58432	63833	-8.46	3532392	3560623	-0.79
		2	美国	682	954	-28.51	600974	867050	-30.69
		3	意大利	42	11	281.82	569170	81010	602.59
		4	墨西哥	1180	337	250.15	290771	95569	204.25
		5	日本	132	231	-42.86	176566	279930	-36.92
		6	德国	160	148	8.11	174829	59442	194.12
		7	※中国内地	3550	3843	-7.62	145416	89957	61.65
		8	西班牙	682	183	272.68	128483	48332	165.83
		9	韩国	491	400	22.75	68135	59000	15.48
		10	中国台湾	1058	61	1634.43	37681	2920	1190.45
铜管乐器	14	1	德国	356	255	39.61	841094	398199	111.22
		2	中国台湾	1373	1610	-14.72	663144	718028	-7.64
		3	美国	693	1307	-46.98	554911	678798	-18.25
		4	日本	881	493	78.70	546756	319458	71.15
		5	法国	456	774	-41.09	301786	173519	73.92
		6	越南	617	524	17.75	173965	162459	7.08
		7	奥地利	42	34	23.53	122849	91018	34.97
		8	※中国内地	104	193	-46.11	33789	34610	-2.37
		9	意大利	48	74	-35.14	28348	25650	10.52
		10	英国	34	153	-77.78	5407	3751	44.15
键盘管风琴;簧风琴等游离金属簧	7	1	德国	2	4	-50.00	319552	1714944	-81.37
		2	意大利	18	9	100.00	104364	48788	113.91
		3	荷兰	4	/	/	57293	/	/
		4	美国	11	6	83.33	52020	3680	1313.59
		5	英国	8	1	700.00	4200	68	6076.47

商品名称	国家和地区数量	排序	国家或地区	数量（件）			金额（美元）		
				2013年	2012年	同比%	2013年	2012年	同比%
键盘管风琴;簧风琴等游离金属簧	7	6	中国台湾	50	210	-76.19	1750	13600	-87.13
		7	加拿大	1	/	/	100	/	/
手风琴及类似乐器	6	1	意大利	9	37	-75.68	8190	52645	-84.44
		2	朝鲜	80	448	-82.14	5100	61948	-91.77
		3	德国	23	/	/	3213	/	/
		4	※中国内地	5	85	-94.12	1150	9680	-88.12
		5	美国	3	1	200.00	497	148	235.81
		6	荷兰	1	1	0.00	389	129	201.55
口琴	9	1	日本	7840	12883	-39.14	196398	319573	-38.54
		2	※中国内地	89280	38671	130.87	39170	19525	100.61
		3	德国	3094	1946	58.99	38308	28890	32.60
		4	印度尼西亚	80	65	23.08	2184	1961	11.37
		5	英国	40	/	/	1644	/	/
		6	新加坡	90	/	/	1595	/	/
		7	韩国	110	/	/	760	/	/
		8	美国	23	/	/	208	/	/
		9	法国	1	/	/	26	/	/
其他管乐器	16	1	日本	6993	5537	26.30	1433844	2317127	-38.12
		2	法国	3328	4481	-25.73	724039	827756	-12.53
		3	德国	952	71	1240.85	566312	493030	14.86
		4	中国台湾	16462	10636	54.78	364526	393543	-7.37
		5	※中国内地	124	2408	-94.85	135611	15572	770.86
		6	越南	450	1151	-60.90	104573	262149	-60.11
		7	英国	10744	16743	-35.83	39004	22460	73.66
		8	美国	358	1472	-75.68	31738	110294	-71.22
		9	韩国	204	1183	-82.76	8210	3318	147.44
		10	瑞士	100	/	/	6312	/	/
打击乐器	34	1	德国	58077	50215	15.66	1645779	1216441	35.29
		2	中国台湾	106180	78532	35.21	1301848	833247	56.24
		3	美国	20110	23166	-13.19	1216306	1464517	-16.95
		4	印度尼西亚	255325	105706	141.54	1023113	666144	53.59
		5	荷兰	451	337	33.83	935662	537398	74.11
		6	日本	12327	6434	91.59	687418	446432	53.98

商品名称	国家和地区数量	排序	国家或地区	数量（件）			金额（美元）		
				2013年	2012年	同比%	2013年	2012年	同比%
打击乐器	34	7	加拿大	9871	8323	18.60	437997	386161	13.42
		8	泰国	13089	6299	107.79	432620	197528	119.02
		9	※中国内地	3936	10712	-63.26	195127	225869	-13.61
		10	土耳其	3678	557	560.32	194998	41246	372.77
通过电产生或扩大声音的键盘乐器	13	1	印度尼西亚	19232	20085	-4.25	9577821	7094130	35.01
		2	日本	1090	1248	-12.66	1707577	2108037	-19.00
		3	※中国内地	5289	9935	-46.76	925427	1304154	-29.04
		4	意大利	86	69	24.64	102738	101124	1.60
		5	瑞典	112	16	600.00	85760	13588	531.15
		6	美国	126	6	2000.00	23062	12061	91.21
		7	德国	3	/	/	6862	/	/
		8	越南	90	28	221.43	4822	693	595.82
		9	马来西亚	1	/	/	3647	/	/
		10	中国台湾	18	75	-76.00	3520	17911	-80.35
其他通过电产生或扩大声音的乐器	19	1	印度尼西亚	18561	10099	83.79	2441790	1357908	79.82
		2	美国	1807	2270	-20.40	1143630	1169380	-2.20
		3	墨西哥	2196	827	165.54	757784	285415	165.50
		4	日本	3748	31957	-88.27	590513	2703640	-78.16
		5	韩国	1484	1314	12.94	277928	342841	-18.93
		6	※中国内地	1836	2650	-30.72	146516	141236	3.74
		7	德国	67	109	-38.53	47463	24449	94.13
		8	瑞士	1	/	/	36556	/	/
		9	菲律宾	102	/	/	32604	/	/
		10	法国	21	1	2000.00	23827	7431	220.64
百音盒	13	1	瑞士	304	651	-53.30	310187	378987	-18.15
		2	※中国内地	108787	29571	267.88	82751	38298	116.07
		3	美国	33	303	-89.11	66214	14431	358.83
		4	日本	93	904	-89.71	9803	16781	-41.58
		5	英国	12	54	-77.78	7923	13649	-41.95
		6	德国	4	1246	-99.68	2999	4625	-35.16
		7	俄罗斯	60	/	/	1094	/	/
		8	丹麦	2	/	/	1052	/	/
		9	意大利	32	254	-87.40	848	20552	-95.87
		10	澳大利亚	1	1	0.00	602	2111	-71.48

商品名称	国家和地区数量	排序	国家或地区	数量（件）			金额（美元）		
				2013年	2012年	同比%	2013年	2012年	同比%
其他乐器;各种媒诱音响器、哨子、号角等	22	1	美国	11975	24	49795.83	283759	1850	15238.32
		2	日本	45145	22525	100.42	103011	65643	56.93
		3	中国台湾	174274	77143	125.91	52820	43195	22.28
		4	※中国内地	262467	110362	137.82	36331	16204	124.21
		5	加拿大	5145	103051	-95.01	15726	20577	-23.57
		6	泰国	5501	36044	-84.74	12815	58792	-78.20
		7	西班牙	42929	51080	-15.96	9117	11594	-21.36
		8	英国	39732	28699	38.44	8510	17150	-50.38
		9	尼泊尔联邦民主共和国	778	14	5457.14	3831	31	12258.06
		10	希腊	23000	10405	121.05	3788	1447	161.78
乐器用弦	17	1	美国	46899	46528	0.80	2969201	2922258	1.61
		2	德国	175521	178207	-1.51	1459279	1450063	0.64
		3	日本	54168	69266	-21.80	540421	743594	-27.32
		4	印度尼西亚	1962	2936	-33.17	271127	417598	-35.07
		5	丹麦	151	/	/	167317	/	/
		6	奥地利	601	326	84.36	88970	117018	-23.97
		7	韩国	9797	13390	-26.83	70362	99447	-29.25
		8	墨西哥	1010	891	13.36	55171	43002	28.30
		9	意大利	733	1014	-27.71	41790	89141	-53.12
		10	英国	58	116	-50.00	34503	63520	-45.68
钢琴的零件、附件	14	1	日本	4082718	4897930	-16.64	20522854	27068748	-24.18
		2	德国	91637	128272	-28.56	8789175	6263404	40.33
		3	韩国	52971	63468	-16.54	1506075	2213543	-31.96
		4	印度尼西亚	162319	176553	-8.06	1034650	1003812	3.07
		5	意大利	667	866	-22.98	20458	38611	-47.02
		6	捷克	376	61	516.39	9664	803	1103.49
		7	加拿大	317	1068	-70.32	9320	19683	-52.65
		8	中国台湾	79	709	-88.86	6613	18193	-63.65
		9	※中国内地	247	2560	-90.35	2829	17111	-83.47
		10	法国	12	/	/	2249	/	/
弦乐器的零件、附件	22	1	韩国	188738	254167	-25.74	5100865	5901731	-13.57
		2	※中国内地	11362	27727	-59.02	1917477	1720686	11.44
		3	中国台湾	254613	276329	-7.86	1871033	1861865	0.49

商品名称	国家和地区数量	排序	国家或地区	数量（件）			金额（美元）		
				2013年	2012年	同比%	2013年	2012年	同比%
弦乐器的零件、附件	22	4	美国	8308	14729	-43.59	699744	649108	7.80
		5	日本	6755	8652	-21.93	514676	609246	-15.52
		6	德国	10429	17965	-41.95	407488	535655	-23.93
		7	加拿大	6131	4946	23.96	274022	183172	49.60
		8	法国	729	531	37.29	256568	174099	47.37
		9	印度尼西亚	57254	39238	45.91	185888	220641	-15.75
		10	印度	1474	2754	-46.48	88767	93856	-5.42
键盘电子乐器的零件、附件	20	1	※中国内地	598064	626582	-4.55	7343682	7730662	-5.01
		2	印度尼西亚	973846	2444666	-60.16	5787810	8768945	-34.00
		3	韩国	427382	460789	-7.25	5099259	4110671	24.05
		4	日本	65335	392366	-83.35	4122372	10069040	-59.06
		5	意大利	150427	123499	21.80	1927261	1454303	32.52
		6	中国台湾	131796	94495	39.47	1741926	1605372	8.51
		7	马来西亚	593400	10940	5324.13	1519135	322734	370.71
		8	美国	14140	19326	-26.83	587088	1490889	-60.62
		9	德国	1796	897	100.22	109220	88278	23.72
		10	泰国	833	2873	-71.01	35803	129132	-72.27
节拍器、音叉及定音管	7	1	日本	5574	2087	167.08	151146	72437	108.66
		2	德国	529	6324	-91.64	19224	210934	-90.89
		3	※中国内地	238	50	376.00	18673	4592	306.64
		4	越南	31	50	-38.00	5585	2622	113.01
		5	美国	93	10	830.00	5520	18840	-70.70
		6	韩国	55	24	129.17	3932	930	322.80
		7	英国	4	3	33.33	80	93	-13.98
百音盒的机械装置	6	1	※中国内地	31503	54672	-42.38	308609	529164	-41.68
		2	中国台湾	3348	1081	209.71	218656	50235	335.27
		3	意大利	416	/	/	16175	/	/
		4	日本	10	959	-98.96	3445	30143	-88.57
		5	中国香港	30	/	/	809	/	/
		6	美国	10	/	/	450	/	/
其他乐器的零件、附件	25	1	日本	139913	177864	-21.34	18007106	22283430	-19.19
		2	印度尼西亚	54159	47308	14.48	10189017	8212764	24.06
		3	※中国台湾	619808	696512	-11.01	8943633	10974935	-18.51
		4	中国内地	232806	323604	-28.06	2142672	2813011	-23.83

商品名称	国家和地区数量	排序	国家或地区	数量（件）			金额（美元）		
				2013年	2012年	同比%	2013年	2012年	同比%
其他乐器的零件、附件	25	5	美国	59967	49652	20.77	1765245	1461904	20.75
		6	德国	31667	28625	10.63	1281092	1154072	11.01
		7	捷克	26893	27899	-3.61	804671	437772	83.81
		8	法国	2521	2300	9.61	449249	406210	10.60
		9	意大利	1693	1401	20.84	221687	130720	69.59
		10	荷兰	1227	2358	-47.96	124950	142225	-12.15

注：※系指中国各类乐器出口后复进口

2014 中国乐器年鉴

CHINA MUSICAL INSTRUMENT YEARBOOK

工作要点

中国乐器协会2013年工作要点

2013年，乐器行业、企业面临五方面的困难：一是增长方式转变难度较大，我国GDP进入7%～8%中速增长常态，企业应从速度效益型向质量效益型转变；二是发达国家实施“再制造化战略”，发展中国家制造业快速增长的行业受到双重挤压；三是欧美发达国家经济长期低迷，全球经济增长放缓造成乐器出口下行；四是国内人工、材料等成本上升，企业生产成本进一步提高；五是促进各种所有制经济公平竞争，激发创新能力，需要突破层层障碍，深化体制改革难度增加。乐器行业在这样的形势下，必须认真落实十八大精神，调整企业发展战略，坚持科技创新、提升产品市场适应能力、提高职工技术文化素质、加强行业交流与合作，把乐器生产经营融入音乐教育和文化产业的大市场，努力实现乐器行业科学、可持续发展。

1、继续深入开展行业调研，把握行业新动态，做好行业服务

贯彻落实党的十八大精神，继续深入企业一线、深入市场做好行业调查研究。及时把握新形势下行业发展的新课题，市场发展的新趋势，坚持不空谈、干实事的原则，熟悉行业，说清行业。2013年行业调研重点放在新会员、产业集群和乐器市场的热点问题方面。针对行业发展中的热点、难点问题，组织先进典型引导，反映企业诉求，推动行业的科技创新、产品创新和管理创新活动。3月底召开六届五次理事(扩大)会议，学习十八大精神，组织行业、企业经验交流。

继续做好服务政府、服务会员工作，及时落实党中央有关方针政策，贯彻各级领导的指示，完成主管部门下达的工作任务。同时及时反映行业、企业的诉求，如：劣质二手钢琴对市场和消费者的不良影响问题等。还要加强乐器行业的知识产权保护，做好行业法律咨询服务。

2、加强行业信息工作

继续加强行业通讯员队伍建设，扩大行业信息工作覆盖面。加强中国乐器协会网站建设，积极探讨灵敏、便捷的网络信息运营方式。继续办好《中国乐器》、《中国乐器年鉴》及《会员通讯录》。继续加强与《音乐周报》等行业媒体单位的合作，加强与国际同行业的信息交流。支持行业信息平台的改制试点，整合行业资源，提高为行业信息服务的质量。

3、继续推进行业科研基地和专家库建设，加速行业技术专利化、专利标准化、标准国际化进程

继续组织好行业科研基地申报评审工作，已审定的科研基地尽快开展科研，及时推广成果，结合行业企业科技创新活动，做好行业服务。协会支持和爱护申办企业的积极性，坚持实事求是的原则，不搞形式主义，反对弄虚作假。要完善行业内外专家库资源的推荐、选拔机制，力求发挥专家的咨询指导作用。

加强乐器行业标准化工作，发挥电鸣乐器、钢琴标准工作组和骨干企业的作用，在落实年度标准制修订计划同时，积极组织好标准的宣传贯彻工作。拟在理事会期间组织“乐器有害物质限量“标准的宣贯活动。

4、认真做好行业职业技能培训与考核工作，逐步提升企业核心竞争力

为了提升乐器企业职工的技术素质，实现行业可持续发展，2013年把职业技能培训与考核列为重

要工作来抓。

⑴ 协助主管部门进一步完善国家职业标准制修订。

⑵ 组织钢琴、提琴职业资格考评委员会，选拔培训考评员，落实职业技能培训与考核计划。

⑶ 组织好提琴、钢琴国家职业技术培训教材的起草编制工作。

5、整合行业和社会资源，积极开展音乐推广活动

⑴支持乐器制造企业、琴行会员单位积极参与社会音乐培训和开展丰富多彩的音乐文化推广活动。

⑵ 加强与社会音乐教育组织的交流与合作，为会员单位创造社会文化活动的机会。

⑶ 继续与欧洲音乐产业联盟合作，开展音乐培训及文化推广活动，推广国际先进的音乐培训方法，开展社会音乐教育培训交流活动。

6、加强行业结构调整，抓好产业集群建设

支持行业龙头企业做大做强并与中小企业抱团经营，从企业资本运作和产业集群两方面入手，加强行业资源整合，支持上下游产业链的合作，促进规模企业向资本运作、中小企业向专业化合作的转变。拟在行业现有四家特色产业基地基础上，力争完成扬州古筝产业基地的评估审核工作。

7、继续办好上海国际乐器展，加强国际同行业交流与合作

办好2013中国(上海)国际乐器展览会，稳定规模、提高展会质量、丰富活动内容、提高服务水平。继续加强与美国国际音乐制品协会、国际钢琴制造技师调律师协会等行业组织的交流与合作。积极组织好国际钢琴制造技师、调律师年会等行业活动。

8、加强协会组织建设，提升行业凝聚力

一要继续加强协会自身基础建设，巩固评估认证成果；二要加强分支机构建设，完善行业自律机制，坚持开展积极有效的行业活动，促进行业和谐团结；三要扩大会员队伍，加强会员管理，完善协会法人治理结构和规章制度。

新的一年，虽然面临复杂多变的市场形势，乐器企业也会遇到多方面的挑战，由于经济基本面发生变化，短期需求收缩与中长期潜在增长率下降的叠加，行业发展的难度会有所增加，但只要我们面对挑战坚定信心，科学分析，积极应对，大胆创新，勇于实践，加强行业团结与合作，调动广大员工的积极性、创造性，就一定能够克服困难，开创乐器行业发展的新局面。

中国乐器协会2013年工作总结

2013年，乐器行业经历了市场震荡和结构调整的考验，国际市场持续低迷，国内市场起伏变化和制造成本增高等诸多困难倒逼企业转型升级，制造企业大胆创新，各地琴行积极转变经营观念，使乐器行业总体保持了稳中有升的发展态势。乐器行业217家规模企业主营业务收入280.93亿元，比上年增长6.84%；出口交货值87.87亿元，比上年增长8.28%；利润15.9亿元，比上年增长13.33%。乐器行业进出口总额为19.53亿美元，比上年下降2.59%其中：乐器出口金额16.61亿美元，比上年下降2.43%，进口金额2.92亿美元，比上年下降3.5%，贸易顺差为13.69亿美元，比上年下降2.2%。由此看出，乐器行业销售收入增长不大，利润却有较大增长，说明企业结构调整见到成效；但是企业负债和产成品存货增加和进出口双双下降的信号，不得不引起行业、企业担忧。

协会认真贯彻党的十八大方针政策，坚持求真务实的精神，开展企业和产业集群深入调研，总结企业产品创新、技术创新、市场创新和管理创新的经验；积极反映行业企业诉求；坚持做好“五个平台”建设；组织国际提琴制作比赛和国际钢琴技师调律师年会和上海乐器展；积极开展行业交流与合作等重要活动，较好地完成了年度工作计划。

一、鼓励行业技术进步，创新驱动调结构、转方式

协会在积极总结和宣传行业、企业创新经验的同时，继续加强行业科研基地的建设。在命名“蟒皮乐器材料研发基地”、“乐器声学木材研发基地”和“手风琴簧片研发基地”基础上，又经过企业自愿申请，行业专家组评估认证，命名广东红棉乐器有限公司为“吉他通用技术及产业化应用研发基地”。手风琴专业委员会开展了科研成果交流活动，其他基地也进行了项目总结。

各分支机构把创新交流作为行业活动的重点，民乐、口琴、材料配件等分会针对行业需求，召开了多种形式的创新交流活动；钢琴分会和琴行分会联合组织了专题研讨和行业论坛，就“创建民族品牌、抵制劣质二手钢琴和乐器电子商务”等行业热点、难点问题展开深入研讨。由点到面的技术、市场、管理创新活动的开展，推动了乐器行业的转型升级，一大批新材料、新技术、新产品投产或面市。广州珠江钢琴集团股份有限公司、福州和声钢琴有限公司和吟飞科技(江苏)有限公司分别获得中国轻工业联合会科学技术进步三等奖和优秀奖。乐器行业共发表技术专利975件，其中发明专利208件。

二、坚持开展创优评选和品牌培育活动

按照理事会工作计划，继续开展乐器行业“轻工10强”和“乐器行业50强”评选工作。根据指标测评和广泛征求意见，授予广州珠江钢琴集团股份有限公司等50家单位“2012年度中国乐器行业50强”称号，授予钢琴分会、民族乐器分会和电鸣乐器分会为“2012年度先进集体”称号。根据中轻联统一部署，积极宣传倡导在乐器行业开展“关于加强工业质量品牌建设”，启动“轻工品牌培育管理体系选进企业”和“轻工优势品牌产品”评选活动。前期已有珠江钢琴、上民一厂参加了培训，后续行业骨干企业陆续参加此项工作。

三、深入开展行业专题调研，促进特色企业和产业集群有序发展

协会领导带队调研和派人参加行业、企业各种专题活动20余项次。重点调研包括：为探索文化产业综合发展的方法与途径，到金音集团和周窝音乐小镇进行调研，总结了“龙头带动，萌发文化产业；产业招商，拉动乐器产业园；音乐小镇，创意促音乐文化发展；音乐活动，提升文化产业影响力”的综合配套发展的经验；安志理事长一行考察兰考民族乐器企业，与固阳镇领导和企业座谈，撰写了“品牌与文化是乐器产业集群发展的生命”的专题报道；到山东昌乐电声乐器产业基地考察，提出了“对郿部电声乐器产业基地发展现状的思考和

建议”。

根据中轻联关于行业特色产业基地到期复审的要求，受主管部门委托，协会组织专家组对江苏黄桥镇“中国提琴之都”和北京东高村镇“中国提琴产业基地”进行复审。两个基地领导高度重视并积极组织，坚持创新发展，凤灵乐器、华东乐器等当地龙头企业为基地的发展和完善做了大量工作。

四、继续抓好“五个平台建设”，提升行业服务实效

2013年，协会围绕行业服务的“五个平台建设”做了以下工作：

⑴ 行业信息工作方面。一是《中国乐器》杂志改版，调整版面形式与结构，加强行业、企业要闻、创新活动、企业调研、市场考察的宣传力度，写短文，控制总页数，重数据，重实践；二是《中国乐器年鉴》精简内容、改进文风；三是扩展“中国乐器协会网”功能，提高网站服务效率和质量，提供《中国乐器》杂志电子版下载；强调充分发挥企业通讯员作用，加强与业内及大众媒体的广泛交流合作。

⑵ 科技平台方面。在不断完善行业科研基地同时，积极开展各类专题活动，如：召开《钢琴制作工》资考委工作会，研究并落实钢琴技师、高级技师评审工作，2013年评定钢琴制作技师100名，高级技师113名；钢琴调律师考评19批次，510人通过五个级别的职业技能资格考核鉴定；召开两次乐标委标准审定会，完成了《废弃乐器回收利用通用技术规范》等10项国标、行标的审定工作。

⑶ 音乐教育平台方面。在支持推广琴行实体音乐培训和网络音乐教育的同时，协会与教育部教育装备研究与发展中心合作，参与《中小学教学器材配备标准》审议。

⑷ 商贸平台方面。一是依托上海国际乐器展，主办、协办行业论坛、培训课程和大师讲坛等音乐推广活动；努力做好展会服务，搭建商贸合作平台；二是在组织协会活动中，积极支持制造企业、琴行和民间音乐培训机构的交流与合作，共性经验推广与个性服务结合。

⑸ 国际交流与合作方面。2013年协会两次与欧洲音乐联盟举行专题座谈会，就音乐培训、乐器进口关税、知识产权保护和行业信息等方面进行交流研讨；与国际MIDI协会座谈交流，探讨技术交流与推广活动；与德国、加拿大、日本、巴西等国家和地区行业协会交流合作；在与法兰克福展览（香港）有限公司、美国音乐制品协会合作的同时，为琴行分会和会员单位提供出国考察协助等。

五、反映行业、企业诉求，开展专项研究和法律咨询服务

⑴ 协会在法律顾问的全力支持下，在“MiDi及图”争议商标案中胜诉，国家工商行政管理总局商标局裁定争议商标予以撤销，这对乐器行业推广MIDI技术应用将发挥积极作用。

⑵ 根据钢琴行业和琴行分会关于“抵制和整顿假冒伪劣二手钢琴市场”的诉求，协会在2012年撰写专题报告，经中轻联向商务部、海关总署、工商管理总局及国标委等政府主管部门报告。2013年又进一步展开市场及违规案例调查，并再次向主管部门报告；同时组织修订《钢琴》国家标准，增加“标识”有关章节，明确二手钢琴须“注明”和“告知”，二手钢琴必须执行《钢琴》国家标准，需有国家认证的质量检测部门出具的质量证明和进口检验检疫证明等规定。钢琴分会、琴行分会联合组织的年会“行业论坛”，将假冒伪劣二手钢琴的问题作为重点议题讨论，引起行业高度关注。

⑶ 组织《乐器有害物质限量》国家标准宣贯和《废弃乐器回收利用通用技术规范》起草、审定工作；协会法律顾问对十几家骨干企业的商标注册及管理现状进行调研，并提出改进建议，协会还采取展会知识产权办公室和日常协调等形式解决会员单位维权诉求。

六、成功举办第二届中国（北京）国际提琴及琴弓制作比赛、第18届国际钢琴制造技师调律师年会和2013中国(上海)国际乐器展览会

9月11日～15日，由中国乐器协会与中央音乐学院、北京市文化局、平谷区政府等单位主办、提琴制作师分会承办的第二届国际提琴及琴弓制作比

赛在北京举行，有来自意大利、法国、美国、加拿大等11个国家和地区的245名制作师参赛，提交作品399件，其中海外参赛者37名，作品61件。比赛同期举办了多场大师班讲座，12位国际提琴制作大师从不同角度阐述学术观点，现场交流分享制作提琴经验。比赛评选出小提琴、中提琴、大提琴和琴弓等7个奖项的金、银、铜奖。颁奖音乐会在国家大剧院举行，比赛作品在国家大剧院东展厅展出。

10月7日～9日，由中国乐器协会与国际钢琴制造技师调律师协会主办，广州珠江钢琴集团协办，调律师分会和杭州天目琴行承办的第18届国际钢琴制造技师调律师年会在杭州举行。来自全球14个国家和地区的363名钢琴技师调律师代表参加会议，会议召开理事会、会员代表大会，组织22场专题技术讲座以及3场专题音乐会和相关配套活动，使年会办成国际同行业交流学习的盛会。会议得到国内钢琴及钢琴配件企业的支持，扩大国际影响，加强行业的交流与合作。

10月10日～13日，中国(上海)国际乐器展览会在上海新国际博览中心举行。展会面积92000平方米，有来自世界29个国家和地区的1680家参展商参展，专业观众达到6.8万余人。中国轻工业联合会副会长陶小年等领导到展会参观考察给予指导。展会期间举办行业主题论坛、NAMM培训课程、华乐国际论坛、大师讲坛、音乐课堂以及现场推广活动等，得到了业内和社会好评。中国（上海）国际乐器展览会获“中国轻工十大品牌展”称号。

七、协会分支机构活动和自身建设

2013年，协会各分支机构开展了行业交流活动，口琴专业委员会组织行业技术与管理创新交流活动；手风琴专业委员会组织了《手风琴通用技术条件》标准审议及簧片科研基地成果交流；电鸣分会组织厂商联谊会；民乐分会组织创新经验交流，筹建乐标委民乐标准工作组；提琴制作师分会承办中国（北京）第二届国际提琴及琴弓制作比赛，并协作组织上海乐器展提琴文化论坛和系列展示活动；调律师分会承办了第18届国际钢琴技师、调律师年会；钢琴分会、琴行分会在福州举办行业交流和主题论坛；材料配件专业委员会在浙江洛舍镇召开行业交流活动等等。

协会秘书处认真开展“党的群众路线教育实践活动”学习，边学习边整改，转变思想方法和工作作风，在加强自身学习同时，努力做好服务政府、服务会员的各项工作；认真执行协会规章制度，坚持开好理事会和常务理事会，注重内容与实效；及时把握行业发展动态，反映企业诉求；完成中国乐器协会“CMIA及图”在国家工商行政管理总局商标局的商标注册；在民政部社团评估认证工作中被评估为“4A”级社团组织；2013年，协会新增会员53家，会员会费收缴情况进一步改善。

八、存在的主要问题

⑴ 对行业调结构、转方式的实践情况及乐器市场变化调查研究不够，行业服务的重点工作有待深入。

⑵ 协会日常政治、业务学习不够，对党在新时期的方针政策理解和贯彻有待加强。协会专职、兼职工作人员的知识结构和业务水平有待提升。

⑶ 信息采集的深度与广度有待提升；有的行业交流与合作开展不够。

协会活动

中国乐器协会六届五次理事（扩大）会议在北京召开

2013年3月21日～22日，中国乐器协会六届五次理事（扩大）会议在北京召开。

首先，会议由安志理事长作理事会工作报告。报告阐述了乐器行业当前的经济形势及发展趋势，总结了协会一年来开展的主要工作，指出行业存在的问题，提出协会下一步的工作重点。

一、乐器行业形势及发展趋势

2012年，中国乐器行业在欧债危机、国际市场疲软的大环境下，乐器行业坚持科技创新，调整结构、转变发展方式，扩大内需。乐器规模企业工业总产值264.26亿元，同比增长11.83%；年工业销售产值259.10亿元，同比增长11.32%；出口交货值84.86亿元，同比增长3.59%。

2013年，认真落实党的十八大精神，国内外经济发生较大变化，我国经济下行压力和产能相对过剩的矛盾有所加剧，企业生产经营成本上升与创新能力不足问题并存。从企业层面面临多方面困难，一是增长方式转变难度加大，我国GDP7%～8%中速增长成常态，企业必须从速度效益型向质量效益型转变；二是发达国家实施“再制造化战略”，发展中国家制造业快速增长，行业受到双重挤压；三是全球增长放缓造成乐器出口下行；四是国内人工等生产要素成本上升；五是人口红利、改革红利快速下降，但是新一轮改革精神会创造新的有利条件。

二、一年来协会开展的主要工作

1、认真落实协会规章制度，开展行业创优争先活动。召开协会理事会、常务理事会和协会工作会；开展“轻工行业（乐器）10强”、“中国乐器行业50强”和“先进集体”的评选工作；广州珠江钢琴集团股份有限公司和武汉艾立卡电子有限公司荣获“全国轻工业科技创新先进集体”称号，肖巍、李书、庄严荣获“先进个人”称号；新增吟飞科技(江苏)有限公司、江苏天鹅乐器有限公司和河北乐海乐器有限责任公司获“中国驰名”商标称号；江苏奇美等一批骨干企业被列为全国文化产品出口重点企业和国家级、地方级文化产业基地。

2、深入开展行业调研，反映行业企业诉求。协会先后赴广东、四川、江苏、天津、山东、湖北、浙江、辽宁等地的乐器企业和产业集群开展行业调研，及时报道总结，促进行业发展；反映行业诉求，向中轻联及国家相关部门反映有关进口二手钢琴问题。

3、落实行业科技平台建设措施，促进行业技术交流与合作。坚持抓好乐器行业五大平台建设（信息、科技、商贸、教育培训、国际合作）。⑴筹建行业专家库。⑵制定行业科研基地（试验室）实施办法，通过审定的研发基地有：海南东盛弘蟒业科技股份有限公司的“全国蟒皮乐器材料研发基地”，江阴金杯安琪乐器公司的“全国手风琴簧片研发基地”，成都川雅木业有限公司的“全国乐器声学木材研发基地”。⑶组建了《钢琴制作工》资格考试委员会和《提琴制作工》技术培训教材编制小组。2012年，有409名钢琴调律师，通过考核鉴定取得国家职业资格证书，评定提琴制作高级技师33名。

4、完善行业信息平台，提升服务会员、服务政府和服务社会质量。2012年，协会改进行业信息工作，在办好《中国乐器》内部刊物的同时，完成“中国乐器网”改版；开展乐器行业数据统计分析，采集国家统计局、海关总署和国际同行业乐器产销信息，组织行业年度报告，运用杂志、网站、年鉴和专刊等渠道，及时在行业发布，为行业发展提供信息服务；为会员单位提供行业资质证明和产品信誉标识和防伪标识服务；协会法律顾问组织律师顾问团，免费为会员提供知识产权、商标、经济合同、劳动合同等多方面的法律咨询服务。

5、**积极开展国内外行业交流与合作**。各分支机构积极开展行业交流活动，组织年会、研讨会、参观交流和行业发展论坛等活动；协会与欧洲音乐联盟组织专题会议，讨论中欧乐器行业交流与音乐推广合作以及知识产权、乐器进口关税等问题；与美国国际音乐制品协会组织行业论坛和培训课程；组织电鸣乐器企业代表与美国MIDI协会座谈。

6、**标准化建设与技术专利有所突破**。2012年，乐器标准化技术委员会完成了13项国家、行业标准的制修订工作。乐器行业共发表专利943项，其中：发明专利354项，实用新型专利301项，外观专利288项。

7、**搭好行业商贸平台，扩大音乐人口**。成功举办2012中国(上海)国际乐器展览会；组团参观美国NAMM乐器展和德国法兰克福乐器展；考察了法国、德国、罗马尼亚和北美等国的乐器市场、生产企业和琴行；协会与德国钢琴制造协会、法兰克福展览公司等举行专题会谈。

8、**加强协会自身建设**。2012年，协会参加了民政部组织的社团评估工作，使协会制度建设、自律建设和基础工作有了较大幅度的提升。新增单位会员56家，会费收缴情况也有一定改善。

三、存在的主要问题

1、产品结构、产业结构调整还不平衡，品牌建设总体比较薄弱，表现在缺少在国际上叫得响的自主品牌。

2、企业基础工作和行业产业集群创新存在薄弱环节，表现在制造企业的技术、装备还有一定差距，新技术研发与应用还有待加强。

3、乐器职工队伍建设中，职业技能培训及考核面偏窄，除了钢琴调律师培训考核已进入常态化以外，其他行业在职业标准制修订、教材编制及培训考核等方面，还有大量工作要做。

四、2013年协会工作重点

1、继续深入开展专题调研，把握行业新动态，做好行业服务。

2、加强行业信息工作。

3、继续推进行业科研基地和专家库建设，加速行业技术专利化、专利标准化、标准国际化进程。

4、组织好第二届中国国际提琴制作比赛和第18届国际钢琴技师暨调律师大会等行业活动。

5、认真做好行业职业技能培训与考核工作。

6、整合行业和社会资源，积极开展音乐推广活动。

7、加强行业结构调整，抓好产业集群建设。

8、继续办好上海国际乐器展，加强国际同行业交流与合作。

9、加强协会组织建设，提升行业凝聚力。

会议表彰了2012年度“中国乐器行业50强”和“先进集体”并颁发了证书，为3家行业科研基地授牌。会议审议通过了“理事会工作报告”、“会费收支报告”及“关于常务理事、副理事长变更的提议”等文件。

会议安排学习了国务院国资委副主任邵宁做的经济形势报告。报告从国际经济形势、国内企业面临的环境变化和应对办法三个方面，全面阐述了当前企业在决策及应对困难的重点问题。

随后，对《乐器有害物质限量》国家标准进行宣贯。由全国乐器标准化技术委员会王伟秘书长、武汉艾立卡电子公司庄严工程师和广州乐器监测站潘琦珊站长，分别从标准的概况、文本和检测实践三方面讲解。使与会代表加深了对《乐器有害物质限量》标准的认识，了解了贯彻国标应从采购主辅料入手，在生产工艺上下功夫，并贯彻到投入产出及市场营销全过程。

会议将培训学习与服务项目相结合，提升协会服务项目。

(1) 改善行业信息服务。对“中国乐器协会网”升级改版，并改变文风、作风，开辟网站广告栏。

(2) 加强行业法律服务。协会委托法律顾问翁才林律师撰写专题报告，在报告中分析了乐器行业品牌建设的法律保护的问题，并提出四条建议，会上重点介绍了“在线法律服务系统”相关内容，并开展有关商标品牌情况的调查工作。

下午，会议围绕安理事长工作报告和行业面临的形势与任务，重点就“转方式调结构、科技创新与职业培训”等话题展开分组讨论。会议就代表们提出的重点问题进行了梳理，并提出了初步的落实措施。

会后，代表们参观了北京乐器研究所和国家博物馆“复兴之路”展。

2013年中国乐器协会行业调研

考察海伦钢琴新厂区

1月9日上午，中国乐器协会安志理事长、齐建平副理事长来到宁波考察海伦钢琴新厂区。新厂区建设已近尾声，钢琴生产线设备正在安装调试中，很多工人已在组装线上工作，预计近期将完成新厂房的全部搬迁工作。

据陈海伦董事长介绍，2012年海伦钢琴公司稳步发展，在深圳文博会上，海伦钢琴受到来自海内外观众和媒体的关注，李长春、刘云山等中央和省市领导参观了海伦钢琴的展位。6月19日，海伦钢琴在深圳交易所A股挂牌上市。公司在技术支撑、品牌溢价、核心竞争力方面进一步提升。募集资金主要用于钢琴生产扩建项目和钢琴机芯制造项目中，投产后，钢琴及机芯产能将大大增加。

海伦钢琴秉承“洋为中用，外为我用，持续创新，自成一体”的技术发展理念，加大研发投入，2012年，海伦钢琴技术研发投入同比增长37.08%。今后，海伦钢琴将重点开展立式钢琴和三角钢琴制造工艺技术的研发、高难度大型专业演奏会用钢琴新产品的研发、钢琴制造技术的应用基础理论研究、钢琴制造技术信息化系统的研究、钢琴新产品试制以及钢琴品质、音色检测等多项工作。

2012年9月，海伦钢琴再次获得业界权威著作《钢琴著》的北美杂志《钢琴消费者》——北美市场高档消费级别钢琴殊荣；10月，荣膺国家文化出口重点企业，至此，海伦钢琴已经连续四年获得此项荣誉；12月，《MMR》（乐器制造商评论）杂志关于钢琴测评中，海伦钢琴H-5P钢琴凭借其细致的工艺和经典的设计以压倒性优势赢得了第二十届年度最佳声学钢琴奖。

中国原驻奥地利大使馆文化参赞贾建新、北京乐器研究所所长陈晋武及一些音乐学院领导和海伦钢琴经销商也一同参观了新厂区。

到访北京乐器研究所

1月14日，应北京乐器研究所的邀请，中国乐器协会理事长安志、副理事长齐建平、秘书长曾泽民、信息部副主任刘勇到北京乐器研究所参观考察，陈晋武所长首先向安志理事长一行介绍了乐研所近期改革创新的情况。2012年，北京乐器研究所在北京市科委及一轻研究院的大力支持下，投资200多万元改造了科研办公环境，又投入120万元更新购置科研设备，使所里科研项目、质量检测和新产品、新技术开发有了可靠的保证，科研技术人员工作热情更加高涨。在组织全国乐器声学调研的基础上，向市科委申报了从钢琴音板做起的乐器声学科研项目，在材料筛选、粘合加工，以及音乐信号采集和数字化测试分析等方面展开研究。著名提琴制作大师郑荃教授也有意参与此项目研究。所里还积累了多年的电声音源的科研成果，目前正在制作民族乐器音色库。

安志理事长一行在陈所长陪同下，参观了位于四楼的静音室、声学采集分析室和主观鉴定室等，安理事长询问了音乐信号采集的方法和声学品质分析手段，还饶有兴趣地在仿真人头前用耳机试听了采集的音响效果；在理化试验室看到15立方米和3立方米的两个自动化采集柜，能准确有效地监测不同乐器的有害物质排放情况，对有效地实施“乐器有害物质限量”国家标准起到了保障作用；三楼国家级水准的录音棚，不仅成为音源开发的重要设施，而且能为各类器乐、音乐、戏剧等专业录音提供优良的服务。陈所长高兴地告诉协会领导，近日就有京剧名家要来这儿录音。在电声乐器开发中心，看到新开发的带击弦机的数码钢琴，从音色到键盘触感都有突破，自动演奏钢琴、静音钢琴等一批新产品已趋成熟。在资料图书库，18个高大且可移动的资料柜及几万册科技书籍，使大家甚感欣慰。安理事长看到研究所如此齐全的仪器设备和丰富的科研成果，建议2013年协会年会期间组织理事单位到所里参观学习，陈所长欣然接受，表示非常愿意与乐器行业各个会员单位交流合作，感谢协会领导的信任和支持。

最后，安志理事长一行来到全国乐器信息中心、全国乐器标准化中心，看望了中心的领导和工作人员，对他们的辛勤工作和为行业、企业热情的服务表示感谢！

考察兰考民族乐器企业

5月16日～17日，中国乐器协会安志理事长一行就如何促进产业集群发展课题，专程赴河南省开封市兰考县考察和调研了当地民族乐器企业及产业集群发展状况。期间走访了国内民乐制造龙头企业——上海民族乐器一厂的兰考子公司——牡丹乐器有限公司和当地最早的知名民乐企业——中原乐器公司，以及固阳镇正在兴建中的乐器产业园区和一批中小民乐企业；拜访了兰考县付县长。此行得到了固阳镇政府和兰考县乐器协会的大力支持与协助。短短两天，考察组从不同层面和多个角度对兰考乐器行业、企业和产业集群进行调研。

兰考民乐产业是在当地传统木材加工业基础上发展起来的。上个世纪八十年代改革开放初期，中原乐器公司创始人代士永从木材加工的实践中了解到兰考泡桐材质轻柔，结构均匀，不翘不裂不变形，透气透音性好，是制作古筝、扬琴音板的上等材料，全国各地民族乐器厂都到兰考进料。强烈的创业愿望使他拿出全部积蓄，请来了上海民乐制作老师傅——张连根，1988年创办了“中原乐器有限公司”，开始制作古筝，并很快创建了“中州”品牌。

1998年，上海民乐一厂王国振厂长上任后，在兰考定点加工桐木音板等零部件基础上，于2000年成立了“牡丹乐器有限公司”，现任牡丹乐器公司总经理的顾龙第被上海公司总部派到兰考子公司近十年，创造了连续几年递增30%的快速发展业绩。

考察组一行首先参观的是中原乐器公司。代胜民总经理在2005年接过父亲创办的中原公司后，坚定不移地走质量与品牌之路，努力将“中州”商标与中原文化的丰富内涵相融合，短短数年就成为河南省名牌产品、河南省著名商标、河南省第三批文化产业示范基地（2009年）。随后，安志理事长一行考察了牡丹乐器公司。顾龙第总经理受王国振厂长的委托，全程陪同参观考察。目前公司不到200人，年产古筝达到3万架。企业品牌与企业文化注入的是每个管理者和工人的汗水与智慧。

在固阳镇陈镇长等陪同下，考察组一行深入到古筝企业最集中的徐放村和镇乐器工业园。兰考县乐器协会的徐秘书长也是我们最先参观的华韵乐器公司老总。虽然企业员工仅有二三十人，却年产古筝5000架。考察组走进郭少云总经理的焦桐乐器厂，商标注册为“焦桐”，虽然大棚和车间挤得满满的，但是他们仍坚持质量第一的原则，市场也很乐观。

考察组随后驱车来到徐场村，林支书介绍说，村里200多户中就有30多家古筝厂，大多是家庭式或合作式小型企业。

考察组来到上海民乐一厂的红木部件配套厂参观，用于开解红木料的设备是当今较先进的设备，材料库储备充裕。随后参观汤二法董事长的乐器木材厂和音板配件厂，工厂占地50亩，有职工100多人，一年能加工十万张桐木古筝音板，占全国用量的50%左右，年销售收入达到4000万元。

从以上几家企业的考察可以看出，当地并存两种产业模式和两个趋势。一是整体产品的生产模式，分为品牌优势企业和品牌创建期企业，品牌发展趋势明显；二是古筝产业链上游的优势部件配套企业，在主机企业带动下，实现规模化、精细化生产，走着专业化分工的趋势。这两种模式和两个发展趋势同时演绎着由初级阶段向成熟阶段过渡的兰考古筝产业集群。

通过对兰考各类企业考察交流，考察组感到大部分企业都在品牌建设与质量提升中加速转型升级。目前兰考地区确有少数古筝企业靠假冒产品生存，也有个别企业以虚假信息误导用户。正像代副县长在与安志理事长座谈中强调“固阳镇政府也非常重视这个问题，为了规范、提升目前比较散乱的乐器制造业现状，投入数百万元，规划出1000多亩土地，建设固阳镇乐器工业园，政府对入园企业给予三年租金补贴，基础设施由政府投资。目前一期215亩土地已平整完成，已有9家企业入园，正在加紧建设厂房，准备投产。镇政府李书记特别强调：所有产业园进驻企业必须是有注册商标和自主品牌的企业。”

考察完企业之后，固阳镇政府组织了乐器企业发展座谈会。会上安志理事长表示，“民乐生产门槛较低，企业要想发展需要注重品牌和质量，固阳镇有一定先天优势”。固阳镇李书记表示同意，从基础做起，关键抓好企业内部建设。

如今的兰考古筝产业集群已有69家企业，年产古筝近10万架，占全国总产量的30%左右，其中，牡丹、中原两龙头企业占当地产量近50%，一部分中小企业品牌和质量还有待提升。市场证明，无论是上下游产业联盟式发展，还是成品企业品牌发展、特色发展，都要求企业要有准确的定位和清晰的发展思路。

2013年中国乐器协会国际合作与交流

1月

1月22日，应加拿大乐器协会（MIAC）邀请，安志理事长一行走访了加拿大数家琴行并与营销人员就市场现状、前景进行了交谈。在温哥华最大的通利琴行，代表团着重了解了电声乐器销售情况。该琴行主要经营施坦威（及旗下埃塞克斯、波斯顿等钢琴品牌）和雅马哈钢琴，琴行设计独树一帜，风格别具匠心。据琴行经理介绍，温哥华地区华人较多，他们颇为注重音乐教育，普及型钢琴占主流地位；在多伦多，受加拿大乐器协会会长戴尔·克罗克推荐，协会一行参观了斯蒂夫琴行（Steve's Music）。相对于西海岸的温哥华，加拿大东部地区的电声及打击乐器销售情况更为活跃。安志理事长还会见了加拿大乐器协会会长戴尔·克罗克。他代表全体人员向加拿大乐器协会积极推荐多伦多数家乐器琴行表示感谢，希望通过此次访问，促进中国和加拿大乐器行业间的交流，在信息沟通、会员服务、行业交流等方面加强联系。

1月23日，中国乐器协会出席在美国阿纳海姆举办的2013国际乐器联盟会议。会议期间，安志理事长分别会见了美国国际音乐制品协会主席凯文、欧洲音乐产业联盟会长安托宁、秘书长温弗莱德以及加拿大、英国、法国、德国、匈牙利、巴西、乌克兰等国乐器组织的负责人，与欧美及其他各国乐器协会进一步增进了了解，为今后扩大合作做了铺垫。

会上，乌克兰乐器协会就俄罗斯和东欧国家乐器市场的国民生产总值，乐器消费水平，乐器投资环境等方面向与会代表作了说明；巴西《乐器市场》主编则着重回顾过去一年巴西乐器市场概况；联合国教科文组织下属的国际音乐理事会主席，就当前世界音乐教育，在北美洲、欧洲、亚洲、非洲及阿拉伯国家开展的音乐教育情况作了介绍。

1月23日，中国乐器协会与欧洲音乐产业联盟在美国洛杉矶阿纳海姆举行第四次双边会谈。会议围绕乐器知识产权保护、海关进出口关税、音乐教育推广、乐器质量检测标准、中欧军乐团联络、乐器行业信息交流等7项议题逐项展开热烈讨论。

中国乐器协会理事长安志、广州珠江钢琴集团副总经理肖巍、北京乐器研究所所长陈晋武，琴行分会会长黄茂强、副会长莫蓓茜以及上海国际展览中心有限公司、河北秦川、浙江天目、兰州海王星等公司代表与欧洲音乐产业联盟主席、法国布菲集团总裁安托宁、欧洲音乐产业联盟秘书长温弗莱德及德国乐器制造协会、德国钢琴协会（BVK）、西班牙乐器协会、意大利乐器零售商协会、英国维克管乐公司等中外代表共计20余人参加本次座谈会。

会上，安志理事长向欧方介绍了过去一年中国乐器行业概况及协会主要工作。德国、英国、法国、意大利、捷克、西班牙等乐器协会负责人也回顾了过去一年各自国家乐器行业发展情况。

预定议题结束后，中欧乐器行业代表还在自由讨论环节，以答问形式就共同关心的其他问题充分交换了意见，提出许多富有建设性的见解和建议。广州珠江钢琴集团副总经理肖巍着重与欧方探讨了中欧高端钢琴技术人才交流、培养，智力引进；琴行分会会长黄茂强应询介绍了中国琴行高端乐器零售体系整体情况；德国钢琴协会负责人详细解答了有关德国钢琴原产地认证体系；青岛海韵琴行莫蓓茜表示，将积极加强与德国、法国有关音乐院校的合作，在青岛开设分校引进欧洲音乐人才培养的先进经验和模式。

中欧双方一致认为，应着力通过信息交流、项目交流促进中欧乐器产业、音乐教育、文化交流。欧洲音乐产业联盟表示，将继续与中国乐器协会合作，一方面为有潜力的高端器乐演奏专业人员赴欧洲进修并提供奖学金，另一方面探索在中国合作开展器乐教学模式，争取在2013年上海国际乐器展览会期间参观上海德国学校，邀请中国乐器协会会员企业实地观摩在上海开展的欧洲音乐教学模式。

1月24日至27日，2013 NAMM乐器展在美国加州阿纳海姆举办，安志理事长一行先后走访了广州珠江、北京星海、华东提琴、中音公司、上海民乐一厂、江苏奇美、东方乐器、吟飞科技等参展企业，与企业各负责人亲切交谈，详细了解企业在国际市场的营销情况。北京乐器研究所所长陈晋武、上海国际展览中心有限公司总经理吴江红等一行7人一同参观。此外，中国乐器协会琴行分会组织各地琴行代表25人专程参观2013 NAMM展览会，受到展会主办方重视。

1月24日，中国乐器协会、上海国际展览中心有限公司、德国法兰克福展览（香港）公司与美国国际音乐制品协会举行了专题座谈会，各方就2013年上海国际乐器展览会期间的NAMM&CMIA论坛、大学课程的主题选择、内容安排做了框架性讨论。中美就论坛活动总体方案与初步构想做了交流，一致认为要切合市场，提高选题的针对性、有效性，并从中国乐器市场发展特点出发遴选主讲嘉宾。

美国国际音乐制品协会主席凯文对过去几年来与中国乐器协会的合作表示赞赏。他说，正是中国乐器同行特别是琴行分会的大力支持和通力配合，NAMM大学课程系列活动才在上海国际乐器展览会期间取得积极成果。NAMM对于中国乐器协会、琴行分会、上海国际乐器展各主办方单位在过去岁月的合作感到满意，希望并期待通过此次琴行分会组团来访，能够增进其与美国同行的接触和了解，挖掘两国乐器市场潜力，拓展机会，继续加强中美乐器零售界的沟通和交流。

5月

5月16日，由美国国际音乐制品协会（NAMM）及法兰克福展览公司共同举办的第二届俄罗斯乐器及灯光音响展在俄罗斯首府莫斯科举办。应主办方邀请，中国乐器协会副理事长齐建平以及北京乐器研究所所长陈晋武一行参观考察了展览会，并与本届展会上唯一一家中国展商广州珠江钢琴公司总经理李建宁进行了亲切的交谈，了解企业的参展情况以及在俄罗斯市场发展状况。

展会期间，展会主办方热情的接待了考察团一行，向考察团介绍了本届展会的总体情况，并就两国的乐器贸易往来以及今后可合作的项目交换了意见。本届展会为期4天，共有来自14个国家及地区的130家乐器及灯光音响公司参展，包括Taylor、CASIO、ROLAND以及珠江钢琴在内的国际知名乐器品牌，众多前沿科技和新产品在这里发布和展示。据统计，包括制造商、供应商、批发商以及音乐制作人、音乐教师、演奏家、在校学生以及公众媒体等共计12061人次参观了本届展会，参观人数较2012年增长49%，足以表明俄罗斯民众对音乐的热爱，社会渗透度逐年大幅增长。

9月

9月7日～9月22日，第二届中国(北京)国际提琴及琴弓制作比赛在中央音乐学院和国家大剧院隆重举行。本届赛事由北京市委宣传部、北京市文化局、北京市文学艺术界联合会、北京市国有文化资产监督管理办公室、北京市平谷区政府、中国乐器协会、中央音乐学院主办，中央音乐学院提琴制作研究中心与中国乐器协会提琴制作师分会承办。

自2010年成功举办了第一届中国国际提琴制作比赛以来，该项赛事受到了国内外提琴业界的广泛关注，知名度不断提升。本届比赛在参赛数量以及参赛作品的水准上较第一届有大幅提升。据悉，本届比赛共有来自意大利、法国、美国、加拿大等11个国家和地区的245名制作师报名参赛，提交参赛作品399件，其中海外参赛者37名，参赛作品61件。

本届比赛评委阵容强大，中央音乐学院提琴制作研究中心主任、中国乐器协会提琴制作师分会会长郑荃任评委会主席。来自中、意、法、德、美、英六国的18名世界级的制琴大师和音乐家组成评委团，分别担任提琴制作工艺评委、琴弓制作工艺评委以及提琴制作声音评委。

比赛期间还举办了多场大师班讲座，12位国际级大师从不同角度阐述他们的学术观点并分享了制琴经验。讲座期间，大师们与在座的中国提琴师深入交流，并认真回答了大家提出的学术问题。

经过为期四天紧张的初赛和决赛，评出了小提琴、中提琴、大提琴和琴弓四项的金、银、铜奖。并于9月11日在国家大剧院音乐厅举行颁奖音乐会。音乐会上，三大帕格尼尼国际小提琴比赛一等奖获得者吕思清、黄滨、乔万尼·安杰雷利，特蒂斯国际中提琴比赛一等奖获得者罗兰德·格拉斯，勃拉姆斯比赛大提琴一等奖获得者亚历山大·舒莱曼，使用获奖提琴及琴弓，为现场观众奉献了一场巅峰巨献的音乐会。

9月12日，比赛作品展在国家大剧院东展厅开幕。展出了包括金、银、铜奖作品在内的全部取得比赛资格的300余件乐器以及5把历史悠久的意大利名琴。

10月

2013年10月8日～9日，来自全球14个国家和地区（中国、美国、日本、韩国、中国台湾、澳大利亚、挪威、瑞士、俄罗斯、新加坡、英国、德国、加拿大、中国香港）的363名钢琴技师调律师代表齐聚杭州第一世界大酒店，隆重召开第18届国际钢琴制造技师调律师年会（IAPBT 2013 Convention）。

大会由中国乐器协会副秘书长、IAPBT 2013 秘书长黄苏东主持。IAPBT轮值主席冯高昆，IAPBT执行长刘为明、PTG会长Norman Cantrell诺曼·坎特雷尔、EUROPiano会长 Nils Henrik Jansen尼尔斯·亨利克·简森、JPTA会长稻村晴光、KPTA会长金宣镐、TPTA顾问及IAPBT理事林大嘉、APTTA副会长Kerry Cooper凯瑞·库珀、俄罗斯钢琴技师协会会长Kobozev lgor卡巴洛夫在主席台就坐。

本届IAPBT年会主办方——中国乐器协会理事长安志在致辞中对与会代表表示热烈欢迎，认可并赞赏IAPBT的宗旨——“追求更先进的技术，改善和维护钢琴的品质”。强调了本次年会安排的22场精彩讲座与交流，并对支持企业和志愿者表示感谢。

本届年会是国际钢琴制造技师调律师协会（IAPBT）成立36年来首次在中国内地举办，以当前国际钢琴发展和生产形势来看，这不仅是由于中国钢琴业蓬勃发展的现状，也是世界钢琴业聚焦在中国的一个体现。对于中国广大钢琴技师调律师来说，也是一次难得的与世界同行开展交流、增进友谊的机会。

10月9日，由中国乐器协会和欧洲音乐产业联盟共同组织策划的管乐教学观摩团一行20余人赴上海德国学校浦东校区参观德国管乐教学课程。

中国乐器协会安志理事长、曾泽民秘书长、琴行分会会长黄茂强、副会长秦川、上海知音琴行、惠罗琴行、新跨界乐器培训中心、乐兰音乐学校、上海国际展览中心有限公司等代表以及欧洲音乐产业联盟主席、法国布菲管乐集团总裁安托宁、副主席、捷克佩卓夫钢琴公司总裁苏珊佩卓夫、欧洲音乐产业联盟秘书长兼德国乐器协会会长温弗莱德等参加了本次活动。

上海德国学校副校长韩信强（Christoph Hagenauer）热情接待了中欧参访团一行。韩校长在致欢迎词时对学校及教学理念、教学特色等向各位来宾做了详细介绍。

10月10日，中国乐器协会与欧洲音乐产业联盟在上海举行第五次会谈。双方就管乐培训活动、进出口关税税率、社会音乐教育培训，知识产权保护、乐器质量检测标准及军乐团合作等诸多议题进行了广泛交流。本次会议还特邀到解放军军乐团艺术总监、中国音协管乐学会于海主席。来自中国、德国、法国、英国、捷克、意大利等国近20名代表参加本次会议。

会谈中，双方对参观上海德国学校的音乐培训项目做了积极评价，一致认为这是一次音乐教育实践交流的良好机会，有助于双方增进音乐教育特别是管乐教育的沟通和了解。双方主要探讨了中欧在管乐教育、推广体系、课程培训等方面情况，于海主席着重向欧方介绍了学会所主办的上海管乐节、南昌军乐节、青岛管乐夏令营等中国品牌管乐活动，希望通过此次会谈增进了解，进一步拓展在管乐活动、教育方面与欧洲音乐产业联盟的合作。

中国乐器协会安志理事长对前来参加上海国际乐器展览会的各位欧洲嘉宾表示欢迎，对双方多年来积极沟通行业发展情况予以肯定，希望双方继续为中欧乐器行业的发展积极努力，共同搭建为会员服务的国际交流合作平台，将中欧乐器行业合作引向深入。

10月11日，中国乐器协会秘书长曾泽民在上海新国际博览中心会见美国MIDI制造商协会主席汤姆怀特一行。中音公司总经理赵易天、江苏吟飞电子科技有限公司副总经理娄伟明、得理乐器、华新公司等参加会见。

曾泽民欢迎汤姆先生再次来华参观上海国际乐器展览会，强调协会将着力调动会员积极性，共同维护中美MIDI制造商的合法权益，会谈中，汤姆介绍了过去一年美国MIDI协会在MIDI技术推广和市场教育方面所做的努力。他表示，美国MIDI协会以成立30周年为契机，在NAMM展和美国大众媒体广泛宣传MIDI技术应用，并与艺术家、MIDI音乐家联手合作，加强有关MIDI知识的宣传和普及，希望能借助2014年上海国际乐器展览会的有效行业交流平台，举办MIDI相关技术讲座，强化推广力度，正确引导市场消费群体。

大家一致认为，协会应成立MIDI技术工作委员会，在技术开发、标准制定、网络兼容、市场准入、品牌保护等方面加强沟通，为加强行业内MIDI技术工作，并引导社会形成对MIDI的正确认识和使用而不懈努力。

10月12日，中国乐器协会理事长安志会见了日本乐器制造商协会海外出展委员会栗原豊会长、运营委员会柳泽信成委员长、日本贸易振兴机构上海事务所三根申太郎所长。上海国际展览中心有限公司总经理吴江红、协会秘书长曾泽民、外事主管常杰等参加了会见。

安志理事长希望双方本着友好协作精神，优势互补，共同促进中日行业间特别是中小企业之间交流，努力为繁荣中日乐器市场做出贡献。栗原豊会长认为，上海国际乐器展览会为日本中小乐器企业参展提供了非常好的平台，他对展会主办方对日本展团参展所做的各项周到服务工作表示感谢，中方表示将继续有效发挥好上海国际乐器展览会平台作用。会谈结束时，日方邀请协会组团参观2014年11月在东京举办的日本乐器展，并为促进中日乐器企业交流互访加强沟通合作。

10月12日，中国乐器协会副理事长齐建平、秘书长曾泽民与德国法兰克福展览公司副总裁可莉·范·金一行举行会谈。双发着重就2014年俄罗斯莫斯科乐器展览会筹备事宜交换了意见。齐建平副理事长回顾了参观今年展会的感受，转述了协会会员企业参展取得的收获，对展会各项活动和服务工作表示满意。

在听取可莉·范·金着重就2014年莫斯科乐器展览会筹备工作介绍后，曾泽民秘书长表示，协会将在调研俄罗斯乐器市场信息和征求会员意见基础上，了解广大会员具体参展需求，进一步和法兰克福展览公司沟通，在展会信息服务和会员联络等方面给予必要支持。

10月12日，中国乐器协会秘书长曾泽民会见了巴西乐器协会主席科斯塔一行。协会外事主管常杰、金音乐器集团副总经理陈鹏参加了会谈。随同科斯塔会谈的还有巴西贸易工业部质量检测中心主任等。

曾泽民感谢巴西乐器协会关心支持上海国际乐器展览会，表示愿积极为双方乐器企业提供平台，更好地服务双方会员，为促进双方乐器行业的合作与交往积极创造条件。巴西乐器协会就刚刚结束的2013巴西圣保罗乐器展做了简要介绍。科斯塔着重强调，目前巴西教育部出台了一系列“乐器进校园”的政策扶持措施，希望中方有关乐器企业抓住开拓巴西校园乐器市场契机，参与教育活动开拓项目。

第二届中国北京国际提琴及琴弓制作比赛概览

2013年9月7日～9月22日，第二届中国(北京)国际提琴及琴弓制作比赛在中央音乐学院和国家大剧院隆重举行。本届赛事经中国政府主管部门批准，由北京市委宣传部、北京市文化局、北京市文学艺术界联合会、北京市国有文化资产监督管理办公室、北京市平谷区政府、中国乐器协会、中央音乐学院主办，中央音乐学院提琴制作研究中心与中国乐器协会提琴制作师分会承办。

本届赛事涵盖提琴组和琴弓组两大类，其中提琴组含小提琴、中提琴、大提琴，琴弓组含小提琴弓、中提琴弓、大提琴弓、低音提琴弓共计7类参赛项目。比赛严格依照国际提琴比赛的规则和传统进行，采取绝对匿名的方式以保证比赛的公平与公正。本届比赛是唯一在亚洲地区举行的国际提琴制作比赛，也是首次举办琴弓制作比赛。

共有来自11个国家和地区的245名制作家报名参赛，提交参赛作品399件，其中海外制作家44名，海外参赛作品61件，从参赛作品数量上来看，规模大大超过首届，仅次于意大利国际提琴制作比赛，名列世界第二。

中国轻工业联合会会长步正发、意大利著名提琴制作大师 Gio Batta Morassi 和中国著名小提琴演奏家、中国小提琴协会主席盛中国应邀出任比赛组织委员会名誉主席。

本届大赛评委会主席由中国提琴制作大师郑荃担任，共有来自中、意、法、德、美、英六国的19名评委，其中外国评委10人，中国评委9人。值得一提的是比赛邀请到了来自法国的世界元老级琴弓制作家Bernard Millant作为评委，5名提琴组音乐家评委都是重大国际比赛金牌获得者，3名小提琴评委也全部是帕克尼尼国际小提琴比赛第一名获得者，其中包括我国著名提琴独奏家吕思清和黄滨。

为进一步扩大比赛在世界范围的影响力，比赛还邀请了美、意、法等国家重要提琴制作家及提琴制作家组织的主席作为贵宾出席比赛颁奖仪式和展览开幕式。（评委名单见附件二）

9月7日晚，在北京马奈草地国际文化交流中心举行了比赛开幕式，比赛组委会名誉主席盛中国，主席安志，评比委员会主席郑荃及各主办单位负责人和评委代表发表了热情洋溢的讲话。盛中国先生用一把17世纪的古琴，一把意大利评委和一把美国评委制作的小提琴及郑荃获国际金奖的提琴举办了小型音乐会，音乐会后在草地上举办了露天宴会。

9月8日，比赛正式开始，同时，大师班的十二个系列讲座也在中央音乐学院演奏厅举行。（讲座题目与报告人、照片见附件三）9月10日，比赛举行决赛，决赛对公众开放，吸引了300多名提琴制作爱好者和音乐爱好者参加。比赛结果为：小提琴金奖陈祥伟，中国。中提琴金奖Krzysztof Krupa，波兰大提琴金奖陈祥伟，中国。小提琴弓金奖马荣弟，中国。中提琴弓金奖马荣弟，中国。大提琴弓金奖Spaetling Guanther，德国。贝斯弓金奖Krupa Marcin，波兰（获奖者名单见附件三）

9月10日晚在国家大剧院举办了颁奖音乐会，各主办单位负责人参加了颁奖典礼，在简短的颁奖仪式之后，由比赛评委担任独奏，国家歌剧院乐队协奏，用获奖的金、银、铜奖乐器举行了精彩的演出，指挥俞峰。

9月11日～21日，在国家大剧院水下长廊展厅，举办了《第二届中国国际提琴及琴弓制作参赛作品展览》，展出了参加这次比赛的全部作品，同时还展出了从台湾奇美艺术基金会借展的4把意大利名琴。11日上午，在简短的展览会开幕式后，全体评委与参赛选手座谈，交流了关于提琴制作方面的意见，评委对参赛作品进行了点评并提出了他们的建议。在展览期间，比赛组织方安排了每天2次共20场的乐器试听会，同时有提琴制作师当场表演提琴的制作过程，使参观的观众对提琴制作艺术能有更全面的了解。据初步统计10天的展览接纳了近3万名观众，取得了很好的效果。

9月11日全体评委及参赛选手约200人参观了平谷乐谷展示中心和华东乐器厂，在平谷石林举办了比赛闭幕联欢会，品尝了平谷的农家菜，宾主欢聚，比赛圆满结束。

中央电视台，北京电视台，英国Strad 杂志，美国String 杂志，众多平面及网络等国内外媒体对比赛和展览进行了大篇幅的报道。

附件一、比赛组织机构

主办单位：中共北京市委宣传部
北京市文化局
北京市文学艺术界联合会
北京市国有资产监督管理办公室
北京市平谷区人民政府
中国乐器协会
中央音乐学院

承办单位：中央音乐学院提琴制作研究中心
中国乐器协会提琴制作师分会

协办单位：欧美同学会·中国留学人员联谊会
中央电视台音乐频道
国家大剧院
北京市文化产业促进中心
江苏凤灵乐器集团公司
北京华东乐器有限公司
美国环球提琴协会
德国Pirastro琴弦有限公司
法国Colleri琴弦有限公司
法国Aubert琴马有限公司

附件二、评比委员会名单

评比委员会主席：
郑荃（中国）

提琴制作工艺评委：
华天礽（中国）
Primo Pistoni（意大利）
David Gusset（美国）
Hieronymus Kostler（德国）
Jean Jacques Rampal（法国）

琴弓制作工艺评委：
Bernard Millant（法国）
Yung Chin（美国）
Peter Oxley（英国）

乐器音响评委：
吕思清 （小提琴及琴弓）（中国）
黄 滨 （小提琴）（中国）
Giovanni Angeleri（小提琴）（意大利）
Roland Glassl（中提琴）（德国）
王昌海 （中提琴琴弓）（中国）
Alesande Suleiman （大提琴）（德国）
娜木拉 （大提琴琴弓）（中国）
陈子平 （倍大提琴弓）（中国）
申东文 （倍大提琴弓）（中国）

附件三、比赛获奖者名单

小提琴制作初赛决赛总分排名：
1：陈祥伟 中国　2：陈祥伟 中国　3：MIN SUNG KIM 意大利

中提琴制作初赛决赛总分排名：
1：Krzysztof Krupa 波兰　2：MIN SUNG KIM 意大利　3：张安 中国

大提琴制作初赛决赛总分排名：
1：陈祥伟 中国　2：于慧东 中国　3：张安 中国

小提琴弓制作初赛决赛总分排名：
1：马荣弟 中国　2：李建锋 中国　3：郑正菲 中国

中提琴弓制作初赛决赛总分排名：
1：马荣弟 中国　2：李建锋 中国　3：朱君辉 中国

大提琴弓制作初赛决赛总分排名：
1：Spaetling Guanther 德国　2：朱君辉 中国　3：郑正菲 中国

贝斯弓制作初赛决赛总分排名：
1：Krupa Marcin 波兰　2：Spaetling Guanther 德国　3：Barthe 法国

第18届IAPBT国际钢琴制造技师调律师年会概览

2013年10月8日~9日，来自全球各地14个国家和地区（中国内地、美国、日本、韩国、中国台湾、澳大利亚、挪威、瑞士、俄罗斯、新加坡、英国、德国、加拿大、中国香港）的363名钢琴技师调律师代表齐聚杭州第一世界大酒店，隆重召开第18届国际钢琴制造技师调律师年会（IAPBT 2013 Convention）。

本届年会是国际钢琴制造技师调律师协会（IAPBT）成立36年来首次在中国内地举办，以当前国际钢琴发展和生产形势来看，这不仅是由于中国钢琴业蓬勃发展的现状，也是世界钢琴业聚焦在中国的一个体现。对于中国广大钢琴技师调律师来说，也是一次难得的与世界同行开展交流、增进友谊的机会。

出席大会的海外团体代表主要有美国钢琴技师协会（PTG）21人，欧洲钢琴技师协会（EUROPiano）4人，日本钢琴技师协会（JPTA）16人，韩国钢琴技师协会（23人），中国台湾钢琴技师协会（TPTA）26人，澳大利亚钢琴技师及调律师协会（APTTA）4人。中国乐器协会钢琴调律师分会（CPTA）213人。

此外还有个人参会代表8名，分别来自德国、英国、新加坡、加拿大和香港特别行政区，以及来自沈阳音乐学院乐器修造系和济南大学音乐学院的48名学习钢琴制造技术的志愿者。

两天的会议日程安排紧凑，主要包括IAPBT理事会、IAPBT全球会员大会、22场专题技术讲座。其中还先后安排有YAMAHA钢琴、珠江钢琴和KAWAI钢琴三场音乐会。

8日上午召开的IAPBT理事会由中国乐器协会钢琴调律师分会会长、IAPBT轮值主席冯高昆主持，IAPBT各团体会员组织的理事长、会长、秘书长等23名代表参加。理事会就IAPBT 2011年会提出的有关事项进行逐一讨论，并提出新的提案。

随后召开的全球会员大会由中国乐器协会副秘书长、IAPBT 2013 年会秘书长黄苏东主持，来自全球14个国家和地区的近400名代表参加。IAPBT轮值主席冯高昆，IAPBT执行长刘为明、PTG会长Norman Cantrell诺曼·坎特雷尔、EUROPiano会长Nils Henrik Jansen尼尔斯·亨利克·简森、JPTA会长稻村晴光、KPTA会长金宣镐、TPTA顾问及IAPBT理事林大嘉、APTTA副会长Kerry Cooper凯瑞·库珀、俄罗斯钢琴技师协会会长Kobozevlgor卡巴洛夫代表在主席台就坐。

本届IAPBT年会主办方——中国乐器协会理事长安志在致辞中对与会代表表示热烈欢迎，认可并赞赏IAPBT的宗旨——“追求更先进的技术，改善和维护钢琴的品质”。强调了本次年会安排的22场精彩讲座与交流，并对支持企业和志愿者表示感谢。

IAPBT轮值主席冯高昆在讲话中介绍了中国钢琴行业的发展的主要数据和钢琴技师队伍的培养等情况，并表示为了增进友谊、交流技艺，为了使钢琴这个古典高雅的艺术产品发出更加悦耳动听的天籁之声，CPTA今后将在世界范围内钢琴技师的交流合作发挥更大的作用。

广州珠江钢琴集团有限公司总经理李建宁受施少斌董事长委托，代表中国乐器协会钢琴分会、琴行分会和材料配件分会以及珠江钢琴公司，对本届大会的顺利召开表示祝贺，希望大会能够为中国钢琴制造与调修技术带来新的经验和力量。

随后，PTG、EUROPiano、JPTA、KPTA、TPTA、APTTA等IAPBT团体会员代表纷纷发言，介绍了本国和地区钢琴技师队伍发展情况以及钢琴行业现状，对未来钢琴技师调律师行业的国际交流与合作提出各自的观点和看法。大会组委会还特别邀请了盲人调律师代表李任炜做了发言，与会代表给予热烈掌声。

大会宣读了理事会通过的决议，并对承办2015年IAPBT年会的俄罗斯协会代表颁发了授权证书，俄罗斯代表在致辞中感谢大会把下次IAPBT年会承办权授予俄罗斯，表示一定全力做好，欢迎广大钢琴技师届时参加。

全球会员大会后，开展了22场专题技术讲座，这些讲座是在经过组委会认真筛选后呈献给广大参会代表的。内容涵盖了钢琴制造与调律技术的理论知识、实用技术、全新工具、管理理念等，每场讲座代表积极踊跃参加，并主动与授课嘉宾沟通探讨。广大与会代表表示很有收获，深受启发，希望可以参加今后在其他国家和地区举办的年会。

10月9日晚，第18届国际钢琴技师调律师年会联欢晚会隆重举行。完成了两天紧凑的会议日程，代表们抛开紧张的情绪，迸发出饱满的热情，现场气氛十分热烈。晚会现场为本次年会的22场讲座嘉宾颁奖，对他们无偿付出表示感谢。此外，还根据理事会决议，对金先斌（CPTA）、刘麟和（TPTA）授予“特别荣誉奖”，以表彰他们对钢琴技师调律师行业做出的重大贡献。

各国和地区代表团先后上台表演文艺节目，尽管没有专业的演员、歌唱家，但代表们的节目依然精彩，台下的代表也积极互动，充分体现了IAPBT大家庭的理念。晚会最后，在志愿者的带动下，随着《远方的客人请您留下来》的乐曲声中，全体代表手拉手，从台上走到台下，歌唱者，欢舞着，在欢欣喜悦中将晚会推向高潮，也宣布本次IAPBT年会胜利闭幕。

在年会期间，组委会得到了珠江、雅马哈、卡瓦依、海伦、柏斯、星海、和声、博斯纳、森鹤等钢琴制造企业的大力支持，国际化的讲座交流和一系列丰富多彩的活动，给与会代表留下深刻印象，并对本届次年会给予高度评价。

附：IAPBT 2013 讲座嘉宾及讲座目录

林大嘉（中国台湾）	立式钢琴快速整音技巧及工具
秦敏静（中国内地）	三角钢琴的弦槌整音技术
大卫·弗莱（英国）	瑞诺击弦机介绍
诺曼·坎特雷尔（美国）	家庭立式钢琴的服务
程柏青（中国内地）	钢琴听觉调律中四五三六度音程应用
陈惠庆（中国内地）	钢琴现代调律法
西田 完（日本）	活用视觉调律和听觉调律
贾强（中国内地）	雅马哈专题技术讲座
姜贤九（韩国）	从五度律到十二平均律
李浩苑（韩国）	三益立式钢琴共鸣系统制造工艺
黄志炜（美国）	“天使之击”整音法——一种不同的调音途径
史蒂芬·穆勒（德国）	三角钢琴键盘击弦机整理——获得钢琴完美音色的方法
竹田雅彦（日本）	卡瓦依MPA技师的工作
陈凤声（美国）	钢琴结构和调音技术与调音稳定性的关系
黄苏东、林建忠（中国内地）	创新理念在钢琴制造中的应用
金先彬（中国内地）	钢琴调律之三六度生律法和左手持板法
陈德安（中国台湾）	计算机测量钢琴拍音的方法与应用
梁锐祥（中国内地）	热力方法在钢琴维修中的应用
杜志钟（中国内地）	钢琴售后服务队伍的管理与建设
陈重生（中国内地）	钢琴调律技术——基准音组调律
李陆霈（中国内地）	以有数之法，求无形之声
张旺（中国内地）	钢琴调律精准度的相关问题

分支机构活动

《手风琴通用技术条件》行业标准审议及簧片科研基地成果汇报会在江阴召开

2013年5月13日，各地手风琴骨干企业齐聚江阴，参加由手风琴专业委员会组织的《手风琴通用技术条件》行业标准审议会。会议由江阴金杯安琪乐器公司承办。参加活动的还有中国乐器协会秘书长兼乐标委主任曾泽民、乐标委秘书长王伟、全国乐器检测中心（广州）潘绮珊等，江阴职业技术学院许洪龙教授应邀参加了会议。

会议首先由标准起草单位金杯安琪乐器公司和北京乐器研究所作标准编制情况说明。此项标准修订是依据“工信厅科[2012]119号文”下达的2012年第二批行业标准制修订计划。2012年7月工作组召开第一次会议，研究了标准修订方案与原则，以及文本起草、编制、实验、数据验证和测试方法等工作分工。2013年3月、4月第二、三次会议对编制草案、部分单位反馈意见进行分析研究，并对“音簧耐久性试验及箱体气密度”测试方法进行试验验证，并决定召开手风琴行业审议会，广泛征求行业意见。此次手风琴通用技术标准修订主要内容包括：修改以贝司数量划分等级、修改标准音的要求、音簧耐久性要求规定的测试方法、风箱气密度测试方法及有害物质限量要求的测试方法等13项。

会议在标准文本审议中采纳了手风琴企业的意见，将对象范围从“60贝司以上”修改为“34键48贝司”；标准音根据用户需求定位“小字一组a音的频率应在440.00Hz～443.83Hz的范围内确定”；将“风箱内腔气体压力”确认为“整琴气密性”等等。讨论中大家还现场观看了整琴气密性测试装置。标准审议会结束之后，金杯安琪乐器公司簧片研发基地工程技术人员将近期成果向行业、企业领导汇报。

电鸣乐器分会厂商联谊会在杭州召开

电鸣乐器分会厂商联谊会于5月27日～29日在美丽的杭州西子湖畔成功举办。来自电鸣乐器行业整机制造和相关原配件供应厂商近30家企业的40多位代表参会。

盛子斐会长致辞强调电鸣乐器分会多年来一直致力于搭建这样一个平台，旨在为电鸣乐器整机厂和零部件供应厂商提供一个面对面直接结识、交流和互动的平台，有利于双方在控制、降低成本和扩大销售的基础上，寻找到更适合的合作伙伴，从而促进厂商双赢和行业的更快发展。这一努力得到了与会代表的一致认可和称赞，并已显现实际运作的显著成果。

范廷国副会长从行业发展高度将联谊会的作用归纳为三点：改变分散断节发展为产业链整体发展观念；将合作从浅层次的成本控制和扩大销量，向深层次的新材料、工艺、技术研发、创新以及标准制定和知识产权保护等领域延展；变单纯追求一厂一店效益为共同提高我国电鸣乐器产品在国际上的竞争力水平和整体形象而努力。

中国乐器协会常务副理事长齐建平代表协会对于电鸣乐器分会的这一努力给予了充分认可和高度评价，希望电鸣乐器分会能够进一步发挥自身优势，在促进产业上下游环节之间，整机厂与原配件厂商之间的沟通互动，特别是解决影响行业发展的突出问题等方面，发挥更积极有效的作用。

口琴专业委员会五届四次会议在江阴召开

5月21日～22日，中国乐器协会口琴专业委员会五届四次会议在江苏江阴市召开。会议由口琴专委会副会长、江苏天鹅乐器公司董事长陈红梅主持。口琴专委会会长蒋林森传达了中国乐器协会六届五次理事（扩大）会议精神；副会长周伟义做了口琴专业委员会2012年工作总结和今后工作要点报告。中国乐器协会理事长安志与会并讲话。

此次会议重点关注如何提高中高档口琴生产制作，特别是口琴簧片的材质，希望行业联合开发簧片材料的配套加工单位，解决制作中高档口琴所需的簧片材料。会议形成共识：口琴行业在扩大生产规模、加大资金投入、进行技术设备改造、采用新工艺、开发新产品等方面取得新成绩，口琴专委会要继续发挥行业引领作用，遵守行业道德规范，引导企业公平有序竞争，形成和谐统一的良好新局面。

安志理事长认真听取了大家对协会和专业委员会工作的意见和建议，肯定了口琴专委会的工作，希望口琴专业委员会继续团结口琴行业，积极开展活动，着力解决行业发展中的实际问题。

本次年会还邀请《中国口琴图谱》编者、“中华口琴会”爱乐室内乐团首席演奏家宗莜华、浙江丽水音乐家协会口琴专委会会长陈年龙等口琴演奏专业人士参加会议，两位专业演奏家对高档口琴制作做了专题讲解，并进行了精彩的口琴演奏。

会议结束后，与会代表兴致勃勃参观了此次会议承办单位江阴孔声乐器有限公司，并对孔声乐器公司对会务工作的精心安排和周到服务表示感谢。

《手风琴通用技术条件》等五项乐器类行业标准审定会在扬州召开

6月24日～27日，来自乐器制造企业、科研单位、检测机构和行业协会的乐标委委员齐聚古筝之乡扬州，参加乐器行业标准审定会。此次会议由扬州古筝协会协办，扬州市技术质量监督局孙正亮局长等领导到会祝贺并讲话。

审定标准之前，召开了乐标委工作会。由梁志伟副主任组织学习了《全国轻工业行业专业标准化技术委员会换届工作暂行规定》，曾泽民主任和王伟秘书长分别报告“乐标委换届筹备情况”和“第二届乐标委组建方案”。报告指出，第一届乐标委自2008年10月正式成立已五年，2013年将届满，按国标委和中轻联有关文件精神，乐标委领导班子会议提出两项议案，一是“成立换届领导小组”，建议由曾泽民任组长，王根田、梁志伟、张振启、陈晋武、王伟为小组成员。二是由领导小组提出“换届方案的基本原则和要点”。经委员们认真讨论审议，一致通过了两项议案。

随后，审定《手风琴通用技术条件》、《爵士鼓》、《吉他》、《电吉他》和《口风琴》等5项行业标准。此次审定的5项标准均经过深入细致的调查研究，合理科学的反复试验和广泛深入的征求行业、企业意见，审定会上委员们又针对反馈意见进行论证研讨，对重点章节逐句逐字审定，充分体现了科学严谨的作风和对行业、对国家和社会负责的精神。

会议期间还召开了钢琴行业标准修订座谈会，钢琴行业委员就近年来二手钢琴市场的假冒伪劣问题展开了讨论。提出在修订钢琴标准时，应从标识规范、原产地质量证明、产品三包等方面完善，用标准保护消费者权益。会议期间民族乐器委员还就成立民乐标准工作组事宜，进行沟通和磋商。

会后委员们参观了扬州正声乐器公司，传统的古筝制作工艺与扬州悠久的木雕、镶嵌和刻板等特色工艺技术有机结合，使大家深受启发。

民族乐器分会五届二次会员代表大会在上海召开

10月12日，中国乐器协会民族乐器分会五届二次会员代表会在上海紫竹国际大厦召开。会议由上海民族乐器一厂技术科副科长周力主持。

中国乐器协会理事长安志，中国乐器协会名誉理事长王根田，中国乐器协会秘书长曾泽民，中国乐器协会副理事长、民族乐器分会会长王国振及国内20多家民族乐器企业负责人出席会议。

会议围绕“行业创新”这一核心议题展开深入讨论。首先由王国振会长做了民乐分会工作报告，他指出了创新在民族乐器产业中的重要性，并强调了文化创新、技术创新和人才创新三项重要创新元素。王会长在发言中详细介绍了在上海民族乐器一厂复兴之路中的创新历程，并着重介绍了文化创新对于品牌附加值的提升作用。经过十几年的艰苦奋斗，对技术创新、文化创新的不懈坚持，上民一从一个连年赤字、人心涣散的亏损单位，一跃成为当今民族乐器业内首屈一指的龙头企业。王国振在会议上发言说：“当今民族乐器市场产品普遍附加值不高，但上民一接连售出15万元一架的古筝、30万元一把的二胡，表明上民一已经通过技术创新和文化创新有效提升了自身的品牌附加值。”

民族乐器分会副会长，苏州民族乐器一厂有限公司总经理田永逸表示，民族乐器市场面临的一个较大的问题是恶性价格竞争，这种经营行为压缩了全行业的利润空间，对民族乐器产业发展极为不利，希望行业同仁能够加强自律，从自身做起，杜绝价格内战。

中国乐器协会理事长安志在会上作了重要讲话，并建议中国乐器协会民族乐器分会把未来的会员代表会议题定的更加具体，更加细化，能够更加紧密的切合乐器行业遇到的问题。

会议还讨论了“全国乐器标准化技术委员会民族乐器标准制修订工作组”的筹建申请书，确定了工作组成员单位名单：组长为上海民族乐器一厂，副组长为河北乐海乐器有限责任公司、扬州金韵乐器御工坊有限公司，秘书长为苏州民族乐器一厂，组员为上海敦煌乐器有限公司、扬州天韵琴筝有限公司、开封中原民族乐器有限公司和河北怀来锣厂。会议还讨论审议了《全国乐器标准化技术委员会民族乐器标准制修订工作组章程》、《工作组工作计划》和《工作组秘书处工作细则》。

钢琴分会、琴行分会年会在福州召开

11月14日，由中国乐器协会钢琴分会、琴行分会共同主办，福州和声钢琴有限公司承办的2013年中国乐器协会钢琴分会、琴行分会年会在福州隆重举行。中国乐器协会理事长安志、秘书长曾泽民，钢琴分会会长施少斌，琴行分会会长黄茂强及会员代表近200人出席了本次会议。

上午的会议由琴行分会副会长刘为明主持，钢琴分会和琴行分会共同参与。中国乐器协会理事长安志作主题发言，就2013年中国乐器行业的现状及未来发展趋势做了详细介绍与深入分析，他提出，希望能够借此机会，钢琴制造商和经销商加强交流，相互支持，探寻共赢模式，共同促进行业健康有序的发展。随后，钢琴分会会长、珠江钢琴集团董事长施少斌，琴行分会会长、川音乐器公司董事长黄茂强分别代表两个分会汇报工作。

本次年会举办了《提升乐器民族品牌，营造诚信和谐市场》的主题论坛，邀请到海伦钢琴股份有限公司总经理陈海伦、北京星海钢琴集团有限公司副总经理秦建清、武汉银可可琴行有限责任公司总经理何浩、广州珠江钢琴集团有限公司拓展部经理钟安平、大连福音琴行有限公司总经理曲哲、广州市大同琴行有限公司总经理佟伟彦，就“打造民族工业，维护乐器民族品牌”，“抵制假冒伪劣二手钢琴”，“传统乐器营销与乐器电子商务”等方面展开深入的讨论。

下午，会议进行了钢琴分会与琴行分会的分组讨论，代表们就上午的分会工作总结及论坛的主题进行了深入的探讨。

会后与会代表一起参观了福州和声钢琴公司创新的产品、前沿的流水线以及科学严谨的管理。

《废弃乐器回收利用通用技术规范》、《钢琴》等5项标准审定会在宁波召开

12月9日～12日，全国乐器标准化技术委员会在宁波举行标准审定会，来自全国各地的45位乐标委委员出席。会议审定通过了《废弃乐器回收利用通用技术规范》、《钢琴》、《定音鼓》、《木琴》、《管钟》5项国标、行标，并总结了乐标委2013年工作。委员们在会议期间参观了海伦钢琴公司。

本次审定的5项标准坚持政策导向和行业需求的原则，其中《废弃乐器回收利用通用技术规范》是继《乐器有害物质限量》国家标准制订之后，又一项关于乐器行业环境保护和节能减排的重要国家标准。该标准以乐器领域为主导，联合回收处理行业，将各类废弃乐器材料的回收利用和有害成分的分类处理作为标准化对象，技术内容中规定废弃乐器的收集、运输、储存、再利用以及处理及处置等过程中的污染控制指标。在调研起草过程中，项目组广泛采集制造企业、市场流通领域和院校、团体消费者有关大量数据和实验取证，召开了四次工作会反复修改而成。《钢琴》国标的修订，既体现了乐器行业技术进步的成果，又结合乐器市场“二手钢琴”的问题，修订了标识与检验等内容，标准规定，经过鉴定符合有关要求的二手钢琴，应粘贴“二手钢琴”标识，进口钢琴还应出具海关的检验检疫证明等。新制订的《定音鼓》、《木琴》和《管钟》则充实了膜鸣、体鸣打击乐器标准体系。

此次会上还听取了近期乐标委的工作报告。报告指出，2013年乐标委完成了10项标准制修订的计划。其中制订国家标准1项，修订国家标准1项，制订行业标准3项，修订行业标准5项。吟飞科技公司、广州珠江钢琴集团、国家轻工业乐器质检中心（广州）、杭州嘉德威钢琴公司、福州和声钢琴公司、江阴金杯安琪乐器公司、广州红棉吉他公司、江苏奇美乐器公司、天津津宝乐器公司、北京乐器研究所等10个单位分别承担了10项标准的制修订工作；依据《乐器标准体系》，配合教育部最新《中小学音乐教育器材配备标准》，完成《巴乌》、《葫芦丝》和《陶笛》3项标准的立项工作；组织了《乐器有害物质限量》国家标准的宣贯等工作。报告通报了乐器行业标准化工作情况，截至目前，乐器标委会归口管理的乐器类国家、行业标准共计103项，其中基础通用标准27项，方法标准5项，产品标准71项。共有20多个单位，60多人次的委员及相关企业人员参加了标准的制修订工作。

材料配件专业委员会2013年会在德清召开

12月27日～28日，中国乐器协会材料配件专业委员会2013年会在浙江德清召开。来自全国各地的材料配件企业代表、钢琴生产企业代表等70余人参加，会议得到了洛舍镇乐器行业的大力支持，浙江乐韵钢琴公司作为协办单位做了大量工作。中国乐器协会安志理事长、洛舍镇沈月强书记出席会议并致辞。

材料配件专业委员会罗建峰会长就如何加强钢琴材料配件企业自身建设和提升自我品位，改善与钢琴制造企业上下游合作产业链，拓展与钢琴制造企业合作的深度与广度等问题，做了主题发言。强调了人才培养的重要性，特别是“工匠”的培养，认为乐器品质的差距关键还是人的差距。

来自珠江、中雅、舒曼、嘉德威、海伦等公司代表在讨论中一致肯定了材料配件行业的发展对于钢琴行业产量和质量水平提高所发挥的积极作用，并表达了进一步加强产业链合作，共同促进钢琴行业发展的愿望。南京艺术学院陈重生教授和全国乐器信息化中心陈晋武主任也对配件行业更好地发展提出了各自的意见和建议。会后，代表们参观了德清县钢琴文化馆和华谱钢琴、乐韵钢琴。

会员名录

中国乐器协会团体会员名录

(截止2014年6月30日)

序号	企业名称	会员证号	邮编	地址	联系人	协会任职
1	北京星海钢琴集团有限公司	0001	101111	北京市通州区光机电一体化产业基地科创东五街8号	祝宁伟	副理事长
2	北京乐器研究所	0002	100021	北京市朝阳区南新园西路甲6号	陈晋武	副理事长
3	天津市津宝乐器有限公司	0094	301800	天津市宝坻区海泰路1-2号	刘运斌	副理事长
4	功学社(天津)商贸有限公司	0219	301703	天津市武清开发区福源道27号	蓝汉民	副理事长
5	河北金音乐器集团有限公司	0076	053300	河北省武强县周窝乡工业区	陈学孔	副理事长
6	河北乐海乐器有限责任公司	0152	062350	河北省肃宁县师素工业区	宋从甲	副理事长
7	大连铜管乐器有限公司	0106	116001	辽宁省大连市中山区鲁迅路88号308室	焦永达	副理事长
8	上海钢琴有限公司	0019	201900	上海市宝山区宝扬路2222号	杨盛惠	副理事长
9	上海民族乐器一厂	0020	201101	上海闵行区七宝镇联明路400号	王国振	副理事长
10	上海华新乐器有限公司	0109	200120	上海浦东崂山一村35号	林伯龙	副理事长
11	上海艾克斯尔乐器音响有限公司	0126	201808	上海市嘉定区徐行镇新建一路2411号	刘卫国	副理事长
12	上海知音音乐文化股份有限公司	0138	200051	上海市长宁路1200号贝多芬广场3楼	朱文玉	副理事长
13	江苏凤灵乐器集团	0114	225419	江苏省泰兴市溪桥镇华溪中路18号	李书	副理事长
14	吟飞科技(江苏)有限公司	0240	213032	江苏省常州市新北区汉江西路101号	范廷国	副理事长
15	海伦钢琴股份有限公司	0118	315805	浙江省宁波市北仑区龙潭山路36号	陈海伦	副理事长
16	森鹤乐器股份有限公司	0050	315323	浙江省慈溪市逍林镇樟新公路1928号（胜山镇沙滩路）	罗建峰	副理事长
17	武汉艾立卡电子有限公司	0124	430023	湖北省武汉市东西湖将军五路12号	张琳	副理事长
18	宜昌金宝乐器制造有限公司	0146	443003	湖北省宜昌市宜昌东山经济技术开发区珠海路1号	吴天延	副理事长
19	广州珠江钢琴集团股份有限公司	0030	510388	广东省广州荔湾区花地大道南渔尾西路8号	李建宁	副理事长
20	广州红棉吉他有限公司	0038	510330	广东省广州市海珠区新港东路2440号	何志强	副理事长
21	广东声凯乐器有限公司	0073	526200	广东省四会市东城开发区	黄志康	副理事长
22	得理乐器(珠海)有限公司	0311	519090	广东珠海金湾区联港工业区大林山片区双林东路2号得理工业园	盛子斐	副理事长
23	四川盛音乐器有限公司	0310	610021	四川省成都市新生路6号	黄茂强	副理事长
24	北京中加海资曼钢琴有限公司	0003	101111	北京市通州区光机电一体化产业基地科创东五街8号	王树清	常务理事
25	北京华东乐器有限公司	0010	101200	北京市平谷区东高村镇大旺务西路21号	刘云东	常务理事
26	天津华韵乐器有限公司	0087	301615	天津市静海县中旺镇	罗松森	常务理事

序号	企业名称	会员证号	邮编	地址	联系人	协会任职
27	河北省怀来锣厂	0055	075431	河北省怀来县新保安镇幸福村	张全富	常务理事
28	饶阳北方民族乐器制造有限责任公司	0129	053900	河北省饶阳县大官厅	杨俊朋	常务理事
29	河北秦川文体乐器有限公司	0137	050011	河北省石家庄市建设北大街38号	秦传功	常务理事
30	饶阳成乐民族乐器有限责任公司	0143	053900	河北省饶阳县大官厅开发区	李铁成	常务理事
31	长春新威琴行有限公司	0369	130021	吉林省长春市工农大路1796号	周宝强	常务理事
32	上海国光口琴厂有限公司	0023	200124	上海浦东林浦路800弄8号	周伟义	常务理事
33	上海口琴总厂	0025	201906	上海市宝山区蕰川路510号	蒋林森	常务理事
34	上海市乐器行业协会	0123	200122	上海市浦东新区南泉北路1015号401室	陈惠庆	常务理事
35	上海中雅钢琴有限公司	0127	201771	上海市青浦区清赵路6158号	马惠忠	常务理事
36	苏州公爵琴业有限公司	0134	215324	江苏省昆山市锦溪镇锦裕路158号	李军华	常务理事
37	上海国际展览中心有限公司	0199	200366	上海市长宁区娄山关路55号新虹桥大厦8楼	吴江红	常务理事
38	苏州民族乐器一厂有限公司	0043	215003	江苏省苏州市平江区学士街梵门桥弄15号	田永逸	常务理事
39	江苏天鹅乐器有限公司	0045	214526	江苏省靖江市马桥镇北首	陈红梅	常务理事
40	扬州民族乐器研制厂有限公司	0071	225015	江苏省扬州市隋杨路槐泗工业园	田步高	常务理事
41	南京舒曼钢琴制造有限公司	0112	210039	江苏省南京市雨花经济开发区龙藏大道9号	王永和	常务理事
42	扬州雅韵琴筝有限公司	0159	225008	江苏省扬州市西区新盛街道蜀岗果园	刘永发	常务理事
43	扬州市天艺民族乐器厂	0173	225123	江苏省扬州市邗江区甘泉镇姚湾村	汪扬	常务理事
44	江苏奇美乐器有限公司	0178	214500	江苏省靖江市经济开发区兴业路	张龙贵	常务理事
45	江阴金杯安琪乐器有限公司	0251	214443	江苏省江阴市申港镇亚包大道128号	时建明	常务理事
46	浙江中盟文化发展有限公司	0151	310012	浙江省杭州市学院路135号	刘为明	常务理事
47	杭州嘉德威钢琴有限公司	0184	310021	浙江省杭州市江干区丁桥镇临丁路1191号	陈莲琴	常务理事
48	福州和声钢琴有限公司	0119	350008	福建福州市仓山区金山工业集中区浦上工业园B区红江路2号	池家森	常务理事
49	山东泰山管乐器制造有限公司	0131	265701	山东省龙口市东莱大李	赵人兴	常务理事
50	烟台博斯纳钢琴制造有限公司	0188	264670	山东省烟台市莱山区解甲庄工业园	孙强	常务理事
51	鲍德温（中山）钢琴乐器有限公司	0032	528412	广东省中山市东升镇观栏村工业区	周有恩	常务理事
52	广州市红棉提琴有限公司	0033	510430	广东省广州市石井镇石沙公路红星工业区15号	陈钊明	常务理事
53	广州吉声琴业有限公司	0067	510900	中国广东省从化市鳌头镇岭南村古塘村106国道边	梁泽敏	常务理事
54	美得理电子（深圳）有限公司	0128	518031	广东省深圳市燕南路404栋西三楼	徐俊	常务理事
55	成都川雅木业有限公司	0132	610101	四川省成都市龙泉驿区大面镇	张华君	常务理事
56	北京双喜乐器有限公司	0008	101200	北京[illegible]东高村镇大旺务西路37号	陈祖华	理事
57	北京天力凯业贸易有限公司	0092	102615	北京市大[illegible]区长子营镇郑二营村	杨凯	理事

序号	企业名称	会员证号	邮编	地址	联系人	协会任职
58	北京星海钢琴集团有限公司北京民族乐器厂	0104	100053	北京市宣武区槐柏树街乙9号楼	宋从甲	理事
59	北京长安乐器有限公司	0153	100195	北京市海淀区西四环北路15号依斯特大厦610号	马雪松	理事
60	北京华韵阿波罗艺术发展中心	0374	100070	北京市丰台区百强大道6号2座2610号	姚远	理事
61	北京中筝文化发展有限公司	0392	100022	北京市朝阳区东三环中路39号建外SOHO七号楼901	王晓光	理事
62	北京育鹏乐器有限公司	0436	100012	北京市朝阳区慧忠北里110号楼	张振州	理事
63	新跨乐(北京)艺术有限公司	0473	100022	北京市朝阳区建国路乙118号京汇大厦三层A008室	韦凯元	理事
64	北京福韵国际工贸有限公司	0492	102605	北京市大兴区青云店镇垡上电镀厂院内	李宝红	理事
65	天津盛兴元乐器有限公司	0103	301605	天津市静海县子牙镇潘庄子	王泽云	理事
66	天津圣迪乐器有限公司	0284	301646	天津市静海县蔡公庄镇四党口中村	王玉春	理事
67	河北华声乐器制造有限公司	0213	053871	河北省深州市前么头工业区	张立根	理事
68	大厂回族自治县华丰铸造有限责任公司	0252	065301	河北省大厂回族自治县夏垫村西	杨山	理事
69	上海雅特曼钢琴有限公司	0158	201108	上海市闵行区颛桥镇向阳路1158号	王永金	理事
70	门德尔松钢琴（上海）有限公司	0162	201608	上海松江张泽民发经济城（浦亭路88号）	郑明统	理事
71	上海威堡钢琴有限公司	0239	201314	上海市南汇坦直工业园古翠路33号	蒋维国	理事
72	上海和乐钢琴有限公司	0337	201716	上海市青浦区练塘工业园区蒸夏路200-8号	姚建芳	理事
73	泰兴斯坦特乐器有限公司	0041	225419	江苏省泰兴市溪桥乡翁庄村	李荣富	理事
74	江苏东方乐器有限公司	0090	214415	江苏省江阴市祝塘云顾路8号	孔文忠	理事
75	扬州金韵乐器御工坊有限公司	0095	225009	江苏省扬州市开发区裴庄新河东	熊立群	理事
76	扬州市正声民族乐器厂	0145	225000	江苏省扬州市江阳工业园西湖双塘路	周平	理事
77	南京新辉琴行有限公司	0266	210009	江苏省南京市中山北路42号	刘小辉	理事
78	扬州天韵琴筝有限公司	0299	211407	江苏省扬州市仪征刘集盘古工业园	李同志	理事
79	南京乐博乐器股份有限公司	0423	210000	江苏省南京市洪武路340号苏发大厦三楼	姚广生	理事
80	德清县中德利钢琴有限公司	0136	313216	浙江省德清县城关西郊路158号	王惠林	理事
81	德清县海尔乐器制造有限公司	0171	313218	浙江省德清县洛舍经济开发区文明东路2号	王惠忠	理事
82	湖州华谱钢琴制造有限公司	0174	313218	浙江省湖州市德清县洛舍经济开发区	姚小林	理事
83	湖州杰士德钢琴有限公司	0176	313218	浙江省莫干山技术开发区杨树湾工业园区洛德大道198号	鲍海尔	理事
84	宁波市北仑乐器配件制造有限公司	0203	315806	浙江省宁波市北仑区大矸镇俞王村	俞兆祥	理事
85	宁波四海琴业有限公司	0211	315137	浙江省宁波鄞州区云龙镇前后陈村	何四海	理事
86	宁波市江北珂乐乐器有限公司	0321	315000	浙江省宁波市江北区北岸琴森财富创意港295号	蔡赋勇	理事
87	浙江乐韵钢琴有限公司	0389	313218	浙江省德清洛舍工业园顺达路18号	章顺龙	理事

序号	企业名称	会员证号	邮编	地址	联系人	协会任职
88	杭州爱尔科电子有限公司	0406	311258	浙江省杭州市萧山区闻堰镇长安工业区	朱伟柳	理事
89	杭州顺和硅橡胶制品有限公司	0530	310000	浙江省杭州市余杭区临平南街道高地工业园	沈国水	理事
90	福建省爱乐钢琴有限公司	0147	353200	福建省顺昌县双溪镇货场路142、144号	柯松理	理事
91	烟台金斯波格钢琴有限责任公司	0052	264006	山东省烟台市经济技术开发区长白山路5号	石波	理事
92	龙口锦盛乐器有限公司	0084	265701	山东省龙口市东莱街道大李村	李传术	理事
93	青岛海韵琴行有限公司	0242	266071	山东省青岛市江西路98号乙	莫蓓茜	理事
94	河南中州民族乐器有限公司	0186	475312	河南省兰考县固阳镇	代胜民	理事
95	武汉银可可琴行有限责任公司	0303	430060	湖北省武汉市彭刘杨路228号金榜名苑一楼	何浩	理事
96	国家轻工业乐器质量监督检测中心（广州）	0172	510370	广东省广州市荔湾区芳村花地大道壹号国际文化广场三楼C018	潘绮珊	理事
97	广州格利蒙那提琴有限公司	0208	511430	广东省广州市番禺区大石街涌口村雅苑大街2号	关尚持	理事
98	广州市罗曼士乐器制造有限公司	0241	510860	广东广州市花都区狮领镇育才路13号	郑玉棠	理事
99	广州市大同琴行有限公司	0397	510100	广东省广州市越秀区东川路37号	佟伟彦	理事
100	广州艾莱森电子有限公司	0426	510163	广东省广州市荔湾区珠江大桥桥中中路223号	刘春清	理事
101	玉屏侗族自治县箫笛厂	0063	554000	贵州省玉屏市中山路465号	姚懿洲	理事
102	昆明乐器用品有限责任公司	0064	650031	云南省昆明市东风西路289号	伍俊武	理事
103	西安音乐学院乐器厂	0224	710061	陕西省西安市长安中路108号	黄勇	理事
104	陕西省音乐家协会金钟琴行	0387	710054	陕西省西安市文艺北路明胜街146号	张喜鹏	理事
105	陕西省文化物资公司	0502	710016	陕西省西安市龙首北路东段4号	张忠民	理事
106	江阴兄弟乐器有限公司	0466	214422	江苏省江阴市云亭镇建设路50号	孔文金	
107	宁波职业技术学院乐器制造系	0452	315800	浙江省宁波市北仑新大路1069号	胡晓光	
108	青岛玄华涂料有限公司	0395	266108	山东省青岛市城阳区流亭街道赵红路南侧	崔丙杰	
109	山东省济宁市颜氏调律工具有限公司	0453	272000	山东省济宁市红星西路54号	颜婷婷	
110	郑州铁路职业技术学院艺术系	0396	451460	郑州市郑州新区职教园区前程路9号	从云飞	
111	广州市锦桦乐器有限公司	0465	510460	广东省广州市白云区江高镇五丰东路68号	李德雄	
112	北京管乐器厂	0004	101111	北京市通州区光机电一体化产业基地科创东五街8号	赵彤	
113	北京市产品质量监督检验院	0255	100000	北京市顺义区顺兴路9号	陈梨	
114	北京敦善文化艺术有限公司	0259	100005	北京市东城区建国门内大街7号光华长安大厦1座302室	于添	
115	北京星海福音琴业有限公司	0278	100061	北京市崇文区夕照寺中街4号	胆美珍	
116	北京龙羽时代科技有限公司	0351	100088	北京市海淀区北三环中路77号27号楼509室	魏剑羽	
117	北京蓝摇惠好乐器有限公司	0410	100083	北京市海淀区五道口华清嘉园18-3-102	张学民	

序号	企业名称	会员证号	邮编	地址	联系人	协会任职
118	北京爱芝音教教学设备有限公司	0425	102202	北京市海淀区上庄梅所屯207号	宁爱中	
119	威柏尔乐器(北京)有限公司	0454	100740	北京市东城区王府井大街277号好友写字楼2505室	刘勇	
120	北京兆森工贸有限公司	0484	100141	北京市房山区韩村河镇西东村南	孙伟	
121	北京中音中音科技有限公司	0486	100022	北京市朝阳区建国路88号SOHO现代城D座0711-0712室	赵易天	
122	北京连怡乐商贸有限公司	0493	102403	北京市房山区琉璃河工业区	苗文来	
123	北京索达文化传播有限公司	0500	100070	北京市丰台区南四环188号总部基地1区24栋	叶彩萍	
124	北京中广华音文化传媒有限公司(乐器空间)	0508	100022	北京市朝阳区百子湾路28号	赵广	
125	北京奥宇新材料科技开发有限公司	0509	102600	北京市大兴工业开发区金苑路2号	时春利	
126	德鑫开元(北京)贸易发展有限责任公司	0525	101102	北京市通州区马驹桥镇景盛北一街17号珠江逸景家园122号楼122-1202	王武	
127	北京卓邦乐米文化传播有限公司	0526	100070	北京市丰台区南四环西路188号总部基地十一区27号楼6层	张新峰	
128	北京安平乐乐器有限责任公司	0539	100089	北京市海淀区紫竹院路100号信弘大厦A221	安青	
129	北京琴语琴愿文化传播有限公司	0556	100021	北京市朝阳区郎辛庄北路58号院扬州水乡3036号	周鹏	
130	北京佳期提琴制作有限公司	0570	101100	北京市通州区潞城镇武窑村119号	李洪源	
131	国韵盛世文化传媒股份有限公司	0589	100020	北京市朝阳区东大桥路8号soho尚都北塔A座22层	任晓锋	
132	北京诺健科技发展有限公司	0592	100039	北京市海淀区复兴路甲36号百朗园1122号	李腊	
133	北京星王星文化传播有限公司	0638	100123	北京市朝阳区青年路西里2号8-1-1903	邢京	
134	北京时代众乐琴行有限公司	0667	100101	北京市朝阳区慧忠里304号楼1层304-2	刘小涌	
135	天津通宝乐器有限公司	0015	300230	天津市河北区白庙工业区南口支路6号	姜静	
136	天津市民族乐器厂	0018	300230	天津市河北区南吱路1号	郭建文	
137	天津市隆兴集团进出口有限公司	0107	300211	天津市河西区新围堤道5号	韩延林	
138	天津市佰笛乐器有限公司	0189	300162	天津市河东区程林庄路华冠丝绸有限公司院内	赵景萱	
139	天津金雅佳乐器有限公司	0231	300402	天津市北辰区铁东路霍家嘴工业区四号路五门	侯新宇	
140	通宝国际贸易（天津）有限公司	0264	300000	天津市河西区苏州道白楼仕嘉6-2-502	恽林	
141	天津吉驰国际贸易有限公司	0273	301800	天津市宝坻区津围公路西侧	王贵山	
142	天津天同音工贸有限公司	0274	300170	天津市河东区六纬路神州花园26-3-101	王琳	
143	天津吉华国际贸易有限公司	0275	300380	天津市西青区中北工业园阜盛道22号	于秉勋	
144	英昌乐器（中国）有限公司	0335	300300	天津市东丽区崔家码头东侧	陈香菊	
145	天津奥维斯乐器有限公司	0354	301646	天津市静海县蔡公庄乐器城	张国民	

序号	企业名称	会员证号	邮编	地址	联系人	协会任职
146	天津乐海城乐器配件有限公司	0364	300450	天津市塘沽区春风路紫云国际5栋1门201室	王锡华	
147	天津扬昇国际贸易有限公司	0408	300192	天津市南开区鞍山西道信诚大厦704室	许心缇	
148	天津市万德弗劳乐器有限责任公司	0444	300011	天津市河东区新开路春华里11-2-401	高志伟	
149	天津劳伦斯乐器有限公司	0476	301700	天津市武清经济技术开发区	刘瑞	
150	天津创丰乐器进出口贸易有限公司	0483	300150	天津市河北区红星路万科城市花园F-409	贺天宝	
151	天津雨融泽服装装具有限公司	0487	300000	天津市西青区大明道营瑞路2-1号	仇家军	
152	天津市东丽区乐林乐器厂	0491	300000	天津市东丽区大毕庄工业区国信路10号	卢启恒	
153	天津市至上乐器有限公司	0498	301800	天津市宝坻区史各庄工业园	袁洪立	
154	天津三卫乐器有限责任公司	0637	300400	天津市北辰区北辰西路联东U谷产业园区29-2号	李国华	
155	邢台市冶金艺术学校	0048	054000	河北邢台市冶金子弟学校	董耀海	
156	廊坊韵迪乐器有限公司	0170	065802	河北省文安县新镇镇工业区	王景川	
157	霸州市威名乐器有限公司	0177	065700	河北省霸州市大高各庄工业区	张维明	
158	河北乐之洋乐器制造有限责任公司	0191	053900	河北省饶阳县大官厅工业园566号	赵爱敏	
159	沧州市金狮乐器有限公司	0227	061026	河北省沧州市纸房头工业区	吕宝合	
160	石家庄永宏乐器音响设备有限公司	0230	050000	河北省石家庄市中山东路55号中江文化城四层A1	张奕	
161	廊坊市永信实业有限公司	0261	065000	河北省廊坊市安欠区杨税务	刘家庆 段以晴	
162	张家口市桥东新星海乐器商店	0375	075000	河北省张家口市桥东区胜利北路30号平安办公大厦2楼	李立鸣	
163	三河市海燕乐器有限公司	0393	065200	河北省三河市辛集镇	李宝玉	
164	河北中轻北方乐器有限公司	0407	053400	河北省衡水市武邑县东风路96号	史占秋	
165	廊坊市日升文体乐器有限公司	0432	065004	河北省廊坊市安次区葛渔城镇西街	胡汝刚	
166	沧州市运西梦同琴行	0461	061001	河北省沧州市水月寺南大街31号	孙梦桐	
167	秦皇岛市海港区利通琴行	0464	066000	河北省秦皇岛市海港区燕山大街210号	王鹤立	
168	保定市北市区钟鸣琴行	0472	071000	河北省保定市莲池北大街173号	刘金刚	
169	衡水新星乐器有限公司	0482	053000	河北省衡水市人民西路西段20号(赵圈工业区)	付吉茂	
170	饶阳县海之韵乐器有限公司	0597	053900	河北省饶阳县东草芦村七区46号	李广敖	
171	三河市音诗培乐器销售有限公司	0624	065201	河北省三河市燕郊开发区燕顺路1156号纳丹堡东门A座2F-02	梁启群	
172	邢台市哆来咪琴行	0632	054000	河北省邢台市桥西区公园东街246号	宁根山	
173	廊坊市斯尔曼乐器有限公司	0659	065000	河北省廊坊市安次区祖各庄西口光辉巷	王颂	
174	南皮县凯盛乐器制造有限公司	0666	061500	河北省沧州市南皮县西环西路	刘国政	
175	大同市新百灵音乐文化传播有限责任公司	0271	037008	山西省大同市迎宾街龙新小区 28号A8座	库秀荣	

序号	企业名称	会员证号	邮编	地址	联系人	协会任职
176	山西普晋琴行有限公司	0334	030001	山西省太原市青年路12号	董武斌	
177	营口西尔伯曼钢琴有限公司	0270	115000	辽宁省营口市西市区民兴河北街	丁弘戬	
178	阿托拉斯乐器制造(大连)有限公司	0356	116600	辽宁省大连市保税区罗湖路9号	王明海	
179	沈阳旺族琴行有限公司	0494	110003	辽宁省沈阳市沈河区青年大街165-9号	于法芝	
180	营口乐器协会	0503	115000	辽宁省营口市站前区渤海大街东19号	郝铁成	
181	营口(辽宁)乐器产业基地	0567	115003	辽宁省营口市新联大街东1号	张东	
182	沈阳星辉震东音教设备有限公司	0588	110004	辽宁省沈阳市和平区三好街54号A座4门	王渤	
183	大连福音乐器有限公司	0654	116011	辽宁省大连市西岗区中山路236号	曲星君	
184	延吉市民族乐器研究所	0154	133000	吉林省延吉市北山街爱丹路125-2号	赵基德	
185	牡丹江和音乐器有限公司	0650	157003	黑龙江省牡丹江市西安区海浪路199号	贾酝	
186	上海迪笙乐器有限公司	0088	202159	上海市崇明县合五公路88号	黄志昌	
187	上海兰生-豪呐乐器有限公司	0111	201722	上海市青浦区西岑镇莲盛西首	徐建华	
188	上海华黎民族乐器厂	0161	201311	上海市南汇区大团镇永定北路19弄2号	唐华军	
189	上海韵乐电器有限公司	0166	201800	上海市嘉定区昌徐路88号	柯应岳	
190	上海敦煌乐器有限公司	0185	201400	上海市奉贤区运河北路1025号	陆敏	
191	上海英赫曼琴业有限公司	0187	201200	上海市浦东新区川沙镇进贤路250弄6号1102室(华盛名门小区)	唐海林	
192	中华乐器网	0232	200000	上海南泉北路1015弄401室	窦晓明	
193	赛乐尔三益乐器(上海)有限公司	0269	201401	上海市奉贤区环城北路753号	李炯国	
194	上海邦加琴业有限公司	0287	201505	上海市金山区亭林镇东村南4062号	朱荣玮	
195	星夜钢琴网	0295	200120	上海市浦东新区张杨路628号3号楼26楼C座（第一八佰伴附近）	曾继桂	
196	法兰山德乐器(上海)有限公司	0297	201501	上海市金山区枫泾工业园区钱明东路1338弄35号	陈德鹏	
197	上海市普陀区爱乐琴行	0317	200062	上海兰溪路119号	许俊	
198	上海晨川琴业材料有限公司	0320	201705	上海市青浦区华新镇民兴工业园区徐华公路3029弄民兴一路59号	郑纪海	
199	上海管乐器厂有限公司	0323	201806	上海市嘉定区外冈镇恒乐路188号	赵时渔	
200	河合贸易(上海)有限公司	0349	200120	上海市浦东南路528号证券大厦北楼2308室	森口昌基	
201	上海顶胜钢琴修理厂	0409	201108	上海市闵行区都会路100号	顾名迈	
202	上海乐圣乐器有限公司	0412	200030	上海市裕德路45弄1号1008室	胡祖庭	
203	上海凯恩乐器有限公司	0413	202180	上海市崇明县合兴镇东首	张伟明	
204	巨吉贸易(上海)有限公司	0435	201108	上海市闵行区都会路1885号丽琴大厦1楼	司马健	
205	上海德宝乐器有限公司	0442	310000	浙江省杭州余杭区白鹭郡北61幢1单元201	葛义云	
206	温克尔曼(上海)乐器有限公司	0467	200000	上海市南京西路大田路129号	应利星	

序号	企业名称	会员证号	邮编	地址	联系人	协会任职
207	施坦威钢琴(上海)有限公司	0499	200131	上海市外高桥保税区富特北路201号第一层A部位	高琼	
208	上海东方教具有限公司	0516	201601	上海市松江区泗泾镇方泗路88号	季祥义	
209	上海乐兰电子有限公司	0522	200090	上海市杨浦区平凉路1500号2号楼5楼	程晋垣	
210	上海朱里士福里希乐器有限公司	0524	200051	上海市长宁区仙霞路8号仲盛金融中心303A	周文华	
211	卡西欧(中国)贸易有限公司	0554	200051	上海市长宁区遵义路100号虹桥上海城A座10楼	韩天	
212	上海云鹤钢琴有限公司	0569	201803	上海市嘉定区黄渡镇宝丰路88弄21号	李凤强	
213	上海灵江乐器有限公司	0598	201702	上海市青浦区前云路100号	黄正达	
214	菲奥娜乐器(上海)有限公司	0629	200433	上海市杨浦区国权路财富国际广场43号1510	王幼妹	
215	谷估电子商务(上海)有限公司	0652	200000	上海市浦东新区宣桥镇宣秋路567号5号仓库2楼	罗冲	
216	上海萨瑟钢琴有限公司	0656	201400	上海市奉贤区南桥镇南港路1520号	王立功	
217	上海唯声提琴制作有限公司	0660	200125	上海市浦东新区南码头路1349弄5号	陈顺宝	
218	无锡铃木乐器有限公司	0039	214415	江苏省江阴市祝塘镇人民路1号	缪志兴	
219	南通市乐王琴业有限公司	0046	226001	江苏省南通市环城东路93号	王夕林	
220	无锡市新区古月琴坊	0101	214112	江苏省无锡市新区梅村镇新南路10号	万其兴	
221	江阴激扬乐器有限公司	0113	214443	江苏省江阴市申港镇镇澄路1531号	时国兴	
222	苏州市平江区周万春乐器行	0193	215001	江苏省苏州市工业园区扬东路277号晶汇大厦1619-1620室	周健	
223	无锡市锡艺乐器厂	0194	214112	江苏省无锡市新区梅村镇梅里路	万建平	
224	苏州恒生进出口有限公司	0200	215004	江苏省苏州市西环路1638号国际经贸大厦	周奇生	
225	苏州凯声乐器有限公司	0201	215004	江苏省苏州市西环路1638号国际经贸大厦3楼321室	王德强	
226	扬中市华联手风琴有限公司	0214	212219	江苏省扬中市八桥镇太平北路60号	朱士本	
227	扬州市邗江华音民族乐器厂	0235	225000	江苏省扬州市凯莱巴黎春天小区136栋201室	周杰	
228	扬州市思美民族乐器厂	0282	225244	江苏省扬州江都市武坚镇黄思工业区(邮局对面)	胡思林	
229	苏州市卓特乐器工艺五金厂	0298	215008	江苏省苏州市白洋湾大街洋南路8号	史超	
230	扬州音美尔民族乐器有限公司	0312	225006	江苏省扬州开发区运西路运西镇逸居路118号	刘庆阳	
231	扬州市维扬区御声乐器厂	0322	225000	江苏省扬州市西湖镇司徒庙路西首-胡场	杨国富	
232	淮安市楚州区淮城镇寒舟乐器批发部	0338	223200	江苏省淮安市楚州区南门大街名都花园88-15	韩周	
233	昆山德邦木业有限公司	0358	215347	江苏省昆山市巴城镇正仪高科技术产业园富丽路	唐亮	
234	南京宏盛毛毡制品有限公司	0367	210000	江苏省南京市溧水区白马工业集中区工业北路2号	赵清双	

序号	企业名称	会员证号	邮编	地址	联系人	协会任职
235	无锡万声乐器有限公司	0376	214112	江苏省无锡市新区梅村镇新南科技园新南路10号	万小红	
236	南京爱韵贸易实业有限公司	0433	210012	江苏省南京市雨花区软件大道119号丰盛商汇6号楼208室	童磊	
237	扬州市百家筝鸣筝业管理有限公司	0445	225000	江苏省扬州市梅岭西路28号东四楼	曲玉利	
238	扬州市江都金艺民族乐器厂	0474	225231	江苏省扬州市江都宜陵工业区2号路	冷步年	
239	江苏大风乐器有限公司	0480	221637	江苏省徐州市沛县张庄镇工业区	徐宝华	
240	镇江市杰伦乐器有限公司	0489	212003	江苏省镇江市京口区京口路京岘山庄29幢1407室	朱剑	
241	连云港市邦乐琴行有限公司	0505	222000	江苏省连云港市陇海步行中街28-238号	丁丽君	
242	扬州市邗江嫦娥乐器厂	0506	225107	江苏省扬州市邗江区李典镇长生村	尤永妹	
243	扬州天音乐器厂	0513	225000	江苏省扬州市城北乡槐南路	郑桂珠	
244	江苏至善教育投资管理有限公司	0519	210002	江苏省南京市白下区游府西街46号20楼	徐德平	
245	姑苏区采长尧民乐工作室	0529	215000	江苏省苏州市相城区黄桥镇胡湾工业区旺盛路向东100米富虹塑胶院内3楼	采长尧	
246	江苏乾坤科教设备有限公司	0534	223229	江苏省淮安市淮安区施河镇工业园区	董玉乾	
247	江阴市鹏程乐器厂	0542	214407	江苏省江阴市徐霞客镇上东村	陆文庆	
248	淮安市经纬教学设备有限公司	0552	223229	江苏省淮安市楚州区施河镇德福北路186号	瞿继淮	
249	江苏锡光科教设备有限公司	0555	223229	江苏省淮安市淮安区施河镇太平路西首	钱剑峰	
250	江苏奇乐娃实业有限公司	0557	223229	江苏省淮安市淮安区施河镇工业集中区	刘学军	
251	江苏航天光电科技有限公司	0558	223229	江苏省淮安市淮安区施河镇工业园区淮河路西首	胡建波	
252	江苏华辰科教设备有限公司	0560	223229	江苏省淮安市施河镇工业园区人民路南首	管益武	
253	江苏柠檬科教设备有限公司	0563	223600	江苏省沭阳县章集工业园区柠檬3号	徐兴俊	
254	江苏省诚信教学设备有限公司	0564	223600	江苏省沭阳县工业园区北区	祁军	
255	江苏省华茂科教设备有限公司	0565	223600	江苏省沭阳县经济开发区永嘉路40号	祁霞	
256	江苏华光科教设备有限公司	0571	223229	江苏省淮安市淮安区施河镇世纪大道8号	吴斌	
257	吴江市飞浪文化传播有限公司	0573	215228	江苏省吴江市盛泽镇东方花园钻石商业广场三楼	盛志荣	
258	宿迁市金利普教学仪器设备有限公司	0581	223600	江苏省宿迁市沭阳县公园东路怀文小学门西第一家	沈念兵	
259	苏州音华琴行	0585	215000	江苏省苏州市东环路1500号407室	包林庆	
260	扬州太古琴坊有限公司	0586	225000	江苏省扬州市仪征刘集镇盘古工业园1号	刘霄	
261	泰州裕泰乐器有限公司	0590	225400	江苏省泰兴市黄桥镇城黄西路168号(黄桥镇环保所对面)	王庆华	
262	江苏名帝教育设备有限公司	0600	223600	江苏省沭阳县珠江路东侧名城2号楼6号商铺	周跃齐	

序号	企业名称	会员证号	邮编	地址	联系人	协会任职
263	南通一诺乐器有限公司	0603	226001	江苏省南通市南大街38号银河大厦20层	钱军建	
264	扬州清和文化发展有限公司	0611	225000	江苏省扬州市江阳中路433号金天城519号	金峰	
265	扬州正和民族乐器厂	0615	225007	江苏省扬州市广陵区头桥镇迎新村	杨越	
266	江苏宇辉教学用品有限公司	0618	223229	江苏省淮安市淮安区施河镇德福南路	刘红兵	
267	江苏利生科教设备有限公司	0619	223229	江苏省淮安市淮安区施河镇世纪大道南侧	殷建风	
268	淮安市飞鹰教学用品有限公司	0620	223229	江苏省淮安市淮安区施河镇太平西路	秦万兵	
269	江苏大鹏科教设备有限公司	0621	223229	江苏省淮安市淮安区施河镇淮河路	刘宝珍	
270	徐州市铜山区顺成乐器配件厂	0630	221115	江苏省徐州市铜山区房村镇新庄	刘方盘	
271	江苏星杨月科教设备有限公司	0645	223229	江苏省淮安市淮安区施河镇世纪大道	杨如忠	
272	江苏月星科教设备有限公司	0646	223229	江苏省淮安市淮安区施河镇世纪大道2号	葛彩珍	
273	江苏六鑫科教仪器设备有限公司	0648	225218	江苏省扬州市江都区浦头镇工业园区	朱美馀	
274	江苏爱心教学装备有限公司	0665	223229	江苏省淮安市淮安区施河镇工业园区	施超	
275	南通明星琴行有限公司	0668	226001	江苏省南通市环城东路79-1号	朱磊	
276	海湾乐器（嘉善）有限公司	0148	314100	浙江省嘉善县谈公北路368号	胡益兰	
277	永康市前仓永固乐器厂	0204	321305	浙江省永康市前仓镇前仓村金鸡路53号	蒋学良	
278	杭州雅马哈乐器有限公司	0212	311241	浙江省杭州市萧山区瓜沥镇沙田头村	小林孝一	
279	浙江珠江德华钢琴有限公司	0229	313200	浙江省莫干山经济开发区北湖东街288号	伍锐伟	
280	海盐东方口琴厂	0249	314300	浙江省海盐县海兴西路288号	丁文良	
281	浙江友谊电子有限公司	0262	325600	浙江省乐清市经济开发区纬八路	陈天浩	
282	全球乐器网	0263	310017	浙江杭州艮山西路78号东门大厦9C	徐登朝	
283	杭州沃尔特数码钢琴有限公司	0267	310023	浙江省杭州市余杭区五常工业区荆长路31号-A	赵为民	
284	杭州艺威电子音响设备厂	0291	311118	浙江省杭州市余杭区黄湖宏图路68号	蔡忠伟	
285	宁波音王电声股份有限公司	0306	315104	浙江省宁波市鄞州投资创业园诚信路818号	王祥贵	
286	丽水括苍琴行	0344	323400	浙江省丽水市括苍路222号	叶菊香	
287	临海市均华乐器有限公司	0380	317000	浙江省临海市古城街道聚景路9号	金云声	
288	宁波市四明琴行有限公司	0420	315000	浙江省宁波市海曙区望京路146号	石海岳	
289	杭州珠江三毛琴行有限公司	0443	310012	浙江省杭州市文二路456号	蒋淳荣	
290	浙江学全科教仪器有限公司	0475	321300	浙江省永康市前仓镇前仓村金鸡路140号	蒋学全	
291	宁波波鹰乐器制造有限公司	0481	315800	浙江省宁波市奉化市西坞街道南路85号	曾观华	
292	温州市中联异型紧固件有限公司	0485	325000	浙江省温州市瓯海区郭溪下屿工业区	李凯胜	
293	永康市天目琴行	0575	321300	浙江省永康市华丰西路87弄2幢1号	李依伟	

序号	企业名称	会员证号	邮编	地址	联系人	协会任职
294	杭州市滨江区艺树琴行	0584	310052	浙江省杭州市滨江区香溢路128号	金丽梅	
295	嘉善县歌特乐器商行	0595	314100	浙江省嘉善县魏塘街道文化综合市场1-98号	孙刚	
296	宁波市镇海磊磊音响器材厂	0605	315201	浙江省宁波市镇海庄市北龙路368号	徐佩红	
297	铜陵市教育琴行	0296	244000	安徽省铜陵市北京东路35号	潘益田	
298	合肥市佳音琴行有限责任公司	0388	230061	安徽省合肥市长江西路53号	王琦	
299	安徽和信教学仪器设备有限公司	0514	234000	安徽省宿州市武夷商业城B1区210-222室	陈静	
300	淮南泰博阳光科技有限公司	0515	232001	安徽省淮南市人民南路财富中心B座1601室	郑喜书	
301	蚌埠市实力电脑系统集成有限公司	0517	233000	安徽省蚌埠市中荣街120号	江娥	
302	合肥永信信息产业股份有限公司	0527	230001	安徽省合肥市阜南路169号东怡金融广场B座5楼	陶满	
303	合肥信卓网络科技有限公司	0538	230000	安徽省合肥市庐阳区荷塘路50号杏花印务2号楼5层	靳自隐	
304	合肥振邦信息科技有限公司	0543	230022	安徽省合肥市高新区望江西路502号西蜀名苑6栋101室	王俊	
305	安徽联正信息工程有限公司	0582	230000	安徽省合肥市金寨路155号黄金广场5幢B座2704室	徐胡静	
306	合肥海知音乐器销售有限责任公司	0583	230061	安徽省合肥市庐阳区长江路276号	李扬秋	
307	安徽泰隆教育用品有限公司	0591	231300	安徽省舒城县城关镇工业园区(梅河东路)	曹长友	
308	安徽省国声琴行有限公司	0596	230001	安徽省合肥市桐城路77号1号门面	杨保海	
309	安徽新华教育图书发行有限公司	0601	230041	安徽省合肥市庐阳区砀山路10号新华物流园3楼309	谢正平	
310	安庆新华书店有限公司	0617	246003	安徽省安庆市集贤南路2号	尚金和	
311	宿州新华书店有限公司	0625	234000	安徽省宿州市淮海中路79号	胡长仁	
312	安徽省吉利琴行有限公司	0627	230031	安徽省合肥市濉溪路99号国泰公寓108、208室	王欣	
313	安徽新思路教育装备有限公司	0635	230085	安徽省合肥市高新区人工湖路西侧金安桃李园F3幢102-302室	张咏梅	
314	合肥桐科电子科技有限公司	0636	230088	安徽省合肥市高新区天怡国际商务中心主楼802室	蔡群	
315	晋江力达电子有限公司	0288	362261	福建省晋江市安海镇第二工业区力达工业楼	吴希达	
316	钰丰乐器(福建)有限公司	0313	363612	福建省南靖县丰田华侨经济开发区	陈永茂	
317	龙人古琴文化投资(长泰)有限公司	0490	361012	福建省厦门市思明区体育路95号文化艺术中心龙人琴坊	陈义文	
318	福州市鼓楼区正大琴行	0495	350000	福建省福州市鼓楼区安泰中心A座2F9-12号	江其忠	
319	厦门律动钢琴有限公司	0510	362000	福建省泉州市迎津街建材公寓B幢501室	彭清燕	

序号	企业名称	会员证号	邮编	地址	联系人	协会任职
320	厦门市卓悦商贸有限公司	0622	361101	福建省厦门市翔安区宋坂四里110号205-206	叶海鹏	
321	漳州亚东钢琴有限公司	0669	363099	福建漳州市芗城区金峰经济开发区	洪亚东	
322	余干县民族乐器有限公司	0319	335100	江西省余干县玉亭镇沙窝大街	张仕先	
323	123爱乐网	0528	253000	山东省济南市历下区经十路12588号名士豪庭5号市级公建1712号	郭东波	
324	江西省宏声文化艺术发展有限公司	0579	330000	江西省南昌市国安路112号	刘宏	
325	山东劳立斯世正乐器有限公司	0108	266109	山东青岛城阳区春阳路101号	邓莹	
326	聊城山石麦尔乐器有限公司	0243	252000	山东省聊城市花园北路38号	刘冰	
327	兖州声远乐器有限公司	0245	272112	山东省兖州市谷村镇杨村	颜廷学	
328	济宁开发区爱乐琴行	0386	272000	山东省济宁市光河路10号商务楼116号	高峰	
329	青岛吉他平方商贸有限公司	0399	266023	山东省青岛市标山路128号甲	张豪	
330	青岛青大琴行有限公司	0400	266000	山东省青岛市市南区宁夏路127-6号	周克岭	
331	昌乐乐吉乐器制造有限公司	0411	262417	山东省潍坊市昌乐县崔家庄政府驻地	张立强	
332	昌乐县东方乐器厂	0417	262409	山东省昌乐县鄌郚镇政府驻地	李凤英	
333	潍坊惠好乐器有限公司	0419	262409	山东省昌乐县鄌郚镇工业园	刘志江	
334	济南旭秋乐器有限公司	0441	250100	山东省济南市高新区世纪大道理想嘉园2号楼19屋1909室(小鸭集团)	董念春	
335	荷泽市八音乐器有限公司	0469	274000	山东省荷泽市牡丹区刘寨	马宏川	
336	龙口特达经贸有限公司	0477	265701	山东省龙口黄城怡园南路19号	王献结	
337	山东省鲁杰民族乐器厂	0511	276113	山东省郯城县庙山镇驻地	李杰	
338	临沂宗沛斋工贸有限公司	0518	276034	山东省临沂市河东区华龙路	张宗沛	
339	龙口市博奥乐器制造有限公司	0536	265709	山东省龙口市兰高镇仪乐李家村	邹梦纯	
340	滕州市北辛华彩琴行	0544	277500	山东省滕州市善国北路人才市场对过	梁景永	
341	山东艺达民族乐器有限公司	0614	276000	山东省临沂市郯城县李庄镇205国道西侧	何秀亮	
342	潍坊盛世扬歌乐器有限公司	0657	261054	山东潍坊市潍城区潍蒋路50号	尹广军	
343	河南省宏声琴行有限公司	0547	450000	河南省郑州市西里路56号	刘慧波	
344	开封三好乐器有限公司	0566	475312	河南省兰考县固阳镇固牛路	吴大平	
345	安阳盛世华彩乐器有限责任公司	0633	455000	河南省安阳市解放大道293号	李建国	
346	兰考腾云乐器有限公司	0639	475312	河南省兰考县堌阳镇乐器工业园区	胡高云	
347	兰考县古韵乐器配件厂	0641	475312	河南省兰考县堌阳镇梁场村	厂长	
348	兰考县鸣韵乐器有限公司	0642	475312	河南省兰考县堌阳镇乐器工业园区	徐会争	
349	郑州宏鑫科教设备有限公司	0647	450000	河南省郑州市中原区航海路南工人路西帝湖花园东王府7号楼2单元802室	胡明昆	
350	武汉致嘉乐器销售有限公司	0100	430050	湖北省武汉市经济开发区民营科技工业园12号M栋	周致嘉	
351	武汉市海平乐器制造有限公司	0125	430334	湖北省武汉市黄陂区甘棠街甘棠大道230号		

序号	企业名称	会员证号	邮编	地址	联系人	协会任职
352	武汉市曾宪勇民族拉弦乐工作室	0198	430014	湖北省武汉市蔡锷路滨江里7号	曾宪勇	
353	武汉豪乐特进出口贸易有限公司	0283	430012	湖北省武汉市江岸区百步亭花园新江岸五村188号豪乐特大厦	黄小萍	
354	武汉市乐王乐器有限公司	0293	430060	湖北省武汉市东湖高新技术开发区武大科技园路7号武大航域办公楼A8栋6楼	邢福志	
355	武汉开菱电器有限公司	0439	430077	湖北省武汉市武昌区黄鹂路15号	李爽	
356	武汉天歌电子有限公司	0449	430074	湖北省武汉市洪山区民院路15号	周小雯	
357	长沙飞达琴行有限公司	0289	410005	湖南省长沙市芙蓉区东牌楼新世界商贸西1号	劳绍立	
358	广州市大铃乐器制造有限公司	0091	511495	广东省广州市番禺区钟村镇胜石村区	罗少宏	
359	揭阳市长城乐器有限公司	0097	515541	广东省揭阳市新亨镇白石村	徐金河	
360	揭西县美声电子电器厂	0167	515400	广东省揭阳市揭西县城美声路1号	张燕雄	
361	广州传音乐器厂	0168	510620	广东省广州市天河区天河路228号广晟大厦1710室	苏常青	
362	佛山市三水区白坭镇鸿锋五金乐器制品有限公司	0175	528131	广东省三水市白坭镇新生开发区27号	李大鉴	
363	揭西县美科电子电器厂	0206	515400	广东省揭西县城环城路西段	张远青	
364	惠阳区秋长全丰育乐用品厂	0234	516221	广东省惠阳区秋长镇长兴路鹏岭工业城	蔡赖丰	
365	广州市朗晴发展有限公司	0268	510623	广东省广州市珠江新城华就路23号润德大厦18楼EF	周旗	
366	广州市芳村区共鸣乐器厂	0277	510378	广东省广州市龙溪中路44号B4	李志伟	
367	深圳市蔚科电子科技开发有限公司	0279	518018	广东省深圳市南山西丽南岗第二工业园A2栋5-6楼	徐建	
368	深圳市伊诺乐器有限公司	0300	518000	广东省深圳市南山区前海路4号深圳能源工业小区1栋6楼	袁雁	
369	广州市鹏联乐器有限公司	0305	510545	广东省广州市白云区钟落潭镇良沙路3663号	邹建全	
370	佛山市三水区美莱迪乐器制造有限公司	0307	528133	广东省佛山市三水区河口工业大道27号	苏佳年	
371	广州市新艺宝乐器有限公司	0309	510620	广东省广州市天河区黄浦大道西177号二楼	凌建聪	
372	深圳市和普乐器有限公司	0341	518030 518034	广东省深圳市福田区八卦岭八卦五路五街543栋4楼433房	毛建平	
373	东莞市超联电子有限公司	0348	523400	广东省东莞市石排镇中坑民营工业区	陈志安	
374	佛山市奥格诗乐器制造有限公司	0353	528241	广东省佛山市南海区里水镇和顺共同工业区	王永红	
375	深圳市中艺盈科电子有限公司	0355	518101	广东省深圳市宝安35区安华工业区一巷8栋A5	钟永津	
376	佛山市三水龙声乐器制造有限公司	0362	528131	广东省佛山市三水区白坭镇白沙南街一号	李庆炎	
377	佛山市万正涂料有限公司	0390	528131	广东省佛山市三水区西南镇金本工业园B区	肖亚亮	
378	佛山市冠球家具有限公司	0394	528131	广东省佛山市三水区白坭镇工业大道177号	侯炳炎	

序号	企业名称	会员证号	邮编	地址	联系人	协会任职
379	潮安县吉星乐器有限公司	0405	515636	广东省潮安县龙湖镇三英村石桥头片	成国器	
380	惠州市惠阳区秋长侑成乐器木器厂	0414	516221	广东省惠州市惠阳区秋长镇桃南路11号	蔡国宏	
381	东莞市三基音响科技有限公司	0428	523800	广东省东莞市大朗镇水平村象和路28号	刘恩海	
382	深圳市伏荣科技开发有限公司	0459	518100	广东省深圳市宝安区西乡大道300号劳动第二工业区1号6楼		
383	广东省乐器协会	0470	510080	广东省广州市署前路33号1号楼430室	李爱群	
384	深圳市瑞孚科技有限公司	0479	518133	广东省深圳市宝安区创业一路宏牧中心大厦1010	贾蓊	
385	汕头市乐童乐器有限公司	0488	515000	广东省汕头市丹阳庄东区59栋802	孙丽松	
386	广州市雅迪数码科技有限公司	0496	510163	广东广州荔湾区珠岛花园3幢303士多店	胡伟	
387	广州弦尚文化传播有限公司	0501	510000	广东省广州市天河区黄村路51号粤安工业园A栋6楼	隋细华	
388	佛山市高明区子昊钢琴有限公司	0504	528511	广东省佛山市高明区荷城街道三洲旧清公路(精工发品厂南侧)	温日辉	
389	汕头市粤升乐器实业有限公司	0507	515063	广东省汕头市大学路叠金工业区三路	吴汉军	
390	佛山市南海区海韵乐器制造有限公司	0520	528222	广东省佛山市南海区狮山镇小塘三路西路江湄工业区	胡冬花	
391	深圳市卓乐科技有限公司	0521	518133	广东省深圳市宝安28区陆氏工业大厦2楼	李国飞	
392	东莞市增旺精密五金有限公司	0531	523700	广东省东莞市塘厦镇莆心湖大道北七号	姜有文	
393	珠海汇吉洋电子科技有限公司	0532	519000	广东省珠海市斗门区白蕉工业园新科二路26号	王超	
394	珠海顺奇电子科技有限公司	0533	519000	广东省珠海市斗门区白蕉工业园新科二路26号双骏工业园	张志峰	
395	揭西县美乐斯电子电器厂实业有限公司	0537	515400	广东省揭阳市揭西县河婆街道北环一路中段(国税大楼后面)	张伟雄	
396	惠州市惠阳区新圩曼棱乐器厂	0540	516000	广东省惠州市惠阳区新圩镇塘口工业区	李秋云	
397	德国博兰斯勒钢琴 (中国)有限公司	0541	510620	广东省广州市天河北路595-599号创新科技广场二楼	方扬	
398	班恩乐器箱包(深圳)有限公司	0551	523000	广东省东莞市虎门镇北栅东访工业区油炸垅五巷一号	詹婷婷	
399	广州市和必括乐器制造有限公司	0553	510430	广东省广州市白云区石井红星工业路10号B座2号	黄斌	
400	广州大明抛光腊有限公司	0568	511495	广东省广州市番禺区钟村镇胜石工业区	胡华明	
401	深圳戎马广告有限公司(琴行经营报)	0578	518000	广东省深圳市福田区车公庙泰然六路物业大厦207栋301室	林凯	
402	广州市鸣雅玛丁尼乐器制造有限公司	0587	510800	广东省广州市花都区新华镇凤凰北路三东工业区	汪宏齐	
403	深圳市魔耳乐器有限公司	0593	518000	广东省深圳市宝安区71区留仙三路25号敬航大厦B栋5楼	袁文海	
404	深圳市宏伟顺科技发展有限公司	0599	518100	广东省深圳市宝安区新安街道44区富源商贸中心B1403	段建军	
405	鹤山市挚雅乐器有限公司	0602	529737	广东省江门市鹤山市龙口镇兴龙工业区	杨建勋	

序号	企业名称	会员证号	邮编	地址	联系人	协会任职
406	广州市恒胜箱包有限公司	0606	520800	广东省广州市花都区新华街团结村塘口四队机场安置区商业街	彭兰	
407	广州市彩虹乐器有限公司	0616	510890	广东省广州市花都区花东镇凤岗村流溪河旁村委对面	王美兰	
408	中山市小榄镇名乐电子有限公司	0623	528415	广东省中山市小榄镇绩西合一东路8号	梁景富	
409	广州市法奥臣文化传播有限公司	0634	510000	广东省广州市海珠区新港东路1022号保利世贸E座4208	梁永波	
410	广州市德倡行贸易有限公司	0644	510375	广东省广州市荔湾区花蕾路10号红棉大厦1208室	梁惠珍	
411	广州欧米勒钢琴有限公司	0655	510460	广东省广州市白云区江高镇神山工业园振兴路77号厂区2号厂房	方扬	
412	佛山市南海区品贤音乐艺术中心	0662	528000	广东省佛山市南海区季华七路鹏瑞利季华广场3楼	黄建萍	
413	佛山市罗曼现代水晶琴业有限公司	0664	528315	广东省佛山市顺德区乐从镇荷村工业区细海路43-51号	李晓勇	
414	天津滨海琴行有限公司	0290	300450	天津市塘沽区上海道1329号	刘祥清	
415	南宁市嘉诚琴行有限公司	0546	530022	广西省南宁市教育路7-2号	林李斌	
416	海南东盛弘蟒业科技股份有限公司	0572	570011	海南省海口红城湖路109号国检公寓1504	林明栋	
417	重庆斯威特钢琴有限公司	0089	400709	重庆江北碚区童家溪镇建设村	王建华	
418	重庆市万州区龙宝雅韵乐器城	0403	404000	重庆市万州区白岩路152号艺术大厦(2-6楼)	陈联全	
419	成都朝阳浪琴乐器制品有限公司	0210	610200	四川省双流县东升镇清泰村	黎明强	
420	成都市皇冠琴行	0437	610021	四川省成都市武侯区龙江路22-8号	徐蕾	
421	自贡市贝尔吉教学仪器设备有限公司	0559	643000	四川省自贡市国家高新技术产业区川南中小企业创业园金川路15号附10号	兰金	
422	石阡县泉都民族乐器厂	0512	555100	贵州省石阡县汤山镇洋溪村一组	杨大军	
423	云南民族民间音乐艺术品开发公司	0062	650000	云南省昆明市阳光花园旭苑27栋4单元501	杨声	
424	昆明盛乐乐器有限公司	0377	650032	云南省昆明市西昌路259号北商贸楼	刘玉萍	
425	安康市秦艺贸易有限公司	0276	725000	陕西省安康市汉滨区解放路体育巷2号	姚立宪	
426	西安市曹氏乐器修理服务中心	0359	710016	陕西省西安市新兴路3号院12号楼2门5层2号	曹西歧	
427	建设路莺鸣琴行	0326	737100	甘肃省金昌市建设路113号中(新华书店对面)	任庆根	
428	酒泉园丁琴行有限公司	0398	735000	甘肃省酒泉市肃州区尚武街欧洲苑斜对面	查继堂	

2014 中国乐器年鉴
CHINA MUSICAL INSTRUMENT YEARBOOK

专 题

2013年我国乐器行业经济运行状况要览

国内乐器市场竞争加剧 出口下降 进口波动

重点提示：

● 规模以上企业数量明显增加

据国家统计局和中国轻工业信息中心数据发布，2013年，我国乐器行业规模以上（指主营业务收入2000万元及以上全部工业法人企业，全文同）企业共217家，同比2012年增加11家，比2011年增加24家。

● 主营业务收入增长，应收款、库存上升

2013年，乐器行业主营业务收入280.93亿元，同比增长6.84%；出口交货值87.87亿元，同比增长8.28%;利润总额15.9亿元,同比增长13.34%;资产总计176.16亿元,同比增长5.21%;资产负债率为42.66%,同比增长1.95%;乐器行业亏损面为14.75%,亏损额1.53亿元,同比下降17.53%。

● 出口优势减弱，进口首现下行

2013年，我国乐器行业进出口额为19.53亿美元，同比下降2.59% 其中：出口额16.61亿美元，同比下降2.43%；进口额2.92亿美元, 同比下降3.5%；贸易顺差为13.69亿美元，同比下降2.2%。美国仍为我国乐器最大出口市场,占25%以上;日本为我国乐器最大进口来源国,占37%以上。

中轻乐器景气指数 出口指数处于过热区域

据中国轻工业信息中心发布的“2013年中轻乐器景气指数”，2013年的12个月乐器行业运行均处于稳定区域内，总体运行平稳；其中，4季度好于前三季度。主营业务收入指数、资产指数、利润指数均处于稳定区域，但出口指数处于过热区域。

从乐器景气指数产区分布来看，安徽省处于过热地区；吉林省、陕西省、湖北省、江苏省和北京市则步入过冷地区范围；辽宁省和广东省被列为稳定地区。

此外，从子行业运行看，西乐器、电子乐器、其他乐器及零件制造景气指数均处于稳定区域，只有中乐器处于渐冷边缘。

乐器行业仍以中小型内资企业为主

2013年12月止，全国乐器行业企业数217家。从企业注册类型看，内资企业136家，占比62.67%；港、澳、台商投资企业26家，占比11.98%；外商投资企业55家，占比25.35%。从企业规模看，以中小型企业为主，占95.39%,其中：小型企166家；中型企业41家；大型企业只有10家。

从企业数地区分布看,广东省、山东省、浙江省和河北省占比在10%以上。其中，广东省企业数46家，占比21.2%；山东省企业数30家，占比13.82%；

2013年乐器行业景气指数地区分布图

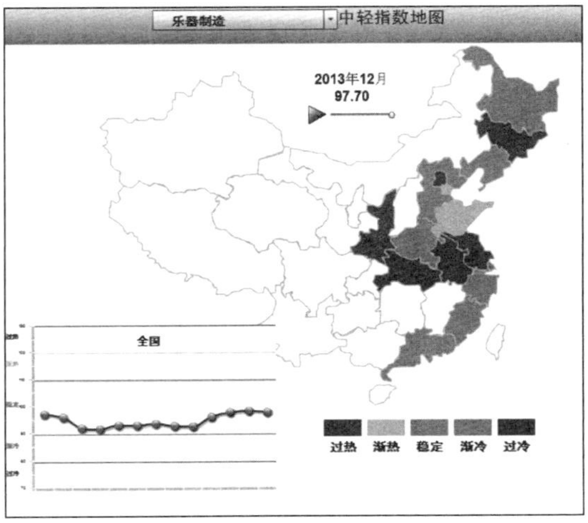

浙江省企业数24家，占比11.06%；河北省企业数22家，占比10.14%。

出口交货值 外商投资企业占主导

2013年全国乐器行业(规模以上企业)累计出口交货值87.87亿元，同比增长8.28%，4季度的增速高于前三季度3.26%的水平。从下图可以看出，前三季度月度增速起伏较大，第四季度增速明显攀升，12月份达到月度增速最高点，同比增长27.85%；单月出口交货值最高值为9月份8.89亿元。从2011至2013年全国乐器制造行业月度出口交货值对比图可以看出，近三年我国乐器行业受国际经济影响，出口波动起伏较大。

从企业注册类型分布来看，2013年外商投资企业累计出口交货值39.39亿元(占44.83%)，同比下

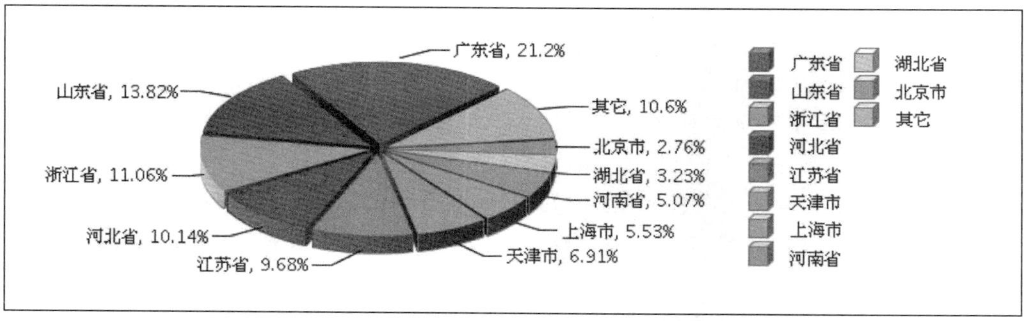

2013年12月全国乐器行业企业数地区占比情况图

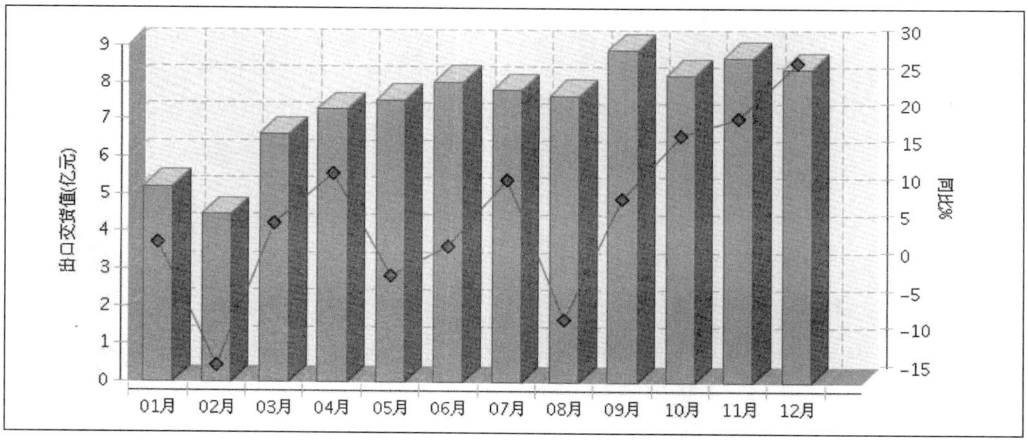

2013年乐器行业出口交货值月度走势图

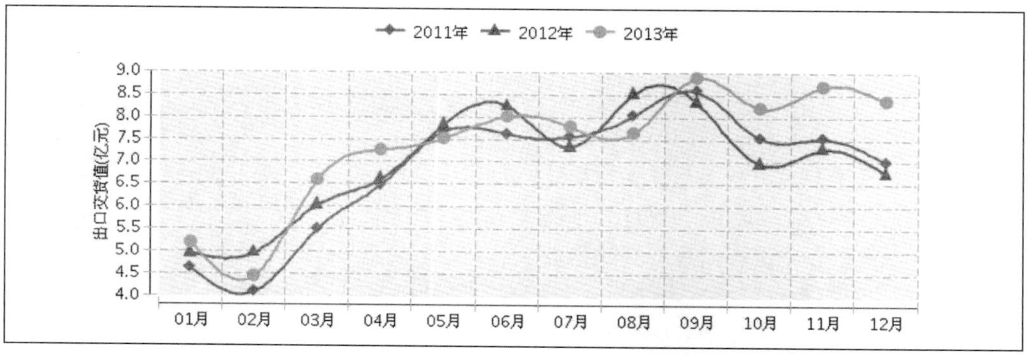

2011-2013年全国乐器制造行业月度出口交货值对比图

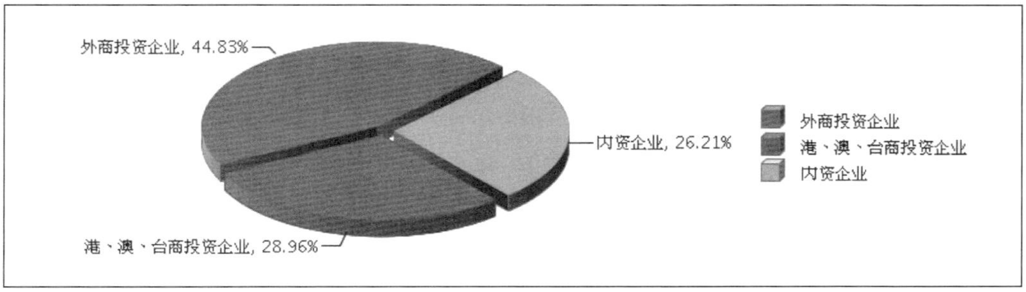

2013年全国乐器行业累计出口交货值企业注册类型占比图

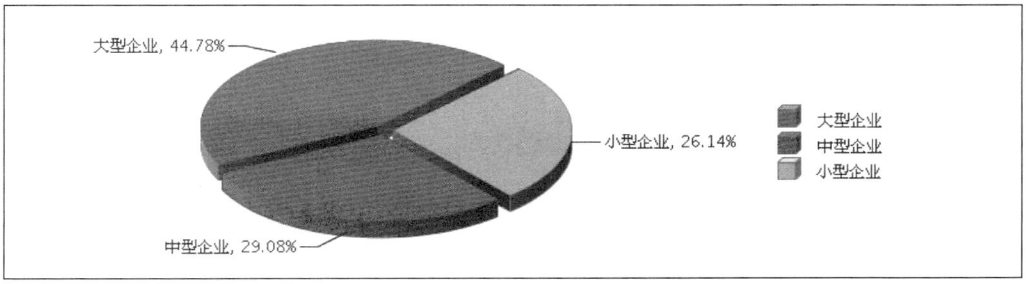

2013年全国乐器制造行业累计出口交货值企业规模占比图

降0.91%；港、澳、台商投资企业累计出口交货值25.44亿元(占28.96%)，同比增长16.9%；内资企业累计出口交货值23.03亿元(占26.21%)，同比增长17.34%。

2013年大型企业累计出口交货值39.35亿元(占44.78%)，同比增长1.01%；中型企业累计出口交货值25.55亿元(占29.08%)，同比增长17.01%；小型企业累计出口交货值22.97亿元(占26.14%)，同比增长12.82%。

从子行业分布来看，西乐器占比过半，累计出口交货值46.76亿元，同比增长8.31%；电子乐器累计出口交货值20.22亿元，占23.01%，同比下降3.31%；近年来，全世界刮起一阵“中国风”，加之华人在世界各地数量突增，民族音乐在海外受到欢迎，市场需求不断扩大。2013年中乐器累计出口交货值12.25亿元，占13.94%，同比增长43.97%。

天津市、广东省、河北省、浙江省仍为中国乐器出口的主产区，占比分别在10%以上。其中：天津市占28.18%，累计出口交货值24.76亿元，同比增长12.06%；广东省占17.56%，累计出口交货值15.43亿元，同比下降10.05%；河北省占10.69%，累计出口交货值9.39亿元，同比增长2.97%；浙江省占10.18%，累计出口交货值8.95亿元，同比下降6.61%。

主营业务收入曲线上扬 后劲足

2013年，全国乐器行业累计完成主营业务收入280.93亿元，同比增长6.84%，好于前三季度3.98%的增长速度。其中：12月份主营业务收入增长较快，同比增长21.06%。从2011至2013年全国乐器制造行业月度主营业务收入对比图可以看出，2013年下半年，主营业务收入均高于同期。

2013年，乐器行业主营业务收入中，内资企业占比最高增幅最大，累计主营业务收入158.54亿元，占56.44%，同比增长12.29%；外商投资企业累计主营业务收入81.2亿元，占28.91%，同比下降0.18%；港、澳、台商投资企业累计主营业务收入41.18亿元，占14.66%，同比增长1.92%。

小型企业占48.09%，累计主营业务收入135.09亿元，同比增长9.86%；大型企业累计主营业务收入73.25亿元(占26.07%)，同比下降0.06%；中型企业累计主营业务收入72.59亿元(占25.84%)，同比增长8.84%。

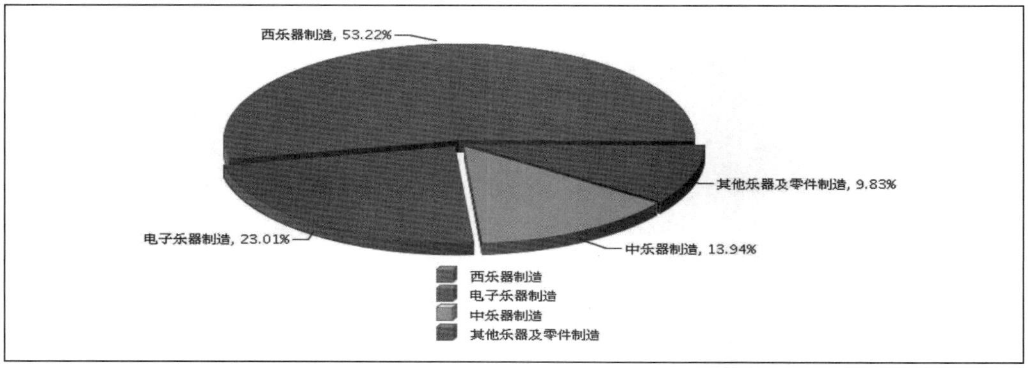

2013年全国乐器行业累计出口交货值子行业占比情况图

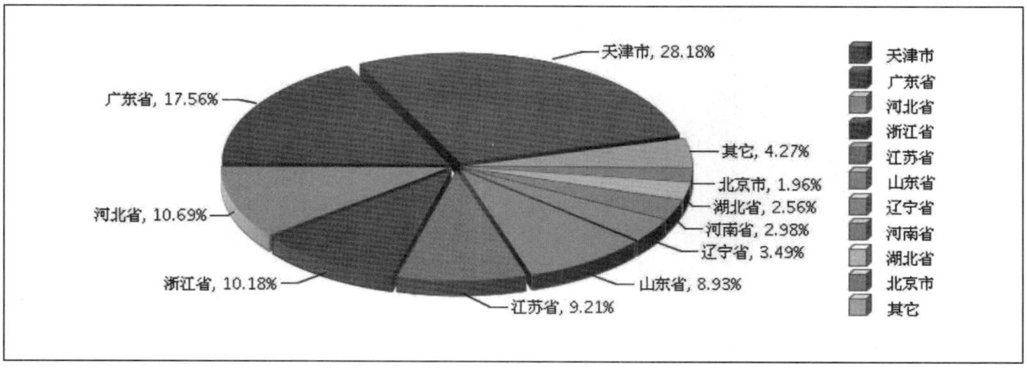

2013年全国乐器制造行业累计出口交货值地区占比情况图

按产品子行业划分，除电子乐器累计主营业务收入53.44亿元(占19.02%)，继续小幅下降3.4%之外，其他子行业均保持增长趋势：西乐器占53.42%，累计主营业务收入150.06亿元，同比增长8%；中乐器累计主营业务收入33.9亿元(占12.07%)，同比增长7.64%；其他乐器及零件制造累计主营业务收入43.53亿元(占15.49%)，同比增长17.06%。

2013年，广东省、山东省、天津市、河北省和浙江省仍为我国主要乐器行业主要地区，其主营业务收入占比均超过10%，除浙江省略有下降，其余各省市均保持稳速增长。

利润总额内资占比大 外商增速最快

2013年乐器行业累计利润总额15.90亿元，同比增长13.34%。其中，月度利润总额有5个月份出现负增长，分别为：1月份-6.07%，2月份-6.07%，3月份-8.12%，7月份-22.86%，12月份-12.33%。12月份利润总额最高，为3.12亿元。

在乐器四个子行业中，利润总额均有不同幅度的增长，其中，西乐器的利润总额最高，占47.49%，累计利润总额7.55亿元，同比增长14.78%；电子乐器累计利润总额3.31亿元(占20.79%)，同比增长8.4%；中乐器累计利润总额2.53亿元(占15.93%)，同比增长4.99%；其他乐器及零件累计利润总额2.51亿元(占15.79%)，同比增长26.26%。

从企业注册类型来看，内资企业利润总额占比最大，占64.02%，利润总额10.18亿元，同比增长8.55%；外商投资企业利润总额增速最快，累计2.68亿元(占16.88%)，同比增长37.07%；港、澳、台商投资企业利润总额3.04亿元(占19.1%)，同比增长12.73%。

就企业规模来看，大型企业和小型企业利润总额占比略等，合计占比超80%。

利润总额地区分布：广东省居首位，占

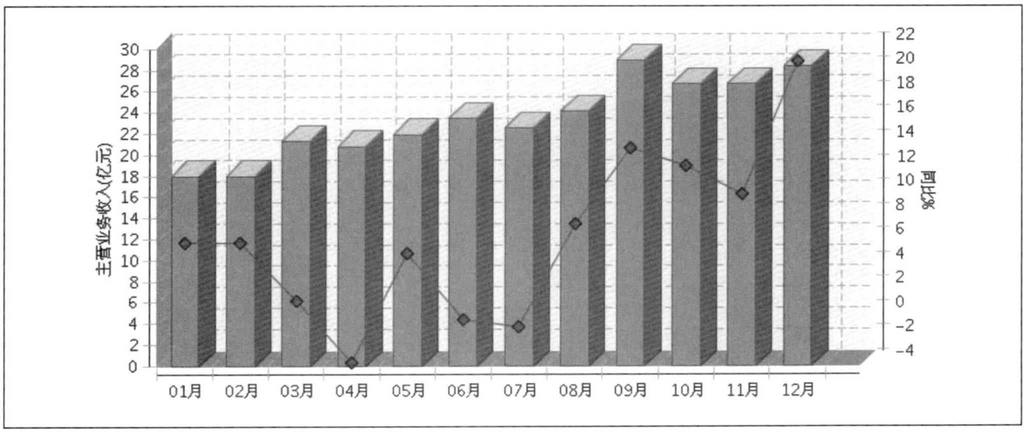

2013年全国乐器行业月度主营业务收入走势图

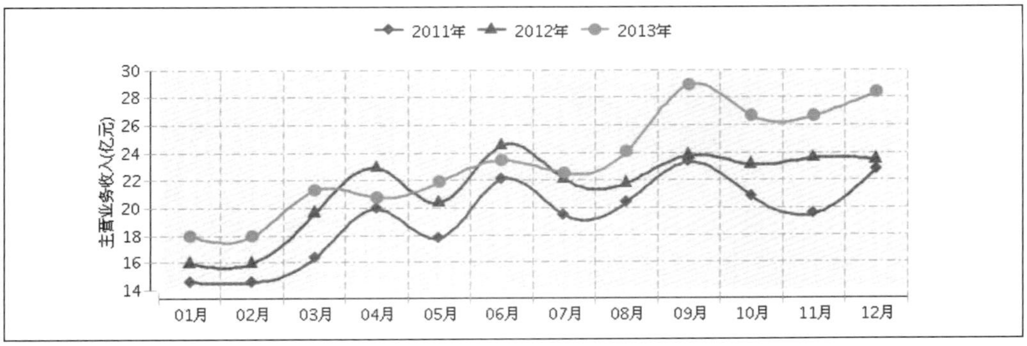

2011-2013年全国乐器制造行业月度主营业务收入对比图

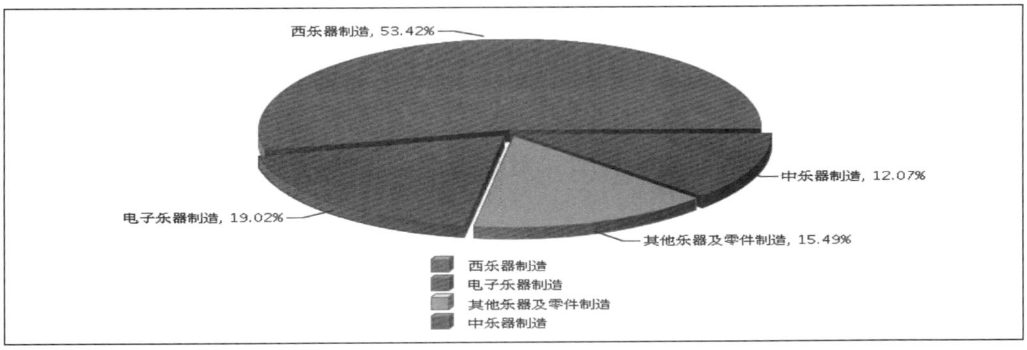

2013年全国乐器行业累计主营业务收入子行业占比情况图

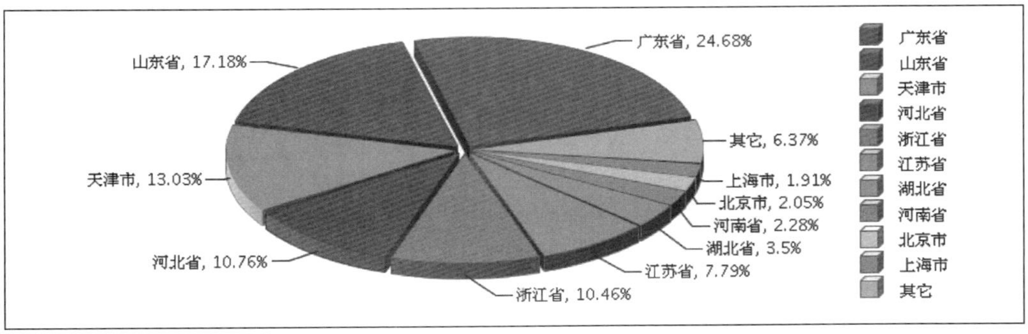

2013年全国乐器行业累计主营业务收入地区占比情况图

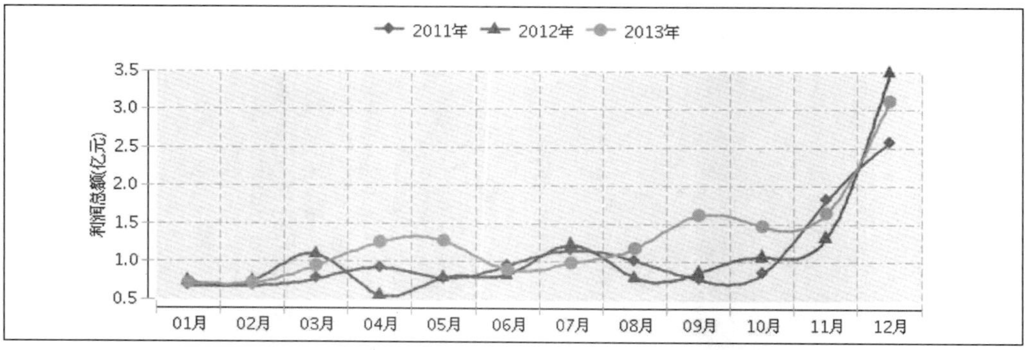

2011-2013年全国乐器制造行业连续三年月度利润总额对比图

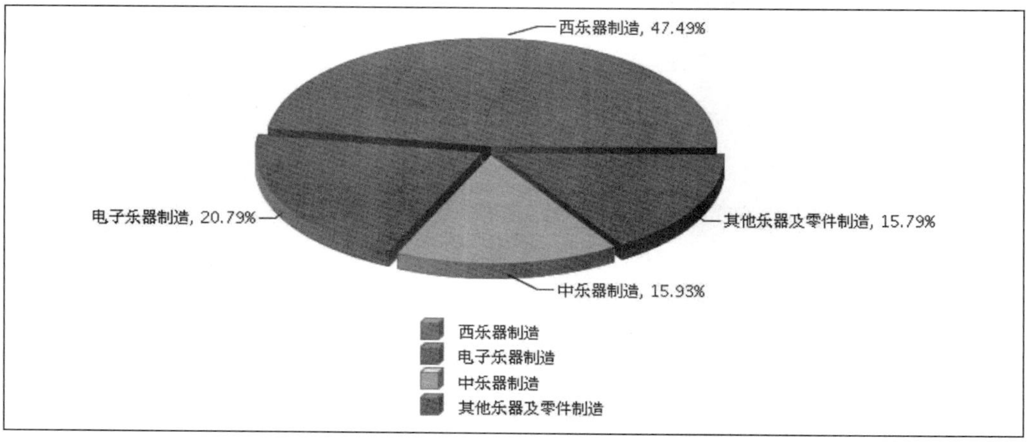

2013年乐器行业累计利润总额子行业占比情况图

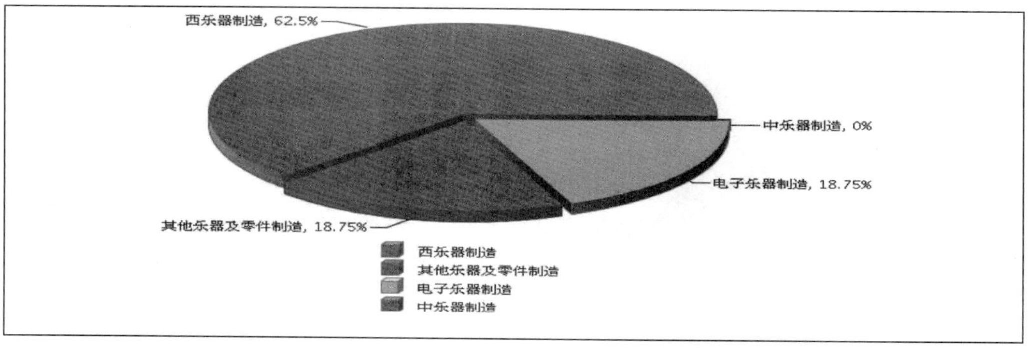

2013年全国乐器行业亏损企业数行业小类占比情况

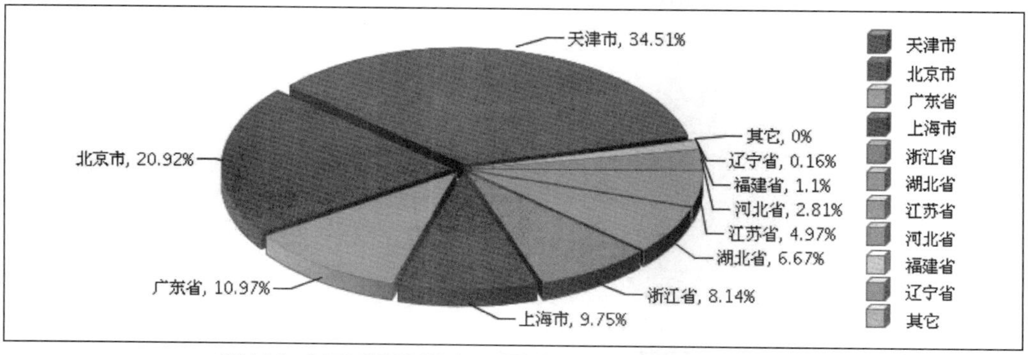

2013年全国乐器制造行业累计亏损额地区占比情况图

31.13%，累计利润总额4.95亿元，同比增长7.86%；第二是山东省，利润总额2.56亿元(占16.12%)，同比增长44.18%；第三位天津市，利润总额2.22亿元(占13.94%)，同比增长50.14%。

乐器亏损面高于轻工行业 大型企业及中乐器现零亏损

2013年乐器行业亏损额1.53亿元，同比下降17.53%；亏损面为14.75%，同比增长2.30%，高于同期全轻工行业亏损面9.75%的水平。亏损企业数32家，比2012年增加1家。

从子行业看，西乐器亏损额1.29亿元，占84.02%，同比下降15.47%，亏损企业数20家，同比增长11.11%；电子乐器亏损额1272.8万元，占比8.31%，同比增长52.32%，亏损企业数6家，同比增长20%；中乐器2013年发展走势较好，零亏损。

2013年，外商投资企业亏损额8348.1万元，同比下降40.45%，亏损企业数占比过半，有16家，同比增长23.08%；内资企业亏损额4729.6万元，同比增长高达102.02%，亏损企业数9家，同比持平；港、澳、台商投资企业亏损额2242.6万元，同比增长1.21%，亏损企业数7家，同比增长40%。

小型企业亏损额5973.5万元，同比下降46.8%，亏损企业21家，同比增长16.67%；中型企业亏损额9346.8万元，同比增长27.21%，亏损企业数11家，同比增长22.22%；大型企业没有亏损。

出口额呈“先低后高”走势 11月达最高值

2013年全国乐器行业累计出口额16.61亿美元，同比下降2.43%。不仅年度出口额增幅波动较大，增速下滑，月度出口额中有七个月出现负增长。与近年来数据对比，2013年月度出口增速是近四年来负

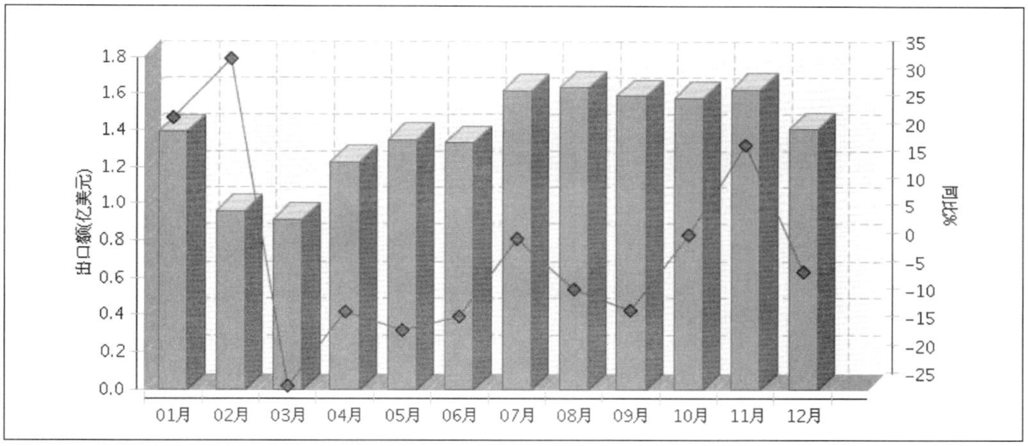

2013年全国乐器行业月度出口额及同比图

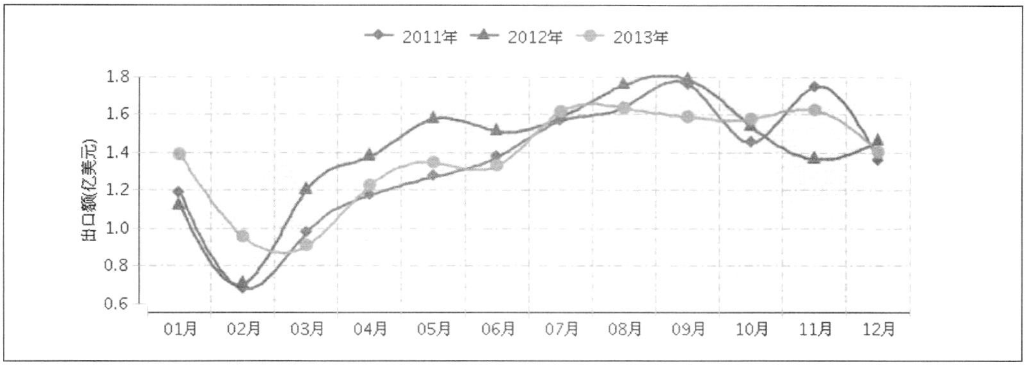

2011-2013年全国乐器行业连续三年月度出口额对比图

表1 近五年来我国乐器月度出口额增速对比

月 份	2009年	2010年	2011年	2012年	2013年
1月份	-9.61%	3.36%	29.94%	-5.76%	23.85%
2月份	-29.38%	41.17%	-15.24%	3.72%	34.79%
3月份	-11%	-4.05%	24.12%	22.93%	-24.30%
4月份	-14.69%	-7.12%	39.58%	17.42%	-11.15%
5月份	-17.28%	25.82%	8.63%	23.91%	-14.56
6月份	-23.53%	36.03%	4.85%	9.88%	-11.99%
7月份	-21.65%	20.26%	10.54%	1.27%	1.84%
8月份	-22.51%	26.61%	8.20%	7.11%	-7.05%
9月份	-21.48%	20.94%	7.36%	1.44%	-10.95%
10月份	-28.96%	19.88%	2.62%	5.92%	2.53%
11月份	-22.72%	34.57%	16.73%	-21.84%	19.08%
12月份	-11.16%	26.31%	4.01%	7.43%	-3.97%
全年	-20.16%	20.48%	10.76%	4.87%	-2.43%

表2 2013年全国乐器行业累计出口额子行业同比增长情

（单位：美元）

乐器行业	2013年累计	2012年累计	同比增长	占比
其他乐器及乐器零附件	497,050,744	476,776,248	4.25%	29.93%
弦乐器	422,162,621	437,705,820	-3.55%	25.42%
打击乐器	135,063,167	140,125,556	-3.61%	8.13%
电子乐器	530,285,845	561,998,286	-5.64%	31.93%
钢琴	76,333,638	85,692,069	-10.92%	4.60%
乐器行业	1,660,896,015	1,702,297,979	-2.43%	100%

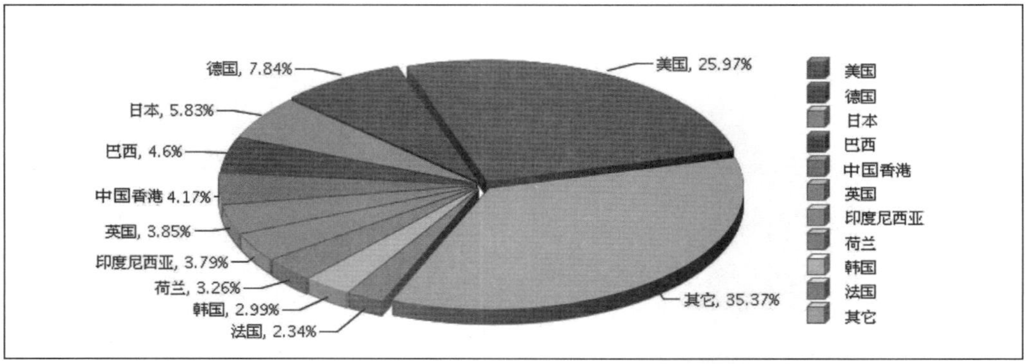

2013年全国乐器行业累计出口额贸易国地区占比情况图

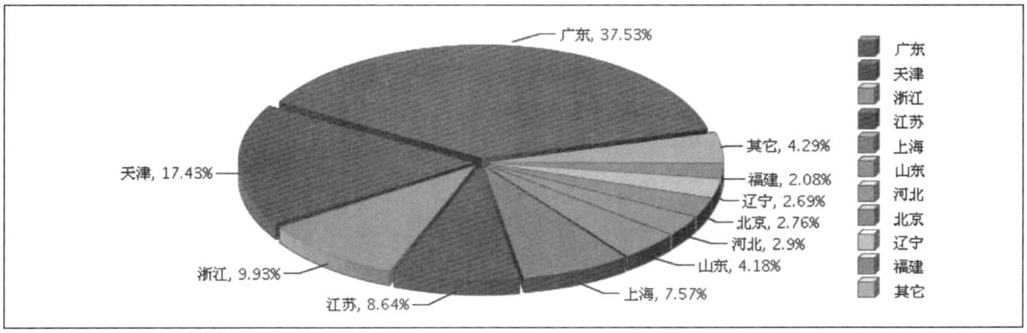

2013年乐器行业出口额国内地区分布图

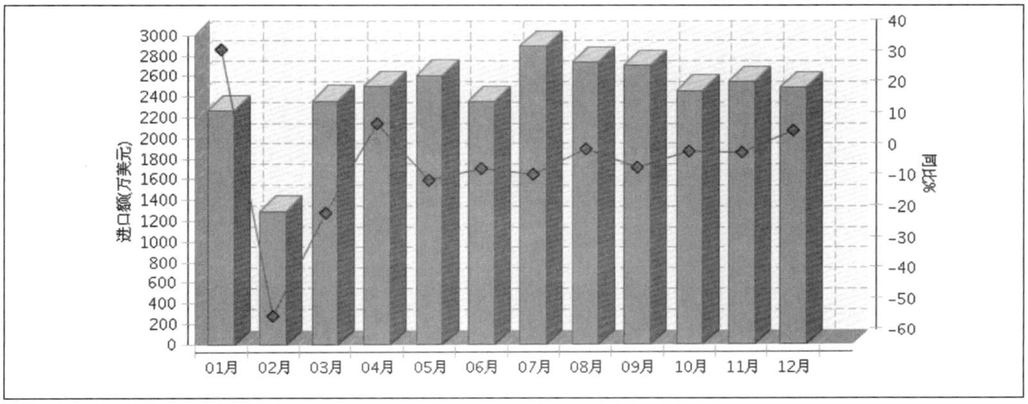

2013年全国乐器行业月度进口额及同比图

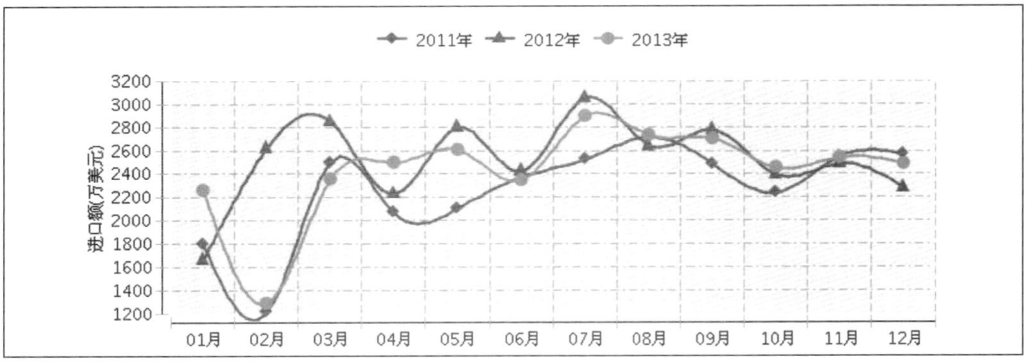

2011-2013年乐器行业进口额月度走势图

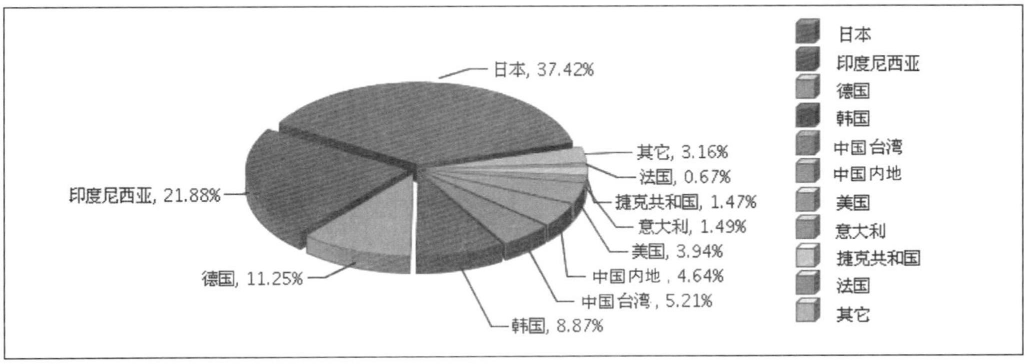

2013年全国乐器行业累计进口额贸易国(地区)占比情况图

增长最多的年份，这种态势仅次于金融危机时期的2009年。

2013年乐器五个子行业出口额中只有其他乐器及乐器零附件同比增长4.25%，其他子行业均全部下降，其中：钢琴下降10.92%，电子乐器下降5.64%，打击乐器下降3.61%,弦乐器下降3.55%。十大出口市场有九个出口市场出现负增长；国内十大出口产区也有六个省市出口额下降。

2013年美国仍为我国乐器最大出口市场，占出口额的25.97%，对美国出口额4.31亿美元，同比下降2.36%。除对印度尼西亚出口额同比增长14.41%外，其他主要市场均呈下降态势。其中，对日本、韩国、法国出口额下降幅度均在10%以上，分别下降10.19%、10.26%和11.41%。

广东、天津、浙江、江苏和上海五大产区乐器出口额占比超过80%。其中：广东省是最大出口地区，2013年累计出口额6.23亿美元，占乐器行业出口额的37.53%，同比增长3.12%；天津市出口额2.9亿美元(占17.43%)，同比下降7.29%；浙江省出口额1.65亿美元(占9.93%)，同比增长7.22%；江苏省出口额1.43亿美元(占8.64%)，同比下降6.01%；上海市出口额1.26亿美元(占7.57%)，同比下降8.81%。

从日韩进口钢琴增速较快 二手钢琴成主因

2013年全国乐器行业进口额2.92亿美元，同比下降3.5%。从月度走势看,7月份进口额最高为2898.19万美元；从增速看,有六个月出现不同程度的负增长，从10月份开始呈低速增长态势。

我国乐器三大进口来源为：日本、印度尼西亚和德国，三国合计占我国乐器进口额的70%以上。其中：从日本进口乐器1.09亿美元，同比下降19.33%，德国与印尼均呈增长态势。

其他乐器及乐器零附件、钢琴进口额分别占40%以上，成为我国乐器进口中的最重要商品。

2013年全国钢琴进口额1.28亿美元，同比增长5.84%。日本、印度尼西亚、德国和韩国为四大进口来源国，占比高达93%以上。其中：日本占46.87%，同比下降9.14%；印度尼西亚，占23.33%，同比增长25.13%；德国占13.07%，同比增长15.03%；韩国占10.65%，同比增长31.47%。

2013年我国钢琴进口量12.21万台，同比增长13.77%。日韩为主要钢琴进口国，合计占比近八成，连续六年增长，2013年增速均超过10%。其中，主因是二手钢琴进口量快速增长，呈井喷式发展。2013年从日本进口量6.07万台(占49.73%)，同比增长12.11%；从韩国进口量4.36万台(占35.73%)，同比增长11.96%；从印度尼西亚进口量1.52万台(占12.43%)，同比增长21.91%；从德国进口量1025台(占0.84%)，同比增长55.07%。

国内最大进口地区为上海，2013年进口钢琴量8.74万台(占钢琴进口量的71.54%)，同比增长15.39%；上海钢琴进口额1.01亿美元(占钢琴进口额的79.1%)，同比增长4.89%。 (高萍)

表3 2008-2013年我国从日韩进口钢琴量统计

(单位：万台)

年份	我国钢琴进口量		从日本进口量			从韩国进口量		
	进口量	同比	进口量	占比	同比	进口量	占比	同比
2008	3.43	35.23%	2.74	79.88%	25.85%	0.3873	11.28%	68.68%
2009	4.74	38.07%	3.45	72.84%	25.90%	1.01	21.21%	159.51%
2010	6.79	43.27%	4.15	61.05%	20.08%	2.12	31.17%	110.57%
2011	9.35	37.68%	4.97	53.15%	19.58%	3.3	35.26%	55.72%
2012	10.76	15.15%	5.42	50.32%	9.03%	3.9	36.21%	18.25%
2013	12.21	13.77%	6.07	49.70%	12.11%	4.36	35.73%	11.96%

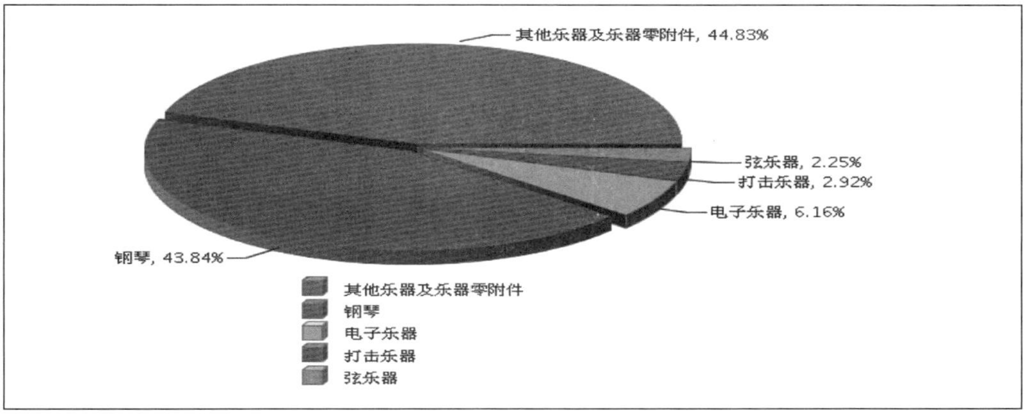

2013年全国乐器进口额子行业占比情况图

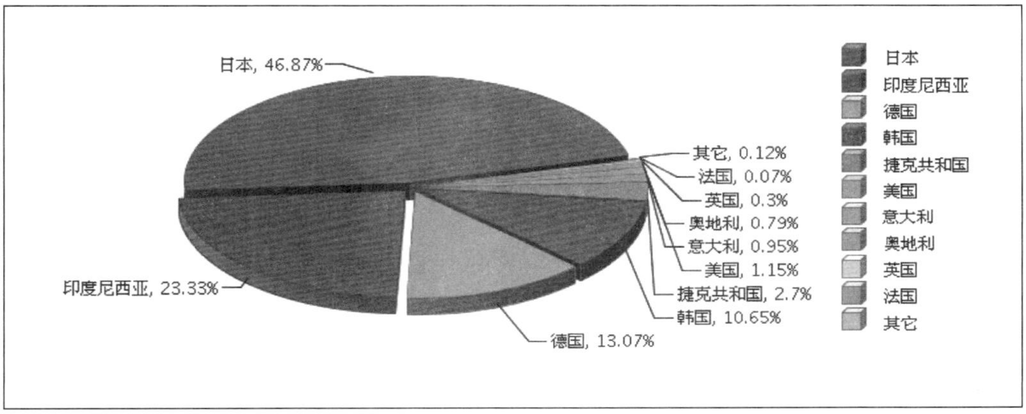

2013年全国钢琴行业累计进口额贸易国占比情况图

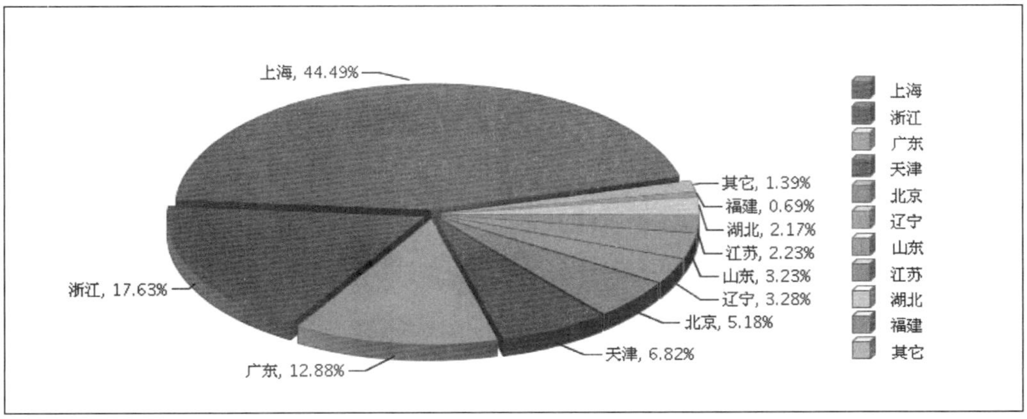

2013年全国乐器行业进口额国内地区占比情况图

直面热点、难点，赢得市场主动权

2013年的乐器市场像过山车一样，1至5月的下滑，7月份开始上行，8、9月份基本恢复了往日的繁荣。纵观当前市场走势，仍然是喜忧参半。随着国际市场持续低迷和国内市场的诸多变化，我们正在或将要遇到许多市场营销的新课题。乐器企业既没有被“春寒”所吓倒，也不应被“夏热”烧晕。应当时刻保持清醒的头脑，认真地研究新形势下市场的特点和变化，勇敢地面对市场运营中的热点、难点问题，争取主动。

乐器市场的新动态

1、国际市场稳中有降，地方保护升级，订单由长变短

国际市场在欧美金融危机影响下，虽然乐器消费总量变化不大，但是，产品结构、采购节拍和经营方法发生了较大变化。一是产品订单“由大转小”，钢琴、中高档电鸣乐器收紧；二是消费者需求波动和经销商资金吃紧，出口订单出现大单变小单，长单变短单；三是出口价格上调困难，企业面对汇率变化大多是自行消化。就是小幅涨价，也多采取产品换型升级方式，以抵消成本增长的压力；四是国际市场二手乐器交易明显增加，美国、日韩乐器市场尤为突出，为此刺激了日韩二手钢琴大量涌进中国市场，引起业内高度关注。

2、国内市场常规的“先冷后热”更加明显

按往年乐器市场的规律，全年销量基本是四六开，上半年一般占全年40%左右，然而制造企业产能是相对稳定的，为此上半年制造企业的资金和库存压力就很大。熬到7月市场逐步抬头，8、9、10三个月形成销售高峰，11月因出口产品要赶在圣诞节之前发到商家手里，所以销售高峰会延续到11月份。出现上半年淡季主要有几个因素，其一，新年连续两个节，人们以吃穿玩为主；其二上半年学校团体采购计划还没有落实；其三青少年消费主力忙于学习考试；其四商家接收上年大量商品，库存高居不下，新订单要看库存消化情况而定。以上是常规因素，近年加上国际市场启动乏力，前松后紧、先冷后热现象更加显现。

3、乐器市场国际化、多元化、专业化、便利化更加突出

由于欧美经济萧条，中国活跃而庞大的市场自然成为世界制造业争夺的热土。随着国际乐器品牌大规模进入中国市场，国内企业纷纷与国际品牌嫁接或合作，国内市场国际化已成事实。加上乐器消费者日益成熟和国际知名乐器品牌的大力推广，致使国内乐器市场上品牌产品、中高档产品销量明显上升；2013年日益凸显的80后父母知识水平和消费习惯，直接影响了少儿乐器购买和音乐培训的需求结构，乐器市场多元化、专业化、便利化趋势日益明显；受到手机、网络电子音乐的影响和电子商务倍数增长，年轻人娱乐化、网络化需求被刺激，便形成了新的强劲的消费群体和营销模式----音乐制品线上销售。还有一些市场变化，可谓推陈出新，五彩缤纷。

直面乐器市场热点、难点，把握市场主动权

市场研究是一个庞大的系统工程，这里仅围绕乐器生产、营销、技术服务、音乐培训和音乐文化活动整个文化产业链的上半截，做一点粗浅的分析。人所共知，市场的热点、难点既是问题的矛盾点，又是市场的突破点。企业就是在解决一个一个难题中获得经销商的支持和消费者的认可，取得了市场的主动权和话语权。

热点一，音乐教育装备升级与招标采购的困惑

近期获悉，国家中小学音乐教育装备配备升级，涵盖了绝大部分乐器门类，如果付诸实施，将会产生百亿级市场空间。但是同时在学校乐器采购招标领域也存在一些难点。例如：超低价格、制定标准与专家评定不透明、招标运作环节灰色地带等问题。让不少企业望而生畏，敬而远之。

应当看到，学校音乐器材配置是一个很大的市场，其需求特点有三，其一，首选品牌产品，强调

企业资质和技术及服务能力；其二，有一定的人脉关系，在既定的招标范围内，确定技术标准、品牌导向和运作程序等方面需提前了解和沟通；其三加强与教育主管部门和学校的日常联系与合作，提高企业及产品在教育系统的知名度。

乐器企业应当注视中小学音乐教育市场，可在产品定向开发、教学特殊功能配置、教学合作与技术服务支持等方面做一些文章。同时发挥乐器行业的力量，积极参与教育系统的乐器配置标准、技术规范的制订工作，促进教学乐器采购标准化、规范化和专业化。

热点二，制造企业与经销商利益分割与战略合作

在市场经济大环境里，乐器厂家与经销商的合作始终存在利益共享和风险分担的问题。然而，乐器市场的发展，离不开经销商和音乐老师的合作。即便像柏斯音乐集团这样有60余家直销店的企业，也需要200余家二、三线城市的经销商的配合。目前，乐器行业有几种类型的运营机制与模式，即：经销商代理型、经销商网络与直销店结合型、直销型、直销与电子商务结合型和综合型。不论那种经营模式都存在厂商如何合作问题。往往是品牌与价格是主导，但是厂商利益分配尤为重要。从市场分工角度看，工厂在保证一定盈利空间的条件，力求能使经销商有利可图；从市场分工定位看，既要考虑各个城市经销商合理布局，也要注意产品档次、价格定位策略，还有品牌宣传推广与技术服务的支持；在市场开发层面，厂商应量力而行，分工合作，厂家抓住重点，下游市场与经销商分工合作，实施系统化管理。厂商应探讨全方位的合作，互利互惠，共同开发、维护和扩展各地市场空间。

在处理好厂商责权利关系的同时，要研究与当地音乐院校的合作，以及对专家老师的宣传，还应研究对中介的音乐老师、对专职、兼职业务人员的激励和约束机制。消费者的需求，分为现有和潜在需求两大类，在满足消费者现有需求的同时，厂商都有责任去引导和挖掘潜在的乐器消费市场，引领消费潮流。

热点三，处理好产品销售、音乐培训和品牌活动的关系

近些年，业内越来越认识到，乐器市场的发展离不开音乐艺术培训，各企业、琴行业纷纷介入音乐培训领域，并积极创造乐器表演的机会，根据不同时间点和市场需求，开展丰富多彩的品牌推广和音乐文化活动，如：比赛、音乐会、夏令营等等，真是八仙过海各显其能。有效地推动了乐器普及，丰富了大众音乐生活。

如何处理好产品销售、音乐培训和品牌推广活动之间关系呢？时间、环境和目的不同，方法各异。各企业和琴行都有许多宝贵的经验，例如秦川乐器的“三位一体”的联动机制；天目琴行“以商养学、以学促商、以赏兴业”；各个制造企业纷纷开展“杯赛”、品牌推介会和巡回演出等等。厂家和琴行深入持久地社会音乐培训和丰富多采的文化活动，与社会上的百万考级潮、现代音乐节组成销售旺季的三架马车，充分体现了制造商、经销商、专家老师与参与者的合力！

要形成这种合力，就一定要发挥各方优势，找好共同点和结合点；要有高起点和准确定位，寻找用户的共性、个性需求；要以品牌为依托，组成各类人员构成的专家团队，努力创造新颖、独特的培训项目和品牌活动。

热点四，处理好传统营销与电子商务的关系

随着全球工业化、信息化进程，电子商务已经不可阻挡地进入人们的日常生活，同时冲击着传统的营销市场，乐器行业也不例外。目前，不少厂家和琴行，在积极探讨或筹划电子商务、现代物流和扩大合作项目。继苏宁上海乐器大卖场之后，京东商城、亚马逊也投入了乐器线上销售。但是，乐器属于个性体验型产品，其音色、音质和不同的触感要求，会影响乐器电子商务的发展，为此，网上搜索，线下选购更显实际。电子商务的信息量大、选择宽和便宜、便捷的优势，越来越引起业内的重视，我们应当结合自身实际情况，针对乐器销售的特点和用户消费趋势，积极应对，跟上市场大数据的步伐。

目前，各类型企业的市场经营呈现多样化趋势。大型规模型企业，基于投资规模和产能的定位，一定会在各级城市全面开花，也一定会因经销商的价格战，影响增速和利润。但由于品牌效应和客户消费心理所致，还会有相当数量的琴行会首选“大船”。这类企业如一味追求销量的增长，忽视结构调整和产品升级，就会面临资金紧张和利润消减的风险。珠江钢琴集团以恺撒堡中高端产品拉动，长线产品大批量市场与定型琴专卖相结合，国际合作品牌与区域品牌呼应，实施多元化、多层次的品牌发展战略，成就了世界产销量第一的业绩。再看中型企业，受到品牌推广投入和市场覆盖率的压力，如果品牌名气不大，经营特色不突出，往往会停留在高不攀低不就的尴尬处境。小微企业则以中小经销商为主，如在各地区市场定位不准确，会处在受打压的被动状态。

不论什么类型企业，在研究市场经营策略时，除了产品定位、网络建设和区域布局以外，深入研究和处理好厂家与经销商的协作关系非常重要。面对一系列热点难点课题，许多乐器企业积累了宝贵的经验，值得大家学习和借鉴。（曾泽民）

乐器行业技能人才培训任重道远

改革开放以来，乐器行业从名不见经传的小行业，快速发展为国家文化产业的重要组成部分。截至2013年5月，220家乐器行业规模企业资产总额达到163.71亿元；工业总产值从2003年的62.26亿元到2012年259.09亿元，增长了316.16%；工业销售产值从62亿元到264.26亿元，增长了326.23%；出口交货值从35.86亿元到84.86亿元，增长了136.64%；从业人员基本保持在20万人左右，虽然员工技能结构有所改善，技术水平有所提升，但是人才，特别是高端人才不足仍然是乐器行业发展的短板。近些年来，随着一大批中老年技术工人的退休和流失，中青年技术工人接续难度增大，乐器行业技能人才队伍更显得单薄无力。为此作一些调研分析，以引起行业的关注和企业重视。

一、乐器行业技能人才概况

1、乐器技术工人的行业分布

2011年中国轻工行业修订《国家职业分类大典》乐器调研组数据显示，乐器行业技能人才分布与各产品行业的规模直接相关。

（单位：人）

钢琴调律师	12000
钢琴及键盘制作工	43211
提琴制作工	12300
西管乐器制作工	23300
打击乐器制作工	25269
电鸣乐器制作工	26632
民族拉弦、弹拨乐器制作工	16053
民族吹奏乐器制作工	23300
合计	182065

备注：还有口琴、吉他等行业未计总计应超过20万人

2、乐器技能人才培训的框架结构

从国家工业企业技能人才宏观角度分析，乐器行业与其他制造业一样，分为顶层设计、基础建设和实施操作三个层面。其主要结构与内容见下图。

3、乐器技能人才培训方法与途径

一是，“师傅带徒弟”的传统模式，目前国内大部分乐器企业仍采用；二是，“请进来、送出去”，企业请国内外专家到企业培训或选拔技术骨干到专业院校、相关机构培训；三是，企业内部技能培训班，以及实行技能等级与劳动薪酬挂钩的分配激励机制；四是，厂校合作办学，培训专业技术人才，定向培养技能人才。另外还有少量的院校的乐器制造专业教育等其他的社会培训。

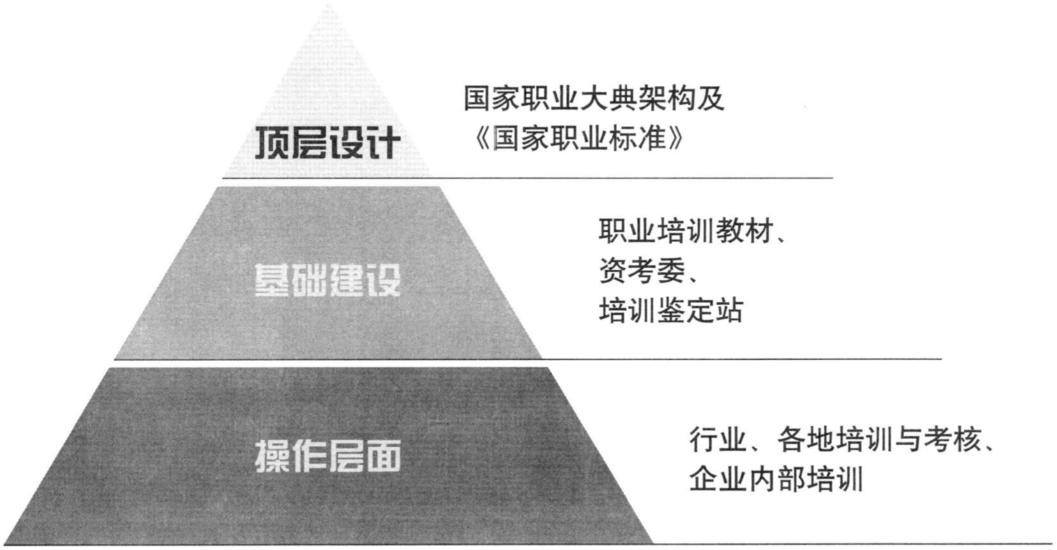

4、技能人才培训的初步成果

多年来，乐器行业及各个骨干企业在技能人才培训方面做了大量工作，不少企业自行编制了内部培训教材，坚持入厂教育，上岗培训；每年制定工人技能培训与考核计划，建立常态的培训与考核机制，这是难能可贵的。但企业技能培训发展参差不齐，差异较大。目前，乐器行业技能培训组织得最好的是钢琴调律师行业。

钢琴调律师行业在中轻联和中国乐器协会领导下，制定《钢琴调律师国家职业标准》，编写国家职业资格培训教程《钢琴调律师》1-5册，组建职业资格考评委员会及专家委员会，各地鉴定站和骨干企业积极配合，开展技术培训和技能考核，自2002年以来取得了可喜的成绩。11年间培训考核并由国家人力资源和社会保障部颁发职业技能证书的钢琴调律师有4363人，其中：初级工1371人，中级工1383人，高级工1335人，技师164人，高级技师110人。进入2013年又组织了13批考核，颁证286人。另外，2010～2011年先后评定高级提琴制作师34人；2013年评定钢琴技师、高级技师213人。

目前已制订《国家职业标准》的行业还有：钢琴及键盘乐器制作工、民族拉弦、弹拨乐制作工、民族吹奏乐器制作工、管乐器制作工、提琴制作工等。钢琴制作工、电鸣乐器制作工和提琴制作工培训教材也在积极起草编制之中。

二、乐器行业技能人才培训存在的问题和困难

从整体结构分析，乐器行业技能培训的职业标准、培训教材和资考委组织等方面还不够完善；常态化的培训与考核比较单一，由钢琴制作工、调律师培训考核向多专业扩展，还需要各方协调努力，发挥行业和地方培训平台的作用。面对乐器行业行业差异大、产品门类多、人员结构复杂的特点，乐器行业的技能人才培训仍是任重道远。

1、人才技能培训与考核的职业标准体系不完善，培训教材不足

目前，国家职业标准和培训教材不健全的行业有：打击乐器制作工、电鸣乐器制作工；有职业标准没有培训教材的行业有，西管乐器制作工、钢琴及键盘乐器制作工和提琴制作工等。此项工作进展比较缓慢的原因是，缺少行业专家团队和组织，相关行业沟通不够。

2、有些企业领导对职工技能培训重要性认识不足，缺少教材和师资

企业领导重视不够的原因有两方面，一是一些领导缺乏长远眼光，对技能人才和科技创新是企业核心竞争力认识不足；二是培训成本与生产经营压力的矛盾，涉及时间、人力与物力等方面的投入。

加上企业老一辈技术工人的文化水平有限，新一代专业化分工细化，缺少专业师资人才。

3、行业人才流动和无序竞争，为人才培训带来负面影响

激烈的市场竞争激化了行业人才竞争，造成部分中高级人才跳槽或被挖现象严重，影响了企业培训员工的积极性，有的为此造成企业之间的隔阂和冲突。

4、不同的技术流派和人际关系的排他性，造成对培训教材意见不统一，力量分散

多年来遗留的封闭保守意识和“教会徒弟饿死师傅”等旧思想在乐器行业仍然有一定影响，加上技术工艺流派的排他性，致使一些行业的职业标准和培训教材难产，技能培训基础工作薄弱。

还有一些其他原因，致使技能人才培训在一些行业、企业举步维艰，成效甚微，从而加剧了乐器行业人才队伍的紧缺。

三、以点带面，整合资源，脚踏实地做好行业技能人才培训

多年来，不少乐器企业结合自身人员结构、技术特点和技术创新需求，制定了企业中长期人才发展战略和规划，在技能培训与人才使用方面进行了多方尝试，并努力结合企业技术改造和科技创新活动，获得人才、效益双丰收。在多年实践中各行业、企业总结了许多宝贵的经验。例如：广州省乐器协会协助省主管部门结合职工技能比赛，积极开展钢琴、提琴、吉他等乐器制作工艺师、设计师培训与考核，评定了一批乐器高技术人才；珠江钢琴集团、红棉乐器公司等一批企业与专业院校合作办学，定向培养专业技术人才；上海民乐一厂针对民族乐器品种繁多、工艺复杂的特点，坚持组织各类产品专家鉴定活动，坚持员工技能等级与薪酬挂钩的分配机制，用好技术人才，留住人留住心；星海钢琴集团长期坚持开展内部技术培训，岗位考核，并实施员工技能培训成果与工资挂钩的激励机制；天津津宝乐器公司通过技术改造简化岗位技能复杂系数，推行各工序的工艺标准化培训，大大提高了主产品产能和质量；得理乐器公司将员工技术培训与丰富多彩的文化生活紧密结合，不仅提高了技能水平，而且增强了企业的凝聚力。还有许多可圈可点的做法值得行业推广。

无论是从转型升级、产品创新和市场扩展的角度，还是从满足消费者需求的角度，乐器行业都亟需提升行业技能人才的知识水平和实操能力。面对较严重的技能人才需求矛盾，乐器行业、企业应当如何应对呢？一是要整体规划，分步实施，集中行业专家和骨干企业的力量，制定科学合理的技能人才培训计划和强有力的措施；二是要宣传推广先进单位的好经验，带动行业技能培训的深入开展；三是要建立健全行业技术交流与合作平台，充分发挥行业分支机构的作用，同时加强行业与科研院所的合作，利用好社会资源，提升人才培训的规模与质量；四是要积极争取国家人力资源和社会保障部和中轻联主管部门的大力支持和帮助。本期杂志在行业挑选了几个人才技能培训的成功案例，与大家分享。

总而言之，乐器行业技能人才培养是行业发展的重大战略之一，是行业发展的百年大计，关系着乐器行业的生存和可持续发展，必须引起全行业的高度重视。

（曾泽民）

“创新、融合、培育”助力乐器行业转型升级

——2013年中国（上海）国际乐器展览会启示录

令人瞩目的2013年上海国际乐器展，在热烈与祥和的气氛中落下了帷幕，紧张忙碌了多日的参展商和专业观众怀着兴奋与感慨的心情，细心整理着金秋丰硕的成果。人们不禁感叹，在国际乐器市场复苏乏力，国内经济结构调整的大环境下，上海乐器展却逆势而上，展览面积达到92000平方米，参展

商1680家，参观人数近7万人，再创历史新高，成为当今世界最大的国际乐器展。但是，面对动荡起伏的经济形势和瞬息万变的乐器市场，我们也应当从展会万象中探求乐器行业发展的特点和趋势，并积极的面对新变化，解决新课题。

展会从筹备开始就得到了社会高度关注，国内外老展商纷纷提前预订摊位，争相扩大展位面积；新展商更是争先恐后踊跃报名；乐器特色产业集群纷纷联合组团，地方政府全力支持，策划推介活动；国家和地区展团11个，有的展团面积扩大了50%。为了更好地组织专业观众，主办方努力扩大客户信息资源，加大了教育系统、音乐文化系统和社区文化活动系统的覆盖面，倾力邀请了国内外音乐教育家、演奏家和知名人士；6大同期活动精心策划周密组织，突出了音乐教育和观众互动；丰富多彩的文化演艺活动更是高手如云；获奖提琴作品展示、大师现场制作、跨界文化交流等创新活动引人入胜。

“创新、融合、培育”成为本届展会三大特点

短短几天，亮丽的展示与密集的会谈，精彩的论坛、讲座，丰富的音乐教育课程和广泛的国际行业交流，呈现出三大特点。

1、“创新”激发行业活力

从绚丽多彩的展位特装到新颖独特的展示活动，从琳琅满目、华丽登场的新产品到别具匠心的新品发布，从新技术的宣传演示到新材料、新设备的推广，从现场交流会谈到繁忙的工商联谊活动，时时处处展现着“观念创新、产品创新、技术创新和市场创新”的特点。

2、“融合”赋予行业动力

展会同期6大活动，搭建了商贸、音乐教育、文化活动和国内外交流与合作的平台。充分体现了展会参与者理念与需求息息相通，责任与利益水乳交融。本届“NAMM CMIA行业论坛”主题《行业共赢模式——乐器制造、经销零售以及音乐教育的良性互动》，得到大家的高度关注。美国音乐制品协会新任主席Larry Morton（莫朗伟）、法国布菲公司首席执行官Antoine Beaussant、著名音乐听力专家、中央音乐学院教授赵易山、香港柏斯音乐集团总裁吴天延和河北秦川文体乐器公司总经理秦川等五位重量级嘉宾应邀出席，NAMM国际事务主管Betty主持。嘉宾访谈和互动式讨论，从不同侧面，精彩阐述了乐器产销、音乐培训与文化活动密不可分的关系。真是观点新颖、语出惊人，如：音乐教育的三个层面；音乐与乐器的关系；音乐是人的成长问题；如何降低学音乐门槛，激发音乐潜在人口；音乐让大众共享等新观点、新问题。

与此同时，第四届上海华乐国际论坛，观众与名家、大师零距离接触，王中山、任洁、章红艳、宋飞、杨致俭、孔祥东等大师精彩绝伦的演讲、演示，彰显着中华文化的经典；首次推出的Musica China音乐课堂，中国教育学会音乐教育分会理事长吴斌等著名音乐教育家讲堂全新亮相，迎来音乐教育先锋现身说法，共同开拓更广阔的音乐教育市场；接力于第二届国际提琴制作大赛的“提琴文化系列活动”，主题论坛与国际提琴大师工坊相结合，重量级嘉宾从提琴制作、演艺艺术、收藏鉴赏角度对提琴文化深入探讨，三位意大利提琴制作大师和提琴制作师分会会长郑荃，副会长朱明江、华天礽现场展示提琴制作工艺，使观众深受听觉、视觉的立体冲击；另外，在绚丽的展会现场演奏舞台，五彩缤纷的22场演出和各个参展商此起彼伏的展演活动，演绎了国际乐器大家庭多姿多彩的英雄交响曲。

展会的“大融合”还体现在音乐产业链的延伸与扩展，材料配件供应商从巨木到乐器份料，从产品、工具到设备；音乐创造各环节从乐器、乐谱、音乐培训到文化活动项目，真是应有尽有，数不胜数。大融合聚集了国内外、各行业和各地区的资源和力量，大融合形成行业发展的强大动力。

3、“培育”拓展行业发展空间

展会另一特点是培育市场和培育人才。培育市场方面，各个参展商不仅把上海乐器展作为商贸交易的重要场所，而且更加重视展会的市场培育与开发功能。大家展示的不是特色产品，就是最新产品；不是新概念，就是新方法、新途径。反映时代特色和国际流行的产品比比皆是，热门、冷门项目和乐器新玩法在吸人眼球的同时，展示着市场空间。

培育人才方面，场场精彩的NAMM培训课程，名家讲坛，音乐课堂与国际行业协会交流，行业、企业密集的合作，形成了动静结合，上下呼应的学习交流的大潮，此时展会就像行业经营者和各类人才综合培训的“大讲堂”，参展商和专业观众如饥似渴地在这里选择各自的追求与希望。

反映行业新动态，创造市场新格局

1、乐器行业发展呈品牌化、国际化、特色化趋势

今年展会“品牌化、国际化、特色化”趋势突出表现在，一是，参展商更加重视企业及产品品牌的宣传推广，不少企业展位特装投入十几万到上百万，突出展示产品和企业形象，企业品牌特色和市场细化更加深入；二是，品牌国际化更加明显，国际知名品牌在中国市场的布局深入，国内国际品牌合作（代理、定制、合作经营等）、技术交流与人才引进，引起业内高度重视；三是，企业在激烈的竞争中明白了品牌、质量和产品特色的重要性，纷纷推广自主品牌，开发特色产品。随着乐器制造业科技进步和产能扩大，市场供需矛盾不断转化，产品的国际化、差异化、个性化成为企业重要策略，大家都在力求避免产品同质化竞争，为实现品牌化、国际化、特色化而努力 。

2、展示科技成果，科技创新引领企业转型升级

展会无处不在的新技术、产品展示，表明中国乐器企业的进步。今天中国乐器市场之所以在国际经济不好的环境下逆势而上，行业的科技进步，产业链制造水平整体提升，以及产品质量提升等技术创新成果起到至关重大的作用。虽然近年我国乐器行业遇到了材料、人工成本连年上涨和人民币升值等不利因素的影响，但是，产品质量也明显提高，开放的市场引进国际先进的技术工艺和专家人才，使企业的生产规模、质量及价位优势仍然存在。由此证明，科技进步是乐器行业成长的动力源泉。

3、行业、企业携手互动，营造合作共赢模式

展会是国内外合作的重要平台，展会期间高密度的交流与合作有：协会与欧洲音乐产业联盟第6次专题会谈，交流了管乐器培训与特色音乐活动，企业、研究单位互访，探讨乐器进口关税以及知识产权保护等事宜；电鸣乐器骨干企业与美国MIDI协会主席等探讨MIDI技术交流活动；协会组织企业与巴西乐器协会主席会谈，探讨扩大南美市场和音乐教育合作等项目。跨行业合作交流有：音协管乐学会与协会研究组织“音协演奏专家到企业”的产品鉴评活动；教育学会音乐教育合作，中小学校音乐器材通用技术标准的合作等等。各项活动得到了行业、企业积极参与和大力支持，活动之后，不少企业致函协会，希望今后能更多的组织类似的交流合作活动。

其实，在当今乐器企业生产经营中，广泛的交流与合作已成为必然。骨干企业的上下游伙伴不断延伸；遍布南北方的材料、工具、设备的专业化市场均已成熟；音乐培训和技术服务业也有了全国性的专业网络体系；协会13个分支机构每年都要开展行业交流活动；近年已有4家骨干企业申请创建了行业专业科研基地；厂商之间、厂校之间、企业与科研机构，以及跨行业的交流合作项目如雨后春笋。乐器行业的开放与融合，营造了合作共赢的大环境。

4、常规与创新产品的碰撞，传统营销与电子商务交融，呈现互联网、信息化时代新趋势

在展会新产品巡礼中，不仅看见许许多多传统的常规乐器的新型号、新款式，而且展示了大量新概念乐器，还有跨界的迷你小音箱、指力器、音乐键盘等玩音乐的新东西。展会现场，一边是古典吉他轻轻的鉴赏，一边是便携式键盘热闹的玩耍，既有多样化的培训项目，还有类似“伴奏王”等软件展示，不难看出，大家正在努力降低学乐器的门槛，让学习者摆脱漫长而枯燥的烦恼，跨入轻松而愉快的音乐生活。

在营销模式方面，企业市场创新与电商探讨成为热点。传统的乐器营销模式，注重建立实体营销网络，运用面对面的营销与体验实现。随着互联网、智能手机的日益普及，乐器电子商务正在改变人们的习惯思维，解决学乐器的两大障碍，一是“降门槛”，二是有朋友“活动圈”。现在，越来越多的人在关心传统乐器营销和电商的发展趋势。据说，业内已经有人在研究电商品牌，针对网络消费人群开发专属乐器产品，组织一线后台设计，增加技术服务人员的服务产出，实现网络产品与实体门店的差异化。电商大佬“京东”、“亚马逊”已经将乐器电商列入重要发展项目。相信不久的将来，更加快捷、便利的营销模式将成为行业热点。从欧美乐器电商的经验不难看到，传统营销与电子商务交融发展将成为必然。

值得关注的问题

1、反对形式主义、浮夸之风，处理好规模速度与市场需求的关系

乐器行业30余年发展到今天，实属来之不易，其经历了打基础、创市场、扩规模和整体提升的过程。如今虽然行业具备一定实力和影响，但是仍然是小行业，缺乏行业或地方的龙头企业。目前，我们发现一些企业领导和地区政府在发展文化项目时急功近利，存在形式主义和浮夸之风；一些乐器产业园规划，贪大求洋；有的企业发展规划重规模轻质量，重速度轻市场；也有的企业脱离自身经济与管理实际，盲目扩充，举债经营，结果陷入困境。历史的经验值得警惕。我们欢迎高起点的乐器产业项目，也寄希望在市场扩展的前提下，整合各界资源，将乐器产销融入文化创意产业的大市场。但是，积极慎重地处理好规模与效益、速度与质量的平衡关系是非常重要的。

2、抵制投机取巧、弄虚作假，营造诚信和谐市场

在乐器行业快速发展的当下，企业越来越重视产品和企业的品牌建设。不论是企业还是消费者，品牌与质量成为首选。从展会里里外外、上上下下均反映了品牌与诚信的重要性。就在大家努力创建品牌产品和品牌企业的大趋势下，也有一些不协调的现象。例如：有的企业过分追求“洋化妆”，有的则弄虚作假，把进口零件组装说成“进口原装”。正像进口二手钢琴中的乱象一样，超低价进口，非专业的翻新和虚假年份、质量信息，却标榜为进口名牌钢琴，或高价谋取暴利，或三、四千元超低价扰乱市场。这些弄虚作假的行为，看似聪明，结果聪明反被聪明误，受到行业的谴责。不仅造成消费者困扰，而且影响中国乐器市场的诚信。难怪德国商会再次希望协会支持他们开展“德国钢琴品牌认证”活动。另外，有的经营者在品牌建设中，注重表面形式，忽视品牌内涵和文化积累；追求形式主义、浮夸之风，缺乏扎扎实实的基本功，这些都不利于品牌市场的成长。

3、破除迷信、敞开胸怀，促进行业协作共赢

纵观几千年我国音乐文化历史，横看乐器产销、音乐教育和民众文化生活，乐器行业既有中华文化博大精深、源远流长的伟绩，也有封建迷信、固步自封的小家子气的遗传基因。如何发扬成绩、克服小家子气，怎样从小生产意识的漩涡中走出来，跟上机械化、现代化、信息化发展的步伐，实现厂商、老师、消费者和谐共赢。一要加强自身学习，二要用大度包容之心，积极开展企业之间、行业及跨行业、国际之间的广泛交流与合作。实践已经证明，关上门无路可走，走出去海阔天空。一句老话说得好“多一个朋友多一条生路”。

4、不坐享其成、要开疆破土，拓展文化产业大市场

我们非常庆幸地赶上了国家改革开放的历史发展机遇，仅仅30余年，乐器产业从很不起眼的小行业，一下子成为全球乐器产销大国，成为国家发展主要支柱文化产业的重要组成部分，真是今非昔比。这时，有的同志开始满足现状，渴望坐享其成；也有的同志面对文化产业大市场不知所措、无从下手，原因何在呢？此次展会的“创新、融合、培育”之魂给我们深刻的启示，正是这种顺应行业发展规律的内涵，成就了上海乐器展逆势而上的辉煌。让我们坚持科技创新，产品创新，管理创新和市场创新；坚持行业交流合作；持之以恒地培育和开发多元化的乐器市场，我们就一定能扩展市场，延长产业发展的周期，实现乐器行业转型升级。

（曾泽民）

对郿郚电声乐器产业基地发展现状的思考和建议

郿郚电声乐器产业基地概览

中国电声乐器产业基地——郿郚镇，位于昌乐县西南部，总面积223.9平方公里，居民10.3万人，是山东省确立的首批“省级中心镇”。因电声乐器产业集群优势明显，2007年被山东省政府命名为首批“特色产业镇”，2008年被评为“山东省电声乐器产业基地”，2009年6月，又被中国乐器协会命名为“中国电声乐器产业基地”。现已规划建设了总投资30亿元、占地1000亩的昌乐县蓝色经济郿郚乐器特色产业园，配套建设了乐器产业发展中心、乐器产业公共服务平台等服务设施，努力推动产业向品牌化、规模化、精细化发展，目前产业园区新建3万平方米标准车间和乐器产业公共服务平台1.5万平方米主体已建成，8月份可全部达到企业入驻标准。

郿郚乐器产业发端于20世纪70年代中期，当时由青岛知青创办了一个社办乐器厂，生产二胡、笛子等民族乐器。70年代末期，韩国客户与当时的郿郚镇乐器厂合资成立了缪斯乐器公司，生产木吉他和电吉他。后来镇里又创办了一家百灵乐器厂，这两家企业成了郿郚乐器产业的“孵化器”。现在郿郚七成以上的乐器企业厂长、经理，都是从这两个企业走出来的技术、营销骨干。

目前全镇已拥有乐器及其配件生产企业83家，从业人员近万人，产品包括电吉他、电贝司、木吉他、木贝司、音箱、数码钢琴和乐器配件等7大系列近400个花色品种，产品主要销往韩国、日本、美国、澳大利亚等30多个国家和地区。全镇乐器企业拥有“仙乐”、“飞灵”、“大树”、“胜利者”、“PIY”等近40个自主品牌。其中，“飞灵”牌和“仙乐”牌电吉他被评为“山东省名牌产品”和“山东省著名商标”。宏韵乐器有限公司被认定为“国家文化出口重点企业”，惠好乐器有限公司被认定为“山东省工业旅游示范点”。因发达的乐器产业优势，郿郚镇近年来先后被授予首批省级特色产业镇、山东省电声乐器产业基地、中国电声乐器产业基地、山东省特色景观旅游名镇和全国特色景观旅游名镇等荣誉称号。

政府大力支持 助推产业全面发展

在郿郚镇形成产业集群的初期，镇政府就给予了大力的支持和高度的重视。围绕产业集群的发展，制定出配套的产业发展规划，出台一系列优惠政策并提供良好的产业生态环境，为基地今后有序健康发展奠定了坚实基础。

在发展产业集群的过程中，郿郚镇政府分别从投入、金融、政策等方面进行了持之以恒的扶持和帮助，抓好关键环节，切实有效提高执行能力：

1、镇政府先后投资3000万元，对乐器产业园进行了水、电、路基础设施建设，共铺设柏油路40多公里，同时高标准配套实施“绿化、亮化、美化”工程，提升了基地形象，提高了基地承载能力。

2、为加强品牌创建工作，镇政府出资100余万元，聘请主管部门和专家帮助百灵、惠好等骨干乐器企业进行了企业管理和质量管理三个体系认证，促进了企业管理水平的提升为扩大品牌影响力。

3、金融服务方面，由镇政府牵头组织乐器企业成立了信贷联盟，先后与信用社、潍坊银行、民生银行、潍坊银联担保公司建立了合作关系，缓解了企业的融资压力。

4、2013年，协会统一协调，支持35家乐器企业通过环境评价认证，为5家企业办理税务登记、工商等手续，解决了一家一户不好办理的问题。

5、镇政府统一组织骨干乐器企业参加了上海国际乐器展览会，通过集中布展，既降低了成本，又形成了规模优势，提高了郿郚乐器的知名度。

协会+中心+公司的全新模式 全方位服务产业基地

2001年5月，在镇政府积极推动下，成立了昌乐县乐器行业协会，现有会员单位70余家。协会整合了郿郚乐器行业的优势资源，制订了行业自律公约，逐步走上了有序发展的道路。实现了企业之间，资源、信息及技术的交流，规范了竞争秩序，杜绝了不正当竞争，促进了行业有序健康发展。

为进一步整合资源带动和促进产业发展，2009年10月份，以昌乐县乐器行业协会为依托，骨干乐器企业参股，组建了潍坊大唐乐器发展有限公司，为所有乐器企业提供电子商务、组织参展、调配订单等一系列服务。为企业办理了自营进出口权、一般纳税人等手续，解决小企业订单接收、进出口等单个企业不好办理的事情。

2012年，镇政府又投资2000万元建设了乐器产业发展服务中心，下设电子商务、产品研发、展览展示三个中心，为企业提供“乐器展览展示、产品研发、质量检测、电子商务”四大服务功能。经山东省质监局审查并批复，成立山东省电声乐器监督检验中心，检测木吉他、电吉他、电贝司等电声乐器产品，这是昌乐县获批筹建的首个省级质检中心。目前，镇政府正在筹备建设以电声乐器为主题的博物馆，拟打造集产品展示、制作工艺演示以及集群发展历程介绍的综合型博物馆。

乐器产业发展中心同时作为县乐器协会和大唐乐器发展公司的办公地点，也是乐器企业老板交流信息的平台，现已实现了经常化开展活动。协会+公司+中心的全新模式，有机结合，开展各项服务，强化行业之间的信息交流沟通，及时掌控国际、国内的产业动态，既促进了企业管理水平、创新能力的提高，又推动了企业之间的资源共享和共同发展。

品牌推广 提升乐器行业竞争力

打造自主品牌，方能提升产业持续发展的能力。郚部电声乐器产业是以出口为主的外向型产业，产品80%以上出口，基本上是国外知名品牌的加工基地。贴牌生产不但被人牵着鼻子走，而且利润空间非常小。郚部镇从建立企业管理、质量管理体系入手，帮助企业争创名牌。由镇政府出资100余万元，聘请专家帮助骨干乐器企业进行了ISO90001、ISO140001、ISO180001三个体系认证以及计量体系、标准化良好行为、采标认可、采标标志四个标准认证，规范了企业管理行为，为争创名牌产品和著名商标奠定了基础。同时，多次邀请省、市、县质检、工商部门的领导指导创牌工作。目前，乐器企业注册商标40多个，百灵乐器公司的“仙乐”牌、惠好乐器公司的“飞灵”牌被评为“山东省名牌产品”、“山东省著名商标”。随着品牌知名度的提高，这几家企业的订单明显增多，效果很好，带动了其他企业对商标、品牌建设的重视。

举办系列活动 打造“郚部”区域名片

在规范行业市场秩序、提升产品品质、提升产品品牌知名度的基础上，郚部电声基地还致力于孕育区域品牌、培养音乐人才以及推广音乐文化生活。

为塑造和推广“郚部电声基地”这一文化品牌，组织并参与了一系列活动：山东省“郚部杯”吉他大赛、山东省“郚部杯”原创音乐大赛决赛、郚部镇“宏韵之声”庆六一文艺汇演。系列活动在丰富大众音乐文化生活的同时，加强音乐艺术与乐器产业的有机结合，进一步探索了开拓电声乐器艺术活动品牌和发展文化产业的新路子，提高了“郚部”电声产业基地品牌知名度，扩大企业形象和区域知名度，促进了乐器产业向文化创意和文化旅游产业转型。

与此同时，镇政府出面牵线搭桥，与山东省音乐家协会等单位达成长期合作意向，先后被山东省经信委列为企业实训基地。目前，山东大学、山东师范大学、山东艺术学院、潍坊学院、山东科技职业学院已将郚部电声基地列为实践教学基地。定期在基地举办乐器行业企业管理培训班，从政府管理理念、企业管理理念、员工培训、网站开发建设、企业形象设计等14个方面逐一进行培训、支援，为郚部乐器产业向文化创意和文化旅游产业转型奠定了良好的基础。

电声企业 挑战与机遇并存

在产业集群发展过程中，集群企业永远是市场的主体，政府只是起引导和推动作用。通过考察，郚部电声乐器集群企业基本可以分为三类：

1、以百灵、惠好、盛大等为代表的骨干企业。经过10来年稳步发展，现都已拥有自己较强的生产管理团队，供应链趋于稳定，并积累了大量的国内外客户，大多已建立自主品牌，企业具备一定的抗风险能力。在长期的OEM贴牌生产中学习到了先进的企业管理知识和市场营销经验，在不断的学习和模仿中走上了自主经营，自创品牌的发展道路。

然而，整体来看，这类企业仍徘徊在中低端市场边缘，研发力量薄弱，国内市场占有率较低，品牌文化缺乏内涵。欣喜的是，这些骨干企业家已经意识到问题所在，并及时做出调整。惠好乐器公司总经理刘志江介绍说，“国际经济环境变幻莫测，如果还单纯依赖出口，市场风险太大。面对潜力巨大的国内市场，惠好公司改变过去80%的乐器产品出口的局面，以自主品牌开辟国内市场，抢占竞争制高点，实行国际市场、国内市场两条腿走路的方针。今后我们还要加强与琴行、学校的合作，扩大产品内销渠道。”郾部电声乐器老大哥百灵乐器总经理郝际坤说：“目前国际经济大环境疲软，出口受到限制，订单减少，我们已经意识到只有控制出口总量，逐步调整产品结构，提高产品附加值才是企业发展的出路。同时还要从数量型企业向品质型和效益型转变，产业升级换代是必走之路。”

2、以乐吉乐器制造有限公司、明宇乐器有限公司为代表的新兴企业，无疑是流淌在电声产业基地里的新鲜血液。尽管建厂时间不长，但普遍呈现出理念新、干劲足、后劲强的特点。企业老板大多为年轻人，对市场的变化较为敏感，能够及时挖掘潜在市场。但是，这些企业和产品仍处于依存出口贴牌生产的产业链中低端上，只能先保生存，再求发展。当然也有乐吉乐器公司这样的，一开始就瞄准中高档产品的，订单仍然能够稳定，压力明显小得多。按总经理张立强的话说：“多年来，我们坚持苦练内功，夯实基础，引进先进的日本工艺和精湛的韩国技术，不断提升产品品质，坚持只做中高档产品，使企业更具备‘融合性’、‘抗震性’。‘贴牌为生存，品牌是理想’，尽管我们现在还处于OEM生产阶段，但我们仍怀揣梦想，小心翼翼的孕育自主品牌。我们坚信总有一天，要将自主品牌推向世界。”

3、还有一类就是仍处于家庭小作坊式生产经营形式的企业。它们没有自主品牌，完全依靠中间代理商，为其他品牌代加工。这类企业普遍存在着工作环境差、环境污染严重、产品档次低、技术力量薄弱等情况，所以缺乏发展后劲，抗危机能力差。在国际经济环境发生变化时，缺乏主动进行自我调整的能力，同时还要被迫接受中间代理商的危机转移，正面临前所未有的生存危机。

电声产业基地发展存在的限制因素

1、缺少龙头企业。目前，郾部镇电声产业基地面临的最大问题就是缺少龙头企业。郾部镇现有乐器及其配件生产企业78家，其中规模较大的电声乐器制造厂家主要有惠好、百灵等乐器厂，从全国范围来说，其产销量都略显逊色，在国内外的知名度也相对较弱。对于一个成熟的产业集群，龙头企业可发挥辐射带动作用，拉动和催生相关配套企业，加快产业集聚发展步伐。龙头企业不可或缺，其作用不容小觑。

2、出口依存度较大。郾部镇的电声乐器产品出口量约占总产量的80%，出口依存度过高，同时大多企业没有自主品牌，主要都是OEM贴牌生产，因此，受世界经济气候变化影响较大。更有一半以上的订单通过中间商进出口公司获取，这样一来，对于那些原本就抵御风险能力较差的企业来说，危机层层转移，无疑是雪上加霜。

3、企业管理及人才培训较弱。郾部镇现有乐器产业从业人员9000余人，占全镇人口的10%左右。乐器制造业的发展不仅带动了区域经济的发展，而且使人民的生活水平有了很大程度的提高。但与绝大多数的乡镇企业一样，郾部镇乐器制造企业的工人甚至管理者大多数是来自当地的农民，管理意识相对淡薄，受知识层次的限制，员工的培训以及技能的提高有一定的局限性，企业发展必定受到人的局限。

对电声产业基地未来发展的几点建议

1、要努力培植重点企业，引进龙头企业，带动产业升级；

2、面对潜力巨大的国内市场，企业必须调整产业结构，扭转过分依赖出口的局面；

3、培育自主品牌，开辟国内市场，抢占竞争制高点，并加强与琴行、学校的合作，不断延伸产品内销渠道；

4、积极汲取先进企业在生产管理、质量管理等方面的成功经验，并注重员工技能培训，定期邀请业内专家进行指导授课；

5、继续扩大郾部镇作为其区域品牌的效应，打造郾部电声乐器品牌。（高萍）

探寻武强文化产业发展之现象

龙头带动，萌发文化产业

探究武强的文化产业现象，首先必须要了解它的“龙头”企业——金音乐器集团。河北金音乐器集团是武强县生产乐器的一家民营企业，经过20多年的发展，现已拥有8家子公司，职工2300多人的大型企业集团，其西管乐器产量位居全国第一，世界第二，乐器年产量超过100万件，乐器箱包类年产量超过120万件，年纳税额由原来的500万元直接跃升至千万余元。金音公司在全球拥有50家合作伙伴和450多家代理商，90%以上产品出口欧美等30多个国家和地区，金音产品多次被评为“国家文化出口重点项目”、“河北省名牌产品”，“JY”商标多次被评为“河北省著名商标”。集团先后被授予“国家文化出口重点企业”、“国家文化产业示范基地”、“中国乐器行业50强”等荣誉称号。金音集团已成为中国乐器行业支柱型企业，并朝着现代化、规范化、国际化的大型乐器制造集团而迈进。在金音集团的辐射带动下，武强乐器产业迅速发展，各类与乐器相关的小企业相继成立并逐渐成熟。全县纳税10万元以上乐器生产、加工及配套企业达到19家，从业人员4000多人，成为武强县经济发展的支柱产业。基于金音集团的带动，以及国家倡导的文化大发展大繁荣的大好机遇，武强县政府以龙头企业河北金音乐器集团为基础，部署文化产业格局，全力推进音乐教育、乐器制造与音乐活动的深度结合，让文化产业在武强县的大地上绽放光芒。

政府搭台，助力文化产业发展

发展文化产业，区域特色较为显著，但要想取得一定成绩，一定离不开当地政府的高度重视和大力扶持。现在，世界各地都普遍把培育文化软实力提高到事关综合国力竞争和民族利益的高度加以重视。能否在激烈的国际竞争中占有一席之地，文化实力不容小觑。在十七届六中全会上，中共中央提出了深化文化体制改革、推动社会主义文化大发展大繁荣，武强县紧紧抓住机遇，确定了“文化经济化、经济文化化”的发展思路，坚持围绕金音做产业，围绕产业抓文化。该县聘请北京清大远景规划设计研究院编制完成了《武强县“十二五”时期文化与旅游产业发展战略规划》，并以此指导和引领全县文化产业的发展，建设文化产业格局。建设乐器生产制造、物流配送、人才培训、大型音乐节“四大板块”。打造中国武强国际乐器文化产业基地，重点抓好音乐小镇、璐德国际艺术学校和乐器文化产业园的建设，为文化产业开拓新领域。2012年，武强县规模以上工业实现增加值12.8亿元，实现利税1.51亿元，同比分别增长17%和12%。2011年文化产业增加值达到2.6亿元，占全县GDP比重6.26%。其中，乐器产业增加值2.3亿元，占全县GDP比重为5.49%。目前，中国武强国际乐器文化产业基地已被列为省2011年第一批重点项目，并被纳入《省文化产业振兴规划》和衡水市重大文化产业带动项目。

产业招商、拉动乐器产业园

在龙头企业的带领下，当地政府的大力支持下，武强乐器产业的知名度和影响力的不断扩大，越来越多的乐器企业纷纷要求到武强投资建厂。为此，县政府在工业区专门规划了乐器文化产业园，通过统一规划建设厂房等优惠举措，加速乐器产业向园区聚集。2012年6月16日，中国武强国际乐器文化产业基地奠基仪式在河北武强隆重举行,在已有经济开发区的基础上，专门规划了占地3万平方公里的武强国际乐器文化产业园做为文化产业的集结地。同时，县政府出台了《关于加快乐器文化产业发展的实施意见》，对入驻园区的企业从基础设施等方面加以扶持，加速乐器产业向园区聚集。

目前，在武强乐器文化产业园内，金音集团投资6亿元，建成厂房8栋，建筑面积50000平方米；德国GEWA投资13.4亿元建设乐器制造、物流基地项目；美国Cecilio公司投资1.2亿美元，打造集产品研发、乐器、灯光、音响和配件生产、物流仓储销售于一体的乐器产业链。

音乐小镇，以创意促文化发展

文化产业中创新是其一大特色，把创新与创意、创业结合起来共同发展，是武强县发展文化产业的特色。

周窝音乐小镇就是集创新、创意以及创业为一体的成功典范，是打造中国武强国际乐器文化产业基地的重要部分。周窝音乐小镇由武强县与中国吉他学会、北京璐德文化艺术中心共同谋划建设，投资1.8亿元，通过租赁和专业公司运作等形式，计划将现有小镇村民逐步迁入新民居，对现有309套民居院落进行全面改造，既保留了北方民居的原始风格，又注入了现代化休闲娱乐功能；小镇规划建设以萨克斯、提琴、吉他、黑管等各类乐器展览功能为主的博物馆16个，开创全国独有的音乐博物馆群落；小镇现有客房35套院落，可同时容纳200人住宿；新建音乐吧、咖啡屋、乐器制作室和音乐广场等休闲场所80余个，将吃、住、行全部考虑在总体规划设计方案之内；小镇坐落在音乐节现场附近，每届音乐节召开期间，小镇还承担了接待的职能，也是打造常态旅游基地的项目，吸引游客来此驻足，以赏音乐享宴。金音集团本着“以人为本，回报社会”的理念，投资并争得政府支持，完成了小镇基础设施的改造，并将企业文化和工业旅游与音乐小镇融为一体，为造福一方，提升老百姓幸福感增砖添瓦。为此，在十二届全国人大一次会议河北省代表团审议政府工作报告的会议上，中央政治局委员刘延东在谈到文化产业发展时，特别指出“文化产业大有可为，要把质量放在重要位置。武强周窝音乐小镇、金音集团西洋乐器搞得挺好，不仅带动了就业，拉动了发展，而且把周窝镇整个村子都带动起来了。”

音乐活动，提升文化产业影响力

为扩大武强国际音乐产业基地的影响力，打造武强县的旅游品牌，近几年该县精心策划了一系列的音乐汇演、学术交流等活动。

2012年5月22日，中国武强麦田音乐节暨省第二届非职业优秀管乐团队展演在武强隆重举行。41支非职业优秀管乐团队代表，800多位乐器演奏选手让来自全省各地的音乐爱好者们尽享文化盛宴。8月8日，举办为期5天的第六届中国（国际）吉他文化节，数千名来自全国各地的吉他爱好者风涌云集。活动期间，举办“中国流行音乐产业化发展论坛”，国内外著名吉他演奏家讲课培训。“摇滚之夜”演出将此次活动推向了高潮。

举办一系列的音乐活动旨在搭建一个平台，即为演艺人才提供展示的舞台，又为音乐人及音乐爱好者提供了交流的机会，让更多的人了解武强音乐文化的发展，关心和支持武强文化产业基地的建设，从而提高武强文化产业的影响力，并促进文化产业更加快速、健康、有序的发展。

人才培养，助推文化产业发展

在文化产业发展的过程中，人才培养是一项长期艰巨的任务，是为文化发展储备后动力的一项工程，也是文化产业发展的助推器。在武强县，政府始终将人才培养作为文化产业发展中一项战略措施，并于2011年，成立了璐德国际艺术学校。该校是武强县向河北省申请的重点文化产业项目之一，学校座落在原武强县职教中心，占地6万余平方米，在武强县人民政府的大力支持与关怀下，由北京璐德文化艺术中心与金音乐器集团投资1300万元共同创办，学校旨在培养音乐人才和师资力量，该校并与奥地利维也纳音乐学院和中国人民大学艺术学院合作，聘请国内外著名艺术家为学生进行音乐艺术方面的培训。学校设有学前教育班、全日制高级寄宿小学、初中、高中与职业高中；校外业余音乐培训班、大、中专学历班、中国人民大学艺术学院研究生班、各类音乐、器乐、艺术类社会短训班。学校的部分专业教师均从国外音乐学院聘请，国内专业教师也均是行业内的领军人物及专家教授。璐德学校成为我国音乐人才的一个重要输出基地，学生毕业后可以到更高学府深造，2012年3月，就有2名古典吉他专业学生经考试被奥地利维也纳音乐学院录取。相信在不久的将来，武强文化产业就会拥有一支国际化、专业化的文化传承人以及一个令人憧憬的发展前景。

十八大报告提出，要增强文化整体实力和竞争力，推动文化事业全面繁荣、文化产业快速发展。这为我国扎实推进社会主义文化强国建设指明了道路，文化产业必将迎来新一轮发展机遇，相信武强将借此契机，进一步加快文化产业发展，最大程度的发挥文化优势和文化特色，再一次迎接武强文化现象的绽放。（高萍）

世界乐器225强10年沉浮录

——从2002年～2011年美国《音乐贸易》杂志公布的“全球乐器与音响行业225强榜单”看世界乐器发展走势

美国《音乐贸易》杂志是一本全球性音乐贸易杂志，内容宽泛，除以主要篇幅介绍美国本土乐器与音响行业信息外，同时也以各种形式对全球乐器生产与销售情况作相应报导，其中具有较大影响力是每年12月发布上一年的“全球乐器与音响制品行业225强榜单”，榜单内容主要是按年销售收入金额（美元）排序，公布年度内前225个全球乐器与音响生产销售企业名单（简称225强），在这个榜单中除有本年度排名以外，还有上年度的排名以及所在国家和地区名称、员工人数、公司负责人等项目。225强榜单基本囊括了当今世界乐器的最强营销优势企业，同时225强也是一种动态组合，每年有出有进，强者进，弱者出，一些企业退出225强，而更换成一些新的企业进入225强。每年榜单公布之时，各国重点骨干乐器生产企业都十分关注本公司的排名，而一些尚未进入225强的企业也在努力争取进入这一名单，225强实际是每年全球乐器“梁山好汉”的座次表，成为衡量各国乐器生产与经营公司在全球乐器地位与实力的重要标志，

笔者将2002年～2011年“225强”榜单进行归纳汇总，并作深入分析，从中得出一些规律性的东西，以使读者了解过去10年全球乐器音响发展的基本轨迹，对未来全球乐器发展方向有所启示。

一、10年“225强”来自哪些洲？哪些国家？

225强是由按年度销售收入排名的225家世界最强的乐器生产和销售企业组成，由于每年企业有出有进，经过统计，10年间有433家企业入选，主要来自世界五大洲（北美洲、亚洲、欧洲、南美洲和大洋洲）的31个国家和地区，至今还没有非洲国家入选这一名单。10年225强榜单显示，北美洲有180家企业入选，分别来自美国和加拿大，亚洲有131家企业入选，分别来自菲律宾、韩国、日本、泰国、新加坡、以色列、印度、印尼、中国内地、中国台湾、中国香港等11个国家和地区；欧洲有97家企业入选，分别来自比利时、波兰、丹麦、德国、俄罗斯、法国、捷克、挪威、瑞典、瑞士、西班牙、意大利、英国等13个国家；南美洲有11家企业入选，分别来自阿根廷、巴西、墨西哥、智利等4个国家；大洋洲有14家企业入选，主要来自澳大利亚。

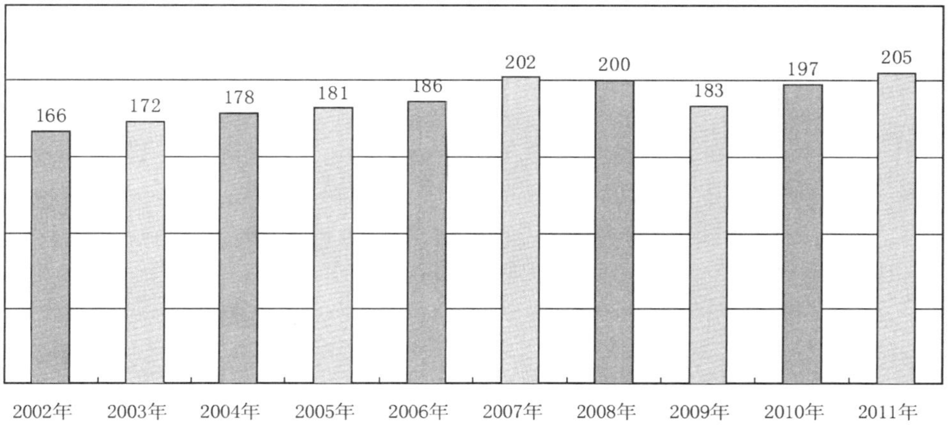

世界乐器与音响225强年度销售收入一览图 （单位：亿美元）

二、每年“225强”总销售收入大概有多少？10年“225强”共计创造了多少价值？平均增长率是多少？

从2002年到2011年，“225强”总销售收入分别为166亿美元、172亿美元、178亿美元、181亿美元、186亿美元、202亿美元、200亿美元、183亿美元、197亿美元、205亿美元。10年225强累计创造了1872亿美元的价值，年平均增长率是12.35%。这说明，近10年来，虽然世界金融危机，欧债危机给世界经济带来严重影响，世界经济一直十分低迷，但基本上没有影响到世界乐器产业，10间世界乐器产业虽然有小的起伏，但总体上是保持两位数增长态势。

三、“225强”有多少员工？10年间有无变化？

从2002年到2011年，“225强”每年的员工数量分别是11.38万人、11.72万人、11.76万人、13万人、12.90万人、12.64万人、12.57万人、12.31万人、12.65万人、12.71万人。10年225强员工数量平均增长率为1.12%。说明近10年来，世界乐器产业基本保持平稳，就业人数缓慢增长。

四、“225强”中哪些地区和国家保持优势，处于强者位置？

北美洲、亚洲、欧洲是“225强”主要分布地区，10年来共计408家企业入选，占全部入选企业的94.22%。

入选“225强”最多的国家和地区是美国（170家）、日本（43家）、中国内地（43家）、德国（32家）、中国台湾（20家）、意大利（16家）、澳大利亚（14家）、英国（13家）、加拿大（10家）、韩国（10家）。

按销售收入统计分析，225强中，日本、美国、德国、中国内地、中国台湾、中国香港处于前六位的地位。10年间这6个国家和地区总计创造了1629亿美元的销售收入，创造的价值分别为808亿、543亿、116亿、63亿、51亿和48亿美元，占全球225强总销售收入的87.01%。

五、“225强”中哪些企业实力最强？

对比10年225强数据，连续10年保持“225强”地位的有99家企业，连续9年保持地位有27家企业，连续8年保持地位的有13家企业，连续7年保持地位的有24家企业，连续6年保持地位有的28家企业，连续5年保持地位有33家企业，连续4年保持地位有31家企业，连续3年保持地位的有31家企业，连续2年进入的有49家企业，只有一年进入的有98企业。

在连续10年保持“225强”的99家企业来自18个国家和地区，其中225强前20名被日本（8家）、美国（6家）、德国（1家）、中国内地（1家）、中国台湾（1家）、中国香港（1家）、韩国（1家）所瓜分。这20家企业10年共创造了1016亿美元的价值，占225强创造总价值54.2 6%。

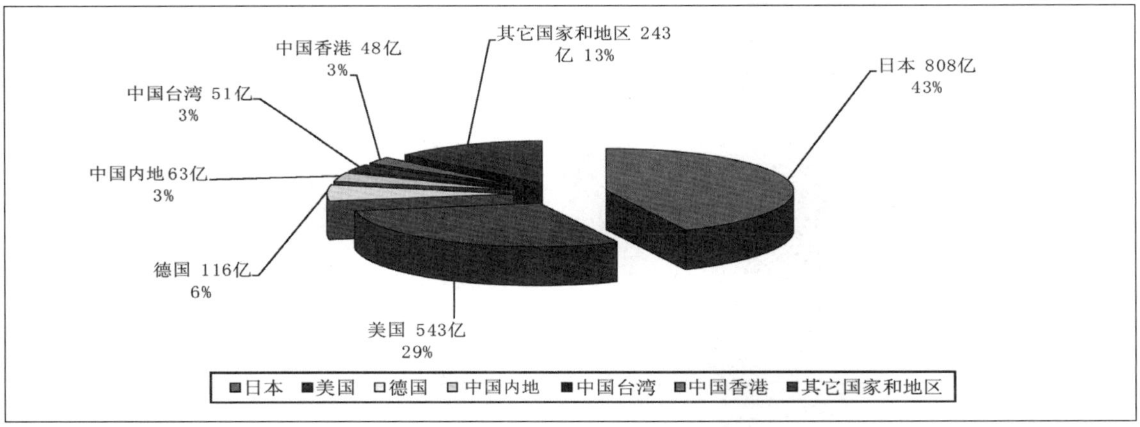

世界乐器与音响225强（2002～2011）累计销售收入分布图 （单位：亿美元）

连续10年进入225强榜单前20名企业名单表

（按国别分类）

国家（企业数量）	企业名称	排名	10年累计创造价值（亿美元）
日本（8）	YAMAHA	1	469
	ROLAND	2	80
	KAWAI	3	65
	AUDIO-TECHNICA	9	27
	YAMANO	11	22.5
	KORG	12	20
	CASIO	15	14
	ESP	19	11
美国（6）	FENDER	4	42.9
	SHURE	6	37.67
	STEINWAY	7	35.8
	GIBSON	10	24
	LOUD	13	18
	PEAVEY	14	18
中国（3）	功学社（台湾）	8	28.16
	柏斯集团（香港）	16	13.84
	广州珠江钢琴集团（内地）	18	12.11
德国（1）	SENNHEISER	5	42.9
韩国（1）	SAMICK	17	13.61
法国（1）	ALGAM	20	10

六、10年225强中，哪些国家发展速度最快？

2002年“225强”来自21个国家和地区，到2011年的“225强”扩大到29个国家和地区，新增的国家有俄罗斯、阿根廷、以色列、印度、智利、波兰、泰国、挪威。这说明经过10年发展，除原有传统乐器音响生产大国以外，又有了一些乐器生产企业在逐步发展壮大，他们也加入到“225强”的阵营中来。对比10年数据，发展速度较快的是巴西、瑞典、丹麦、中国香港。巴西由10年前的0.10亿美元增长到1.89亿美元，增长17倍；瑞典从0.48亿美元增长到2.04亿美元，增长3.25倍；丹麦从0.35亿增长到1.35亿美元，增长2.8倍；中国香港从2.58亿美元增长到6.84亿美元，增长1.6倍。而菲律宾、英国、捷克10年间却分别下降了7.34%、59.22%、71.03%。

七、10年225强中，哪些企业发展速度最快？

10年225强，发展速度最快的企业前十名，排名第一位是日本的KYORITSU CORP，第二位是天津津宝乐器有限公司，第三位是柏斯音乐集团。从第四名到第十名的企业分别是：德国的SENNHEISER ELECTRONIC、日本的SOUND HOUSE, INC、中国的河北金音乐器制造有限公司、美国的DUNLOP MFG、德国的ADAM HALL GMBH、德国的FENDER MUSICAL INSTRUMENTS。

经统计，225强10年发展，也并不是所有企业都有增长，其中只有83家企业有所增长，而另有33家企业与10年前相比有所下降，主要来自欧美发达国家。

八、10年225强，中国内地及中国台湾、中国香港企业的发展变化。

中国（包括内地、台湾、香港）是世界乐器225强的重要组成部分，10年间共有69个企业入选225强，创造了161.68亿美元，占全球225强总销售收入的8.6%。其中中国内地有42个企业，10年共创造了62.72亿美元，占全球225强累计总额的3.35%。中国台湾有20个，10年共创造了50.84亿美元，占全球225强10年累计的，2.71%。中国香港有7个企业，10年共创造了48.12亿美元，占全球225强10年累计的2.57%。

对比10年225强数据，2002年中国内地有13个企业进入225强，到2011年增加到23个，销售收入从4.84亿美元，增长到8.51亿美元，同比增长了75.66%。2002年中国台湾有9个企业进入225强，到2011年增加到10个，销售收入从4.45亿美元增加到5.36亿美元，同比增长20.51%。2002年中国香港有3个企业进入225强，到2011年增加到4个，销售收入从2.58亿美元，增长到6.82亿美元，同比增长164.71%。

以上数据说明，近10年来，中国内地乐器产业发展迅速，具有一定规模的乐器企业数量在不断地增加，而中国台湾和中国香港乐器企业数量基本没有太大变化。而从规模上分析，香港企业的规模扩张要高于内地发展，这主要得益于于内地乐器经济的融合，快速发展。

（丰元凯）

2013乐器产业发展瓶颈与应对策略

乐器行业10年发展脉络

从2002年到2012年，乐器行业在我国加入世界贸易组织后良好的国际经济环境中，外贸出口快速增长，通过代工生产（OEM）和外贸出口，迅速完成企业的原始资本积累。历经10年OEM出口，乐器产业机械化加工程度的加速发展，推动我国乐器行业的生产总量逐年攀升。市场经济发展之初，乐器内销市场三角债问题突出，资金回笼困难，企业经营苦不堪言。2003年后，乐器行业打开外销出口之路，国外规范的市场规则和快速资金回笼机制，使得国内乐器企业迅速将赢利重心转向外销市场，乐器外销量超过企业年产销总量90%的企业屡见不鲜，成本优势和价格优势使外贸出口成为企业盈利，保证资金链通畅以及参与国际乐器市场竞争的主要渠道。

2010年，欧债危机开始蔓延，欧美乐器市场疲软，消费需求下滑。著名钢琴制造商蓓森朵夫和贝西斯坦相继被并购重组，更让行业人士感到来自欧洲市场的寒意。北美乐器市场，由次贷危机引发了市场的萎缩，国内乐器厂商被迫将营销注意力转向东欧、巴西、非洲等尚未开发的新兴市场。外销出口势头开始放缓。

中国乐器出口创汇快速增长的10年，也是伴随中国GDP高速增长的10年，国内市场巨大的消费需求，成为国外乐器品牌瞄准中国市场的诱因。欧债危机的出现，加速了国外乐器品牌进入中国市场的速度，国内市场的竞争由此加剧和复杂。国外乐器品牌或通过在我国东南沿海城市的保税区创立分公司，或与国内大型乐器制造商合作开发二线品牌，更有日本和德国乐器制造商，直接在国内投资建厂，以价格和品牌优势强势打入国内市场。

其次，国内市场的原材料和人工成本逐年增高，乐器市场的低价竞争问题令企业头痛不已。面对国内土地价格和用工成本的增长，国外品牌开始陆续在印尼、印度、越南、泰国等东南亚国家投资建厂，再将产品返销至中国，直接对国产乐器制造商构成竞争压力。为抵御成本压力，具备资金实力的大型乐器企业大规模购进数控机床，打造生产流水线，提升制造的标准化和机械化程度，从而达到降低生产成本的目的。

经过10年外销出口的历练，国内乐器制造商对于海外乐器市场的游戏规则和市场监管机制、乐器的精细化加工工艺、品牌营销体系的创建与管理，逐渐有了近距离的感性认识。与此同时，国内消费者在国内与国外品牌的对比中，提高了对优质乐器的判断力。消费者的品牌意识增强，更加注重产品的售后服务品质，迫使国内乐器企业开始从批量化出口创汇的激情营销中渐渐冷静下来。市场需要优质乐器，要求企业必须提升产品的制造工艺。在与洋品牌的对垒交锋中，除大型老牌国产乐器企业，多数新兴的国产乐器企业在质量、品牌与文化积淀方面都难以占得上风。中国乐器的出口价格与产品在欧美市场的销售价格对比悬殊，使不少国产乐器制造商顿悟，品牌对于一个企业的生存发展到底意味着什么。

但中国乐器行业规模有限，像纳税超过亿元的珠江钢琴集团等大型企业，在国内乐器行业数量寥寥。面对外销出口受抑，国内市场竞争又如此激烈。我国乐器产业一面要继续兼顾国际市场，另一方在国内市场进行品牌形象的打造，扩大国内市场的销量。

当前，乐器产业格局呈现哑铃状态的发展趋势，两级活跃，中间疲软。大型规模化乐器企业谋求上市融资和品牌连锁经营，拓展产业规模和销售版图意图明显；小型乐器企业依靠灵活的经营策略，以及著名的乐器制作家的名人效应，对市场能够快速出击，乐器产量虽不及大型企业，但产品的附加值高，依然能够在高端手工乐器市场占一席之地。只有处于产业中游的中型乐器企业，受价格和成本双重挤压，利润缩水，一面是对产品品质要求日渐苛刻的用户群体，企业拿不出更多的资金投入科研；二是在品牌渠道建设和推广上囊中羞涩。

乐器产业面临的现实瓶颈

2012年，乐器行业规模企业年工业总产值264.26亿元，同比增长11.83%；工业销售产值259.10亿元，同比增长11.32%；出口交货值84.86亿元，同比增长3.59%。从以上数据客观地看，对于乐器产品的需求依然旺盛，但是无论国内还是国际市场增速减缓。另一方面，企业规模扩张后，在人民币升值、欧美金融危机导致出口受抑的不利形势下，原材料进口与储备、用工成本增加、环保材料来源、产品如何科技创新等问题陆续浮出水面。

上海民族乐器一厂厂长王国振认为，当前乐器行业发展的瓶颈集中体现在“两个压力”和“两个制约”。首先压力来自宏观经济增速放缓带来的不利影响，如何将宏观经济的冲击和影响降到最低，是每家企业都要面对和思考的问题；其次是成本上升的压力，人力和运营成本的增长，使企业的压力显而易见。

两个制约是原材料和劳动力的制约和限制。一方面，近几年，劳动力成本成倍增长；另一方面，乐器的基本材料多为木材，属紧缺资源，故原材料成本也每年见涨。由于中国前20年的迅猛发展，乐器市场的零售价格普遍偏低，虽然近几年产品价格有所提高，但远不及生产成本增长的幅度。当前，很多国家对出口的用于乐器制造的原材料都有严格的限制，欧盟推出了环保和有毒材料检测的技术标准，乐器产业对此要保持高度关注。制造民族乐器所使用的材料皆为紧缺和受控制的材料，比如蟒皮、酸枝木等都依赖进口，一旦原料供应国限制出口，必定会对国内乐器行业的发展产生制约和影响，乐器企业必须要在替代材料的科技创新和研发上积极应对，同时加强环保材料的研发力度。

据记者了解到，2012年，提琴市场基本处于下降趋势，下降幅度为5%～10%，尤其四季度下滑明显。受欧债危机影响，欧美采购量不断减少。另外，由于提琴属手工密集型生产，近年来由于提琴市场近于饱和，提价幅度不大，而人工成本不断提升，提琴利润越来越少，提琴产业工人流失现象日趋严重。吉他也如此，国内外吉他市场整体呈现放缓趋势，增长已从原来的两位数降至一位数，国际市场基本平稳，外销比例约为85%左右。吉他企业招工越来越难，劳动力严重缺乏。深圳卓乐科技总经理李文化告诉记者，电声乐器增速减缓，国际市场基本平稳，国内略有增长。就产品类别来说，电子琴略有下降，电钢琴、电子鼓有所上升，合成器的功能由于可以被电脑音乐软件所取代，产销量在不断减少。但2012年电声乐器产品质量与国际先进企业的距离在缩小，技术人员的技术水平在不断提升。

2013年，无论是外销出口，还是国内市场，如果说宏观经济和成本上升让乐器企业感受到生存压力外，那么，市场的无序竞争更成为企业切肤之痛。泰兴凤灵乐器集团副董事长钱富民认为，通过德国法兰克福乐器展和美国NAMM SHOW的信息反馈，中国的乐器产品质量逐年提升，但产品的价格却反而逐年走低。国内乐器市场也如此，一把国产普及琴零售价不过二三百元。价格高了，采购商不愿接单；价格压低，企业的运营成本入不敷出。如何将有限的资源发挥其最大的文化附加值，是当前乐器企业必须面对的市场课题，但多数乐器企业受规模限制，资金实力有限，乐器科研人才匮乏，与社会科研机构合作交集不多，难以在产品创新有所作为，更谈不上品牌建设。

一诺国际乐器合伙人、Phoenix(菲妮克斯)品牌创始人钱军建认为，中国的乐器行业存在品牌“短腿”。目前乐器行业属生产饱和，市场疲软，内驱潜力有待开发的转折期，品牌的规范和发展，应成为乐器行业拐角的支撑点，也将是乐器行业转型的难点。

钱军建指出，当前中国乐器行业的营销模式和品牌发展不平衡。中国的乐器行业，在商业模式、运营方法、管理经验等方面依然面临着“职业化”瓶颈。

其一、理念不够先进。中国的乐器行业，尤其是生产型企业，只是“按单生产”，“按本订货”，未形成“市场调研—自我创新—专业研发—产品开发—批量投产—市场营销—反馈评估—改进提高”这样的循环。由此，就无法与国际市场的专业运营团队和品牌运营商竞争。其二，品牌概念缺失。没有形成职业化的运营团队，更没有标准的品牌体系和策略。乐器行业的品牌概念，相对其他行业来说，尚属朦胧状态，仍有很大的发展空间和机会。其三，职业化不够。突出体现在营销终端行业。职业化，就是商业模式、运营方法和管理经验的“可复制化”。乐器销售行业的可复制模式，已成为中国乐器行业“瓶颈”。

乐器产业应对策略

当前，乐器文化作为大众文化的重要元素，政府对音乐文化的重视前所未有，中国百姓对乐器文化的重视也不同以往，且喜爱乐器的人群也呈现出逐年递增的趋势。分析当前市场的利弊，从宏观政策到市场环境，有利因素还是大于不利因素。乐器企业要抓住时机，推动企业向前发展。

对于乐器企业如何发展，王国振认为要抓住四个要点：一是乐器行业没有所谓的资金优势、人才优势和技术优势，企业所拥有的就是多年沉淀下来的品牌影响力和口碑。任何品牌都需要现代企业管理与运营思维来不断进行商业运作，企业更应该重视品牌建设。有好的品牌，企业就有盈利的空间和市场话语权，代工生产非长久之计，不走自主品牌发展道路，难以在市场立足和长效发展。二是乐器产业规模不大、实力不强、基础薄弱，如何提升乐器企业的实力，需要内部和外部的联合，合作共赢。在乐器的创新研发方面与科研机构合作，不断提升乐器的音质。对于科研实力不强的企业而言，与科研院所互惠互利、协同发展才是发展的长久之道。三是走创新之路，引领产品和技术的升级。近年来，乐器企业在新材料、新技术、新工艺方面做了大量的工作，在制作工艺的标准化和材料的替代研发上，都取得了长足的进步。乐器企业应主动进行品牌文化的创意设计与市场包装，不断凸显品牌的文化内涵。四是以人为本，强化借力，不能把员工看成工人，要看待成为文化艺术从业者。在国外，乐器制作师是受人尊敬的社会职业，企业有责任把乐器企业的员工打造成具有文化素养的艺术从业者，以此提升乐器产品的内在文化价值，为打造这样的艺术制作团队，企业要拿出激励措施，提升员工的薪资待遇，在精神和物质两个层面不断激励员工的进取精神。

而面对乐器产业未来发展，有行业人士认为关键要素是企业软实力建设、品牌建设、科技创新和质量监控。宁波海伦钢琴总经理陈海伦认为，虽说劳动力和原材料成本在不断提高，但与欧洲、美国、日本等发达国家相比，我国的乐器企业员工工资和原材料价格还是偏低，从这个角度上说，中国乐器还是有一定的竞争优势。而企业的资金投入、科技创新和产品品质，是参与市场竞争不可或缺的元素。2012年，海伦钢琴的研发投入达到1450万元。2013年，海伦钢琴上市融资后，着手建立63500平方米钢琴组装大楼，增加4979万元投入；其次，海伦钢琴与欧洲钢琴制造商贝希斯坦合作后，严格按照欧洲工艺标准制造生产，从零配件到产品组装，完全按照欧洲标准执行。这为企业长远发展奠定了基础。

行业如何转型升级？这是一个非常难于破解的问题。虽说有人才问题、企业文化的问题，但每个企业都有自身的现实问题，面对国际市场的发展趋势，不同规模的企业都会有不同的应对策略。上海邦加琴业总经理朱荣炜告诉记者，顺应消费者品牌消费需求，以优质的售后服务赢得客户的品牌信心成为当务之急。目前，消费渠道和终端客户都越来越注重产品品牌与质量的要求。邦加琴业对拓展乐器消费需求的想法与现实举措主要体现在：在市场的推广活动与互动上，以音乐会或比赛的活动形式培养市场的认知与需求。企业提升售后服务品质，增强受众消费信心。一般看来，以服务带动销售，需要长时间才能有效果，不如促销的效果明显。但是在市场信心不足，消费潜力不能得到充分释放的时候，服务可能比促销更有效。此时一味地拼价格，反而会降低客户对经销商的信任度，而提供超越消费者期望的服务，会让消费者产生信任感，往往会直接促进购买的决定。而在接受服务的过程中，消费者会逐渐认同经销商的品牌文化，并逐渐形成对乐器产品的品牌忠诚度，这种稳定的客户资源是经销商的财富，因为他们可能会带来新客户，会带来售后服务环节的利润增长。

面对市场竞争，产品设计研发要走差异化路线的道理人尽皆知。在产品的差异化和个性化竞争策略中，如何摆脱惯性思维，霸州威名乐器通过研发制作拉丁和民族打击乐器，走出了一条特色发展之路。外销市场订单应接不暇，在国内市场，威名乐器与国内专业院团展开合作和科技攻坚，在高端民族打击乐器市场站稳脚跟，其生存轨迹值得业内同仁参考。按照威名乐器总经理张威名的话说，企业面对专家和科研机构的反馈，不断在乐器的声学品质和乐器演奏触感上进行精细调整，这种专业人员的意见与需求适时地转化为生产力，促进了产品质量的提高。当前，演艺市场上打击乐器的使用越来越多，多种音乐元素的融合与应用越来越多，不同民族的乐器都成为音乐制作人使用的音乐素材，特别是拉丁打击乐器和非洲打击乐器都在流行音乐的制作与演出中广泛地应用。威名乐器敏锐地看到国内市场的现实需求，适时地进行开发与产品研制，抓住了新的市场增长点，无论在国内还是海外都拥有稳定的采购商和营销渠道。

文化产业是21世纪最有前途的朝阳产业。那么，作为乐器行业的经营企业，如何面对产业的升级与转型呢？秦川乐器总经理王鹏香认为，要从过去的点状、链条式发展阶段向立体化、全方位的阶段迈进。中国乐器经营行业的经营模式的演变大致分为三个阶段，第一个阶段是点状发展。即单纯的开琴行销售乐器，或单纯的办学，是一种封闭式的点状发展模式；第二个阶段是链条式发展。开始形成产业化的发展态势，呈现一种贯穿销售、教学和演艺上下游各环节的链条式发展模式。王鹏香认为，随着社会的发展，这些已经无法满足人们对文化多元化的消费需求。因此，目前我国乐器经营行业的经营模式已经开始步入第三个阶段，即围绕产业链的延伸、渠道的扩容以及提高文化品位等同步发力，最终打造以综合性文化产业集团为代表的、发达的文化产业。

目前我国乐器经营行业的产业链主要包括乐器销售、音乐教育和演艺三大产业。如何在现有的基础上延伸产业链？首先是产业链上下游要实现无缝对接，既增加产业链中每一个环节的长度，从而增强产业链上下游之间的紧密度，关联性；其次，就是延伸整个产业链的长度，即在现有的乐器销售、音乐教育和演艺三大产业的基础上，向上或向下游延伸。比如，秦川乐器发展战略中的产品战略就提出了由产品经营向上游的产品生产延伸，参与到产品生产领域，更好地适应市场的需求。

结束语

2013年，乐器产业面临的共性瓶颈逐步浮出水面，有些是不可抗的宏观经济要素，有些是来自根深蒂固的传统思维和不易改变的运营习惯。记者在调查中发现，品牌意识和科技元素在当前乐器产业运营思维中的重要性频频被强调，包括针对产业工人进行技术等级评定，完善行业标准，利用稀缺木材资源创造产品最大文化附加值，这些议题的提出，让我们看到乐器产业正在从原始资本积累的思维中走向理性发展道路。乐器产业，如果提高了产品的质量、提升了品牌的附加值、将乐器做出文化味道来，那么，不管是国际市场还是国内市场，都会有发展的空间。命运由自己把握，选择权还是在企业自己的手中。（黄伟）

年度报告

2013年乐器行业年度报告

一、综述篇

概述

2013 年，中国乐器市场总体呈现“前抑后扬”一波三折。年初内销零售市场冷谈，国际市场增长乏力，出口订单由大变小，由长变短，多种因素导致不少乐器企业库存产品增加，应收货款上升，部分地区出现“钱荒”，企业经理人感觉经营压力骤增。时至6月份出口回暖，8至10月内销出现高潮，乐器企业技术创新潜能得以释放，确保全年生产经营稳中有升。

2013年主要经济技术指标有喜有忧。据国家统计局数据，乐器行业217家规模企业主营业务收入280.93亿元，比上年增长6.84%；出口交货值87.87亿元，同比增长8.28%；利润15.90亿元，同比增长13.33%。然而，企业负债金额从68.17亿元增到75.16亿元，同比增长10.25%，应收帐款上升8.88%，可见乐器企业负债增长，流动性下降。 据国家海关总署数据，乐器行业出口金额16.61亿美元，同比下降2.43%；进口乐器金额2.92亿美元，同比下降3.5%，进出口双向下行，在近年尚属首次，反映出国际乐器市场仍然比较萧条。

乐器规模以上企业主营业务收入280.93亿元，其中，中乐器33.90亿元，同比增长7.62%，西乐器150.06亿元，同比增长8%，电子乐器53.44亿元，同比下降3.4%，其他乐器及零件43.53亿元，同比增长17.08%，表明电子乐器受国际市场影响，有所下降，其他乐器及零件上升幅度较大；从主要产品产量有所下降，主营业务收入保持增长的势态分析，乐器行业产品结构调整力度加大，成效显著；另外，进口乐器金额下降3.5%，进口乐器数量从1325.66万件，下降到1111.65万件，降幅为16.14%，表明受到乐器采购政策影响的同时，进口乐器的结构也发生了较大变化。综上所述，2013年乐器行业受到材料和人工成本持续增高、人民币升值、市场不确定因素增加和国家宏观经济进入中低速发展期等因素影响，乐器企业克服了前所未有的困难，应对国内外市场变化，调结构、转方式取得了令人欣慰的业绩。

2013年乐器行业发展的特点

1、市场倒逼，结构调整提速

年初乐器市场行情清淡，在市场逼迫下，企业迅速调整内外销比例和产品结构。企业经理人纷纷带队走访客户，研究对策，改善服务，形成市场倒逼态势。为应对国际市场变化，企业一方面调整出口品种、档次，另方面全力开发新品，及时调整生产节拍，加大材料、零部件储备，提高反应能力和市场竞争力。与此同时，各企业纷纷加大国内市场投入，扩大厂商合作，细化区域品牌定位，研究消费需求变化，积极制定市场开发与扩展策略。具体表现为：⑴力推产品升级换代，控制规模保收益；⑵以技术创新拉动，坚持特色经营；⑶强化市场管理，加速二三线市场布局。

首先感到市场压力的是吉他、提琴、木管乐器和电声乐器行业，各相关企业积极调整出口产品结构，木管乐器订单减少，有效组织扩大铜管乐器产能；电吉他订单下降，提升古典吉他产能。像红棉吉他公司还特地创作“红小宝”文化产品系列；提琴企业及时调整产品结构，以升级换代产品提高盈利水平；钢琴、电声乐器行业加大数码钢琴投入，珠江钢琴集团上马年产10万台数码钢琴项目；民族乐器和手风琴也以音乐培训和文化营销开发新市场，收到很好的市场成效。但也要看到，确有一些没有品牌、缺乏资金、技术力量薄弱的小型企业走投无路，被迫转产关闭。不过这只是乐器行业调结构、转方式大河中的支流。

2、资本运作，强者愈强、弱者联手

珠江、海伦两家钢琴企业上市运转，产业链延伸、企业融资合作和技术改造，使乐器行业又呈现新一轮投资热潮。珠江钢琴集团增城钢琴生产、研发基地一期建设完成并顺利投产；海伦钢琴搬迁新厂房，改造生产线；柏斯音乐集团重整青岛世正钢琴、吉他生产基地；红棉乐器新园区建设、嘉德威、玛珂钢琴搬迁新厂、奇美乐器新厂区开建等一批规模投资项目，拉动乐器骨干企业的技术创新，形成新的优质产能。行业、企业的资本运作促进资源快速向强势企业聚集，有的扩展产业链，向原材料和文化创意产业扩展，探讨跨界新项目；有的积极寻找新的合作伙伴，探讨企业并购重组等等，企业发展呈现强者愈强的走势。

与此同时，一批中小乐器企业加强联合与合作，多方探索抱团经营。一方面加强同行业联系与合作，细化分工合作，联合开发新项目；另一方面吸引人才，招商引资，联手扩展新市场。扬州古筝协会各企业联手组织古筝文化交流活动，共创扬州古筝品牌；洛舍钢琴企业联合赴德国法兰克福参加国际乐器展。小企业联手经营，实现资源互补、合力克难，争取市场话语权。

3、科技驱动，质量、品牌定成败

无论是乐器行业50强的骨干企业，还是实力不足的小微企业，不管是历史悠久的老字号，还是新兴企业，大家都看到了品牌化、科技化的大趋势，纷纷加大新材料、新技术、新产品和新设备的投入。从东北边贸的木材通道、连云港的进口稀缺木材集散地、广东地区通用、专用设备加工聚集区到江浙沿海磨具、零配件产业集群的不断发展，都在印证着乐器行业“四新”发展的脉络。各企业通过积极开展科技创新活动，努力实践乐器生产标准化、系列化，改造技术工艺，引进先进设备，提升产品质量和品牌内涵；在品牌设计与管理，品牌文化积累与推广等方面，努力创新、大胆尝试，成效显著。从上海国际乐器展五彩缤纷的特色新产品、独具匠心的品牌推介活动可见其精华。

为了提升产品质量，提高品牌知名度，各乐器企业技术创新和市场创新双管齐下，努力将科研成果转换成生产力。2013年，乐标委完成《废弃乐器回收利用通用技术规范》、《钢琴》等10项国标、行标的制修订；乐器行业全年共发表技术专利975件，其中：发明专利208件；行业、企业围绕科技进步积极开展交流与合作，如：洛舍钢琴产业集群联手组织质量检测和专家鉴定活动，推动产品进步和技术创新；协会分支机构活动也以技术、质量交流为重点，手风琴专业委员会在召开产品标准征求意见时，交流行业科研基地手风琴簧片研发成果；电鸣乐器行业召开厂商联谊会，主机厂与供应商、经销商面对面交流座谈。虽然企业在科技创新和品牌建设方面做了大量工作，但是，产品质量与国际名牌产品还存在较大距离，中国乐器品牌国际知名度还很低，不少企业还靠定牌加工生存，质量与品牌的提升仍需付出长期艰苦的努力。

4、抱团经营，产业集群倍受关注

2013年乐器产业集群面对市场困难，加强团结合作，得到各级政府及主管部门的高度重视和大力支持。已命名的江苏黄桥“提琴之都”、平谷东高村镇“提琴产业基地”、杭州中泰乡“竹笛之乡”和山东郾部“电声乐器产业基地”，均在当地政府和社会各界的支持下，努力提升技术水平和资金实力，抓好基础建设，积极开展品牌创新活动。黄桥镇政府利用上海乐器展平台，推出文化产业园项目，积极扩大对外交流与合作。其他乐器产业集群，也被当地政府列入重点发展项目，如：营口市为重建乐器产业基地，政府搭台，整合资源，举办乐器博览会，招商引资，推动乐器产业园建设；扬州是文化部命名的“古筝之乡”，在完成扬州古筝协会换届后，坚持组织企业交流活动；河南兰考固阳镇政府高度重视民族乐器企业转型升级，兴建乐器产业园，将几十家分散在村落的乐器厂引进产业园，利用丰富的桐木资源生产古筝等民族乐器；新疆喀什少数民族乐器、贵州玉屏笛箫、山东临沂庙山镇二胡等小微企业集群也走出地方，参加非遗文化展和跨地区交流，积极寻求新的发展机遇。

乐器行业90%以上是中小企业，因地域资源和历史传承，同类企业扎堆是行业突出特点。多年来，乐器产业集群依靠材料、技师等资源而生存繁衍，如今赶上国家文化产业繁荣发展的大好时机。为此，集群企业联手走出去、请进来，找专家、拜客户，搭伙参加乐器展，合作日益密切。其间，各地方协会、商会和网络平台发挥积极促进作用。例如：协会民乐分会、口琴专业委员会等纷纷组织创新驱动经验交流；杭州中泰竹笛之乡自然形成两个企业合作社，企业在合作中求发展，在竞争中找差距；为数不多的陶笛企业联合开展陶笛文化艺术推广活动。诸多事例表明小企业已经敞开胸怀抱团取暖，并尝到了甜头。

5、资源紧缺，节能减排更加务实

乐器制造业不仅面临国际化市场竞争的考验，同时面对资源严重紧缺和环境恶化的压力。在国家节能减排、低碳环保宏观政策的倡导下，5月，国标委工业标准二部王莉副主任、计划发展处魏宏处长在中轻联质量标准部王旭华处长及乐标委领导陪同下，到电鸣乐器骨干企业常州“吟飞”科技公司考察，研究“废弃乐器回收利用技术规范”国家标准立项可行性，以推动乐器行业节能减排项目的实施。随后，项目工作组走访乐器主要生产企业、经销商、专业院校、演艺团体、科研院所以及废品回收单位，以大量实验数据为依据，完成此项国标的编制审定工作。

2013年各乐器企业积极推行精细化生产，采用新材料，推广新设备，努力降低消耗，提高综合利用水平。不少企业将木质下脚料回收转化为热能；有的综合配套开发文化产品或工艺品；大部分企业实行主辅料指标落实到岗位或个人，实施节能减排岗位责任制；企业纷纷精打细算，合理采购和储备原辅材料；有的企业还涉足原材料储备和加工行业。勤俭节约蔚然成风，环境及资源保护越来越被重视。

6、夯实基础，不失时机培养人才

2013年，除了各企业的技术培训和考核之外，行业人才培训喜事连连。年初召开了《钢琴制作工》资考委工作会，研究并落实钢琴技师、高级技师评审工作，评定了钢琴制作技师100名，高级技师113名；钢琴调律师考评19批次，510人通过五个级别的职业技能资格鉴定。广东省组织了钢琴、吉他制作技能比赛，一批技术能手获表彰嘉奖。

年内乐器行业发生了三件大事，为行业人才培训、交流与考核创造了宝贵的机会。一是，“第二届中国（北京）国际提琴及琴弓制作比赛”9月11日～15日在北京举行，共有来自意大利、法国、美国、加拿大等11个国家和地区的245名制作师报名参赛，提交了399件参赛作品，其中海外参赛者37名，作品61件。评委来自中、德、意、法、美、英六国的18名世界级制琴大师和音乐家组成评委团。比赛之后组织了颁奖音乐会、作品展，还在上海乐器展期间举办主题论坛和大师现场制作演示等系列活动。国内提琴制作师和提琴制造企业在积极参与国际制作比赛过程中培养锻炼了人才，开阔了眼界；二是，“第18届国际钢琴技师调律师年会”10月7日～9日在杭州举办，来自全球14个国家和地区的363名钢琴技师调律师参加了会议，海外代表团来自美国、欧盟、日本、韩国、澳洲和中国台湾等国家和地区代表近百人，国内调律师分会、钢琴企业、专业院校和琴行的技师调律师代表265人。期间举办了22场国际性的技术讲座和3场钢琴音乐会，国际性的技术专业会议创造了学习交流的机会。三是，第12届上海国际乐器展在营建国际化商贸平台的同时，充实了行业论坛、NAMM培训课程、华乐国际论坛、大师讲坛、音乐课堂等丰富多彩的音乐推广活动，参加各项培训推介活动达8000余人，使上海乐器展成为市场引导的行业人才培训平台。

2013年乐器市场的特点及趋势

1、蝴蝶效应，市场起伏加大

2013年首次出现乐器进、出口双双下降的态势，加之上半年市场淡季延长，且淡季更淡，使得乐器市场起伏明显加大。产生这种现象的主要原因：一是，发达国家受国际金融危机和青少年人口比例下降等因素影响，乐器市场回升乏力，批量订单减少；二是，1～5月连续假期，常规消费习惯以吃穿、旅游为主；三是，上半年学习考试紧张，艺术类培训正值淡季，教学采购项目处在调研、申请阶段等。以上三大因素同时处在低谷，叠加效应导致出现业内常说的“小年”，去年正是如此。但是由于中国经济文化发展的大环境和多元化、多层次的市场特点，决定了乐器消费总量不会在短期内产生颠覆性变化。为此，购买高峰期仍然会到来，只是早晚问题。不出所料，6月份出口订单刚刚缓解，8～10月内销高潮如期而遇，教学采购增长抵消了乐器礼品的降温，全年乐器销售收入增长6.84%顺利收官。

乐器市场起伏的加大，表明乐器市场结构变化的速度明显加快，也显现出乐器行业产业结构、投资结构、产品结构亟待调整，部分低质廉价产品产能过剩亟待解决。乐器行业要适应国际市场变化，寻找淡季销售热点，延长旺季购买高峰，重启“圣诞节”出口亮点，才能降低市场波动的负面影响。

2、国际化、品牌化，服务社会化日益凸显

作为乐器制造与消费大国，世界著名企业和品牌几乎全部进入中国。德、法、日、美等国的乐器名牌，十几年前就完成了在中国销售或制造的布局，德、日品牌在高端钢琴市场占据优势；吉他市场也被国际品牌控制（其中不乏中国企业制造的国际品牌）。目前，中小学校管乐团优秀乐手所用乐器，不是德国、法国品牌，就是日本、我国台湾品牌，各专业文艺团体则清一色重金进口国际名牌。目前，中国乐器制造企业有14个中国驰名商标、41个省市名牌，20个省市及著名商标和一批“老字号”称号，但不论是质量与技术，还是品牌知名度，与国际品牌还有较大差距，这已引起大部分企业的重视。琴行经理人反映，知名品牌乐器新品有卖点，销售利润在原有基础上再增加千元左右不是问题。2013年，各企业纷纷加大品牌投入，维权意识也有所提高。不少骨干企业出现销售收入持平或减少，利润却有较大幅度增长。国家统计局数据显示，乐器规模以上企业利润增长比例高于销售收入增长。

随着乐器市场国际化和大众消费日益成熟，2013年市场品牌化更加显现。消费者对商品质量和品牌的重视远远高于价格，一万多元的钢琴，知名品牌多个两三千元已不是问题，特色产品更受追捧。当然教学采购则既要品牌，又要物美价廉。在市场国际化、品牌化的同时，市场需求导向促进了乐器技术服务社会化。近几年，各产品制造企业高度重视技术服务项目，纷纷建立客户档案，强化服务队伍，除了企业自身加强售后服务力量以外，还采用培训经销商业务员、网站宣传推广等积极有效的措施，做好终端客户服务。

在企业品牌服务系统化的同时，社会化的专业技术服务行业悄然兴起。仅以厦门律动钢琴有限公司为例，该公司是以钢琴技术服务为主的服务类企业，在其名下登记注册着全国各地的一千多名钢琴调律师，能就近为各地钢琴学习者提供钢琴维修、调律服务，实行明码标价和标准化管理流程。眼下已有16万终端用户分布在全国各地。随着大众生活信息化的快速推进，类似“律动”这样的专业技术服务单位一定会应运而生。

3 、音乐培训、文化推广互动，乐器融入文化大市场

乐器是音乐生活的载体和传播工具，是特殊的演艺设备和舞台艺术品，乐器营销只有和音乐培训、文化活动紧密结合起来，才能发挥其最大功效。2013年，乐器市场能在国际大气候冷淡的环境下，保持稳健增长趋势，全国各地广泛开展的音乐培训和音乐文化活动功不可没。从全国一万多家琴行的音乐培训机构到几百万音乐类考级大军，从学校音乐教育扩展到乐器企业、音乐家及社会各界的紧密合作，中国音乐教育与器乐培训从来没有像今天这样普及与火热，这得益于党中央的文化大发展、大繁荣的方针政策，也得益于人们生活水平的提高。

目前，绝大部分琴行都开展音乐培训业务，全国近40个音乐艺术类考级体系，每年有几百万孩子为考级而奔波，老师们则忙得不可开交。虽然学校特长生的范围大幅缩小，但是各类考级有增无减。与此同时，厂家商家、培训机构、演艺团体和公众媒体各式各样的音乐文化活动百花齐放、争奇斗艳；与乐器企业结合紧密地有各项“杯赛”，专题音乐会、推介会、夏令营和各地展览、展销会、企业工贸洽谈会、大户会、专题培训会等等多姿多彩、层出不穷。据不完全统计，仅乐器制造企业的全国性“杯赛”就有20多个，不少“杯赛”参加人员数以万计，各地琴行和培训机构开展的音乐文化活动更是独具特色。持续升温的音乐培训与音乐文化活动极大地推动了国内乐器市场的发展，乐器销售的小众市场已经融入文化产业大市场，中国乐器市场已经成为全球乐器行业关注的中心。

4、教育设备增容，招标采购升温

不少企业经理人谈到乐器市场变化时，不约而同地谈到，“多亏招标采购，弥补了传统市场下降的缺口”。从厂家商家反映数据分析，2013年教学招标采购钢琴、数码钢琴增长20%以上，西管乐器、民族乐器和口琴、口风琴、陶笛等产品招标采购也明显增加，手风琴等产品更是供不应求。管乐、电声乐器、口琴、口风琴也是如此。教育部教学设备研究与发展中心吴颖研究员介绍，教育部正

在起草审议《中小学音乐教学器材标准》，大幅度调整了学校乐器配置品种和数量，各级政府、教育部门未来3～4年在音乐教育装备方面投入预计在400亿元左右，其中乐器占很大比重。乐标委也在积极与教育部门协调配合，制定《葫芦丝》、《巴乌》、《陶笛》等产品标准，协助制定"教学乐器通用技术规范"，积极推动音乐教育市场。

珠江、星海、鹦鹉、金杯、奇美、天鹅、敦煌、乐海、卡西欧等一大批知名品牌，积极参与了音乐教学招标采购项目，不仅增加了销量，还积累了教育系统的资源。近期不少教育设备招标公司积极加入行业协会，各地政府招标采购系统也在不断修订标准、完善程序，提高招标运作的透明度，力戒不正之风。相信今后几年政府采购的乐器会明显增长，成为乐器行业不可或缺的特色市场。

5、合作双赢，乐器电商走红

2013年是乐器电商快速发展的一年，"双11"阿里巴巴总部数据，24小时天猫以350亿元交易额成功收官，是上一年美国"网络星期一"的两倍；京东十一期间销售额25亿元，订单超过680万单，是2012年的3倍多；淘宝网上共有10115家乐器店，珠江、星海、凤灵、卡西欧等相当一批品牌网上销售业绩上扬；12月12日"新跨乐"与电商大鳄"亚马逊"结成战略合作伙伴，推出"买培训送乐器"、"买乐器送培训"营销理念；同期"红棉商城"上线，推出"红小宝"系列乐器及文化产品，"敦煌国乐网"等一批企业电商网站也大胆尝试线上线下结合的新型营销模式。一些企业正积极探讨自建电商网络平台，一批企业与公共电商平台的合作紧锣密鼓。我们从欧美、日本乐器电子商务的实践经验看到了中国乐器市场的未来，所不同的是西方先进国家的电子商务经历十几年才逐步走向成熟，而我们赶上了全球信息科技高速发展的时代，人们的生活方式和消费习惯发生了巨大改变，可能我国乐器电商从起步到成熟最多需要4、5年时间，乐器电商一定会随着营销模式创新、产品创新和大环境的改变而迅速成长，网络化、信息化一定会促使乐器电商的平台建设、专属产品、运营模式和渠道快速成熟，合作共赢也将是必然趋势。正如音乐周报李丹蕾说，现在乐器企业"已放下顾忌，开始在电商领域排兵布阵，电子商务俨然成为乐器厂商不可忽视的潜在市场"。

从2013年乐器市场的变化和发展趋势，我们愈加感到时代的脚步在加快，看到了广阔的发展空间和宝贵的发展机遇，同时也为市场导向的初级阶段中繁杂无序的竞争而头疼。正是机遇与挑战并存，烦恼与喜悦同行。回顾与展望，我们会在反思中成熟，在磨练中成长。此报告仅从市场及行业变化的角度做粗浅的分析，之所以把市场特点部分放在后面，意在承前启后，引出2014年各乐器分支行业的思考与对策。

二、钢琴篇

2013年国际乐器市场仍然处在缓慢复苏阶段，欧美日韩市场回升乏力，中国、巴西、印度、俄罗斯新型市场稳健增长，从而形成了钢琴市场"外冷内热"的特点，钢琴出口压力继续加大，产品结构、市场结构亟待调整，国际化、多元化、个性化需求加剧了品牌与技术的竞争，倒逼钢琴制造企业调结构、转方式，调整市场策略，加大技术投入，钢琴产业呈现"扩充中调整、调整中重组"错综复杂的发展态势。

行业主要运行数据

据中国乐器协会和国家轻工业乐器信息中心统计，2013年中国钢琴总产量375555架，比上年下降1.1%，其中立式钢琴36万架，同比增长2.42%，三角钢琴15554架，同比下降6.17%。年产量在两万架以上的企业仍然是广州珠江、杭州雅马哈、宜昌金宝、北京星海和海伦钢琴，合计生产钢琴301790架，占全国总产量的80.36%，比上年提高近三个百分点。

据国家海关总署数据显示，2013年中国出口钢琴39635架，比上年下降20.64%，其中立式钢琴33029架，同比下降23.23%，三角钢琴6806架，同比下降5.05%。出口立式钢琴平均价格1407.68美元，三角钢琴平均价格3921.71美元。2013年中国进口钢琴121607架，比上年增长13.83%，其中立式钢琴116982架，同比增长14.46%，三角钢琴4625架，同比基本持平。进口钢琴主要源于日本、韩国、印度尼西亚和德国，合计达120088架，占进口钢琴总量的98.75%。进口的116982架立式钢琴中，从日本进口57817架，同比增长12.62%，平均价格830.06美元（大部分为二手钢琴），从韩国进口43573架，同比增长12.54%，平均价格312.09美元（基本上是二手钢琴），从印度尼西亚进口13880架，同比增长26.29%，平均价格1733.08美元。数据分析，2013年进口二手钢琴达到7.8万架，相当于中国钢琴生产总量的20.77%，并呈快速增长趋势。

从钢琴年产量和进出口数量测算，2013年生产的37.55万架中出口近4万架，进口钢琴中扣除二手钢琴，进口新琴4.3万架，加上年底厂商库存略有增加的因素，匡算2013年中国新钢琴市场在36万架左右。

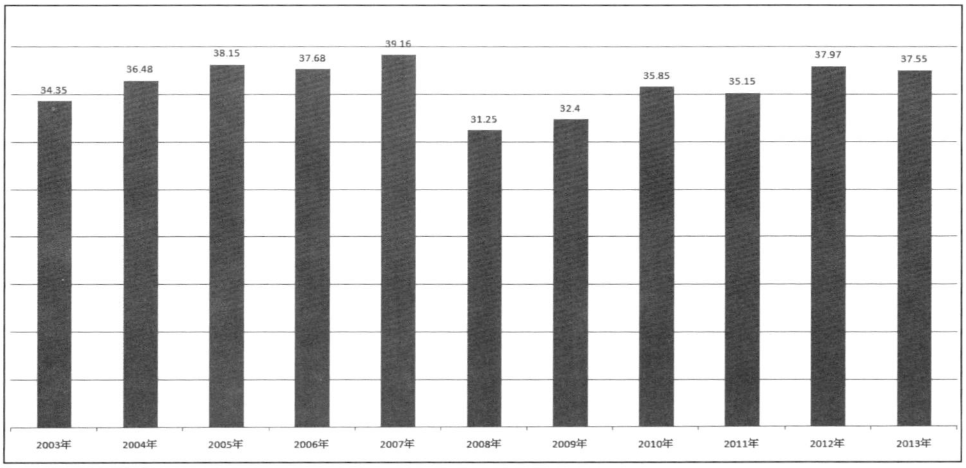

2003年至2013年中国钢琴产量统计表 （单位：万架）

2003年至2013年中国钢琴进出口数量统计表

（单位：架）

年度	钢琴出口				钢琴进口			
	合计	同比%	立式钢琴	三角钢琴	合计	同比%	立式钢琴	三角钢琴
2003	50325		40929	9396	11629		10084	1545
2004	77923	54.84	61053	16870	16742	43.97	14060	2682
2005	84854	8.89	63574	21280	20837	24.46	18045	2792
2006	80225	-5.46	64349	15876	17609	-15.49	14773	2836
2007	78371	-2.31	64268	14103	25024	42.11	19822	5202
2008	61964	-20.94	53083	8881	33817	35.14	29999	3818
2009	48186	-22.24	42840	5346	47180	39.52	44125	3055
2010	59295	23.05	52915	6380	66872	41.74	62802	4070
2011	56763	-4.27	50007	6756	92383	38.15	87310	5073
2012	50193	-11.57	43025	7168	106831	15.39	102199	4632
2013	39635	-20.64	33029	6806	121607	13.83	116982	4625

2013年中国钢琴进口额前10位国家和地区

（按进口金额排序）

商品名称	国家和地区数量	排序	国家或地区	数量（件）			金额（美元）		
				2013年	2012年	同比%	2013年	2012年	同比%
立式钢琴	21	1	日本	57817	51338	12.62	47991822	50445733	-4.86
		2	印度尼西亚	13880	10991	26.29	24055089	17400209	38.25
		3	韩国	43573	38718	12.54	13598907	10079842	34.91
		4	德国	596	311	91.64	3799117	2489224	52.62
		5	捷克	579	472	22.67	2664030	1931972	37.89
		6	英国	147	101	45.54	129029	69676	85.18
		7	奥地利	111	18	516.67	87404	6651	1214.15
		8	美国	55	44	25.00	63252	37014	70.89
		9	意大利	6	10	-40.00	44070	43844	0.52
		10	※中国	65	96	-32.29	39326	51741	-23.99
三角钢琴	18	1	德国	412	344	19.77	12928635	12044716	7.34
		2	日本	2464	2440	0.98	11575118	15203872	-23.87
		3	印度尼西亚	1297	1458	-11.04	5846086	6495208	-9.99
		4	美国	59	32	84.38	1383813	514442	168.99
		5	意大利	18	29	-37.93	1128955	1667767	-32.31
		6	奥地利	139	21	561.90	922901	837036	10.26
		7	捷克	47	29	62.07	789287	480378	64.31
		8	英国	100	75	33.33	252848	181358	39.42
		9	法国	19	11	72.73	53795	35370	52.09
		10	韩国	49	173	-71.68	38145	270388	-85.89

注：※系指中国立式钢琴出口后复进口

行业年度生产经营发展特点

1、上市公司拉动，多家钢琴企业扩产搬迁

广州珠江、海伦两家钢琴公司上市后，借助资金和人才优势，迅速推进产品扩张战略。珠江增城基地7月份完成一期工程，设计能力为4万架中高档立式钢琴生产线搬迁投产，并启动二期10万架数码钢琴扩建项目；海伦钢琴一季度搬迁新园区，投入大量技术装备，实施新一轮产业布局；柏斯音乐集团全资收购德国威廉·斯坦伯格钢琴公司，重整青岛世正钢琴，吉他生产线；与此同时，玛珂钢琴、嘉德威公司搬迁新厂；隆尼施德国钢琴产业基地落户河北武强；不经意间，又现钢琴企业投资扩建高潮。如此密集的投资扩建，一方面反映了钢琴市场竞争中强者越强，另一方面也说明钢琴产业重组洗牌的加速。中雅钢琴大股东转让了全部股权，一些小企业转向二手琴翻新业务，2013年规模以上钢琴企业产品统计由上年的21家减少到18家。新一轮钢琴行业投资热潮标志着中国钢琴产业升级有了新的突破，同时也意味着行业竞争会更加白热化。

2、厂商合作更加紧密，市场细化成为企业经营重点

随着钢琴市场竞争日益加剧，钢琴制造企业市

2013年中国钢琴出口额前10位国家和地区

（按出口金额排序）

商品名称	国家和地区数量	排序	国家或地区	数量（件）			金额（美元）		
				2013年	2012年	同比%	2013年	2012年	同比%
立式钢琴	93	1	美国	5209	8200	-36.48	7927006	12532743	-36.75
		2	中国香港	3857	4546	-15.16	6886336	7542242	-8.70
		3	德国	3759	4239	-11.32	5276564	5415229	-2.56
		4	法国	1893	2053	-7.79	2154147	2378387	-9.43
		5	新加坡	1087	1190	-8.66	1597811	1567373	1.94
		6	伊朗	1011	1535	-34.14	1511156	2104634	-28.20
		7	英国	1345	1688	-20.32	1504684	1831537	-17.85
		8	乌兹别克斯坦	982	/	/	1313916	/	/
		9	荷兰	925	1477	-37.37	1299469	1987456	-34.62
		10	韩国	831	1584	-47.54	1175953	2056009	-42.80
三角钢琴	79	1	美国	3319	3370	-1.51	12682132	11496978	10.31
		2	德国	473	518	-8.69	2118581	2194699	-3.47
		3	中国香港	131	185	-29.19	1607770	2096036	-23.29
		4	乌兹别克斯坦	211	/	/	1240450	/	/
		5	英国	257	273	-5.86	938787	887484	5.78
		6	加拿大	200	309	-35.28	833069	1190154	-30.00
		7	澳大利亚	185	202	-8.42	704010	756251	-6.91
		8	捷克	135	140	-3.57	622760	619595	0.51
		9	俄罗斯	147	106	38.68	549638	408722	34.48
		10	荷兰	115	205	-43.90	471886	780265	-39.52

场意识、品牌意识越来越强，主机厂与材料配件供应商，产品企业与经销商的合作更加紧密。年初春寒料峭，国内外钢琴市场一度风雪飘摇，各个企业老总纷纷走访客户，探求化解走货不畅、库存上涨的压力。生产领域，珠江钢琴强化备料和音源基地管理，海伦钢琴入资外壳配套厂，宜昌金宝扩大钢板自产比重，不少中小企业加强配套合作或委托生产；市场运作方面，各个企业及时调整经营策略，以新产品、新型号为利器，在巩固沿海主要城市市场基础上，积极开拓二三线城市。雅马哈、珠江、星海等企业加速经销商开发与调整力度，柏斯在60家直销店基础上，发展了300余家二三线城市代理商。大型企业采取精品拉动，走多元化、差异化产品战略；中型企业努力技术创新，坚持走特色产品路线，如：福州和声以多项技术专利提升产品竞争力，既增加了卖点又为维权奠定了基础；小微企业则联手合作、抱团经营，如：洛舍钢琴企业联手赴德国法兰克福参展，收到较好成效。当然在残酷的市场竞争中，也有的钢琴企业在多重压力下减产或转产。

为了加强厂商合作，中国乐器协会钢琴分会与琴行分会联合在福州召开年会，并组织了以提升民族品牌为主题的行业论坛，来自全国的主要钢琴企业和琴行经营者120余人参加了会议。大会上安志理事长做了主题发言，施少斌、黄茂强两位会长分别总结行业工作，与会生产厂家和琴行老板密切交流，共商合作大计。主题论坛就发展民族品牌、二手钢琴和电子商务展开了热烈的讨论。会后代表们还参观了福州和声钢琴公司。

3、人才培训与交流是钢琴行业亮点

2013年对于钢琴行业来说，可谓是“技术人才年”，不论是国有控股、外商投资，还是民营企业，大家都不惜重金、不遗余力地瞄上了钢琴高技能人才，有的千方百计引进国际钢琴知名专家，有的重金聘请业内技术骨干，还有与专业院校联合办班，校企结合培养专业技能队伍，把培养和吸引技术专业人才列为生产经营的重点。

10月初，备受关注的第18届国际钢琴技师调律师年会如期在杭州召开，由中国乐器协会与国际钢琴技师调律师协会主办，珠江钢琴公司协办，调律师分会和杭州天目琴行承办的此次国际性钢琴专业人才交流与学习大会，吸引了来自全球14个国家和地区的363名钢琴技师调律师参加会议。海外代表团来自美国、欧盟、日本、韩国、澳洲等国家和中国台湾地区代表近百名，国内调律师分会、钢琴企业、专业院校和琴行的钢琴技师调律师代表265名。会议期间举办了22场国际性的技术讲座和3场钢琴音乐会。这是首次在中国内地召开的国际钢琴技术性年会，既展现了中国钢琴行业的技术实力，又为国内钢琴企业和技术人员创造了与国际同行面对面学习交流的宝贵机会。珠江、金宝、星海、海伦、雅马哈、卡瓦依、和声、博斯纳等众多钢琴企业给予年会大力支持，大部分钢琴企业都派代表参加了会议。

2013年是钢琴技能职业培训与考核比较突出的一年，年初中国乐器协会就组织召开了《钢琴制作工》资考委工作会，研究落实钢琴技师、高级技师评审工作，随后一批钢琴企业技能人才申请，递交参评资料，经资考委几轮审评，并按工作程序，评定出钢琴制作技师100名，高级技师113名，启动了多年没有落实的钢琴职业技能考核的常态机制。年内还完成了钢琴调律师考评19批次，510人分别通过了五个级别的职业技能资格鉴定。广东省乐器协会与政府主管部门联合组织了钢琴制作技能比赛，一批技术能手获表彰嘉奖。

4、实施行业保护，呼吁和抵制低价伪劣二手钢琴的不平等竞争

近年来，国内钢琴市场进口二手钢琴激增。我国进口二手钢琴主要来自日本和韩国，2012年进口二手钢琴接近7万架，2013年国家海关数据，从日本进口立式钢琴57817架，平均价格830.06美元(大部分是二手琴)，从韩国进口43573架，平均价格312.09美元（基本是二手琴）。据不完全统计，2013年进口二手钢琴已经达到7．8万架，占中国钢琴总产量的20.77%。由于进口二手钢琴没有标准和规范化管理，其超低价格、信息不透明和严重的假冒伪劣及市场欺诈等现象，违背了市场公开、平等竞争的原则，对钢琴行业造成破坏性冲击，同时也扰乱了市场正常秩序和危害消费者权益。

面对不平等的市场竞争，钢琴分会和各个骨干企业纷纷提出诉求，希望政府有关部门采取有效措施，加强和规范进口二手钢琴的管理。中国乐器协会两次经中国轻工业联合会向国家商务部、海关、工商管理总局、质检总局和国标委反映情况，提出解决问题的建议。乐标委钢琴标准制修订工作组几次召开专题会议，研究《钢琴》国家标准修订意见，补充了二手钢琴标识有关条款，从信息和标识等方面规范二手钢琴的管理，此标准修订稿已经乐标委审定报国标委审批。

在钢琴分会年会上，各个钢琴企业和琴行代表认真研究，确立了继续向主管部门报告，争取制订相关政策；加强二手钢琴质量及市场监督；组织舆论引导和探讨乐器行业启动反倾销诉讼，实施行业保护等措施。目前，进口二手钢琴的问题已经引起政府有关部门的重视，并着手到企业进行调研。

5、观念创新，积极探讨市场营销新途径

中国钢琴产业之所以20年持续增长，保持年产销30万架以上高位运转，除了国际钢琴产业转移的经济背景之外，中国音乐教育与文化产业大发展造就了中国钢琴市场的发展空间。

2013年钢琴制造业在市场创新方面又有新特点。钢琴企业不仅坚持了传统的厂商合作和市场推广活动，各类展销会、培训会、“杯赛”、专家音乐会等仍旧丰富多彩、卓有成效。2013年市场创

新更加务实，政府采购和电子商务成为新亮点。珠江、星海等品牌及时抓住音乐教育发展的机会，积极参与各地政府采购招标，弥补了一部分产品结构调整的份额；亚马逊国内乐器店上线，星海、京珠等钢琴企业率先加盟，京东上千家乐器店虽然以卖小乐器为主，但也不乏钢琴、数码钢琴等大件乐器成交，各个钢琴骨干企业一方面强化网站宣传，另一方面积极探讨与专业电商或大琴行合作，研发电商专属产品，增加网络技术服务项目。例如：珠江恺撒堡钢琴俱乐部官方网站上线、红棉乐器公司红棉商城上线等等。营销模式的创新和深入持久的品牌推广活动，大大丰富了钢琴营销的途径和方法。

2013年上海国际乐器展钢琴参展商从2012年的80家增到121家，参展面积超过1.5万平方米，从世界顶尖的施坦威钢琴到众多欧美品牌，从珠江、星海、海伦、雅马哈、卡瓦依、博兰斯勒到哈曼尼、博斯纳、舒曼等等，展会成为全球钢琴企业和品牌的大聚会，大量新颖独特的创新型钢琴争奇斗艳，展现了钢琴行业发展趋势和企业的实力。

产业未来展望

2013年国际钢琴产业受欧美、日韩经济萧条的影响，市场提振乏力，全球年产销50万架钢琴的奶酪被日益增加的二手钢琴所蚕食，尤其是日本、韩国和北美钢琴市场，由于债务和失业的压力，以及新生人口锐减，造成钢琴购买力明显下降，二手钢琴销量超过钢琴新品。这点从我国钢琴出口统计表中可以证明。欧洲仍在生产的10余家钢琴制造企业除了德国施坦威稳步增长外，基本处在调整阶段；日本雅马哈、卡瓦依和韩国的三益、英昌钢琴，基本停止了本国的立式钢琴生产，钢琴生产主要基地转到中国和印尼；北美仅有的几家钢琴企业也多以组装为主。目前，世界上76%的钢琴在中国生产，但同其他轻工产品一样，中国生产的钢琴大部分属于中低档普及型产品，在国际市场上除了珠江、海伦等少数民族品牌，相当一部分国产钢琴还是定牌生产。

纵观2013年钢琴制造业发展的有利与不利因素。有利条件：其一、有30余年改革开放中成长起来的一批骨干企业，成长8年以上的钢琴主机产和配套企业有200余家，总资产高达110亿元，有5.5万名熟练的技术工人和一流的厂房及技术装备；其二、有完整的、国际化的材料、配件加工企业群，不少零配件还供应欧美日韩钢琴制造企业；其三、中国经济文化大发展为钢琴产业创造了年40万架左右的市场，有近3000万琴童，9大音乐学院和200余家二级音乐院校的专业学生，以及无数中老年钢琴爱好者，形成了当今中国得天独厚的国际化、多元化、个性化的钢琴市场，它将随着国家现代化和城镇化步伐会延续和扩大。不利因素：一、企业高技能人才严重匮乏，不能支撑产业发展的需要，更缺少自主创新的高端技术人才和钢琴制造技术的积累，不少国内企业还停留在照猫画虎的仿制阶段，了解钢琴设计与工艺真谛的人是凤毛麟角；二、长期依赖定牌加工扩大生产规模，自主品牌仍很薄弱，企业缺乏长期艰苦地经营品牌的决心和实力；三、不断攀升的材料、人工成本和波动的汇率；四、规范化的市场和社会化技术服务体系还有待完善，面对劣质低价二手钢琴的不平等和无序竞争，钢琴产业保护还急需政府主管部门的支持和全行业的努力。

综上所述，2013年中国钢琴制造业度过了一个震荡而艰难的历程，新的一年我们将面临更大的机遇与挑战，钢琴行业的调结构、转方式将会遇到更多的新课题，成绩总是偏爱那些有准备有实力的企业和经营者，新的历练会使我们更加成熟和强大。

三、西管乐器篇

盘点2013年西管乐器制造业，宏观经济放缓和产品结构调整构成西管乐器行业升级转型核心要素。从2003年至今，西管乐器行业一直遵循以O E M贴牌出口为主导的经济增长模式。面对2013年在低迷状态徘徊的欧美经济体，西管乐器外销出口量降幅明显，集中表现在上半年，木管乐器订单下滑。管乐企业适时调整木管和铜管乐器产能配比，同时加大新品研发力度，提升产品档次，并通过校企联合整合行业优势资源，积极策划参与社会公益文化活动，延伸品牌文化附加值，内销市场品牌投放力度得到有效增强。面对宏观经济不利因素，西管乐器行业最终形成全年产量压缩，产品单价逆势增长，行业全年销售额获得难得维稳局面。

行业主要运行数据

经中国乐器协会与国家轻工业乐器信息中心对主要西管乐器企业产量统计，2013年西管乐器总产量为1015757支，同比下降6.33%。据中国海关总署提供的数据显示，2013年西管乐器出口总量为707425支，同比下降8.77%；出口金额为8800万美元，同比下降0.09%，基本持平，全年西管乐器出口占全年生产总量的69.64%。从西管乐器生产经营局部数据分析，2013年小号年生产总量308153支，同比增长5.03%；萨克斯年生产总量159854支，同比降低5.06%；长笛年生产总量231471支，同比增长3.80%；单簧管年生产总量186674支，同比增长2.98%；低音号年生产总量88985支，同比增长13.88%。综合评估西管乐器行业全年生产经营数据，集中体现在木管乐器市场比重下降，铜管乐器增长，管乐生产总量下降，产品结构调整明显。行业骨干企业产品出口出现不同程度的下滑，骨干企业出口占全年总产量的65%～70%。

2013年中国西管乐器出口到世界108个国家和地区，出口金额前10位的国家和地区分别是美国、德国、巴西、英国、法国、墨西哥、韩国、中国台湾、智利、日本。其中，出口美国西管乐器166497支，同比下降11.86%，出口金额26679740美元，同比增长3.57%。出口量和销售额同步下降较明显的是墨西哥、韩国和日本三国市场。

2013年中国进口各类管乐器共计46973支，同比减少24.8%，进口金额669万美元，同比减少0.05%。其中，进口西管乐器4618支，同比下降14.83%，进口金额为327万美元，同比增长25.73%。进口其他管乐器42355件，同比下降25.83%，进口金额为342万美元，同比减少23.55%。

据海关数据统计，中国进口的西管乐器来自世界14个国家和地区，主要是德国、中国台湾、美国、日本、法国、越南。中国进口的其他管乐器来自世界16个国家和地区，主要是日本、法国、中国台湾、越南等地。受全球经济危机影响，音乐娱乐产品消费降温，海外乐器批发商多持谨慎观望态度，多数企业反应出口订单下降，企业中小型客户增多，订单由大变小，由长变短，产品交货周期变短，虽然企业订单有不同程度下滑，但出口流动资金量仍在企业承受范围之内。

行业年度生产经营发展特点

1、特色产业集群凸显区域品牌效应

当前，我国西管乐器产业集群分布主要集中在北京、天津、河北、山东四个省市。主要龙头企业为河北金音乐器制造有限公司、天津市津宝乐器有限公司、天津圣迪乐器有限公司、河北华声乐器有限公司。在山东龙口地区聚集二三十家管乐制作企业，形成产业集群式效应。台湾功学社在天津武清杨村管乐基地产量在16万～17万支左右。

2013年，在国内乐器产业园区的建设中，河北武强乐器产业园区继续招商引资，发展成效显著，武强产业园区形成以金音乐器集团为龙头，集电子键盘、传统键盘、管乐器、打击乐器、弦乐器、乐器配件、物流和仓储式网络营销于一体的综合立体化乐器产业园区。2013年，适逢全国农村工作会议在武强召开，会议特别指出，用音乐包装武强周窝小镇，提升百姓幸福指数，通过区域性文化产业打造，凸显特色产业集群区域品牌效应。

2、市场产品结构多元 国产管乐占据普及乐器市场

当前，国内西管乐器市场的产品营销结构有三大层次，高端产品以法国的布菲、塞尔玛，德国的铜管乐器和巴松，美国的巴哈和康·塞尔玛为主，产品面向专业团体和院校管乐表演专业师生，也有国内业余团体首席演奏员选购海外高端品牌；中端产品以日本YAMAHA和台湾杰普特为代表，像在北京金帆乐团200多个队员中，多是选择日本和中国台湾的管乐品牌；国产管乐主要面向普及乐器消费市场，由于产品性价比高，受到管乐初学者的青睐。国内也有部分管乐企业在为美国康·塞尔玛和欧洲管乐品牌进行定牌加工，在与外商的技术合作中，国产管乐正从贴牌生产中不断汲取欧美先进技术养分，融百家之长为己所用。在贴牌技术合作中，国产管乐与国际管乐制作工艺标准逐步接轨。

3、面对经济不利因素 企业谋求科研、市场营销创新

2013年，面对西管乐器市场生产和经济运行不利因素，管乐企业根据各自生产经营优势，因势利导，立足科研和市场营销创新，突破发展瓶颈。首先，借助国家文化产业发展宏观政策，金音集团积极参与农村、学校和社区管乐队建设，为企业不

断创造新的市场空间和商机。同时，集团利用内销和外部市场稳定客户渠道，全年西管乐器产值保持10%增幅。受外部市场影响，圣迪乐器加大低音铜管乐器的生产投入，同时积极参与国内中小学校竞标项目，圣迪管乐同时被中国教育产业采购名录收录，企业强化院校市场推广成效显著。

为突破企业运营成本瓶颈，华声乐器加大数控机床应用，以及管乐制作配套工夹具的研发设计。据调研，华声乐器只在管乐焊接和装配中使用人工操作，其他生产环节大多采用数控机床，产品的标准化和精度得到有效提升。面对外部市场普及管乐产品出口订单的萎缩，天津功学社抓住北美和欧洲中高端管乐市场出现增幅的契机，积极研发中高端萨克斯和长笛，顺应北美和欧洲市场消费需求。对于以外贸出口为主导的河北华声乐器，年产铜管乐器近6万支，2013年巴西铜管乐器市场增幅明显，成为华声乐器海外市场新的利润增长点。纵观企业诸多表现，面对外部市场产品结构需求的变化，要求国产管乐提升市场需求变化的敏锐度和反应速度，及时进行产品结构和品牌市场定位的调整和转型。同时，国产管乐要注重海外品牌渠道建设。当前，已有国内管乐企业采取收购海外管乐品牌，利用海外成熟品牌借鸡孵蛋，开创海外营销渠道，此举值得国产管乐企业借鉴。

4、校企联合整合行业优势资源

2013年，管乐企业利用多元渠道优势，积极参与品牌文化创建和推广活动，市场推广成效显著。在中国音协管乐学会2013年年会期间，中国乐器协会秘书长曾泽民、协会管乐专业委员会长陈学孔、副会长刘运斌、焦永达与于海主席等管乐学会领导和专家展开对话交流，并就加强与欧洲音乐产业联盟合作；在校企联合中，如何有效开展专家咨询、技术指导和管乐文化推广，企业代表与音协管乐专家同坐一堂，针对如何提升西管乐器的制造技术和品牌形象，积极献言献策，对于促进西管乐器制造业纵深发展，其意义深远。

2013年10月，由中国乐器协会和欧洲音乐产业联盟共同组织策划的管乐教学观摩团一行20余人赴上海德国学校浦东校区参观德国管乐集体课教学课程。通过教师按照中低音部、高音部、合奏模块化的训练与讲解，让在场嘉宾领略先进管乐教育理念，对业余管乐群体在乐理领悟力、管乐感知力和集体配合力的积极促进作用。

5、立足音乐文化活动 延伸管乐品牌文化内涵

时至5月，在以“中华号角——2013上海之春国际音乐节管乐艺术节”为依托，打造国产管乐的精神指引下，国产管乐企业通过赞助扶持全国各中小学校行进管乐团的乐器配置，以实际行动助推上海国际管乐艺术节的同时，进行国产管乐的集中形象展示和品牌文化推广，使得国人对国产行进管乐队的器材品质具备新的认识。

2013年8月3日～8月8日，中国音乐“小金钟奖”——第二届“中国管乐杯”全国中小学生管乐独奏展演暨夏令营在青岛举行。来自全国各地的600多名青少年乐手，围绕管乐展演比赛、大师授课、演奏家音乐会、国内外管乐欣赏等活动模块，展开为期六天的赛事展演交流活动，成为2013年西管乐器文化市场的新闻亮点。

6、骨干企业积极参与公益事业 有序开发二三线乐器市场

为开拓内销管乐市场，各管乐企业积极参与公益事业，在品牌文化形象打造上取得佳绩。以津宝乐器为例，为开拓二三线城市管乐市场，津宝乐器积极与西部二三线城市政府文化职能部门展开合作，开展津宝乐器公益行活动，通过赞助扶持地方中小学校的行进管乐队配套器材。2013年，津宝乐器公益捐赠各省市14个乐团配套设备，扶持和培育地方乐团建设，树立津宝乐器良好公益品牌文化形象。在历届上海之春管乐艺术节中，津宝乐器积极赞助扶持场地行进乐队配套器材，为国外乐队成员免费提供器材使用，在创造津宝乐器公益形象的同时，有效拉近产品与受众的距离。2013年，在沈阳音乐学院，由津宝冠名赞助行进乐队指导系津宝乐团成为西管乐器校企联合的又一成功案例。

产业未来展望

2013年，对于我国的乐器行业，乃至西管乐器行业而言，外部市场需求疲软，内销市场竞争加剧，给企业运营和品牌文化继续施压。西管乐器行业面对诸多不利因素，能够适时按照消费需求，进行产品结构调整，保证全年销售额处于维稳状态，实属不易。2014年是乐器行业转变运营观念，进行

产业战略调整的攻坚年。当面对外部市场的震荡波动，内部行业运营成本优势的不断弱化，国产管乐一面要引进先进技术与管理模式，同时还要坚守内销市场的渠道开发与建设。西管乐器在与国际管乐市场接轨，还要在不断提升产品质量、售后服务、销售网络、企业文化的路途上激流勇进，迎难而上。科研要创新，品牌要打造，市场要培育，在兼顾产业链上下游的同时，西管乐器行业在现代化乐器企业的发展中将日臻成熟和完善。

四、打击乐器篇

受宏观经济不利因素影响，2013年打击乐器市场总体运行状况欠佳，外销订单不同程度萎缩，内销市场价格竞争激烈，企业运营压力加大，全年爵士鼓内销和出口销售额同比基本持平。国内企业面对外销出口，依旧以O E M贴牌为主导，但像国际品牌珍珠和T A M A公司旗下的产品供应链，国内打击乐器企业合作参与不多，国产打击乐器企业生产经营增长乏力。

行业主要运行数据

2013 年， 打击乐器出口总量为1058万件，同比下降9.72%，出口金额1.35亿美元，同比降3.61%。产量与出口金额双向下行，反应外销市场持续疲软。在出口的142个国家和地区中，出口金额前十名的国家和地区依次为：美国、德国、日本、中国香港、英国、韩国、法国、阿联酋、印度、澳大利亚。其中，出口美国的打击乐器215万件，同比增长2.82%；出口金额3420万美元， 同比下降1.07%，北美市场需求相对平稳。在多数国家打击乐器出口下降的态势下，荷兰和印尼两国出现弹跳性增长。其中，出口荷兰打击乐器116万件，同比增长145.39%，出口金额704万美元，同比增长80.21%；出口印尼量10万件， 同比增长41.21%，出口金额417万美元，同比增长60.84%，反应出荷兰和印尼两国打击乐器进口增幅明显。

据中国海关进出口数据统计，2013年中国从世界34个国家和地区进口各类打击乐器54.80万件，同比增长58.17%，进口金额854万美元，同比增长29.76 %。主要进口国家和地区为德国、中国台湾、美国、印尼、荷兰、日本、加拿大、泰国、中国内地、土耳其等国家和地区。数据统计显示，除美国市场和在华外资企业的乐器进口量出现下滑外，其他国家和地区的打击乐器进口量涨幅明显。其中，出口额涨幅明显的分别是土耳其19万件，涨幅372.77%；泰国43万美元，涨幅119.02%；荷兰93万美元，涨幅74.11%；台湾金马关税区130万美元，涨幅56.24%。

行业年度生产经营发展特点

1、中高端打击乐器显增幅 品牌经营亟待规范

2013年，尽管在少儿启蒙教育和成人娱乐市场，数码电鼓增幅明显，但对于中高端爵士鼓市场冲击尚不明显。随着打击乐器受众群体品牌意识增强，出现普及打击乐消费市场逐步降温，中高端打击乐产品消费逆势升温的趋势。当前，售价在2万元～5万元的中高端爵士鼓，在国内也有相应的市场份额。

据市场调研， 国内有部分小型打击乐器企业所在地区税收监管不严，大中型企业依法纳税，在与中小企业进行竞争时，存在运营成本和税负失衡现象，导致产品缺乏市场竞争力。同时， 由于品牌打击乐产品价格透明高，多数小企业利用不同区域乐器商业信息的不对等，以高额利润诱导地方琴行向市场兜售伪劣产品，以次充好。大中型乐器企业如何完善市场价格监管体系，保证地方琴行销售利润，正确引导受众品牌乐器消费价值观，成为2013打击乐器市场的突出问题。

2、色彩打击乐器成为流行时尚 成为市场创新增长点

2013年，世界色彩打击乐器市场的外销出口基本持平，内销市场非洲色彩打击乐器销售增幅明显。究其原因：一是随着国民生活水平提高，在社会白领、金领阶层涌现非洲打击乐爱好群体，消费诉求以缓解工作压力，休闲娱乐为主导。适逢节假日，在国内各大城市文化场所出现不少非洲鼓圈，聚集大批乐器爱好者；二是乐器企业积极开拓中小学校乐器市场，与中小学生素质教育项目进行对接，使非洲鼓融入少儿素质教育特色项目，从而创造新的市场需求；三是随着在国内大型综艺和歌唱选秀节目热播，具有异国风情的色彩打击乐器，

在电视荧屏中频频亮相，其浓郁的异国音乐文化色彩，加速乐器文化传播速度，形成一种流行音乐文化时尚，促使当前流行音乐乐团，在作品编曲和配器中大量使用非洲和印度民族色彩打击乐器，在职业音乐创作领域形成新的消费需求；四、在国内大型企业团队建设中，非洲鼓成为提升企业文化的凝聚力和向心力的新载体。据悉，有国内大型跨国企业甚至在公司内部组建非洲鼓打击乐团，成为2013年色彩打击乐器新的市场增长点。

3、儿童打击乐器市场商业潜力尚待挖掘

近年，儿童打击乐器借助奥尔夫音乐教学体系，为打击乐器企业在少儿启蒙教育中创造新的商机。据悉，欧美国家奥尔夫音乐教学体系已是非常成熟完善，教学以培养儿童音乐娱乐和兴趣为主体。在我国，少儿启蒙音乐教育尚在起步阶段，儿童打击乐主要以参与政府招投标项目为主要推广方式，且由于社会奥尔夫办学机构规模有限，儿童打击乐器市场渠道推广相对单一，如何开发少儿启蒙音乐教育市场利润，值得商家进一步思考和关注。根据中国乐器协会信息部调研，以廊坊市永信实业有限公司为例，该公司以儿童打击乐器为主营项目，产品以外销贴牌为主体，出口比例占85%，年产值在2000万元，内销比例占15%，年产值在200万元～400万元。

4、企业立足科研文化创新突破市场困局

2013年，对于国产打击乐器行业是转型发展的攻坚年，面对市场各种不利因素，各打击乐器企业逆流而上，在技术创新和文化市场培育范畴，寻求新的突破。津宝乐器积极参与大型打击乐品牌文化建设活动，在辽宁葫芦岛千人击奏爵士鼓破吉尼斯世界纪录活动中，津宝乐器赞助使用百套爵士鼓，通过活动器材提供和乐器品牌展示，有效进行品牌文化植入和渗透，成为2013年打击乐器市场的新闻亮点。

为提升新品研发力度，河北怀来锣厂积极寻求铜、锡材料替代品，在保证镲片音质基础上，有效降低产品制造成本。威名乐器运用新材料、新技术改良乐器的声学品质，采用塑料合金创新研制出非洲珍贝鼓，提高乐器在温度、湿度环境变化下，产品的稳定性。同时加快设备更新改造，降低生产成本，提高产品、品质和产量。企业年生产康佳鼓、邦戈鼓、拉丁鼓、民族鼓39800只，产值达到1210万元。2013年威名乐器被河北省工商局再次评定为河北省著名商标，申报实用新型与外观设计专利3项，同时应邀参加鼓手联合会全国赛事，有效扩大品牌宣传。

综合分析宏观经济以及打击乐器行业的生存业态。当前，国产打击乐器企业有三条发展道路可行：一是继续深化O E M贴牌合作模式，为企业创造经济血液的同时，不断汲取海外先进技术和管理模式；二是具备资金实力的乐器企业，可以通过收购海外成熟乐器品牌，利用内地成熟的机械化加工配套设备，在提升产品品质的前提下，利用海外品牌借鸡孵蛋。拓展企业海外销售渠道，获得品牌话语权和定价权；三是走自主品牌的研发与创建道路，这条路最为艰难，但企业要求得长效发展，摆脱低附加值瓶颈的必由之路。

产业未来展望

纵观2013年国产打击乐器市场生存业态，如何摆脱成本与价格瓶颈，在自主创新道路上求得生存发展，成为行业发展关键问题。首先要看到，随着土地、人工和材料成本的逐年提升，国内乐器制造业早前的成本优势不再，全球乐器制造业已出现向印尼、越南等欠发达经济体转移。如西管和打击乐器制造业在印尼和越南等地陆续转移，再返销至内地，由此产生的市场冲击力显而易见。

整体而言，我国乐器行业尚处于发展的初期阶段，企业品牌建设进程初启，乐器行业依然表现出多种生产和经营要素互为依存的生存业态。只是随着企业品牌文化推广的深入，企业发展在市场经济的作用下，会历经O E M贴牌要素逐步弱化，自主品牌得到强化的理性发展过程。乐器企业要看到，近年来，我国音乐高校每年都有大批器乐专业毕业生参与就业，随着新兴师资血液输送到二三线城市，年轻学子选择音乐教育培训进行创业的常态化，我国二三线城市的乐器消费需求，将呈现出矩阵式的大幅增长，其市场潜力无法评估和限量。市场在变，需求在变，乐器企业调整产品结构，强化品牌建设已势在必行。

五、民族乐器篇

2013年，受“十二五”规划对文化产业扶持力度不断加大的影响，民乐市场稳步提升，古筝、二胡、琵琶等主要民族乐器产量均有大幅提高，此外，民乐培训教育方面的增长带动了民乐市场的繁荣。而民族乐器在东南亚等国际地区流行趋势的扩大，民族乐器出口也得到大幅增长。

行业主要运行数据

据国家统计局统计，2013年27家民族乐器行业规模以上生产企业主营业务收入实现33.9亿元，同比增长7.64%；出口交货值12.24亿元，同比增长43.97%；利润总额同比增长4.99%。河北、江苏、山东、河南、上海是我国民族乐器主要生产地区。

根据乐器行业对主要民族乐器企业的生产情况统计，2013年共生产古筝25.13万架，同比增长16.84%；生产二胡27.83万把，同比增长25.06%；生产琵琶6.21万把，同比增长7.55%。此外，还有扬琴34509架，阮37632把，月琴10330把，古琴15120把以及京胡7974把等。

2013年，古筝产量最大的企业是上海民乐一厂，共计生产了83015架古筝。古琴生产量最大的是徐州大风，共生产8520张古琴。扬琴产量最高是河北乐海，共生产2.25万架扬琴。二胡生产主要集中在江苏苏州、无锡、山东、河北肃宁、饶阳五个地区。笛萧主要集中在浙江余杭和天津静海地区。葫芦丝产量最大的天津静海盛兴乐器厂，共计生产了20万支葫芦丝。

行业年度生产经营发展特点

1、产业发展集群化特点依然显著

2013年，我国民族乐器生产形成以上海民族乐器一厂为龙头企业的各地区产业集群百花齐放的生产格局。各地区民族乐器生产企业比较集中的主要有江苏扬州古筝之乡（140家企业）、云南昆明葫芦丝生产基地（300家企业）、河北肃宁民族乐器生产基地（40家企业）、江苏苏州二胡生产基地（40家企业）、河北饶阳民族乐器生产基地（41家企业）、浙江杭州余杭竹笛生产基地（120家企业）、河南兰考民族乐器材料基地（40家企业）、天津静海民族管乐器生产基地（54家企业）、山东临沂郯城二胡生产基地（220家企业）、内蒙古呼和浩特马头琴生产基地（50家企业）、湖北武汉响铜乐器生产基地（7家企业）等。

2、专利申请和乐器改革创新力度加大

2013年，中国民族乐器专利发布共计344项，同比增长101.17%。其中，发明专利33项，同比增长120%，占全部专利的9.6%；实用新型专利163项，同比增长47.52%，占全部专利的47.52%；外观设计专利148项，同比增长214%，占全部专利的42.85%。

按民族乐器各类别划分，吹管乐器专利118项，同比增长202%，其中，巴乌4项、笛子20项、葫芦丝22项、笙9项、唢呐5项、陶笛20项、箫35项、埙7项。弹拨乐器专利146项，同比增长130%，其中，古筝62项、琵琶21项、阮5项、扬琴13项、古琴53项、箜篌5项。拉弦乐器专利80项，同比增长15.94%，其中，板胡4项、二胡64项、京胡2项、马头琴10项。弹拨乐器专利发布数量列居首位，单件乐器，古筝专利数量最多，古琴、二胡次之。

在全部344项民族乐器专利中，发明专利较有特点的是北京大学、北大方正集团有限公司，北京北大方正电子有限公司申报的“古琴减字谱字符的输入方法和装置”，成都新海星文化传播有限公司申报的“箜篌乐器的单臂挂弦导轮装置”，张燕申报的“一种宽音域和声音程胡琴”；实用新型专利中较有特点的是烟台大学申报的“自动固定螺旋调节碗式唢呐”，河南高运举申报的“一种宽音域双音组合葫芦丝乐器”，齐布日古德申报的“双杆四弦马头琴”；外观设计专利中比较有特点的是上海民族一厂申报的“古筝（双鹤朝阳-80寿诞1244）”，“古筝（天然存真-便携式1247）”、“古筝（莲梦恬园1243）”、“古筝（花团锦簇1241）”、“古筝（鹊跃金枝1245）”、“古筝（繁花如梦1246）”、“古筝（飞龙乘云1242）”、“琵琶（双龙头花1221）”、“二胡（春晓之声1211）”、“二胡（游龙戏珠1213）”、“二胡（猴首式1212）”。

以生产、质量、物流为核心，在提升产量的同时，狠抓产品质量。技术研发方面，各大企业积极投入，从生产工艺、加工环境、选材用料、质量提升、产品外观等多方面加以改进。

3、民族乐器改革改良工作进入历史新阶段

中国民族管弦乐学会乐器改革制作专业委员会成立后，明确了今后一段时间民乐改革指导思想，提出了未来乐改的六项任务，编制了“中国民族乐器改革中长期发展纲要”，这使得乐改工作达成一种共识，就是要五位一体“政府、学校、院团、企业、群众”一起来搞乐改，不能急于求成，但也要脚踏实地从点滴作起。2013年，中国音乐学院与民管会乐改委、中国乐器协会等单位共同承担了文化部科技司下达的文化科技提升计划中，民族低音拉弦乐器的改革项目任务。这是多年来首次由政府下达的乐改计划，有时间、标准、任务要求，同时也下拨了经费，三年完成。这项任务已经作到任务分解，经费分解，并在北京和上海召开了两次会议，全面落实任务的进度，特别是在10月份还召开了“中国民族低音拉弦乐器高峰论坛”，有4项低音拉弦乐器研究成果进行了展示，为下一步低音拉弦乐器的研究思想统一奠定了很好的基础。

4、加强品牌建设和市场开发

乐器作为一种特殊的文化产品，如何在市场中发挥其文化属性，一直是各大乐器企业工作的重点。在文化建设和品牌建设方面，上海民族乐器一厂无疑是民族乐器行业的表率，仅在2013年就策划组织了敦煌杯全国二胡大赛、上海音乐学院古筝艺术周、敦煌国乐音乐会、敦煌国乐名家讲座等多项活动，旗下的馨忆民族室内乐团还赴韩国、西班牙、非洲等进行民乐专场演出，开展对外文化交流。特别是敦煌艺校已经在国内外设立了166家敦煌音乐教室，扩大了企业的品牌影响力。

此外，地方特色民乐活动还有由中国民族器乐学会等单位共同主办的首届扬州琴筝诗乐艺术节，通过名家与新秀专场音乐会、中国琴筝高端论坛、大师班、青少年器乐艺术展演等丰富多彩的活动，展示琴筝魅力，传承中华民族优秀音乐艺术。

产业未来展望

当前，我们既面临着难得的时代机遇，也存在着一些深层次的矛盾和问题。党的十八届三中全会报告再次明确了文化产业的重要地位，国家对建设“文化强国”的坚定不移，对文化软实力的高度重视，无疑为乐器市场注入了强心剂。与此同时，我们也要看到，世界经济仍存在着许多不确定因素，乐器市场的竞争越来越激烈，生产厂家所承受的压力也越来越大，所面临的挑战也愈发严峻。因此，如何抓住机遇，如何化压力为动力，如何变动力为能力，这都是乐器行业，尤其是传统乐器企业亟需考虑的问题。

六、提琴篇

2013年，我国提琴制造行业进入产业结构调整年。外销市场降温，企业加快设备和产品结构升级转型，在提升产品档次与市场售价的基础上，提琴企业同时强化内销市场的品牌推广与渠道建设，通过内外市场兼顾的策略，抵御住外部市场不利因素。骨干提琴企业在区域提琴产业园区继续发挥示范作用，促进区内提琴企业通过优势互补、协同发展，形成以点带面的产业辐射发展格局。透过产业投资以及来自行业外综合经营项目的经济输血，提琴行业有效调整产能配比和产品结构，保证了全年产销基本平衡。

行业主要运行数据

从行业统计数据看，提琴制造业受出口形势影响，美国出口市场相对平稳，但欧洲市场购买力降低，出口市场回暖乏力。据不完全统计，受国际市场和产品结构调整影响，2013提琴行业总产量约为89.57万把，同比下降12.85%；出口70.65万把，同比下降9.9%。其中，小提琴年产量84万把，中提琴年产量1.9万把，大提琴年产量2.67万把，倍司年产量8524把。

据国家海关总署统计数据，2013年弓弦乐器（含提琴）出口总量为130万把，同比下降14.08%；出口额为6852万美元，同比下降4.16%。美国依然占据弓弦乐器主要出口国之首。2013年出口美国市场总量为39.94万把，同比下降8.15%，金额为2563万美元，同比下降0.74%。数据显示乐器销售金额几乎持平，反映国内提琴企业产品结构调整成效显著。2013年，弓弦乐器市场营销起伏较大的有英国和德国、委内瑞拉。其中，英国出口量跌幅为32.11%，出口金额同比下降18.53%；德国弓弦乐器出口量跌幅为38.98%，出口金额跌幅为32.30%；加拿大和澳大利亚弓弦乐器出口量和金额涨幅明显，反映区域市场对弓弦乐器的特殊需求。

2013年，我国弓弦乐器进口数量为2556把，同比增长16.29%；进口金额为67万美元，同比下降54.33%。弓弦乐器进口的国家和地区数量为19家，按照进口金额的排名顺序为德国、意大利、墨西哥、美国等。其中，德国弓弦乐器进口量为110把，同比下降46.60%；进口金额为42.29万美元，同比涨幅为11.31%。进口总量和金额的一降一升，反映内地市场对中高端弓弦乐器需求逐步增长。2013年，中国三资弓弦乐器企业出口返销内地乐器总量为1452把，同比增长224%；进口金额为3.6万美元，同比增长为112.15%，成为弓弦乐器进口市场的新热点。

行业年度生产经营发展特点

1、外销出口风险加大 促工业化提琴转型升级

相对于乐器行业总体形势，2013年提琴行业结构调整幅度最为明显。上半年，提琴企业普遍感到生产经营压力加大，市场不确定因素变多，产品营销定位难以把控。面对市场不利因素，泰兴凤灵、北京华东、河北金音等多数提琴骨干企业及时调整产品结构，压缩普及提琴产量，从材料选择、工艺改进、产品创新上向中高档提琴产品转型，适当进行产品价格调整。大型提琴企业与中小型提琴企业采取合作生产模式，以弥补普及提琴产量不足的短板，保证海外订单的供货速度。下半年，提琴出口恢复正常，提琴出口下滑趋势得到抑制，由于企业及时调整产品结构，保证全年出口金额较上年基本持平。2013年，我国工业化提琴生产呈现出以泰兴凤灵、北京华东、河北金音、广东红棉等规模生产企业为主体，结合港台资特色产品出口型企业，透过江苏泰兴黄桥产业之都、北京平谷提琴产业基地、河北武强和广州红棉乐器产业集群为主体的乐器产业园区，形成以区域提琴骨干企业，带动地方中小型提琴企业协同发展的产业格局。

2、艺术提琴面临国际化竞争 行业生存门槛日渐提高

2013年，手工提琴制作行业发展相对平稳，国内手工提琴行业从业者，多是通过创办个人工作室，或是通过提琴制作师个人作品的市场口碑为基础，创办提琴工厂，形成半手工、半机械化加工为主导的生存模式。中国乐器协会提琴制作师分会的会员有220名，会员集中分布在北京、上海和广州三地。艺术提琴消费市场逐年扩大，竞争更加激烈。近年来，意大利手工提琴依赖国内乐器展流通到国内市场，国内琴行也在进口欧洲古董提琴。对国内的艺术提琴制作行业造成市场冲击，行业生存门槛日渐提高。

3、面对外销出口受抑 骨干企业强化自营出口

2013年，提琴外贸出口，订单由大变小，由长变短，导致生产企业“以销定产、不压库存、不敢轻易备货”。提琴骨干企业通过强化拓展自营出口能力，加大自主品牌推动，掌握市场主动权，同时注重外销订单的搭配和套餐式供货，帮助客户做好配套采购与出货。泰兴凤灵继续推动在欧美国家直销网点的合作项目，将产品直接输入终端市场，达到“扩客增量、提档升级、提效增利”综合效应；同时强化对专业团体市场的差异化开拓，采用“招标采购”方式，将产品直接面对欧美学校、艺术中心和演出团体，形成新的“团销”模式，多渠道拓展国际市场。河北金音集团采取产品按照4：3：3结构运营，保证自主品牌占到出口总量的60%，努力从OEM贴牌向自主品牌营销转型，谋求市场定价权。2013年，国内提琴原材料涨幅在5%～10%，且企业木材原料采购出现困难。由于上游木材供应商将大批实木原料流通至家具市场，导致乐器企业必须提前做好原料储备。

4、提琴产业集群通过复审 骨干企业经济示范作用显著

2013年，由中国乐器协会组织的中轻联行业专家评审团对泰兴市黄桥镇“中国提琴产业之都”、北京市平谷区东高村镇“中国提琴产业基地”两地区进行了实地复评。专家组充分肯定两大提琴特色区域在科技创新、品牌建设、质量管理、标准制定、文化推广等各方面取得的新发展、新成绩。当前，国内两大提琴产业园区的骨干企业通过音乐文化贸易，不断创造新的利润增长点，区域经济示范作用明显。凤灵集团向集乐器生产、工业旅游、音乐教育和音乐文化经营于一体的音乐产业集团迈进。集团在做精提琴、吉他系列产品的基础上，开发了收藏品、文化礼品、装饰乐器等新产品，推进

了文化旅游景区的建设进程。北京华东提琴依赖北京平谷“乐谷”音乐艺术平台，在企业内部创建音乐厅，同时结合平谷“乐谷”平台，针对琴童家庭展开音乐旅游服务项目。并透过公益扶持项目，缩短企业与受众的距离，增强受众对企业的信心，有效在受众中树立良好市场口碑。

5、2013艺术提琴文化交流活跃　提琴成上海乐器展创新文化元素

盘点2013年手工提琴制作行业的大事件。第二届中国国际提琴和琴弓制作比赛、2013年上海国际乐器展“提琴制作文化论坛”，以及展区创意设计的大师工坊皆是可圈可点。其中，提琴制作比赛吸引来自意大利、法国、美国、加拿大等11个国家和地区的245名制作师报名参赛，活动期间，12位国际级大师从不同角度分享风格多元的制作观念，开拓了国内提琴制作师的创作思维和视野；“提琴文化主题论坛”在上海乐器展一经推出反响热烈，主办单位有意将论坛打造成为上海国际乐器展品牌文化系列活动；展会期间，在提琴馆E3A50展位上特别搭建“大师工艺坊”，国际提琴制作大师郑荃、朱明江、华天礽、Simione Morassi、Giorgio Grisales以及Elisabetta Giordano为广大提琴爱好者展示“如何制作饰缘”、“如何制作面板及背板的弧形”等提琴制作的环节，名琴展区展出15把跨跃中西古今的经典提琴作品，以及第二届中国国际提琴制作比赛金奖作品。

产业未来展望

2013年，面对当前的机械化工业提琴生产，由于受到劳动力成本、原料上涨，以及汇率浮动的影响，包括工厂内部管理，都不同程度遇到发展的瓶颈问题。面对市场多元因素的压力，无论手工提琴，还是机械化工厂琴都在积极调整，谋求自身生存发展的出路。早前的提琴企业都在进行产能的扩张，但2013年提琴企业呈现出稳定和梳理产能以及营销渠道的生存状态。随着市场的不断成熟与发展完善，早前依赖廉价竞争市场的提琴企业，生存愈发困难。多数提琴企业都在进行产品升级和转型，意图占领中档提琴消费市场。早前是人工便宜，但当前多数企业选择以机械化数控机床，以抵御人工成本增长的压力。

面对新的一年，提琴分会的重点落在强化交流，借助现有各种平台和有效时机，加强交流沟通，共同搭建一个良好的技术、人才、市场、信息共享平台；同时积极引导协助会员企业加快转型升级，整合优势，静心扎实修炼企业内功，走自主品牌发展道路，求得企业长效发展。

七、吉他篇

2013年，相对于提琴制造业而言，吉他生产和出口受全球金融危机影响，降幅同样明显，无论是传统声学吉他，还是电声吉他，多数生产企业感到外销订单下降明显，市场运营难度进一步加大。面对吉他外销出口，直接体现在外销订单周期缩短，企业必须提升市场反应速度，随时应对短期外销订单。回顾去年，吉他制造业集中体现在两个调整：首先，骨干企业像红棉吉他投资超过1亿，进行新生产基地建设，改进企业整体生产线，增加技术含量，保证企业生产规模；其次，企业依托多种经营渠道，像广州声凯乐器（原四会华声乐器）、超拨乐器等企业，依托技术改造作为发展动力，同时依赖房地产等综合经营项目为企业经营输送经济血液；河北金音乐器依托多元产品结构和文化产业，保持企业运营稳定发展。2013年，传统声学尤克里里在国内热销，生产企业达到近百家，受海外市场影响，2013上海乐器展延续了北美市场尤克里里的消费热度。

行业主要运行数据

2013年，经中国乐器协会与国家轻工业乐器信息中心对主要吉他制造企业产量统计，我国吉他产量达到413.56万把，同比下降2.41%。广州红棉吉他有限公司、江苏凤灵乐器集团、河北金音乐器集团、广东揭阳长城乐器有限公司位居全国吉他生产企业产能排名前列。据海关统计数据，2013年中国向世界166个国家和地区出口其他弦乐器（含吉他）数量为1037万把，同比下降15.20%，出口金额3.53亿美元，同比下降3.43%，出口额前十位的国家和地区依次为：美国、巴西、德国、英国、荷兰、澳大利亚、韩国、法国、泰国、日本。其中，出口到美国的其他弦乐器（含吉他）共计223万把，同比

下降10.17%，出口额8851.84万美元，上升2.40%。集中反映出弦乐器企业压缩产能，调整产品结构，市场成效逐步显现，巴西的其他弦乐器出口市场也表现出同样特点。受海外不利因素影响，德国、韩国、泰国其他弦乐器出口金额跌幅明显，分别为25.40%、38.20%、35.65%。只有英国和澳大利亚其他弦乐器出口金额出现增幅，分别为10.76%和15.30%。

2013年中国从28个国家和地区进口吉他类等其他弦乐器产品共计6.79万把，同比下降5.04%，进口额589万美元，增长11.74%。其中从印尼进口吉他等弦乐器58432把，同比下降8.46%，进口额353.23万美元，同比下降0.79%，位居第一，从进口产量压缩，进口金额持平的数据看，间接反映出国内对中高档吉他需求逐步增长的态势。

行业年度生产经营发展特点

1、行业标准制订和科研基地建设，促工艺标准化程度提高

2013年6月，乐器企业、科研单位、检测机构和行业协会的乐标委委员在扬州召开乐器行业标准审定会，会议审定通过《吉他》、《电吉他》等五项行业标准。7月18日，乐器协会专家组在广东红棉吉他有限公司通过“全国吉他通用技术研究及产业化应用研发基地”评估认证。认证会上，公司针对“吉他环保性水漆喷涂技术项目”进行专题介绍，强调要对‘基材防胀’、‘漆膜不均’、‘静电喷涂’、‘干燥固化’等项目进行科研攻关。”经过专家组探讨，认为行业科研平台建设，包括科技人才和实验室资源，应该和全行业产生互动，共同促进行业科研水平进步，行业科研基地有助于促进乐器生产由标准化向规模化和产业化演变。

2、骨干企业产业优化升级，线上线下立体多元发展

2013年，骨干吉他企业不断进行产业改造升级，优化产品结构，促使产业向价值链高端走。以红棉乐器为例，企业建立红小宝艺术中心，并与品牌教育机构合作，涉足乐器培训市场。为与国际化管理模式接轨，企业在美国加州设立了首家自主乐器品牌音乐教育机构——美国红小宝艺术中心，通过组织红小宝音乐之旅、夏令营等活动，实现国内自主品牌国际化经营的发展态势；第三，多数骨干企业致力开拓电子商务，通过拓展网络销售渠道及开拓第三产业服务平台，推进了品牌衍生产品的延伸，引领企业向多元化和跨领域发展。

3、企业开拓海外新兴市场，优化升级产品结构

2013年，吉他外销出口市场有触底回暖的迹象，企业外销订单在维稳基础上，外销出口相比往年有新的起色。面对外销出口市场波动，各企业积极调整产品结构，有序提升产品质量，同时兼顾海外营销渠道，积极开发新兴市场，增加新的海外营销渠道和客户，以抵御外部市场的不利影响。面对出口不利因素，金音集团依靠武强乐器产业园区内提琴、吉他、管乐、数码钢琴等多元立体产品结构的优势互补作用，在有效解决区内产品同质化现象的同时，方便乐器采购商完成一站式采购任务，集群化发展优势得到体现。郾部电声产业基地由政府牵头，在产业园新建3万平米乐器产业发展服务中心，将分散的小微企业集中到产业园区内进行统一管理、生产和营销，提升地区性企业总体的核心竞争力。同时为企业提供产品展厅和外贸洽谈交易环境。从目前郾部电声乐器产业基地的实际运行状态看，郾部电声乐器产业区内企业正在从OEM贴牌生产向自主品牌研发与推广转型升级，面向海外发展中国家的乐器市场进行渗透和推广，避开与欧美和日韩发达国家吉他市场竞争的劣势，扬长避短，通过差异化市场定位和推广模式，谋求市场话语权。

产业未来展望

国内吉他市场整体呈现放缓甚至下降趋势，行业竞争日趋激烈。当前，乐器产业上游零配件配套加工体系日趋完善，不同主机厂企业使用相同的上游零配件资源，产品品质依然参差不齐，这个现象值得当前乐器企业经理人深思。如何扎实有序地做好企业基础建设，完善产品标准化工艺流程，为后续高品质乐器研发与生产打下坚实基础。保证企业面对未来发展，用强势产品向市场说话。

八、口琴、竖笛、手风琴篇

2013年，口琴行业现有江苏奇美、天鹅、上海国光、HORNER（合资）、天津铃木等近15家规

模企业，主要分布在上海和江苏地区，江苏地区已形成口琴、口风琴、竖笛区域产业集群。骨干企业奇美乐器以竖笛、口风琴为主导，占行业年产量近40%左右，天鹅乐器以口琴为主导产品，东方口琴以普及型产品外销为主导。

盘点过去一年，口琴行业注重市场竞争，逐年进行产业升级与设备改造，行业技术交流互动频繁。当前，国内口琴簧片已从单纯手工生产，转向电焊批量加工，口琴音准调校从人工调音变为电子音准仪调律，口琴盖板从多道工序转为一次铸造成型，抛光工艺从手工改为数控机床。面对人工成本增涨，企业通过改进加工模具，有效提升生产效率，但由于自行批量生产成本过高，国内口琴和口风琴簧片材料仍以进口为主导。

行业主要运行数据

经中国乐器协会和全国乐器信息中心共同统计，2013年，我国口琴生产总量为1477万只，同比增长7.02%；口风琴年生产总量为430万只，同比下降14.31%，出口量为247.58万只，同比下降8.43%；竖笛年生产总量为1152万只，同比增长13.95%，出口量为777万只，同比增长18.45%；我国手风琴行业年生产总量为12.73万架，同比增长29.23%，出口量为70170架，同比增长134.81%。其中，48贝司以上的手风琴产量为82300架，出口量为37750架，48贝司以下的手风琴产量为45060架，出口量为32420架。

据海关数据统计，2013年口琴出口数量744万支，同比下降10.43%，出口金额1245万美元，同比下降15.69%。口琴出口到世界104个国家和地区，前10位的国家和地区分别为美国、日本、德国、韩国、荷兰、中国香港、马来西亚、巴西、印度、土耳其。其中，出口美国203万支，同比下降21.43%，出口金额258万美元，同比下降17.10%。手风琴及类似产品出口67万件，同比下降34.94%，出口金额1978万美元，同比增长6.14 %；出口世界86个国家和地区，前10位的国家和地区分别为美国、墨西哥、哥伦比亚、智利、巴西、阿根廷、俄罗斯、德国、韩国、日本。其中出口美国金额居首位，为308万美元，出口数量为4.75万件。

2013年中国从9个国家进口口琴，分别为日本、中国内地、德国、印度尼西亚、英国、新加坡、韩国、美国、法国。共计进口10.05万支，进口金额28.02万美元，同比下降24.31%，反映产品进口开始向中低端市场渗透。其中，从日本进口7840支，金额19.63万美元，产量和进口金额出现双向下行。中国从6个国家和地区进口手风琴，分别为意大利、朝鲜、德国、中国内地、美国、荷兰，共计进口121架，进口金额18539美元，同比下降85.24%，其中从朝鲜进口80架，金额5100美元，跌幅明显。

行业年度生产经营发展特点

1、以素质教育招投标项目为依托，兼顾院校和成人音乐市场培育

2013年，口琴骨干企业瞄准院校市场，以学校素质教育招投标项目为依托，注重产品专利技术与院校音乐教育实际需求的有机集合。骨干企业遵循自身优势，注重技术创新与教育市场双向发展。2013年，经江苏省质监局和省教育厅专家组现场考评，奇美公司被江苏省教育厅和质监局联合授予“中小学质量教育社会实践基地”荣誉称号，有近十几万人次中小学生进驻基地接受科普教育。天鹅乐器创办天鹅口琴乐团和艺校，兼顾学校素质教育和社会成人音乐教育。虽然口琴、口风琴行业的利润率不高，但口琴易学、易于携带的特性，使口琴在院校市场得到持续发展。

2、外资口琴占据高端市场主导，国内口琴品牌调整产品结构

2013年，德国HORNER、日本铃木口琴依旧占据高端市场。为保证市场利润，国内多数口琴、口风琴、竖笛企业压缩普及品产能，产品结构趋向中高档发展，产品单价从早期的百元，逐步提升至数百元不等。当前，国内口琴主要以天鹅、东方和国光品牌为主导，国光和奇美乐器则通过口风琴带动普及型口琴进驻院校市场。2013年，国产口琴出口的区域特点为，向东南亚输出传统口琴，北美市场输出布鲁斯口琴，中东市场输出低端普及口琴。天鹅乐器反映，尽管有欧债危机不利因素影响，天鹅口风琴出口业务在日本和欧洲市场出现逆势增长态势，究其原因，是海外教育市场对口琴需求出现增长。

3、工艺复杂导致产销矛盾，手风琴行业需突破产能瓶颈

2013年，国内手风琴企业有8家，江阴金杯和

天津鹦鹉占据南北手风琴市场主要份额，同时还有河北香河天音乐器公司、扬中市华联手风琴厂主要以出口为主导。近年来，以传统制造工艺为主导的手风琴产业发展迟缓，厂家生产和投资的积极性受到影响。由于行业投资少，产能低，导致市场多年处于供不应求的局面。手风琴行业发展的难点在于市场需求空间、企业规模和技术力量有限之间的错位发展。手风琴制造工艺复杂，牵涉各类金属件、冲压件、注塑成型件等相关的数百套模具，由此导致行业无法形成规模化发展，骨干企业最大年产能不到4万架。当前，手风琴行业发展和转换空间相对迟缓，且院校教学师资力量薄弱。为突破发展瓶颈，骨干企业通过技术改造和行业交流，在制造工艺与国际接轨，市场培育通过校企联合，在院校和社会举办各类杯赛与音乐活动，像天津鹦鹉手风琴与音乐家协会手风琴分会联合举办手风琴乐团杯赛，江阴金杯手风琴与南京艺术学院联合创办艺术培训中心，不断促进手风琴市场持续发展。

4、强化乐器科研基地建设，注重行业间技术交流

注重科研开发，完善行业标准，2013年口琴、手风琴行业间技术交流互动频繁。5月，中国乐器协会口琴专业委员会五届四次会议召开,重点关注如何提高中高档口琴生产制作，特别是口琴簧片的材质，希望行业联合开发簧片材料的配套加工单位，解决制作中高档口琴所需的簧片材料。同年，由手风琴专业委员会组织的《手风琴通用技术条件》行业标准审议会在江阴金杯安琪乐器公司召开。江阴金杯安琪乐器有限公司“全国手风琴簧片研发基地”完成对意大利、瑞典、德国、俄罗斯等国家的部分高档手风琴簧片样本的采集，对进口簧片与国产簧片分别进行了簧片发音气压压力测试、发音灵敏度测试、气流流量值测试，并对其存在的差异进行对比分析，并建立手风琴簧片数据库。同时加大研发高档手风琴簧片制造技术和加工工艺力度，生产成品高档手风琴与新品种手风琴样品，并完成用户试用与专家鉴定认证、国家检测。可以说，我国口琴、手风琴行业在良性的行业交流基础上，在扩大生产规模、加大资金投入、进行技术设备改造、采用新工艺、开发新产品成效显著。

产业未来展望

面对行业未来发展，我国口琴、竖笛、手风琴制造业依然要依托素质教育培训市场和科技创新动力，走文化和品牌发展战略，突破产能和成本束缚，在兼顾内部教育市场的同时，有序拓展外销市场，在科技创新中逐步完成产业的升级转型，以个性化和高附加值的产品，助力产业持续健康发展。

九、电声乐器篇

2013年，电声乐器（含乐器周边音响设备）行业年产值占到全行业产值的20%左右，产品囊括电子键盘（含电钢琴、双排键电子琴、电子琴、数字合成器）、电子打击乐（含电子鼓和电子打击垫）以及与电声乐器舞台演艺相关数字效果器和音响设备，企业数量近110家左右，产业规模增幅明显。2013年，国内劳动力成本较上一年度提高了15%以上，人民币升值近3%，电子乐器市场受外销出口降温影响，行业总产值和销售额都有不同程度下降，产品结构调整明显，直接影响企业的利润率。由于受日本和欧美国家强势品牌的市场竞争，国内电声乐器制造业优势没有明显体现，如何提升行业科技研发实力，拓展产品结构和进行成本控制，国内电声乐器企业还有提升进步的空间。

行业主要运行数据

经中国乐器协会与国家轻工业乐器信息中心对主要电声乐器制造企业产量统计，2013年我国电声乐器产量达到109.84万件，同比下降27 %，其中电子琴产量65.57万件，数码钢琴29万件，电子鼓产量为15.24万架，双排键电子琴300架次。出口电声乐器58.39万件，同比下降39.81%。

据海关统计数据，2013年中国出口通过电产生或扩大声音的键盘乐器521.99万件，同比增长0.71%，金额3.43亿美元，同比基本持平；其他通过电产生或扩大声音的乐器255.80万件，同比下降12.78%，金额1.86亿美元，同比下降11.72%。两类电声乐器出口金额共计5.29亿美元，同比下降5.87%。

2013年中国生产电子键盘乐器出口到世界147个国家和地区，出口额前十位的国家和地区依次

为：美国、德国、日本、中国香港、英国、韩国、法国、阿联酋、印度和澳大利亚。出口美国的电子键盘乐器共计121.43万件，同比下降10.17%，出口额9009万美元，下降0.21%。其他电声乐器出口到世界123个国家和地区，出口额前十位的为：美国、日本、荷兰、德国、巴西、英国、澳大利亚、加拿大、墨西哥和中国香港。

2013年中国从印度尼西亚、日本、中国内地等13个国家和地区进口电子键盘类产品，共计26054件，同比下降17.23%，进口额1244万美元，增长16.76%。从日本、印尼、美国等19个国家和地区进口其他电扩声产品，共计30262件，同比下降39.73%，进口额556.36万美元，下降10.87%。

行业年度生产经营发展特点

1、电声乐器行业发展提速，企业亟待提升科研实力

近年来，电声乐器行业发展提速，在美国NAMM SHOW国际乐器展中，电声乐器商家占到40%比重。日本、北美、欧洲电声乐器市场同样逐年上升，而国内电声乐器市场发展却相对滞后，企业亟需科研人才。据调研，日本雅马哈和罗兰公司都有企业专属乐器研究所，具备传统乐器音频信号采集，以及将音频信号转化为数字音频的技术实力。目前，电声乐器企业主要集中在杭州、武汉、广东等地，龙头企业是得理电子、吟飞科技、上海华新、艾立卡、三基音响等企业，深圳蔚科、深圳卓乐专项从事吉他、贝司音箱以及效果器的研发与设计。国内电声乐器产业链配套完善，上游电子元机件、音乐采集等配套零部件生产企业相对完善，主机厂与上游供应商一直保持紧密合作，长年致力于零配件的工艺改进，为电声乐器市场长期发展奠定基础。当前，电声乐器自主音源开发一直是行业的技术短板。国内电子乐器龙头企业得理集团，在上海设有百余人的电子乐器音源研发团队，一直致力于突破技术瓶颈，推出多款自主知识产权的音源集成电路，不断研发与智能手机和平板电脑相结合的音乐产品，同时在云技术、W I F I、蓝牙、智能手机/平板电脑的A P P等方面投入研发资源，争取在产品差异化方向上建立竞争优势。

2、组建MIDI技术工作委员会，维护行业发展正当权益

2013年，为更好地促进乐器行业MIDI技术的普及与发展，加强与国际MIDI组织交流合作，中国乐器协会成立MIDI技术工作委员会，全面开展MIDI行业技术研发推广以及国际MIDI企业的交流，制定有关工作规范。其工作职责涵盖推动国内乐器行业M I D I标准的推广、应用和发展。引导更多企业正确理解和使用M I D I标准，并按标准进行生产；跟踪与参与国际上新的MIDI技术的研究，以及新标准的制修订；负责与其他行业和国际MMA组织联络、交流合作等事项。同年，为维护乐器行业整体利益，提升保护知识产权的责任意识，中国乐器协会在“MiDi及图”争议商标案中胜诉，国家工商行政管理总局商标局裁定争议商标予以撤销。通过该案，给广大乐器企业如何在品牌建设过程中维护自身正当权益，避免损害行业及自身利益提出了思考。

3、走绿色环保发展路线，加强海外和国内行业技术交流

2013年，吟飞科技与乐器研究所联合制定《国家废旧乐器回收标准》，经国标委检查和审定已通过，同时针对电声乐器出口，欧盟提出乐器环保进口标准，推行乐器行业有害物质限量标准。这项标准的立项，是继乐器行业完成《乐器有害物质限量》国家标准之后，在乐器行业“节能与综合利用领域”的又一项重要的国家标准。2013年，中国乐器协会电鸣乐器分会厂商联谊会成功举办，旨在改变电声乐器行业从分散断节发展为产业链整体发展观念，将合作从浅层次的成本控制和扩大销量，向深层次的新材料、工艺、技术研发、创新以及标准制定和知识产权保护等领域延展。为打开行业视野，电鸣乐器分会与美国MIDI协会依托上海展会平台，展开深度合作与技术交流。预计此项活动会继续向专业化培训活动转型，在加强电鸣乐器分会与国外MIDI行业协会交流合作的同时，继续强化国外MIDI技术在终端用户群体中的应用和普及工作。当前，国内电子乐器行业与国际MIDI协会的合作交流还停留在商业贸易的层面，技术交流有待进一步加强。究其原因，电声乐器专利技术较多，各企业在专利技术保护上都采取谨慎态度，品牌竞争日趋激烈。

4、参与政府乐器招投标项目 不断延伸院校音

乐教育市场

当前，国内电钢琴和电鼓行业发展较为突出，与之相关的教育产品市场得到有效扩展和推广，如电钢琴和电鼓教室在中小学校音乐教育中得到普及和应用推广。同时，围绕着社会音乐活动的现代音乐节相关的设备市场，发展态势也不错。从厂家商家反映数据分析，2013年教学招标采购钢琴、数码钢琴增长20%以上。特别是老少边穷地区，有时一个标就要几百架钢琴或数码钢琴。当前，教育部正在起草审议《中小学音乐教学器材配置标准》，大幅度调整了学校乐器配置品种和数量，各级政府、教育部门未来3～4年在音乐教育装备方面投入预计在400亿元左右，其中乐器占很大比重。乐标委也在积极与教育部门协调配合，协助制定“教学乐器通用技术规范”，积极推动音乐教育市场。相信今后几年政府采购的乐器会明显增长，成为乐器行业不可或缺的特色市场。

产业未来展望

无论是对于其他制造业，亦或是电声乐器制造行业，成本攀升，汇率浮动，外销市场震荡，成为影响行业发展的关键词。可以说，从1997年亚洲金融危机，再到欧贷危机，多数乐器企业都已经受过经济风暴的洗礼，对市场经济运行规律有了切身的体验。任何乐器分支行业，为何每次面对外销市场动荡，多数企业频频暴露经营短板，频频感到经营压力骤增。作为劳动密集型产业，当成本和价格开始捆住企业发展的手脚后，下一步，乐器产业如何升级产业结构？向什么方向转型？都需要企业经理人冷静头脑，客观审慎地调整和规划乐器企业发展方略，从而维系企业的资金链不被成本和价格拉断。只有在经济风雨中生存下来，才有未来发展可言。

年度评选

2013年度中国轻工业乐器行业十强企业评价结果公告

据“2013年度中国轻工业行业十强企业评价结果公告”，本着严谨、公正、科学的原则，2013年度中国轻工业行业十强企业评价结果经有关行业协会确认，中国轻工业联合会会长办公会审定批准，授予广州珠江钢琴集团股份有限公司等392家企业“2013年度中国轻工业行业十强企业”称号。

2013年度中国轻工业行业十强企业评价工作得到各行业协会和骨干企业的大力支持，评价工作以企业自愿申报为基础，由各行业协会对企业数据审核并推荐，由中国轻工业联合会对参评企业2013年度主营业务收入、利润、主营业务收入利税率及主营业务增速四项指标进行统一评价，部分行业增加了能够反应行业特征的指标评价项。

中国轻工业乐器行业十强企业是中国乐器行业的骨干力量。中国轻工业联合对行业十强企业在反映政策诉求，支持企业做大做强方面给予大力支持。

希望十强企业再接再厉，在加快转型升级、引领行业发展方面做出更大的贡献。十强企业在称号使用方面按国家相关法律法规规定执行。

中国轻工业联合会

2014年5月20日

附：

2013年度中国轻工业乐器行业十强企业

广州珠江钢琴集团股份有限公司
河北金音乐器集团有限公司
宜昌金宝乐器制造有限公司
江苏凤灵乐器集团
海伦钢琴股份有限公司
上海民族乐器一厂
天津市津宝乐器有限公司
森鹤乐器股份有限公司
吟飞科技（江苏）有限公司
得理乐器（珠海）有限公司

关于表彰“2013年度中国乐器行业50强和先进集体”的决定

中乐协［2014］13号

中国乐器协会按照“中国乐器行业50强和先进集体”评选办法，根据指标测评和广泛征求意见，决定授予：广州珠江钢琴集团股份有限公司等50家单位“2013年度中国乐器行业50强”称号、授予中国乐器协会钢琴分会等3个单位“先进集体”称号。

希望受表彰的单位再接再厉，再创佳绩。希望各企业以先进为榜样，锐意进取，不断发展壮大，为实现我国乐器行业的更大进步而共同奋斗。

附件：

1、2013年度中国乐器行业50强名单(按汉语拼音排序)

2、2013年度中国乐器行业先进集体名单

中国乐器协会

2014年4月8日

附件1：

2013年度中国乐器行业50强名单

(按汉语拼音排序)

序号	公司名单
1	北京华东乐器有限公司
2	成都川雅木业有限公司
3	得理乐器（珠海）有限公司
4	东莞市三基音响科技有限公司
5	福州和声钢琴有限公司
6	功学社(天津)商贸有限公司
7	广州格利蒙娜提琴有限公司
8	广东红棉乐器有限公司
9	广州市罗曼士乐器制造有限公司
10	广州珠江钢琴集团股份有限公司
11	河北华声乐器制造有限公司
12	河北金音乐器集团有限公司
13	河北秦川文体乐器有限公司
14	河北省怀来锣厂
15	河北乐海乐器有限责任公司

序号	公司名单
16	海伦钢琴股份有限公司
17	河南中州民族乐器有限公司
18	杭州嘉德威钢琴有限公司
19	江苏大风乐器有限公司
20	江苏东方乐器有限公司
21	江苏凤灵乐器集团
22	江阴金杯安琪乐器有限公司
23	江苏奇美乐器有限公司
24	江苏天鹅乐器有限公司
25	宁波市北仑乐器配件制造有限公司
26	宁波四海琴业有限公司
27	南京舒曼钢琴制造有限公司
28	南京新辉琴行有限公司
29	饶阳成乐民族乐器有限责任公司
30	四川盛音乐器有限公司

序号	公司名单
31	上海乐兰电子有限公司
32	上海民族乐器一厂
33	上海欧亚钢琴乐器有限公司
34	森鹤乐器股份有限公司
35	上海知音琴行有限公司
36	赛乐尔三益乐器(上海)有限公司
37	苏州公爵琴业有限公司
38	天津华韵乐器有限公司
39	天津圣迪乐器有限公司
40	天津市津宝乐器有限公司

序号	公司名单
41	泰兴斯坦特乐器有限公司
42	武汉艾立卡电子有限公司
43	武汉银可可琴行有限责任公司
44	宜昌金宝乐器制造有限公司
45	吟飞科技(江苏)有限公司
46	烟台博斯纳钢琴制造有限公司
47	烟台金斯波格钢琴有限责任公司
48	扬州金韵乐器御工坊有限公司
49	扬州雅韵琴筝有限公司
50	浙江中盟文化发展有限公司

附件2：

2013年度中国乐器行业先进集体名单

中国乐器协会钢琴分会

中国乐器协会手风琴专业委员会

全国乐器标准化技术委员会

乐器展览

2013中国（上海）国际乐器展览会总结报告

中国（上海）国际乐器展组委会

*** 展会规模达92000平方米，参展商1680家，再创历史新高**
*** 国内外观众数量质量显著提升，参观人数达68621名**
*** 提琴文化活动、MC音乐课堂首次亮相，广受业界好评**
*** 展会商贸、文化、教育的多元化平台已日趋明显**
*** 展会逆势上扬，内涵、影响力均实现了质的飞跃**

2013中国（上海）国际乐器展览会（Music China 2013）于10月13日在上海新国际博览中心圆满闭幕。展会由中国乐器协会、上海国际展览中心有限公司和法兰克福展览（香港）有限公司共同主办。自2002年创办至今，广受业内赞誉，吸引了无数海内外的生产商、经销商、专业买家、教育家、演奏家、政府机构、行业协会等，成为了乐器界的国际性年度盛会。

中国的传统音乐文化和历史源远流长，中国经济的日益稳步发展和中央政府对文化建设的战略性重视，为上海乐器展的进一步发展提供了良好的基础，展会的前景充满希望。在未来的文化大发展中，上海乐器展将着力于完善和加强展会商贸、教育、文化的多元化平台，深化展会内涵，创建优质的参展环境，打造以乐器为载体的全球音乐文化展。

一、展商概况

2013年全球经济增长依然缓慢，欧美经济仍未完全走出金融危机的阴霾，出口市场持续低迷；国内经济整体虽稳中有增，但各方面成本的上升使企业生存发展遭遇了前所未有的困难。对此，主办方不断加强海外宣传推广的力度与深度，为广大国内企业挖掘更多国际潜在市场与买家；同时，顺应我国的文化发展趋势，扩大内需市场，为广大企业拓展音乐教育和大众音乐生活市场，以增强国内外企业的参展信心。

今年展会逆势增长，展出面积、参展企业数量的增长幅度均好于预期。本届展会规模增至92000平方米，共有来自29个国家和地区的1680家企业参展，较去年有小幅增长，国家和地区展团共11个，芬兰展团首次参展，日本展团大幅扩大展位面积，营口、泰兴等地方政府也积极组团参会，上海乐器展的业界影响力已日益凸显，获得了广大参展企业的认可。

珠江、上民一、星海、凤灵、海伦、超拨、津宝、柏斯、金音、艾立卡、森鹤、得理、四会华声、乐海、吟飞、功学社、红棉吉他、雅马哈、卡西欧、施坦威、乐兰、英昌等国内外知名乐器企业和品牌携新品、精品展示。民乐、提琴专区统一规划与包装后，既改善了整体区域的展示形象，又杜绝了拼展现象，在增强展会国际化的同时，“一中一西”的展区划分，为展会增添了亮丽的色彩，体现了上海乐器展独有的特色。

二、观众概况

展会四天共吸引了来自国内外86个国家和地区的68621名观众共赴此次盛会，比去年增加了14%，其中国内观众65218名，海外观众3403名，专业观众的数量和质量均有质的飞跃。

为更好地提升广大参展企业的参展效果，寻找更多的专业买家与商机，主办方实施了一系列行之有效的宣传推广方案。海外推广的持续投入，宣传广度的扩大，使得今年的海外观众数量在欧美经济复苏乏力的情况下增加了近5%，现场也达成了较多的采购与合作意向。国内乐器市场较为活跃，加上政府的利好政策，配以主办方全方位的观众推广方案以及培育潜在音乐市场的各项活动与措施，为展会带来了经销代理商、音乐院校、文艺乐团等高质量的专业买家。更让我们欣喜的是，主办方长久以来的市场培育效果显现，民众学习乐器的热情空前高涨，虽然展期仅有最后一天为休息日，却没有减弱广大终端消费者的观展热情，展馆内人气爆满。

通过多年的努力，上海乐器展的观众数量质量在以往长期积累的基础上，逐年扩大与提升，今年更是取得了前所未有的成绩，得到了国内外参展商、行业组织、政府机构等业界人士的广泛好评。上海乐器展从创办之初就以打造中国独有的、民族的、世界的百年老展为目标，未来的道路还很长，也很艰巨，我们将一步一个脚印，积极创新与探索，努力做好观众的推广工作，朝着既定的目标前行。

观众数据分析

92%的展商对现场订单表示满意；94%的展商通过展会建立了新的业务关系；96%的展商对观众质量表示满意；92%的展商对观众数量予以肯定。

观众感兴趣的产品

民族乐器	44%
铜管、木管乐器	33%
钢琴及键盘	31%
弦乐器	30%
乐器配件	22%
打击乐器	22%
电声乐器	22%
乐谱	17%
口琴手风琴	12%
音乐相关电脑硬件软件	12%
协会/媒体	6%
其他	2%

数据显示民族乐器、管乐器、钢琴、弦乐器依然是观众最为感兴趣产品。

观众业务性质

音乐类院校及音乐培训机构	19%
零售/批发	17%
青少年活动中心/幼儿园/中小学/大学	14%
文艺团体	12%
进出口/代理	13%
制造商	12%
媒体	2%
协会	2%
其他	9%

来自音乐类培训机构、音乐院校、零售批发、文艺团体的专业观众仍占据了较大的比例，青少年活动中心/幼儿园/中小学/大学的终端用户人群也上升了2个百分点，展会专业化程度提升的同时，音乐爱好者的关注度也日益增加。

参观目的

参加会议论坛	38%
看样订货	33%
收集市场和产品信息	26%
寻求合作伙伴	14%
观看现场表演	11%
比较不同产品/供货商/同行竞争者	11%
联络固有的供应商和销售商	10%

今年参加会议论坛的比例有幅度的增长，观众在看样订货、收集信息与寻求合作伙伴的同时，积极参与展会同期的会议，获取行业最新资讯，了解市场，提高自身综合素养。

三、同期活动

NAMM CMIA行业论坛

此次论坛通过对中外两大乐器协会领导、法国布菲管乐器、香港柏斯、河北秦川的掌门人以及中央音乐学院的教学专家进行的深度专访，全面展现了当今中国乐器行业的发展特色以及未来态势，共吸引了256名专业听众，活动内容引发了与会者的空前关注与广泛好评。

NAMM大学课程

8节大学课程既包括助推发展中琴行稳定提升、再求突破的专业意见指导，也有帮助新开琴行破冰启航、打入市场的实际操作建议。听众共1782名，增加了22%，会场一座难求，充分印证了这些定制的内容契合了广大从业者对于专业知识与成功经验的渴求。

第四届华乐国际论坛

名家系列讲坛、笛艺交流展示、低音拉弦乐器发展论坛等内容，立体诠释了中国传统乐器的音乐魅力与文化力量。“筝坛圣手”王中山、“二胡皇后”宋飞、“琵琶皇后”章红艳，著名钢琴演奏家孔祥东，中国古琴学会常务理事杨致俭，上海音乐学院民乐系教授詹永明等当今中国民乐界的领袖人物登上讲坛，纵横捭阖，直指人心。论坛全程免费开放，为公众提供领略大师风采，感受民乐经典的绝佳机会。现场吸引了约1100名听众热情参与，增长了30%左右。

首届提琴文化系列活动

今年首创的提琴文化系列活动，包括大师工坊、主题论坛与名琴展示三大内容。“大师工坊”邀请到郑荃、华天礽和朱明江三位国内最顶尖的制琴大师，以及三位来自意大利的国际顶尖提琴制作师加盟，现场展示饰缘、F孔以及琴码装配等制作工艺。“主题论坛”由中国提琴演奏大师林朝阳领衔，制作大师、收藏名宿共同参与，与200多名听众共飨提琴艺术。此外，名琴展区还展出了15把跨跃中西古今的经典提琴作品，其中，既有1692年价值600万美金的史特拉迪瓦里小提琴，也有19世纪的Rocca、Vuillaume欧洲古琴，为广大提琴爱好者提供了与世界顶级制作大师和顶级提琴的零距离交流平台。

Music China音乐课堂

音乐教育不仅关系到中国乐器的市场前景，更是国民素养提升的重要内核。今年展会首次举办围绕音乐教育的主题活动，为全国范围内从事大众音乐教育的从业者提供崭新的交流平台。现场吸引了1120名听众，分别参与了五节教育课堂内容，授课嘉宾包括中国音乐教育领军人物吴斌、著名古筝表演艺术家袁莎、打击乐优秀教师李红育、罗兰数字音乐团队、魅力席卷亚洲的萨克斯风乐手小林香织等。主办方希望通过此类活动，挖掘潜在音乐教育市场，培育音乐人口，助推音乐普及工作，促使整个行业的良性发展。

音乐缤纷季——现场演奏会

外广场的三个敞开式舞台，四天展期内呈现了近百场震撼人心的音乐演出。众多知名品牌形象代言人、明星乐手亲临现场，带来不间断的风格演出。唐朝乐队吉他手陈磊的炫丽音符、著名鼓手王鹏、段丝梨的激情速度，西非曼丁鼓·舞乐团的原始自由等等，尽情展现了电声、打击乐、弦乐等不同器乐的魅力。

四、媒体推广综述

专业媒体方面，展会选择了15家杂志和8家网站，在展前、展中及展后对展会进行跟踪报导，根据不同杂志、网站的用户群体细分，进行更为有针对性的宣传，取得了不错的效果。与此同时，通过展会官网、微信、微博等多种途径相结合的方式，定期发布展会资讯、活动内容、观展配套服务等，并与观众和展商进行实时互动，更便捷有效地获取展会资讯。

公众媒体方面，选择了在7个电视频道，12个电视栏目，3个电台频率，7个广播栏目和8家点击率较高的门户网站进行宣传。本届展会在保持传统新闻宣传的同时，新增加第一财经频道，扩大在高端人群中的影响力。同时，艺术人文频道和外语频道还进行专题报道，扩大其知名度，达到了宣传效果。根据展会特点，电台报道方面选择了上海东方广播电台音乐频率进行了为期20天的宣传期，硬性广告的滚动播放和软性报道相结合，并在展会开展前进行节目专访，990更是对展会进行了专题报道，对展会的宣传起到了很好的推动作用。

此外，今年展会首次召开新闻发布会，得到了上海市文化广播影视管理局的大力支持，邀请到了各界媒体，借助政府平台进行展会预热，并在便利店、演出机构、健身会所、幼儿园、语言培训机构、外企人力资源机构、社区街道文化馆等刊登户外灯箱广告、发放资料，进一步扩大了展会的前期宣传。

公众媒体名单：解放日报、文汇报、新民晚报、新闻晚报、天天新报、东方早报、青年报、劳动报、申江服务导报、生活周刊、外滩画报、周末画报、上海一周、上海商报、China Daily、时代报、人民日报、上海电视、中国文化报、精品购物指南、北京娱乐信报、香港大公报、香港文化报、扬子晚报、钱江晚报、都市周报、周末、现代快报、信息时报、《看东方》、《新青年》、《最新闻》、《财经壹周刊》、《今日印象》、《星尚》、《风格上海》、《一周快报》、《City Beat》、浙江电视台、《早安新发现》、《音乐随心听》、《娱乐正当时》、《新闻报道》、《音乐新空气》、《轻松乐逍遥》、新华社、东方网、新浪网、中新社、搜狐网、腾讯网、网易等。

五、展会服务

从意见征询表的统计情况来看，主办方的服务得到了众多参展企业的认可，98%的展商对主办方展前工作持满意态度，97%的展商对主办方现场服务予以肯定。就今年企业反映比较集中的问题，主办方会与场馆或其他相关部门进行沟通，积极寻找解决方案。

1. 音控问题

虽然今年在往年的基础上已经加强管理力度，但噪音的影响依然严重，对此主办方今后将加强展馆规划，安静馆严禁使用任何扩声设备，有声馆加强表演时间段的音量控制，对于违反企业将予以严正的处罚措施。同时，也希望参展企业能积极配合，自觉遵守相关规定，共创良好的展会环境。

2. 班车

有很多观众与展商反映馆内电瓶车与地铁班车较少，且地铁班车的指引标识不多，没有相关人员指引，明年主办方也会加强这方面的管理。

3. 黑物流

今年有小部分参展企业在展会撤展时遭遇了假冒的货运公司，以至企业交付展品后货物并没有及时回运到指定地点。主办方得知后立即汇总企业名单，与展馆、警署进行了多次交涉，得到了相应的处理方案。对此，主办方也向展馆指出今后需加强保安巡场与监督，也请广大参展企业提高警惕，尽可能使用主办方指定的国内货运公司安排货物回运。

为更有效更及时地提供给参展企业各项服务，主办方在使用邮件、短信、电话等多样化途径的基础上，开通了展会官方微信与手机客户端APP，使参展企业能在第一时间更清楚地了解到展会进展以及参展布展的各项规定，也欢迎各界人士通过官网、邮件、电话、微信、微博等各类方式与我们多多交流，给予宝贵的意见与建议！

2013年中国（上海）国际乐器展览会知识产权工作报告

上海天闻世代律师事务所

2013年10月10日～13日，上海天闻世代律师事务所受大会组委会的委托，在展会期间，对知识产权侵权纠纷进行了调查、取证、协调、处理、咨询等项工作。涉及侵权的事由主要有：外观专利侵权、实用新型专利侵权、发明专利侵权案件。

1、投诉方：眉心斌

被投诉方：深圳指环带乐器配件有限公司 展位（E6B32）

侵权商品：古筝指甲

投诉内容：外观专利侵权

专利号：ZL 200420115535.5

处理结果：我方工作人员对被投诉方进行现场调查，被投诉方销售的产品与投诉方的专利产品外观基本相同。被投诉方向我方告知了其产品的专利号，经查询，其确实获得了外观专利。鉴于投诉方获得外观专利的时间早于被投诉方，我方遂告知被投诉方一旦投诉方采取异议等法律措施后其将承担的风险。在我方的协调下，双方达成和解，并愿意商谈撤展事宜。

2、投诉方：Shubb Capos In夏伯卡博丝（境外展商）

被投诉方：广州摩利士乐器制造有限公司 展位（W2D86）

侵权商品：吉他变调夹

投诉内容：实用新型专利侵权

处理结果：投诉方尚未取得专利证书，其向我方出示了《授予专利权通知书》。我方工作人员对被投诉方进行现场调查，被投诉方坚称其所销售的产品与投诉方的产品不同，并向我方作了详细解释。我方告知投诉方，由于其尚未获得专利证书，我方无法通过专利证书上应有的对于专利产品的描述来判断被投诉方是否构成侵权；此外，由于无法向被投诉方出示投诉方的权利文件，故我方无法要求被投诉方撤展。最终，我方将投诉方的投诉过程以及被投诉方的销售行为作了客观记录，并制成书面报告，交由双方签字确认，作为双方今后各自维权的证据。

3、投诉方1：CAO ZHI QIANG

投诉方2：Dee Why Guitar

被投诉方1：广州市凯峰乐器制造有限公司 展位（E4B39）

侵权商品：吉他

投诉内容：发明专利侵权

专利号：ZL 2011 2011

处理结果：我工作人员对被投诉方进行现场调查，被投诉方展示和销售的产品使用了投诉方的发明专利中的制作工艺，且被投诉方未获得任何权利证书。我方认定被投诉方的展出和销售的行为构成侵权，被投诉方已按我方要求，将所涉商品、产品海报撤下展位，并停止发放相关产品的宣传册。

2013中国(上海)国际乐器展览会数据分析

展会规模

展会面积92000平方米，同比增长6.98%，是2002年第一届展览会的6.13倍。

参展商数量

参展商数量共计1680家，同比增长4.61%，是第一届展会的6.13倍。其中，国内展商共计1291家，同比增长4.03%，是第一届展会的7.29倍；海外及港澳台地区展商共计389家，同比增长6.58%，是第一届展会的4.01倍。

国内参展商分布地区分析

国内参展商主要来自：华北地区399家，同比增长9.91%，占国内参展商的30.90%；华东地区566家，同比增长2.35%，占国内参展商的43.84%；华中地区31家，同比减少13.89%，占国内参展商的2.40%；华南地区241家，同比减少1.63%，占国内参展商的18.67%；西南地区22家，同比增加83.33%，占国内参展商的1.71%；西北地区2家，同比减少1家。我国东部沿海地区参展商数量共计838家，占国内展商比例64.91%；中西部地区参展商数量453家，占国内展商比例35.09%。

国内参展商来自24个省市，其中，展商数量最多的分别为广东、江苏、北京、上海、天津、浙江。来自广东的参展商239家，江苏222家，北京193家，上海124家，浙江109家。本届展会，展商数量增长幅度较大的地区是云南、福建、辽宁及北京，与上届相比，分别增长了77.78%、38.89%、15.79%、14.20%。浙江、广东、湖北等省市展商数量较上届有所减少。国内参展商主要集中在华北、华东和华南地区，共计1206家，同比增长3.88%，占国内参展商的93.41%。

海外参展商分布地区分析

本届展览会共有来自海外及港澳台地区的29个国家和地区的389家企业参展，较上届增加了69家，展商数量同比增长21.56%，占展商总数的23.15%。

欧洲展商共计215家，较上届增加15个，同比增长8.00%，占海外参展商总数的56.00%，其中，希腊属首次参展；亚洲展商共计144家，较上届增加59个，同比增长69.41%，其中，马来西亚、巴基斯坦、以色列属首次参展；来自北美洲的美国和加拿大共有26家企业参展，其中美国23家，减少3个；大洋洲的澳大利亚有2家企业参展，较上届减少1个；南美洲的巴西仍有2家企业参展，与去年持平。德国、日本、意大利、中国台湾、英国展商数量位居海外参展商的前五位，在28个海外参展国家和地区中，有16个国家和地区参展商数量超过上届或者与上届持平，其中，德国参展商数量比上届增加了16家。

参展产品类别划分

参展企业按主要产品类别划分，西乐器达到946家，同比增长31.38%，占总数的56.31%；中乐器298家，同比增长34.23%，占17.73%；乐器材料零配件412家，同比增长16.71%，占24.52%。

在1244家成品乐器参展商中，按乐器类别划分，所有乐器参展商数量均比上届有所增加，增长幅度较大的是电声乐器和钢琴，据不完全统计，今年展会钢琴类别中，二手钢琴的比重大幅增加。

乐器相关部门参展商服务性质分析

乐器相关部门主要指乐器经营及从事音乐教育、宣传媒体、音像资料、音乐书刊、中介组织等单位。本届上海乐器展共计178家乐器相关单位参展，其中海外参展单位有119家。从事音乐经营的贸易公司和琴行有152家，来自海外42家，国内110家；从事音乐教育单位有24家；行业组织22家。

观众情况

为期4天的展会共吸引了来自86个国家和地区

的68621名海内外观众参观上海国际乐器展，较2012年增长4.88%。其中，国内观众65218人，同比增长14.56%。

海外观众来自85个国家和地区，较上届增加了4个国家，观众总计3403人，同比增长4.87%，海外观众占观众总数的5.22%。其中，来自28个亚洲国家的观众数量共计2436人，同比增长7.22%；欧洲25个国家，共计452人，同比减少15.49%；北美洲2个国家，共计242人，同比减少5.84%；南美洲14个国家，共计171人，同比增加36.80%；大洋洲2个国家，共计116人，同比增长7.41%；非洲14个国家，共计56人。观众超过100人以上的国家和地区分别为：韩国（545人）、中国台湾（396人）、中国香港（370人）、日本（290人）、美国（200人）、马来西亚（169人）、泰国（160人）、印度（129人）、新加坡（108人）、澳大利亚（104人）。2013年上海乐器展85个海外观众所在国家和地区中，有22个观众数量有所减少。

历届中国(上海)国际乐器展览会数据分析

2002年～2013年中国（上海）国际乐器展览会基本情况

年度	2002	2003	2004	2005	2006	2007	2008	2009	2010	2011	2012	2013
展览会总面积（万平方米）	1.5	2.6	3	4	6	6	6.5	6.5	7	7.85	8.6	9.2
参展商国家和地区数量（个）	14	15	18	19	24	22	22	23	27	26	29	29
参展商总数（家）	274	419	619	756	999	1019	1112	1171	1274	1419	1606	1680
国内参展商数量（家）	177	317	437	554	747	760	895	898	969	1062	1241	1291
海外参展商数量（家）	97	102	182	202	252	259	218	273	305	357	365	389

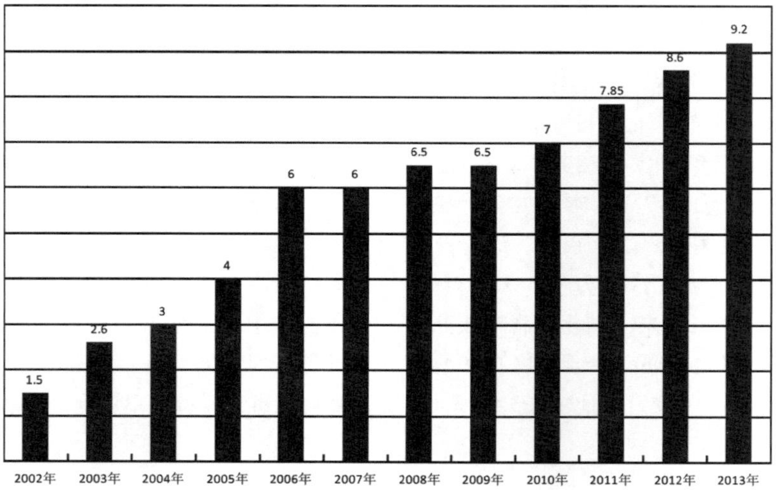

2002年～2013年历届上海乐器展总面积 （单位：万平方米）

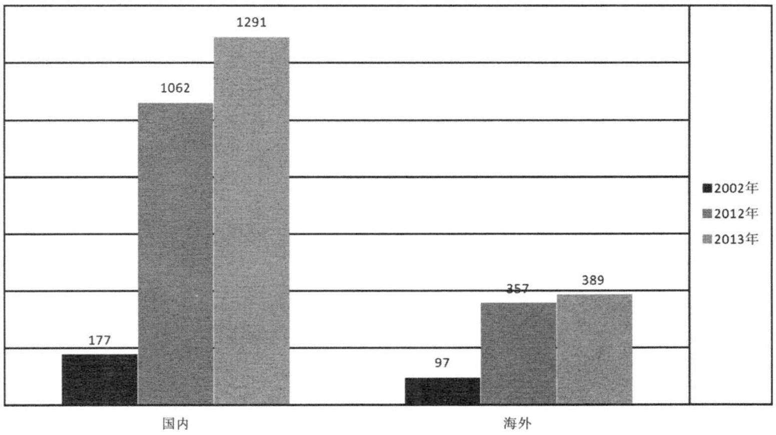

2002年、2012年、2013年历届上海乐器展国内外参展商地区分布图

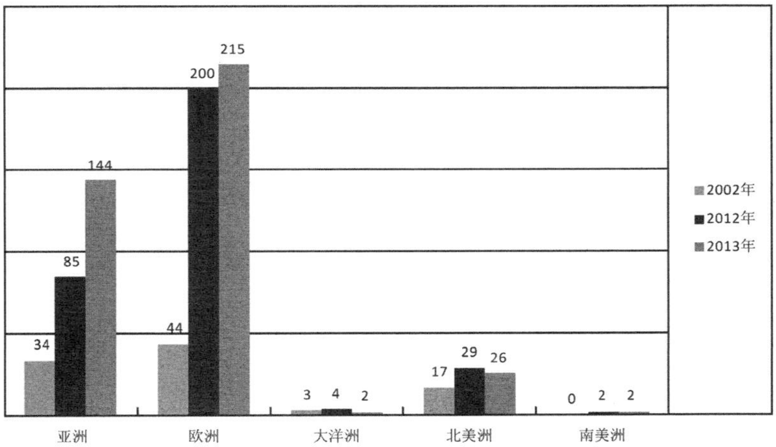

2002年、2012年、2013年历届上海乐器展海外各大洲参展商地区分布图

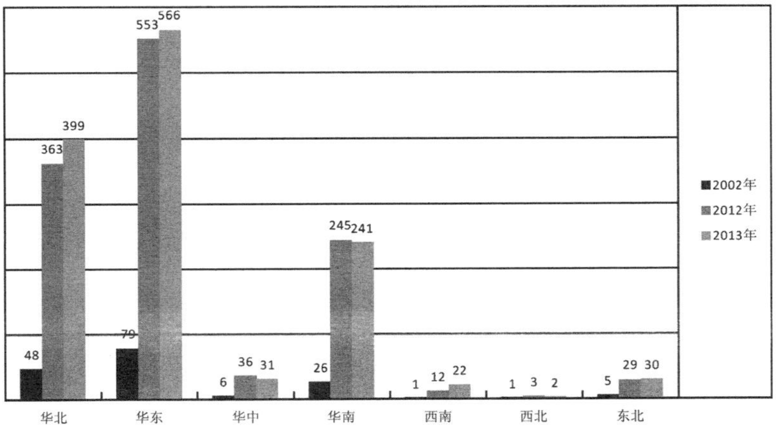

2002年、2012年、2013年历届上海乐器展国内参展商地区分布图

2007年~2013年中国（上海）国际乐器展览会
海外参展商国家和地区分布

洲别	国家（地区）	2007年	2008年	2009年	2010年	2011年	2012年	2013年
亚洲	日本	8	9	12	18	18	45	49
	中国台湾	26	24	27	36	37	38	46
	韩国	24	24	27	31	21	26	26
	中国香港	10	9	15	20	19	17	17
	新加坡	/	1	/	3	5	2	2
	印度	2	2	2	1	1	1	1
	马来西亚	1	/	/	/	/	/	1
	巴基斯坦	/	/	/	/	/	/	1
	以色列	/	/	/	/	/	/	1
	泰国	1	2	/	1	/	/	/
	土耳其	1	/	/	/	/	/	/
	印度尼西亚	/	1	1	1	/	/	/
	阿塞拜疆	/	/	/	/	/	1	/
	合计	73	72	84	111	83	85	144
欧洲	德国	39	41	36	44	42	39	55
	意大利	13	29	30	32	44	45	48
	英国	16	17	25	16	14	22	27
	法国	27	24	30	27	26	26	24
	西班牙	19	18	13	13	14	17	19
	捷克	7	12	11	9	9	11	12
	荷兰	10	10	10	10	9	9	9
	比利时	2	/	/	1	8	8	6
	奥地利	11	5	1	3	4	4	4
	芬兰	/	/	2	3	1	3	4
	斯洛伐克	/	/	1	2	3	4	3
	俄罗斯	/	/	/	1	3	/	1
	波兰	/	/	/	/	1	3	1
	瑞士	1	1	/	1	1	2	1
	希腊	/	/	/	/	/	/	1
	克罗地亚	/	/	/	/	/	1	/
	塞尔维亚	1	/	/	/	/	/	/
	丹麦	/	2	2	2	1	3	/
	冰岛	/	/	1	/	/	/	/
	瑞典	/	/	5	/	2	1	/
	挪威	/	/	1	1	1	2	/
	合计	146	159	168	165	183	200	215
大洋洲	澳大利亚	3	2	2	2	5	3	2
	新西兰	/	/	/	/	/	1	/
	合计	3	2	2	2	5	4	2

洲别	国家（地区）	2007年	2008年	2009年	2010年	2011年	2012年	2013年
北美洲	美国	36	16	17	25	23	26	23
	加拿大	/	2	2	2	2	3	3
	合计	36	18	19	27	25	29	26
南美洲	巴西	/	/	/	/	/	2	2
	合计	/	/	/	/	/	2	2
总计		292	303	273	305	357	320	389

2002年～2013年中国（上海）国际乐器展览会参展商地区（省、直辖市、自治区）分布

大区	地区	2002年	2003年	2004年	2005年	2006年	2007年	2008年	2009年	2010年	2011年	2012年	2013年
华北	北京	18	38	58	71	112	118	132	136	153	178	169	193
	天津	20	35	48	52	70	73	85	93	92	107	108	115
	河北	10	18	30	38	51	45	59	63	63	73	82	88
	山西	/	/	/	/	/	2	2	1	/	2	1	1
	内蒙古	/	/	/	/	/	1	1	1	1	1	3	2
华东	上海	38	59	85	96	82	88	90	87	104	117	124	124
	山东	5	8	18	20	31	47	51	70	71	71	76	78
	江苏	24	61	74	86	117	116	140	136	161	183	216	222
	安徽	/	/	2	1	/	1	1	1	2	2	1	5
	江西	1	1	1	2	1	4	2	3	4	3	5	3
	浙江	7	21	25	49	73	62	64	69	70	85	113	109
	福建	4	3	5	7	11	12	16	16	17	19	18	25
华中	湖北	5	5	10	9	14	16	12	15	15	16	16	12
	湖南	/	1	/	/	3	3	3	2	4	3	4	4
	河南	1	3	3	2	7	11	8	9	8	17	16	15
华南	广东	26	50	62	85	113	124	122	167	160	207	242	239
	广西	/	/	/	/	/	/	1	/	/	2	3	2
西南	重庆	/	/	/	/	/	3	3	1	1	1	/	/
	四川	1	/	1	3	1	1	1	2	1	3	3	6
	贵州	/	/	/	1	/	/	1	/	/	/	/	/
	云南	/	/	4	5	6	9	8	7	7	8	9	16
西北	陕西	1	1	1	1	2	2	1	1	2	2	2	1
	甘肃	/	1	1	/	/	/	/	/	1	1	1	/
	宁夏	/	1	1	1	1	1	/	/	/	/	/	/
	青海	/	/	/	/	/	/	/	/	/	/	/	1
东北	黑龙江	2	3	2	3	5	5	5	6	2	4	8	6
	吉林	/	2	1	2	1	3	2	3	6	1	2	2
	辽宁	3	6	11	16	16	13	10	9	23	18	19	22
总计		166	315	441	549	716	759	803	880	989	1062	1212	1291

2002年-2013中国（上海）国际乐器展览会参展商产品类别分布

产品与业务类别	2002年	2003年	2004年	2005年	2006年	2007年	2008年	2009年	2010年	2011年	2012年	2013年
民族乐器	17	39	54	87	99	123	127	140	171	183	222	298
弦乐器	24	64	98	187	178	186	228	249	261	305	360	443
管乐器	20	27	36	62	66	60	78	89	100	102	112	153
钢琴	33	46	52	79	66	54	57	72	64	76	80	121
电声乐器	18	24	39	30	56	42	59	58	63	62	67	113
打击乐器	9	15	25	29	34	32	38	42	63	53	64	75
手风琴 口琴	10	13	16	22	23	16	18	22	27	27	30	41
配件	11	36	46	181	214	240	300	299	310	346	353	412
媒体	2	9	11	14	9	27	39	79	64	26	16	24

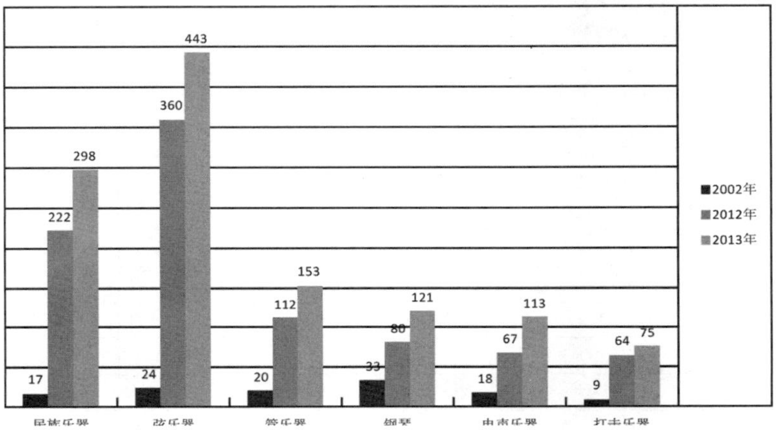

2002年～2013年历届上海乐器展参展商类别分布图

2002年～2013年历届上海乐器展观众分析——从事职业

从事的职业	2002年	2003年	2004年	2005年	2006年	2007年	2008年	2009年	2010年	2011年	2012年	2013年
音乐类院校及音乐培训机构	16%	7.30%	10%	17.49%	6.42%	11.76%	15.01%	14%	14%	15%	18%	19%
零售/批发	11%	24.50%	16%	15.02%	11.50%	17.07%	19.29%	21%	23%	22%	17%	17%
文艺团体	6%	3.60%	10%	9.74%	21.52%	7.73%	13.60%	13%	14%	14%	13%	12%
青少年活动中心/幼儿园/中小学/大学	/	/	/	/	/	/	/	12%	12%	12%	13%	14%
进出口/代理	26%	33.90%	26%	27.33%	26.70%	34.45%	32.99%	11%	11%	11%	13%	13%
制造商	27%	21.30%	14%	13.80%	14.71%	11.28%	11.27%	16%	12%	13%	12%	12%
媒体	2%	0.70%	3%	2.36%	2.17%	2.73%	2.91%	2%	2%	2%	2%	2%
协会	2%	0.70%	4%	2.54%	1.55%	1.82%	2.27%	2%	2%	2%	2%	2%
其他	10%	7.10%	12%	7.05%	15.43%	13.16%	2.66%	9%	8%	9%	9%	9%

2002年～2013年历届上海乐器展观众分析——感兴趣产品

感兴趣产品	2002年	2003年	2004年	2005年	2006年	2007年	2008年	2009年	2010年	2011年	2012年	2013年
民族乐器	8%	14%	28.63%	14.35%	32.81%	23.66%	17.63%	45%	43%	43%	43%	44%
钢琴及键盘	28%	14.70%	31.61%	15.03%	31.52%	20.97%	14.27%	31%	33%	30%	30%	31%
弦乐器	6%	10.90%	27.24%	12.92%	28.22%	18.78%	12.52%	29%	31%	29%	30%	30%
打击乐器	6%	8.20%	20.29%	10.11%	23.56%	16.59%	10.29%	23%	25%	23%	23%	22%
电声乐器	18%	9.40%	26.24%	11.69%	26.17%	18.87%	10.56%	25%	26%	24%	22%	22%
乐器配件	12%	7.90%	10.77%	5.33%	10.66%	6.85%	6.61%	22%	24%	25%	24%	22%
铜管、木管乐器	8%	17.20%	34.31%	15.61%	34.39%	25.34%	15.13%	37%	38%	37%	35%	33%
乐谱	1.50%	4.40%	15.26%	7.48%	15.93%	10.13%	5.65%	20%	20%	20%	20%	17%
口琴手风琴	/	/	/	/	/	/	/	/	/	/	13%	12%
音乐相关电脑硬件软件	1.50%	3%	9.64%	3.97%	8.15%	4.65%	4.27%	11%	12%	11%	12%	12%
协会/媒体	4%	2.30%	5.57%	2.45%	5.28%	3.04%	1.82%	6%	6%	6%	6%	6%
其他	/	/	/	1.06%	3.17%	2.15%	1.25%	3%	3%	3%	3%	2%

2002年～2013年历届上海乐器展观众分析——参观目的

参观目的	2002年	2003年	2004年	2005年	2006年	2007年	2008年	2009年	2010年	2011年	2012年	2013年
看样订货	10%	17.30%	24.01%	16.61%	19.26%	20.69%	27.37%	36%	36%	33%	36%	33%
收集市场和产品信息	22%	16.20%	21.43%	16.07%	17.74%	13.78%	17.19%	23%	27%	24%	25%	26%
观看现场表演	3%	4.80%	13.37%	11.31%	9.59%	13.29%	12.15%	21%	20%	26%	24%	11%
参加会议论坛	5%	4.20%	3.62%	2.87%	2.71%	2.23%	6.73%	29%	36%	19%	20%	38%
寻求合作伙伴	12%	8.30%	11.02%	7.64%	9.38%	6.82%	8.48%	13%	14%	14%	13%	14%
比较不同产品/供货商/同行竞争者	7%	5.80%	7.07%	5.48%	5.34%	2.73%	5.33%	9%	11%	10%	11%	11%
联络固有的供应商和销售商	9%	5.30%	50.65%	3.62%	4.57%	4.83%	4.59%	8%	10%	10%	10%	10%
确定下届是否参展	/	/	/	/	/	/	1.67%	5%	6%	/	/	6%

第111届美国NAMM乐器、灯光、音响展览会（2013 NAMM SHOW）简况

1月24日至27日，2013美国NAMM乐器展览会在美国加州阿纳海姆举办。据NAMM统计，本届展会国际展商达492家；另有289家展商系首次参展，约占展商总数20%。展会吸引来自世界94个国家和地区的各类观众总计93908名。据反馈，本届展会买家较上年同比增长4%，而非专业客户则减少16%。买家增长归因于乐器琴行增多，剧院、剧场、教堂、演奏工作室派出采购人员前来展会选择产品。

展会期间，NAMM大学课程每半小时举办一场，大学课程主讲人既有一线琴行经理，也有行业杂志主编，主讲人多样化背景为观众开拓视野、解读行业发展新趋势提供了良好学习机会。如何赢得客户，做好现金流管理，优化财务结构，提高生产效率，利用智能化软件实现网上销售增长等常规课程主题，“网络数码营销”成为大学课程的一大亮点。主讲人围绕当前经济、社会发展趋势，特别是信息技术日新月异的特点，着重介绍如何使经营理念、产品营销、社交网络与智能终端实现有效互动和创意结合，使更多观众更为便捷地在掌上体验各式音乐制品及服务。

NAMM展首次引入“展会市长”概念。国际音乐制品协会首席执行官拉蒙德将“终身参观证”颁给“展会市长”--世界著名音乐家斯蒂维·文德尔。斯蒂维·文德尔希望通过乐器形象大使角色，发挥社会影响力，让音乐成为儿童、成年人等各年龄段群体应享权利。2013年，NAMM展览会首次在会展中心外开辟了新场地—阿纳海姆大广场。占地达10万平方英尺的广场，成为户外演出和现场表演的集中展示地。（来源：NAMM网站）

第34届德国法兰克福国际乐器、乐谱及附件展览会（2013 Musikmesse）简况

2013年4月10日～13日，第34届德国法兰克福国际乐器展在德国法兰克福国际展览中心举办。来自世界50多个国家地区的1500多家展商参展。展会期间吸引了来自世界142个国家和地区的11.3万观众参加展会，其中德国本土观众有71200名。德国法兰克福展览公司董事Detlef Braun表示，今年展会观众总数同比2012年来自120个国家和地区的109481名观众增长3%，创下自2009年以来观众参观人数新高。

法兰克福国际乐器展自1980年开始举办，至今已举行了34年，是全世界最大的乐器、音乐软件、乐谱及相关配件的国际性展览之一，也是整个产业最重要的商业平台之一。此次展览除了展出常规的钢琴、提琴、管乐器、吉他、电声乐器外，还有教堂管风琴、古典键盘乐器等。

法兰克福国际乐器展除了提供给展商一个展示自己产品的场地外，还组织了一系列的专题研讨会、讲座和交流洽谈活动，给各国的展商提供了广泛的沟通交流机会。同时，各国展商就关心的音乐营销方案、版权等问题进行了深入讨论与交流。

展会还组织了60余场的现场表演，帮助展商更好的向观众演示产品的优良性能。同时，还设置了休息区和交流区，让参展的观众感受更完美的乐器之旅。

中国展商主要有广州珠江、宁波海伦、北京华东、红棉吉它、广州吉声等几十家参展，大家对今年的法兰克福乐器展表示肯定，对法兰克福乐器展的组织管理工作表示赞许。

第22届中国国际专业音响·灯光·乐器及技术展览会简况

6月7日～10日，由中国演艺设备技术协会、中国技术市场管理促进中心和英富曼会展有限公司共同主办的第22届中国国际专业音响·灯光·乐器及技术展览会在北京新国际展览中心（新馆）隆重举行。展会集中展示了专业音响、灯光、舞台机械、会议系统、视频系统以及中西乐器等领域的设备与器材。展览总面积11万平方米，其中乐器展面积2万平方米。

展会还组织了中国国际演艺设备与科技论坛、线阵列音箱现场演示体验、音视频系统集成特色展区、贝塔斯瑞乐队大赛、吉他中国木吉他大赛、现场技术交流会等丰富多彩的活动。

乐器部分主要参展商有北京珠江、河北金音、天津津宝、河北乐海、饶阳北方、饶阳成乐、扬州雅韵、扬州正声、北京京东、北京艺苑、江阴金杯、天津鹦鹉、江苏奇美、江苏东方等企业。展会依然以提琴和民乐为主，占据北京乐器展部分的半壁江山。

中国乐器协会理事长安志等领导一行于开幕当日参观了乐器展，并和部分参展企业领导进行了交谈，详细了解企业经营状态和目前的国内外市场情况，并就部分企业及行业的困难和疑问进行了探讨和分析。安理事长希望乐器企业在当前国际市场下行、国内市场有待开发的形势下，把精力集中在品牌和品质上，练好内功，迎接新的发展机遇。

2013年中国（广州）国际专业音响、灯光、乐器展览会简况

3月9日~12日中国（广州）国际专业音响、灯光、乐器展览会在中国进出口商品交易会琶洲展馆A区隆重举办。本届展会乐器展示面积近2万平方米，展商数量近400家。借助展会兴举办十周年契机，主办方继续发挥乐器产业基地的优势，加强与各行业协会及支持单位的合作，扩大展会规模，并加快国际化发展步伐，为厂商搭建优质高效的贸易平台，促进行业交流与发展。

尽管今年国内乐器市场增长势头有所放缓，作为国内乐器展会的开局之作——广州乐器展仍吸引了国内外近400家知名企业会聚一堂，展示最新产品及技术，珠江钢琴、海伦钢琴、津宝乐器、金音乐器、保嘉乐器、嘉德威钢琴、罗曼士、格利蒙那提琴、台湾萨得尔、剑胆琴心、沈氏提琴、曹氏提琴、蔚科电子、阿诺玛、卓乐科技、星海粤华、饶阳北方、饶阳成乐、PICCINOTTI、CREMONA、BAM S.A.、PATRICOLA、CHAIRMAN、JF DABER、ANDRE JUTRAS、CRAWFORD、ALLAIN ET GASQ SARL、CHEVALETS DESPIAU、ANDREA SCHUDTZ、HONGKONG STRINGS等行业知名企业和品牌悉数参展。

2013年世界乐器展览会综述

【编者按：据不完全统计，2013年，世界各个国家和地区计划举办各类综合型、专业型的乐器展览会16个，除原定于8月在多伦多举办的加拿大乐器、音响展因故取消外，实际举办15个，分布在除非洲和大洋洲外的亚洲、欧洲、北美洲、南美洲等世界各大洲。】

在美国阿纳海姆、德国法兰克福和中国上海举办的国际乐器展览会依然是世界乐器展览的主要平台。三大国际乐器展览会以其行业影响力大、辐射范围广、集聚效应强的特点，依然成为当今世界乐器市场最重要的音乐制品展示和行业交流平台。其中，在世界经济复苏缓慢的背景下，上海国际乐器展览会继续保持良好发展势头，展览规模从上年的86000平米稳步增至92000平米，成绩实属不易。这和展会多年来一贯注重充实内涵，拓展外延的努力是密不可分的。在中国乐器协会、上海国际展览中心有限公司和德国法兰克福（香港）展览有限公司三方通力协作和美国国际音乐制品协会鼎力支持下，各类乐器展演、音乐教育、名家论坛等行业盛典交相辉映，竞相登场，极大地挖掘了上海国际乐器展览会的内在价值，真正成为吸引世界各地“爱乐人”的行业经典盛会。

此外，在意大利、俄罗斯、日本等国举办的展览会着重体现出“小而精”的地域特色。2013年意大利克雷蒙娜乐器展成功举办，规模虽小但内容丰富，展会期间举办了44场弦乐音乐会、研讨会、展示会等；由山野乐器和芬达乐器集团主办的日本东京吉他展和日本弦乐器制作者协会主办的日本弦乐器展，分别成为日本吉他、提琴业界的重要行业展览会，显示出日本乐器市场已进入较高程度的成熟细分期。作为俄罗斯和东欧地区的新兴展会，由美国国际音乐制品协会和德国法兰克福展览公司在俄罗斯莫斯科共同主办的莫斯科乐器展览会，继续体现出成长性强的特点。

从展期来看，绝大多数展会会期均为4天。最短的是东京吉他展，为期2天，主要面向乐器市场大众消费者；最长的是巴西乐器展，展期5天，面向专业观众和非专业观众开放。而NAMM夏季展，意大利克蕾蒙娜乐器展、日本弦乐器展等小型、专业展览会则为期3天。

从举办次数来看，中国3个，分别在北京、广州和上海举办；美国的NAMM冬季展和夏季展分别在洛杉矶阿纳海姆和纳什维尔举办，日本弦乐器展和东京吉他展均在东京举办；俄罗斯两个展会均在莫斯科举办；德国、中国台湾、巴西、印度、阿联酋等国家和地区则各举办一个乐器展览会。

总而言之，大大小小的乐器展览会成为2013年世界乐器市场中一道靓丽风景线，为繁荣乐器市场、推动音乐文化传承做出了积极贡献。

2013年世界乐器展览会一览表

展会名称	展会届别	展会日期	展会地点	主办单位	展品范围	展会规模
美国洛杉矶阿纳海姆乐器展（The NAMM Show）	第111届	01.24-01.27	阿纳海姆	美国国际音乐制品协会（NAMM）	各种乐器、音响	展商来自94个国家和地区，其中国际参展商数量492家。注册观众人数93908名
中国（广州）国际专业音响、灯光、乐器展览会	第11届	03.09-03.12	广州	广东省科学技术厅、广东省文化厅、国家轻工业乐器信息中心	西乐器、民族乐器	展览面积2万平米，乐器展商数量近400家
德国法兰克福国际乐器、乐谱及附件展览会（Musikmesse 2013）	第34届	04.10-04.13	法兰克福	德国法兰克福展览公司	各类乐器、乐器配件、乐谱、音乐硬软件、音乐出版物等	142个国家和地区的11.3万观众参加

展会名称	展会届别	展会日期	展会地点	主办单位	展品范围	展会规模
NAMM&法兰克福俄罗斯乐器展	第2届	05.16-05.19	莫斯科	国际音乐制品协会、法兰克福展览公司	乐器综合类、钢琴、弦乐器、打击乐器、电声乐器、配件、乐谱、音响设备等	来自14个国家及地区的130家展商，观众12061人
中东（迪拜）乐器博览会（MUSAC 2013）	第11届	05.21-05.23	阿联酋迪拜	中东IIR展览公司	东西方各类乐器、阿拉伯民俗乐器等	展会面积1万平方米
印度乐器展(Musician Expo 2013)	第12届	05.30-06.01	孟买	印度DIVERSIFIED公司	电声乐器为主	展出面积4000平米，专业观众5901名。展会为期3天
加拿大乐器展（MIAC 2013）	第42届	未公布	多伦多	加拿大乐器协会（MIAC）	乐器及配件、键盘、音乐软件、专业音响等	因故取消
中国国际专业音响•灯光•乐器及技术展览会（PALM Expo）	第22届	06.07-06.10	北京	中国演艺设备技术协会	灯光音响、乐器等	乐器展部分约2万平方米
日本东京吉他展	第12届	06.29-06.30	东京	日本山野乐器店和Fender集团	各式吉他	观众6000名，较上年增长4%。
美国NAMM夏季乐器展 (Summer NAMM Show)	每年夏季	07.11-07.13	纳什维尔	美国国际音乐制品协会	以美国国内乐器商展示和音乐教育人士使用的乐器为主	未公布
台北两岸乐器大展	第5届	07.06-07.09	台北	台北市乐器商业同业公会、台北上联国际展览有限公司	管乐器、弦乐器、键盘乐器、电子乐器、打击乐器、零配件等	面积2万平方米
莫斯科乐器展	第18届	10.17-10.20	莫斯科	莫斯科乐器展览会组委会	电声乐器、钢琴、管乐器及打击乐器等	展会面积近2万平方米
巴西圣保罗国际乐器展览会（Expomusic 2013）	第30届	09.18-09.22	圣保罗	FRANCAL展览公司	各种乐器、音响及配件、相关媒体及专业刊物	展会面积3.4万平方米，展商200余家
意大利克雷蒙娜乐器展（Cremona Mondon Musica 2013）	第26届	09.27-09.29	克雷蒙娜	克雷蒙娜乐器展组委会	以提琴等弦乐器为主，兼展弹拨乐器、琴弓、配件、乐谱等	展商220家
中国（上海）国际乐器展览会（Music China）	第12届	10.10-10.13	上海	中国乐器协会，上海国际展览中心有限公司，法兰克福（香港）展览公司	钢琴、弦乐器、电声乐器、乐器配件、民族乐器、铜管乐器、打击乐器、相关协会媒体、乐谱、音乐书籍等。	展会面积92000平方米。来自29个国家和地区的1680家企业参展,来自国内外86个国家和地区的68621名观众
日本弦乐器展	第56届	11.2-11.4	东京	日本弦乐器制作者协会	提琴等弦乐器及配件、制作工具，吉他、曼陀铃、乐谱、箱包	含个人制作师、日本国内外企业法人、协会团体等各类参展商共计103家

职业技能鉴定

2013年中国钢琴调律师状况

2013年中国钢琴调律行业不断发展，调律师人数与去年相比有了显著的提高。截止2013年共有4873名钢琴调律师取得各级职业技能资格证书，其中取得初级技能证书1535人，中级技能证书1628人，高级技能证书1417人，技师证书176人，高级技师证书117人。

2013年度共有510名钢琴调律师取得各个级别的国家职业资格证书，比上年增长24.69%。按证书等级划分，取得高级技师证书6人，技师13人，高级技能证书82人，中级技能证书245人，初级技能证书164人。从数据看，今年考取高级技能证书和中级技能证书的人数已经超越初级技能证书的人数，反应出目前中国钢琴调律师已逐步由最开始的初级水平向中级水平发展，但仍缺乏高级水平的调律师人才。按调律师性别划分，男性342人，占67.06%；女性168人，占32.94%。在北京鉴定站获得证书的有150人，广州鉴定站119人，上海鉴定站73人，郑州铁路职业技术学院128人。

按年龄段划分，取得2013年国家职业资格证书的钢琴调律师平均年龄为26.3岁，年龄最小的16岁，最大的85岁，取得初级技能证书的平均年龄为24.73岁，中级技能证书的平均年龄为24.91岁，高级技能证书的平均年龄为29.46岁，技师证书的平均年龄为38.46岁，高级技能证书的平均年龄为57岁。

2013年是中国钢琴业和中国钢琴调律师平稳发展，逐步提高的一年。国际钢琴制造技师调律师协会（IAPBT）今年首次将国际钢琴制造技师调律师年会放在中国内地举办，这标志着中国钢琴业蓬勃发展，也是中国内地广大钢琴技师调律师已逐步走上世界舞台。

附件1

2013年全国钢琴调律师职业资格考核鉴定情况统计表

鉴定站(所)	鉴定日期	五级/初级技能	四级/中级技能	三级/高级技能	二级/技师	一级/高级技师	合计
北京鉴定站	2013年2月（调律班）	17					17
	2013年2月（技师）				7	2	9
	2013年4月(考核鉴定)	16	15	18			49
	2013年4月(调律班)	12					12
	2013年10月(考核鉴定)	6	23	11			40
	2013年10月(调律班)	23					23
小计		74	38	29	7	2	150

鉴定站(所)	鉴定日期	五级/初级技能	四级/中级技能	三级/高级技能	二级/技师	一级/高级技师	合计
广州鉴定站	2012年12月(调律班)	16					16
	2013年4月(考核鉴定)	11	11	9			31
	2013年4月(学院)		25				25
	2013年5月(调律班)	15	1				16
	2013年10月(考核鉴定)	23	4	3		1	31
小计		65	41	12	0	1	119
上海鉴定所	2013年4月(考核鉴定)	11	16	1			28
	2013年10月（技师）				6	3	9
	2013年10月(考核鉴定)	10	18	8			36
小计		21	34	9	6	3	73
郑州铁路职业技术学院	2012年12月	1	54	2			57
	2013年11月		57	14			71
小计		1	111	16	0	0	128
长春大学	2013年10月(考核鉴定)		5	9			14
北京电子科技职业学院(毕业生)		3	8				11
南京艺术学院流行音乐学院(毕业生)			8	7			15
合计		164	245	82	13	6	510

附件2

2013年通过钢琴调律师国家职业资格考核鉴定名单

北京鉴定站

姓 名	性 别	证书号	级 别
赵松梅	女	1358003001100002	一级/高级技师
牟明军	男	1358003001100001	一级/高级技师
叶焚坤	男	1358003001200005	二级/技师
李 立	男	1358003001200007	二级/技师
高洪涛	男	1358003001200004	二级/技师

姓 名	性 别	证书号	级 别
郭 涛	男	1358003001200003	二级/技师
尹佳盛	男	1358003001200002	二级/技师
王菲飞	男	1358003001200006	二级/技师
郝 贺	男	1358003001200001	二级/技师
王静蓉	女	1358003001300021	三级/高级技能
崔冰轮	女	1358003001300016	三级/高级技能
秦 璐	女	1358003001300018	三级/高级技能
张建平	男	1358003001300027	三级/高级技能
臧 成	男	1358003001300012	三级/高级技能
张 洪	男	1358003001300011	三级/高级技能
宋东冬	男	1358003001300013	三级/高级技能
肖 伟	男	1358003001300014	三级/高级技能
安国双	男	1358003001300022	三级/高级技能
王士丹	男	1358003001300023	三级/高级技能
杨 桦	男	1358003001300019	三级/高级技能
阴玉兵	男	1358003001300020	三级/高级技能
马文宣	女	1358003001300026	三级/高级技能
胡 琦	女	1358003001300024	三级/高级技能
刘永祥	男	1358003001300025	三级/高级技能
冯艳伟	男	1358003001300015	三级/高级技能
曹 瑞	男	1358003001300028	三级/高级技能
常云鹏	男	1358003001300017	三级/高级技能
毛永强	男	1358003001300046	三级/高级技能
李海春	男	1358003001300047	三级/高级技能
董立晓	男	1358003001300054	三级/高级技能
王 啸	男	1358003001300052	三级/高级技能
韩瑞雪	男	1358003001300048	三级/高级技能
薛 景	男	1358003001300053	三级/高级技能
张 翀	男	1358003001300049	三级/高级技能
朱文东	男	1358003001300050	三级/高级技能
李兴保	男	1358003001300056	三级/高级技能
周 静	女	1358003001300051	三级/高级技能
赵越耀	男	1358003001300055	三级/高级技能
高少波	女	1358003001400093	四级/中级技能

姓 名	性 别	证书号	级 别
雷 贝	男	1358003001400097	四级/中级技能
赵厚东	男	1358003001400098	四级/中级技能
张原源	男	1358003001400088	四级/中级技能
段旭东	男	1358003001400099	四级/中级技能
王本龙	男	1358003001400087	四级/中级技能
胡 辉	男	1358003001400101	四级/中级技能
王 涛	男	1358003001400090	四级/中级技能
马效钦	男	1358003001400100	四级/中级技能
高 博	男	1358003001400091	四级/中级技能
王 康	男	1358003001400096	四级/中级技能
彭小松	男	1358003001400089	四级/中级技能
周 昊	男	1358003001400095	四级/中级技能
章 时	男	1358003001400092	四级/中级技能
韩 飞	男	1358003001400094	四级/中级技能
佟 义	男	1358003001400128	四级/中级技能
袁海瑞	男	1358003001400137	四级/中级技能
于晓童	男	1358003001400126	四级/中级技能
李师苇	女	1358003001400127	四级/中级技能
张乐宁	男	1358003001400133	四级/中级技能
彭占杰	男	1358003001400145	四级/中级技能
张祎凡	男	1358003001400139	四级/中级技能
杨荣发	男	1358003001400140	四级/中级技能
黄学华	男	1358003001400141	四级/中级技能
杨玉龙	男	1358003001400125	四级/中级技能
田 寅	男	1358003001400129	四级/中级技能
张小燕	女	1358003001400146	四级/中级技能
武晓雷	男	1358003001400143	四级/中级技能
杜龙恩	男	1358003001400144	四级/中级技能
吕炳刚	男	1358003001400147	四级/中级技能
王 鑫	男	1358003001400138	四级/中级技能
王 健	男	1358003001400135	四级/中级技能
李兆善	男	1358003001400134	四级/中级技能
崔丕文	男	1358003001400142	四级/中级技能
王 帅	女	1358003001400136	四级/中级技能
孙红福	女	1358003001400132	四级/中级技能
刘 峰	男	1358003001400130	四级/中级技能

姓 名	性 别	证书号	级 别
白 锦	男	1358003001400131	四级/中级技能
王建新	男	1358003001500004	五级/初级技能
于梦乔	女	1358003001500005	五级/初级技能
陈 颖	女	1358003001500006	五级/初级技能
郑 宁	男	1358003001500007	五级/初级技能
王廷福	男	1358003001500008	五级/初级技能
宁 辛	男	1358003001500009	五级/初级技能
程 唯	男	1358003001500010	五级/初级技能
屈虹宇	男	1358003001500011	五级/初级技能
桂美娜	女	1358003001500012	五级/初级技能
程传勇	男	1358003001500013	五级/初级技能
孙 维	男	1358003001500014	五级/初级技能
汪孔吉	男	1358003001500015	五级/初级技能
臧 浩	男	1358003001500016	五级/初级技能
赵汉卿	男	1358003001500017	五级/初级技能
王 茜	女	1358003001500018	五级/初级技能
辛亚弢	女	1358003001500019	五级/初级技能
赵开宇	男	1358003001500020	五级/初级技能
龚 波	男	1358003001500033	五级/初级技能
易 娜	女	1358003001500034	五级/初级技能
朱风琪	男	1358003001500044	五级/初级技能
吴 迪	男	1358003001500040	五级/初级技能
张 奇	女	1358003001500042	五级/初级技能
郝 毅	男	1358003001500046	五级/初级技能
傅 靖	男	1358003001500038	五级/初级技能
宫明生	男	1358003001500045	五级/初级技能
朱维维	男	1358003001500039	五级/初级技能
董 锋	男	1358003001500047	五级/初级技能
曲秀琴	女	1358003001500048	五级/初级技能
赵 鹏	男	1358003001500035	五级/初级技能
申瀚林	男	1358003001500037	五级/初级技能
连蓬力	男	1358003001500043	五级/初级技能
韩明吉	男	1358003001500036	五级/初级技能
文星月	女	1358003001500041	五级/初级技能
张进宝	男	1358003001500052	五级/初级技能

姓　名	性　别	证书号	级　别
李　震	男	1358003001500060	五级/初级技能
仇　远	男	1358003001500056	五级/初级技能
宋小颂	女	1358003001500049	五级/初级技能
尹美华	女	1358003001500050	五级/初级技能
冯依婷	女	1358003001500051	五级/初级技能
马海龙	男	1358003001500053	五级/初级技能
夏　峰	男	1358003001500054	五级/初级技能
顾文超	男	1358003001500055	五级/初级技能
傅泽明	男	1358003001500057	五级/初级技能
王　军	男	1358003001500058	五级/初级技能
臧家禄	女	1358003001500059	五级/初级技能
李佳恒	男	1358003001500075	五级/初级技能
周谢好	男	1358003001500071	五级/初级技能
乌　龙	男	1358003001500072	五级/初级技能
刘文菁	女	1358003001500073	五级/初级技能
郑　瑞	女	1358003001500074	五级/初级技能
王　炎	男	1358003001500076	五级/初级技能
邓丰华	男	1358003001500098	五级/初级技能
葛发明	男	1358003001500085	五级/初级技能
许　平	男	1358003001500090	五级/初级技能
兰明谷	男	1358003001500094	五级/初级技能
郑　晨	男	1358003001500077	五级/初级技能
张丽娜	女	1358003001500078	五级/初级技能
张拣选	男	1358003001500079	五级/初级技能
李鹏斌	男	1358003001500080	五级/初级技能
林　航	男	1358003001500081	五级/初级技能
蒋天石	男	1358003001500082	五级/初级技能
李本志	男	1358003001500083	五级/初级技能
方博涵	男	1358003001500084	五级/初级技能
宋荣军	男	1358003001500086	五级/初级技能
蔡存顺	男	1358003001500087	五级/初级技能
陈苗苗	女	1358003001500088	五级/初级技能
安建平	男	1358003001500089	五级/初级技能
杨　阳	男	1358003001500091	五级/初级技能
潘　登	男	1358003001500092	五级/初级技能
李　学	男	1358003001500093	五级/初级技能

姓 名	性 别	证书号	级 别
王珞维	男	1358003001500095	五级/初级技能
李 琳	女	1358003001500096	五级/初级技能
王敏柔	女	1358003001500097	五级/初级技能
TROY KEVIN REILLY	男	1358003001500099	五级/初级技能

广州鉴定站

姓 名	性 别	证书号	级 别
姜 力	男	1358003002100001	一级/高级技师
梁 俊	男	1358003002300003	三级/高级技能
汪建波	男	1358003002300005	三级/高级技能
王良彬	男	1358003002300006	三级/高级技能
张秋实	男	1358003002300008	三级/高级技能
张 贵	男	1358003002300007	三级/高级技能
邓小佺	男	1358003002300001	三级/高级技能
林 松	男	1358003002300004	三级/高级技能
李林祥	男	1358003002300002	三级/高级技能
钟 刚	男	1358003002300009	三级/高级技能
罗炽生	男	1358003002300010	三级/高级技能
蒋林华	男	1358003002300012	三级/高级技能
吴宝卿	女	1358003002300011	三级/高级技能
徐志鑫	男	1358003002400011	四级/中级技能
凌武斌	男	1358003002400007	四级/中级技能
黄恩富	男	1358003002400004	四级/中级技能
黄文雄	男	1358003002400005	四级/中级技能
黄泽贵	男	1358003002400006	四级/中级技能
米灿飞	男	1358003002400008	四级/中级技能
文 员	男	1358003002400010	四级/中级技能
陈志平	男	1358003002400003	四级/中级技能
陈立霖	男	1358003002400002	四级/中级技能
潘金龙	男	1358003002400009	四级/中级技能
陈嘉滨	男	1358003002400001	四级/中级技能
曾海荣	男	1358003002400012	四级/中级技能
陈 诗	女	1358003002400013	四级/中级技能

姓 名	性 别	证书号	级 别
葛伯威	男	1358003002400014	四级/中级技能
郭启豪	男	1358003002400015	四级/中级技能
何永健	男	1358003002400016	四级/中级技能
梁永财	男	1358003002400017	四级/中级技能
廖建威	男	1358003002400018	四级/中级技能
刘焕华	女	1358003002400019	四级/中级技能
盘家奇	男	1358003002400020	四级/中级技能
丘俊辉	男	1358003002400021	四级/中级技能
苏圣奇	男	1358003002400022	四级/中级技能
汤凯杰	男	1358003002400023	四级/中级技能
吴伟光	男	1358003002400024	四级/中级技能
许艺明	男	1358003002400025	四级/中级技能
钟杰龙	男	1358003002400026	四级/中级技能
周铭盛	男	1358003002400027	四级/中级技能
周耀星	男	1358003002400028	四级/中级技能
陈秉仁	男	1358003002400029	四级/中级技能
黄栩熙	男	1358003002400030	四级/中级技能
黄颖榆	女	1358003002400031	四级/中级技能
梁　勇	男	1358003002400032	四级/中级技能
罗俊建	男	1358003002400033	四级/中级技能
宋白雪	女	1358003002400034	四级/中级技能
汤小圆	女	1358003002400035	四级/中级技能
赵国英	男	1358003002400036	四级/中级技能
陈保林	男	1358003002400037	四级/中级技能
方　超	男	1358003002400041	四级/中级技能
金　飞	男	1358003002400040	四级/中级技能
夏　念	男	1358003002400038	四级/中级技能
苏土养	男	1358003002400039	四级/中级技能
陈梅玲	女	1358003002500001	五级/初级技能
黄冠超	男	1358003002500002	五级/初级技能
李　超	男	1358003002500003	五级/初级技能
李晓民	男	1358003002500004	五级/初级技能
林宇豪	男	1358003002500005	五级/初级技能
吕云见	男	1358003002500006	五级/初级技能
温海汐	男	1358003002500007	五级/初级技能

姓　名	性　别	证书号	级　别
吴　尚	男	1358003002500008	五级/初级技能
吴嘉晖	男	1358003002500009	五级/初级技能
吴元刚	男	1358003002500010	五级/初级技能
吴宗徽	男	1358003002500011	五级/初级技能
谢泽鑫	男	1358003002500012	五级/初级技能
叶秉浚	男	1358003002500013	五级/初级技能
廖亨林	男	1358003002500014	五级/初级技能
雍兰石	男	1358003002500015	五级/初级技能
郑东梅	女	1358003002500016	五级/初级技能
查江平	男	1358003002500017	五级/初级技能
张开伟	男	1358003002500023	五级/初级技能
黎名杰	男	1358003002500020	五级/初级技能
胡晓冬	男	1358003002500019	五级/初级技能
张亚晨	女	1358003002500025	五级/初级技能
周雄辉	男	1358003002500026	五级/初级技能
罗永俊	男	1358003002500022	五级/初级技能
廖　龙	男	1358003002500021	五级/初级技能
张文华	男	1358003002500024	五级/初级技能
陈晓珊	女	1358003002500018	五级/初级技能
黄立恒	男	1358003002500027	五级/初级技能
陈舒妍	女	1358003002500030	五级/初级技能
江振生	男	1358003002500032	五级/初级技能
刘　铄	男	1358003002500034	五级/初级技能
欧阳倩	女	1358003002500036	五级/初级技能
潘敏杰	男	1358003002500037	五级/初级技能
谭仁俊	男	1358003002500039	五级/初级技能
刘梅清	女	1358003002500035	五级/初级技能
王　朋	男	1358003002500040	五级/初级技能
阚海生	男	1358003002500033	五级/初级技能
陈光泽	男	1358003002500028	五级/初级技能
候　毅	男	1358003002500031	五级/初级技能
余晨璐	女	1358003002500041	五级/初级技能
陈年严	男	1358003002500029	五级/初级技能
詹舒静	女	1358003002500042	五级/初级技能
邱帝焕	男	1358003002500038	五级/初级技能
李　璟	女	1358003002500053	五级/初级技能

姓 名	性 别	证书号	级 别
何黄涛	男	1358003002500062	五级/初级技能
梁皓亮	男	1358003002500064	五级/初级技能
梁崇明	男	1358003002500065	五级/初级技能
黄剑锋	男	1358003002500047	五级/初级技能
谢学冬	男	1358003002500048	五级/初级技能
王 鑫	男	1358003002500050	五级/初级技能
刘 懿	男	1358003002500056	五级/初级技能
李子舜	男	1358003002500044	五级/初级技能
王 钰	女	1358003002500045	五级/初级技能
李月聪	男	1358003002500055	五级/初级技能
廖 镇	男	1358003002500043	五级/初级技能
陈君二	男	1358003002500059	五级/初级技能
伍俊蔚	男	1358003002500060	五级/初级技能
熊学梓	男	1358003002500061	五级/初级技能
龙友达	男	1358003002500046	五级/初级技能
唐 威	男	1358003002500054	五级/初级技能
李金牛	男	1358003002500058	五级/初级技能
刘铠泽	男	1358003002500057	五级/初级技能
黄静静	女	1358003002500051	五级/初级技能
李 政	男	1358003002500052	五级/初级技能
彭 东	男	1358003002500049	五级/初级技能
刘 军	男	1358003002500063	五级/初级技能

上海鉴定所

姓 名	性 别	证书号	级 别
王新路	男	1358003001100116	一级/高级技师
俞益平	男	1358003001100118	一级/高级技师
陈 超	男	1358003001100117	一级/高级技师
郑力迪	男	1358003001200111	二级/技师
张宏德	男	1358003001200113	二级/技师
董 翔	男	1358003001200112	二级/技师
李 佳	男	1358003001200109	二级/技师
王光余	男	1358003001200108	二级/技师
谢吉多	男	1358003001200110	二级/技师

姓 名	性 别	证书号	级 别
王淑雅	女	1358003001300010	三级/高级技能
李 军	男	1358003001300038	三级/高级技能
黄舒羽	女	1358003001300040	三级/高级技能
周 彩	女	1358003001300045	三级/高级技能
施 燕	女	1358003001300042	三级/高级技能
梁 莉	女	1358003001300043	三级/高级技能
吴哲龙	男	1358003001300041	三级/高级技能
李 林	男	1358003001300039	三级/高级技能
李应刚	男	1358003001300044	三级/高级技能
王恩平	男	1358003001400085	四级/中级技能
雷东兴	男	1358003001400071	四级/中级技能
林谋德	男	1358003001400073	四级/中级技能
雷远益	男	1358003001400074	四级/中级技能
王鹏周	男	1358003001400076	四级/中级技能
曾善伟	男	1358003001400077	四级/中级技能
蓝明秀	女	1358003001400080	四级/中级技能
万国平	男	1358003001400081	四级/中级技能
荆世刚	男	1358003001400084	四级/中级技能
陈德生	男	1358003001400083	四级/中级技能
梁 钦	男	1358003001400086	四级/中级技能
李一丁	男	1358003001400075	四级/中级技能
孙大美	男	1358003001400072	四级/中级技能
王开贵	男	1358003001400082	四级/中级技能
张天福	男	1358003001400079	四级/中级技能
刘晓宇	男	1358003001400078	四级/中级技能
王开新	男	1358003001400110	四级/中级技能
陈 帅	男	1358003001400115	四级/中级技能
宗 飞	女	1358003001400117	四级/中级技能
吕炜芦	男	1358003001400121	四级/中级技能
汤可心	女	1358003001400122	四级/中级技能
曹长钦	男	1358003001400123	四级/中级技能
夏 华	男	1358003001400124	四级/中级技能
郑 毅	男	1358003001400113	四级/中级技能
王肇燕	女	1358003001400109	四级/中级技能
陈 跃	男	1358003001400116	四级/中级技能

姓 名	性 别	证书号	级 别
朱 波	男	1358003001400114	四级/中级技能
张效连	男	1358003001400118	四级/中级技能
王俊贺	男	1358003001400119	四级/中级技能
刘 涛	男	1358003001400120	四级/中级技能
张家勇	男	1358003001400112	四级/中级技能
于 涛	男	1358003001400108	四级/中级技能
杨 帆	男	1358003001400111	四级/中级技能
高卫民	男	1358003001400107	四级/中级技能
丁 芳	女	1358003001500026	五级/初级技能
李瑾娟	女	1358003001500029	五级/初级技能
张希阳	男	1358003001500027	五级/初级技能
李恒泽	男	1358003001500032	五级/初级技能
刘 江	男	1358003001500030	五级/初级技能
贾文浩	男	1358003001500031	五级/初级技能
文 天	男	1358003001500022	五级/初级技能
吴玉凤	女	1358003001500023	五级/初级技能
单晓梅	女	1358003001500024	五级/初级技能
陈逸昊	男	1358003001500025	五级/初级技能
罗正铭	男	1358003001500028	五级/初级技能
张 立	男	1358003001500066	五级/初级技能
韩婧媛	女	1358003001500067	五级/初级技能
李梅静	女	1358003001500068	五级/初级技能
周 信	男	1358003001500069	五级/初级技能
王素红	女	1358003001500063	五级/初级技能
陆娟红	女	1358003001500065	五级/初级技能
唐西梦	女	1358003001500064	五级/初级技能
雷 蕾	男	1358003001500070	五级/初级技能
黄诗庭	男	1358003001500061	五级/初级技能
马海洋	男	1358003001500062	五级/初级技能

北京电子科技职业学院

姓 名	性 别	证书号	级 别
陈长庚	男	1358003001400001	四级/中级技能
张国龙	男	1358003001400002	四级/中级技能

姓 名	性 别	证书号	级 别
郑祎龙	男	1358003001400003	四级/中级技能
周 格	女	1358003001400004	四级/中级技能
韩 钊	男	1358003001400005	四级/中级技能
肖丽娜	女	1358003001400006	四级/中级技能
王 硕	女	1358003001400007	四级/中级技能
姚 俊	女	1358003001400008	四级/中级技能
王 丹	女	1358003001500001	五级/初级技能
朱 琳	女	1358003001500002	五级/初级技能
李伊琳	女	1358003001500003	五级/初级技能

南京艺术学院流行音乐学院

姓 名	性 别	证书号	级 别
梁培辛	男	1358003001300003	三级/高级技能
刘雨田	男	1358003001300004	三级/高级技能
涂 颖	女	1358003001300005	三级/高级技能
王 聪	男	1358003001300006	三级/高级技能
张 帅	男	1358003001300007	三级/高级技能
张唯阳	男	1358003001300008	三级/高级技能
何 璇	女	1358003001300009	三级/高级技能
高 曼	女	1358003001400062	四级/中级技能
蒋倩云	女	1358003001400063	四级/中级技能
罗 鹏	男	1358003001400064	四级/中级技能
王然然	女	1358003001400065	四级/中级技能
王引之	男	1358003001400066	四级/中级技能
吴丽丽	女	1358003001400067	四级/中级技能
张馨之	女	1358003001400068	四级/中级技能
宗雯婧	女	1358003001400069	四级/中级技能

长春大学

姓 名	性 别	证书号	级 别
褚晓鑫	男	1358003001300029	三级/高级技能
李 芳	女	1358003001300030	三级/高级技能

姓 名	性 别	证书号	级 别
孙宝媛	女	1358003001300031	三级/高级技能
艾宏亮	男	1358003001300032	三级/高级技能
刘维洋	男	1358003001300033	三级/高级技能
高 蕾	女	1358003001300034	三级/高级技能
徐 洋	男	1358003001300035	三级/高级技能
孔 聘	男	1358003001300036	三级/高级技能
吕兰洋	男	1358003001300037	三级/高级技能
徐 莉	女	1358003001400102	四级/中级技能
杨 力	女	1358003001400103	四级/中级技能
程 艳	女	1358003001400104	四级/中级技能
古英俊	男	1358003001400105	四级/中级技能
陈 雷	男	1358003001400106	四级/中级技能

郑州铁路职业技术学院

姓 名	性 别	证书号	级 别
耿意钦	男	1358003001300001	三级/高级技能
陈 楠	男	1358003001300002	三级/高级技能
张 一	男	1358003001300057	三级/高级技能
王 菲	女	1358003001300058	三级/高级技能
付立东	男	1358003001300059	三级/高级技能
琚俊伟	男	1358003001300060	三级/高级技能
李慧鹏	男	1358003001300061	三级/高级技能
李守举	男	1358003001300062	三级/高级技能
王 瑶	女	1358003001300063	三级/高级技能
倪世娟	女	1358003001300064	三级/高级技能
王开瑞	男	1358003001300065	三级/高级技能
杨 戬	男	1358003001300066	三级/高级技能
管崇明	男	1358003001300067	三级/高级技能
周 波	男	1358003001300068	三级/高级技能
何宇鹏	男	1358003001300069	三级/高级技能
邹联丰	男	1358003001300070	三级/高级技能
张婷婷	女	1358003001400009	四级/中级技能
苗 雨	男	1358003001400010	四级/中级技能
王 川	男	1358003001400011	四级/中级技能

姓　名	性　别	证书号	级　别
韩　萍	女	1358003001400012	四级/中级技能
马　莹	女	1358003001400013	四级/中级技能
蒋　淑	女	1358003001400014	四级/中级技能
李景山	男	1358003001400015	四级/中级技能
王天方	女	1358003001400016	四级/中级技能
李月华	女	1358003001400017	四级/中级技能
任会丽	女	1358003001400018	四级/中级技能
王青云	女	1358003001400019	四级/中级技能
袁成龙	男	1358003001400020	四级/中级技能
夏瑜芳	女	1358003001400021	四级/中级技能
靳超玲	女	1358003001400022	四级/中级技能
常祺歌	男	1358003001400023	四级/中级技能
郑婷婷	女	1358003001400024	四级/中级技能
乔　磊	男	1358003001400025	四级/中级技能
王　瑜	女	1358003001400026	四级/中级技能
聂义珍	女	1358003001400027	四级/中级技能
成　楠	女	1358003001400028	四级/中级技能
张　颖	女	1358003001400029	四级/中级技能
李梦珠	女	1358003001400030	四级/中级技能
罗松月	女	1358003001400031	四级/中级技能
孙尉耀	男	1358003001400032	四级/中级技能
姚家威	男	1358003001400033	四级/中级技能
郭　凯	男	1358003001400034	四级/中级技能
张慧文	女	1358003001400035	四级/中级技能
姬鸳鸯	女	1358003001400036	四级/中级技能
全英祈	男	1358003001400037	四级/中级技能
张　坤	男	1358003001400038	四级/中级技能
王　乐	男	1358003001400039	四级/中级技能
徐伟哲	男	1358003001400040	四级/中级技能
程茜茜	女	1358003001400041	四级/中级技能
楚焕焕	女	1358003001400042	四级/中级技能
何　珍	女	1358003001400043	四级/中级技能
张政花	女	1358003001400044	四级/中级技能
郭　鸽	女	1358003001400045	四级/中级技能
随小珍	女	1358003001400046	四级/中级技能
孙亚琼	女	1358003001400047	四级/中级技能
徐　媛	女	1358003001400048	四级/中级技能

姓 名	性 别	证书号	级 别
侯丽梅	女	1358003001400049	四级/中级技能
孙文贞	女	1358003001400050	四级/中级技能
井丹丹	女	1358003001400051	四级/中级技能
索 雪	女	1358003001400052	四级/中级技能
蔡文轩	女	1358003001400053	四级/中级技能
申 帆	女	1358003001400054	四级/中级技能
梁俊勇	男	1358003001400055	四级/中级技能
叶易稻	男	1358003001400056	四级/中级技能
刘真真	女	1358003001400057	四级/中级技能
王 宁	男	1358003001400058	四级/中级技能
王欣彤	女	1358003001400059	四级/中级技能
张 凯	男	1358003001400060	四级/中级技能
李红光	男	1358003001400061	四级/中级技能
王 芳	女	1358003001400070	四级/中级技能
冯时雨	男	1358003001400148	四级/中级技能
郝逸铭	男	1358003001400149	四级/中级技能
李 倩	女	1358003001400150	四级/中级技能
张慧华	女	1358003001400151	四级/中级技能
王星雨	女	1358003001400152	四级/中级技能
白玉仙	女	1358003001400153	四级/中级技能
周 旭	女	1358003001400154	四级/中级技能
胡 丹	女	1358003001400155	四级/中级技能
解馥榕	女	1358003001400156	四级/中级技能
朱梦露	女	1358003001400157	四级/中级技能
何长虹	女	1358003001400158	四级/中级技能
赵一真	女	1358003001400159	四级/中级技能
温亚星	女	1358003001400160	四级/中级技能
朱梦姣	女	1358003001400161	四级/中级技能
董 铭	女	1358003001400162	四级/中级技能
韩艳雪	女	1358003001400163	四级/中级技能
马思思	女	1358003001400164	四级/中级技能
李 贝	女	1358003001400165	四级/中级技能
张佳静	女	1358003001400166	四级/中级技能
赵 敏	女	1358003001400167	四级/中级技能
刘 慧	女	1358003001400168	四级/中级技能
张 璐	女	1358003001400169	四级/中级技能
刘祎迪	男	1358003001400170	四级/中级技能

姓　名	性　别	证书号	级　别
李方博	男	1358003001400171	四级/中级技能
王路佳	男	1358003001400172	四级/中级技能
刘　静	女	1358003001400173	四级/中级技能
李丽丽	女	1358003001400174	四级/中级技能
郭　贺	男	1358003001400175	四级/中级技能
张慧敏	女	1358003001400176	四级/中级技能
姚伟星	女	1358003001400177	四级/中级技能
马阳丽	女	1358003001400178	四级/中级技能
张　冰	女	1358003001400179	四级/中级技能
苏文娟	女	1358003001400180	四级/中级技能
李　茜	女	1358003001400181	四级/中级技能
陈甜甜	女	1358003001400182	四级/中级技能
刘惠芳	女	1358003001400183	四级/中级技能
冯武斌	男	1358003001400184	四级/中级技能
郝　磊	男	1358003001400185	四级/中级技能
张天天	女	1358003001400186	四级/中级技能
贺　欢	男	1358003001400187	四级/中级技能
舒　婷	女	1358003001400188	四级/中级技能
付文松	男	1358003001400189	四级/中级技能
蚁小倩	女	1358003001400190	四级/中级技能
吕绍楠	男	1358003001400191	四级/中级技能
秦梦梦	女	1358003001400192	四级/中级技能
贾　乾	男	1358003001400193	四级/中级技能
都明皓	男	1358003001400194	四级/中级技能
王晓琳	女	1358003001400195	四级/中级技能
周　强	男	1358003001400196	四级/中级技能
陈　稀	女	1358003001400197	四级/中级技能
曹　颖	女	1358003001400198	四级/中级技能
高　燕	女	1358003001400199	四级/中级技能
吴　珂	女	1358003001400200	四级/中级技能
吴　丹	女	1358003001400201	四级/中级技能
张　鸣	男	1358003001400202	四级/中级技能
翟　剑	男	1358003001400203	四级/中级技能
裴　娜	女	1358003001400204	四级/中级技能
王玉全	男	1358003001500021	五级/初级技能

信息检测标准

中国乐器协会2013年信息工作总结

中国乐器协会信息工作坚持以科学发展观为指导思想，以扩大和提高乐器行业在国民经济和社会发展中的影响力为宗旨，努力为政府、行业、企业作好各类信息传递和宣传报导工作，近年来更通过刊网联动等多元发展，扩大宣传效果，有效提升了行业整体信息服务水平。

一、不断推进行业信息平台建设

协会信息平台主要由《中国乐器》杂志、《中国乐器年鉴》、《中国乐器协会会员通讯录》及“中国乐器协会网”等信息媒体构成。《中国乐器》杂志已经走过了发行百期历程，作为中国乐器协会的会刊，始终以“宣传行业、记录行业、服务行业、引导行业”为宗旨，以专业产经视角，客观纪录和亲历见证了中国乐器行业从小到大，由弱变强的历史发展过程，成为国内外相关领域了解中国乐器行业发展历史、现状和趋势，最权威完整的重要参考依据，从而受到国内外乐器行业企业琴行以及音乐教育培训界的广泛关注和肯定。2013年，协会信息部贯彻落实十八大精神，努力改进文风，借由《中国乐器》杂志改版之机，较大幅度调整了版面结构和栏目设置，在保持原有数据服务优势基础上，加强宏观政策引导，聚焦行业热点问题，重点关注行业内技术创新、市场创新、产品创新和品牌创新以及人才培养、与文化教育培训融合等方面进展，对行业整体转型升级发挥了积极作用。

2010年起，《中国乐器年鉴》改版为每年出版一卷，继续受到广大读者的欢迎。《年鉴》以准确、翔实、系统的资料汇编，再现了年度内乐器行业的经济运行概况，影响到行业发展的大事记等重要信息和数据资料。目前，《年鉴》已被公认为全面、系统、连续记载和宣传乐器行业发展轨迹的主要工具书，是了解行业，掌握趋势的重要参考资料，同时也成为协会与国内外同行增进了解与交流的载体和窗口。

改版后的中国乐器协会网，功能不断完善和增强。扩大容量，加快更新速度，细化栏目，增强服务性等方面都将通过具体措施逐步得到加强。同时优化了《中国乐器》、《中国乐器年鉴》电子版的功能，用户可以根据自己不同需求第一时间进行下载和阅读。新的网站更注重用户体验和互动，通过友好的界面和人性化的版面设计，用户可对发布的信息直接发表评论。努力在为会员及广大网友客户提供更方便快捷服务的同时，使之真正成为协会与会员、网友沟通交流互动新的重要平台。

二、及时宣贯国家有关方针政策

协会信息工作紧紧围绕党和国家的相关政策，牢牢抓住行业特点，密切关注与行业发展相关的政策信息和其他宏观资讯；及时传达贯彻政府相关部门、中轻联和乐器行业重大会议精神；聚焦行业企业发展中的热点和难点问题，反映最新市场发展动态，综合形成协会信息工作的特色。

坚持与国家统计局 、海关总署以及中国轻工业信息中心的密切合作，及时全面掌握乐器制造业经济运行和进出口等主要经济指标，编写乐器年度报告、行业月季年经济分析报告，并及时通过杂志、网站向全行业发布。与此同时，还较好坚持了向中国轻工业联合会的信息报送工作。

不完全统计，2011年—2013年度，中国乐器杂志和协会网站共发布中外行业数据253项、行业信息369条、企业信息632条，海外信息225条。

三、深入企业和产业基地，了解掌握一线动态，撰写调研报告

参加协会组织的产业集群调研。先后对河北武强县、山东昌乐鄌郚镇、余杭中泰乡、河南兰考县、营口乐器产业园等地进行实地考察，并撰写了《探寻武强文化发展之现象》、《对鄌郚电声乐器产业基地发展现状的思考和建议》等7篇调研报告，对我国现有产业基地形成原因、发展现状、优势及存在的问题进行了深入剖析。

围绕乐器行业运行中的热点、难点问题进行专项调查研究。鉴于进口旧钢琴对中国钢琴行业的诸多负面影响，开展专题市场调研，先后向商务部、海关总署等有关部门递交了《关于限制进口二手钢琴的建议》和《关于进口二手钢琴对我国钢琴产业冲击及政策建议》报告。商务部主管部门专门与协会进行了研讨，海关总署、质检总局、国标委、国家工商管理总局均给予书面回复。

积极参与国家林业局组织的蟒皮乐器原材料采购、企业生产与市场销售、产品技术与质量的基本情况调研，完成《蟒皮乐器调研报告》专题调研材料，为实现蟒皮乐器生产、销售的市场合法化提供了依据，使蟒皮乐器这一具有独特民族特色的乐器得到了传承发扬。

2013年，针对国际市场环境和进出口状况变化，以采访行业专家和向企业约稿形式，不定期策划推出了《审时度势 乐器行业发展战略思考》、《2013年乐器产业发展瓶颈与应对策略》、《乐器行业技能人才培训任重道远》、《直面热点、难点，赢得市场主动权》、《乐器品牌何其多，品牌之路何其多》等专题重头文章，引导转型期的乐器企业克服眼前困难，把握新的增长机会。

四、建立完善协会信息外联窗口

继续完善与国外相关音乐产业乐器传媒和行业机构互联的有效机制，加强信息互通和合作。对外合作项目除了继续与美国国际音乐制品协会共同组织上海乐器展的NAMM大学课程外，《中国乐器》杂志还与日本《音乐贸易》、《MMR》等杂志实现互换，向NAMM提供中国乐器产业经济数据,纳入《全球乐器报告》。几年来，协会与德国法兰克福展览公司、美国国际音乐制品协会（NAMM）、巴西乐器协会、国际钢琴调律师及技师协会（IAPBT）、欧洲音乐联盟等国际组织保持了经常性的信息交流与合作。

五、努力实现行业内优势信息资源整合

按照“合作共赢，资源共享”的指导思想，与音乐教育培训，音乐表演等相关行业单位建立起友好合作关系，业内与《乐器》、《中外乐器信息》、《琴行经营报》、《乐器空间》等纸媒和“全球乐器网”、“中华乐器网”、“123乐器网”、“星夜钢琴网”等网站建立起密切沟通，积极合作，优势互补的关系。与《音乐周报》合作办好《乐器》专版外，又与中国音协管乐学会合作在《中国乐器》杂志上开设“中国管乐”专栏。

六、发挥行业内通讯员作用

为了加强乐器行业、企业信息交流与合作，密切协会与会员的沟通，充分发挥行业信息网络的作用，2011年初建立了中国乐器协会特约通讯员队伍，企业通讯员作用得到进一步发挥，积极承接协会及行业媒体约稿和信息采集及调研任务，收集和反馈有关信息，及时提出改进信息工作的意见和建议，做好本企业信息采集、编写和报送工作。自建立通讯员队伍以来，在协会领导和各企业单位领导的共同重视及支持下，企业信息报送工作取得了显著进步，通讯员的自身素质也不同程度得到提高，信息采集能力、提炼能力、传播能力得到提升，投稿量逐年增加。2011年至2013年，共收到各企业通讯员报送的稿件共计817篇，其中，上海民乐一厂、广州珠江钢琴股份有限公司、宜昌金宝乐器制造有限公司、河北秦川文体乐器有限公司等单位表现突出，在信息报送中发挥了重要作用，平均年投稿量都在20篇以上，并且稿件质量较好。在取得成绩的同时，还应看到信息报送工作中存在的问题。仍有企业对协会信息报送工作的重视度不够，上报数量少，工作主动性和连续性不够，通讯员的作用没有充分发挥。此外，通讯员队伍还有待拓宽，企业涵盖面仍不够宽。为进一步激励通讯员的积极性以及健全通讯员网络，协会决定将用不同形式对该项工作进行年度总结、考评和表彰，推动信息报送工作再上新台阶。

国家轻工业乐器信息中心2013年工作总结

2013年是非常不平凡的一年，国内外经济形势复杂严峻。发达经济体企稳回升的步履蹒跚，中国国内经济下行压力较大，各种自然灾害频发，各种矛盾交织。面对复杂严峻的形势，按照上级单位效益管理年的整体工作部署，国家轻工业乐器信息中心以“勤俭节约、高效增收、巩固调整、创新管理”为基本目标，踏实开展工作，与行业企业建立广泛联系，完善中心的器乐科技信息服务功能，继续推进多元化乐器传媒机构的建设。

一、提升乐器产业影响，丰富信息服务渠道

2013年3月，国家轻工业乐器信息中心参与主办的中国（广州）国际乐器展迎来十周年。展会在历经多年积累后，于2011年迈上新台阶，步入稳步发展阶段，并与德国法兰克福展览公司达成合作，共同举办与广州乐器展览会同期的灯光、音响展。凭借广东及周边地区的乐器产业资源，广州乐器展在钢琴、吉他、提琴、电声乐器、电子乐器配件、民族乐器等产品领域均显出优势。同时，借助乐器展览会的合作平台，乐器信息中心与以广东星海音乐学院为首的地方专业音乐院校、艺术团体，及乐器教学培训机构加强合作，邀其加入展会的宣传推广项目。2013年展会同期，由信息中心与星海音乐学院合作举办的“青春绽放，民乐专场音乐会”在星海音乐学院音乐厅、东莞玉兰大剧院分别举行，星海音乐学院民族乐团的主要演员和来自北京、上海等地的多位青年民乐演奏家同台，为当地千余名观众献上精彩演出，其中独具特色的岭南传统民乐曲目现场反应热烈。2013年5月，由乐器信息中心首创运营的“中国乐器信息网”进行新版开发建设，重新布局的信息网络平台集信息发布、读者互动、资源共享的多重功能于一体，为行业打造综合信息传递和展示渠道。2013年，信息中心同时运营国内外公开发行刊物《乐器》和行业内商贸交流读物《中外乐器信息》杂志，力求从期刊不同定位，为读者提供涵盖音乐艺术、乐器科技、商贸交流等多方面的信息资讯，形成内外互动、形式多样的信息交流平台。

2013年度，围绕乐器行业科技信息的汇总与新技术、新产品的推广等中心工作，国家轻工业乐器信息中心继续以刊物出版、网站建设、综合业务三大板块为载体，努力拓展行业信息推广的层面和服务深度，完善信息中心的信息发布和行业咨询、企业推广等综合平台建设，强化乐器信息中心作为公益第三方的媒体服务品牌，建立客观公正、高端专业、与时俱进的机构发展理念，打造乐器信息中心的良好信誉与机构形象。

二、重视提升期刊质量，打造专业媒体平台

期刊出版是乐器信息中心开展行业服务和推广工作的重要形式之一，也是扩大和保持信息中心行业权威性与话语权的重要工具。自2011年信息中心整合旗下媒体资源，在《乐器》、《中外乐器信息》和“中国乐器信息网”的“两刊一网”基础上，与行业相关媒体机构展开广泛合作与交流，如与中国乐器协会信息部、音乐周报、吉他中国网等媒体联合开展对国内外乐器展览会、音乐艺术活动等的专题报道，建立良好的媒体合作关系。

通过整合品牌期刊的优势资源，开展学术、信息和商贸交流活动，提升乐器信息中心的行业影响力。2013年，借助信息中心的行业地位，参与中国成都教育装备技术展示会的新闻报道工作，并与教育部乐器教学设备采购单位、乐器产品检测中心等密切联系，关注乐器教学设备的品类变化、产品质量和供需情况等，为行业企业提供相关领域的产品采购、技术发展与宣传推广等信息与服务。中心除参与主办中国（广州）国际乐器展览会外，旗下媒体《乐器》《中外乐器信息》“中国乐器信息网”还对中国（上海）国际乐器展览会、北京乐器展览会、营口乐器博览会等行业相关展览展示活动给予重点关注和报道，向大众传递乐器产业和音乐文化发展的最新动态。

三、完善综合业务平台，构筑多元服务体系

据相关部门统计，2013年我国数字出版产业整体年收入已达到2540.35亿元，比2012年增加了31.25%，与2006年的213亿元规模相比，十年间的增长超过了十倍。互联网期刊收入达到15亿元，数字报纸11.6亿元，互联网广告收入1100亿元。其中，电子图书的增长最快，从2006年—2013年间，电子图书的收入增长年均78.16%。面对数字出版产业快速发展的新形势，2013年，信息中心着重媒体平台整合建设，加强与期刊网络媒体的深度合作。《乐器》杂志先后与万方数据、中国知网、博看网等期刊综合平台加强合作，实现期刊电子化，为期刊作者和合作单位提供更大范围的互联网推广。同时，在自建网络平台上，单独设立期刊互动频道，实现月刊信息的网络发布、读者交流和电子投稿等功能。

2012年末，信息中心完成了办公环境建设的设计改造，复建更新图书资料室，新建影音阅览室和影像制作室，为中心进一步开展多元化的信息推广服务提供了必要的环境和技术条件。在此基础上，根据北京乐器研究所十二五“器乐文化科技服务平台”建设规划，中心继续承担北京市科委下达的科研项目工作，完善《北京乐器研究所乐器专业数字图书馆》的二期建设，购置专业图书制作、影像制作等设备，引进乐器制作、音乐演奏、器乐艺术，及乐器教学、材料和声学研究等相关学科的图书、音像资料等，充实乐器专业图书资料室的馆藏，为数字图书馆建设进行资料储备。另外，中心还承担上级单位提出的乐器行业及文化调研任务，与各大音乐院校、乐器生产和经营单位建立联系，搜集、整理和编写了《中国器乐文化发展（1990-2013）调研报告》、《关于电钢琴技术发展及市场需求的调研》等，在梳理乐器产业、音乐艺术和器乐文化发展脉络的同时，为行业发展贮备有助查询的信息库资源。

回顾2013年度乐器信息中心各项工作的开展，总体发展较为平稳，各项工作开展顺畅有序，与行业企业及相关部门、同行间的关系较为融洽，形成了更为良好的互动合作关系。借助北京乐器研究所的所属“三个中心”，即“国家轻工业乐器质量监督检测中心”、“全国乐器标准化中心”和“国家轻工业乐器信息中心”的联动合作，提升了行业信息服务的专业化水平与技术含量。未来，中心还将继续加强与国家相关部门、社会媒体、乐器行业的沟通与合作，学习借鉴各领域的工作方法和成功经验，积极拓展业务领域，为行业企业做出更多务实有效的科技信息与宣传服务工作。

国家轻工业乐器质量监督检测中心2013年工作总结

2013年，国家轻工业乐器质量监督检测中心（以下简称检测中心）积极贯彻“勤俭节约，高效增盈”的工作方针，结合检测中心实际情况，制定了“步步为营，稳扎稳打，休养生息，团结安定”的年度工作思路；基本顺利地完成了本年度工作计划。总体概括为：

加强了人员业务培训，提高了行业服务水平；
增强了综合检验能力，拓展了行业服务领域；
完善了质量管理体系，提升了体系运行效力；
进行了行业需求调研，做了点行业服务贡献。

2013年度重点工作概述

一、产品委托检测工作

本年度，检测中心共完成各类产品委托检测666批次，对外出具产品《检测报告》666份；检测量同比上年增长17%；完成音准仪委托校准30台套，出具《校准报告》30份。检测产品种类主要包括钢琴、提琴、管乐器类、民族乐器类、电声乐器、以及中小学教学使用的打击乐器等。主要乐器产品检测数量约占全年检测总量的百分比为：钢琴35%，民族乐器23%，各类管乐器15%，其他乐器26%。根据统计，常规委托检测量约占全年检测量的65%，用于各级政府采购，特别是教育招投标项目所涉及的产品委托检测量约占35%，从这方面也可以发映出近年来国家对于加强基础性素质教育的投入力度加大，同时，也带动了部分行业企业的快速发展。

二、加强行业服务、提高品牌质量保障

根据检测中心“立足市场，服务行业”的职能定位，自2011年起实施至目前，已有12家涉及钢琴、管乐器、打击乐器、民族乐器、电鸣乐器、簧鸣乐器类的大型行业骨干企业与检测中心签订了“产品质量检测定点服务企业”协议。本年度，检测中心与各“定点服务企业”积极沟通，定周期，排计划，圆满完成了对各定点服务企业的产品质量检测工作，同时还通过多种形式对企业开展了有效的质量管控建设、标准宣贯、质检人员培训、技术指导交流等方面的工作，获得企业的一致认同。

三、确保实验室体系平稳运行

2013年，是检测中心实验室资质复评审年限。为确保实验室体系平稳、正常运行，年初，中心制定了年度体系运行计划，并进行了详细的分工，组织完成了《质量手册》的修订、实验室内审和管理评审、年度人员培训计划、设备周期检定期间核查等项工作。6月份，检测中心向国家认监委及国家认可委提交“实验室资质复评审+能力扩项”申请。8月份，上述两部门正式委派评审组对中心实验室的体系运行情况及申请扩项的12项检测能力进行了审查和现场能力考核，评审结果良好。10月份，上述两部门正式向我中心重新核发了《资质认定》和《CNAS》证书（有效期3年）。

四、筹备并开展化学领域检测

为满足新颁布的《乐器产品有害物质限量》国家标准的检测能力要求，增设了化学实验室，通过社会招聘和自有人员培训安排了专职从事化学检验的人员3名，配备了能够满足检测能力要求的专用仪器设备10余台套。5月份，中心实验室与环保部环境所（国内唯一具备对该项目进行能力验证和测量审核的部门）在经过反复的比对、检测、验证后，最终取得测量审核（获得CNAS认可的必经程序）的合格结果。随着实验室资质评审和能力扩项工作的完成，9月10日，检测中心正式对外启动了乐器产品有害物质限量——挥发性有害物质的产品检测工作。截止到年末，化学实验室共完成了15批次的产品检

测，其中13批次合格，2批次不合格；产品种类主要包括钢琴、小提琴、吉他、古筝等，获得了发证机关的资质认可。使检测中心的技术能力和行业权威性又向前迈出了稳健的一步。同时也为检测中心带来了不错的经济效益。

五、加强产品质量宣传服务工作

以适应市场需求，增强行业服务能力为目的。检测中心于2011年开办了“国家乐器检测中心网站”（www.gjyqjczx.org）在历经近两年的不断完善和宣传中，逐步成为行业以及社会广泛认同的产品质量行业权威网站。在各类政府采购及招投标工作中已经起到了不可或缺的作用。目前，网站中的“检测结果查询”平台，已成为各类招标工作中进行产品质量确认必须经过的程序。“网上填报”功能，也为各企业进行委托检测办理手续提供了便捷的服务，深受企业好评。本年度，中心网站运行状况良好。网站负责同志对各类信息均做到及时上传、及时发布。

为保护消费者权益，提高全民产品质量意识，进一步扩大中心影响力，按年初计划，除利用网络的宣传力度外，从本年度起还将增加一本《年度乐器产品质量合格名录》刊物，内容是收录年度中在我中心参加产品质量检测并且合格的产品信息，目的是用于指导消费，同时起到对合格产品进行宣传的作用。

六、加强人员业务培训，提高行业服务水平

加强人材队伍建设是检测中心恒久不变的工作内容。本年度，为继续提高行业服务水平，中心按计划进行了多次人员专业知识培训讲座，主要内容包括：质量管理体系，钢琴制造及相关理论知识，乐器声学基础知识等，都收到了良好的效果，在工作中也得到了具体体现。

国家轻工业乐器质量监督检测中心（广州）2013年工作总结

2013年，在检测中心的全体人员同心协力下，将各项工作有序地完成。如委托检测、监督检测和新产品检测等等。另外，还积极参与行业标准化工作，承担标准起草任务。积极做好职业技能培训和鉴定工作，特别是组织了广东省职业技能大赛广州市钢琴调修工选拔赛，为行业不断输送优秀的技能人才。

一、产品检测工作

1、配合企业开发新产品和对产品质量的控制，积极开展产品检测和产品鉴定工作。

2、配合广州市质量技术监督局2013年的监督抽查计划，中心对钢琴、吉他、提琴、鼓乐等产品进行监督抽查，按时完成抽检任务。

3、积极承担《钢琴》、《吉他》、《电吉他》标准修订的起草工作，并认真做好修改标准的产品验证工作。

4、组织检验人员参加广东省技术质量监督局举办的抽样员培训班和检验员培训 班，提高了检验人员的法律法规意识和专业技术水平。

5、做好检测中心的复审准备工作，全面检查质量体系的执行情况。

二、标准化工作

中心主持或参与完成了《钢琴》、《吉他》、《电吉他》等项国家标准、行业标准的修订工作。

在标准制、修订工作方面，中心成立了标准起草工作组，负责标准文本的起草、编制、数据试验、验证等诸项工作。同时还会同全国乐器标准化中心广泛收集国内主要吉他生产厂家对标准的修订意见，对吉他产品进行测试和验证，并收集国内主要吉他生产厂的企业标准进行分析对比，组织主要起草单位对标准中的产品分类、技术要求、测试方法、检验规则及标志、包装、运输、贮存进行逐一讨论和研究，编写出标准草案，并将标准草案公开征求业内各方面意见，对反馈的意见进行认真分析研究，根据目前国内吉他生产的实际情况和相关的法律法规要求，我们采纳部分厂家的意见，没有采纳的意见也作了详细的说明，并对标准草案进行修改，提出标准送审稿，经标委会审定后最终修改完成报批稿。

三、技能培训和鉴定工作

1、承担了广东省职业技能大赛广州市钢琴调修工选拔赛，起草竞赛实施办法和技术条件，组织广州市的钢琴调律师积极参与，并为竞赛的实施提供场地，通过选拔赛，为广州市选拔一批优秀的钢琴调律技能人才，并在广东省决赛中取得了第一、二、四、五、七名的好成绩。

2、按计划完成2013年二期钢琴调律师的技能培训工作。

3、按计划完成2013年二期的技能鉴定工作，做好资格审核工作，组织做好考试、阅卷、成绩计算、网站成绩上传、成绩及鉴定材料上报等工作，其中有两位是视障人士。

4、组织广州星海音乐学院和文艺职业学院应届毕业生进行钢琴调律师考前培训及鉴定。

5、组织一次钢琴调律技师、高级技师的鉴定工作，组织技师考试考前培训和鉴定工作的实施。

6、做好培训教学和学员管理工作，特别是定期对学员宿舍进行防火、安全、卫生监督检查，发现问题，及时进行整改，加强对学员的管理，防止事故发生，我们还积极与广州消安防火宣传中心联系，让他们对我们的教师和学生进行消防知识的培训，提高了教师和学生的消防意识，反应良好。

全国乐器标准化委员会2013年工作报告

一、2013年乐器标准化工作

2013年，全国乐器标委会主要在以下几个方面开展工作。

1、国标委、工信部、中轻联等标准化行政主管部门下达乐器标准制修订项目计划共10项。其中制定国家标准1项，修订国家标准1项，制定行业标准3项，修订行业标准5项。这些标准按领域划分，涉及弦鸣乐器、气鸣乐器、电鸣乐器、体鸣乐器等门类；按类别分，涉及基础通用和产品两类，其中：基础通用类国家、行业标准各1项；产品类标准8项。吟飞科技（江苏）有限公司、广州珠江钢琴集团有限公司、国家轻工业乐器质检中心（广州）、杭州嘉德威钢琴有限公司、福州和声钢琴有限公司、江阴金杯安琪乐器有限公司、广州红棉提琴有限公司、江苏奇美乐器有限公司、天津津宝乐器有限公司、北京乐器研究所等10个单位分别承担了10项标准的制修订工作。截止目前，其中《手风琴通用技术条件》、《电吉他》、《吉他》、《爵士鼓》、《口风琴》5项行业标准按工作计划时间表，已于上半年完成了审定、报批等诸项工作，且已发布，于12月1日实施。《废弃乐器回收利用通用技术规范》、《钢琴》两项国家标准的制修订和《定音鼓》、《木琴》、《管钟》3项行业标准的制定，将在本次会议完成审定。至此，乐器标委会在上级标准行政主管部门、中国乐器协会、各委员和有关单位的关注和支持下，保质保量，很好的完成了2013年度上级批准立项的各项乐器标准制修订的项目计划。

2、根据《轻工业“十二五”发展规划》中“大力开拓农村市场，围绕农村公共文化建设，推进乐器下乡，丰富农民精神文化生活”的总体要求，并配合教育部《中小学音乐教学器材配备标准》的实施，乐器标委会依据《乐器标准体系》，并针对目前乐器产品符合“乐器下乡和教学器材配备”的产品而还未有标准的产品进行了研究与分析，在征求有关方面意见后，向国家标准化行政管理部门提出了符合上述两个条件，且结构相对简单，易于掌握的标准化项目，分别为：《巴乌》、《葫芦丝》、《陶笛》3项产品标准。目前，国家工信部正以公示的形式向社会征求意见。3项标准的提出，不但满足《轻工业“十二五”发展规划》的要求和配合《中小学音乐教学器材配备标准》的实施，改变了在“下乡、配备”两个领域招投标时无标准可依的现状，且弥补了《乐器标准体系》的空白。

二、乐器标委会换届工作情况

乐器标委会2013年除完成乐器标准项目的制修订工作外，另一项主要工作是乐器标委会的换届工作。第一届全国乐器标准化技术委员会自2008年10月正式成立到2013年9月届满，已到换届之年。五年来乐器标委会在各级标准化行政主管部门、中国乐器协会、各位委员以及相关企业的关注和支持下开展并完成了以下工作。

1、总结第一届乐器标委会工作

⑴ 截至目前，乐器标委会归口管理的乐器类国家、行业标准共计103项（含已公示的3项标准）。组建5年来开展活动12次，共完成96项乐器标准的制定、修订和复审，其中：制定国家标准12项，修订国家标准1项，制定行业标准32项、修订行业标准42项，复审确认继续有效行业标准9项。96项标准的标龄均控制在5年之内，还有7项标准的标龄已超过5年，已分年度提出了修定和复审计划。103项乐器国家、行业标准中，基础通用标准25项，占比例24.3%；方法标准7项，占比例6.8%；产品标准71项，占比例68.9%。上述标准中强制性标准1项，推荐性标准102项。共20多个单位、60多人次的委员及相关企业人员参加了上述标准的制、修订工作。

⑵乐器标委会按照国家工信部、中轻联总体要求和部署，重新修订了《乐器标准体系》和制定了乐器标准制修订“十二五”规划；提出了2013年至2015年乐器各类急需制修订的标准项目计划；根据工作需要协助组建了“电鸣乐器、钢琴”两个标准制修订工作组和协助筹备组建民族乐器标准制修订

工作组（工作组已完成各项筹备工作，本次会议将批复）；根据需要在届内对委员进行了两次调整。

⑶乐器标委会秘书处日常工作运转的主要经费来源是委员单位交纳的会费和秘书处承担单位的经费投入，秘书处每年度经费收支的预算与决算是经由秘书处承担单位的财务部门进行管理，并严格按照财务制度运行，保证了秘书处正常工作的开展。

2.第二届乐器标委会组建工作情况

⑴ 根据国家标准化管理委员会《全国专业标准化技术委员会管理规定》和中国轻工业联合会《全国轻工行业专业标准化技术委员会换届工作暂行办法》的规定，并按照其要求于扬州5项标准审定会议期间，向各委员通报了换届工作程序及委员任职条件，并以表决的方式通过了第二届乐器标委会换届领导小组人员的组成、换届方案和担任第二届乐器标委会的顾问、主任委员、副主任委员、秘书长人选和秘书处设置单位的方案。

⑵ 根据《全国乐器标准化技术委员会章程》和第一届乐器标委会运行情况，经换届领导小组办公会议研究，第二届乐器标委会适当减少了行政管理人员，增加了从事一线技术人员的比例；适当减少了弦鸣乐器类钢琴、民族弦鸣乐器委员的比例，增补了第一届委员中无膜鸣、体鸣乐器类委员的比例。

⑶ 第二届乐器标委会主要工作职责为：负责乐器产品领域（不含维修、保养等服务领域）的国家标准、行业标准制修订工作。第二届乐器标委会委员的产生除按乐器标准体系构成外，将延续第一届由“弦鸣乐器、气鸣乐器、体鸣乐器、膜鸣乐器、电鸣乐器、乐器辅助、乐器用材”等领域中具有代表性并熟知掌握乐器专业知识和标准化专业知识及热爱标准化事业的行业协会、企业、科研、质检、音乐院校、商业等单位的工程技术人员组成。第二届乐器标委会由顾问1名和45名委员组成，其中协会1人，占比例2.22%；科研单位2人，占比例4.44%；检测机构2人，占比例4.44%；音乐院校1人，占比例2.22%；商业（代表消费者）2人，占比例4.44%；企业37人，占比例82.2%。37名企业委员中：钢琴委员9人，民族乐器委员8人，提琴、吉他委员5人，电鸣乐器委员5人，西管乐器委员4人，手风琴、口琴委员3人，乐器辅助、乐器用材委员3人。

⑷ 第二届乐器标委会换届的各项工作已完成，并且已通过中国轻工业联合会的审查，目前正等待国家标准委的批复。

3.第二届乐器标委会工作指导思想、预期目标及工作重点

⑴ 继续充分依托乐器行业中各类产品的龙头或骨干企业承担更多标准的起草工作，充分认识标准化工作主体源于市场，加强责任感和使命感，从全行业角度考虑乐器领域标准化体系建设，优化标准化工作机制，加快重点产品标准制修订速度，优先解决好先进技术、科技成果向标准化的转移，扩大和利用现有渠道，加强标准化工作信息平台的构建；积极推进产品标准在市场经济规则中的主导地位，加快建立和完善乐器标准体系，将目前尚无标准且发展较快的领域，特别是乐器行业中缺失较多的基础标准、方法标准和检测标准纳入规划重点；拓宽标准制订范围，增加对乐器材料、环境保护、污染物排放与节能减排及涉及人身健康、环境等领域的标准制定；加强国际间标准化工作的交流，加快采用国际标准和国外先进标准的步伐，积极参与国际标准化活动。与此同时，根据标准化法对标准修订原则，做好对现行标准中不适应当前生产且标龄过长的国家、行业标准的复审和修订工作。

⑵ 在做好乐器标委会换届的衔接及移交工作同时，将根据第一届标委会的运行情况，在第一届乐器标委会《章程》的框架基础上，修订完善《章程》，并根据乐器行业总体规模、发展趋势，制定出第二届乐器标委会的工作规划与各年度工作计划。

⑶ 力争实现将标准修订周期控制在3年以内，标龄控制在五年以内，积极主动向标准化主管部门提出周期复审工作计划，采用相关国际标准、国外先进标准的采标率争取达到90%以上，使乐器标准化工作达到国际先进国家的水平。加快乐器行业急需的通用基础标准，如：乐器种类目录、乐器声学基本术语；乐器声学品质评价人员等级、乐器环境试验等标准的制定。尽快提出计划，以逐步实现乐器标准化体系表中明确列出的标准项目和数量。

⑷ 继续完善乐器标准化体系的建立。按照国家标准委《国家标准化体系建设工程》和工信部《工业和通讯业“十二五”技术标准化体系建设方案》两个指导性文件的总体要求和编制原则，逐步开展乐器各门类体系的建设工作，力争用两年时间完成

对现有乐器标准化体系的构建进行调整、修订和完善的工作。

⑸ 继续积极贯彻国家对标准化工作有关的方针和政策，认真学习并领会国家对标准化工作的精神及要点，确保国家颁布有关标准与乐器领域出台的标准得到及时宣传、贯彻并实施监督的职责。

⑹ 加强对标准化人员的培训工作，积极响应中国轻工业联合会“建立轻工国家标准、行业标准培训、上岗”的机制，拟于2014年上半年，开展一次针对第二届乐器标委会委员《标准化基础知识》和国家对标准化工作方针与政策的培训工作。

三、对乐器标准化工作的建议与要求

1、强调申报乐器类标准的原则

⑴ 必要性：一是发展的需要；二是申报项目原则应是体系内项目；三是协调配套；四是着重突出标准立项的急迫性、创新性和国际性。

⑵ 可行性：标准是技术的总结与升华，标准的申报、立项应研究、分析是否达到立项的程度。

⑶ 合理性：标准立项应注意是否符合法律法规与产业政策，业务范围划分是否合理，与相关行业是否交叉、重复。

⑷ 规范性：标准化对象的一致性，包括名称应准确、内容应一致以及标准制定各阶段的程序应严谨规范；

2、严格规范标准立项、起草工作程序

⑴ 充分了解标准制定程序与规则，熟练掌握GB/T 1系列标准和标准制定的“目的性原则、性能原则、可证实性原则”的三大原则；

⑵ 标准立项采取“自上而下和自下而上”、并依据标准体系，公开征集，重点突破、整体提升的原则，优先对成熟度高、预研充分、制定周期短的标准进行立项，立项将采取委员集体表决的方式；

⑶ 标准起草工作组组长应由标委会委员承担，起草编制人员需经过标准化基础专业知识的培训；

⑷ 加强标准草案、编制说明的编写质量，加强数据实验验证手段及方法的科学性与合理性。

3、严把标准制修订质量关

⑴ 每一项标准制修订工作，要坚持做好深入细致的调查研究，确实落实和广泛征求行业、企业的意见，确保标准的代表性、科学性和准确性；

⑵ 全体委员应加强本专业和跨领域的业务知识的学习。除了积极参与熟悉领域的标准制修订外，应当积极参与非本领域的标准征求意见和审定工作，认真履行委员的职责。

4、认真做好标准的宣贯工作

要继续深入持久地做好贯标和标准实施监督工作，为乐器标准在行业、企业转型升级发挥积极促进作用而努力。

附：乐器国家标准和行业标准目录

《国家标准、行业标准（轻工）目录》（乐器部分）

国家标准

序号	标准编号及年代号	标准名称
1	GB/T 10159-2008	钢琴
2	GB/T 12105-2007	电子琴通用技术条件
3	GB/T 12106-2007	电子琴的环境试验要求和试验方法
4	GB/T 23146-2008	十二平均律的频率与音分的计算
5	GB/T 23151-2008	乐器产品使用说明的编制原则

序号	标准编号及年代号	标准名称
6	GB/T 23173-2008	乐器分类
7	GB/T 25454-2010	电鸣乐器均衡类音效装置通用技术条件
8	GB/T 25455-2010	电鸣乐器放音设备 设备音乐性能评价规范
9	GB/T 25456-2010	钢琴用毡
10	GB/T 25457-2010	钢琴弦轴板
11	GB/T 28484-2012	电鸣乐器压缩与扩展类音效装置通用技术条件
12	GB/T 28489-2012	乐器有害物质限量
13	GB/T 30414-2013	乐器音乐信号采集规范
14	已报批	乐器声学品质评价方法
15	已报批	废弃乐器回收利用通用技术规范

行业标准

序号	标准编号及年代号	标准名称
1	QB/T 1153-2014	吉他
2	QB/T 1207.1-2011	民族弦鸣乐器通用技术条件
3	QB/T 1207.2-2011	琵琶
4	QB/T 1207.3-2011	筝
5	QB/T 1207.4-2011	阮
6	QB/T 1207.5-2011	三弦
7	QB/T 1207.6-2011	月琴
8	QB/T 1207.7-2011	京胡
9	QB/T 1207.8-2011	二胡
10	QB/T 1298-2014	手风琴通用技术条件
11	QB/T 1299-2011	口琴
12	QB/T 1477-2012	电子钢琴
13	QB/T 1657.1-2012	唇振动气鸣乐器通用技术条件
14	QB/T 1657.2-2012	小号
15	QB/T 1657.3-2012	圆号
16	QB/T 1657.4-2012	长号
17	QB/T 1657.5-2012	中音号
18	QB/T 1657.6-2012	低音号
19	QB/T 1658.1-2012	簧振动和边棱音气鸣乐器通用技术条件
20	QB/T1658.2-2012	长笛 短笛
21	QB/T 1658.3-2012	单簧管

序号	标准编号及年代号	标准名称
22	QB/T 1658.4-2012	高音双簧管
23	QB/T 1658.5-2012	低音双簧管
24	QB/T 1658.6-2012	萨克斯管
25	QB/T 1817-2010	琴弦通用技术条件
26	QB/T 1818-2010	提琴弦
27	QB/T 1947.1-2012	民族气鸣乐器通用技术条件
28	QB/T 1947.2-2012	笛子
29	QB/T 1947.3-2012	笙
30	QB/T 1947.4-2012	箫
31	QB/T 1947.5-2012	唢呐
32	QB/T 1948-2011	柳琴
33	QB/T 1949-2011	扬琴
34	QB/T 1984-2000	风琴
35	QB/T 1985-2000	风琴音簧
36	QB 2100-2007	十二平均律音名标注方法
37	QB/T 2167-2013	4/4小提琴
38	QB/T 2168-2013	4/4小提琴弓
39	QB/T 2169-2014	电吉他
40	QB/T 2175.1-1995(2009)	响铜体鸣乐器通用技术条件
41	QB/T2175.2-1995(2009)	虎音锣
42	QB/T 2175.3-1995(2009)	武锣
43	QB/T 2175.4-1995(2009)	苏锣
44	QB/T 2175.5-1995(2009)	手锣
45	QB/T 2175.6-1995(2009)	抄锣
46	QB/T 2175.7-1995(2009)	水镲
47	QB/T 2175.8-1995(2009)	吊镲
48	QB/T 2175.9-1995(2009)	军镲
49	QB/T 2279-2013	钢琴击弦机
50	QB/T 2417-2011	校音器
51	QB/T 2444-2010	钢琴零部件名称
52	QB/T 2587-2013	4/4大提琴
53	QB/T 2607-2013	提琴弓通用技术条件
54	QB/T 2663-2013	4/4大提琴弓
55	QB/T 2740-2014	口风琴
56	QB/T 4131-2010	键盘乐器键宽尺寸系列
57	QB/T 2838-2014	爵士鼓

序号	标准编号及年代号	标准名称
58	QB/T 2841-2007	乐器调音装置准确度级判定
59	QB/T 2916-2007	自由低音手风琴
60	QB/T 2978-2008	钢琴音板
61	QB/T 2979-2008	乐器用材 钢琴锯材
62	QB/T 4014-2010	电子鼓通用技术条件
63	QB/T 4015-2010	MIDI键盘通用技术条件
64	QB/T 4016-2010	中提琴弓
65	QB/T 4017-2010	倍大提琴弓
66	QB/T 4018-2010	倍大提琴
67	QB/T 4019-2010	中提琴
68	QB/T 4129-2010	吉他弦
69	QB/T 4130-2010	竖笛
70	QB/T 4181-2011	古琴
71	QB/T 4220-2011	乐器用材 提琴锯材
72	QB/T 4323-2012	钢琴弦
73	QB/T 4324-2012	电鸣乐器用效果器通用技术条件
74	QB/T 4325-2012	电鸣乐器放音设备 多功能音箱
75	QB/T 4326-2012	电鸣乐器放音设备 电吉他用音箱
76	QB/T 4327-2012	键盘乐器用音箱通用技术条件
77	QB/T 4328-2012	电子鼓用音箱通用技术条件
78	QB/T 4489-2013	半音阶口琴
79	QB/T 4487-2013	电鸣乐器电声性能测量方法
80	QB/T 4491-2013	电鸣乐器电源适配器通用技术条件
81	QB/T 4490-2013	电鸣乐器放音设备 踏板控制器通用技术条件
82	QB/T 4488-2013	电子管风琴
83	QB/T 4771-2014	管钟
84	QB/T 4772-2014	定音鼓
85	QB/T 4773-2014	木琴
86	已报批	巴乌
87	已报批	葫芦丝
88	已报批	陶笛

（全国乐器标准技术委员会提供）

名牌产品

乐器产品获中国驰名商标，国家、省（市）级名牌产品、著名商标名录

分类		品牌(商标)名称	商标注册人	认定商品或服务项目
中国名牌产品		珠江	广州珠江钢琴集团股份有限公司	钢琴
		星海	北京星海钢琴集团有限公司	钢琴
		Nordiska	营口东北钢琴（集团）公司	钢琴
		HAILUN	宁波海伦乐器制品有限公司	钢琴
中国驰名商标		珠江	广州珠江钢琴集团股份有限公司	钢琴
		星海XINGHAI及图	北京星海钢琴集团有限公司	钢琴
		津宝及图	天津津宝乐器有限公司	爵士鼓、军鼓、萨克斯
		Taishan	山东泰山管乐器有限公司	管乐器
		嘉德威	杭州嘉德威钢琴有限公司	钢琴
		卡西欧CASIO	日商·樫尾计算机株式会社	计算器 手表 电子音乐仪器等
		润韵	扬州天韵琴筝有限公司	筝；乐器；弦乐器；七弦琴；弹拨乐器；木琴；电子乐器；乐器键盘；乐器弦轴；乐器盒
		金杯及图	江阴市金杯安琪乐器有限公司	手风琴、簧（管）乐器等
		凤灵fitness及图	泰兴凤灵乐器有限公司	小提琴、中提琴等
		Orient	宁波森隆乐器股份有限公司	
		YAMAHA及图	雅马哈株式会社	钢琴
		奇美	江苏奇美乐器有限公司	竖笛、口风琴、口琴
		鹦鹉YINGWU及图	天津鹦鹉乐器有限公司	手风琴、提琴
		吟飞Ringway	吟飞科技（江苏）有限公司	乐器
		乐海The Ocean of Music及图	河北乐海乐器有限责任公司	扬琴、琵琶
		天鹅及图	江苏天鹅乐器有限公司	口琴、口风琴
		*爱迪Aidi及图	香河天音乐器有限公司	西乐器
		*HAILUN及图	海伦钢琴股份有限公司	钢琴
省（市）名牌产品	上海市	施特劳斯	上海钢琴有限公司	钢琴
		敦煌牌	上海民族乐器一厂	古筝、二胡、琵琶
		海曼	上海中雅钢琴有限公司	钢琴
		华星	上海华新电子电器总厂	电子琴

分类		品牌(商标)名称	商标注册人	认定商品或服务项目
省（市）名牌产品	天津市	津宝	天津津宝乐器有限公司	爵士鼓、西管乐器
		鹦鹉	天津鹦鹉乐器有限公司	手风琴
		雅乐	天津华韵乐器有限公司	脚踏风琴、手风琴
		Singer's day	天津圣迪乐器有限公司	萨克斯、小号
	江苏省	润韵	扬州天韵琴筝有限公司	古筝
		碧泉	扬州市正声民族乐器厂	古筝
		凤灵	泰兴凤灵乐器有限公司	吉他、提琴系列产品
		奇美	江苏奇美乐器有限公司	竖笛、口风琴、口琴
		摩德利	南京摩德利钢琴有限公司	钢琴
		天鹅	江苏天鹅乐器有限公司	琴笛
		雅韵	扬州龙凤琴筝有限公司	古筝
		凤韵	扬州龙凤琴筝有限公司	古筝
		大风	江苏大风乐器有限公司	古筝
		蜜蜂	江苏东方乐器有限公司	口琴
		英杰	扬中市华联手风琴有限公司	手风琴
		虎丘	苏州民族乐器一厂有限公司	二胡
		*吟飞	吟飞科技（江苏）有限公司	电子乐器
	广东省	珠江	广州珠江钢琴集团股份有限公司	钢琴
		吉声	广州吉声琴业有限公司	电吉他
		恺撒堡	广州珠江钢琴集团有限公司	钢琴
		里特米勒	广州珠江钢琴集团有限公司	钢琴
		Blue Diamond	广州保嘉乐器制造厂有限公司	鼓乐
		星臣starsun	四会市华声乐器有限公司	吉他
		红棉	广州珠江钢琴集团有限公司	提琴
		Azalea 杜鹃花	揭阳市长城乐器有限公司	吉他
		*美得理（MEDELI）+图形	得理电子（珠海）有限公司	数码钢琴
		*AMASON艾茉森	广州珠江钢琴集团股份有限公司	数码钢琴
	河北省	JY	河北金音乐器制造集团有限公司	西管乐器
		乐海	乐海乐器有限责任公司	民族乐器
		月坛	饶阳北方民族乐器制造有限公司	二胡
		成乐	饶阳成乐民族乐器有限责任公司	扬琴
	山东省	金斯波格	烟台金斯波格钢琴有限公司	钢琴
		SEJUNG（世正）	青岛世正乐器有限公司	钢琴
		仙乐	百灵乐器公司	电吉他
		飞灵	潍坊惠好乐器有限公司	电吉他

分类		品牌(商标)名称	商标注册人	认定商品或服务项目
	湖北省	*TOYAMA（托雅玛）/ Yangtze River牌钢琴	宜昌金宝乐器制造有限公司	钢琴
		艾立卡	武汉艾立卡电子有限公司	电声器件
	福建省	HARMONY（哈曼尼）	福州和声钢琴有限公司	立式钢琴
	河南省	中州	开封中原民族乐器有限公司	古筝
省（市）著名商标	上海市	施特劳斯	上海钢琴有限公司	钢琴
		海曼	上海中雅钢琴有限公司	钢琴
		敦煌	上海民族乐器一厂	民族乐器
	天津市	津宝	天津津宝乐器有限公司	军鼓、爵士鼓、萨克斯
		鹦鹉	天津鹦鹉乐器有限公司	手风琴、提琴
		雅乐	天津市雅乐尔乐器有限公司	风琴
		*佰笛及图	天津市佰笛乐器有限公司	手风琴
		*图形	天津市欧斯曼乐器有限公司	钢琴
	江苏省	摩德利	南京摩德利钢琴有限公司	钢琴等
		天鹅及图	江苏天鹅乐器有限公司	口琴、口风琴、竖笛等
		凤灵及图	泰兴凤灵乐器有限公司	小提琴、吉他、大提琴等
		奇美	江苏奇美乐器有限公司	手风琴、钢琴、口琴等
		雅韵及图形	扬州龙凤琴筝有限公司	打击乐器、胡琴、筝等
		虎丘及图	苏州民族乐器一厂有限公司	二胡
		*碧泉BIQUAN及图形	扬州市正声民族乐器厂	筝
		*和声及图	江苏省和声琴行有限公司	
		*金韵及图形	扬州开发区金韵乐器厂	筝
		*GOLDENCUP及图	江阴市金杯乐器有限公司	手风琴
		*润韵	扬州天韵琴筝有限公司	筝
		*吟飞及图形	吟飞科技（江苏）有限公司	电子键盘
	广东省	珠江	广州珠江钢琴集团有限公司	长笛、小号、萨克斯
		吉声	广州吉声琴业有限公司	吉他
		Martin	广州吉声琴业有限公司	吉他
		*红棉	广州红棉吉他有限公司	中乐器，西乐器
	河北省	JY	河北金音乐器制造集团有限公司	钢琴
		成乐	饶阳成乐民族乐器有限责任公司	扬琴
		月坛	北方民族乐器制造有限公司	二胡
		秦川	河北秦川文体乐器有限公司	琴行
		乐海	乐海乐器有限责任公司	民族乐器
		秦川乐器	河北秦川文体乐器有限公司	乐器经营
	山东省	KINGSBURG及图	烟台金斯波格钢琴有限公司	钢琴

分类		品牌(商标)名称	商标注册人	认定商品或服务项目
省（市）著名商标	山东省	仙乐及图	昌乐百灵乐器有限公司	吉他
		*博斯纳及图形	烟台博斯纳钢琴制造有限公司	钢琴
	浙江省 浙江省	HAILUN及图	宁波海伦乐器制品有限公司	钢琴
		嘉德威	杭州嘉德威钢琴有限公司	钢琴
		*拉奥特	浙江乐韵钢琴有限公司	钢琴
		*LUODELAISI	湖州华谱钢琴有限公司	钢琴
	湖北省	芳鸥	武汉市海平乐器制造有限公司	铜锣
		银可可	武汉银可可琴行有限责任公司	乐器经营
	福建省	HARMONY （哈曼尼）	福州和声钢琴有限公司	钢琴
	河南省	中州	开封中原民族乐器有限公司	古筝、琵琶

注：①中国名牌战略推进委员会2008年第3号公告，2005、2006、2007年公布的中国名牌产品，有效期满后不再继续使用。

②我国新商标法认定“驰名商标”并非荣誉称号，从2014年5月1日起，“驰名商标”禁止出现在商品包装上，也不能用于广告宣传、展览。

③以上*标注的相关品牌为2013年国家和地方新认证的著名商标。

④以上发布的品牌信息来源于国家工商行政管理总局，各省市工商行政管理局，国家质量监督检验检疫总局，各省市地区质量检验局网站的公告信息，如有遗漏，请相关企业与我协会取得联系，进行信息补充和更正。

地方协会

广东省乐器协会2013年工作总结

2013年，是党的十八大加速发展文化产业，推进文化强国建设的关键一年，是中华民族伟大复兴“中国梦”的梦启之年。在这一年里，广东省乐器协会在广东省委、省政府及相关部门的正确领导下，在施少斌会长的带领下，在全体会员的共同努力下，以转型升级为中心，以建设文化强省为目标，全省乐器制造业以开拓创新创优的精神和稳扎稳打的作风，让乐器制造业技术创新“日新月异”梦想成真，保持国内乐器制造强省地位，企业发挥合力，通过资源整合加快产量、质量双向升级，乐器行业工业总产值占全国的30%以上。广东省以钢琴、高端提琴、吉他、电声乐器、琴弦等领域见长。过去一年，广东省乐器行业仍独占鳌头，在国内乐器制造业中发挥着领头羊作用。

广东省乐器协会长期致力于服务乐器企业，引导乐器行业健康有序发展；以多种形式促进产业人才成长，为乐器行业转型升级储备人才。2013年，协会成功举办了广东省职业技能大赛钢琴调修、吉他制作两个工种的技能竞赛，其中钢琴调修已成为驰名省内、辐射全国、向国际宣传的品牌竞赛项目，吉他制作竞赛则在全国开创了成功尝试的先河。在广东省委省政府经济转型、产业升级的战略指导下，我们力求稳中求发展，积淀中求转型，升级中求多元，保留原有产业优势，挖掘潜在发展空间。围绕服务于行业的宗旨，一年来协会与全行业共同辛勤，在提升全行业的综合实力的同时，为行业更为社会创造了经济和社会效益，取得喜人的业绩。

一、召开广东省乐器协会第六届会员大会暨换届选举大会

广东省乐器协会于2013年1月14日在广州召开第六届会员大会暨换届选举大会。86家会员单位有68家单位派员参加会议，广东主要龙头企业的领导人都出席了会议，与会人员150多人。在广东省社会组织管理局郭金链处长、谢燕妹科长亲临指导。会议选举产生了新一届协会领导班子。会上，为鼓励广东省乐器制作技术人员的创新积极性，广东省人力资源和社会保障厅专业技术人员管理处贺东处长亲临会议，为获得乐器设计系列高、中级技术职称人员颁发职称证书。

大会通过了《广东省乐器协会第五届理事会工作报告》、《广东省乐器协会第五届财务工作报告》、《广东省乐器协会第五届监事会工作报告》。

大会选举产生了第六届广东省乐器协会理事会成员、监事会成员。广州珠江钢琴集团股份有限公司董事长施少斌当选为会长、广州市富钰文化传播有限公司高级顾问李爱群当选为常务副会长兼秘书长、广州市番禺区大石华美弦乐器制作室经理麦素梅当选为监事长。得理乐器（珠海）有限公司总经理顾冰峰、广州格利蒙那提琴有限公司总经理关尚持、四会市华声乐器有限公司总经理黄志康、星海音乐学院乐器工艺系主任梁锐祥、广州红棉吉他有限公司总经理何志强、博兰斯勒钢琴（广州）有限公司总经理方扬、广州市大同琴行有限公司总经理佟伟彦7位同志当选为副会长。广州珠江钢琴制造有限公司经理梁绍棠、美得理电子（深圳）有限公司总经理徐俊等21位同志当选为理事。深圳市福田区和乐琴行总经理翁环、珠海市吉他学会会长吴连群等3位同志当选为监事。

2013年广东省乐器协会在新领导班子的领导下，始终坚持以服务功能最大化的宗旨，发挥好政府与企业间的桥梁作用，紧紧围绕广东省委、省政府各个时期的政策精神，与广东乐器制造业全体同仁一起，携手共进、团结进取、努力开拓，有条不紊地引导行业健康、有序、稳步发展，推动了我省乐器行业的飞跃发展。

二、圆满完成广东省职业技能大赛钢琴调修和吉

他制作两个工种的技能竞赛，为广东省乐器业挖掘人才、储备人才，促进产业转型升级

1、2013年广东省职业技能大赛钢琴调修工种总决赛

2013年广东省职业技能大赛钢琴调修工种总决赛是继2008年和2010年之后，该工种第三次被省政府列入全省性的竞赛范围。选手比往年更加年轻化与知识化。经各地级市人社部门及单位的积极选拔推荐，共选拔出81名决赛选手，平均年龄在30岁左右，近四成的选手拥有本科学历以上，包括有4名硕士毕业生、2名硕士在校生。经过2008年、2010年与本次参赛，选手理论、技能水平和艺术素养有了全面提升。

9月20日-23日，该比赛在星海音乐学院举行，经过3天的激烈角逐，本次钢琴调修工种总决赛第一名陈德然获得由广东省总工会授予的“广东省五一劳动奖章”荣誉称号，前8名优秀选手获得由广东省人力资源和社会保障厅授予的“广东省技术能手”荣誉称号，前5名选手获得由广东省总工会、广东省人力资源和社会保障厅、广东省经济和信息化委员会、广东省科学技术厅联合颁发的“广东省职工经济技术创新能手”荣誉称号，前24名决赛选手获得竞赛组委会授予的“广东省优秀钢琴调律师”称号。此次竞赛理论与实操双科合格者共61人，获得广东省人力资源和社会保障厅颁发的技师等级的国家职业技能证书。

2、2013年广东省吉他制作技能竞赛

吉他制作技能竞赛是继钢琴调修、提琴制作职业技能竞赛之后广东省人社厅将乐器制造业第三个工种列入广东省职业技能竞赛范围，第五次在全省乐器制造业中开展职业技能竞赛。

11月14日-17日，该比赛在广州二沙岛岭南会展馆举行。首届吉他制作职业技能竞赛得到了众多专家的支持，同时也得到了全国各地及海峡两岸的呼应，报名参赛的选手有60人、作品65件。为了保证竞赛的公正性，邀请了来自香港、台湾、北京、上海和广州本地等不同地区10位吉他制作和吉他演奏专家担任评委，组成高水准的评判队伍，这也是两岸三地吉他界高水平制作和演奏人才的相互交流。60位竞赛选手中，年龄最小的选手为23岁，最大的为60岁，他们当中大部分人具有十几年以上的吉他制作经验，还有毕业于专业音乐院校吉他演奏专业的技能娴熟、经验丰富的吉他制作者。

吉他制作职业技能竞赛的成功举办为广东省培养、储备、挖掘了一批手工吉他制作人才，为产业升级和吉他手工技艺传承打下了人才基础。

三、制定和修订广东省乐器工种竞赛标准

1、制定吉他制作工种竞赛标准，开发吉他制作工种竞赛考试试题

3月，广东省乐器协会组织相关单位在广州市红棉吉他有限公司召开2013年广东省吉他制作职业技能竞赛题库开发、技术标准研讨会，会后成立了“2013年广东省吉他制作职业技能竞赛题库开发委员会”及“2013年广东省吉他制作职业技能竞赛实操技能开发论证委员会”。广东省乐器协会作为广东省吉他制作职业技能竞赛承办单位，认真组织骨干企业的专业技术人员对吉他制作职业技能竞赛题库及技能实操考试点进行建言献策，广泛征求意见、集中多方智慧、反复论证、集思广益、结合实际、上下沟通、求大同存小异，开发出吉他制作职业技能竞赛题库及技能实操考试点，并进一步组织专家对全部题库及实操项目进行深入论证，定出评分标准，公开公布，保证竞赛的公平、公正和公开。

2、修订钢琴调修工种竞赛标准

四、引导企业培育自主品牌，扩大乐器品牌知名度，提升品牌无形资产价值

1、推荐企业参加“广东省名牌产品”评价

广东省乐器协会长期以来一直注重引导企业培育自主品牌，提高企业产品的附加值。广东省乐器制造业积极参加“广东省名牌产品”的评选，不断促进企业产品的升级换代，不断完善产品的售前售后服务，大大提升了企业及品牌的知名度和美誉度。

协会不遗余力地及时向省质监局报告广东省乐器制造行业的发展状况。经省名推委评定，2013年，得理乐器（珠海）有限公司的“美得理”数码

钢琴和电子琴，广州珠江钢琴集团股份有限公司的“艾茉森”数码钢琴荣膺“广东省名牌产品”称号。在广东省乐器协会的积极引导与推荐下，广东省乐器制造业至今共有10个品牌获得“广东省名牌产品”荣誉称号。

2、推荐质量好、品质优、有创新力、社会美誉度高、有发展潜力的乐器品牌商标，参加“广东省著名商标”的评选

2013年经企业自主申报、协会建议与各地级市推荐、广东省工商行政管理局组织评审，广州红棉吉他有限公司的“红棉”吉他商标、广州吉声琴业的“马丁”吉他商标成为“广东省著名商标”。这是续广州珠江钢琴集团股份有限公司的“珠江”钢琴商标为“广东省著名商标”后，广东省乐器产品新增的两个著名商标。

2013年协会推荐得理乐器（珠海）有限公司的“美得理”、广州珠江钢琴集团股份有限公司的“恺撒堡”、广州市罗曼士乐器制造有限公司的“爱丽丝”申报“广东省著名商标”。

著名商标是优质品牌的标志，广东省乐器协会鼓励符合条件的企业积极参与“广东省著名商标”的评选，鼓励越来越多的企业提高产品质量，赋予品牌“质量”与“创新”的生命元素，走“品牌经营”的道路。

五、推荐行业先进标兵，弘扬先进模范精神，调动全行业积极性

2013年，经广东省乐器协会与广东省各地人力资源和社会保障局推荐，通过广东省评先工作领导小组选拔上报，国家人力资源和社会保障部、中国轻工业联合会、中华全国手工业合作总社批准，广东乐器制造业3位优秀技术人员与管理人员：广东省乐器协会副会长、得理乐器（珠海）有限公司总经理兼质量总监顾冰峰；广东省乐器协会副会长、广东省优秀提琴制作师、高级乐器设计师、高级技师、广州格利蒙那提琴有限公司总经理兼技术总监关尚持；广州珠江钢琴集团股份有限公司工会主席麦俊桦，荣获“全国轻工行业劳动模范”称号。广东省乐器协会利用自身的宣传平台，宣传先进，在行业中树立榜样，要求乐器行业同仁向劳模学习、向先进学习。在行业中，弘扬劳模精神，营造劳动光荣、知识崇高、人才宝贵、创造伟大的良好行业氛围。倡导人人争当先进模范，为行业注入正能量，以更加昂扬的斗志和卓越的行动，进一步推动广东省乐器制造业结构调整和转型升级。

六、根据行业发展的需要，向广东省财政厅建言献策，请求国家税务总局调整乐器产品及零配件的进出口关税

广东省财政厅下发文件收集各行业对关税调整方案的建议，广东省乐器协会积极响应，在行业中做了充分的调查的基础上向广东省财政厅提出调整乐器制造业进出口关税税率的建议。

七、开展技术职称受理申报工作，提升行业人员素质

自从恢复乐器设计系列职称申报工作后，广东省乐器协会认真负责，按照政府的政策条件，深入贯彻宣传有关职称方面的相关政策，为具备条件的、非公有制企业的专业技术人员职称开拓申报渠道。2012年经申报评审通过的乐器设计系列专业技术职称2013年颁证的高级5人、中级7人、助理级11人；2013年申报评审乐器设计系列专业技术职称的高级6人、中级16人、助理级7人。开展乐器设计系列职称评审，使广东省建立起了一支高素质的专业人才队伍，促进了广东省乐器制造业的学科建设、企业发展、个人技术的提升；对储备乐器制造人才，稳定乐器制造人才队伍，调动乐器制作人才的积极性，鼓励乐器制作技术人员创新，加快乐器制造业转型升级，促进乐器制造业的繁荣与发展有着积极的推动作用，为广东乐器制造业的后续发展储备夯实了人才基础。

八、继续为行业打造积极向上、有影响力的、有公信力的行业宣传平台，大力宣传优秀乐器企业、优质乐器品牌，扩大广东乐器业的品牌知名度

为了在行业中树立榜样、树立典型、树立新风

尚，设立“精英事迹”，深入宣传报道广东省乐器制造业中的企业优秀和为乐器制造业做出突出贡献的精英人物，介绍企业成功的管理经验和业内精英人才的先进事迹，给发展中的乐器企业在运营方式上予以启示，激发行业人员奋发拼搏的斗志，在行业中营造良好的、有正气的、有正能量的行业氛围。

2013年广东省乐器协会主办的《广东乐器世界》和国际电子商务平台，始终坚守社会责任，抵制各种虚假夸大的宣传，坚决不制造社会精神垃圾，坚持把积极的、向上的、激励的、正能量的信息传递给读者，使读者得到精神上的营养与食粮。多年来的事实证明，广东省乐器协会的两大宣传媒介所坚持的宣传方向是正确的，这两大宣传媒介为企业的发展提供了信息支持，为行业健康发展开拓了一片净土，为社会文化的大发展大繁荣贡献了广东省乐器协会全体人员的集体智慧，为社会大众提供了内容正面积极并具启发性的优质刊物。

九、慈善是广东省乐器制造业的时尚，热心慈善与公益事业，扶贫济困。

1、广东乐器制造业同仁为雅安受灾同胞献爱心

2013年4月20日，四川雅安发生7.0级强烈地震。广东省乐器协会惊闻地震发生的消息后，立即发出倡议动员乐器行业同仁为灾区捐款，这一倡议得到大家的响应。截至5月8日，广东省乐器协会直接筹到的善款共34050元。不完全统计，单位直接向慈善部门捐款的总数为：346880.80元，及20箱方便面。广东省乐器协会直接筹到的善款全额于5月7至8日分批划至中国红十字会总会。

2、牵线台湾作曲家、小提琴教育家黄辅棠（阿镗）为视障琴童授课

3、慈善成为广东省乐器制造业的时尚，在广东省乐器协会多年的倡导下，乐器企业乐善好施，更多的企业加入扶贫济困的队伍中

广州市罗曼士乐器制造有限公司为四川都江堰市光亚学校和台湾佛光寺孤儿院捐赠提琴弦，帮助贫困学生与孤儿从小有条件接受音乐艺术教育，通过音乐艺术教育使他们有阳光的性格和良好的素养，通过音乐艺术开发智力，陶冶性情，为使他们成长为对社会有用的人才，尽我们的绵薄之力。

4、广东省乐器协会虽是非盈利服务性社团机构，我们始终将服务社会作为我们的宗旨

在全行业中提倡“慈善成为我们的慈善”，多年协会在行业中起表率作用，坚持向红十字会直接捐款，今年共向红十字会捐款7100.00元，支持盲童和单亲困难家庭孩子1000.00元。

热心公益事业是社团组织应尽的社会责任，我们将会尽努力坚持。

十、举办培训班、音乐会

为全面提升钢琴调修人员的技能技艺与理论水平，广东省乐器协会邀请沈阳音乐学院乐器工艺系教研室主任秦敏静，星海音乐学院乐器工艺系副教授邱杨，中国乐器协会钢琴调律师分会会长、北京星海钢琴集团有限公司技术总监冯高昆，星海音乐学院乐器工艺系主任梁锐祥，作为广东省乐器协会顾问专家于8月至9月到穗讲学，对广东省钢琴调修人员进行集中性强化训练，给广大钢琴调修人员提供学习、交流的平台，拓宽钢琴调修人员的知识面，提高了专业人才队伍的技术、技能高度和知识水平。

十一、鼓励企业申报广东省文化产业基金的扶持

鼓励符合广东省文化产业基金奖励政策的企业，积极与所在地政府对接，争取获得政府的支持，申报广东省文化基金，使企业获得更大的发展空间，加快转型升级，努力回报社会。广州珠江钢琴集团股份有限公司、得理乐器（珠海）有限公司在所在地政府的支持下，获得广东省文化产业基金扶持。

上海市乐器行业协会2013年工作总结

2013年是党的十八届三中全会召开之年，也是新一轮改革全面启动之年。协会的主要任务就是学习贯彻十八届三中全会精神，牢牢掌握改革之本，走出一条以市场配置为主的社会主义改革之路。

一年来，协会工作在上级有关领导的关心和支持下，协会环绕服务企业规范行业发展产业的主要任务在不断完善协会自身能力的前提下，帮助企业了解市场信息和消费需求，创建名牌产品和新的民族品牌，不断提高企业的自我发展能力。应该说，2013年不少会员企业碰到不少困难和问题，企业的经济效益也没有达到预期增长目标。作为协会首要任务就是要帮助企业掌握和了解国家的有关方针政策，协助企业了解市场信息，培训和提高企业职工的技术水平，为企业走出困境和今后的发展做好服务工作。

协会领导深入企业加强调查研究。2013年，协会先后到中雅钢琴公司、华新电子琴公司等会员企业和企业领导一起深入学习三中全会精神，进一步深化企业改革，了解和掌握市场信息，掌握会员企业当前在生产和经营中遇到哪些困难和问题，帮助企业出谋划策共同协商解决办法。

上海柏斯琴业有限公司近年来进一步拓展生产和经营。从企业的长远发展战略角度，在金陵路乐器一条街开设了颇具规模的乐器销售旗舰店，为取得市场经营的主动权迈出了具有战略意义的步伐。柏斯在不断扩大经营规模的基础上，还牢牢抓住创建自己的民族品牌，在湖北宜昌生产基地扩大了钢琴生产流水线，首批质优价廉符合市场需求的“长江牌”钢琴已经投入市场，受到了消费者的欢迎。

上海民族乐器一厂近年来继续保持了生产经营发展的势头，取得了相当好的经济效益和社会效益。他们的产品在市场上的信誉越来越收到消费者的信赖。今年来该厂在产品开发和生产技术上不断创新，研制出多声弦制古筝，该产品属创新型，它解决了传统古筝在演奏中调式或调性的转换困难，实属独创，获得了上海市“专精特新”产品称号。上海钢琴公司积极拓展斯特劳斯钢琴销售市场，在多年和东方cj合作基础上，今年又有新的发展。公司在2013年乐器展上推出了国内首创的智能声学钢琴。

协会组织理事参观上海瑪珂钢琴公司，看到新建的现代化厂房，都为玛珂厂今后发展充满期望。理事们还相互交流了企业的生产经营现状，共同探讨了今年的市场开发和明年的发展目标。

2013年中国(上海)国际乐器展览会已于2013年10月13日圆满结束了，展览会的规模已达到创纪录的9200平方米,来自全球86个国家与地区的1680家企业参加展会,来自世界各地的68621名海内外观众参观了展览。

历时4天的展览会的效果达到预期的效果。在展会期间我协会工作人员对馆内的部份展商进行走访和了解，大部分参展商对展会予以较高的评介，并对展会今后的发展和规模的扩大充满了信心和期待。

展会期间通过对部分展商和参观者进行采样采访，了解他们的一些意见，并根据部份展商和观众的建议等，我协会通过与各展商单位的沟通，对明年展会提出一些工作改进意见供组委会参考。

协会今年开展了一次钢琴调律师技师的鉴定工作，有二级技师7名，高级技师2名通过考核。开展了二次调律师的鉴定工作，有21名初级调律师，34名中级调律师， 9名高级调律师通过考核。其次是受上海劳动和社会保障部委托对上海地区钢琴调律师进行鉴定，共进行8批鉴定工作。协会通过调律师技术等级鉴定工作，不仅培养壮大了钢琴调律师队伍，提高了职工的技能的素质水平，也为企业发展培养了一批又一批的专业技术人才。

今年上半年在上海轻工协会的指导和组织下，协会积极组织上海钢琴公司、上海民族乐器一厂、上海中雅钢琴厂、上海国光口琴厂等企业参加上海市轻工行业名特优新产品展销会，取得了良好的经济效益和社会效益。

2013年，协会利用上海工经联，咨询协会，服务业联合会等社会组织，组织会员企业，参加各类相关讲座，帮助企业了解政策，扩大信息渠道。协会还十分注意加强企业的社会责任和企业的诚信工作。在市社团局的领导和帮助下，协会进一步开展行业的自律工作，并派专人参加了培训学习，取得了资格证书。

在上海民族乐器二厂的支持下，经协会理事会讨论决定将协会办公室搬迁至中山南路917号，从硬件上改善了协会的办公条件，也为协会评估工作的开展奠定了基础。

协会的艺术培训工作经过一年多的运作效果不理想，人数一直上不去，每个月人数在20-30人，基本维持在微亏状态，经理事会商议同意结束该项工作。

协会党支部在上级党委的领导下，2013年，在开展创先争优的基础上，主要的任务是组织党员干部开展党的群众路线教育活动。严格遵守党纪党章和有关规定，不断加强自身建设，不断提高反腐能力，做到每个党员一面旗，在群众中发挥先锋模范作用。协会工会组织在上海轻工工会联合会的领导指导下，结合企业的自身特点，开展工会工作，组织劳动竞赛，创建品牌先进，深入企业高温慰问。今年夏季特逢百年未遇的高温，协会领导在上级工会的支持下深入中雅钢琴公司、华新电子乐器公司第一线慰问检查生产的职工，收到了企业职工的好评和支持。协会干部光荣被评为2013年工会之友的先进称号。

2014 中国乐器年鉴
CHINA MUSICAL INSTRUMENT YEARBOOK

海外资讯篇之一：全球乐器与音响制品行业225强

2012年全球乐器与音响制品行业225强综述

国际金融危机爆发以来，国际社会一直处在焦灼与应急反应中。从发达经济体到新兴经济体，都弥漫着不安情绪。2012年的世界经济形势仍然面临诸多变数，完全走出低谷可能需要相当长的一段时间，复苏前景不容乐观。

《音乐贸易》杂志2013年第12期公布了2012年全球乐器与音响制品行业225强榜单（以下简称225强）。对于乐器行业来说，单从数据表现上看难扫阴霾，全年225强总销售收入192亿美元，较2011年204亿美元下降6.24%%，员工总数共计116207人，较2011年下降8.1%。以往各年，乐器市场受到全球经济萧条、人口结构变化、国家政策倾向等因素的影响而起伏不定，但2012年“数据”呈现出的下挫并非如此。2012年，日本政府加速实施的一系列刺激经济政策，最引人注目的就是宽松货币政策，日元汇率开始加速贬值，以促进出口竞争力。榜单中，日本以65.92亿美元的销售收入排在国家和地区销售总额榜单之首，但较2011年同比降幅高达20.77%，究其原因，日元贬值成为“罪魁祸首”。2011年统计数据时，日元兑美元的汇率99，2012年日元继续贬值，汇率下跌至79。因此，除去日元贬值这一因素，2012年225强销售收入较2011年基本持平，市场波动不大。另外，由于雅马哈钢琴生产基地被分散到其他各国，员工人数较2011年减少了8163名，成为榜单中员工人数下降8.1%的主因。

2012年的225强分别来自全球29个国家和地区，其中，17个国家和地区销售收入较2011年有所增长，其中包括英国、阿根廷和奥地利的涨幅超过两位数。2012年225强榜单中共有18家企业首次入榜，其中5家来自美国，英国增加2家，俄罗斯和韩国分别增加1家。

Yamaha公司以37.28亿美元仍盘踞榜单第一，Roland公司下跌1位，位居第三，SENNHEISER电子公司上升3位，首次进入前三，排名第二。十强的位次略有调整，GIBSON公司上升5位，挺进十强，而AUDIO-TECHNICA公司遗憾的退出十强，位于第12名。榜单前十位中除了中国台湾功学社以及德国SENNHEISER ELECTRONIC公司外，其余则仍被日本和美国所平分。2012年，日本入榜企业共计24家，较2011年减少4家，受汇率影响，销售收入同比下降20.77%，占225强总销售收入的34.31%；美国入榜企业85家，新增5家，销售收入59.89亿美元，同比增长5.56%，占225强总销售收入的31.17%。排在225强榜单销售收入前十位的国家及地区排序同于2011年，分别为：日本、美国、德国、中国内地、中国香港、中国台湾、加拿大、韩国、法国、意大利。

2012全球乐器225强榜单中，包括中国台湾和中国香港在内的中国企业共有34家入选，其中中国内地20家，中国香港5家，中国台湾9家。销售收入共计21.42亿美元，同比增长3.47%，员工数共计37071人，同比略有减少，下降0.77%。入榜企业的排名仅有3家略有后退，其余排名均有上升。榜单中，中国内地企业销售收入8.69亿美元，增速放慢，增长2.16%，员工总数24741名，基本持平；中国香港7.49亿美元，增长9.67%，员工总数7200名，增长2.22%；中国台湾5.23亿美元，同比略有下降，降幅2.36%，员工总数5130名，减少26.30%。

新兴市场的逆势增长曾在金融危机时期表现出盎然生机，为全球乐器市场抗衡衰退阴霾注入了一剂强心针，但这边风景独好的态势在2012年发生了逆转，纵观榜单，2012年乐器行业里新兴市场的表现差强人意，中国、巴西市场的增速明显放缓，被寄予希望的俄罗斯销售收入下降5.89%。国际经济复苏无力，政治动荡，市场需求放缓，原材料成本上涨压力较大，各种不确定因素明显增加，新兴市场仍将面临严峻的考验。

2012年列入统计的国家和地区乐器销售总额共计167亿美元，但225强榜单中各企业的销售收入共计193亿美元，两者相差较大。造成误差的其中一个原因就是将非乐器收入也统计在榜单中。另一个原因则是销售收入的重复计算。以金山集团为例，2012年销售收入2.31亿美元，其收益的大部分来自于旗下企业生产的产品，这其中相当一部分产品又被榜单中其他企业进行再销售，最终，这两次销售的收入均被统计在225强的总销售收入中，造成数据的重复计算。《音乐贸易》杂志表示，统计工作中因重复计算大约会增加35%的总销售收入。

关于225强榜单的统计工作有几点需要说明：首先，该榜单统计的数据是根据2011年度或最后一个财政年度各企业的报表或评估。其次，统计的数据来源于不同渠道：榜单中有21家上市公司，它们的销售情况有案可查。一些欧洲公司尤其是法国、英国和意大利的公司，公告使我们能够获取详细的销售数据。如果没有公告的公司，我们则参考企业提交的数据以及相关协会提供的数据，进行综合评估汇总统计。为了便于比较，销售数据均转换为美元后进行统计和计算。

（高　萍 编译自美国《音乐贸易》2014年第12期）

2012年全球乐器与音响制品225强国家和地区分布情况

排名		国家和地区	公司数量		员工数			销售收入（美元）		
2012年	2011年		2012年	2011年	2012年	2011年	同比%	2012年	2011年	同比%
1	1	日本	24	28	28802	36965	-22.08	6592988221	8321113590	-20.77
2	2	美国	85	80	23626	25233	-6.37	5989371932	5674155766	5.56
3	3	德国	18	18	9070	8519	6.47	1793784000	1660013000	8.06
4	4	中国内地	20	23	24741	24646	0.39	852693000	851046946	0.19
5	5	中国香港	5	4	7375	5750	28.26	765750000	682964000	12.12
6	6	中国台湾	9	10	5130	6961	-26.30	523790000	536425000	-2.36
7	7	加拿大	6	6	1408	1445	-2.56	484650000	486650000	-0.41
8	8	韩国	6	5	8116	8487	-4.37	362525000	426753000	-15.05
9	9	法国	3	3	1470	1157	27.05	252900000	254330000	-0.56
10	10	意大利	7	7	560	628	-10.83	241901000	250855000	-3.57
11	11	瑞典	4	4	578	591	-2.20	202424000	203649000	-0.60
12	12	巴西	4	4	783	269	191.08	201580000	188500000	6.94
13	13	澳大利亚	3	4	143	733	-80.49	65890008	161900000	-59.30
14	14	丹麦	1	1	410	376	9.04	145000000	135000000	7.41
15	15	英国	7	5	862	414	108.21	189575000	117397765	61.48
16	16	俄罗斯	5	4	565	430	31.40	101075000	107400000	-5.89
17	17	瑞士	2	2	400	405	-1.23	90500000	89300000	1.34
18	18	阿根廷	2	2	155	138	12.32	81075000	72685000	11.54
19	19	比利时	1	1	134	138	-2.90	46000000	51500000	-10.68
20	20	西班牙	3	3	248	249	-0.40	41270000	44111701	-6.44
21	21	菲律宾	1	1	280	280	0.00	35000000	36250000	-3.45

排名		国家和地区	公司数量		员工数			销售收入（美元）		
2012年	2011年		2012年	2011年	2012年	2011年	同比%	2012年	2011年	同比%
22	22	墨西哥	1	1	125	125	0.00	29500000	27250000	8.26
23	23	以色列	1	1	120	117	2.56	25000000	24550000	1.83
24	25	印度	1	1	570	600	-5.00	18660000	18660000	0.00
25	26	奥地利	2	1	210	190	10.53	25200000	16000000	57.50
26	27	智利	1	1	100	110	-9.09	14900000	14800000	0.68
27	28	波兰	1	1	35	35	0.00	14600000	14200000	2.82
28	29	泰国	1	1	166	156	6.41	14100000	13800000	2.17
29	30	挪威	1	1	25	20	25.00	12900000	12100000	6.61
合计					116207	125167	-7.16	19214602161	20493359768	-6.24

2012年全球乐器与音响制品225强榜单

排名		公司名称	2012年销售收入（美元）	2012年员工数	负责人	国家和地区
2012年	2011年					
1	1	YAMAHA CORPORATION	3728121000	19688	Takuya Nakata	JAPAN
2	5	SENNHEISER ELECTRONIC	792000000	2329	Jorg Sennheiser	GERMANY
3	2	ROLAND CORPORATION	734670000	2785	Junichi Miki	JAPAN
4	4	FENDER MUSICAL INSTRUMENTS	707000000	2950	Larry Thomas	USA
5	6	HARMAN PROFESSIONAL	630731000	1955	Dinesh C. Paliwal	USA
6	3	KAWAI MUSICAL INSTRUMENTS MFG. Co.,LTD.	553668000	2850	Hirotaka Kawai	JAPAN
7	12	GIBSON BRANDS CORP.	477039472	2530	Henry E. Juskiewicz	USA
8	7	SHURE INC.	452000000	2350	Sandy LaMantia	USA
9	8	STEINWAY MUSICAL INSTRUMENTS	381706000	1700	Michael Sweeney	USA
10	9	功学社乐器股份有限公司	310000000	3800	梁钦贵	中国台湾
11	15	MUSIC GROUP	305000000	3700	Uli Behringer	GERMANY
12	10	AUDIO-TECHNICA CORPORATION	303500000	540	Kazuo Matsushita	JAPAN
13	11	JAM INDUSTRIES	285000000	450	Martin Golden	CANADA
14	16	INMUSIC BRANDS（Akai,Alesis,Numark,M-Audio）	283570000	376	John O'Donnell	USA
15	14	柏斯琴行有限公司	281580000	4200	吴天延	中国香港
16	18	金山工业公司	245420000	1450	罗仲荣	中国香港
17	20	广州珠江钢琴集团股份有限公司	214200000	3550	施少斌	中国内地
18	13	AVID TECH.（Digidesign）	210000000	350	Louis Hernandez Jr.	USA
19	22	CASIO COMPUTER CO.,LTD.	182000000	N/A	Kazuo Kashio	JAPAN
20	19	PEAVEY ELECTRONICS CORP.	175000000	411	Hadley Peavey	USA

排名		公司名称	2012年销售收入（美元）	2012年员工数	负责人	国家和地区
2012年	2011年					
21	21	KORG, INC.	174804000	291	Seiki Kato	JAPAN
22	23	LOUD TECHNOLOGIES	170000000	199	Mark Graham	USA
23	24	HAL LEONARD CORPORATION	168211000	427	Keith Mardak	USA
24	25	D'ADDARIO & COMPANY	163000000	1119	James D'Addario	USA
25	26	ESP CO., LTD.	162810221	825	Hisatake Shibuva	JAPAN
26	32	TCI GROUP	145000000	410	Anders Fauerskov	DENMARK
27	29	MRH/LUTHMAN/4SOUND	137000000	400	Peo Persson	SWEDEN
28	31	通利琴行有限公司	135000000	450	李敬章	中国香港
29	28	HOSHINO GAKKI CO., LTD.	134000000	150	Toshitsugu Tanaka	JAPAN
30	34	ALGAM	117900000	220	Gerard Garneier	FRANCE
31	36	QSC AUDIO	112000000	355	Joe Pham	USA
32	33	YOUNG CHANG	110000000	2500	Chang-Hwan,Suh	SOUTH KOREA
33	37	MARTIN GUITAR COMPANY	108700000	948	Christian F. Martin IV	USA
34	40	宁波音王集团有限公司	98000000	2300	王祥贵	中国内地
35	42	北京星海钢琴集团有限公司	97000000	3900	祝宁伟	中国内地
36	27	SAMICK MUSICAL INSTRUMENTS CO., LTD.	96350000	2975	Jong Sup Kim	SOUTH KOREA
37	38	SAMSON TECHNOLOGIES CORP.	95000000	130	Jack Knight	USA
38	44	TAYLOR GUITAR	92900000	659	Kurt Listug	USA
39	45	HOHNER MUSIK INSTRUMENTE GMBH&CO.KG	90940000	317	Clay Edwards	GERMANY
40	43	BUFFET GROUP	88500000	800	Antoine Beaussant	FRANCE
41	62	得理电子有限公司	87000000	1100	郑荃文	中国香港
42	39	GEWA MUSIC GMBH	83350000	244	Hans Peter Messener	GERMANY
43	41	PEARL MUSICAL INSTRUMENTS CO., LTD.	83000000	600	M. Yanagisawa	JAPAN
44	52	PRO SHOWS	82580000	73	H.Martellotta&V.de Souza	BRAZIL
45	49	MUSIK HUG AG	81500000	330	Erica Hug	SWITZERLAND
46	48	FIRST ACT	81000000	192	Mark Izen	USA
47	46	MUSIK MEYER GROUP	80000000	200	Matthias Meyer	GERMANY
48	47	CORT MUSICAL INSTRUMENT CO., LTD.	74000000	2400	Young H. Park	SOUTH KOREA
49	53	ERNIE BALL / MUSIC MAN	71000000	440	Sterling Ball	USA
50	50	LINE 6	70000000	253	PaulFoeckler	USA
51	54	ALFRED MUSIC PUBLISHING	70000000	250	Ron Manus	USA
52	55	YORKVILLE SOUND	68600000	243	Steve Long	CANADA

排名		公司名称	2012年销售收入（美元）	2012年员工数	负责人	国家和地区
2012年	2011年					
53	56	ROLAND MEINL MUSIKINSTRUMENTE GMBH	64000000	200	Reinhold Meinl	GERMANY
54	58	HERMES MUSIC	63000000	225	Alberto Kreimerman	USA
55	51	KYORITSU CORP.	62104000	100	Shinichi Suzuki	JAPAN
56	61	PROEL SPA	62000000	120	Fabrizio Sorbi	ITALY
57	60	THE RAPCO HORIZON COMPANY	58800000	530	Dale Williams	USA
58	65	BEYERDYNAMIC	58000000	300	Fred R. Beyer	GERMANY
59	159	全域股份有限公司	56740000	225	王敏烈	中国台湾
60	67	ADAM HALL GMBH	56000000	130	David John Kirby	GERMANY
61	79	PRESONUS AUDIO ELECTRONICS	55530000	109	Jim Mack	USA
62	63	ZEN-ON MUSIC CO., LTD.	55400000	120	Noriyuki Honma	JAPAN
63	N	FOCUSRITE AUDIO ENGINEERING LTD.	55000000	115	Phil Dudderidge	U.K.
64	59	ZOOM CORPORATION	53700000	62	Masahiro Lijima	JAPAN
65	64	FUJIGEN INC.	53450000	185	Yuichiro Yokouchi	JAPAN
66	66	宏寰贸易股份有限公司	51850000	55	陈少宏	中国台湾
67	78	STAMER GROUP	51700000	165	Hans & Lothar Stamer	GERMANY
68	73	GODIN GUITAR COMPANY	51300000	390	Robert Godin	CANADA
69	70	TROPICAL MUSIC GROUP	51000000	21	Oscar Mederos	USA
70	138	AMERICAN D.J.	50500000	50	Charles Davies	USA
71	71	GIANNINI S/A	50000000	500	Giorgio Giannini	BRAZIL
72	75	COSMOS CORP.	49500000	86	Kwankil Min	SOUTH KOREA
73	82	宁波海伦乐器制品有限公司	49100000	860	陈海伦	中国内地
74	81	SKB CORPORATION	48000000	350	Dave Sanderson	USA
75	72	AVEDIS ZILDJIAN COMPANY	48000000	108	Craigie Zildjian	USA
76	77	EKO MUSIC GROUP SPA	47000000	70	Stelvio Lorenzetti	ITALY
77	84	C.BECHSTEIN PIANO FOR TEFABRIK AG	46650000	340	Karl Schulze	GERMANY
78	80	HENRI SELMER, ET CIE	46500000	450	Brigitte Selmer	FRANCE
79	76	MONZINO SPA	46250000	100	Antonio Monzino	ITALY
80	68	EMD MUSIC GROUP	46000000	134	Leonardo Baldocci	BELGIUM
81	83	KANDA SHOKAI CORPORATION	45750000	80	Tsutomu Yokoyama	JAPAN
82	89	上海知音琴行有限公司	45500000	290	朱文玉	中国内地
83	74	REM0, INC.	45400000	140	Brock Kaericher	USA
84	87	KONIG & MEYER	45250000	270	Gabriela Konig	GERMANY
85	85	NONAKA BOEKI CO., LTD.	45000000	95	John Nonaka	JAPAN

排名		公司名称	2012年销售收入（美元）	2012年员工数	负责人	国家和地区
2012年	2011年					
86	91	TODOMUSICA S.A.	44725000	100	Rafael Pedace	ARGENTINA
87	69	SUZUKI MUSICAL INSTRUMENT MFG. CO.,LTD.	43500000	180	Manji Suzuki	JAPAN
88	88	SF MARKETING	43000000	125	Sol Fleising	CANADA
89	90	天津津宝乐器有限公司	42500000	2700	刘运斌	中国内地
90	57	A&T TRADE	42000000	375	Aleksey Kurochkin	RUSSIA
91	94	THE MUSIC PEOPLE	41000000	62	James Hennessey	USA
92	93	HANSER MUSIC GROUP	40900000	84	Gary Hanser	USA
93	96	ROYAL INSTRUMENTS	39000000	140	Rene Moura	BRAZIL
94	107	MARSHALL AMPLIFICATION PLC	38560000	175	Jonathan Ellery	U.K
95	99	高琳乐器制造有限公司	38500000	75	吴懋仁	中国台湾
96	98	河北金音乐器制造有限公司	38250000	2600	陈学孔	中国内地
97	113	吟飞电子（上海）有限公司	38000000	1000	范廷国	中国内地
98	95	ARAI & CO., INC.	37400000	52	Kazuyuki Matsuda	JAPAN
99	100	DUNLOP MFG.	37200000	250	James Dunlop	USA
100	108	TEVELAM S.R.L,	36350000	55	Hugo Martellotta	ARGENTINA
101	101	G.A. YUPANGCO & CO.	35000000	280	Philip Yupangco	PHILIPPINES
102	97	EM NORDIC AB	34700000	100	Benny Englund	SWEDEN
103	106	PAUL REED SMITH GUITARS	34500000	260	Paul Reed Smith	USA
104	103	天津金雅佳乐器有限公司	34000000	335	侯新宇	中国内地
105	109	VIC FIRTH, INC.	33000000	160	Vic Firth	USA
106	104	MOGAR MUSIC S.P.A.	32451000	55	Massimo Barbini	ITALY
107	143	TAKAMINE GUITARS, LTD.	31518000		Hayami Tate	JAPAN
108	105	WARWICK GMBH & CO.-MUSIC EQUIPMENT	31500000	70	Hans-Peter Wilfer	GERMANY
109	114	PRIDE MUSIC	30000000	70	Lucio Grossman	BRAZIL
110	119	CASA VEERKAMP S.A. DE C.V.	29500000	125	Thomas Veerkamp	MEXICO
111	120	EASTMAN MUSIC COMPANY	28100000	75	Qian Ni	USA
112	116	HARRIS TELLER INC.	27191000	60	Mike Harris	USA
113	121	ELECTRO-HARMONIX	27000000	80	Mike Matthews	USA
114	122	SABIAN LTD.	26550000	125	Andy Zildjian	CANADA
115	124	GHS / R0CKTRON	26300000	90	Russell S. McFee	USA
116	115	DRUM WORKSHOP, INC.	26200000	100	Chris Lombardi	USA
117	112	EMINENCE SPEAKER LLC.	26000000	130	Chris Rose	USA
118	110	MORIDAIRA MUSICAL INSTRUMENTS CO., LTD.	25906000	43	Tamio Minagawa	JAPAN
119	149	BLUE MICORPHONES	25872000	40	John Maier	USA

排名		公司名称	2012年销售收入（美元）	2012年员工数	负责人	国家和地区
2012年	2011年					
120	127	PRIMA GAKKI CO., LTD.	25600000	30	Hitoshi Ohashi	JAPAN
121	132	TKL PRODUCTS CORPORATION	25500000	80	Thomas Dougherty	USA
122	131	RBX INTERNATIONAL CO.LTD.	25000000	120	Yoel Brand	ISRAEL
123	136	FISHMAN TRANDUCERS	24553000	70	Larry Fishman	USA
124	165	CMl MUSIC&AUDIO	24540008	45	Drago Trojkovic	AUSTRALIA
125	128	GRAND GLOBE鼓厂	24500000	395	Tony Huang	中国台湾
126	133	M AND M MERCHANDISERS, INC.	24400000	85	Marty Stenzler	USA
127	125	M. CASALE BAUER SPA	24300000	25	Patrizia Bauer	ITALY
128	117	ARMADILLO ENTERPRISES	24100000	54	Elliott Rubinson	USA
129	139	HHB COMMUNICATIONS LTD.	24043000	54	lan Jones	U.K.
130	129	SCHIMMEL PIANOFORTEFABRIC	24000000	175	H. Schimmel Vogel	GERMANY
131	141	SHIMRO	23500000	45	Won Jung Kim	SOUTH KOREA
132	137	深圳市帕思高电子有限公司	23250000	125	林俊杰	中国内地
133	145	ST.LOUIS MUSIC	22500000	46	Mark Ragin	USA
134	167	AUSTRALIS MUSIC GROUP PTY. LTD.	21850000	38	Trevor Morrow	AUSTRALIA
135	150	广州红棉吉他有限公司	21500000	825	何志强	中国内地
136	164	深圳市蔚科电子科技开发有限公司	21300000	400	徐建	中国内地
137	142	SCHECTER GUITAR RESEARCH	20900000	47	Michael Ciravolo	USA
138	151	MAPES PLANO STRING COMPANY	20865000	122	William L. Schaff	USA
139	130	PIANODISC	20750000	142	Gary& Kirk Burgett	USA
140	156	CLAVIA DIGITAL MUSIC INSTRUMENTS	20725000	28	Hans Nordelius	SWEDEN
141	144	WHIRLWIND	20250000	115	Michael Laiacona	USA
142	146	广东四会市华声乐器有限公司	20100000	1800	黄炳金	中国内地
143	118	SOUND TECHNOLOGY PLC	20000000	42	David Marshall	U.K.
144	191	ARSENAL MUSIC	19900000	58	Vlasimir Cherepanov	RUSSIA
145	N	UNIVERSAL AUDIO	19800000	106	Bill Putnam Jr.	USA
146	153	THE MUSIC LINK	19800000	45	Steve Patrino	USA
147	161	AUSTRALASIAN MUSIC SUPPLIES PTY, LTD	19500000	60	Kevin Hague	AUSTRALIA
148	148	JOHN HORNBY SKEWES & COMPANY LTD.	19325000	80	Dennis Drumm	U.K.
149	147	泰兴凤灵乐器有限公司	19000000	1300	李书	中国内地
150	126	FERNANDES CO., LTD	18800000	20	Shigeki Saito	JAPAN
151	154	SARA-TRANS GROUP	18660000	570	Jasbeer Singh	INDIA
152	176	ABLETON	18644000	150	Gerhard Behles	GERMANY

排名		公司名称	2012年销售收入（美元）	2012年员工数	负责人	国家和地区
2012年	2011年					
153	157	EQUIPSON S.A.	18120000	48	Jose Vila Ortiz	SPAIN
154	155	RANE CORPORATION	18000000	102	George Sheppard	USA
155	166	DANSR INC.	18000000	25	Michael Skinner	USA
156	160	秋长全丰音乐用品厂	17860000	700	蔡经纬	中国内地
157	187	武汉艾立卡电子有限公司	17583000	300	张琳	中国内地
158	152	MURAMATSU INC.	17500000	60	Osamu Muramatsu	JAPAN
159	162	CARVIN CORP.	17495000	115	Carson Kieset	USA
160	N	ORANCE MUSIC ELECTRONIC COMPANY	17397000	65	Clifford Cooper	U.K.
161	168	LTM	17000000	55	Victor Yakubovskiy	RUSSIA
162	175	MAKEMUSIC INC.	16994000	100	Karen van Lith	USA
163	173	IAG国际音响集团	16750000	175	Bernard Chang	中国香港
164	172	LOUIS RENNER,GMBH	16500000	150	Clemens von Arnim	GERMANY
165	174	THOMASTIK-INFELD GMBH	16250000	190	Peter Infeld	AUSTRIA
166	169	ALLEN ORGAN COMPANY,LLC	16000000	172	Steve Markowitz	USA
167	177	乐盟国际股份有限公司	15750000	46	蔡志强	中国内地
168	178	CONNOLLY MUSIC COMPANY	15500000	25	John M. Connolly III	USA
169	179	COMMUNITY PROFESSIONAL	15400000	85	Bruce Howze	USA
170	183	STENTOR MUSIC CO., LTD.	15250000	331	Michael C. Doughty	U.K.
171	182	VISCOUNT INTERNATIONAL	15150000	110	Loriana Galanti	ITALY
172	188	广州保嘉乐器制造厂有限公司	15100000	1200	邢宝嘉	中国内地
173	193	RODGERS INSTRUMENTS CORPORATION	15100000	60	Duane Luhn	USA
174	181	SEYMOUR DUNCAN	15000000	112	Cathy Carter Duncan	USA
175	186	AUDIOMUSICA S.A.	14900000	100	Armando Gotelli	CHILE
176	158	FATAR S.R.L.	14750000	80	L.Ragoni	ITALY
177	189	MEGA MUSIC SP. Z.O.O.	14600000	35	Dariusz Adamowicz	POLAND
178	N	APOGEE ELECTRONICS CORPORATION	14500000	52	Betty Bennett	USA
179	184	CHARLES DUMONT & SON	14400000	40	Charles J. Dumont	USA
180	201	CORDOBA MUSIC GROUP	14395000	28	Tim Miklaucic	USA
181	192	TYCOON MUSIC CO.,LTD.	14100000	166	Stephen Yu	THAILAND
182	195	EMG	13900000	90	Robert A. Turner	USA
183	185	MESA BOOGIE	13900000	110	Randall Smith	USA
184	190	聊城山石麦尔乐器有限公司	13800000	250	刘树广	中国内地
185	210	ANGEL实业公司	13300000	130	Frank Yang	中国台湾
186	198	CHESBRO MUSIC	13250000	50	Vanetta Chesbro Wilson	USA内地

排名		公司名称	2012年销售收入（美元）	2012年员工数	负责人	国家和地区
2012年	2011年					
187	199	SHADOW ELEKTROAKUSTIK	13000000	125	Joe Marinic	GERMANY
188	204	LYDROMMET AS	12900000	25	Christian Wille	NORWAY
189	211	LUTNER SPB LTD.	12800000	17	Sergey Antonov	RUSSIA
190	203	NEIL A. KJOS MUSIC COMPANY	12750000	70	Neil A. Kjos. Jr.	USA
191	196	WAVES, INC.	12200000	20	Gilad Keren	USA
192	197	ENRIQUE KELLER S.A	12100000	75	Jorge Keller	SPAIN
193	208	UNIVERSAL PERCUSSION,INC.	11979460	49	Thomas W. Shelley	USA
194	180	KIKUTANI MUSIC CO., LTD.	11637000	25	Toshi Kikutani	JAPAN
195	205	GETZEN COMPANY	11300000	92	Thomas R. Getzen	USA
196	200	MANUFACTURAS ALHAMBRA, S.L.	11050000	125	Juan Sanchis	SPAIN
197	212	广州市大铃乐器制造有限公司	10900000	260	N/A	中国内地
198	218	PETERSON ELECTRO-MUSICAL PRODUCTS	10800000	50	Scott Peterson	USA
199	206	国巧乐器木器厂	10750000	300	蔡经茂	中国台湾
200	207	MEL BAY PUBLISHING	10500000	51	Bryndon Bay	USA
201	215	LYON & HEALY HARPS	10290000	116	Antonio Forero	USA
202	209	CARL FISCHER	10250000	25	Sonya Kim	USA
203	216	LARRIVEE GUITARS	10200000	75	Jean Larrivee	CANADA
204	N	VERNE Q. POWELL FLUTES,INC.	10000000	65	Steven Wasser	USA
205	219	PROPELLERHEAD SOFTWARE AB	9999000	50	Ernst Nathorst	SWEDEN
206	170	RICKENBACKER INTERNATIONAL	9900000	90	John C. Hall	USA
207	222	CAE,INC.	9750000	60	Jim Fackert	USA
208	N	DEAN MARKLEY STRINGS	9600000	35	Lori Mc Callian	USA
209	N	IK MULTIMEDIA PRODUCTION	9500000	12	Enrico Iori	USA
210	N	ELEDER AUDIO	9400000	75	Yao Rui	中国台湾
211	N	SLAMI MUSIC COMPANY	9375000	60	Sergey Ivanov	RUSSIA
212	N	GROUP ONE	9250000	15	Jack Kelly	USA
213	N	COLLINGS GUITARS	9200000	88	Bill Collings	USA
214	215	MARK OF THE UNICORN	9200000	32	Robert Nathaniel	USA
215	225	EVENTIDE INC.	9200000	52	C.J.Scioscia	USA
216	N	LEEM PRODUCTS CO.,LTD.	9175000	110	Ick Chan Leem	SOUTH KOREA
217	N	ITOSHIN MUSICAL INC.	9150000	21	Masaki Ito	JAPAN
218	N	LPD MUSIC	9100000	25	Sonia Vallis	USA
219	221	PAISTE HOLDING AG	9000000	70	Erik Paiste	SWITZERLAND
220	220	MIRAPHONE	9000000	105	Markus Theinert	GERMANY

排名		公司名称	2012年销售收入（美元）	2012年员工数	负责人	国家和地区
2012年	2011年					
221	N	BRODMANN PIANO GROUP	8950000	20	Christian Hoefert	AUSTRIA
222	N	TAY-E COMPANY LTD.	8750000	75	Chen EII Chiang	中国台湾
223	N	MOOG MUSIC	8500000	38	Mike Adams	USA
224	224	ACE KARAOKE CORP	8500000	45	David Su	USA
225	N	SCHALLER ELECTRONIC GMBH	8250000	100	Dr.Lars bunning	GERMANY

中国内地乐器企业进入2012年全球乐器与音响制品225强基本情况

排名	公司名称	销售收入（美元）	员工数	负责人
17	广州珠江钢琴集团股份有限公司	214200000	3550	施少斌
34	宁波音王集团有限公司	98000000	2300	王祥贵
35	北京星海钢琴集团有限公司	97000000	3900	祝宁伟
73	宁波海伦乐器制品有限公司	49100000	860	陈海伦
82	上海知音琴行有限公司	45500000	290	朱文玉
89	天津津宝乐器有限公司	42500000	2700	刘运斌
96	河北金音乐器制造有限公司	38250000	2600	陈学孔
97	吟飞电子（上海）有限公司	38000000	1000	范廷国
104	天津金雅佳乐器有限公司	34000000	335	侯新宇
132	深圳市帕思高电子有限公司	23250000	125	林俊杰
135	广州红棉吉他有限公司	21500000	825	何志强
136	深圳市蔚科电子科技开发有限公司	21300000	400	徐 建
142	广东四会市华声乐器有限公司	20100000	1800	黄炳金
149	泰兴凤灵乐器有限公司	19000000	1300	李 书
156	秋长全丰音乐用品厂	17860000	700	蔡经纬
157	武汉艾立卡电子有限公司	17583000	300	张 琳
167	乐盟国际股份有限公司	15750000	46	蔡志强
172	广州保嘉乐器制造厂有限公司	15100000	1200	邢宝嘉
184	聊城山石麦尔乐器有限公司	13800000	250	刘树广
197	广州市大铃乐器制造有限公司	10900000	260	N/A

中国香港乐器企业进入2012年全球乐器与音响制品225强基本情况

排名	公司名称	销售收入（美元）	员工数	负责人
15	柏斯琴行有限公司	281580000	4200	吴天延
16	金山工业公司	245420000	1450	罗仲荣
28	通利琴行有限公司	135000000	450	李敬章
41	得理电子有限公司	87000000	1100	郑荃文
163	IAG国际音响集团	16750000	175	Bernard Chang

中国台湾乐器企业进入2012年全球乐器与音响制品225强基本情况

排名	公司名称	销售收入（美元）	员工数	负责人
10	功学社乐器股份有限公司	310000000	3800	梁钦贵
59	全域股份有限公司	56740000	225	王敏烈
66	宏寰贸易股份有限公司	51850000	55	陈少宏
95	高琳乐器制造有限公司	38500000	75	吴懋仁
125	GRAND GLOBE鼓厂	24500000	395	Tony Huang
185	ANGEL实业公司	13300000	130	Frank Yang
199	国巧乐器木器厂	10750000	300	蔡经茂
210	ELEDER AUDIO	9400000	75	Yao Rui
222	TAY-E COMPANY LTD.	8750000	75	Chen EII Chiang

海外资讯篇之二：美国乐器市场

2013年度美国乐器市场调查报告

【编者按：2013年度，美国音乐制品零售总额增长2.1%，达68.1亿美元，基本上与缓慢的经济增长步调一致。尽管2013年度数据表明音乐制品行业销售收入连续4年实现增长，但出货量仍未达到金融危机前的峰值。从积极方面看，乐器销量逆势增长，无论形势多么严峻，零售商和供货商通过重新调整其业务定位，实现销量稳定增长，大大提升了行业发展潜力。】

"音乐制品行业"实际上是十多类产品的合称，各类产品均为乐器且均通过普通网络分销渠道销售，除此之外，这些产品几乎没有什么共同点。乐器产品种类繁多，由于受经济发展趋势、音乐风格变化、技术演进等因素的单独或综合影响，各类音乐制品销售情况差别很大。例如，房地产市场的触底反弹促进了声学钢琴的销售，而人们音乐品位的改变则会造就非电吉他市场销售额大增。乘着电子音乐流行的东风，DJ和音乐制品的销售收入实现了强劲增长。但遗憾的是，同样的流行音乐趋势则对入门级电吉他的销售产生了完全相反的影响：越来越多的客户更倾向于选择电子类乐器，传统打击乐器的销售被远远甩在后面。由于经济发展水平提升，声学乐器销量实现了增长，且校园乐器的销量也随着入学率的提高而一路上扬。

尽管每类乐器的市场都独具特色且充满活力，但所有的乐器都面临两个日益突出的问题，一是二手乐器销量增加，二是三十岁以下客户群手头依然拮据。虽然无法准确量化二手乐器市场，但从ebay网和Craigslist网站的一些统计可分析出目前二手乐器的市场规模究竟有多大。从9英尺长的施坦威（三角钢琴（要价95000美元）和马丁吉他公司1942版的000-45型吉他（要价32000美元），到许多要价仅1美元的微利功能部件，任意一天的销量统计均表明，全美通过Craigslist网站购买的音乐制品数量约为100万件，这些商品涵盖各音域的全部乐器。

ebay网供应的音乐商品，其范围和售价大致相似。在中等规模市场，如伊利诺斯州首府斯普林菲尔德市（Springfield）、爱荷华州首府得梅因市（Des Moines）或乔治亚州东部的奥古斯塔市（Augusta），上述两个购物网站上的存货都可轻松摆满一、两个规模像样的乐器琴行。与这种大规模存货相伴的，是新一代客户更习惯网上交易，因此，网络交易成为重要的市场因素。以访问量计，ebay网在美国国内排名第八位，Craigslist网站则排名第十一。

音乐和音乐制品具有巨大吸引力，但乐器行业最大的客户群仍然是30周岁以下的阶层，这个阶层是吉他、电吉他、鼓乐器、键盘乐器和录音装置的主要购买者。整个行业都受到2008年金融危机影响。主要统计资料显示，金融危机对于年龄在30岁及30岁以下人群的影响不同。据美国劳工部的统计，年龄在18至25岁的人群中，只有47%具有全职工作。至本报告发布时，全美失业率为6.8%，但30岁以下人群失业率为13%。当收入机会减少时，经济负担随之增加。财政部指出大学债务飙升至275%。虽然数额难以量化，但自2003年以来，主要购买人群的经济负担一定程度上阻碍了乐器销售。

技术飞速发展进一步提高了乐器产品的性价比，这是乐器产品价值不断提高、销量触底回弹的最好解释。对于价格在1000美元以下的数码调音装置，至少需配备一套100美元以下的录音软件。技术进步并不仅限于哪些高科技领域，人类卓越的创造性也不断提升着声学吉他、管乐器和打击乐器等各类乐器的价值和性能。

弓弦乐器

（包括声学吉他、电吉他、贝斯、夏威夷四弦琴、扩音器、琴弦及其他与吉他相关制品）

2009～2013年美国吉他市场概况

（单位：把）

	2013年销量	同比%	2012年销量	同比%	2011年销量	同比%	2010年销量	同比%	2009年销量	同比%
声学吉他										
200美元以下	612000	-2.40%	627000	0.60%	641000	9.00%	588211	13.10%	520201	-3.10%
201-500美元	122000	0.90%	120900	-2.50%	124000	8.60%	114220	-7.40%	123357	-20.70%
501-1500美元	96000	2.10%	94000	18.70%	79200	18.20%	67000	3.90%	64461	-19.60%
1500美元以上	33900	40.10%	24200	5.70%	22885	15.00%	19900	14.60%	17361	-26.90%
声学电吉他										
200美元以下	131000	3.10%	127000	-4.00%	132300	-2.10%	135200	-6.7	144947	-18.10%
201-500美元	212000	7.60%	197000	1.00%	195000	11.40%	175000	12.80%	155187	-34.50%
501-1500美元	120000	11.40%	107750	17.10%	92000	14.60%	80300	21.80%	65936	-18.60%
1500美元以上	36000	25.70%	28650	13.70%	25200	20.00%	21000	14.80%	18288	-29.90%
声学吉他小计	1362900	2.70%	1326500	2.50%	1311585	9.20%	1200831	8.20%	1109738	-15.80%
电吉他										
200美元以下	375000	-6.50%	401000	-4.10%	418250	-2.30%	428250	0.70%	425117	-13.80%
201-600美元	300000	-5.70%	318000	-4.40%	332500	3.90%	319877	4.40%	306253	-22.50%
601-1250美元	109000	-8.80%	119520	2.90%	116200	5.40%	110250	-0.90%	111272	-24.30%
1251-2000美元	35000	41.10%	24800	24.60%	19900	3.40%	19250	6.90%	18005	-28.60%
2000美元以上	15000	15.40%	13000	16.10%	11200	3.50%	10820	3.30%	10477	-29.70%
空体电吉他										
200-500美元	33200	16.40%	28520	8.60%	26250	-11.90%	29800	-13.40%	34412	3.70%
500美元以上	15500	13.60%	13650	6.60%	12800	23.60%	10355	1.70%	10177	-63.00%
电吉他小计	882700	-3.90%	918490	-2.00%	937100	0.90%	928602	1.40%	915713	-23.10%
电贝斯										
250美元以下	107000	-5.30%	113000	-2.60%	116000	-1.90%	118233	-6.20%	126093	-20.20%
251-500美元	68000	-6.20%	72500	-2.30%	74200	-2.50%	76122	2.40%	74353	-23.30%
501-1000美元	48000	-11.90%	54500	2.40%	53200	7.20%	49622	11.30%	44597	-23.10%
1000美元以上	4100	-6.80%	4400	7.30%	4100	5.10%	3900	27.00%	3072	-6.90%
电贝斯小计	227100	-7.10%	244400	-1.30%	247500	-0.20%	247877	-0.90%	248115	-21.60%
吉他总计	2472700	-0.70%	2489390	0.40%	2496185	5.00%	2377310	4.60%	2273566	-17.90%

2008～2013年美国声学钢琴市场概况

（单位：架）

	2013年销量	同比%	2012年销量	同比%	2011年销量	同比%	2010年销量	同比%	2009年销量	同比%	2008年销量
按型号划分											
立式钢琴											
44″以下	3952	-14.70%	4633	-6.70%	4966	-20.20%	6255	57%	3955	-30.58%	5697
44″-47″	11868	-7.30%	12796	-16%	15225	-4.70%	15977	59%	10017	-41%	16977
工作室用琴	4422	-4.70%	4641	-11.80%	5259	1.60%	5177	-13%	5955	-28.89%	8374
自动演奏钢琴	410	3.80%	395	-7.10%	425	-6.60%	455	40%	325	-21.31%	413
立式钢琴总计	20652	-8.10%	22465	-13.20%	25875	-7.00%	27834	37%	20252	-33.46%	30435
三角钢琴											
5′以下	1987	7.10%	1855	-6.20%	1977	-19.50%	2455	24.30%	1974	-50.14%	3959
5′-5′5″	4277	6.60%	4014	4.90%	3825	-7.00%	4115	18.70%	3466	-44.19%	6210
5′6″-5′10″	1905	2.70%	1855	-5.60%	1966	-11.30%	2217	18.10%	1877	-37.41%	2999
5′11″-6′4″	1727	13.50%	1522	-3.40%	1575	-6.60%	1687	27.20%	1326	-45.99%	2455
6′5″-7′10″	1115	9.70%	1016	-4.00%	1058	-8.60%	1158	53.30%	755	-54.68%	1666
7′11″及以上	859	-21.00%	1088	-5.60%	1153	20.70%	955	50.30%	635	-37.13%	1010
自动演奏钢琴	3622	7.00%	3385	-6.60%	3625	8.00%	3357	20.90%	2775	-49.06%	5448
三角钢琴总计	15492	5.10%	14735	-2.90%	15179	-4.80%	15944	24.40%	12808	-46.06%	23747
声学钢琴总计	36144	-3.90%	37200	-9.40%	41054	-6.20%	43778	32.42%	33060	-38.98%	54182
按单价划分											
三角钢琴											
10000美元以下	2844	-14.50%	3325	3.40%	3215	4.80%	3067	3.79%	2955	-43.98%	5275
10000美元以上	12648	10.90%	11410	-4.60%	11964	-7.10%	12877	30.69%	9853	-46.66%	18472
立式钢琴											
4000美元以下	11766	-17.60%	14277	-12.20%	16266	-17.30%	19679	38.05%	14255	-21.86%	18244
4000美元以上	8886	8.50%	8188	-14.80%	9609	17.80%	8155	35.98%	5997	-50.81%	12191

2008～2013年美国声学钢琴主要进口来源国

	2013年销量	同比%	2012年销量	同比%	2011年销量	同比%	2010年销量	同比%	2009年销量	同比%	2008年销量
立式钢琴											
中国	6215	-19.90%	7758	-24.70%	10309	-13.30%	11885	69.80%	6999	-28.00%	9721
印尼	7482	33.00%	5626	6.30%	5292	-18.60%	6504	52.00%	4277	-44.31%	7680
日本	4266	-5.70%	4522	-4.70%	4743	11.50%	4255	32.10%	3221	-25.01%	4295

	2013年销量	同比%	2012年销量	同比%	2011年销量	同比%	2010年销量	同比%	2009年销量	同比%	2008年销量
三角钢琴											
中国	3815	0.40%	3798	-6.20%	4048	0.60%	4025	46.10%	2755	-41.83%	4736
印尼	4622	11.10%	3316	-21.30%	4211	-6.70%	4515	35.70%	3325	-53.65%	7173
日本	3595	8.40%	4162	-10.00%	4625	-6.70%	4955	44.80%	3420	-50.38%	6893
美国	1200	6.70%	1125	-19.60%	1400	9.80%	1275	1.50%	1255	-34.81%	1925

2013年度，音乐风格不断改变、二手现货产品的大规模供应和制作技术进步等因素对这类乐器市场产生了综合影响。该年度电子和非电吉他的出货总量降至247万件，比2012年度的248万件减少0.7%。乐器零售总额为10.7亿美元，较上年度增长了7.0%，表明零售价格在1000美元以上的乐器销量增加。然而，本年度声学吉他销量大大超过电吉他。声学吉他及带拾音器组件的吉他出货量增至136.9万件，比2012年的132.6万件增长2.7%，零售总额为6.03亿美元，比上年的5.32亿美元增加13.3%。据经销商反馈，价位较高的乐器较受青睐，成为2013年市场亮点。

与此形成鲜明对比的是，电吉他出货量降至110万件，比上年的116万件减少了4.6%。零售总价降至4.67亿美元，比上一年的4.68亿美元减少了0.3%。电吉他销量疲软也对扩音器、其他扩音产品及吉他弦的销量产生了负面影响，因为电吉他用户比声学吉他用户更频繁地更换吉他弦。关于声学吉他销量增加和电吉他销量减少，零售商和制造商试图寻找合理的解释。一些人归因于摇滚乐。摇滚乐是当前非常流行的音乐形式，而它的流行很大一部分是由电吉他推动的；还有一些人将其归因于电子邮件营销。不管出于何种原因，吉他市场规模和组成结构不断变化，自吉他成为全世界最流行的乐器以来，在五十多年的时间里，吉他市场至少经历了六次繁荣与萧条更替。然而，市场中的一些变化更多与技术相关，吉他用户在网上可直接购买演奏录音，这可能对扩音器及其他相关产品销售造成持续负面影响。如前所述，Craigslist和ebay网，使二手乐器市场规模扩大，也对吉他市场产生较大冲击。

校园乐器

（含铜管乐器、木管乐器和弦乐器）

2013年，木管乐器、铜管乐器和管弦乐器琴弦的成套出货量降低至91.14万件，比上年减少5.9%，与此形成鲜明对比的是，美国入学学生人数仅略有下降（据普查，2013年度全美各类学校入学人数为5520万人，而2012年度为5521万人）。出货乐器的零售总额增长了1.7%，达6.30亿美元，表明价格全面上扬，销量增加。

出货规模表明，全美校园音乐活动有力复苏。乐器出货量表明，过去十年，全美校园音乐活动参与率保持不变。诚如一位制造商所言："只要父母有兴趣丰富孩子们的生活，我们的产品就有市场"。本年度，与高价乐器相关的音乐演出呈现出强劲势头，再加上联邦和地方预算投入增加，这些因素均带动了萨克斯及铜管乐器销量增长。

家用键盘乐器

（含声学、数码及自动演奏钢琴）

2013年度美国房地产市场改善，使钢琴销量大幅增长。家庭乐器销量增长8%，钢琴市场总量500万架，声学钢琴销售额增长3.9%，达2.928亿美元。三角钢琴销量11870架，增幅为4.6%，而自动演奏三角钢琴销量增加6.7%，达到4032架。立式钢琴的销量降至20242架，减少8.3%，抵消了三角钢琴的销售增量。

该年度乐器销售的特征是，客户偏好规格更大、价格更高的钢琴，5'11"～6'4"类的三角钢琴的销量增幅最大，增加13.5%，而三角钢琴的平均销售价格达到16425美元。立式钢琴同样如此，客户倾向于选择规格更大、质量更好的立式钢琴，其平均销售价格增加了4834美元。

钢琴市场消费客户实际由两部分组成，单位用户和个体消费者。到目前为止，单位用户从2008年金融危机的触底中反弹更加明显。2013年度零售商报告显示，琴行发货和销售明显提升。

消费者音乐情操的提升还体现在2013年数码钢琴的销量上。该年度数码钢琴销量增加1.9%，为130432架，由于价格适度增长，钢琴的零售总额增长了5.4%。同时消费者也对计算机控制界面、内置笔记簿显示器及加强版学习软件等数码钢琴配套新产品兴趣浓厚。

打击乐器

（含整套乐鼓、单个乐鼓和相关硬件、鼓槌、铙钹、附属件、手持式打击乐器和教学用打击乐器）

2013年，打击乐器零售总额降至3.815亿美元，同比减少4.8%。越来越多的购买者更倾向于选择电子鼓。尽管鼓手们承认没有什么东西可取代传统乐鼓的表现力，但在教学期间或录音棚等演出场所练习要控制音量，且不需要很多麦克风，这些优点使电子乐鼓勉强成为传统乐鼓的代替品。

电子套鼓占据了入门乐器市场中较大份额，电子乐鼓手不像传统乐鼓手那样经常敲断鼓槌，也不需新的经常更换附属品，如镲片，这从销售收入就能体现出来。

此外，教学用打击乐器和手鼓是本年度打击乐器市场的两个亮点，财政预算增加使鼓槌、定音鼓和行进鼓的销售增长了2.5%。

电子乐器

（包括键盘式电子合成器、控制器键盘、电子鼓和电子打击乐器）

电子乐器的销量去年增长了5.6%。2013年度，电子乐器产品零售总额达到2.278亿美元（2012年度为2.157亿美元），整个电子类乐器中包括电子合成器、控制器、电子鼓乐器和打击乐器，其中电子合成器的表现最好，销量达到86500件，增长6.1%，零售总额增长了13.5%，达1.128亿美元。电子打击乐器的销量增长了5.6%，零售总额达到512万美元，从侧面展示出电子打击乐器的便利实用性。

管风琴

（包括家庭用管风琴和教堂用管风琴）

管风琴市场销量持续下降，家庭用和教学用管风琴销量均呈现大幅下滑，家庭用管风琴市场致力于争取老年客户群，且只有少数零售商积极存货和推销产品，再加上客户兴趣转向合成乐器，致使家庭用管风琴市场潜力锐减。教堂用管风琴市场方面，由于罗马天主教廷财政困难，全美教堂用管风琴的销量降幅最大。

便携式键盘乐器

自从20世纪80年代早期入市以来，便携式键盘乐器一直被当作入门级乐器，任何人使用该类乐器均可创作音乐。30年来，便携式键盘乐器的质量和性能持续改善，制造商仍然供应这种最高级的入门乐器。然而，零售价格在199美元以下便携式乐器的零售总额连续3年下降，2013年已降至5665万美元，与2012年的5730万美元相比，减少了13.8%。对这种下降趋势的最好解释是来自其他门类乐器的竞争。2013年，零售价格超过200美元的高端便携式乐器的销量基本上与2012年的1.183亿美元的销售额持平。

乐器零配件

（包括乐器箱包、乐器架、调音器、节拍器、乐器背带、簧片、乐器吹口、护理套件、更换部件和其他小物品）

2013年美国NAMM展期间，参展商1500家，据统计，近三分之一的参展者提供某种类型的乐器附件，如乐器架、乐器背带、琴弦或调音器。这一小批乐器附件制造商投入大量精力，创造性地助力乐器零配件销售增长5.3%。

某一大类附件可能由某些小零配件组成，这些小配件零售价多在100美元以下，然而积少成多，它们零零总总对乐器行业收入的贡献达5.107亿美元，大部分乐器部件利润很高，因此它们对零售乐器总利润的贡献更大。

（常 杰 编译自美国《音乐贸易》2014年第4期）

2013年美国乐器市场零售概览

（金额单位：美元）

年份	销量	同比%	批发额	零售额	同比%	平均单价
			吉他			
声学吉他						
2013年	1362900	2.70%	404141000	603195000	13.30%	443
2012年	1326500	1.10%	356606194	532248050	10.10%	401
2011年	1311585	9.20%	323856694	483368200	15.50%	369
2010年	1200831	8.20%	280455000	418589000	6.90%	349
2009年	1109000	-15.77%	262253000	391423000	-17.21%	353
2008年	1317550	-2.30%	312042390	472791500	-8.20%	359
2007年	1348000	-9.50%	345007000	514936000	-6.10%	382
2006年	1490260	-9.70%	367438000	548415000	2.20%	367
2005年	1651074	2.00%	359521000	536599000	10.90%	325
2004年	1618700	38.60%	324274000	483991000	16.70%	299
电吉他						
2013年	1109800	-4.60%	312930000	467059000	-0.30%	421
2012年	1162890	-3.20%	313846814	468428080	3.70%	403
2011年	1200831	2.10%	302574178	451603250	7.40%	381
2010年	1176479	1.10%	281675000	420411000	-2.10%	357
2009年	1163000	-19.85%	287646000	429323000	-24.20%	369
2008年	1452100	-4.50%	376630464	566361600	-5.90%	390
2007年	1520000	1.30%	403286000	601920000	6.90%	396
2006年	1501000	-9.50%	382154000	562875000	-8.30%	380
2005年	1658648	-1.50%	416735000	621993000	15.40%	375
2004年	1683970	43.50%	361043000	538870000	10.40%	320
吉他总计						
2013年	2472000	-0.70%	717071000	1070254000	7.00%	433
2012年	2489390	-0.90%	670453007	1000676130	7.00%	402
2011年	2512416	5.70%	626430872	934971450	11.40%	372
2010年	2377310	4.60%	562130000	839000000	0.022	353
2009年	2273000	-17.91%	549900000	820746000	-0.210	361
2008年	2769650	-3.40%	691036812	1039153100	-7.00%	375
2007年	2868000	-4.10%	748293000	1116856000	0.50%	389
2006年	2991260	-9.60%	749593000	1111290000	-4.10%	372
2005年	3309722	0.20%	776256000	1158592000	13.30%	350

年份	销量	同比%	批发额	零售额	同比%	平均单价
2004年	3302670	41.00%	686317000	1022861000	13.30%	309
注1：声学吉他类含班卓琴、曼陀林、冬不拉及其他声学弦乐器，不含夏威夷四弦琴 注2：电吉他类含电贝斯						
功放						
2013年	788000	-6.60%	122920000	189120000	-1.70%	240
2012年	8444000	-5.20%	125080800	192432000	-11.70%	228
2011年	890000	-1.30%	141732500	218050000	-5.10%	245
2010年	901400	3.20%	149407000	229857000	-9.20%	255
2009年	873200	-20.33%	164598200	253228000	-25.47%	290
2008年	1096000	-1.40%	220844000	339760000	-9.90%	310
2007年	1112000	1.80%	245029000	376968000	4.60%	339
2006年	1092000	-12.00%	234234000	360360000	-9.20%	330
2005年	1240921	-3.00%	258111000	397094000	6.70%	320
2004年	1279300	31.30%	241979000	372276000	9.80%	291
钢琴						
三角钢琴						
2013年	11870	4.60%	109180000	194964000	8.90%	16425
2012年	11350	-1.80%	100297680	179103000	2.10%	15780
2011年	11554	-8.20%	98035000	175375000	0.20%	15179
2010年	12587	25.50%	97977000	174959000	36.20%	13900
2009年	10033	-45.17%	71916000	128422000	-48.18%	12800
2008年	18299	-17.50%	138789924	247839150	18.50%	13544
2007年	22189	-17.60%	170234000	303989000	-5.10%	13700
2006年	26935	-23.50%	179313000	320203000	-19.90%	11887
2005年	35211	8.80%	224077000	400137000	12.60%	11364
2004年	32377	3.00%	202634000	355499000	-1.70%	10980
立式钢琴						
2013年	20242	-8.30%	54796000	97849000	-4.70%	4834
2012年	22070	-13.30%	57470280	102625500	-11.00%	4650
2011年	25450	-7.00%	65408000	115358000	2.80%	4533
2010年	27379	37.40%	63984000	112253000	54.80%	4100
2009年	19927	-33.63%	41344000	72534000	-37.49%	3640
2008年	30022	-5.20%	66140121	116035300	-3.10%	3865
2007年	31681	-20.50%	68259000	119754000	-7.20%	3780
2006年	39862	-17.80%	73571000	129073000	14.20%	3237

年份	销量	同比%	批发额	零售额	同比%	平均单价
2005年	48527	-1.90%	85747000	150433000	1.70%	3100
2004年	49453	-12.30%	85761000	147864000	15.60%	2990
自动演奏钢琴						
2013年	4032	6.70%	37820000	67536000	12.40%	16750
2012年	3780	-6.70%	33657120	60102000	-6.90%	15900
2011年	4050	6.20%	36089000	64559000	16.00%	15940
2010年	3812	23.00%	31166000	55655000	32.90%	14600
2009年	3100	-47.11%	23436000	41850000	-48.26%	13500
2008年	5861	-32.40%	45293808	80881800	-33.20%	13800
2007年	8666	-14.30%	67844000	121150000	-8.70%	13980
2006年	10169	-13.70%	74286000	132654000	-10.30%	13044
2005年	11780	0.90%	82822000	147897000	4.10%	12555
2004年	11670	22.50%	79598000	142140000	26.20%	12180
钢琴销售总计						
2013年	36144	-2.80%	201796000	360350578	5.40%	9970
2012年	37200	-9.40%	191425080	341830500	-3.80%	9189
2011年	41054	-6.20%	199532000	355292000	3.60%	8654
2010年	43778	32.40%	193128000	342868000	41%	7832
2009年	33060	-38.98%	136697000	242806680	-45.41%	7344
2008年	54182	-13.40%	250223853	444756250	18.40%	8209
2007年	62536	-18.80%	306338000	544894000	-64%	8713
2006年	76966	-19.40%	327170000	581930000	16.60%	7560
2005年	95518	2.20%	392647000	698469000	8.20%	7312
2004年	93500	-4.00%	367993000	645503000	-0.60%	6903
数码钢琴						
2013年	130432	1.90%	97824000	163040000	2.70%	1250
2012年	128000	6.50%	95232000	158720000	6.20%	1240
2011年	120200	1.90%	87986400	146644000	13.00%	1220
2010年	118000	15.70%	77880000	129800000	29.90%	1100
2009年	102000	-16.97%	59976000	99960000	-17.64%	980
2008年	122850	1.80%	728254800	121375800	-1.30%	988
2007年	120620	-3.50%	73819000	123032000	14.40%	1020
2006年	125000	-13.20%	86250000	143750000	16.80%	1150
2005年	144000	20.80%	103680000	172800000	4.60%	1200
2004年	119240	43.10%	99088000	165147000	10.00%	1385

年份	销量	同比%	批发额	零售额	同比%	平均单价
校园乐器						
铜管乐器						
2013年	234000	-5.70%	128645000	233900000	3.50%	1000
2012年	248055	9.90%	124294500	225990000	15.10%	911
2011年	225741	4.40%	108027000	196394000	5.10%	870
2010年	216315	3.30%	102787000	186886000	-1.10%	864
2009年	209500	-11.90%	103957000	189012000	-15.89%	902
2008年	237800	-0.40%	123596550	224721000	-4.00%	945
2007年	238800	8.10%	128713000	234024000	11.50%	980
2006年	220950	4.50%	115446000	209902000	5.60%	949
2005年	211400	-6.70%	109293000	198716000	-2.60%	940
2004年	226595	7.50%	112164000	203935000	-1.90%	900
木管乐器						
2013年	334000	-2.50%	158345000	287900000	2.40%	862
2012年	342500	-2.80%	154695750	281265000	5.00%	821
2011年	352462	1.30%	147343000	267871000	2.80%	760
2010年	348022	-3.10%	143312000	260567000	-1.90%	749
2009年	359300	-8.19%	146162000	265749000	-7.61%	740
2008年	391347	4.70%	158202025	287640045	1.90%	735
2007年	373800	1.70%	155220000	282219000	2.40%	755
2006年	367580	2.00%	151626000	275685000	1.50%	750
2005年	360282	-2.20%	149408000	271652000	5.50%	754
2004年	368336	7.20%	141606000	257466000	-4.50%	699
弦乐器						
2013年	343000	-9.20%	59950000	109000000	-3.50%	318
2012年	377960	2.10%	62120300	112946000	5.20%	299
2011年	370200	24.80%	59046000	107358000	27.40%	290
2010年	296610	1.90%	46330000	84237000	3.60%	284
2009年	290845	-16.70%	44714000	81299000	-16.70%	280
2008年	350850	-16.70%	36277890	65959800	-19.70%	188
2007年	421074	2.90%	45160000	82109000	5.60%	195
2006年	409131	1.60%	42754000	77734000	13.60%	189
2005年	382331	11.00%	37633000	68425000	12.90%	178
2004年	341016	-4.50%	32822000	58677000	3.20%	170
校园乐器总计						
2013年	911400	-5.90%	346940000	630800000	1.70%	692

年份	销量	同比%	批发额	零售额	同比%	平均单价
2012年	968515	2.10%	341110550	620201000	8.50%	640
2011年	948403	10.20%	314416000	571623000	7.50%	603
2010年	860947	0.20%	292430000	531691000	-0.80%	618
2009年	859645	-12.28%	294833625	536061137	-12.12%	624
2008年	979997	-5.20%	318076465	578320845	-3.30%	590
2007年	1033674	3.60%	329093000	598352000	6.20%	579
2006年	997661	2.40%	309826000	563321000	4.50%	564
2005年	954013	4.10%	296336000	538793000	3.40%	553
2004年	935947	2.60%	286336000	521078000	2.60%	556
电声乐器						
键盘合成器						
2013年	86500	6.10%	76986000	112882500	13.50%	1305
2012年	81500	-3.60%	67811260	99430000	-3.90%	1220
2011年	84500	-4.20%	70595525	103512500	-2.20%	1225
2010年	88200	19.50%	72182000	105840000	8.70%	1200
2009年	73779	-7.27%	66418807	97388280	-17.29%	1320
2008年	79560	4.00%	80304682	117748800	-3.20%	1480
2007年	76523	-3.80%	82980000	121671000	5.50%	1590
2006年	79530	11.30%	78647000	115315000	3.10%	1449
2005年	71460	9.50%	76271000	117834000	3.90%	1565
2004年	65240	-0.50%	73199000	107646000	3.30%	1650
键盘控制器						
2013年	69000	-21.60%	11294000	15506000	-19.90%	2250
2012年	88000	-6.40%	13203520	19360000	9.00%	220
2011年	94000	-6.00%	12116412	17766000	-8.90%	189
2010年	100000	34.20%	13299000	19500000	19.00%	195
2009年	74500	-15.34%	11177000	16390000	-13.37%	220
2008年	88000	11.40%	12903440	18920000	4.60%	215
2007年	79000	6.80%	12338062	18091000	45.50%	229
2006年	74000	421.00%	8478000	12432000	22%	168
2005年	14200	184.00%	6972000	10224000	127%	720
2004年	5000	-20.60%	3150000	4500000	-52.40%	900
电钢琴、专业管风琴						
2013年	11500	-5.70%	14313000	20987000	-4.40%	1825
2012年	12200	-23.30%	14976720	21960000	-22.80%	1800

年份	销量	同比%	批发额	零售额	同比%	平均单价
2011年	15900	3.20%	19410402	28461000	7.10%	1790
2010年	15400	-4.90%	18117000	26565000	-7.90%	1725
2009年	16200	-18.18%	19666152	28836000	-19.09%	1780
2008年	19800	-8.40%	24306480	35640000	-12.80%	1800
2007年	21620	-18.40%	27867000	40861000	-8.20%	1890
2006年	26500	-19.70%	30362000	44520000	-27.00%	1680
2005年	33000	-8.30%	41636000	61050000	-16.40%	1850
2004年	36800	-0.70%	51133000	73048000	-8.40%	1985
电子鼓						
2013年	n/a	n/a	34918000	51200000	5.60%	n/a
2012年	n/a	n/a	33077000	48500000	4.10%	n/a
2011年	n/a	n/a	31781200	46600000	-3.90%	n/a
2010年	n/a	n/a	33077000	48500000	3.60%	n/a
2009年	n/a	n/a	31938060	46830000	-16.00%	n/a
2008年	n/a	n/a	38022741	55751819	2.10%	n/a
2007年	n/a	n/a	37240000	54605000	5.20%	n/a
2006年	n/a	n/a	35399000	51906000	5.50%	n/a
2005年	n/a	n/a	33554000	49200000	11.10%	n/a
2004年	n/a	n/a	30996000	44280000	7.30%	n/a
电声乐器销售总计						
2013年	n/a	n/a	155249484	227806000	5.60%	n/a
2012年	n/a	n/a	147112740	215730000	-2.70%	n/a
2011年	n/a	n/a	151244763	221791500	-1.90%	n/a
2010年	n/a	n/a	142364000	226070000	14.10%	n/a
2009年	n/a	n/a	135073292	198054680	-16.82%	n/a
2008年	n/a	n/a	162385066	238101269	-3.10%	n/a
2007年	n/a	n/a	167632000	245794000	4.00%	n/a
2006年	n/a	n/a	161117000	236243000	-3.20%	n/a
2005年	n/a	n/a	166588000	244265000	1.00%	n/a
2004年	n/a	n/a	166830000	241756000	-7.40%	n/a
			打击乐器			
套鼓						
2013年	140600	-11.20%	58925000	89281000	-6.00%	635
2012年	158300	-9.00%	62686800	94980000	-7.50%	600
2011年	174000	-3.20%	67755600	102660000	-2.40%	590

年份	销量	同比%	批发额	零售额	同比%	平均单价
2010年	179800	7.00%	69420000	105183000	6.10%	585
2009年	168000	-15.80%	65419200	99120000	-19.74%	590
2008年	199520	-10.20%	81511901	123502880	18.30%	619
2007年	222300	-18.00%	99768000	151164000	-9.80%	680
2006年	271167	-3.80%	110603000	167587000	-3.30%	617
2005年	281878	5.10%	114414000	173355000	7.90%	615
鼓（含支架、踏板、相关零件等）						
2013年	n/a	n/a	36490500	55288000	-5.50%	n/a
2012年	n/a	n/a	38614286	58506494	-7.80%	n/a
2011年	n/a	n/a	41881004	63456067	2.50%	n/a
2010年	n/a	n/a	40859000	61908000	6.00%	n/a
2009年	n/a	n/a	38546713	58404111	-12.70%	n/a
2008年	n/a	n/a	44154311	66900471	-6.00%	n/a
2007年	n/a	n/a	46972000	71170000	-7.00%	n/a
2006年	n/a	n/a	50508000	76527000	0.90%	n/a
2005年	n/a	n/a	39399000	75769000	9.10%	n/a
教学用打击乐器（含行进打击乐器、槌棒、工具等）						
2013年	n/a	n/a	36141000	54759000	2.50%	n/a
2012年	n/a	n/a	35260013	53424262	1.50%	n/a
2011年	n/a	n/a	35796968	54237830	1.50%	n/a
2010年	n/a	n/a	36342000	55063000	-1.00%	n/a
2009年	n/a	n/a	36709191	55619986	-7.00%	n/a
2008年	n/a	n/a	39472248	59806437	-1.00%	n/a
2007年	n/a	n/a	39870000	60410000	3.30%	n/a
2006年	n/a	n/a	38597000	58480000	5.10%	n/a
2005年	n/a	n/a	36689400	55590000	9.00%	n/a
镲片						
2013年	n/a	n/a	39097000	59237000	-8.50%	n/a
2012年	n/a	n/a	42728850	64740682	-9.50%	n/a
2011年	n/a	n/a	47214199	71536665	2.00%	n/a
2010年	n/a	n/a	46288000	70133000	3.50%	n/a
2009年	n/a	n/a	44723121	67762305	-9.50%	n/a
2008年	n/a	n/a	49417814	74875475	-6.00%	n/a
2007年	n/a	n/a	52572000	79654000	-2.00%	n/a
2006年	n/a	n/a	53645000	87280000	6.60%	n/a
2005年	n/a	n/a	41936000	76248000	8.00%	n/a

年份	销量	同比%	批发额	零售额	同比%	平均单价
鼓槌和槌棒						
2013年	n/a	n/a	31350000	47500000	-4.50%	n/a
2012年	n/a	n/a	58680715	88910174	-4.00%	n/a
2011年	n/a	n/a	61125744	92614764	3.00%	n/a
2010年	n/a	n/a	59345000	89917000	1.00%	n/a
2009年	n/a	n/a	58757805	89026977	-4.50%	n/a
2008年	n/a	n/a	61526497	93221966	1.10%	n/a
2007年	n/a	n/a	60857000	92207000	6.00%	n/a
2006年	n/a	n/a	57412000	86988000	6.90%	n/a
2005年	n/a	n/a	41500000	81373000	12.00%	n/a
手鼓						
2013年	n/a	n/a	24043000	38163000	1.10%	n/a
2012年	n/a	n/a	23781289	37748078	2.50%	n/a
2011年	n/a	n/a	23201258	36827393	4.00%	n/a
2010年	n/a	n/a	22308000	35410000	9.00%	n/a
2009年	n/a	n/a	20466882	32487115	-12.00%	n/a
2008年	n/a	n/a	23257821	36917176	-5.00%	n/a
2007年	n/a	n/a	24481000	38860000	-9.00%	n/a
2006年	n/a	n/a	26903000	42703000	-2.00%	n/a
2005年	n/a	n/a	27452000	43575000	5.00%	n/a
鼓皮						
2013年	n/a	n/a	23500000	37340000	-4.50%	n/a
2012年	n/a	n/a	24200000	39100000	-7.00%	n/a
2011年	n/a	n/a	26000000	42000000	4.00%	n/a
2010年	n/a	n/a	25000000	40400000	5.00%	n/a
2009年	n/a	n/a	23800000	38500000	-8.00%	n/a
2008年	n/a	n/a	25900000	41800000	-5.00%	n/a
2007年	n/a	n/a	27300000	44000000	-1.00%	n/a
2006年	n/a	n/a	27600000	44000000	1.00%	n/a
2005年	n/a	n/a	27300000	44100000	5.50%	n/a
打击乐器总计						
2013年	n/a	n/a	249571000	381568000	-4.80%	n/a
2012年	n/a	n/a	258171000	397289000	-5.70%	n/a
2011年	n/a	n/a	274049000	422617000	1.30%	n/a
2010年	n/a	n/a	271419000	418400000	3.90%	n/a
2009年	n/a	n/a	260565000	401693000	-11.16%	n/a

年份	销量	同比%	批发额	零售额	同比%	平均单价
2008年	n/a	n/a	296114000	456029000	-7.40%	n/a
2007年	n/a	n/a	322965000	496860000	-3.60%	n/a
2006年	n/a	n/a	338057000	519273000	1.40%	n/a
2005年	n/a	n/a	334487000	514238000	8.20%	n/a

注："n/a"表示数据不适用、无统计

2013年美国乐器行业回顾

【编者按：在竞争激烈，经济疲软的经济背景下，音乐制品往往为现实世界注入快乐元素。在2008年金融危机大萧条影响下，经济危机一度使音乐制品行业蒙上灰暗阴影，不少零售商和供应商纷纷怀念危机前的"好日子"，而过去12个月，这种怀念已被零售商关于如何制胜市场成功的话题所取代。当销售数据出炉，"尘埃落定"之时，2013年行业增幅高于上年。能量蓄积与迅速恢复成为2013年行业发展的显著特征。】

音乐制品门类繁多，行业似可比作大厦里的电梯组合，电梯总量不变，但单个电梯上上下下，状态各异。上行电梯中，电子乐器受到市场热捧，显著带动了高技术产品、软件和音响等门类增长；此外，班卓琴和曼陀林，高档声学吉他及校园乐器门类销售增长，均可列入"上行电梯组"，而电吉他、声学套鼓等销售空间被电子乐器所挤压，钢琴市场也因信贷紧缩而面临重重挑战，这些则成为去年的"下行电梯"。

供求关系不断变化，像万物此消彼长一样，是经济规律中的一种常态。当供大于求，价格下降，利润承压，零售市场步履维艰。这也体现出当前音乐制品行业所处状态。无论在哪个国家，哪种音乐制品，乐器制造商都能生产出多于市场和消费者需求的产品。2013年，不少乐器工厂大幅扩容增产：Sweetwater在印第安纳州的福特维尼扩建了11万平方英尺的仓储库房和分销中心；法国布菲公司加大了其美国经销渠道开拓力度；芬达吉他也在加利福尼亚州的工厂进一步加强投资力度，拓展了"EVH"、"查维尔"、"杰克逊"等三个品牌的吉他生产线；2013年最大一笔投资项目在中国，即广州红棉吉他公司，这家众多西方顶级品牌的供应商在广州地区新上马60万平方英尺的新工厂，年乐器产能达100万件。

由于低成本融资等因素驱动，2013年的收购与兼并活动也是"风起云涌"。美国亿万富翁，对冲基金公司经理约翰·保尔森在一场旷日持久的竞标战中战胜三益和科尔伯格公司，以总价5.12亿美元收购施坦威钢琴公司，并在纽约和汉堡的生产基地继续制造钢琴。吉普森公司大举进军电子乐器业务，收购了多轨录音先驱公司和一家日本消费类音响系统制造商，目前还正和日本罗兰乐器公司进行最后谈判，收购该公司旗下的品牌"Cakewalk"；在管乐器领域，知名黑管制造商布菲公司大举进军开拓铜管乐器市场，收购了向来以生产"法国号"而闻名的德国B&S乐器公司；达达里奥吉他配件公司加大力度优化产品品质，由于技术进步，方法改良，公司将其生产回迁美国。市场竞争倒逼生产环节工序改造，技术进步，管理精益求精，以保证产品价值持续提升。

15年前，吉他中心开始在全美拓展实体店布局，并在网上募集经销商，业界很多人认为，在琴行内增设乐器和音响有益于拓展市场。但行业近5年来相对平平的境况实际已否定了这种观点；零售百货巨头"百思买"认为"销售业绩"不佳，也放弃了新开100多家乐器琴行的构想。2013年第3季度，因对未来不确定性以及对创造"新的历史业绩"信心不足，美国"吉他中心"管理层取消了3.6亿美元的融资计划，近6年来，旗下新开琴行数量从210家增至253家。

2013年是产品创新的一年。高科技电子类产品与"草根式"的声学乐器使美国音乐爱好者分为红/蓝两大阵营。这表明，人口超过3亿的美国，人们对乐器品味和格调需求大不相同。这些趋势均反映在产品创新方式上。马丁吉他公司通过总结产品特点，在对过去获奖的古典吉他研究基础上精心研制，力求在细节上精益求精，并由此成功开发研制出名为"真实"系列的高端吉他；在技术层面更进一步讲，诺威电子公司还开发出一款带有苹果应用软件的电子键盘。用户可免费下载苹果应用软件，其可将ipad平板电脑转化为模拟的键盘信号。公司希望能带给用户更多趣味体验，如果发烧友对此兴趣强烈，还可购买专用键盘控制器，并与Ipad界面相连，功能更强大；芬达吉他也在经典产品基础上，开发出复古造型的"当铺"系列吉他与功放，以激起用户对芬达吉他的怀旧情结。与此同时，音响制造商积极开发无线蓝牙功能，强化与Ipad的兼容性能，辅以优惠的价格体系，使用户享受远程控制体验。

2013年，行业继续为优化法律环境而不断努力。自2007年起，美国联邦贸易委员会以保护消费者免受大公司垄断为由，打着"维权"旗号对音乐制品行业展开调查，并起诉了27家乐器制造商。尽管两年后撤销诉讼，但该委员会设法继续收集了几十件消费者在行业内被某些高额乐器定价侵权的案例，使美国音乐制品行业为此付出几百万美元的诉讼费用，案件至今仍在缓步进展；2008年修订过的"雷斯法案"适用于所有木制商品，目前仍是乐器制造商的一大困惑，如吉普森乐器工厂2009年和2011年曾因被指违反雷斯法案而被搜查。科林思吉他公司也对该法案提出建议，希望能在法案生效前对文本内容做出适当修改，而在他作证没过几个小时，环保专家就在网上称其为让森林面积减少的激进派代言人。

2013年可谓充满挑战的年份，市场竞争加剧，行业从业者在日常经营中，往往容易忽视音乐制品是能为人们传递开心快乐、创造幸福的行业。2013国际打击乐年会期间，来自全美各地5000余名爱好者前来观摩最新产品，体验最新乐器；从更广层面看，每天，全美各地琴行中，客户都在选购各种乐器，期冀为生活增添趣味。与此同时，网上也在传递着音乐制品行业为人们带来的快乐。作为世界收藏艺术品品种最丰富的纽约大都会博物馆，博物馆宣布，将马丁吉他公司180周年来的产品历史传承脉络列入展览计划。音乐制品为人类的幸福生活做出贡献，能以这样被正式承认的方式接受，或许体现出音乐制品行业所蕴藏的特殊意义。

对高级管理人员而言，一旦投身音乐制品行业，转行几率就很小。有人说，能有幸服务于音乐制品行业，会使其内心深处得到很大满足。2013年，美国音乐制品行业重要人事变动有：雅马哈美国公司负责人中田拓也卸任，回日本担任雅马哈集团总裁，继任者由Hitoshi Fukutome接任；三木纯一被任命为日本罗兰总裁；迈克·普拉特被任命为美国"吉他中心"首席执行官；美国Hal Leonard乐谱出版公司总裁拉里·莫顿被选举为美国国际音乐制品协会主席，系担任此职位的第2位音乐制品供应商。

2013年，不少乐器公司举办了庆典活动。贝希斯坦钢琴公司庆祝成立160周年，Epiphone吉他公司庆祝140周年庆典。格莱斯奇公司庆祝成立130周年。雅马哈公司成立125周年。2013年庆祝成立50周年的公司有日本罗兰美国分公司，Vic Firth鼓槌公司，此外，加拿大的Godin吉他也庆祝了其成立40周年。

美国国际音乐制品协会首席执行官拉蒙德表示，经济衰退后遗症、网络营销竞争加剧，低价进口和分销渠道不畅等消息不时见诸报端，但人们往往忽视其背后隐藏的更重要事实，如果深入分析，或许我们正处在这样一种时代：尽管行业发展变化很快，但家长对音乐教育的重视和支持总会为教育市场提供坚实基础。小企业层出不穷，大企业风起云涌。技术时代让人们都能非常便捷地参与乐器演奏，乐器和网络技术的巧妙结合，为新一代发挥想象力和创造力提供了良机。

（常杰　编译自美国《音乐贸易》）

海外资讯篇之三：日本乐器市场

2013年日本乐器生产销售、进出口概览

《日本音乐贸易》杂志公布“2013年度日本乐器生产、内销及进出口”，该报告经汇总日本乐器制造商协会、经济产业省、财务省相关统计数据后公布。由于统计方式不同，日本乐器制造商协会和经产省、财务省的数据有所差异，以下分析中，本文引用了日本乐器制造商协会发布的日本乐器产量数据和财务省公布的贸易数据，由此可分析出过去一年日本乐器国内销售市场和出口的发展动向。

据全国乐器制造商协会调查，2013年度日本乐器销售总额为990亿日元，与上年相比增长1%。其中内销514亿日元，外销474亿日元。其中，钢琴销售额总计241亿日元，其中出口135亿日元，增长113%；管乐器旗下各门类产品销售额全线增长。管乐器销售总额为188亿日元，其中内销和出口均有所增长。从管乐门类分析，笛子52亿日元，单簧管19亿日元，萨克斯53亿日元，其他木管乐器5亿元，长号8亿日元，其他铜管乐器36亿日元，销售金额均较上年增加，含短号在内的小号15亿日元，同比有所回落。

其他内销、出口增加的音乐制品门类还有：吉他16亿日元，其他弦乐器11亿日元，音乐会用鼓5亿日元，行进鼓4亿日元，爵士鼓8亿日元，木琴14亿日元，口风琴17亿日元，电钢琴155亿日元，电子键盘乐器33亿日元，键盘集音器49亿日元；另一方面，显著回落的有其他打击乐器9亿日元，电吉他77亿日元，小型键盘2亿日元。特别是电吉他销售近年来呈持续下降趋势，也造成相关乐器配件销售下滑，电吉他销售总额仅为2011年度的53%，面临着严峻销售境况；此外，作为礼品的微型键盘需求不振，价位也逐渐走低。

据财务省关税局提供的进出口数据显示，日本立式钢琴出口量和日本乐器制造协会提供的数据有明显差距。制协统计的出口数量为13448架，而财务省统计的出口数据为106857台，该统计数据涵盖了大量二手钢琴，这是造成数据差异的主要原因。

进口方面，2013年度日本乐器进口额523亿日元，较上年大幅增长116%。根据统计目录的乐器类别，各类音乐制品进口额增幅全部超过100%；各类音乐制品进口量增幅也在70%～90%之间。例如，三角钢琴进口额增幅123%，进口量增长77%；弓弦乐器进口额增长112%，吉他进口数量增长87%，进口额增长126%；其他弦乐器进口量增长73%，进口金额增长124%；铜管乐器进口数量增长86%，金额增长124%；手风琴进口量和进口金额增幅分别为102%和127%；其他吹奏乐器增幅分别为76%和134%，打击乐器进口量和金额增幅分别为103%和119%；电吉他进口量和进口金额分别增长82%和116%；乐器用弦进口量和进口金额分别增长86%和116%。

2012年12月， 以安倍晋三为首的自民党上台后， 为稳固政权搞活经济，仿照美国量化宽松政策（Q E），提出了“日本版的量化宽松政策”—被视为“安倍经济学”，以推行大胆的金融政策和灵活的财政政策刺激经济发展。应“安倍经济学”奉行日元贬值的货币政策，该政策效应已在2013年日本高端乐器进口数据上已有所体现。

2004年～2013年日本国产乐器销售实绩

类别／年份	声学钢琴总计		立式钢琴		三角钢琴		电钢琴		电风琴	
	数量	金额（千日元）	数量	金额（千日元）	数量	金额（千日元）	数量	金额（千日元）	数量	金额（千日元）
2004	115007	40850000	84065	17524000	30942	23326000	209582	17662000	34295	11948000
2005	116173	40132000	84285	17100000	31888	23032000	199881	16302000	25581	7729000
2006	128784	40545000	97476	17712000	31308	22833000	168423	15370000	16054	5215000
2007	128041	41296000	97406	17495000	30635	23801000	176123	15704000	15993	4800000
2008	131900	36547000	103945	15991000	27955	20556000	189251	16302000	16600	4825000
2009	97799	24781000	82962	12433000	14837	12348000	156657	13022000	14180	3860000
2010	119276	26515000	100315	12402000	18961	14113000	180021	14423000	14630	3597000
2011	44159	23555000					160204	15568000		
2012	40308	23010000					155504	15184000		
2013	38595	26020000					175403	18946000		

类别／年份	各类电子键盘总计		电子键盘		键盘集音器		小型电子键盘		管乐器合计	
	数量	金额（千日元）	数量	金额（千日元）	数量	金额（千日元）	数量	金额（千日元）	数量	金额（千日元）
2004	274010	13133000	129030	2750000	144980	10383000			269301	21140000
2005	261949	13782000							251349	20622000
2006	266626	13453000							264255	22333000
2007	226370	12671000							277890	24077000
2008	224284	11965000							235229	22372000
2009	218156	7079000							212679	18183000
2010	197125	7723000							204098	18278000
2011	127331	6737000							169874	17050000
2012	129178	5405000							163706	15922000
2013	125644	6666000							179576	19161000

注：1999年及以后发布的关于电子键盘的各类数据中不包括小型电子键盘数据，该类别数据不再统计。2005年起，电子键盘和键盘集音器等两个类别（均不含小型电子键盘）调整后列入“各类电子键盘总计”中。

类别/年份	木管乐器		铜管乐器		吉他总计		声学吉他		电吉他	
	数量	金额（千日元）	数量	金额（千日元）	数量	金额（千日元）	数量	金额（千日元）	数量	金额（千日元）
2004					236272	7326000				
2005					266594	8657000				
2006					295072	8514000				
2007					323410	9616000				
2008					309427	9291000				
2009					216998	6571000				
2010					215621	6091000				
2011					254794	6684000				
2012					211400	5766000				
2013					184029	6006000				

注：2002年起目录分类有变动，木管乐器、铜管乐器、声学吉他和电吉他的数据不再单列，列入“管乐器总计”、“吉他总计”。

2004年～2013年日本国产乐器销量统计

品目		类别	年度	海外产量	国内产量	总产量	销售						库存量
							出口		内销		销售总计		
							数量	金额（千日元）	数量	金额（千日元）	数量	金额（千日元）	
声学乐器	钢琴	总计	2004	17206	11555	132756	101814	27329710	31199	17638861	133013	44968571	8971
			2005	14383	121520	135903	10546	28057605	29309	16766395	134455	44824000	10399
			2006	17777	132480	150257	121355	29428196	28788	16706698	150143	46134894	10470
			2007	22966	133139	156105	129415	31935716	27029	16336800	156444	48272516	10115
			2008	24737	139726	164463	139385	29609913	22553	13835609	161938	43445522	12632
			2009	17816	97952	115768	99361	17183037	20132	11982490	119493	29165527	9173
			2010	1836	41483	43319	26496	13269060	16356	10358457	42852	23627517	10340
			2011	5714	37632	43346	26003	13033003	18164	10528472	44167	23561475	3064
			2012	5458	37429	42887	22986	11950454	17330	11348982	40316	23299436	5636
			2013	2399	34219	36618	22098	13463530	16479	10642020	38577	24105550	3657
		立式钢琴	2004	14635	83427	98062	75469	10269774	22996	9752559	98465	20022333	6326
			2005	9488	89463	98951	76069	10344765	21388	9074880	97457	19419645	7806
			2006	13391	100461	113852	93047	11910751	20983	9021326	114030	20932077	7593
			2007	19284	102234	121518	102721	14142355	18821	8161477	121542	22303832	7564
			2008	20852	110710	131562	113456	13982543	15998	6858993	129454	20841536	9668
			2009	15773	83240	99013	87653	9570375	14521	6224943	102174	15795318	6779
			2010	1811	27245	29056	16570	5243423	11672	5187443	28242	10430866	8393
			2011	5486	23512	28998	16275	5094925	13366	5204755	29641	10299680	1635
			2012	5171	23358	28529	14405	4644360	12515	5558462	26920	10202822	3245
			2013	2226	21972	24198	13448	4966995	12067	5304468	25515	10271463	1922
		三角钢琴	2004	2571	32123	34694	26345	17059936	8203	7886302	34548	24946238	2645
			2005	4895	32057	36952	29077	17712840	7921	7691515	36998	25404355	2593
			2006	4386	32019	36405	28308	17517445	7805	7685372	36113	25202817	2877
			2007	3682	30905	34587	26694	17793361	8208	8475323	34902	25968684	2551
			2008	3885	29016	32901	25929	15627370	6555	6976616	32484	22603986	2964
			2009	2043	14712	16755	11708	7612662	5611	5757547	17319	13370209	2394
			2010	25	14238	14263	9926	8025637	4684	5171014	14610	13196651	1947
			2011	228	14120	14348	9728	7938078	4798	5323717	14526	13261795	1429
			2012	287	14071	14358	8581	7306094	4815	5790520	13396	13096614	2391
			2013	173	12247	12420	8650	8496535	4412	5337552	13062	13834087	1735

品目		类别	年度	海外产量	国内产量	总产量	销售：出口数量	销售：出口金额（千日元）	销售：内销数量	销售：内销金额（千日元）	销售：销售总计数量	销售：销售总计金额（千日元）	库存量
声学乐器	弦乐器	总计	2004	592466	84248	676714	580580	5000454	99183	2804105	679763	7804559	22800
			2005	517966	84039	602005	507459	4566525	95833	2721767	603292	7288292	20348
			2006	508960	108852	617812	505110	5325928	102845	6301359	607955	11627287	36337
			2007	577791	116561	694352	574746	5953037	113668	6655128	688414	12608165	40489
			2008	554118	251978	806096	698797	6527369	97619	3012100	796416	9539469	39876
			2009	713433	57944	771377	667333	5267344	86142	2246633	753475	7513977	64319
			2010	80361	47215	127576	57436	520767	68270	1864113	125706	2384880	29395
			2011	86106	47186	133292	56517	770771	78868	2173028	135385	2943799	25693
			2012	85402	48314	133716	49667	449951	80210	2110486	129877	2560437	27216
			2013	35337	56239	91576	18194	811435	79754	2064732	97948	2876167	14754
		吉他	2004	587968	26461	614429	568323	4592249	49335	1152829	617658	5745078	12403
			2005	509413	33783	543196	492006	4049296	53069	1168987	545075	5218283	11017
			2006	487328	48045	535373	485509	4322548	44946	1006256	530455	5328804	15455
			2007	511795	60596	572391	516298	4842344	55550	1316861	571848	6159205	15439
			2008	501585	199399	700984	633933	5852407	54725	1769244	688658	7621651	28291
			2009	670372	9637	680009	627268	4844108	41849	1098572	669117	5942680	46305
			2010	24115	4338	28453	1322	84441	27790	850356	29112	934797	9124
			2011	61175	8469	69644	23974	522111	41502	1270323	65476	1792434	12980
			2012	62280	8419	70699	22582	210732	43950	1212422	66532	1423154	16257
			2013	24152	19838	43980	7725	472614	41427	1112175	49152	1584789	5766
		大正琴	2004		17223	17223	22	572	17475	522085	17497	522657	512
			2005		14722	14722	5	103	14697	467082	14702	467185	558
			2006		17809	17809	9	453	17553	535245	17562	535698	924
			2007	1894	12978	14872	75	1285	14708	469788	14783	471073	941
			2008	1482	9695	11177			10673	426102	10673	426102	1557
			2009	788	7742	8530			9390	353714	9390	353714	1132
			2010	960	5709	6669			7037	275143	7037	275143	560
			2011	866	5492	6358	12	234	6547	252354	6559	252588	441
			2012	780	5262	6042	12	898	5806	228243	5818	229141	788
			2013	740	4845	5585			5387	220556	5387	220556	968
		其他弦乐器	2004	4498	40564	45062	12235	407633	32373	1129191	44608	1536824	9885
			2005	8553	35534	44087	15448	517126	28067	1085698	43515	1602824	8773
			2006	9420	32877	42297	14091	494047	24804	816058	38895	1310105	11308
			2007	51176	33267	84443	53722	597708	25946	901379	79668	1499087	14928

品目		类别	年度	海外产量	国内产量	总产量	销售 出口 数量	销售 出口 金额（千日元）	销售 内销 数量	销售 内销 金额（千日元）	销售总计 数量	销售总计 金额（千日元）	库存量
声学乐器	弦乐器	其他弦乐器	2008	51051	42884	93935	64864	674962	32221	816754	97085	1491716	10028
			2009	42273	40565	82838	40065	423236	34903	794347	74968	1217583	16882
			2010	55286	37168	92454	56114	426326	33443	738614	89557	1174940	19711
			2011	24065	33225	57290	32531	248426	30819	650351	63350	898777	12272
			2012	22342	34633	56975	27073	238321	30454	669821	57527	908142	10171
			2013	10455	31556	42011	10469	338821	32940	732001	43409	1070822	8020
	管乐器	总计	2004	4086	283837	287923	231744	14726826	66381	7388848	298125	22115674	38205
			2005	3442	289529	292971	219212	14376697	70484	7675891	289696	22052588	41519
			2006	9869	296056	305925	237873	15516783	74627	8744852	312500	24261635	43601
			2007	89833	311926	401759	328696	19789494	76889	9165017	405585	28954511	39602
			2008	80702	326964	407666	328039	18993157	71459	8999111	399498	27992268	48483
			2009	175126	191589	366715	265264	14048634	61132	7602264	326396	21650898	89638
			2010	176670	108028	284698	274954	14125669	57800	7380064	332754	21505733	41917
			2011	50915	116612	167527	115953	9460478	56900	7932726	172853	17393204	22808
			2012	54568	131634	186202	111631	8705463	55464	7688016	167095	16393479	41856
			2013	60906	123778	184684	127982	10740968	55850	8033874	183832	18774842	43787
		木管乐器	2004	3801	200904	204705	167146	9848249	43835	5246909	210981	15095158	26122
			2005	3262	204180	207442	156730	9362511	46875	5512453	203605	14874964	29892
			2006	9051	207759	216810	174742	10198210	51597	6532338	226339	16730548	28917
			2007	67186	216925	284111	231833	12942464	52691	6781619	284524	19724083	28343
			2008	76828	223934	300762	244277	12807856	48742	6740487	293019	19548343	36597
			2009	95573	142876	238449	178930	8823661	42273	5677971	221203	14501632	54800
			2010	125921	81820	207741	195905	9488804	39664	5415127	235569	14903931	27307
			2011	31473	84799	116272	82493	6281776	38426	5625370	120919	11907146	14934
			2012	48566	87948	136514	84825	5844558	37181	5419216	122006	11263774	29383
			2013	60858	81086	141944	101541	7184745	37843	5728164	139384	12912909	33109
		笛子	2004	3146	111369	114515	96521	4312575	22353	2793965	118874	7106540	14640
			2005	2510	114449	116959	91282	4244030	22226	2736076	113508	6980106	18074
			2006	5115	106873	111988	93774	4018605	25163	3476469	118937	7495074	11391
			2007	33071	111658	144729	121097	4943316	25515	3536847	146612	8480163	9194
			2008	42764	109850	152614	121688	4623221	23823	3607581	145511	8230802	16813
			2009	75064	45236	120300	89505	2980194	21938	3220312	111443	6200506	25541
			2010	70418	28305	98723	91013	3116841	21064	3259854	112077	6376695	12473
			2011	6759	40732	47491	28424	1697855	20033	3318186	48457	5016041	5315

品目		类别	年度	海外产量	国内产量	总产量	销售：出口：数量	销售：出口：金额（千日元）	销售：内销：数量	销售：内销：金额（千日元）	销售：销售总计：数量	销售：销售总计：金额（千日元）	库存量
声学乐器	管乐器		2012	27466	27182	54648	28006	1494596	19397	3259088	47403	4753684	12501
声学乐器	管乐器		2013	25691	23310	49001	35106	1874264	19156	3353595	54262	5227859	8498
声学乐器	管乐器	黑管	2004	24	30565	30589	22053	1162982	7505	748564	30558	1911546	5754
声学乐器	管乐器	黑管	2005		31488	31492	22772	1162367	7905	759451	30677	1921318	6569
声学乐器	管乐器	黑管	2006	18	36234	36216	25052	1283667	7470	724713	32522	2008380	10263
声学乐器	管乐器	黑管	2007	12306	35972	48278	43245	1879072	7635	741765	50880	2620837	7661
声学乐器	管乐器	黑管	2008	21226	36985	58211	53850	2113552	7115	719001	60965	2832553	4907
声学乐器	管乐器	黑管	2009	11299	39438	50737	35110	1347685	6161	515725	41271	1863410	14373
声学乐器	管乐器	黑管	2010	23174	18534	41708	43807	1549835	6094	482265	49901	2032100	6200
声学乐器	管乐器	黑管	2011	10714	13429	24143	18319	936578	6046	527573	24365	1464151	5184
声学乐器	管乐器	黑管	2012	13142	19003	32145	23401	1016660	5834	492031	29235	1508691	8094
声学乐器	管乐器	黑管	2013	17906	19989	37895	28240	1322291	5633	523053	33873	1845344	12096
声学乐器	管乐器	萨克斯	2004	607	57494	58101	47474	4291288	12744	1560167	60218	5851455	5425
声学乐器	管乐器	萨克斯	2005	747	57113	57860	42570	3862495	15662	1863685	58232	5726180	5053
声学乐器	管乐器	萨克斯	2006	3965	64013	67978	55819	4806062	18368	2173455	74137	6979517	7182
声学乐器	管乐器	萨克斯	2007	21807	68222	90029	67100	5945230	18695	2235938	85795	8181168	11416
声学乐器	管乐器	萨克斯	2008	12849	75862	88711	68432	5875477	16974	2150378	85406	8025855	14721
声学乐器	管乐器	萨克斯	2009	9206	55618	64824	52831	4206050	13389	1661777	66220	5867827	13956
声学乐器	管乐器	萨克斯	2010	32326	31654	63980	58146	4424914	11786	1463947	69932	5888861	8004
声学乐器	管乐器	萨克斯	2011	13994	26850	40844	32698	3240909	11773	1603910	44471	4844819	3722
声学乐器	管乐器	萨克斯	2012	7958	38440	46398	30791	3041547	11412	1510674	42203	4552221	7917
声学乐器	管乐器	萨克斯	2013	17261	34744	52005	35910	3662406	12464	1665083	48374	5327489	11488
声学乐器	管乐器	其他木管乐器	2004	24	1476	1500	98	81404	1233	144213	1331	225617	303
声学乐器	管乐器	其他木管乐器	2005	1	1130	1131	106	93619	1082	153241	1188	246860	196
声学乐器	管乐器	其他木管乐器	2006	11	639	628	97	89876	596	157701	693	247577	81
声学乐器	管乐器	其他木管乐器	2007	2	1073	1075	391	174846	846	267069	1237	441915	72
声学乐器	管乐器	其他木管乐器	2008	11	1237	1226	307	195606	830	263527	1137	459133	156
声学乐器	管乐器	其他木管乐器	2009	4	2584	2588	1484	289732	785	280157	2269	569889	930
声学乐器	管乐器	其他木管乐器	2010	3	3327	3330	2939	397214	720	209061	3659	606275	630
声学乐器	管乐器	其他木管乐器	2011	6	3788	3794	3052	406434	574	175701	3626	582135	713
声学乐器	管乐器	其他木管乐器	2012		3323	3323	2627	291755	538	157423	3165	449178	871
声学乐器	管乐器	其他木管乐器	2013		3043	3043	2285	325784	590	186433	2875	512217	1027
声学乐器	管乐器		2004	285	82933	83218	64598	4878577	22546	2141939	87144	7020516	12083
声学乐器	管乐器		2005	180	85349	85529	62482	5014186	23609	2163438	86091	7177624	11627

品目		类别	年度	海外产量	国内产量	总产量	销售 出口 数量	销售 出口 金额（千日元）	销售 内销 数量	销售 内销 金额（千日元）	销售总计 数量	销售总计 金额（千日元）	库存量
声学乐器	管乐器	铜管乐器	2006	818	88297	89115	63131	5318573	2303	2212514	86161	7531087	14684
			2007	22647	95001	117648	96863	684703	24198	2383398	121061	9230428	11259
			2008	3874	103030	106904	83762	6185301	22717	2258624	106479	8443925	11886
			2009	79553	48713	128266	86334	5224973	18859	1924293	105193	7149266	34838
			2010	50749	26208	76957	79049	4636865	18136	1964937	97185	6601802	14610
			2011	19442	31813	51255	33460	3178702	18474	2307356	51934	5486058	7874
			2012	6002	43686	49688	26806	2860905	18283	2268800	45089	5129705	12473
			2013	48	42692	42740	26441	3556223	18007	2305710	44448	5861933	10678
		小号类	2004	73	41721	41794	31803	1308710	11853	675885	43656	1984595	7419
			2005	243	41453	41696	30917	1397943	13163	765133	44080	2163076	5119
			2006	851	43905	44756	30546	1497229	12589	766856	43135	2264085	6809
			2007	14616	47574	62190	51688	2218697	13295	853162	64983	3071859	4016
			2008	3334	52122	55456	41878	1802752	12260	772310	54138	2575062	5536
			2009	52686	19701	72387	48049	1816462	10129	659256	58178	2475718	20077
			2010	26544	16725	43269	45687	1648603	9550	688425	55237	2337028	8109
			2011	7328	11952	19280	10749	739339	9851	830136	20600	1569475	2550
			2012	1409	18757	20166	7647	566060	9396	768452	17043	1334512	5673
			2013	31	14752	14783	7119	710110	8954	756266	16073	1466376	4133
		长号	2004	204	13601	13805	10312	628254	4278	386469	14590	1014723	1909
			2005	6	14526	14520	9029	547239	4705	433999	13734	981238	2699
			2006	7	14029	14022	9726	590417	4617	423423	14343	1013840	2411
			2007	8046	16258	24304	19662	971738	4831	462264	24493	1434002	2216
			2008	560	19647	20207	16093	823475	4593	435975	20686	1259450	1737
			2009	21757	8239	29996	21121	1040578	3667	372037	24788	1412615	6945
			2010	8789	7483	16272	16026	726747	3807	450732	19833	1177479	3384
			2011	4223	6933	11156	7123	475101	3836	518408	10959	993509	1763
			2012	1	7202	7201	2969	277373	3785	498549	6754	775922	2210
			2013	15	5784	5799	2748	310108	3713	506673	6461	816781	1544
		其他铜管乐器	2004	8	27611	27619	22483	2941613	6415	1079585	28898	4021198	2755
			2005	57	29370	29313	22536	3069004	5741	964306	28277	4033310	3809
			2006	26	30363	30337	22859	3230927	5824	1022235	28683	4253162	5464
			2007	15	31169	31154	25513	3656595	6072	1067972	31585	4724567	5027
			2008	20	31261	31241	25791	3559074	5864	1050339	31655	4609413	4613
			2009	5110	20773	25883	17164	2367933	5063	893000	22227	3260933	7816

品目	类别		年度	海外产量	国内产量	总产量	销售 出口 数量	销售 出口 金额（千日元）	销售 内销 数量	销售 内销 金额（千日元）	销售总计 数量	销售总计 金额（千日元）	库存量
声学乐器			2010	15416	2000	17416	17336	2261515	4779	825780	22115	3087295	3117
声学乐器			2011	7891	12928	20819	15588	1964262	4787	958812	20375	2923074	3561
声学乐器			2012	4594	17727	22321	16190	2017472	5102	1001799	21292	3019271	4590
声学乐器			2013	2	22156	22158	16574	2536005	5340	1042771	21914	3578776	5001
声学乐器	打击乐器	总计	2004	242660	277799	520459	357065	4932408	171951	4066898	529016	8999306	69167
声学乐器	打击乐器	总计	2005	451185	275100	726285	596917	4938146	370044	3310137	966961	8248283	75173
声学乐器	打击乐器	总计	2006	256352	279217	535569	365209	5415767	164067	3829035	529276	9244802	61631
声学乐器	打击乐器	总计	2007	264872	243167	508039	368976	5612886	133032	3357329	502008	8970215	62043
声学乐器	打击乐器	总计	2008	157506	380752	538258	395495	6450444	121688	3122942	517183	9573386	84421
声学乐器	打击乐器	总计	2009	111055	245267	356322	259479	4050757	107112	3083578	366591	7134335	61912
声学乐器	打击乐器	总计	2010	129077	291270	420347	310395	3742423	109362	2992116	419757	6734539	48547
声学乐器	打击乐器	总计	2011	38940	158813	197753	72241	1791303	113318	3686132	185559	5477435	41459
声学乐器	打击乐器	总计	2012	32668	125482	158150	50890	1263996	107305	2951148	158195	4215144	65713
声学乐器	打击乐器	总计	2013	74371	80758	155129	54822	1444418	103359	2686465	158181	4130883	38102
声学乐器	打击乐器	音乐会鼓	2004	2206	3417	5623	399	86402	5479	306525	5878	392927	1189
声学乐器	打击乐器	音乐会鼓	2005	2308	3546	5854	420	89748	5291	281638	5711	371386	1907
声学乐器	打击乐器	音乐会鼓	2006	3054	2303	5357	362	71842	4665	263545	5027	335387	2113
声学乐器	打击乐器	音乐会鼓	2007	3186	3315	6501	1541	265281	5640	281152	7181	546433	1627
声学乐器	打击乐器	音乐会鼓	2008	3735	4391	8126	2504	382573	4882	284316	7386	666889	1759
声学乐器	打击乐器	音乐会鼓	2009	2728	2673	5401	886	145460	4649	249859	5535	395319	1764
声学乐器	打击乐器	音乐会鼓	2010	3604	2832	6436	1534	248255	4918	271896	6452	520151	1637
声学乐器	打击乐器	音乐会鼓	2011	3760	2960	6720	1170	187097	5209	262746	6379	449843	1871
声学乐器	打击乐器	音乐会鼓	2012	3436	2446	5882	806	122296	4965	255841	5771	378137	2214
声学乐器	打击乐器	音乐会鼓	2013	3031	1781	4812	709	130443	5034	352977	5743	483420	1163
声学乐器	打击乐器	行进鼓	2004	4672	30012	34684	22195	330284	15942	249381	38137	579665	4528
声学乐器	打击乐器	行进鼓	2005	4210	27729	31939	17982	272540	13608	220119	31590	492659	4879
声学乐器	打击乐器	行进鼓	2006	5640	29477	35117	18796	293212	13073	211938	31869	50515	8609
声学乐器	打击乐器	行进鼓	2007	5456	23970	29426	18424	321786	12228	198952	30652	520738	7390
声学乐器	打击乐器	行进鼓	2008	4343	24012	28355	19277	313252	9759	174622	29036	487874	5348
声学乐器	打击乐器	行进鼓	2009	4523	17147	21670	10540	205880	10478	146168	21018	352048	5097
声学乐器	打击乐器	行进鼓	2010	5089	19344	24433	13032	217170	11878	172020	24910	389190	4684
声学乐器	打击乐器	行进鼓	2011	4511	18666	23177	11875	197514	11625	176823	23500	374337	4550
声学乐器	打击乐器	行进鼓	2012	5015	13591	18606	8202	157863	9932	164698	18134	322561	4875
声学乐器	打击乐器	行进鼓	2013	7169	10874	18043	7795	182754	11610	173043	19405	355797	3433

品目		类别	年度	海外产量	国内产量	总产量	销售						库存量
							出口		内销		销售总计		
							数量	金额（千日元）	数量	金额（千日元）	数量	金额（千日元）	
声学乐器	打击乐器	爵士鼓	2004	235341	130757	366098	316470	3462119	60099	938839	376569	4400958	29736
			2005	225014	140951	365965	311084	3596780	55374	776845	366458	4373625	22066
			2006	237397	141976	379373	327708	4039620	49013	676047	376721	4715667	24313
			2007	228076	161534	389610	330366	4081980	50106	674405	380472	4756385	35166
			2008	121076	297928	419004	356011	4720021	43978	581409	399989	5301430	55604
			2009	84264	182043	266307	233576	2754154	42483	526501	276059	3280655	33979
			2010	103861	219553	323414	279725	2581666	42667	497180	322392	3078846	31051
			2011	18607	78454	97061	44114	604497	41568	495325	85682	1099822	24035
			2012	12797	53568	66365	25785	296013	38626	402182	64411	698195	25756
			2013	53028	15369	68397	30648	316708	40216	438992	70864	755700	24044
		其他打击乐器	2004	441	81449	81890	8688	210647	67952	1586297	76640	1796944	30428
			2005	219654	74198	293852	258994	240298	275192	1103220	534186	1343518	42458
			2006	9343	76364	85707	9327	221767	77618	1794054	86945	2015821	22854
			2007	27556	26278	53834	10133	48022	44897	1334454	55030	1382476	14131
			2008	27729	26672	54401	8088	50982	44534	1202355	52622	1253337	18047
			2009	12057	23998	36055	7398	45948	29629	1320445	37027	1366393	17425
			2010	16332	26397	42729	9629	32751	32653	1219684	42282	1252435	7992
			2011	11670	36368	48038	9132	52525	38027	1936397	47159	1988922	8105
			2012	11040	33773	44813	10131	41417	36555	1316794	46686	1358211	29957
			2013	10943	29030	39973	9789	52160	28807	854895	38596	907055	6469
		立奏用木琴	2004	32	8580	8612	4794	778384	3673	599725	8467	1378109	1389
			2005	3	7809	7812	4271	685577	3308	554650	7579	1240227	1666
			2006	332	6818	7150	4452	724277	2954	530443	7406	1254720	1034
			2007	2	8260	8258	5230	841902	2940	509894	8170	1351796	1119
			2008	12	8667	8655	5733	929570	2703	528205	8436	1457775	1372
			2009	3	7233	7230	4804	860215	2496	501141	7300	1361356	1302
			2010	8	6182	6174	3674	618025	2498	493265	6172	1111290	1304
			2011	3	6333	6330	4185	713283	2261	465619	6446	1178902	1207
			2012	13	5507	5494	3413	604774	2238	452469	5651	1057243	1197
			2013		7402	7402	3525	718435	4016	631173	7541	1349608	1507
		桌用木琴	2004		14189	14189	2896	34574	11207	48832	14103	83406	396
			2005		12385	12385	2819	33501	9989	50375	12808	83876	921
			2006		13928	13928	3006	37213	9914	48325	12920	85538	1426
			2007		11386	11386	2276	28711	9446	49931	11722	78642	1086

品目		类别	年度	海外产量	国内产量	总产量	销售						库存量
							出口		内销		销售总计		
							数量	金额（千日元）	数量	金额（千日元）	数量	金额（千日元）	
声学乐器	打击乐器	桌用木琴	2008		10905	10905	2646	34401	8592	48552	11238	82953	757
			2009	6887	2724	9611	1510	19606	7966	46382	9476	65988	874
			2010		9538	9538	1918	23909	7721	43231	9639	67140	770
			2011		8844	8844	1405	17721	7593	41608	8998	59329	604
			2012		8597	8597	1861	24070	7097	46200	8958	70270	658
			2013		9067	9067	1518	20221	7026	48074	8544	68295	769
		立奏钟琴	2004	32	6341	6309	79	11057	6084	294680	6163	305737	925
			2005	4	2742	2738	42	4662	2869	252349	2911	257011	589
			2006	131	2654	2785	68	8074	2673	242899	2741	250973	513
			2007		2509	2509	56	12232	2502	228207	2558	240439	465
			2008	39	2614	2653	31	4110	2457	231545	2488	235655	639
			2009	1	7075	7074	63	9340	7147	247564	7210	256904	783
			2010	1	2091	2090	53	10026	2142	221697	2195	231723	398
			2011	395	2265	2660	60	12518	2482	240669	2542	253187	600
			2012	7	2180	2173	33	6943	2128	233133	2161	240076	493
			2013	200	752	952	73	10225	1006	103304	1079	113529	193
		桌用钟琴	2004		3054	3054	1544	18941	1515	42619	3059	61560	576
			2005		5740	5740	1305	15040	4413	70941	5718	85981	687
			2006	455	5697	6152	1490	19762	4157	61784	5647	81546	769
			2007	600	5915	6515	950	12972	5273	80334	6223	93306	1059
			2008	596	5563	6159	1205	15535	4783	71938	5988	87473	895
			2009	600	2374	2974	702	10154	2264	45518	2966	55672	688
			2010	200	5333	5533	830	10621	4885	73143	5715	83764	711
			2011		4923	4923	300	6148	4553	66945	4853	73093	487
			2012	400	5820	6220	659	10620	5764	79831	6423	90451	563
			2013		6483	6483	765	13472	5644	84007	6409	97479	524
	校园乐器	总计	2004	963591	4403793	5367384	3354618	1019482	2213880	3979483	5568498	4998965	1286620
			2005	969105	4697818	5666923	3384147	917100	2277584	4164791	5661731	5081891	1315905
			2006	1348291	4649331	5997622	3783180	1021154	2152484	4078420	5935664	5099574	1377570
			2007	1461102	4640712	6101814	3916589	1091856	2168998	4080742	6085587	5172598	1402634
			2008	1437358	4720496	6157854	3886763	1057971	2142018	4158017	6028781	5215988	1530164
			2009	3807765	1645774	5453539	3338626	861008	1959475	3351670	5298101	4212678	1684342
			2010	1752894	3849553	5602447	3809959	1413154	1877464	2471787	5687423	3884941	1543584
			2011	618714	2756336	3375050	1430646	667494	1920907	3106693	3351553	3774187	1399609

品目	类别		年度	海外产量	国内产量	总产量	销售						库存量
							出口		内销		销售总计		
							数量	金额（千日元）	数量	金额（千日元）	数量	金额（千日元）	
声学乐器	校园乐器		2012	297654	3009289	3306943	1441756	642283	1871459	3139937	3313215	3782220	1491196
			2013	1687993	1590510	3278503	1429164	694433	1850972	3061435	3280136	3755868	1518130
		口琴	2004	5979	552239	558218	186549	187465	350632	548019	537181	735484	343004
			2005	116409	471934	588343	253966	187955	360260	524629	614226	712584	341566
			2006	60758	462149	522907	251276	227976	295618	516699	546894	744675	306673
			2007	66761	554957	621718	297299	256321	320140	529998	617439	786319	311046
			2008	53096	524823	577919	268709	259951	291995	484867	560704	744818	327259
			2009	54276	417101	471377	254491	241079	259288	476939	513779	718018	285058
			2010	42395	727378	769773	523981	271178	232445	456074	756426	727252	298300
			2011	59249	426958	486207	273030	276499	244549	499271	517579	775770	266076
			2012	89857	442511	532368	276202	299367	244709	529412	520911	828779	275861
			2013	76761	424565	501326	263527	285341	243786	506179	507313	791520	271846
		键盘口琴	2004	96295	874558	970853	124595	195329	895747	2284491	1020342	2479820	205999
			2005	2967	949707	979377	57009	93523	937997	2445249	995006	2538772	186045
			2006	37613	942768	980381	61268	96694	931856	2408177	993124	2504871	166996
			2007	50716	925153	975869	47692	84414	917084	2383882	964776	2468296	186042
			2008	53790	1015991	1069781	49822	82773	976681	2557638	1026503	2640411	229185
			2009	763505	267799	1031304	43273	60444	831911	1891246	875184	1951690	385239
			2010	560210	252643	812853	38471	552585	801971	1253148	840442	1805733	313869
			2011	560369	321667	882036	13802	34150	838420	1684450	852222	1718600	339747
			2012	197323	648014	845337	33119	45273	811877	1644175	844996	1689448	338988
			2013	662595	209422	872017	32447	48778	808323	1653583	840770	1702361	370653
		手风琴	2004	565	6454	7019	460	19652	6757	324300	7217	343952	3723
			2005	589	6979	7568	201	6815	6946	325114	7147	331929	4173
			2006	238	6276	6514	175	6206	6306	308736	6481	314942	4207
			2007	298	6262	6560	169	8246	5906	302762	6075	311008	4670
			2008	325	5540	5865	66	2504	5704	292412	5770	294916	4757
			2009	44	3473	3517	82	2481	4108	225085	4190	227566	4038
			2010	50	1780	1830			1729	109776	1726	109776	588
			2011	181	5026	5207	71	38650	4780	265430	4851	304080	4699
			2012	139	3481	3620	19	738	3978	299707	3997	300445	4322
			2013	1431	2925	4356	8	381	4385	241429	4393	241810	4282
			2004	860752	2970542	3831294	3043014	617036	960744	822673	4003758	1439709	733894
			2005	822437	3269198	4091635	3072971	628807	972381	869799	4045352	1498606	784121

品目	类别	年度	海外产量	国内产量	总产量	销售						库存量
						出口		内销		销售总计		
						数量	金额（千日元）	数量	金额（千日元）	数量	金额（千日元）	
	录音设备	2006	1249682	3238138	4487820	3470461	690278	918704	844808	4389165	1535086	899694
	录音设备	2007	1343327	3154340	4497667	3571429	742875	925868	864100	4497297	1606975	900876
	录音设备	2008	1330147	3174142	4504289	3568166	712743	867638	823100	4435804	1535843	968963
	录音设备	2009	2989940	957401	3947341	3040780	557004	864168	758400	3904948	1315404	1010007
	录音设备	2010	1150239	2867752	4017991	3247507	589391	841319	652789	4088826	1242180	930827
	录音设备	2011	1085	2002685	2001600	1143743	318195	833158	657542	1976901	975737	789087
	录音设备	2012	10335	1915283	1925618	1132416	296905	810895	666643	1943311	963548	872025
	录音设备	2013	947206	953598	1900804	1133182	359933	794478	660244	1927660	1020177	871349
声学乐器	合计	2004	2034705	1038903	3073608	2373577	70132400	713855	34570414	3087432	104752814	153063
声学乐器	合计	2005	2066976	1024168	3091144	2432660	68241316	638574	29957110	3071234	98198426	175123
声学乐器	合计	2006	1946933	1040660	2987593	2384098	72501672	592951	23008843	2977049	95510515	198784
声学乐器	合计	2007	2126296	1159029	3285325	2624184	83206579	648943	24498240	3273127	107704819	199229
声学乐器	合计	2008	2063160	1126018	3189178	2493979	79038078	675620	27779696	3169599	106817774	200154
声学乐器	合计	2009	1992216	615932	2608148	1984819	51528662	636336	24951864	2621155	76480526	194330
声学乐器	合计	2010	618800	273515	892315	291894	16831668	633245	24511388	925139	41343056	108420
声学乐器	合计	2011	776865	318900	1095765	417477	25773613	668645	25239082	1086122	51012695	132397
声学乐器	合计	2012	858130	277377	1135507	464060	22501595	603914	25219156	1067974	47720751	198896
声学乐器	合计	2013	775656	200762	976418	398446	20244243	598411	24910138	996857	45154381	198637
声学乐器	电吉他	2004	195642	131241	326883	255908	5035031	78056	5693450	333964	10728481	18361
声学乐器	电吉他	2005	197377	151526	348903	252087	4884141	103030	6666196	355117	11550337	15066
声学乐器	电吉他	2006	156585	162418	319003	214000	5293186	981	6500449	312100	11793635	23901
声学乐器	电吉他	2007	162172	174921	337093	249081	6015998	91341	6345085	340422	12361083	20249
声学乐器	电吉他	2008	150990	169462	320452	212383	4313647	104438	6895516	316821	11209163	23058
声学乐器	电吉他	2009	135219	111081	246300	165022	3695707	83074	6152989	248096	9848696	24736
声学乐器	电吉他	2010	25049	112311	137360	33733	1685443	102628	6153144	136361	7838587	16415
声学乐器	电吉他	2011	106997	122537	229534	103286	7332827	123358	7102349	226644	144351176	18055
声学乐器	电吉他	2012	69859	102022	171881	79174	3240540	91175	7178753	170349	10419293	19150
声学乐器	电吉他	2013	21623	73716	95339	21703	1161165	75325	6537762	97028	7698927	23416
声学乐器	电风琴	2004	393	36304	36697	6656	1055109	30994	11313648	37650	12368757	1841
声学乐器	电风琴	2005	878	26814	27692	6191	702859	21751	7332185	27942	8035044	1943
声学乐器	电风琴	2006	1041	17726	18767	4870	618794	15001	4950841	19871	5569635	1872
声学乐器	电风琴	2007	726	17048	17774	3131	512955	14815	4378283	17946	4891238	1669
声学乐器	电风琴	2008	837	17718	18555	4104	715491	14675	4305454	18779	5020945	1522
声学乐器	电风琴	2009	1981	13963	15944	3204	486902	12727	3531736	15931	4018638	1510

品目	类别	年度	海外产量	国内产量	总产量	销售 出口 数量	销售 出口 金额(千日元)	销售 内销 数量	销售 内销 金额(千日元)	销售总计 数量	销售总计 金额(千日元)	库存量
声学乐器	电风琴	2010	58	14566	14624	2955	517412	11431	3135066	14386	3652478	1551
		2011	52	10456	10508	1148	286826	10201	2619432	11349	2906258	725
		2012	132	11928	12060	826	238121	10160	2731156	10986	2969277	1790
		2013	1101	10338	11439	1056	269791	10821	2111919	11877	2381710	1209
	电钢琴	2004	165017	211611	376628	214697	19018687	163926	11057750	378623	30076437	18502
		2005	191250	206034	397284	228464	18679018	167014	10287659	395478	28966677	20849
		2006	229216	168531	397747	230106	18619483	162477	9985556	392583	28605039	26893
		2007	329962	185886	515848	307922	22957512	197605	11771211	505527	34728723	37686
		2008	332800	192908	525708	351043	24928640	178908	10787911	529951	35716551	33466
		2009	381573	66456	448029	271104	16290878	184304	9979969	455408	26270847	26343
		2010	159861	72777	233641	59490	5255342	170313	10594234	229803	15849576	27213
		2011	154589	66100	220689	55119	3836994	169079	10489505	224198	14326499	23646
		2012	180632	50207	230839	53294	2557236	168691	10384183	221985	13941419	32345
		2013	180369	46204	226573	59646	4704560	169657	10759897	229303	15464457	33508
	电子键盘	2004	1307919	145663	1453582	1179279	2017035	288014	3161663	1467293	23332013	27104
		2005	1213674	147875	1361549	1154664	17388185	198802	2190166	1353466	19578351	32829
		2006	1161877	133746	1295623	1118338	20475154	186851	1981020	1305189	22456174	22351
		2007	1198220	177229	1375449	1134508	19541855	224572	2275703	1359080	21817558	38996
		2008	1151194	179837	1331031	1091076	17499265	243658	2378043	1334734	19877308	34603
		2009	1110984	13330	1124314	896737	12167175	224901	2052275	1121638	14219450	35918
		2010	221693	18316	240009	38932	2100288	201297	1763196	240229	3863484	17835
		2011	183349	15183	198532	10304	1585626	185948	1717252	196252	3302878	20115
		2012	180800	8527	189327	6795	1107031	180382	1633419	187177	2740450	22342
		2013	151316	14823	166139	8512	1646617	160545	1605005	169057	3251622	18049
	便携式电子键盘	2004	136109	22395	158504	71336	598468	87745	898047	159081	1496515	4151
		2005	153778	28597	182375	92583	728165	86743	905226	179326	1633391	7180
		2006	138619	36324	174943	86138	605797	78341	740720	164479	1346517	14838
		2007	80080	35747	115827	54981	598711	73220	696609	128201	1295320	5264
		2008	85372	19905	105277	37123	580732	69145	499233	106268	1079965	4273
		2009	78275	849	79124	13967	195364	65581	435813	79548	631177	3849
		2010	87088	630	87718			87888	159592	87888	159592	58
		2011	84455	904	85359	48	2244	85747	464151	85795	466395	2485
		2012	81305	749	82054	533	3554	78452	463831	78985	467385	5551
		2013	65672	1478	67150	10	612	71325	177621	71335	178233	976

品目	类别	年度	海外产量	国内产量	总产量	销售						库存量
						出口		内销		销售总计		
						数量	金额（千日元）	数量	金额（千日元）	数量	金额（千日元）	
声学乐器	键盘拾音器	2004	2648	101503	104151	93848	8273802	8706	794341	102554	9068143	7153
		2005	8054	89877	97931	88433	8019046	9109	805154	97542	8824200	7539
		2006	21062	89939	111001	97511	7811327	10417	813750	107928	8625077	10964
		2007	34180	75445	109625	98728	9094499	11407	784471	110135	9878970	10051
		2008	41701	65348	107049	95438	7913062	10925	818535	106363	8731597	9661
		2009	45934	20018	65952	57162	3797894	11276	795200	68438	4593094	8175
		2010	35574	37764	73338	58169	4064740	12125	768738	70294	4833478	11153
		2011	33567	35301	68868	57484	4509620	11158	822141	68642	5331761	11018
		2012	66095	23087	89182	67369	3701287	14548	824628	81917	4525915	18065
		2013	55228	18625	73853	62908	3968127	14821	930624	77729	4898751	14713
	其他电声乐器	2004	31395	176062	207457	172931	3953475	28598	1145778	201529	5099253	43406
		2005	38426	132596	171022	141172	3873388	23519	1303714	164691	5177102	39828
		2006	51903	206682	258585	231291	4468011	27694	1504106	258985	5972117	59530
		2007	47937	221195	269132	258988	5312663	23081	1624047	282069	6936710	32683
		2008	65671	148056	213727	180961	4377912	20202	1458915	201163	5836827	37457
		2009	50538	130204	180742	153502	3117184	24924	1465704	178426	4582888	43715
		2010	6691	13708	20399	51694	2703013	16980	1278500	68674	3981513	11690
		2011	117116	24835	141951	89402	2192836	47152	1334848	136554	3527684	23414
		2012	88238	23750	111988	82245	3814900	16193	1255773	98438	5070673	36627
		2013	83256	15871	99127	81975	3918272	19598	1092978	101573	5011250	34417
	乐器用功放	2004	195582	214124	409706	378922	12077478	27816	505737	406738	12583215	32545
		2005	263539	240849	504388	469066	13966514	28606	466810	497672	14433324	49889
		2006	198842	235415	434257	407345	15118800	29612	476201	436957	15595001	47085
		2007	285945	281278	567223	521496	19684086	30366	589931	551862	20274017	61812
		2008	234595	332784	567379	521851	18709329	33669	636089	555520	19345418	56114
		2009	187712	260031	447743	424121	11777558	29549	538178	453670	12315736	50084
		2010	82783	2443	85226	46921	505430	30583	658918	77504	1164348	22505
		2011	96740	43584	140324	100686	6026640	36002	689404	136688	6716044	32939
		2012	191069	57107	248176	173824	6838926	44313	747413	218137	7586339	62936
		2013	217091	19707	236798	162636	4575099	76319	1694332	238955	6269431	72349
总合计		2004	3854714	6204438	10059152	6999405	123202692	3296729	70467781	10296134	193670473	1578905
		2005	4023057	6492179	10515236	7245545	121104315	3482028	64609581	10727573	185713896	1638502
		2006	4088182	6506831	10595013	7396834	129226910	3115986	62685210	10512820	191912120	1728429
		2007	4542860	6604621	11147481	7942620	147612346	3168664	64100984	11111284	211713330	1754117

品目	类别	年度	海外产量	国内产量	总产量	销售						库存量
						出口		内销		销售总计		
						数量	金额（千日元）	数量	金额（千日元）	数量	金额（千日元）	
总合计		2008	4317581	6945944	11263525	7942469	141692898	3130957	60907475	11073426	202600373	1915734
		2009	6817411	2854462	9671873	6614888	92946084	2870329	53218499	9485217	146164583	2103714
		2010	2759638	4611064	7370702	4771134	49902741	2762497	49577925	7533631	99480666	1782203
		2011	1577254	3435480	5012734	2118856	51511421	2856802	52666133	4975658	104177554	1625030
		2012	1333880	3629525	4963405	2141006	45525463	2735682	52457725	4876688	97983188	1830513
		2013	2636662	2086291	4722953	2050717	47408489	2704838	51413536	4755555	98822025	1817075

2013年日本乐器出口国家及地区概况

（金额单位：千日元　重量单位：公斤）

国家及地区	立式钢琴		三角钢琴		键盘弦乐器		弓弦乐器		吉他和其他弦乐器		铜管乐器	
	数量	金额	数量	金额	数量	金额	数量	金额	数量	金额	数量	金额
韩国	1877	326359	631	446283					407	11023	438	60734
中国内地	57645	5194302	2281	1120276			4	1404	154	35626	376	47417
中国台湾	3751	328892	563	366265			12	207	207	19587	113	16958
蒙古											3	1166
中国香港	2581	622928	144	105259			65	1449	196	17794	247	34677
越南	8099	739246	318	123674					3577	4827	42	203
泰国	1770	308473	140	146796	50	406			985	16492	712	107083
新加坡	2064	525887	147	147729					92	18709	127	27677
马来西亚	5333	419637	293	133499					32	2261	77	11069
文莱	14	2113	2	819								
菲律宾	426	25244	156	44782					12	598	2	641
印度尼西亚	1170	130733	127	80007			12	267	41	1950	39	7377
柬埔寨	17	1964	3	927	10	217			527	843		
缅甸	13	2875	5	5448					101	219		
印度	21	7001	6	5614								
斯里兰卡	427	20121	15	3182	5	590			1610	5096		
马尔代夫			2	3087								
澳门									1	450		
阿富汗												
伊朗	4	641										
沙特阿拉伯												

国家及地区	立式钢琴		三角钢琴		键盘弦乐器		弓弦乐器		吉他和其他弦乐器		铜管乐器	
	数量	金额	数量	金额	数量	金额	数量	金额	数量	金额	数量	金额
科威特	2	967	1	987								
卡塔尔												
阿曼												
以色列	745	67461	27	17392					44	2539	15	2045
黎巴嫩	257	22885	64	14466								
阿拉伯联合酋长国	197	38039	131	142214							61	8974
乌兹别克斯坦											34	5766
哈萨克斯坦			5	4711								
土库曼斯坦			3	9662								
冰岛												
挪威	17	5128	9	7755								
瑞典									4	929		
丹麦	78	17865	46	38288					18	768		
英国	1477	367614	397	416703			1	206	54	18629	719	95968
爱尔兰	405	47320	28	11831					4	604		
荷兰	368	60863	24	18132					2973	171031	5	2688
比利时	615	97180	49	36354	2	620			28	1338		
法国	998	310450	525	608344	1	290	2	849	29	3194	1451	189164
摩纳哥												
德国	1462	629104	1455	2011465	1	300	8	902	171	28852	4794	578048
瑞士									10	1020	4	822
葡萄牙	107	17332	1	990								
西班牙	382	61190	38	26429			1	800			13	3125
意大利	1657	230591	370	227790					12	3358	2	623
芬兰	157	53573	78	97396					7	831	44	5212
波兰	52	5001	17	6409								
俄罗斯	19	8064	78	97026	10	439			211	5616	72	6383
奥地利	15	1914	1	237			1	300			16	5725
匈牙利	28	1685	4	900					3	1224	5	933
塞尔维亚			1	3081	1	1604	38	11016	1	2424	12	4555
希腊	159	20960	3	1121								
罗马尼亚												
保加利亚												
塞浦路斯	19	3285	3	2432								

国家及地区	立式钢琴		三角钢琴		键盘弦乐器		弓弦乐器		吉他和其他弦乐器		铜管乐器	
	数量	金额	数量	金额	数量	金额	数量	金额	数量	金额	数量	金额
土耳其			6	3958							7	1080
爱沙尼亚									2	521		
拉脱维亚	2	654	2	2693								
立陶宛												
乌克兰												
白俄罗斯												
克罗地亚	8	2826	7	4831					5	875		
斯洛文尼亚	14	4539	8	10174							16	3027
波斯尼亚和黑塞哥维那							28	18269	1	1246	12	5050
捷克												
斯洛伐克												
加拿大	2310	545577	568	528925					461	25420	1012	136952
美国	6166	1676798	3518	3348230			280	5207	3624	196437	14695	2059475
墨西哥	39	14400	40	49298							161	21992
危地马拉			1	752								
尼加拉瓜												
巴拿马	13	7288	27	44493							365	51324
牙买加	2	718										
古巴			2	540								
多米尼加			1	1925								
哥伦比亚	2	572	2	1989							21	2834
委内瑞拉			2	11854							1	549
秘鲁	23	4506	2	2390					439	505		
智利	7	2040	11	8402					120	5873		
巴西	30	10950	71	72728					200	11926	527	74067
巴拉圭									16	838		
乌拉圭	1	345										
阿根廷	7	2247	8	15269					52	3091		
摩洛哥	44	4090	2	1650								
埃及												
塞内加尔												
尼日利亚	40	1500										
肯尼亚	62	4456	4	773								
坦桑尼亚									45	900		

国家及地区	立式钢琴		三角钢琴		键盘弦乐器		弓弦乐器		吉他和其他弦乐器		铜管乐器	
	数量	金额	数量	金额	数量	金额	数量	金额	数量	金额	数量	金额
毛里求斯	1	611										
留尼旺岛												
南非	11	3768	22	19916					16	762	15	4104
博茨瓦纳	29	4512	3	1472								
澳大利亚	3249	724262	543	543143			41	615	488	25163	641	84852
巴布亚新几内亚												
新西兰	361	59354	18	16317					229	8152	22	3849
萨摩亚群岛												
新喀里多尼亚	4	1549	1	1361								
波利尼西亚	4	1378										
关岛												
总计												

国家及地区	其他管乐器		鼓		其他打击乐器		电子键盘乐器		电吉他		其他电子乐器	
	数量	金额	数量	金额	数量	金额	数量	金额	数量	金额	数量	金额
韩国	54142	922432	558	28246	1669	32850	1861	193431	382	33894	237	23025
中国内地	14245	202158	896	35668	694	28625	1178	171810	675	30231	298	12349
中国台湾	49241	228453	128	13471	233	43654	324	31710	735	64213	128	8610
蒙古	5	2280	5	898	5	462						
中国香港	18443	276894	182	4415	902	14015	3251	118674	1003	77222	854	82744
越南	881	1605	11	365			6245	92278	2673	6603	25	814
泰国	8062	48061	285	22271	51	16901	1418	61047	516	18544	217	8119
新加坡	12200	134279	163	9716	185	6325	1121	118318	691	52871	189	12456
马来西亚	2619	10986	24	1935	30	1115	230	34475	197	12364	20	1595
文莱												
菲律宾	434	1513	14	692			127	18713	74	5327		
印度尼西亚	702	1638	88	6064			84	17754	75	2874		
柬埔寨							583	5898	773	2247	10	540
缅甸			2	211					84	224		
印度	2277	2320	9	660			59	7159	83	5502	56	1512
斯里兰卡							2091	5817	266	3049		
马尔代夫			4	325								
澳门	2	2607							2	633		

国家及地区	其他管乐器		鼓		其他打击乐器		电子键盘乐器		电吉他		其他电子乐器	
	数量	金额	数量	金额	数量	金额	数量	金额	数量	金额	数量	金额
阿富汗							300	240	599	1317		
伊朗	1719	1130					137	1480				
沙特阿拉伯							4	529			6	846
科威特							4	447			2	348
卡塔尔			11	14260	6	242	5	658			13	963
阿曼							2	273			2	348
以色列	7018	14873			2	337	439	29580	59	4896	135	7373
黎巴嫩	5	584					8	601			10	280
阿拉伯联合酋长国	3095	13805	26	1146	12	2447	835	87885	68	4511	54	4791
乌兹别克斯坦	20	4675	24	1113	2	1474						
哈萨克斯坦	2	4086										
土库曼斯坦												
冰岛	665	474	10	331					5	390		
挪威	1459	3450	7	385			1	382	85	6077		
瑞典	7468	34284	101	3920	69	340	138	11871	239	16393	58	1468
丹麦	2020	6666	10	419					65	4208		
英国	62706	255577	387	15236	2569	11961	2553	410498	466	41709	205	11138
爱尔兰	330	838							6	1189		
荷兰	3903	18890	111	6361	182	14891	2028	207754	2537	84983	8466	314698
比利时	1281	1165							43	5004		
法国	24423	441663	650	29735	330	69762	3495	446298	536	40922	459	42741
摩纳哥	6600	2373										
德国	105281	1552112	2250	85992	442	96623	9003	1420237	1928	154322	1352	77976
瑞士	4029	58001	73	3373	4	211	118	9832	117	10514	56	1488
葡萄牙							26	2182	12	794		
西班牙	8335	24655	6	339			33	1943	262	21045	2	369
意大利	44280	49276	233	8119			104	9002	585	54736	62	1474
芬兰	5659	49869	363	11956	4	302	169	30409	265	15218	71	4310
波兰	2704	6580	34	481			137	7561	32	1385	30	805
俄罗斯	5443	46622	144	6903	35	4655	512	54284	2206	68318	100	5683
奥地利	4668	21711	43	1336					202	7754		
匈牙利	4530	5465					28	2152	6	1040		
塞尔维亚	13	7405	6	2124	5	1059	60	4750			1	263
希腊	961	1962					63	6700	23	1919	2	245

国家及地区	其他管乐器		鼓		其他打击乐器		电子键盘乐器		电吉他		其他电子乐器	
	数量	金额	数量	金额	数量	金额	数量	金额	数量	金额	数量	金额
罗马尼亚	49	9683	17	550			34	3700	14	1528		
保加利亚							12	1375	22	1490		
塞浦路斯	5	606					5	434				
土耳其	590	5814					63	6154	43	3173	96	6168
爱沙尼亚												
拉脱维亚							171	10803	12	1499		
立陶宛									11	802		
乌克兰									55	3829		
白俄罗斯												
克罗地亚												
斯洛文尼亚			22	590					63	4407		
波斯尼亚和黑塞哥维那	12	7108	5	3798	4	2562						
捷克	10703	13838					138	9548	15	1032	12	284
斯洛伐克	1284	1234									5	1002
加拿大	48452	173689	960	37134	3723	47056	2463	208448	265	24929	1177	71959
美国	134113	1791253	8767	379480	11111	411045	18346	1923638	14090	859034	8056	454304
墨西哥	4048	33405	279	9319	2	593	401	50060	24	1863		
危地马拉												
尼加拉瓜												
巴拿马	4693	59788	433	30755	54	4553	243	33673	2	305	88	6486
牙买加												
古巴												
多米尼加												
哥伦比亚	3051	761			2	201						
委内瑞拉	1	514										
秘鲁	4200	2138					438	16750	116	1002		
智利	3598	2558	22	1074			276	28105	148	12463	10	280
巴西	10071	33839	39	2303	10	2129	858	106678	48	4348	216	13771
巴拉圭												
乌拉圭												
阿根廷	3526	6441	17	874			118	6137	82	5503		
摩洛哥												
埃及											4	469
塞内加尔	2	350							82	223		
尼日利亚							866	4610	1	420		

国家及地区	其他管乐器		鼓		其他打击乐器		电子键盘乐器		电吉他		其他电子乐器	
	数量	金额	数量	金额	数量	金额	数量	金额	数量	金额	数量	金额
肯尼亚							5	218				
坦桑尼亚			33	295								
毛里求斯												
留尼旺岛							10	1322				
南非	3158	13456	20	1175			219	26539	89	4344	37	2634
博茨瓦纳												
澳大利亚	10291	192894	560	24457	579	27894	1626	191621	788	59959	875	65802
巴布亚新几内亚							7	1098				
新西兰	469	5289	28	1873			124	11214	132	9723	23	1423
萨摩亚群岛							2	1051				
新喀里多尼亚	324	420					2	480				
波利尼西亚							5	953				
关岛							4	1000				
总计												

国家及地区	八音盒		乐器弦		钢琴零配件		弦乐器零配件		电子乐器零配件		其他零配件	
	数量	金额	重量	金额	重量	金额	重量	金额	重量	金额	重量	金额
韩国	865	1349	39	2812	111	747	251	3677	1179	10827	2420	29321
中国内地	100	801	256	5991	4300527	2181656	4618	32905	104473	491169	156667	1873410
中国台湾	24	266	455	2535	8834	26372	57	537	457	4804	7345	50359
蒙古												
中国香港	210	1576	43	703	266	1788	283	3244	16686	114487	11757	73359
越南					598	2403			401	6325	40	204
泰国	2495	2351	42	595	5	340	58	857	519	4870	2567	13578
新加坡			7	244	217	1277	28	464	1166	6598	1412	6215
马来西亚	4000	647			107	1115	60	1003	202	670	745	4373
文莱												
菲律宾			37	601	885	1656	59	853			80	243
印度尼西亚			9160	10883	3007618	2455519	1777	14364	274777	922754	233750	2444993
柬埔寨											2002	2636
缅甸												
印度									50	717	10	310
斯里兰卡									119	226		
马尔代夫												

国家及地区	八音盒		乐器弦		钢琴零配件		弦乐器零配件		电子乐器零配件		其他零配件	
	数量	金额	重量	金额	重量	金额	重量	金额	重量	金额	重量	金额
澳门											4	292
阿富汗											10	273
伊朗												
沙特阿拉伯												
科威特												
卡塔尔											93	482
阿曼												
以色列									134	1272	23	638
黎巴嫩												
阿拉伯联合酋长国			146	1997					1127	2975		
乌兹别克斯坦											62	535
哈萨克斯坦	696	1166										
土库曼斯坦												
冰岛												
挪威									56	872	2	329
瑞典									556	4928	76	4135
丹麦					30	312			217	1468	56	1321
英国			3	226	593	393	150	1793	3709	17593	297	11385
爱尔兰									24	307		
荷兰					48	773	152	1331	10860	38444	192	3008
比利时									93	693	1	234
法国			66	777			1180	13069	6101	28864	848	21695
摩纳哥												
德国	5159	2145	132	2284	19421	75723	254	1785	23426	96788	6105	121774
瑞士			20	415			22	2285	152	1025	26	844
葡萄牙							549	15149				
西班牙							79	1037	440	10525	143	6510
意大利			13	244	525	1502			46308	200879	1395	7351
芬兰									441	4006	220	2180
波兰									122	1344	51	1172
俄罗斯									1649	15032	711	4874
奥地利					758	4468	3	241			34	658
匈牙利									15	508		
塞尔维亚												

国家及地区	八音盒		乐器弦		钢琴零配件		弦乐器零配件		电子乐器零配件		其他零配件	
	数量	金额	重量	金额	重量	金额	重量	金额	重量	金额	重量	金额
希腊									46	380		
罗马尼亚											186	326
保加利亚												
塞浦路斯												
土耳其							88	885	84	309		
爱沙尼亚												
拉脱维亚											135	559
立陶宛												
乌克兰							39	613				
白俄罗斯									99	971		
克罗地亚												
斯洛文尼亚												
波斯尼亚和黑塞哥维那											115	211
捷克							264	3513	385	4170	2	597
斯洛伐克									41	448		
加拿大					2702	3573	399	14337	3747	14615	759	14439
美国	1868	3274	4431	46333	19189	97468	9551	119880	94009	628107	79903	436791
墨西哥							1099	19739			225	3363
危地马拉												
尼加拉瓜							46	830				
巴拿马			111	1712			18	231	69	265	596	4437
牙买加												
古巴												
多米尼加												
哥伦比亚												
委内瑞拉												
秘鲁												
智利							32	619	35	246		
巴西					206	1592	366	4270	3165	17271	92	4772
巴拉圭												
乌拉圭												
阿根廷									934	7035		
摩洛哥												
埃及									18	1755		
塞内加尔												

国家及地区	八音盒		乐器弦		钢琴零配件		弦乐器零配件		电子乐器零配件		其他零配件	
	数量	金额	重量	金额	重量	金额	重量	金额	重量	金额	重量	金额
尼日利亚												
肯尼亚												
坦桑尼亚												
毛里求斯												
留尼旺岛												
南非												
博茨瓦纳												
澳大利亚					466	1963	874	11871	3643	15472	266	3109
巴布亚新几内亚												
新西兰			1	290					13	433	75	313
萨摩亚群岛												
新喀里多尼亚												
波利尼西亚												
关岛												
总计												

2013年日本乐器进口国家及地区概况

国家及地区	立式钢琴		三角钢琴		键盘弦乐器		弓弦乐器		吉他		其他弦乐器	
	数量	金额	数量	金额	数量	金额	数量	金额	数量	金额	数量	金额
韩国									827	24362	185	3852
中国内地	680	122316	85	33513	72	393	25697	346077	125933	1034485	95016	293633
中国台湾							127	2435			78	4148
中国香港							4	537				
越南	183	16226	8	2739					120	1223	3141	9926
泰国											223	2145
新加坡									5	787		
马来西亚											1	714
菲律宾											3160	345
印度尼西亚	4492	877014	149	66085			26	493	16705	149947	3935	41619
老挝												
印度											25	267
巴基斯坦											681	7193

国家及地区	立式钢琴		三角钢琴		键盘弦乐器		弓弦乐器		吉他		其他弦乐器	
	数量	金额	数量	金额	数量	金额	数量	金额	数量	金额	数量	金额
尼泊尔												
科威特												
以色列												
亚美尼亚												
瑞典							1	212	121	3077	295	5772
丹麦	1	497					2	366	2	1256		
英国			3	4411	2	1091	124	20139	54	21898	8	2538
爱尔兰									4	3011		
荷兰	1	2047			4	12597	44	6018	2	486	8	3724
比利时					1	2339	283	34351	2	1285		
卢森堡												
法国	1	829	8	12039	4	3642	500	134333	12	4214	149	35719
安道尔												
德国	250	240158	270	1118858	3	4438	3267	362332	83	34575	547	69799
瑞士			1	9303			15	8367	1	713	8	1030
葡萄牙							2	1182	4	690		
西班牙					1	871	6	5342	2090	188685		
意大利	5	2056	6	28728	177	12265	796	497627	9	5607	350	118722
芬兰									4	1455	4	221
波兰							23	3004	6	559		
俄罗斯												
奥地利	3	5317	16	88853			242	9950				
匈牙利							192	20153				
塞尔维亚												
阿尔巴尼亚							15	1504				
希腊												
罗马尼亚							1981	61355	324	2034	2	305
保加利亚							251	23017	12	494		
塞浦路斯							2	3343				
土耳其											10	663
爱沙尼亚			3	6367								
克罗地亚												
斯洛文尼亚												
捷克	144	87439	46	77209	1	643	751	49011	332	33423		
斯洛伐克							33	2931	1	238		

国家及地区	立式钢琴		三角钢琴		键盘弦乐器		弓弦乐器		吉他		其他弦乐器	
	数量	金额	数量	金额	数量	金额	数量	金额	数量	金额	数量	金额
加拿大					1	240			1460	46111	23	1391
美国	10	6328	25	51957	2	911	143	38377	13224	2072872	4570	309435
墨西哥									4725	124557	397	10453
特里尼达与多巴哥												
波多黎各												
多米尼克												
委内瑞拉							1	1570				
秘鲁												
玻利维亚									22	534	66	1155
智利												
巴西									7	842		
巴拉圭												
阿根廷												
埃及												
塞内加尔												
几内亚												
科特迪瓦												
加纳												
马里							17	243				
布基纳法索												
坦桑尼亚												
南非									1	631		
澳大利亚									262	37380	5	2314
新西兰											131	664
所罗门群岛												
总计	5770	1360227	620	1500062	268	39430	34545	1634269	166354	3797431	113018	927747

国家及地区	铜管乐器		风琴		手风琴		口琴		其他管乐器		鼓	
	数量	金额	数量	金额	数量	金额	数量	金额	数量	金额	数量	金额
韩国									3067	3437	65213	15948
中国内地	17393	194027			181962	217931	228659	87369	281046	248276	1559714	603759
中国台湾	3893	161802							9513	269404	167658	281076
中国香港												
越南	90	664							546	24500	15408	6707

国家及地区	铜管乐器		风琴		手风琴		口琴		其他管乐器		鼓	
	数量	金额	数量	金额	数量	金额	数量	金额	数量	金额	数量	金额
泰国									455	12252	38293	122161
新加坡	4	1896										
马来西亚												
菲律宾												
印度尼西亚					445012	441502			903618	1834804	12601	15721
老挝											354	716
印度	43	1193									58431	35061
巴基斯坦											1272	1169
尼泊尔											1699	1181
科威特											19	16202
以色列												
亚美尼亚									1	388		
瑞典											2614	9054
丹麦	1	234									3	576
英国	152	31659	2	39129					137	9059	20	761
爱尔兰												
荷兰	40	11814	4	41361					68	3818	346	52688
比利时									4	530		
卢森堡	35	5588							1	587		
法国	356	77036	4	55138	3	686			8569	1793182	122	2866
安道尔												
德国	2255	784207	3	47753	1437	13899	33815	74220	7416	388011	27146	138655
瑞士	202	99934							321	17953	4129	51499
葡萄牙												
西班牙	8	2097									4816	25051
意大利	4	1015	2	4704	211	43952			12	4056	971	7543
芬兰												
波兰												
俄罗斯	74	15002										
奥地利	39	15100	1	78237					23	1085	3	231
匈牙利	1	350										
塞尔维亚												
阿尔巴尼亚												
希腊												
罗马尼亚									20	243		

国家及地区	铜管乐器		风琴		手风琴		口琴		其他管乐器		鼓	
	数量	金额	数量	金额	数量	金额	数量	金额	数量	金额	数量	金额
保加利亚											2018	3381
塞浦路斯												
土耳其											4306	40652
爱沙尼亚												
克罗地亚	1	258							1	237		
斯洛文尼亚												
捷克	25	9054			46	3672			54	19141	1	667
斯洛伐克												
加拿大					1	212			10	4212	18172	120865
美国	5602	865445	2	100107					9374	442362	54962	596926
墨西哥											1370	2149
特里尼达与多巴哥											193	4154
波多黎各												
多米尼克												
委内瑞拉												
秘鲁									2070	539	154	1814
玻利维亚									368	770		
智利												
巴西											2338	8391
巴拉圭											26	1399
阿根廷												
埃及											469	679
塞内加尔											5011	571
几内亚											250	2271
科特迪瓦											425	3237
加纳											7800	1457
马里											3642	5507
布基纳法索											371	237
坦桑尼亚											2769	1149
南非											1	313
澳大利亚									100	1390	24	1387
新西兰	1	1323										
所罗门群岛											6	314
总计	30219	2279698	18	366429	628672	721854	262474	161589	1226794	5080236	2065140	2186145

国家及地区	电子键盘乐器		电吉他		其他电子乐器		八音盒		乐器用弦	
	数量	金额	数量	金额	数量	金额	重量	金额	重量	金额
韩国	504	4087	16508	459456	5	312			5287	16249
中国内地	452231	4739941	154728	1425214	65056	921298	264581	113127	23850	63274
中国台湾	305	5279			3668	50527	1800	955	48	5331
中国香港									27	7835
越南	20560	53368	6996	43905	4996	10909				
泰国										
新加坡										
马来西亚	10900	73502								
菲律宾			2938	59886	389	9201				
印度尼西亚	75220	3268378	44866	685812	9599	190484			481	3807
老挝										
印度			31	1217						
巴基斯坦										
尼泊尔										
科威特										
以色列			2	627						
亚美尼亚										
瑞典	1543	142479			69	938			235	1420
丹麦					130	1178			338	42774
英国	4	2779	32	9471			4	4467	3337	32741
爱尔兰										
荷兰	14	8090	45	8335	2	411				
比利时									3	1332
卢森堡										
法国			45	6805	680	7372	814	1802	1837	52497
安道尔										
德国	358	30056	1092	131686	111	6220	516	18563	12765	387364
瑞士			74	988			3759	125489	8	738
葡萄牙										
西班牙			53	6642					20	521
意大利	1154	86047	4	927	290	37875	797	1435	3581	44355
芬兰			45	6289					13	326
波兰			141	20548			96	227		
俄罗斯										
奥地利			6	1880					2690	330647

国家及地区	电子键盘乐器		电吉他		其他电子乐器		八音盒		乐器用弦	
	数量	金额	数量	金额	数量	金额	重量	金额	重量	金额
匈牙利			3	847						
塞尔维亚										
阿尔巴尼亚										
希腊										
罗马尼亚										
保加利亚										
塞浦路斯										
土耳其										
爱沙尼亚										
克罗地亚										
斯洛文尼亚										
捷克	1	295	351	43946					30	259
斯洛伐克									22	3059
加拿大			607	49614	76	4393			65	1033
美国	505	70172	36226	5506856	937	67042	60	16342	147987	1255810
墨西哥			6487	397867					17355	142915
特里尼达与多巴哥										
波多黎各									120	4034
多米尼克			1	204						
委内瑞拉										
秘鲁										
玻利维亚										
智利										
巴西			24	701						
巴拉圭										
阿根廷									173	1639
埃及										
塞内加尔										
几内亚										
科特迪瓦										
加纳										
马里										
布基纳法索										
坦桑尼亚										
南非										

国家及地区	电子键盘乐器		电吉他		其他电子乐器		八音盒		乐器用弦	
	数量	金额	数量	金额	数量	金额	重量	金额	重量	金额
澳大利亚	1	341	23	2552	55	647				
新西兰										
所罗门群岛										
总计	563300	8484814	271328	8872275	86063	1308807	272427	282407	220272	2399960

国家及地区	钢琴零配件		弦乐器零配件		电子乐器零配件		节拍器、音叉	
	重量	金额	重量	金额	重量	金额	重量	金额
韩国	4847	32140	2629	23712	9735	78528	2310	6059
中国内地	166872	216855	260012	243059	584744	803732	25262	143398
中国台湾	1661	2778	56006	54154	25342	48444		
中国香港					149	2186		
越南			21769	45439			36114	232779
泰国			1495	3944				
新加坡					59	1817		
马来西亚					49	617		
菲律宾					2551	18257		
印度尼西亚	2023031	1263365			1217541	782588		
老挝			1544	14716				
印度					209	1517	506	4745
巴基斯坦								
尼泊尔								
科威特								
以色列								
亚美尼亚								
瑞典			4	350	3	322		
丹麦			71	10026	217	3663		
英国	24	445	281	22506	54	3672	53	1438
爱尔兰								
荷兰			28	950	767	6777		
比利时			797	35038				
卢森堡								
法国	12	898	350	172548	32	339		
安道尔			25	342				
德国	3143	57619	3872	194539	7544	71509	3274	31760

国家及地区	钢琴零配件		弦乐器零配件		电子乐器零配件		节拍器、音叉	
	重量	金额	重量	金额	重量	金额	重量	金额
瑞士			37	33614				
葡萄牙								
西班牙	270	1521	30	1590				
意大利	100	1224	1686	52589	15779	44524		
芬兰			30	237	177	1420		
波兰			48	1224				
俄罗斯			46	869	362	7228		
奥地利	215	3566	128	11322				
匈牙利								
塞尔维亚			8	1163				
阿尔巴尼亚								
希腊					240	6814		
罗马尼亚			6	253				
保加利亚			11	605				
塞浦路斯								
土耳其								
爱沙尼亚								
克罗地亚			2	259				
斯洛文尼亚			283	5406				
捷克			23	4526				
斯洛伐克			14	768	24	568		
加拿大	70	237	1605	42828	364	5214		
美国	31126	21740	11531	153420	75100	663362	1014	17787
墨西哥								
特里尼达与多巴哥								
波多黎各								
多米尼克								
委内瑞拉								
秘鲁								
玻利维亚								
智利								
巴西			91	31783				
巴拉圭								
阿根廷								
埃及								

国家及地区	钢琴零配件		弦乐器零配件		电子乐器零配件		节拍器、音叉	
	重量	金额	重量	金额	重量	金额	重量	金额
塞内加尔								
几内亚								
科特迪瓦								
加纳								
马里								
布基纳法索								
坦桑尼亚								
南非								
澳大利亚					10	652		
新西兰					11	408		
所罗门群岛								
总计	2231371	1602388	364462	1163779	1941063	2554158	68533	437966

海外资讯篇之四：各国乐器市场概述

编者按：美国国际音乐制品协会发布《2014 NAMM全球乐器报告》，报告较全面回顾总结了2013年世界主要国家乐器行业发展概况。本刊经编辑整理后，按照乐器销售金额排序，以飨读者。

日本

音乐制品出口增长4%，内销下降2%。

2013年日本音乐制品销售总额为990亿日元，较上年增长1%。其中出口额为474亿日元，同比增长4个百分点，内销额为514亿日元，同比下降2%。

其中，钢琴行业近4年来增幅最大，钢琴销售总额为241亿日元，同比增长3%。其中内销106亿日元，同比下降6%。出口135亿日元，同比增长13%。但无论从出口还是内销指标看，钢琴的销售数量自2011年起就一直呈下降趋势。

管乐器需求激增

2013年，管乐器各门类产品取得显著增长，内销和出口总额为188亿日元，同比增长15%。长笛销售额18亿日元，同比增长22.4%，增幅最大；铜管类乐器销售额36亿日元，同比增长18.5%；萨克斯53亿日元，同比增长17%；其他木管乐器5亿日元，同比增长14%；长笛为52亿日元，同比增长10%。包括短号在内的小号为15亿日元，同比增长10%。

其他市场表现优异的乐器门类有：吉他16亿日元，同比增长11%；其他弦乐器11亿日元，同比增长19%；音乐会用鼓5亿日元，同比增长28%；行进鼓4亿日元，同比增长11%；爵士鼓8亿日元，同比增长8%；行进类木琴14亿日元，同比增长28%；口琴17亿日元，增长19%；录音器10亿日元，增长6%；数码钢琴155亿日元，增长11%；电子键盘33亿日元，增长19%；键盘合成器49亿日元，同比增长8%。

另一方面，其他打击类乐器销售额为9亿日元，同比下降33%；电吉他77亿日元，同比下降26%；小型键盘销售2亿日元，同比下降62%；电吉他的下滑严重影响了其他相关产品销售，2013年电吉他销售仅相当于2011年销售金额的53%。更重要的是，弦乐类产品一直是衡量行业发展的“风向标”，小型键盘销量也由此受到冲击，作为礼品类产品的销售需求有所减少。

进口方面，2013年日本音乐制品进口额为523亿日元，同比增长16%。各类产品进口金额增长，但进口量均有下降，降幅为10%～30%。只有弓弦乐器、手风琴和打击乐器进口金额分别增长12%、27%和19%，进口量分别增长12%、2%和3%。

三角钢琴进口金额增长23%，但进口量下降23%；声学吉他进口金额增长26%，进口量下降13%；其他弦乐器进口金额增长24%，进口金额下降27%；铜管乐器进口金额增长24%，进口量下降14%；其他木管乐器进口金额增长34%，进口量下降24%；电吉他进口金额增长16%，进口量下降18%；乐器用弦进口金额增长16%，进口量下降14%。

日元相对于美元、欧元及其他国际主要货币贬值，也间接地抬高了进口金额，这也得到业内专业人士验证，他们认为，高端音乐制品进口额明显增加。（评注：《日本音乐贸易》总编泽野 优）

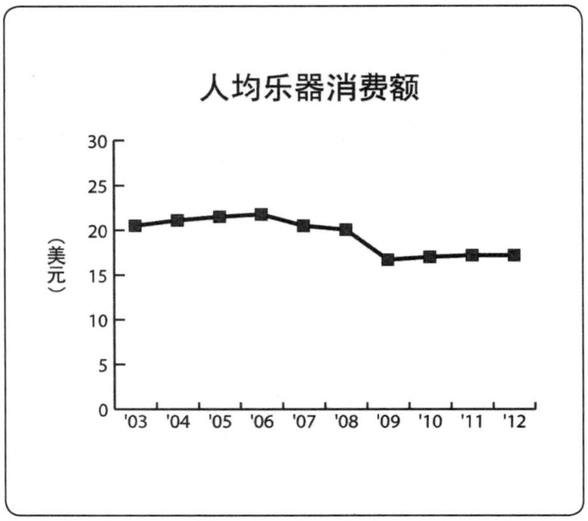
人均乐器消费额
30
25
20
15
10
5
0
(美元)
'03 '04 '05 '06 '07 '08 '09 '10 '11 '12

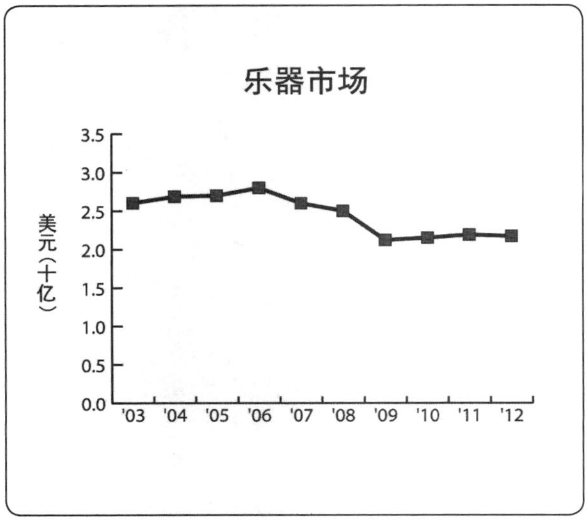
乐器市场
3.5
3.0
2.5
2.0
1.5
1.0
0.5
0.0
美元(十亿)
'03 '04 '05 '06 '07 '08 '09 '10 '11 '12

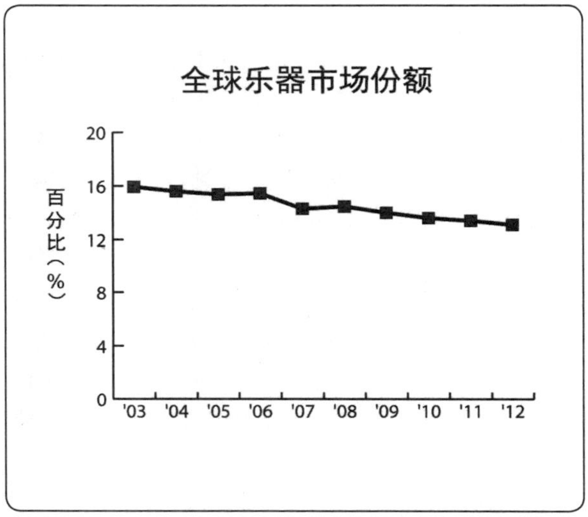
全球乐器市场份额
20
16
12
8
4
0
百分比(%)
'03 '04 '05 '06 '07 '08 '09 '10 '11 '12

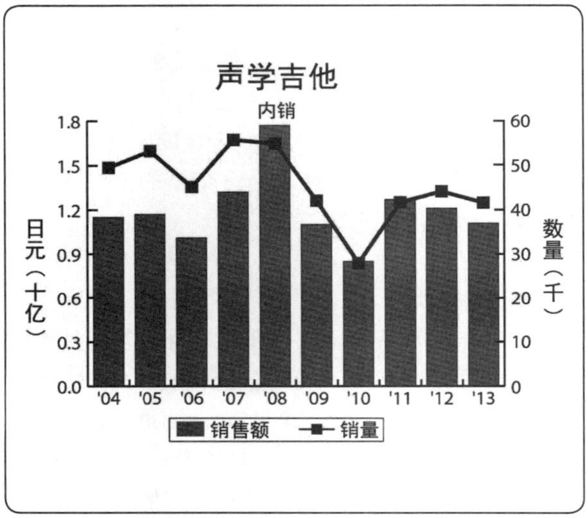
声学吉他
内销
1.8
1.5
1.2
0.9
0.6
0.3
0.0
日元(十亿)
60
50
40
30
20
10
0
数量(千)
'04 '05 '06 '07 '08 '09 '10 '11 '12 '13
销售额
销量

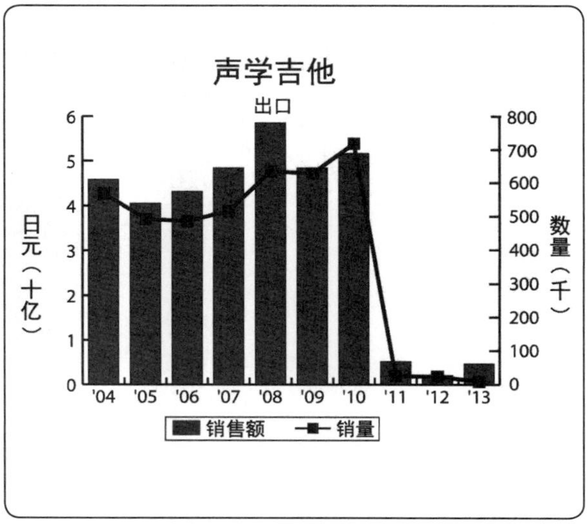
声学吉他
出口
6
5
4
3
2
1
0
日元(十亿)
800
700
600
500
400
300
200
100
0
数量(千)
'04 '05 '06 '07 '08 '09 '10 '11 '12 '13
销售额
销量

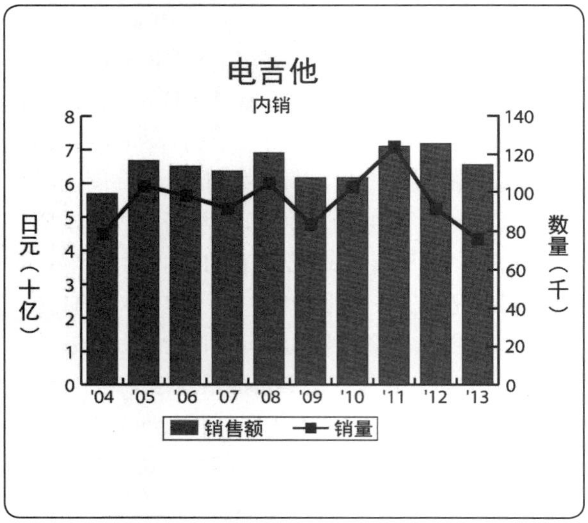
电吉他
内销
8
7
6
5
4
3
2
1
0
日元(十亿)
140
120
100
80
60
40
20
0
数量(千)
'04 '05 '06 '07 '08 '09 '10 '11 '12 '13
销售额
销量

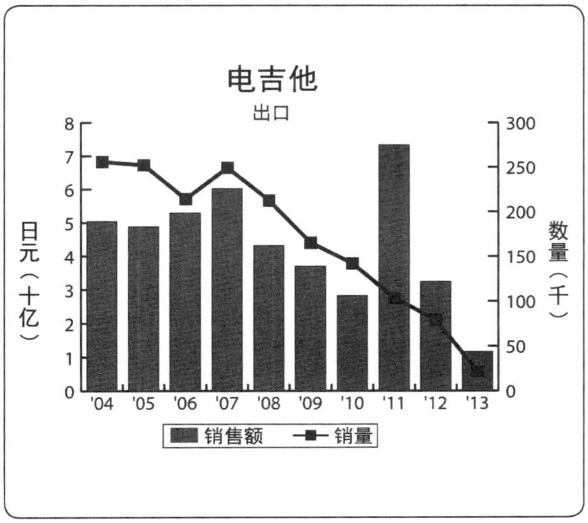
电吉他
出口
8 7 6 5 4 3 2 1 0
日元（十亿）
300 250 200 150 100 50 0
数量（千）
'04 '05 '06 '07 '08 '09 '10 '11 '12 '13
销售额 销量

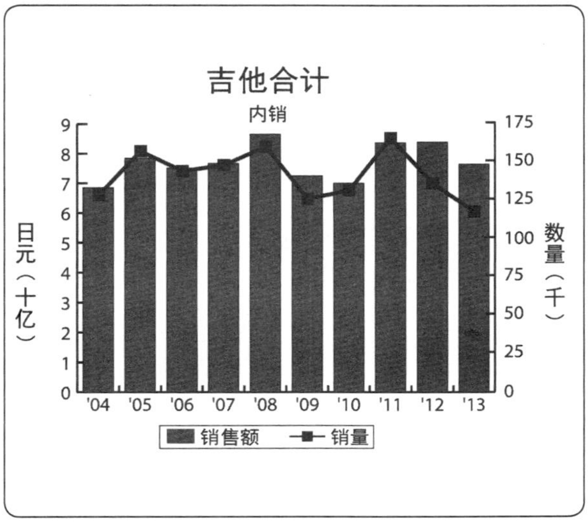
吉他合计
内销
9 8 7 6 5 4 3 2 1 0
日元（十亿）
175 150 125 100 75 50 25 0
数量（千）
'04 '05 '06 '07 '08 '09 '10 '11 '12 '13
销售额 销量

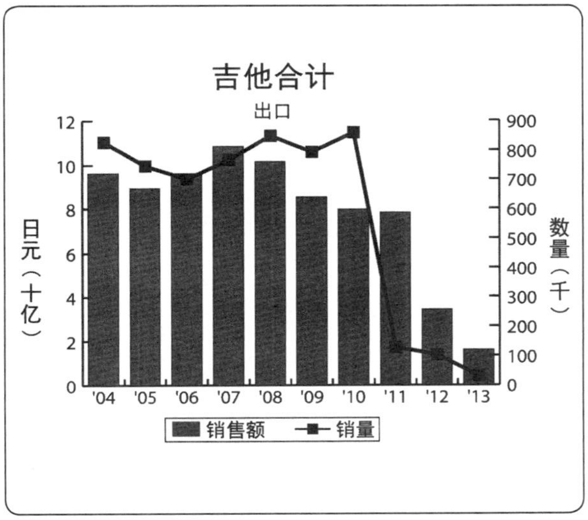
吉他合计
出口
12 10 8 6 4 2 0
日元（十亿）
900 800 700 600 500 400 300 200 100 0
数量（千）
'04 '05 '06 '07 '08 '09 '10 '11 '12 '13
销售额 销量

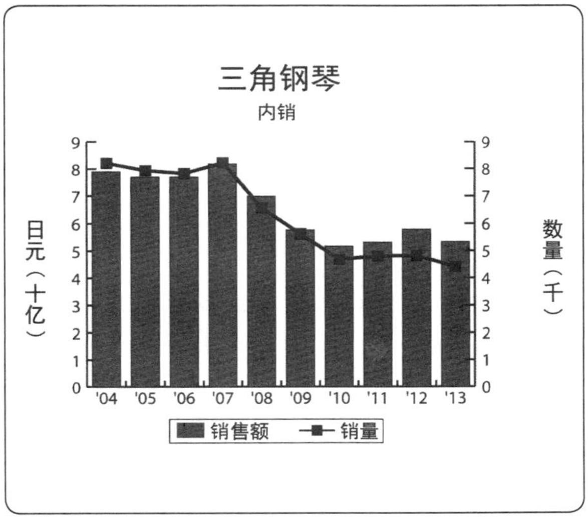
三角钢琴
内销
9 8 7 6 5 4 3 2 1 0
日元（十亿）
9 8 7 6 5 4 3 2 1 0
数量（千）
'04 '05 '06 '07 '08 '09 '10 '11 '12 '13
销售额 销量

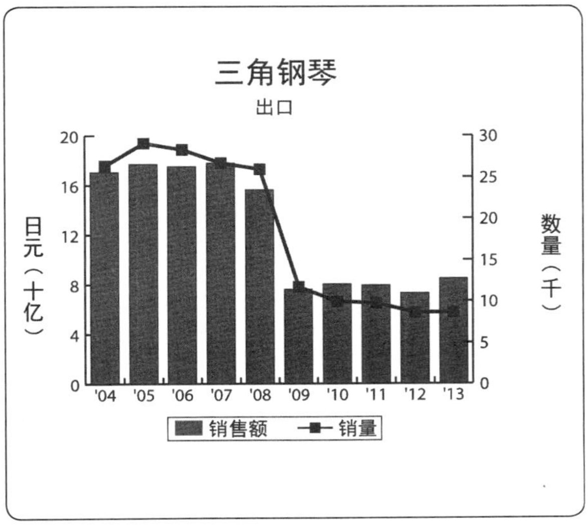
三角钢琴
出口
20 16 12 8 4 0
日元（十亿）
30 25 20 15 10 5 0
数量（千）
'04 '05 '06 '07 '08 '09 '10 '11 '12 '13
销售额 销量

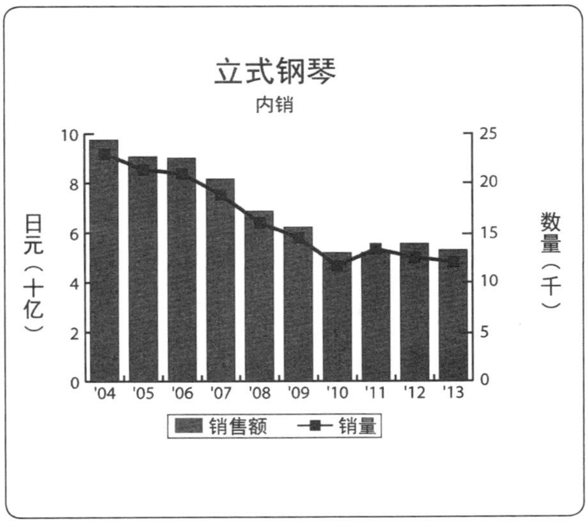
立式钢琴
内销
10 8 6 4 2 0
日元（十亿）
25 20 15 10 5 0
数量（千）
'04 '05 '06 '07 '08 '09 '10 '11 '12 '13
销售额 销量

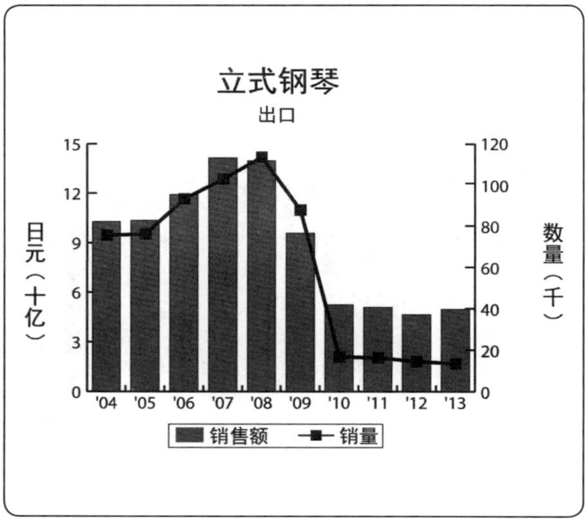
立式钢琴
出口
日元（十亿）
数量（千）
0 3 6 9 12 15
0 20 40 60 80 100 120
'04 '05 '06 '07 '08 '09 '10 '11 '12 '13
销售额
销量

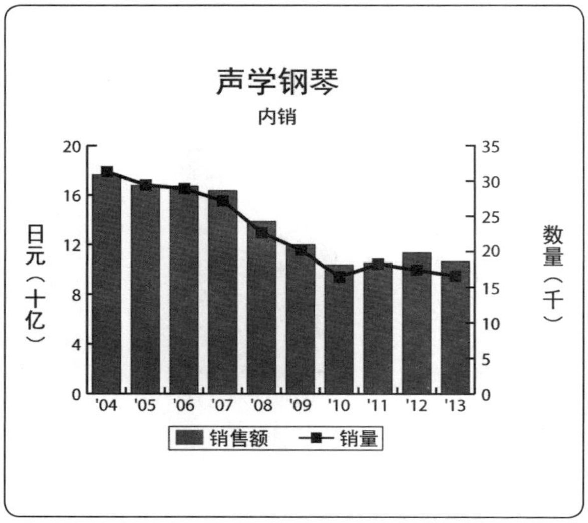
声学钢琴
内销
日元（十亿）
数量（千）
0 4 8 12 16 20
0 5 10 15 20 25 30 35
'04 '05 '06 '07 '08 '09 '10 '11 '12 '13
销售额
销量

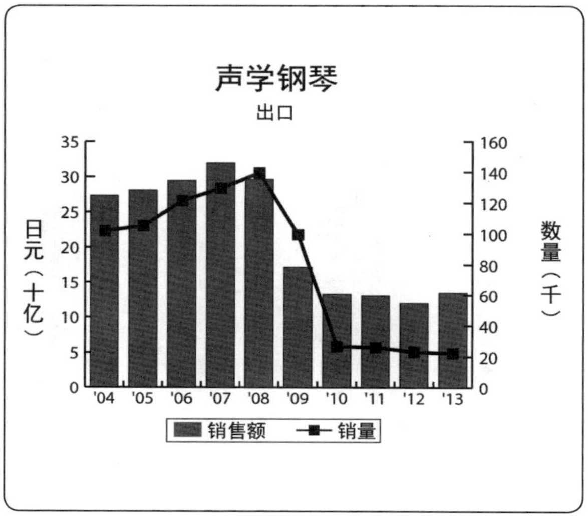
声学钢琴
出口
日元（十亿）
数量（千）
0 5 10 15 20 25 30 35
0 20 40 60 80 100 120 140 160
'04 '05 '06 '07 '08 '09 '10 '11 '12 '13
销售额
销量

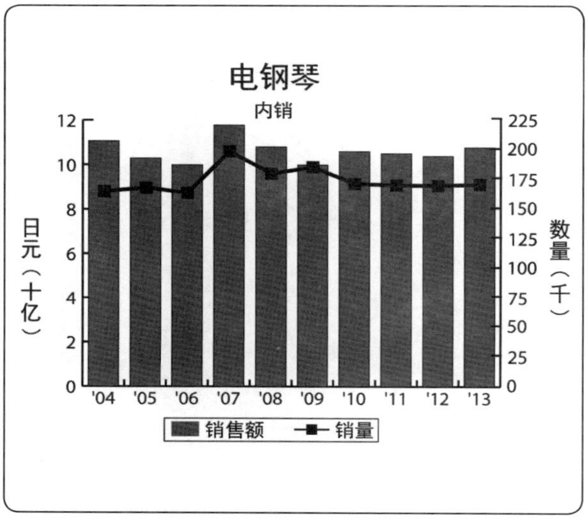
电钢琴
内销
日元（十亿）
数量（千）
0 2 4 6 8 10 12
0 25 50 75 100 125 150 175 200 225
'04 '05 '06 '07 '08 '09 '10 '11 '12 '13
销售额
销量

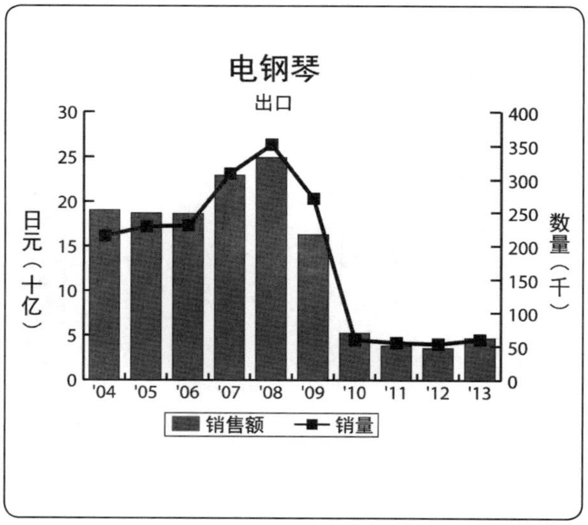
电钢琴
出口
日元（十亿）
数量（千）
0 5 10 15 20 25 30
0 50 100 150 200 250 300 350 400
'04 '05 '06 '07 '08 '09 '10 '11 '12 '13
销售额
销量

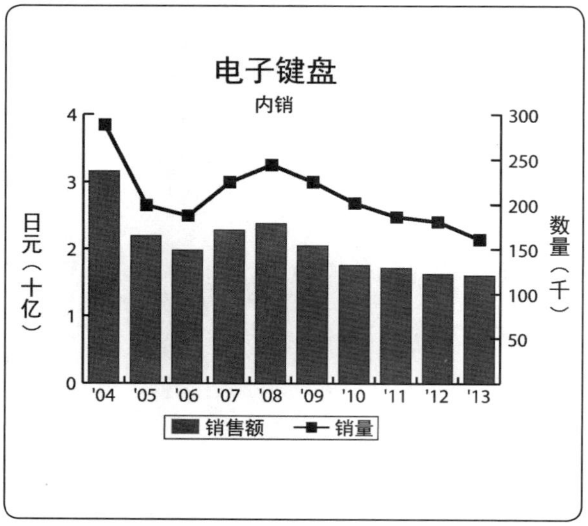
电子键盘
内销
日元（十亿）
数量（千）
0 1 2 3 4
50 100 150 200 250 300
'04 '05 '06 '07 '08 '09 '10 '11 '12 '13
销售额
销量

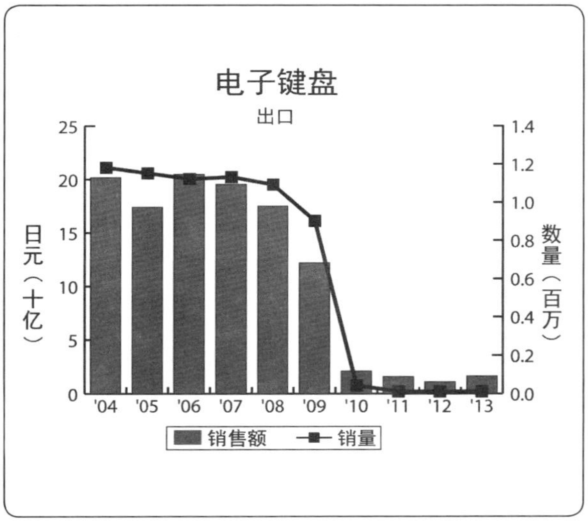
电子键盘
出口
日元（十亿）
数量（百万）
'04 '05 '06 '07 '08 '09 '10 '11 '12 '13
销售额
销量

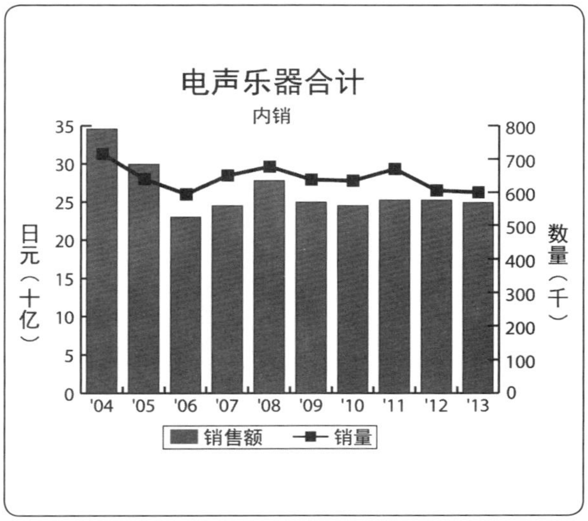
电声乐器合计
内销
日元（十亿）
数量（千）
'04 '05 '06 '07 '08 '09 '10 '11 '12 '13
销售额
销量

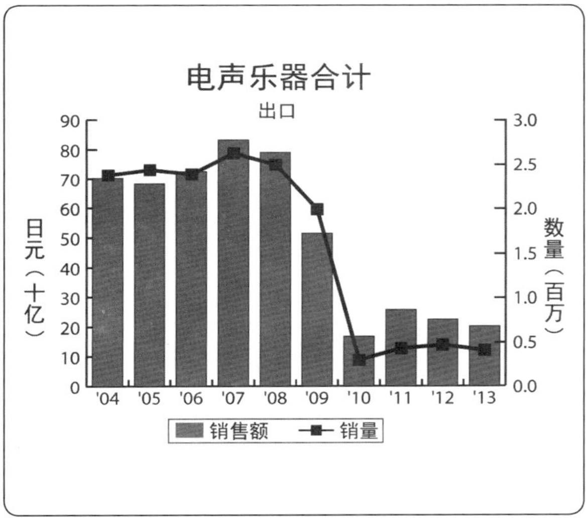
电声乐器合计
出口
日元（十亿）
数量（百万）
'04 '05 '06 '07 '08 '09 '10 '11 '12 '13
销售额
销量

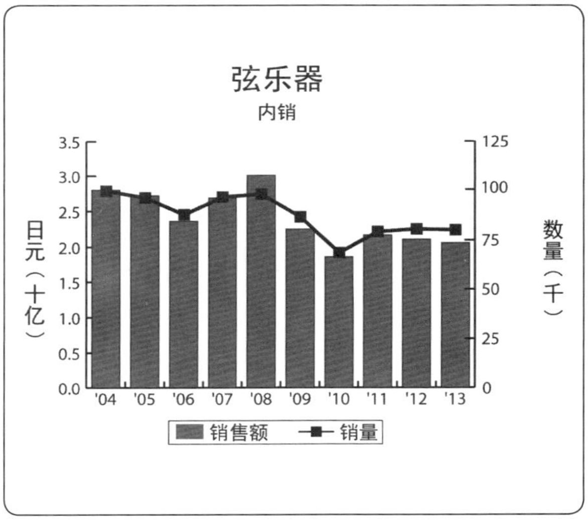
弦乐器
内销
日元（十亿）
数量（千）
'04 '05 '06 '07 '08 '09 '10 '11 '12 '13
销售额
销量

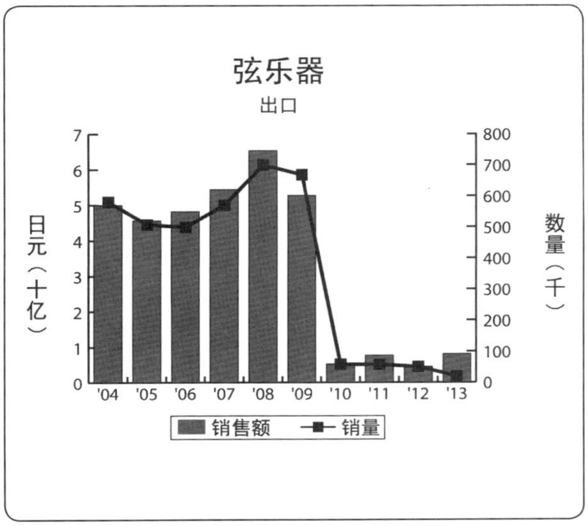
弦乐器
出口
日元（十亿）
数量（千）
'04 '05 '06 '07 '08 '09 '10 '11 '12 '13
销售额
销量

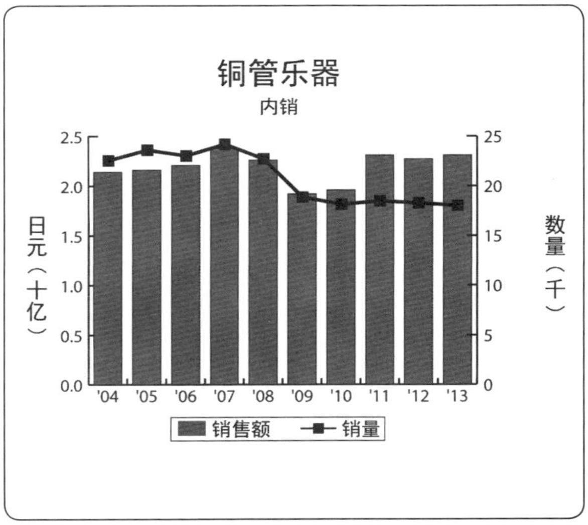
铜管乐器
内销
日元（十亿）
数量（千）
'04 '05 '06 '07 '08 '09 '10 '11 '12 '13
销售额
销量

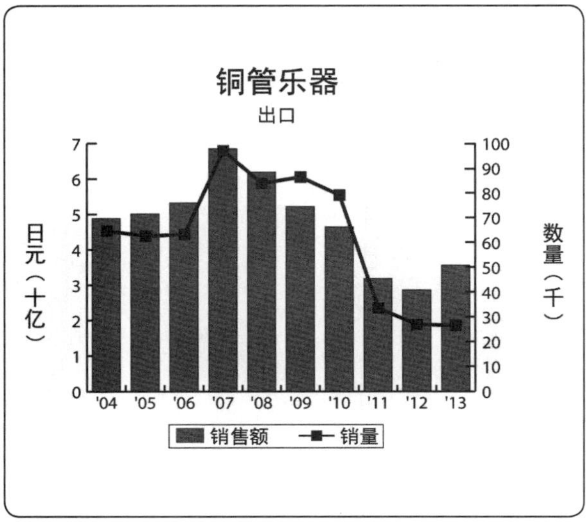
铜管乐器
出口
日元（十亿）
数量（千）
'04 '05 '06 '07 '08 '09 '10 '11 '12 '13
销售额
销量

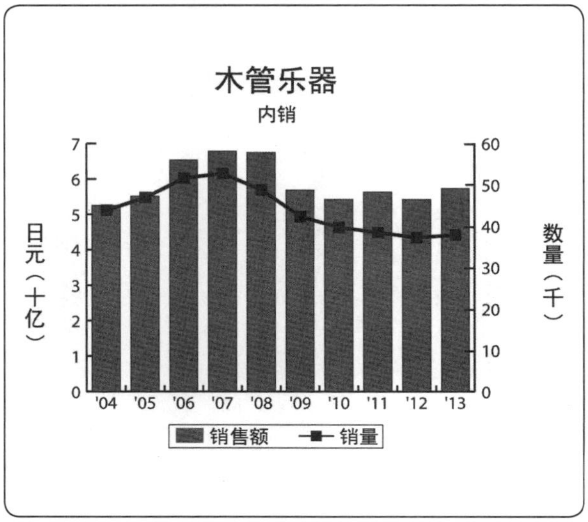
木管乐器
内销
日元（十亿）
数量（千）
'04 '05 '06 '07 '08 '09 '10 '11 '12 '13
销售额
销量

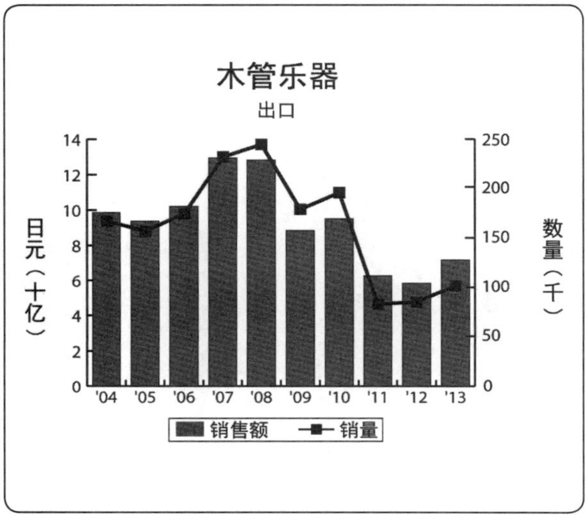
木管乐器
出口
日元（十亿）
数量（千）
'04 '05 '06 '07 '08 '09 '10 '11 '12 '13
销售额
销量

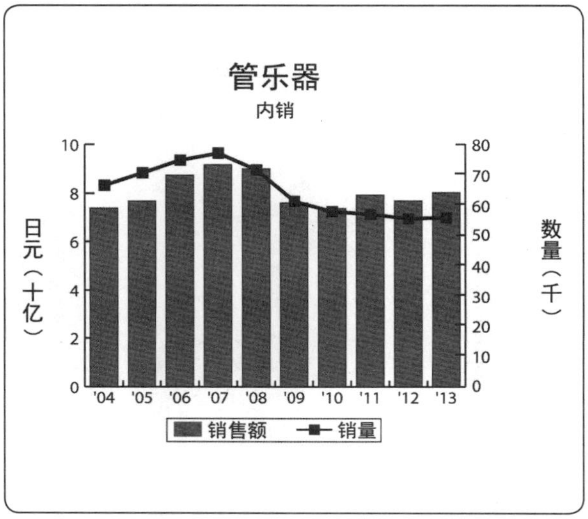
管乐器
内销
日元（十亿）
数量（千）
'04 '05 '06 '07 '08 '09 '10 '11 '12 '13
销售额
销量

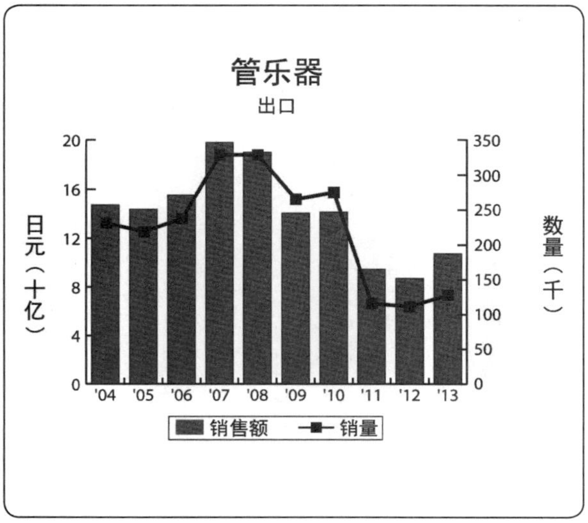
管乐器
出口
日元（十亿）
数量（千）
'04 '05 '06 '07 '08 '09 '10 '11 '12 '13
销售额
销量

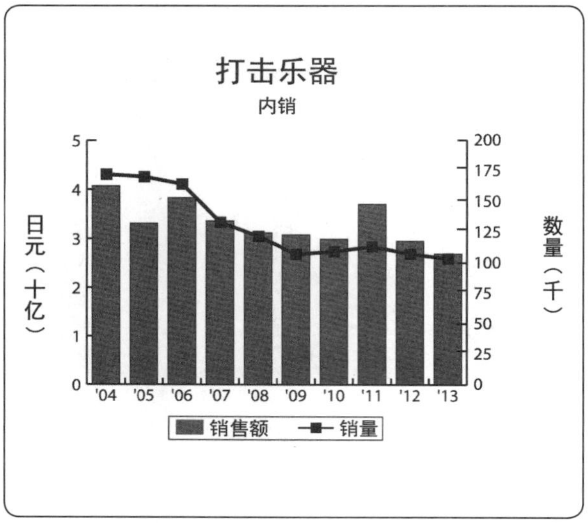
打击乐器
内销
日元（十亿）
数量（千）
'04 '05 '06 '07 '08 '09 '10 '11 '12 '13
销售额
销量

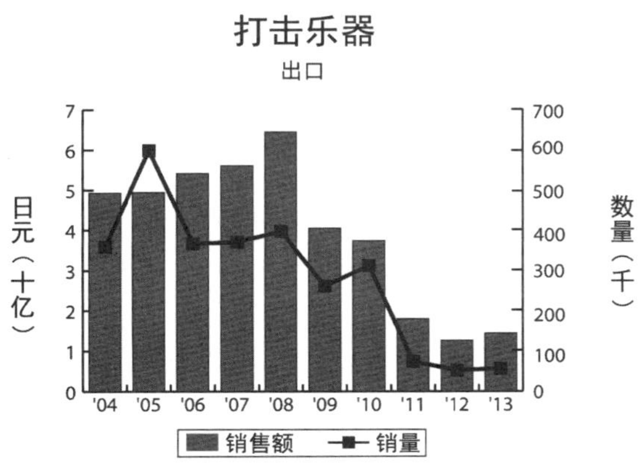
打击乐器
出口
日元（十亿）
数量（千）
'04 '05 '06 '07 '08 '09 '10 '11 '12 '13
销售额
销量

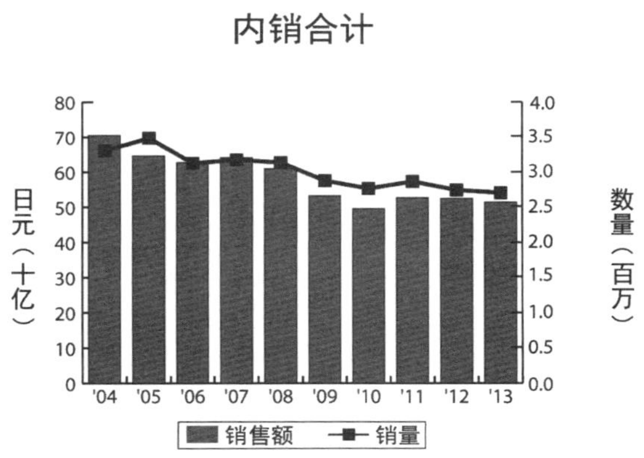
内销合计
日元（十亿）
数量（百万）
'04 '05 '06 '07 '08 '09 '10 '11 '12 '13
销售额
销量

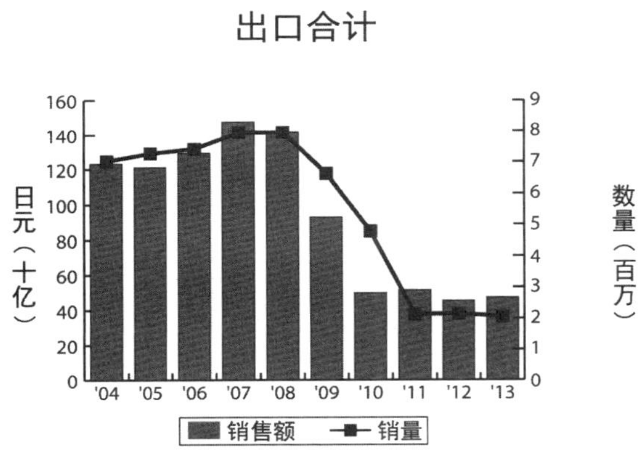
出口合计
日元（十亿）
数量（百万）
'04 '05 '06 '07 '08 '09 '10 '11 '12 '13
销售额
销量

德国

2013年，员工20名以上的56家德国乐器公司里，产值平均增长3.8%，达3.817亿欧元；员工总数3729名，较2012年同比下降0.4%。其中,规模在50人以下的32家公司员工总数970人；规模在50~99人的16家公司员工总数1176人；规模100~249人的公司有7家；员工数量超过250人的公司只有1家。

2013年德国乐器市场有以下特点。

1、 乐器内销增速高于出口

乐器制造商内销产值达1.4亿欧元，增长5.2%，出口额2.41亿欧元，增长3.1%。除对欧元区的出口下跌外，其他外国市场显著增长。

2、产值明显上升

2012年度汇总德国制造商58家，2011年为61家。2013年，德国汇总的60家乐器制造商产值3.2亿欧元，较上年增长9.5%。

2013年，各音乐制品门类市场表现差异较大，但整体而言呈增长态势。其中，管风琴产量增长近2%，但产值增长却高达81.8%，原因在于管风琴往往和大型工程项目密切相关，导致该门类产品起伏较大。

其他门类乐器产值增长的有三角钢琴（13.5%）、钢琴（3.3%）、钢琴配件（7.2%）、长号等木管、铜管乐器（9.7%）、管乐器配件（4.1%）、管风琴、口琴配件等（3.8%）。

略有下降的产品类别有法国号、次中音号、中音号，下降幅度为0.5%。下降较为明显的有打击乐器（-11.5%）、双簧管及大管（-12.1%）。

3、产品出厂价格持续上升

2013年，乐器成品出厂价格增长3%。其中3月份价格与上年同期相比上涨3.2%。

4、乐器出口略有增长 对外贸易总体呈下滑态势

2013年，德国乐器外贸略有顺差，其中，出口金额5.147亿欧元，同比小幅增长0.9%，进口金额4.561亿欧元，同比下滑13.8%。

2013年度，来自中国的乐器进口额下降14.1%，印尼进口下降14.1%，日本进口减少14.8%，美国进口减少8.4%。

德国乐器进口来源国主要是中国、印度尼西亚、日本和美国等4个国家。进口总金额：中国占27.9%，印尼占15.9%，日本占11.9%，美国占11%，共占德国进口总额的三分之二。

出口方面，2013年，德国乐器出口中国增长23.8%，出口法国增长18.1%，出口美国增长8.7%，出口英国增长7.7%，出口瑞士增长5.5%。相反，乐器出口同比下滑的国家有奥地利(-14.4%)，日本(-6.3%)，意大利(-4.2%)，荷兰(-0.7%)。

各国在德国乐器出口所占份额比例中，法国占13.2%，美国占8.9%，日本占6.8%，奥地利占6.6%，瑞士和中国分别占5.9%。（评注：德国乐器协会会长温弗莱德）

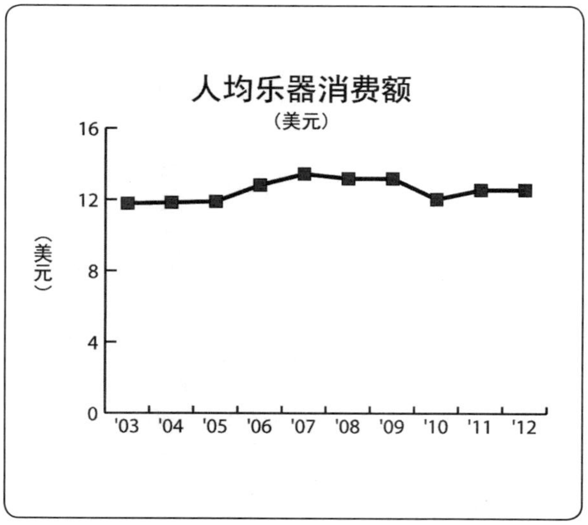

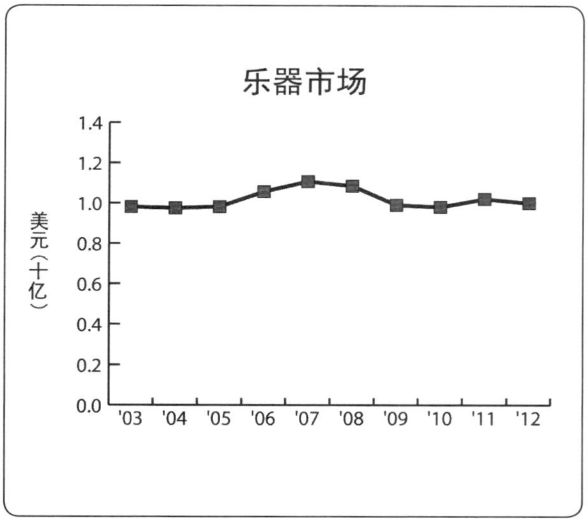
乐器市场
美元（十亿）
1.4
1.2
1.0
0.8
0.6
0.4
0.2
0.0
'03 '04 '05 '06 '07 '08 '09 '10 '11 '12

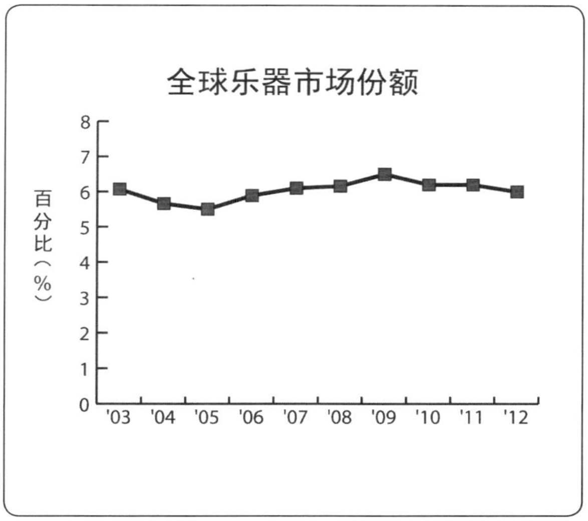
全球乐器市场份额
百分比（%）
8
7
6
5
4
3
2
1
0
'03 '04 '05 '06 '07 '08 '09 '10 '11 '12

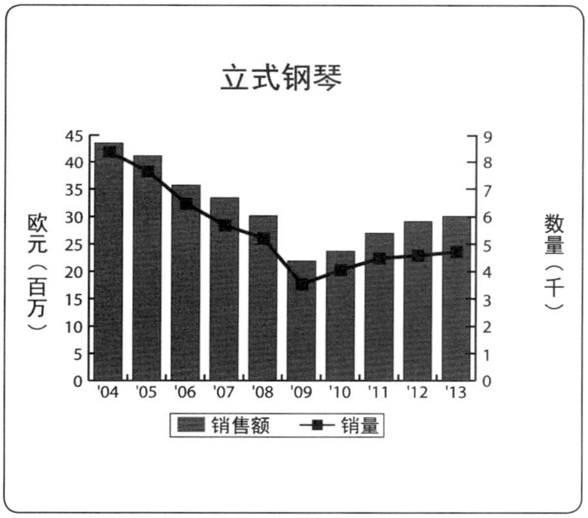
立式钢琴
欧元（百万）
数量（千）
'04 '05 '06 '07 '08 '09 '10 '11 '12 '13
销售额
销量

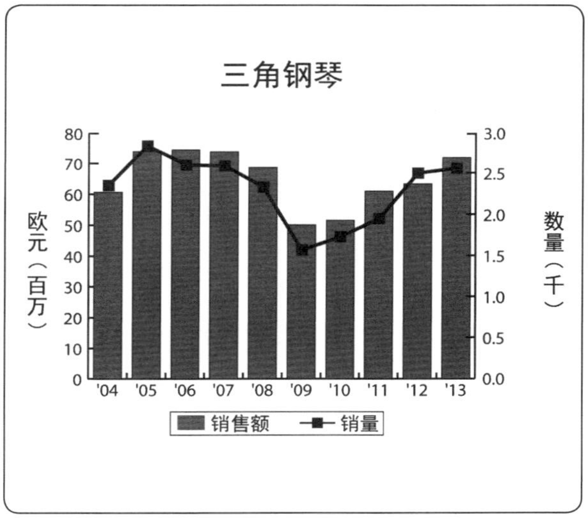
三角钢琴
欧元（百万）
数量（千）
'04 '05 '06 '07 '08 '09 '10 '11 '12 '13
销售额
销量

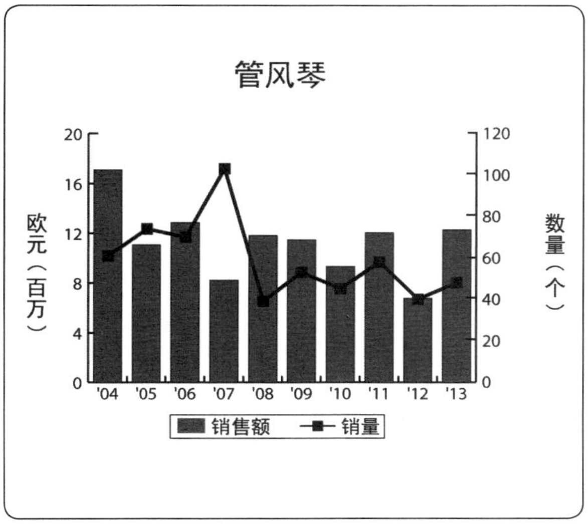
管风琴
欧元（百万）
数量（个）
'04 '05 '06 '07 '08 '09 '10 '11 '12 '13
销售额
销量

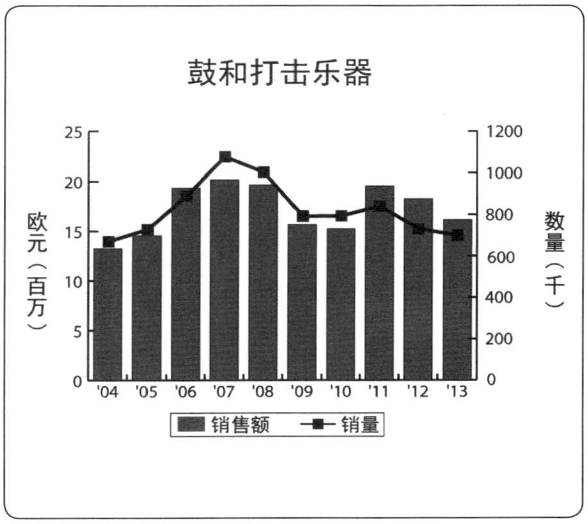
鼓和打击乐器
欧元（百万）
数量（千）
'04 '05 '06 '07 '08 '09 '10 '11 '12 '13
销售额
销量

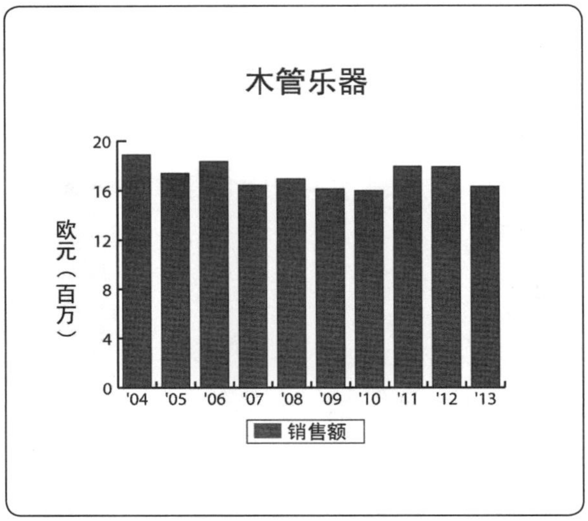
木管乐器
20
16
12
8
4
0
欧元（百万）
'04 '05 '06 '07 '08 '09 '10 '11 '12 '13
销售额

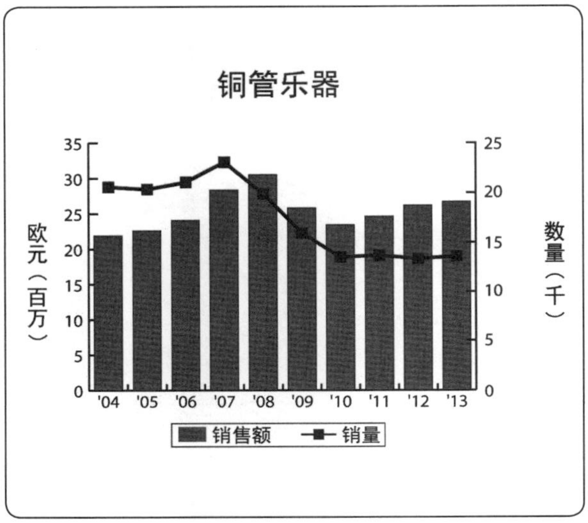
铜管乐器
35
30
25
20
15
10
5
0
欧元（百万）
25
20
15
10
5
0
数量（千）
'04 '05 '06 '07 '08 '09 '10 '11 '12 '13
销售额
销量

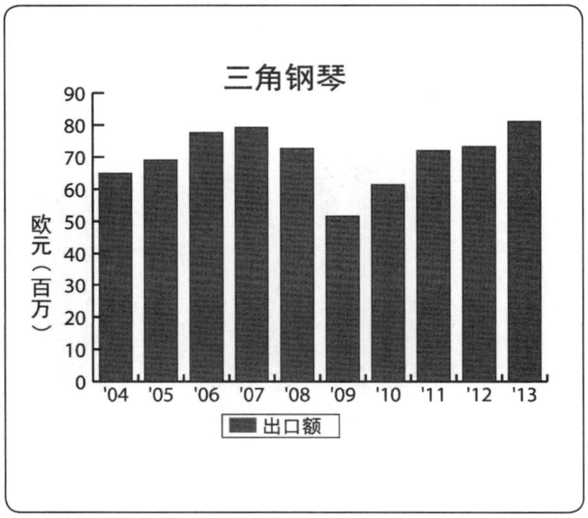
三角钢琴
90
80
70
60
50
40
30
20
10
0
欧元（百万）
'04 '05 '06 '07 '08 '09 '10 '11 '12 '13
出口额

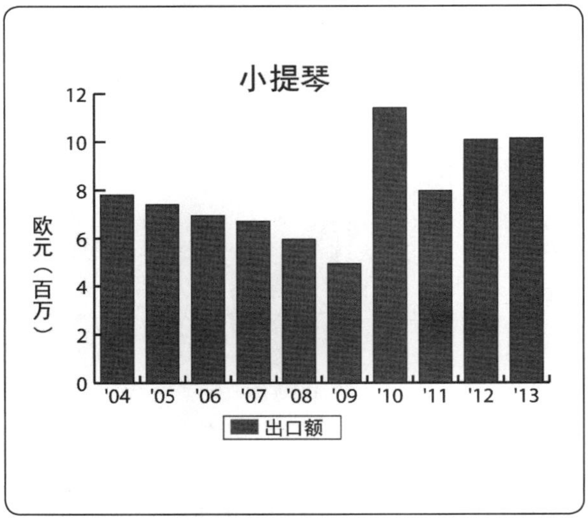
小提琴
12
10
8
6
4
2
0
欧元（百万）
'04 '05 '06 '07 '08 '09 '10 '11 '12 '13
出口额

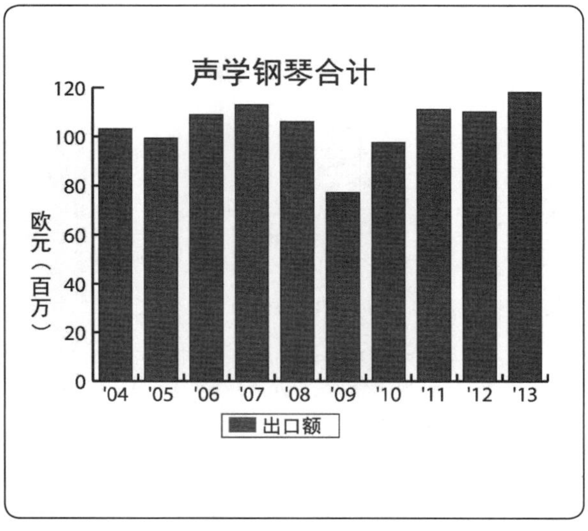
声学钢琴合计
120
100
80
60
40
20
0
欧元（百万）
'04 '05 '06 '07 '08 '09 '10 '11 '12 '13
出口额

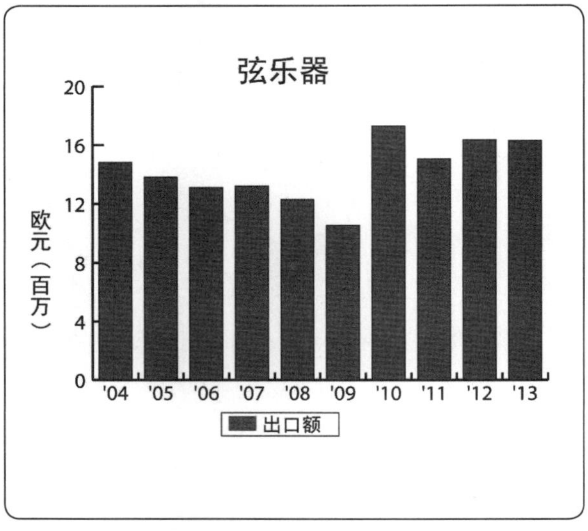
弦乐器
20
16
12
8
4
0
欧元（百万）
'04 '05 '06 '07 '08 '09 '10 '11 '12 '13
出口额

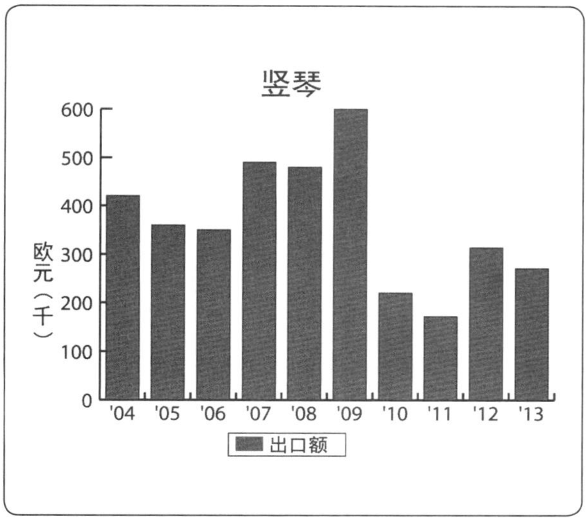
竖琴
600
500
400
300
200
100
0
欧元（千）
'04 '05 '06 '07 '08 '09 '10 '11 '12 '13
出口额

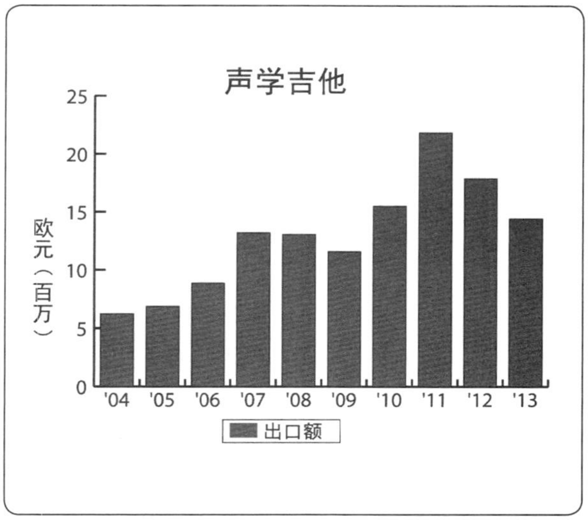
声学吉他
25
20
15
10
5
0
欧元（百万）
'04 '05 '06 '07 '08 '09 '10 '11 '12 '13
出口额

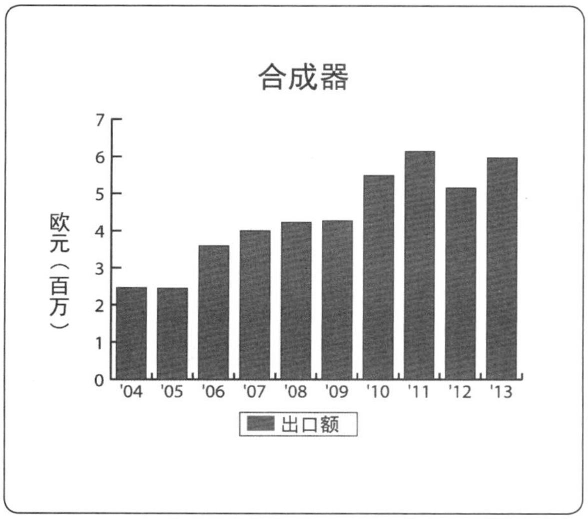
合成器
7
6
5
4
3
2
1
0
欧元（百万）
'04 '05 '06 '07 '08 '09 '10 '11 '12 '13
出口额

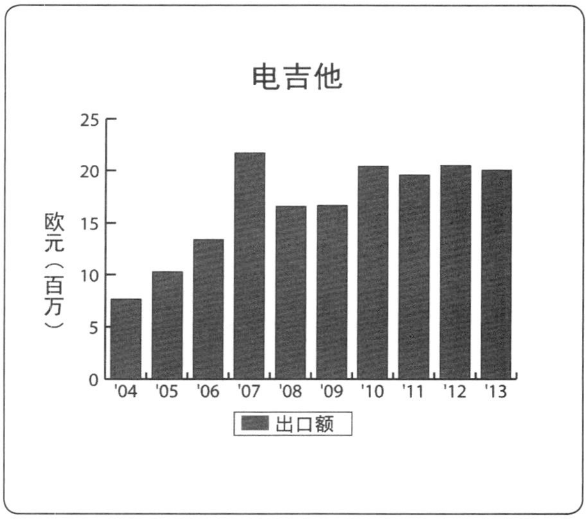
电吉他
25
20
15
10
5
0
欧元（百万）
'04 '05 '06 '07 '08 '09 '10 '11 '12 '13
出口额

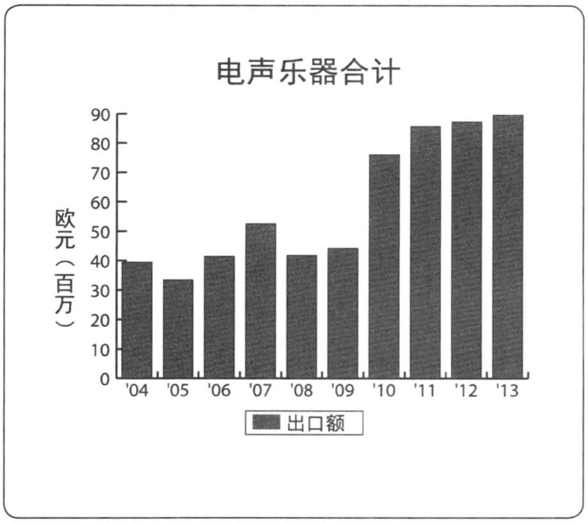
电声乐器合计
90
80
70
60
50
40
30
20
10
0
欧元（百万）
'04 '05 '06 '07 '08 '09 '10 '11 '12 '13
出口额

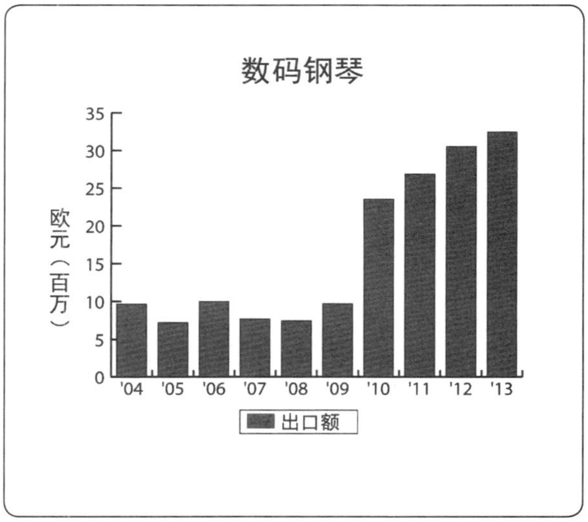
数码钢琴
35
30
25
20
15
10
5
0
欧元（百万）
'04 '05 '06 '07 '08 '09 '10 '11 '12 '13
出口额

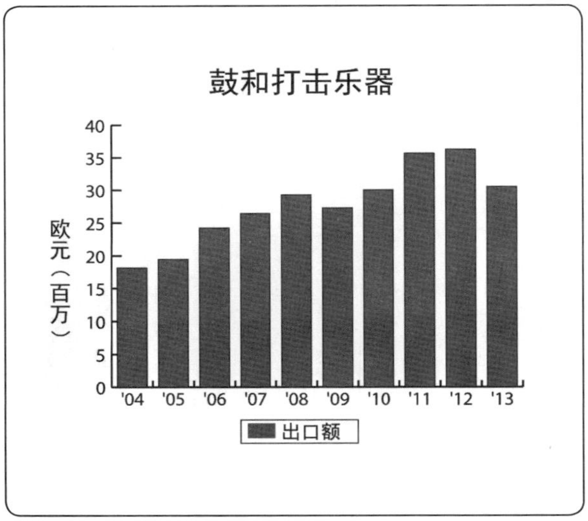
鼓和打击乐器
欧元（百万）
0 5 10 15 20 25 30 35 40
'04 '05 '06 '07 '08 '09 '10 '11 '12 '13
出口额

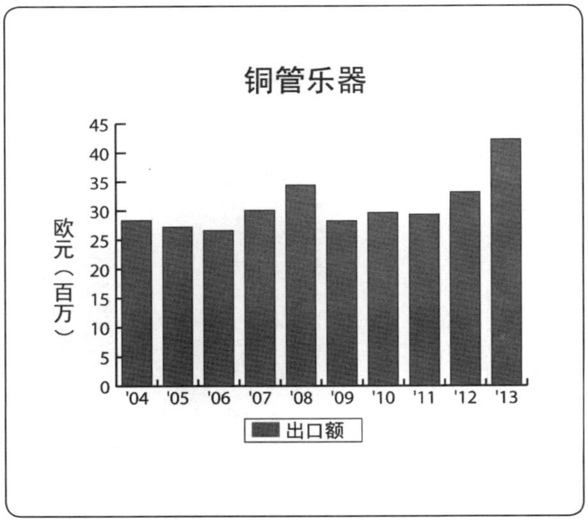
铜管乐器
欧元（百万）
0 5 10 15 20 25 30 35 40 45
'04 '05 '06 '07 '08 '09 '10 '11 '12 '13
出口额

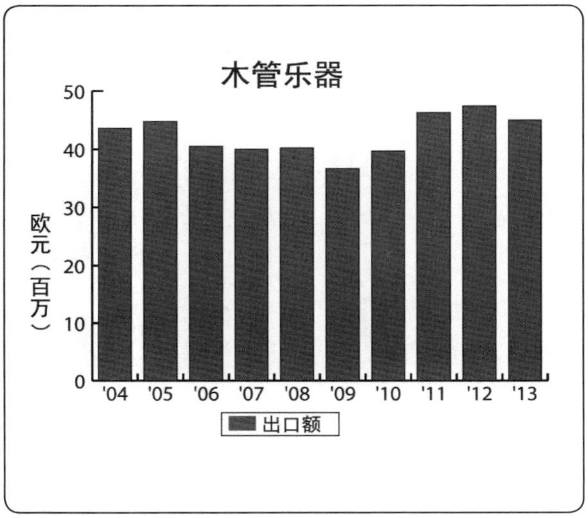
木管乐器
欧元（百万）
0 10 20 30 40 50
'04 '05 '06 '07 '08 '09 '10 '11 '12 '13
出口额

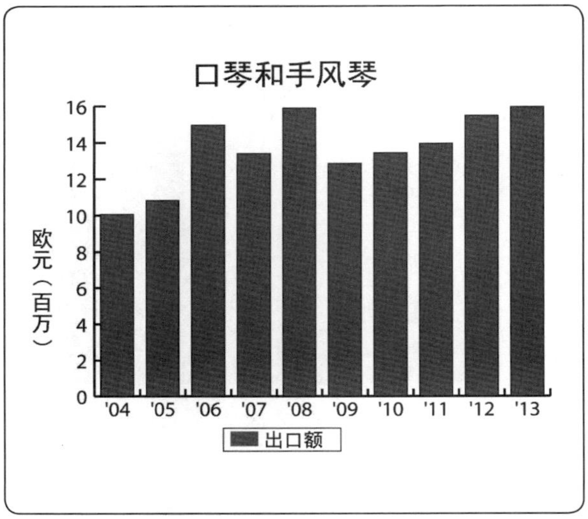
口琴和手风琴
欧元（百万）
0 2 4 6 8 10 12 14 16
'04 '05 '06 '07 '08 '09 '10 '11 '12 '13
出口额

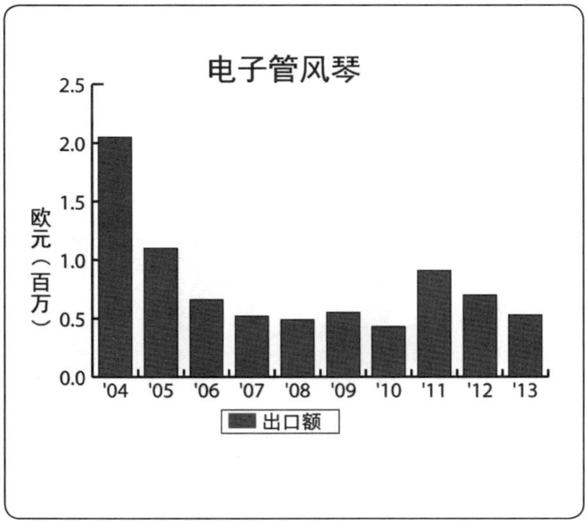
电子管风琴
欧元（百万）
0.0 0.5 1.0 1.5 2.0 2.5
'04 '05 '06 '07 '08 '09 '10 '11 '12 '13
出口额

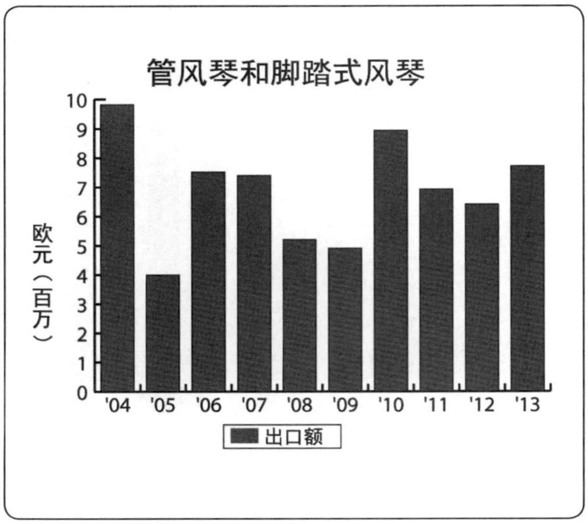
管风琴和脚踏式风琴
欧元（百万）
0 1 2 3 4 5 6 7 8 9 10
'04 '05 '06 '07 '08 '09 '10 '11 '12 '13
出口额

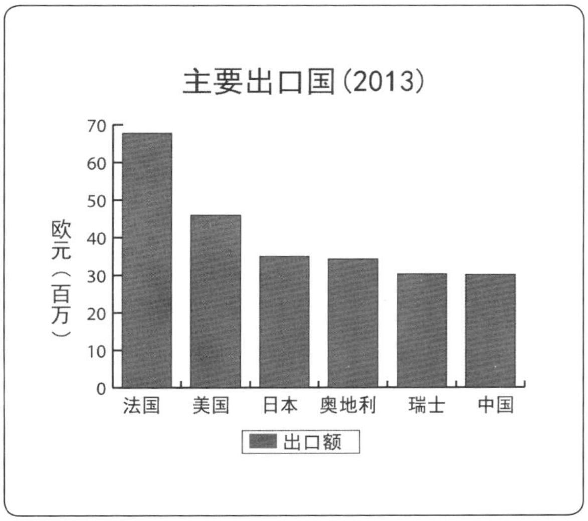

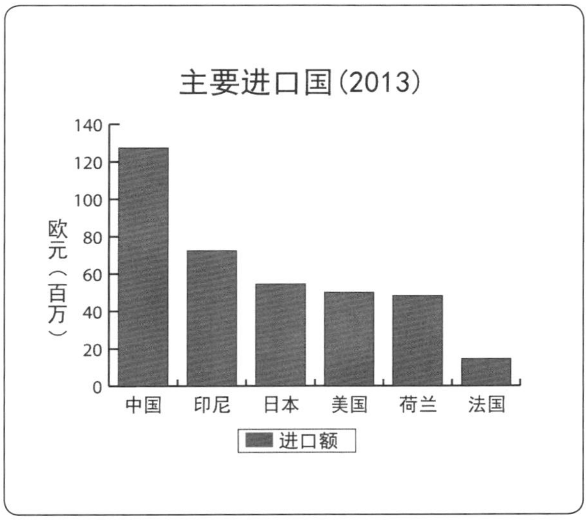

加拿大

2013年，加拿大经济继续保持低速增长，GDP实际增长1.3%，同比低于2012年的1.7%，2011年的2.4%和2010年的3.2%。

加拿大几乎75%的乐器出口面向美国，因此，美国经济波动会对加拿大市场造成一定影响。2013年，美国经济状况有所改善，一定程度上对加拿大对外贸易形成利好。此外，美国经济复苏较快，使加货币——加拿大元有所贬值。2012年，1加元可兑换1.001美元，而2013年，1加元仅能兑换0.9709美元，预计2014年加元继续呈贬值趋势。

2013年，加拿大人均GDP为43100美元，同比2012年42900美元略增0.5%，大致相当于2011年和2012年之间的水平。加拿大就业人数为1908万人，总体失业率从2012年7.3%降至2013年的7.1%。年轻人失业率较高，他们是音乐制品行业的重要目标群体。通货膨胀从2012年1.5%缓降至2013年的1.0%。

另据美国《音乐贸易》杂志对全球乐器市场所做评估（可用数据现公布至2012年），2012年加拿大音乐制品市场零售额同比2011年增长1.8%，达7.31亿美元，在世界名列第6位。人均音乐制品消费额20.93美元，列世界第2位，仅次于美国。目前，2013年数据仍未完全公布，但预计2012年加拿大乐器市场份额呈持续增长态势。

2013年，加拿大音乐制品进口量和进口金额同比2012年有所增长。外汇汇率和进口成本增长的双重因素使进口金额增速高于进口量，具体类别可参见下表。

产品	进口金额同比（%）	进口量同比（%）
乐器配件	-3.5%	--
手风琴、管风琴及其他	16.2%	36.8%
铜管乐器和弦乐器	4.6%	14.9%
电声键盘乐器	3.1%	-2.2%
吉他	-1.4%	-7.0%
曼陀林、四弦琴、班卓琴	15.3%	-4.5%
录音设备、乐器支架	13.2%	2.3%
打击乐器	-7.4%	-15.5%
钢琴	3.1%	-12.0%
音乐出版品	0.7%	2.9%
木管乐器	1.5%	37.5%

应当指出，加拿大积极扶持国内音乐制品生产，经多年努力，部分打击乐器、弦乐器、功放等品牌享誉世界，有效满足了国内和国际市场需求。以上进口统计表均不涉及此类加拿大国产乐器。

展望2014年，总体研判加拿大音乐制品行业还是“审慎乐观”。美国经济强势增长有效地助推了加拿大出口市场增长，同时也使美元兑加元呈升值态势，由此抬高了以美元标价的进口商品价格。最近像塔戈特（Target）和西尔斯等大公司面临的经营挑战也从一个侧面预示出，加拿大市场依然脆弱，消费市场总体氛围表现为谨慎和观望。（评注：加拿大乐器协会会长戴尔）

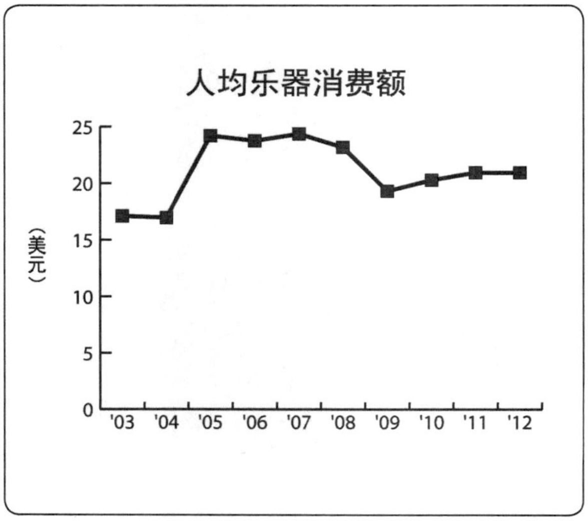

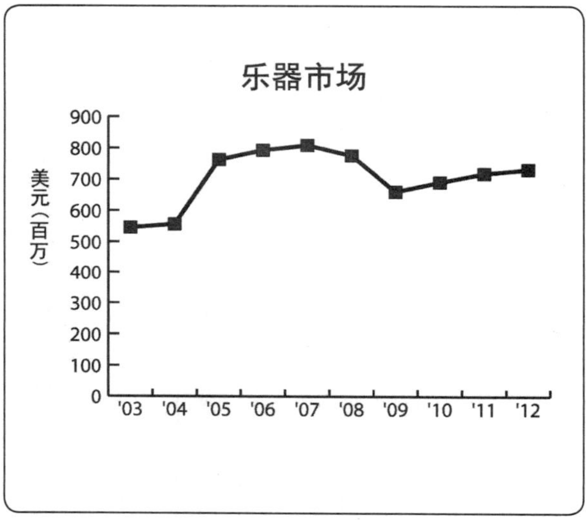

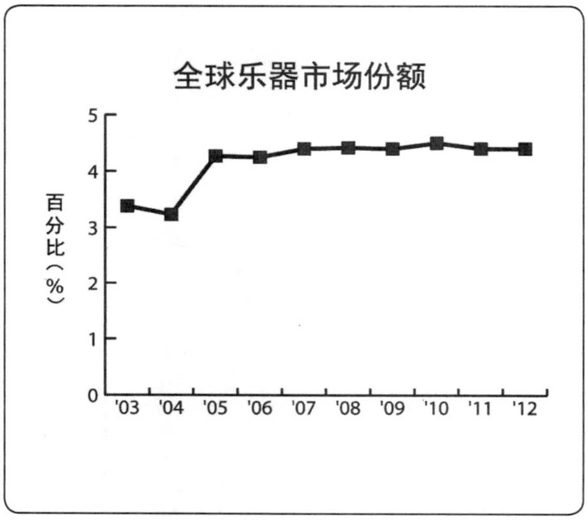

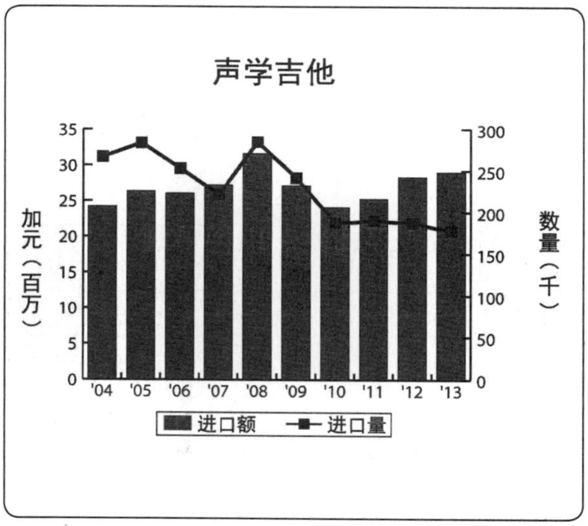

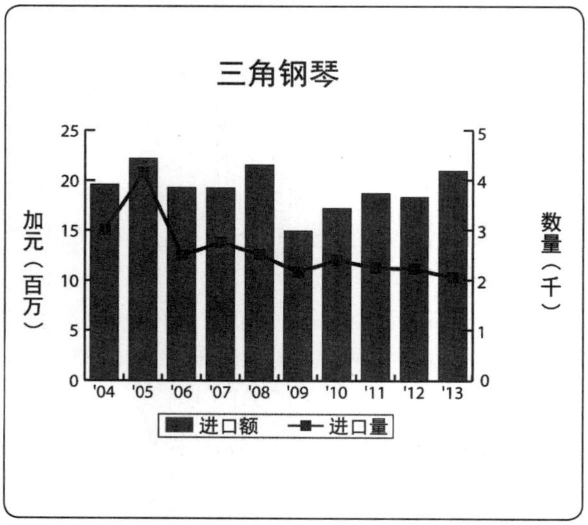

电吉他

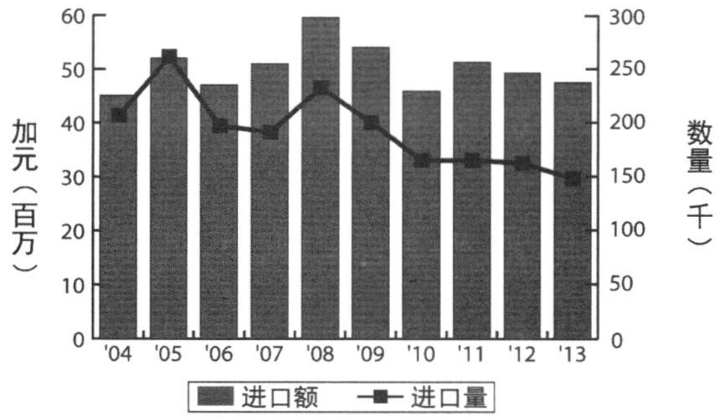

立式钢琴

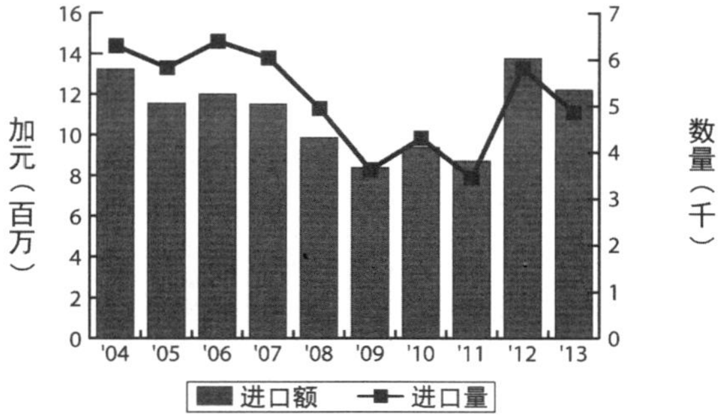

吉他合计

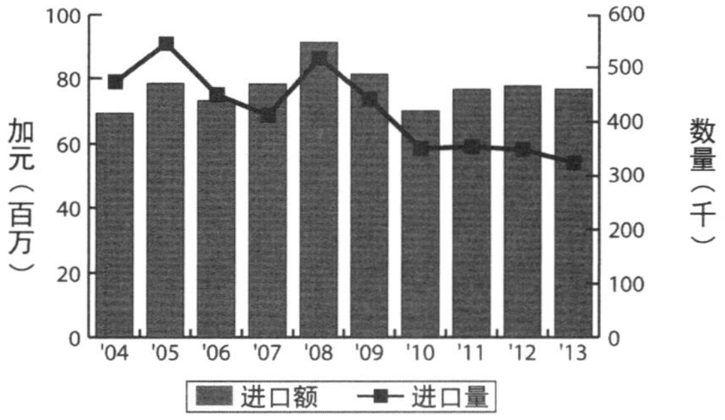

钢琴合计

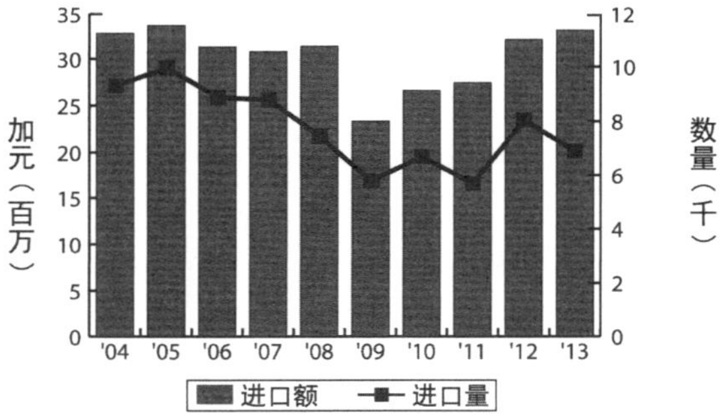

铜管乐器

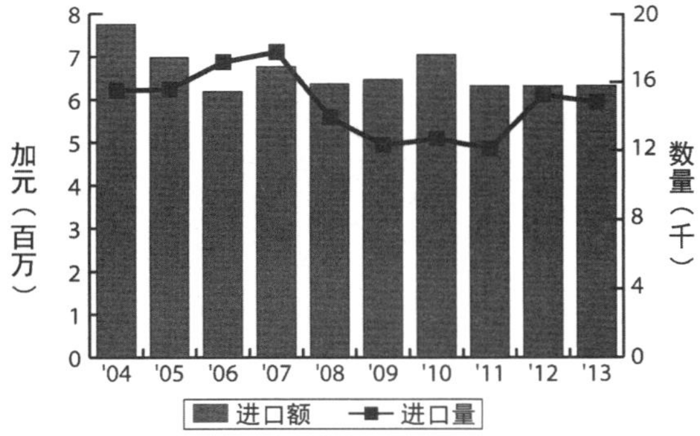

弓弦乐器

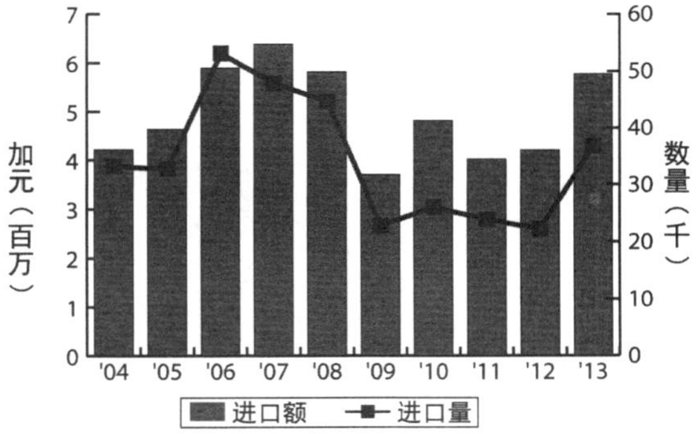

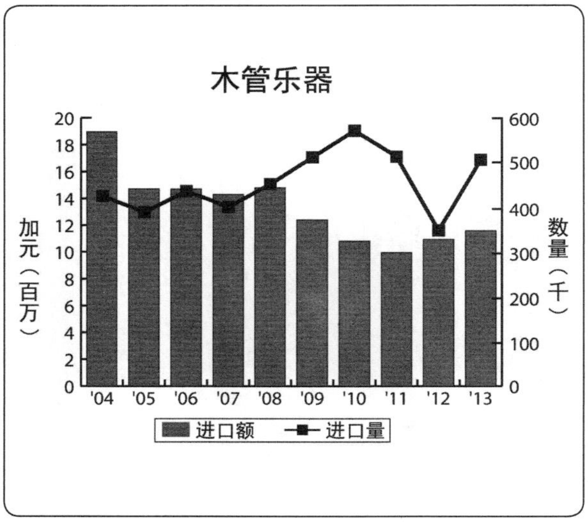
木管乐器
加元（百万）
数量（千）
0 2 4 6 8 10 12 14 16 18 20
0 100 200 300 400 500 600
'04 '05 '06 '07 '08 '09 '10 '11 '12 '13
进口额
进口量

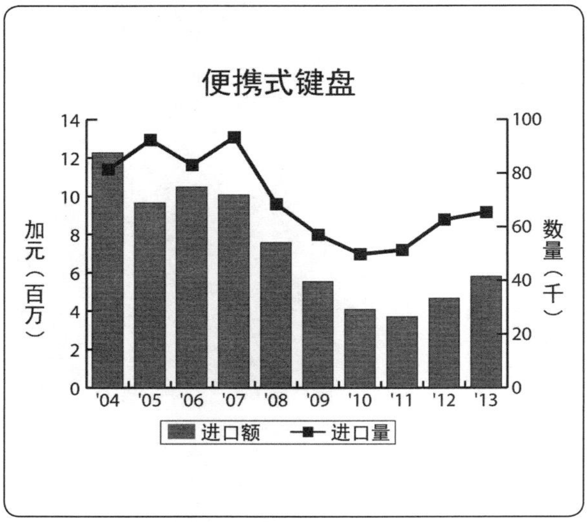
便携式键盘
加元（百万）
数量（千）
0 2 4 6 8 10 12 14
0 20 40 60 80 100
'04 '05 '06 '07 '08 '09 '10 '11 '12 '13
进口额
进口量

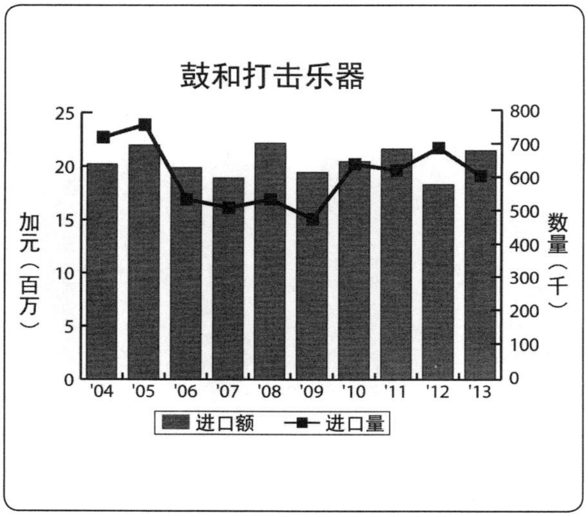
鼓和打击乐器
加元（百万）
数量（千）
0 5 10 15 20 25
0 100 200 300 400 500 600 700 800
'04 '05 '06 '07 '08 '09 '10 '11 '12 '13
进口额
进口量

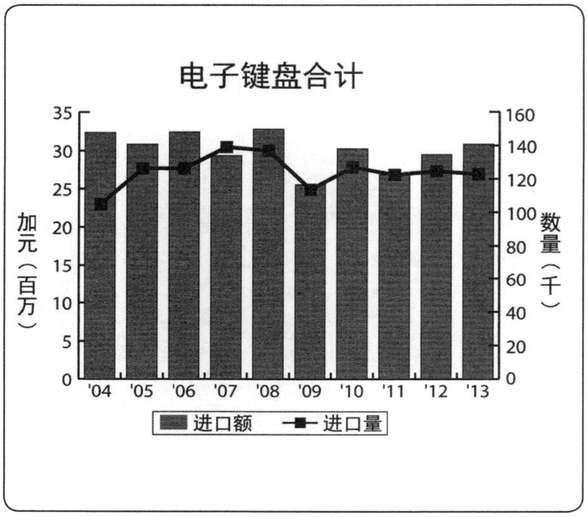
电子键盘合计
加元（百万）
数量（千）
0 5 10 15 20 25 30 35
0 20 40 60 80 100 120 140 160
'04 '05 '06 '07 '08 '09 '10 '11 '12 '13
进口额
进口量

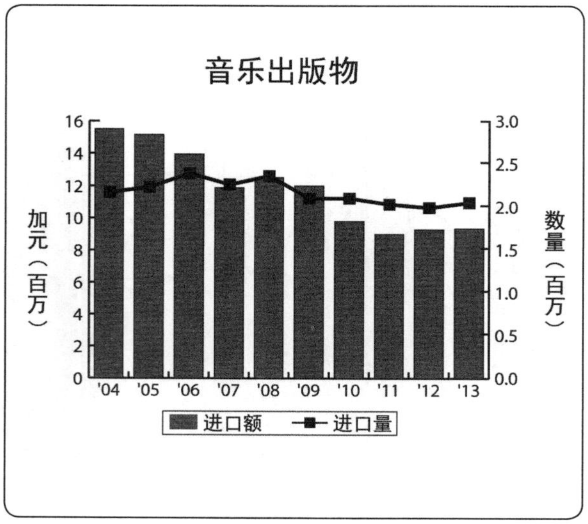
音乐出版物
加元（百万）
数量（百万）
0 2 4 6 8 10 12 14 16
0.0 0.5 1.0 1.5 2.0 2.5 3.0
'04 '05 '06 '07 '08 '09 '10 '11 '12 '13
进口额
进口量

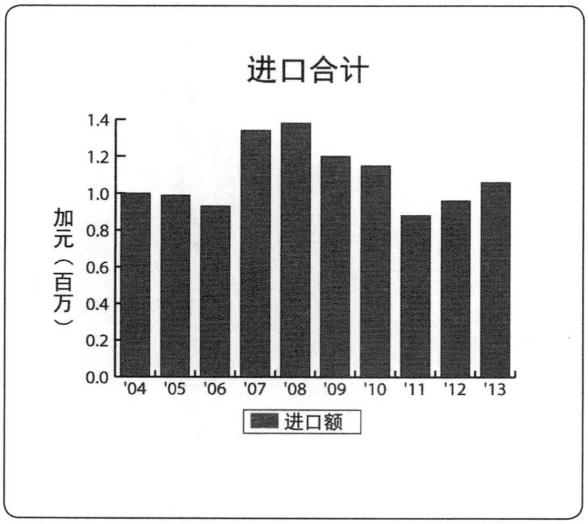
进口合计
加元（百万）
0.0 0.2 0.4 0.6 0.8 1.0 1.2 1.4
'04 '05 '06 '07 '08 '09 '10 '11 '12 '13
进口额

英国

2013年，英国经济总体上来看正逐渐恢复，但仍然脆弱，即使消费市场回暖，人们的消费支出也优先用于家庭按揭贷款、生活必备品等，并未完全转化为像乐器这类纯靠个人兴趣爱好而选购的产品。

英国和德国在欧洲属于首批经济获得恢复性增长的国家，但未来能否保持后续增长尚不确定。

庆幸的是，英国销售乐器的琴行数量和几年前相比并没有多大变化。从目前英国乐器市场状况来看，乐器零售界“大佬”表现为“强者愈强”，20%的琴行占据市场份额80%的“80/20”理论在未来若干年后终将成为现实。

那些成功的琴行往往会有效利用互联网营销模式，实体+网络两种模式相互促进、相互融合，从整体上确保了经营成功。从英国乐器协会公布的最新市场研究报告来看，英国乐器零售界有不少类似这样的“大佬”。8年前，在网上购买乐器的人寥寥无几，而现在，在网上购买乐器的人数和在实体琴行购买的群体旗鼓相当。因此，一家涵盖实体店和电子商务双重营销模式的琴行在市场竞争中能取得更佳的比较优势。但业界也应注意，像亚马逊这样的网络巨头在乐器方面的销量“不可小觑”，此外，像eBay网、刚刚兴起的Gumtree等综合性电商公司也大量销售乐器，它们是否会使本来狭小的市场竞争更加激烈，是否会对业内琴行造成影响，尚待时间检验。

但有一点可以明确的是，人们购买乐器的渠道明显增加。最新市场调查显示，现在玩乐器和想学乐器的家庭数量在不断增长，如果能通过有效方式充分接触到这些潜在音乐群体，我们行业发展的机遇就会大大增加！（评注：英国乐器协会会长保罗）

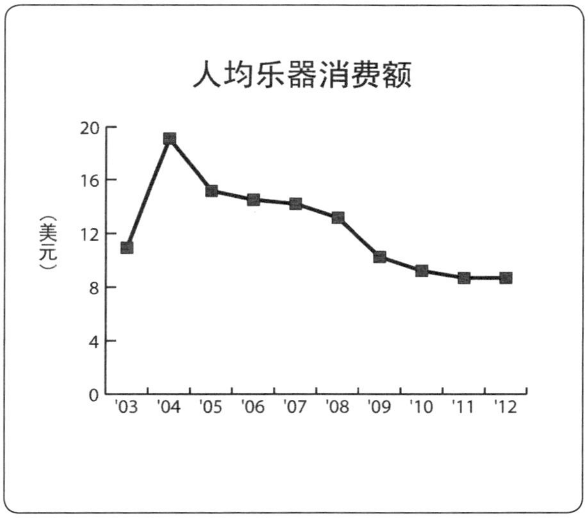

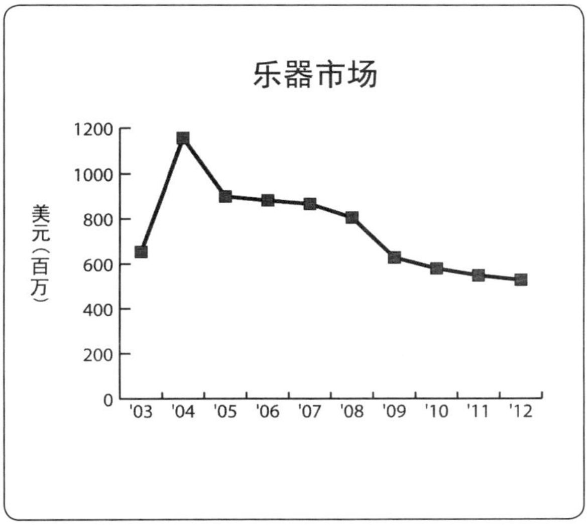

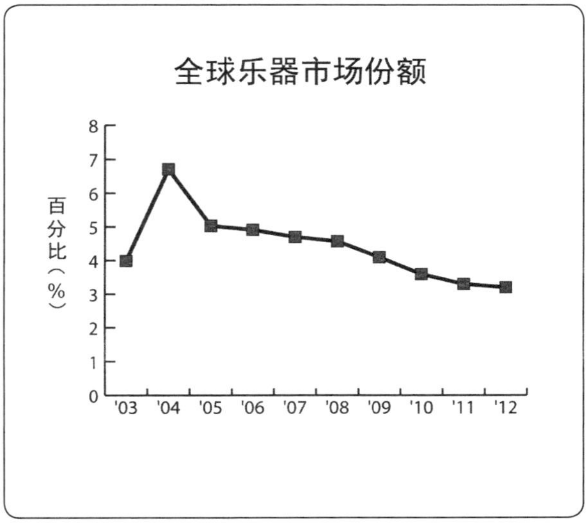

澳大利亚

自进入后金融危机时期以及澳大利亚音乐集团清算完毕并最终出售后，3年来，澳大利亚音乐制品行业发生了积极显著的“结构性变革”：消费者信心指数恢复，乐器零售稳中向好，澳大利亚音乐制品界显示出复苏迹象。

尽管乐器零售界有所恢复，但仍赶不上总体经济走势。10年来，行业产值平均增速为1.32%，落后于同期人口增长率（+14%），更远远落后于消费者价格指数（CPI）增速（+25%）、平均工资增速（55%）及个人可支配收入增速（+108%）。同期，在校生人数增长约11%，但传统校园乐器类产品销售却有所萎缩。键盘乐器、铜管乐器和木管乐器销售额降幅超过10%。在传统学生用乐器中，只有乐器用弦增长11%。我们发现，部分乐器门类中，来自中国的比例有所下降：一方面在于EKB这样的公司进口减少；另一方面，由于产业结构调整，为降低生产成本，乐器制造正转向印尼、越南和印度等国家。在通货膨胀和消费者价格指数（CPI）攀升的背景下，进口均值下降使澳大利亚乐器收益下滑更为突出。澳大利亚乐器行业特别是乐器零售商不能一味低价竞争，只能进口并销售高端音乐制品，以此弥补进口量的下滑。

在各类乐器销售中，打击乐器是最易受影响的乐器门类，跌幅最大，与峰值时期相比已下降20%。或许由于电声打击乐器流行，传统声学镲片销售明显下降。

过去一年，铜管乐器和木管乐器的主要产品销售有所回暖。数码钢琴是键盘类乐器中的唯一亮点，尽管2013年销售增速低于2012年，但过去10年来一直保持着强势增长势头。2013年8月，澳大利亚利率为2.5%，创下历史新低，而且该值一直持续到年底。全球经济不确定性也在增强，自从金融危机以来，市场消费行为谨慎，消费者不愿在消费中承担更多债务，这对交通运输业、批发业尤其是零售业带来一定程度挑战。

不过从联邦政府2013年度预算文件看，澳大利亚前景良好，经济稳步增长，经济基本面依然强劲，工资增长呈温和上升态势，失业率处于较低水平，通货膨胀率也控制在2.3%以下。

国际经济利好方面，尽管欧元区经济恢复显得“步履蹒跚”，但美国经济呈现出令人鼓舞势头。2013年第4季度，美国GDP强势上涨3.2%，由此夯实了全年经济增长基础。当前，美国音乐制品市场在后危机时期稳步复苏。据《音乐贸易》杂志数据，2013年美国乐器市场零售总额68.1亿美元，同比增长2.1%，基本上与经济增速保持同步发展。2013年，美国市场连续第4年增长，但销售总额仍低于2008金融危机发生之前的峰值。（评注：澳大利亚乐器协会会长沃克尔）

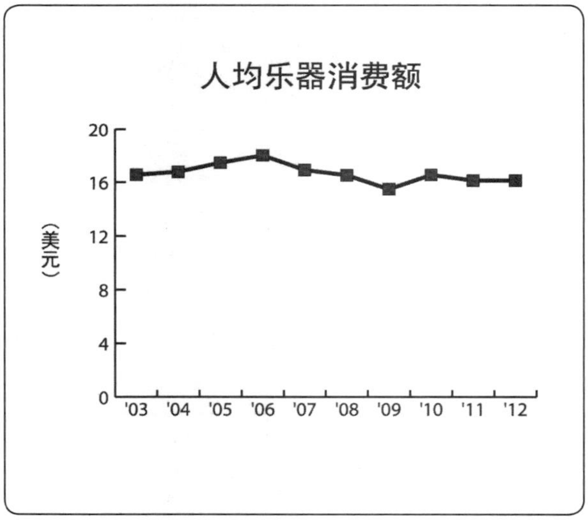

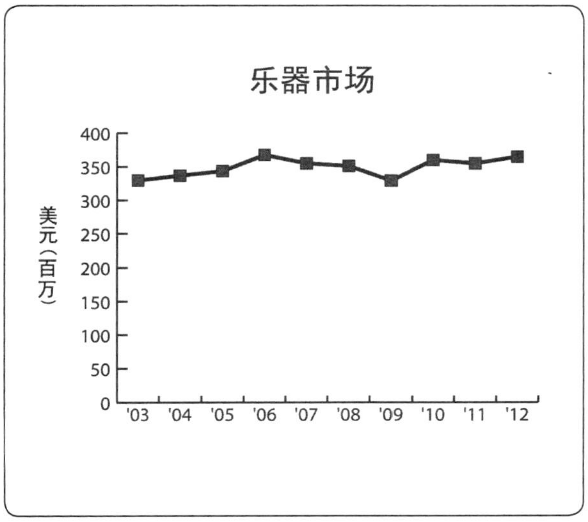
乐器市场
美元（百万）
400
350
300
250
200
150
100
50
0
'03 '04 '05 '06 '07 '08 '09 '10 '11 '12

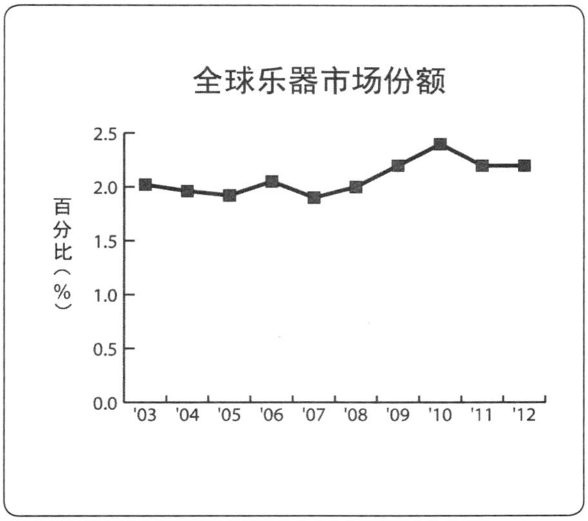
全球乐器市场份额
百分比（%）
2.5
2.0
1.5
1.0
0.5
0.0
'03 '04 '05 '06 '07 '08 '09 '10 '11 '12

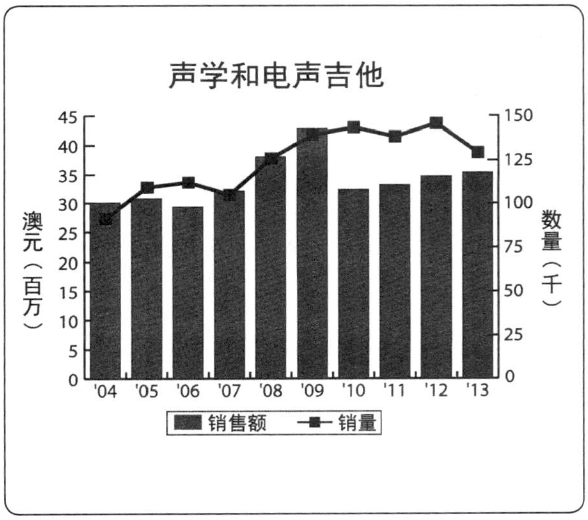
声学和电声吉他
澳元（百万）
数量（千）
45 40 35 30 25 20 15 10 5 0
150 125 100 75 50 25 0
'04 '05 '06 '07 '08 '09 '10 '11 '12 '13
销售额
销量

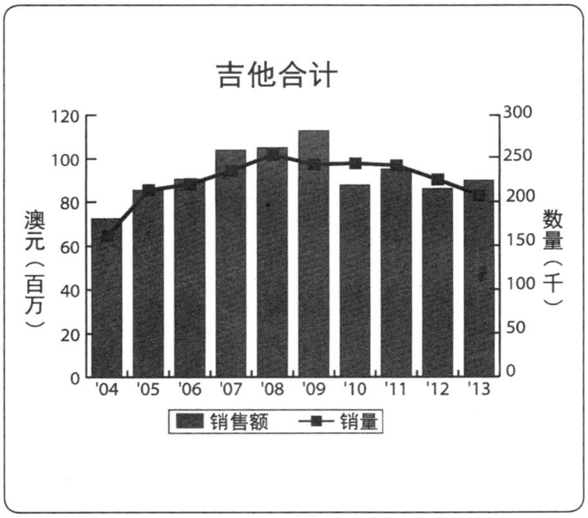
吉他合计
澳元（百万）
数量（千）
120 100 80 60 40 20 0
300 250 200 150 100 50 0
'04 '05 '06 '07 '08 '09 '10 '11 '12 '13
销售额
销量

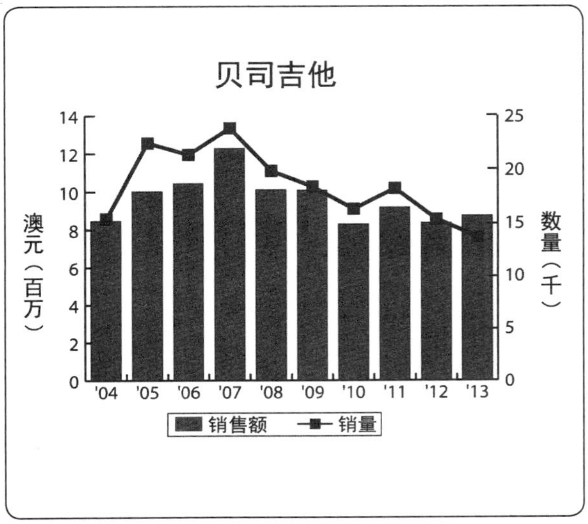
贝司吉他
澳元（百万）
数量（千）
14 12 10 8 6 4 2 0
25 20 15 10 5 0
'04 '05 '06 '07 '08 '09 '10 '11 '12 '13
销售额
销量

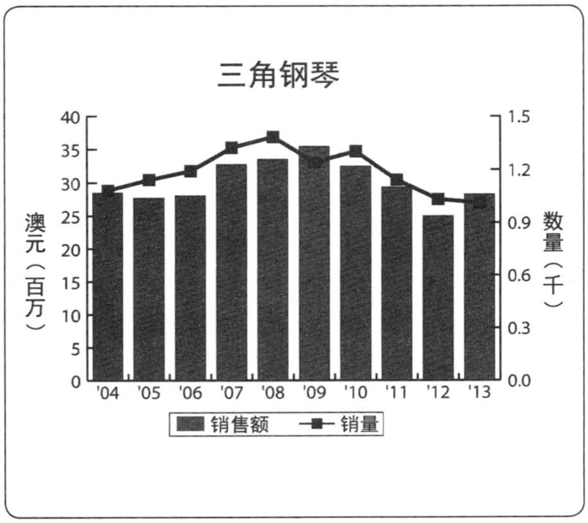
三角钢琴
澳元（百万）
数量（千）
40 35 30 25 20 15 10 5 0
1.5 1.2 0.9 0.6 0.3 0.0
'04 '05 '06 '07 '08 '09 '10 '11 '12 '13
销售额
销量

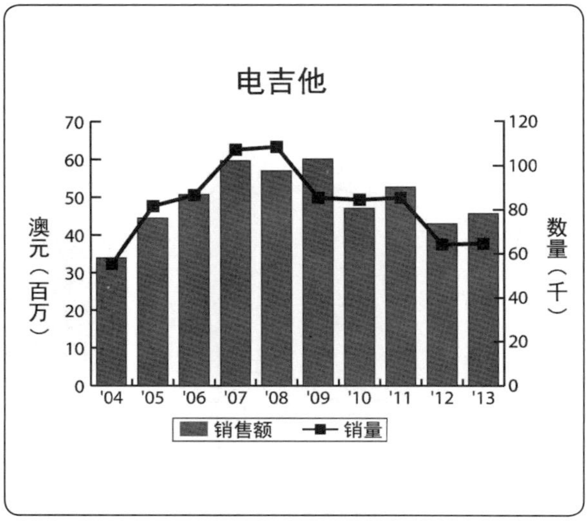
电吉他
澳元（百万）
数量（千）
0 10 20 30 40 50 60 70
0 20 40 60 80 100 120
'04 '05 '06 '07 '08 '09 '10 '11 '12 '13
销售额 销量

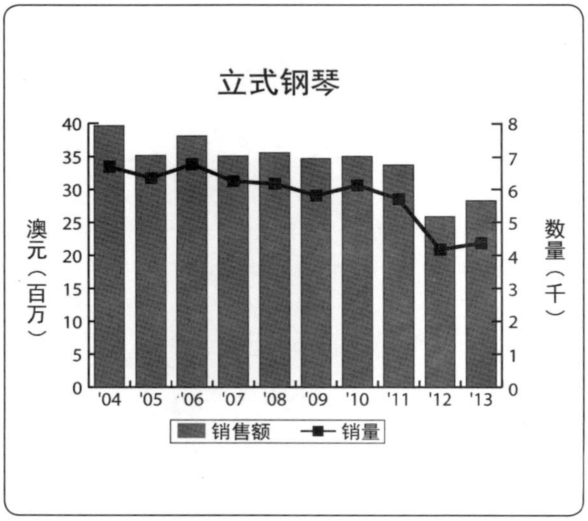
立式钢琴
澳元（百万）
数量（千）
0 5 10 15 20 25 30 35 40
0 1 2 3 4 5 6 7 8
'04 '05 '06 '07 '08 '09 '10 '11 '12 '13
销售额 销量

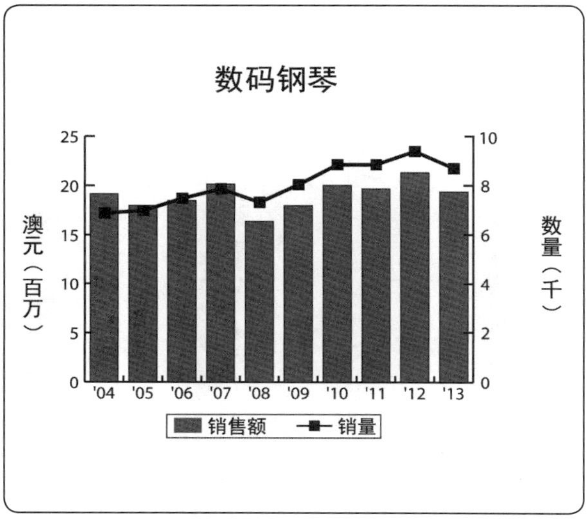
数码钢琴
澳元（百万）
数量（千）
0 5 10 15 20 25
0 2 4 6 8 10
'04 '05 '06 '07 '08 '09 '10 '11 '12 '13
销售额 销量

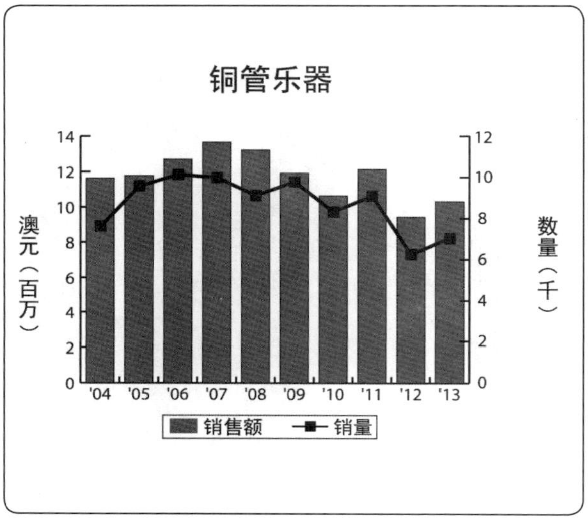
铜管乐器
澳元（百万）
数量（千）
0 2 4 6 8 10 12 14
0 2 4 6 8 10 12
'04 '05 '06 '07 '08 '09 '10 '11 '12 '13
销售额 销量

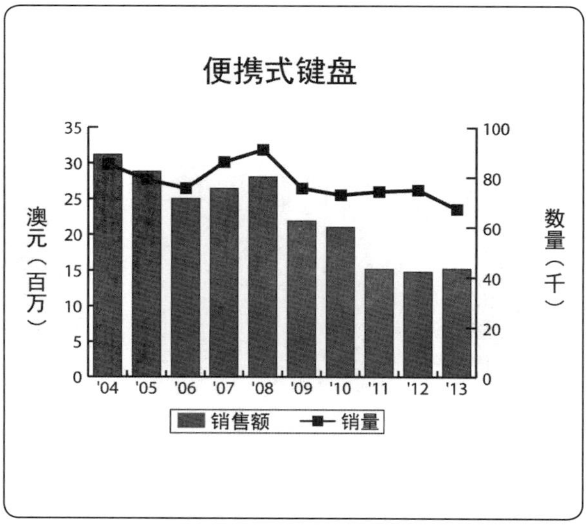
便携式键盘
澳元（百万）
数量（千）
0 5 10 15 20 25 30 35
0 20 40 60 80 100
'04 '05 '06 '07 '08 '09 '10 '11 '12 '13
销售额 销量

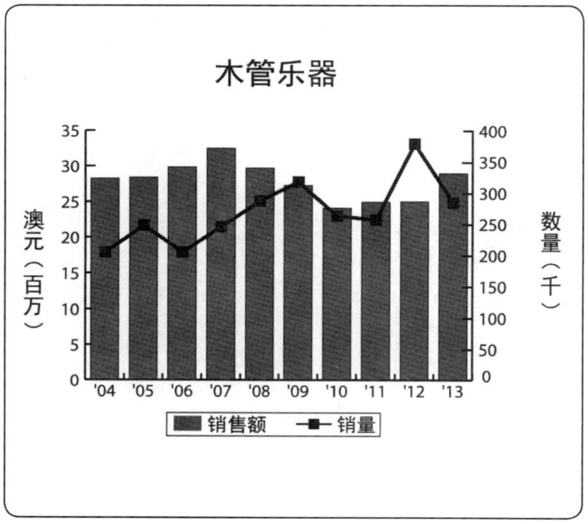
木管乐器
澳元（百万）
数量（千）
0 5 10 15 20 25 30 35
0 50 100 150 200 250 300 350 400
'04 '05 '06 '07 '08 '09 '10 '11 '12 '13
销售额 销量

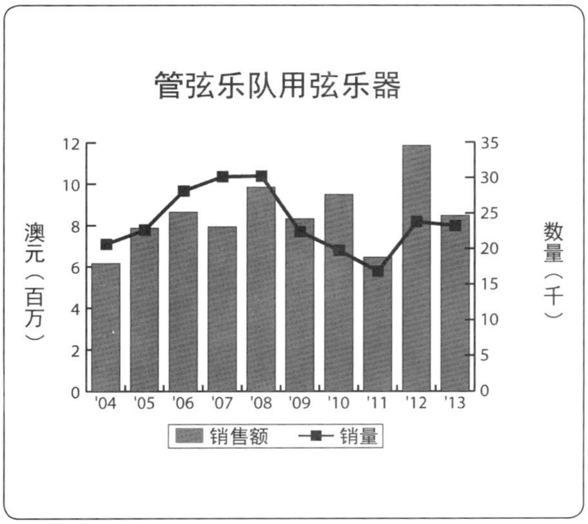
管弦乐队用弦乐器
澳元（百万）
数量（千）
0 2 4 6 8 10 12
0 5 10 15 20 25 30 35
'04 '05 '06 '07 '08 '09 '10 '11 '12 '13
销售额
销量

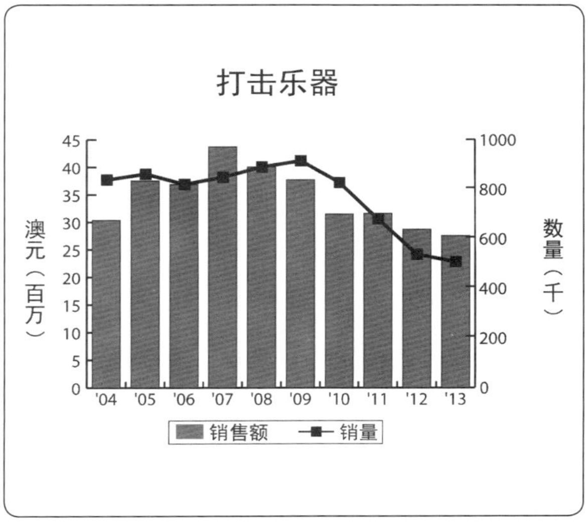
打击乐器
澳元（百万）
数量（千）
0 5 10 15 20 25 30 35 40 45
0 200 400 600 800 1000
'04 '05 '06 '07 '08 '09 '10 '11 '12 '13
销售额
销量

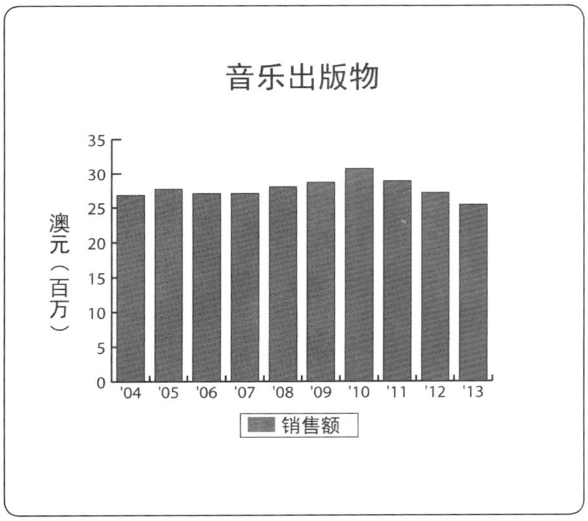
音乐出版物
澳元（百万）
0 5 10 15 20 25 30 35
'04 '05 '06 '07 '08 '09 '10 '11 '12 '13
销售额

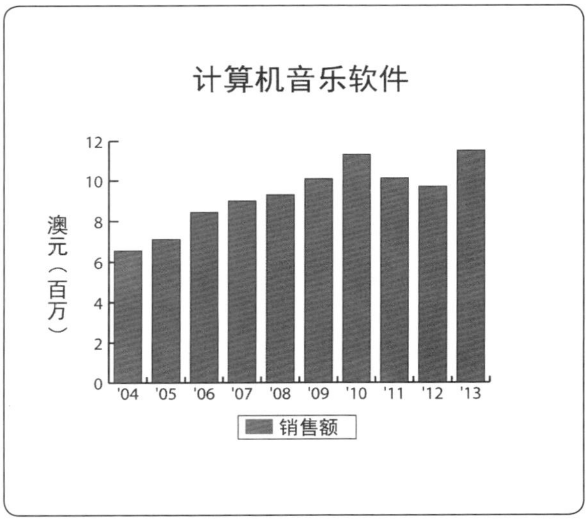
计算机音乐软件
澳元（百万）
0 2 4 6 8 10 12
'04 '05 '06 '07 '08 '09 '10 '11 '12 '13
销售额

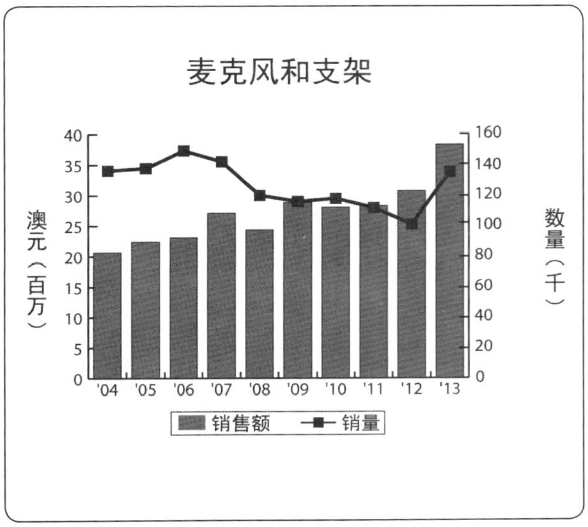
麦克风和支架
澳元（百万）
数量（千）
0 5 10 15 20 25 30 35 40
0 20 40 60 80 100 120 140 160
'04 '05 '06 '07 '08 '09 '10 '11 '12 '13
销售额
销量

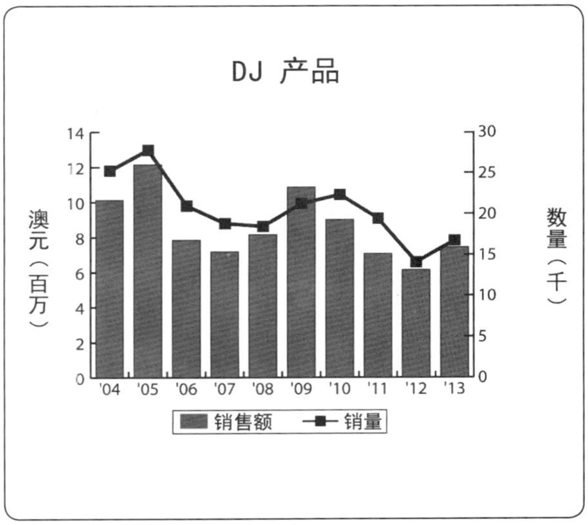
DJ 产品
澳元（百万）
数量（千）
0 2 4 6 8 10 12 14
0 5 10 15 20 25 30
'04 '05 '06 '07 '08 '09 '10 '11 '12 '13
销售额
销量

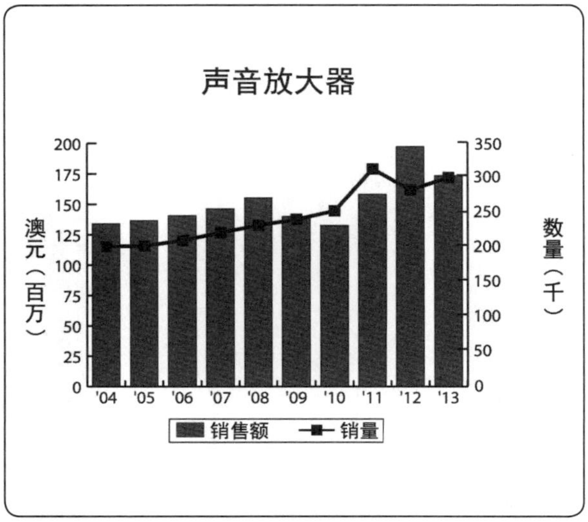

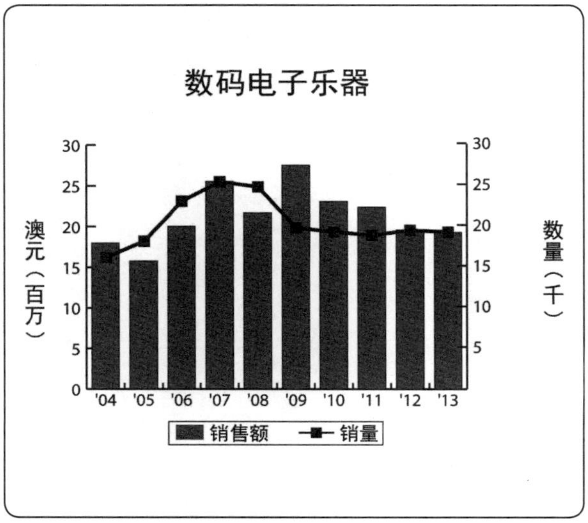

意大利

2013年，意大利家庭收入下降，家庭人均支出减少，政府公共管理效率低下，直接和间接税赋较重，增值税升至22%，国内需求骤降，失业率飙升等等因素，均对日常消费构成影响。

意大利乐器和乐谱出版市场销售整体再次下滑，同比2012年下降8.4%。由于乐谱出版行业同比基本保持稳定（-0.2%），因此，下降的几乎全部是乐器及功放、耳机、信号处理器等音响类产品。

乐器门类产品均经历下滑，其中主要涉及6类音乐制品，4类乐器销售下滑比例最大。打击乐器销售额降至8072万欧元，同比下降25.5%；弹拨乐器6980万欧元，同比减少9.5%；声学、数码钢琴及管风琴6950万欧元，同比下降18.35%；乐器配件4560万欧元，同比下降15.4%。此外，其他销售下滑较少的乐器门类包括：功放2975万欧元，同比下降11.2%；木管乐器1770万欧元，同比减少10.9%；其他类乐器3200万欧元，较上年减少7万欧元。

增长方面，音响和耳机类产品销售额达648.5万欧元，同比增长13.84%，再加上其他增幅不太明显的产品，总计增长139.5万欧元。以上这些音乐制品类别总计增长788万欧元。总体来看，收益相抵后，2013年音乐制品销售下滑8.4%。（评注：意大利乐器零售协会会长弗斯玛•克劳迪安）

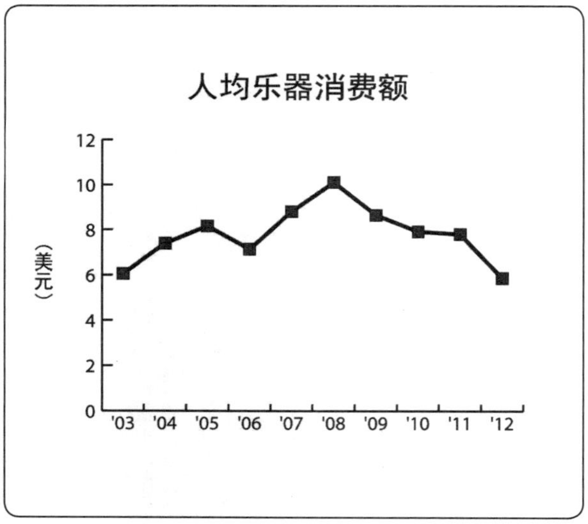

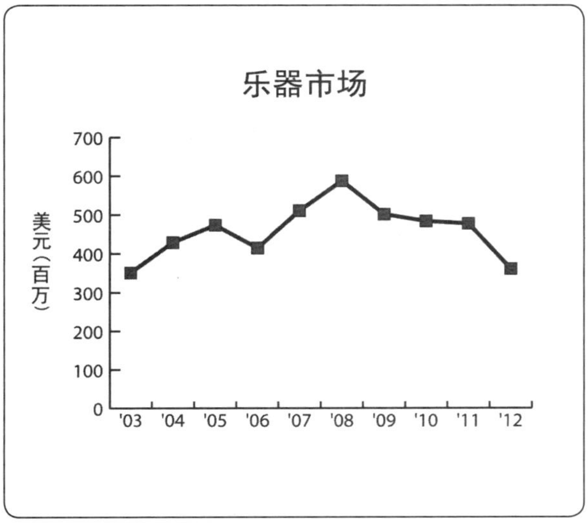
乐器市场
美元（百万）
700
600
500
400
300
200
100
0
'03 '04 '05 '06 '07 '08 '09 '10 '11 '12

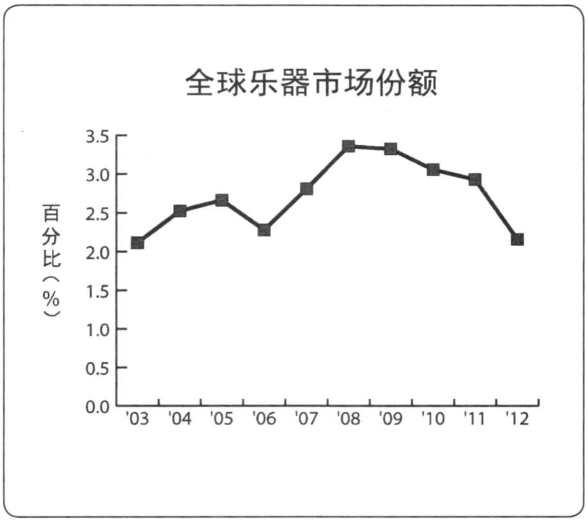
全球乐器市场份额
百分比（%）
3.5
3.0
2.5
2.0
1.5
1.0
0.5
0.0
'03 '04 '05 '06 '07 '08 '09 '10 '11 '12

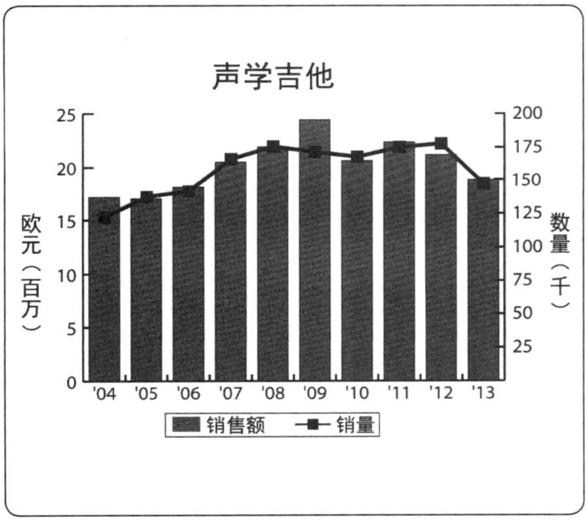
声学吉他
欧元（百万）
数量（千）
'04 '05 '06 '07 '08 '09 '10 '11 '12 '13
销售额
销量

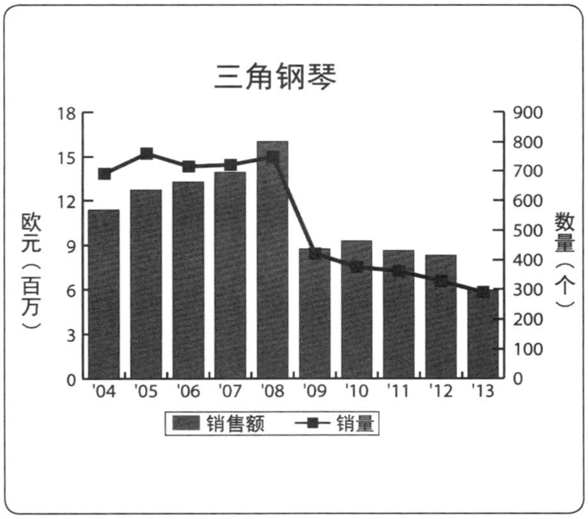
三角钢琴
欧元（百万）
数量（个）
'04 '05 '06 '07 '08 '09 '10 '11 '12 '13
销售额
销量

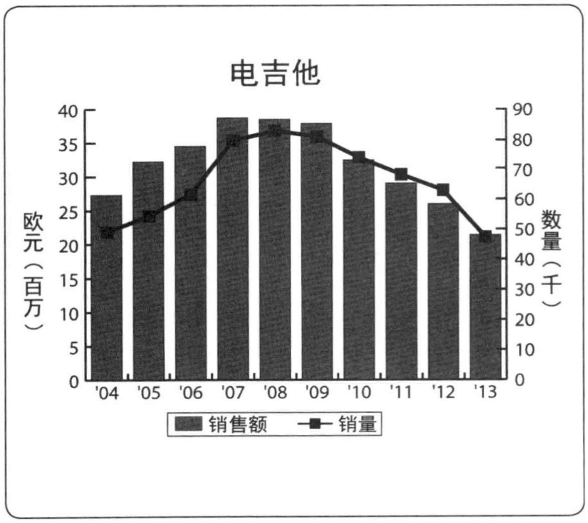
电吉他
欧元（百万）
数量（千）
'04 '05 '06 '07 '08 '09 '10 '11 '12 '13
销售额
销量

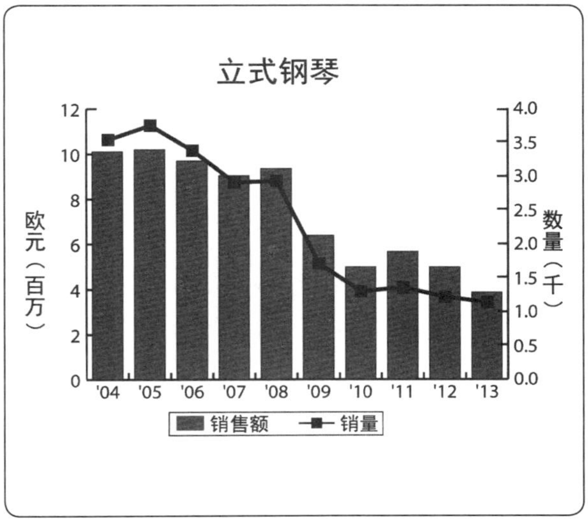
立式钢琴
欧元（百万）
数量（千）
'04 '05 '06 '07 '08 '09 '10 '11 '12 '13
销售额
销量

吉他合计

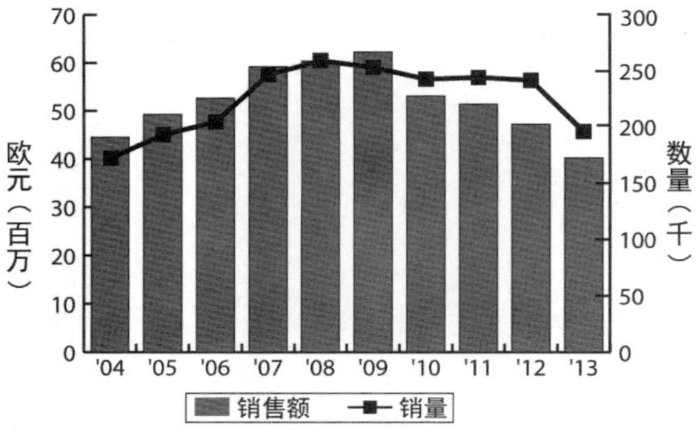

声学钢琴合计

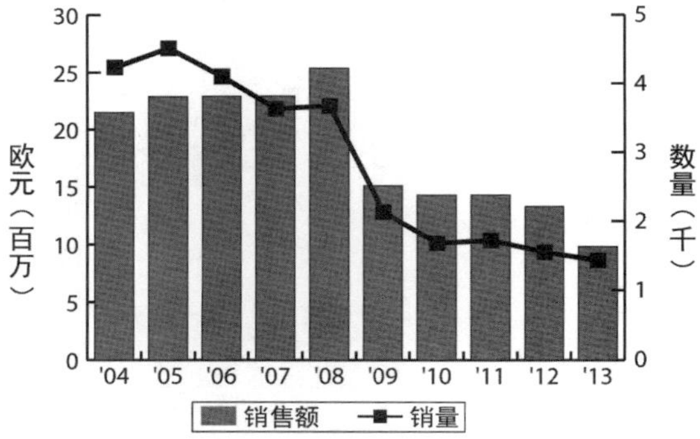

数码钢琴

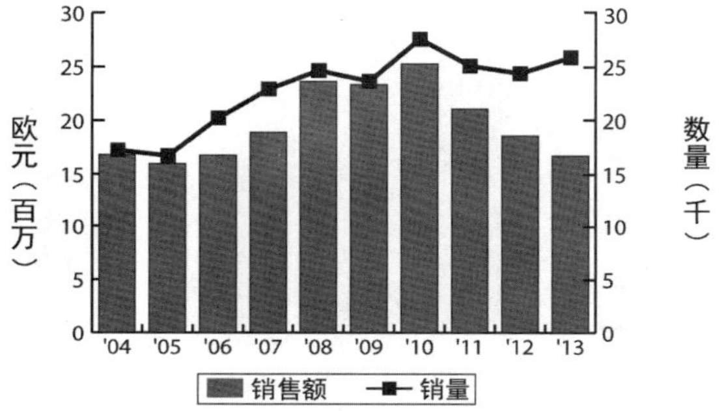

管乐器

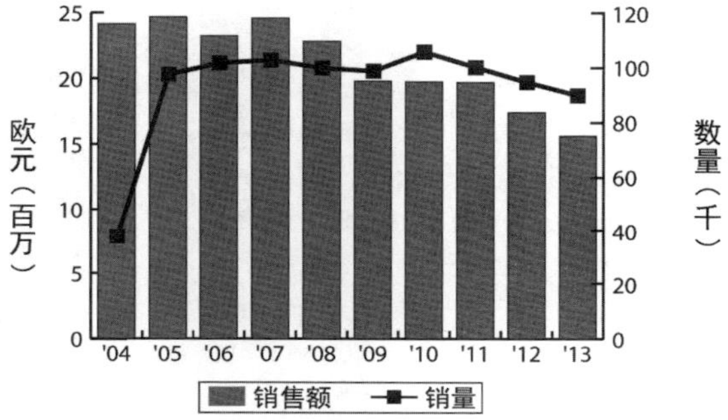

便携式键盘

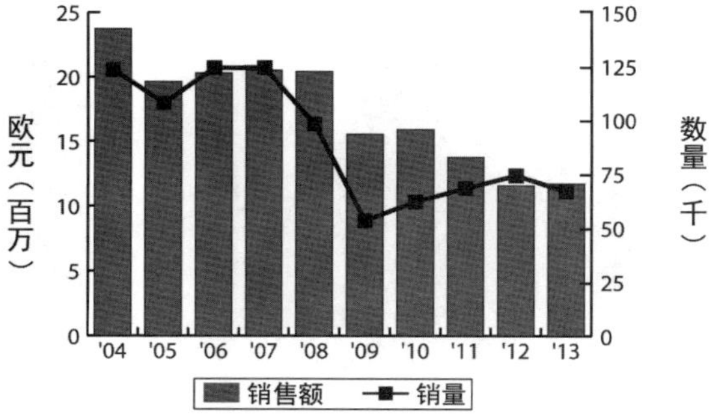

打击乐器

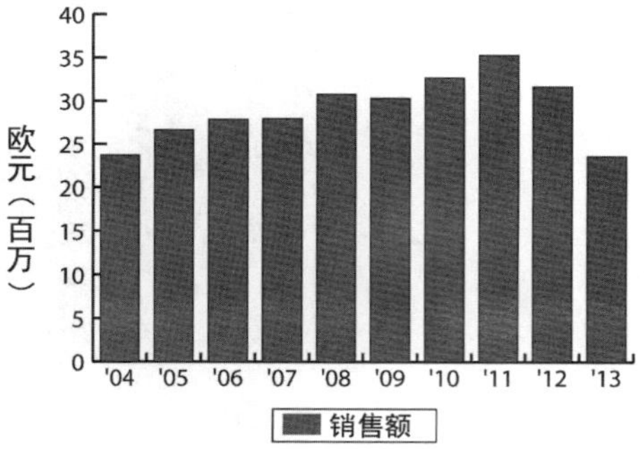

弓弦乐器

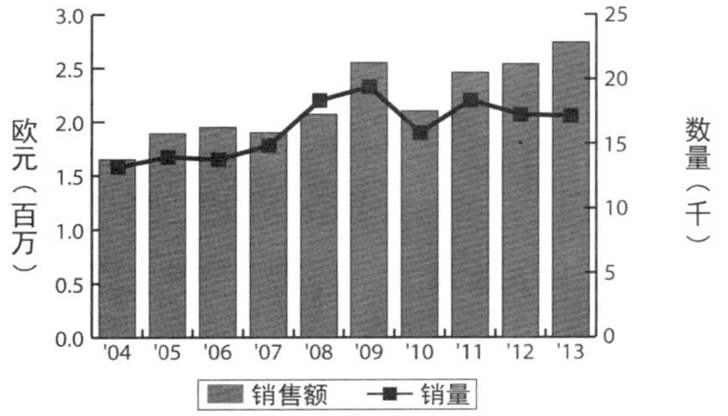

音乐出版物

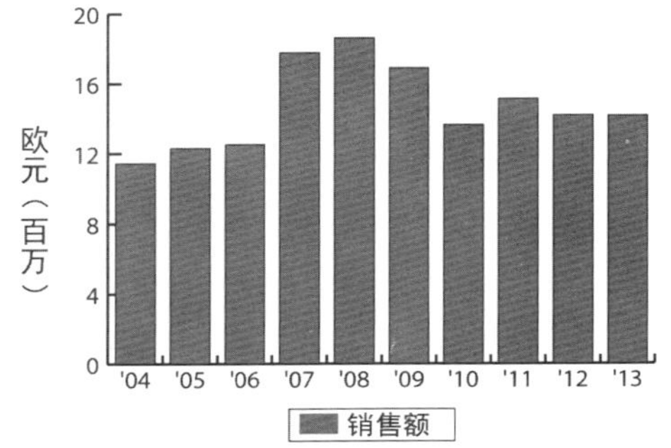

计算机音乐

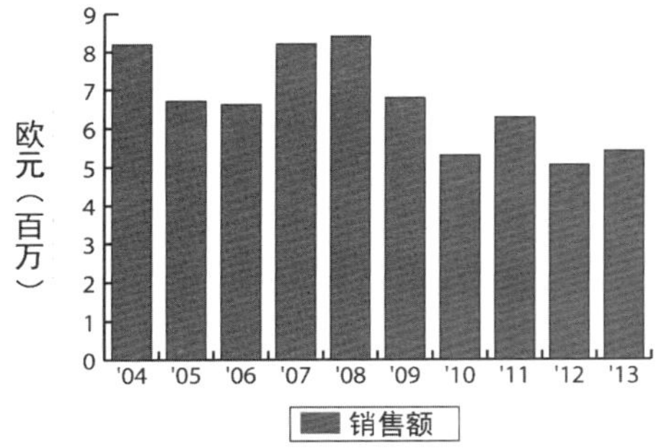

声音放大器

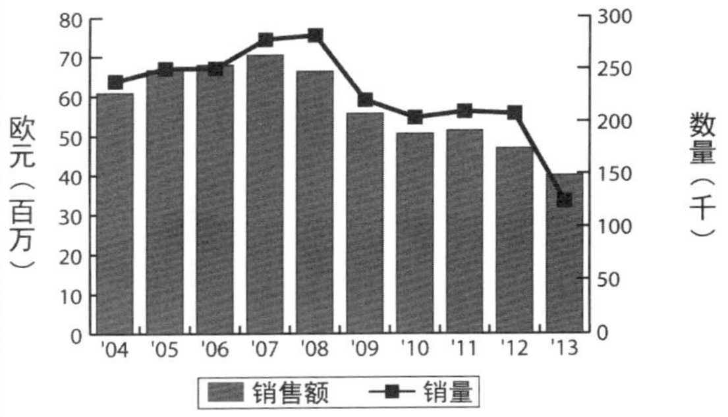

信号处理器

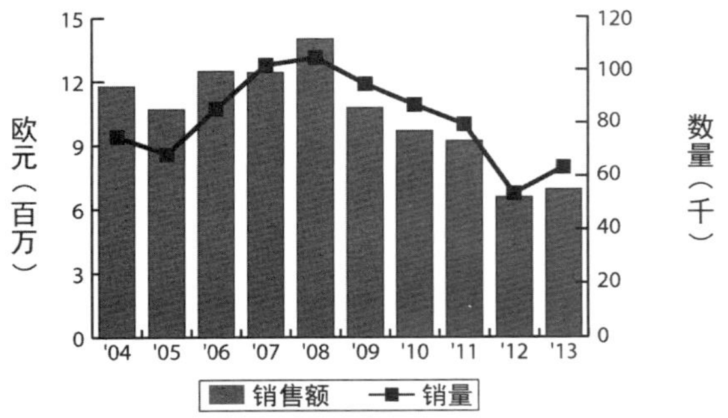

乐器用弦

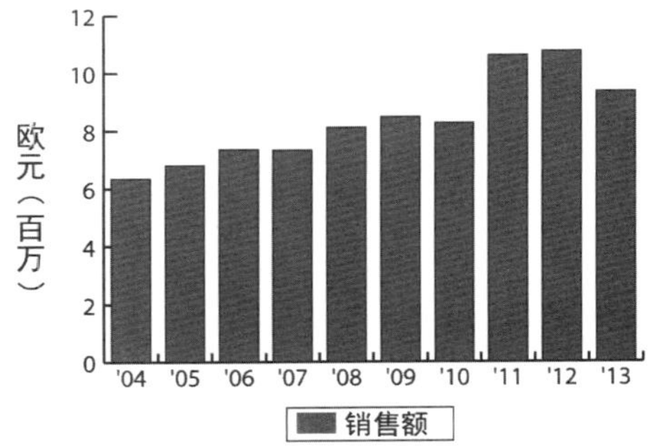

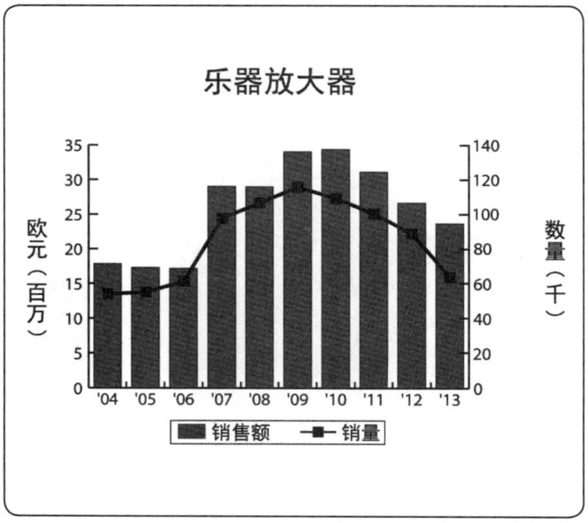

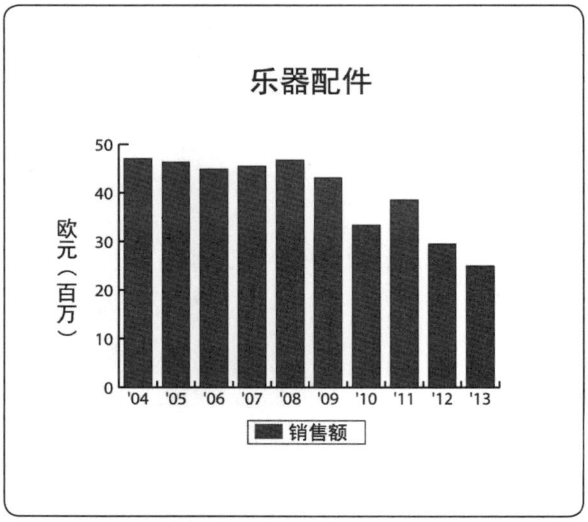

巴西

“记住巴西”

巴西从没有像现在这样充满各种机会，正如我去年在国际乐器报告中所言，危机与风险并存于巴西经济面临的形势中。

巴西乐器市场中，进口占到市场销售总额的85%。巴西有2000多家大大小小的琴行，其中销售主要集中在600家琴行。

2014年，巴西举办世界杯并将于2016年举办奥运会，这也是扩大本国音乐制品品牌影响力的有利时机。近两年来，巴西国内接待了不少国际客户，他们试图通过世界杯挖掘商机，建立并发展商务关系，但需要时间和买卖双方的信心。

如果想拓展巴西市场份额，要“三思而后行”，仅仅想借这一庞大而繁荣的经济体雁过拔毛并不可取。真正想要制胜市场的公司必须勤奋、执着，善于打造品牌意识和“本土化经营”，巴西人偏爱质优价廉的品牌产品。

从积极层面看，巴西国民对乐器颇有兴趣，消费者认为品牌乐器可提升自身表现力；另外，巴西有2亿人口，目前联邦中央政府正开展一项叫“乐器进校园”活动，斥巨资对全国6万所学校配备乐器和音响产品；第三，2013年第4季度巴西GDP较第3季度增长0.7%（原引巴西统计局数据），这一数据比经济学家预估的高出两倍多，从2013年全年看，4季度的增速使得巴西全年经济增长率为2.3%。

“忘记巴西”

从另一层面看，2011年至2013年，巴西乐器及配件进口额下降了约20%。2013年对商家也是较为困难的年份，乐器均价降低了11.7%，不少公司被迫出局。2014年可谓“涅槃重生”之年，众公司纷纷调整策略，重新整备以便更好应对2015、2016年。

还有一个让人忧虑的因素是，2013年巴西货币里亚尔相对美元下降13.29%，再加上货币利率、通货膨胀和高额进口关税因素，2013年里亚尔币值被低估77.65%。高额的进口税使得进口到巴西的每种商品税赋比美国高出3~4倍，因此，巴西人喜欢宁可花更多钱从国外购买质优的品牌产品。

“前景与行动”

自2012年以来，一些国际公司开始探寻新的商务模式，他们认识到，商务不仅仅是简单的买卖关系，还要注重由产品本身衍生出来的诸多内容，如找准品牌定位，打造品牌形象，强化市场品牌意识，制定合理营销计划，他们在巴西直接设立办事处或聘用巴西本土专业人士开展业务，还有的国外公司寻找可靠代理商合作，以此更好地平衡协调各方面关系。在巴西市场，如果想寻找“大佬级”经销商，那么国际公司本身先要成为“大佬”。要记得国际公司品牌可能在本国很受认可，但并不能保证在巴西，消费者会以同等方式看待。（评注：巴西《乐器市场》杂志主编丹尼尔·纳维斯）

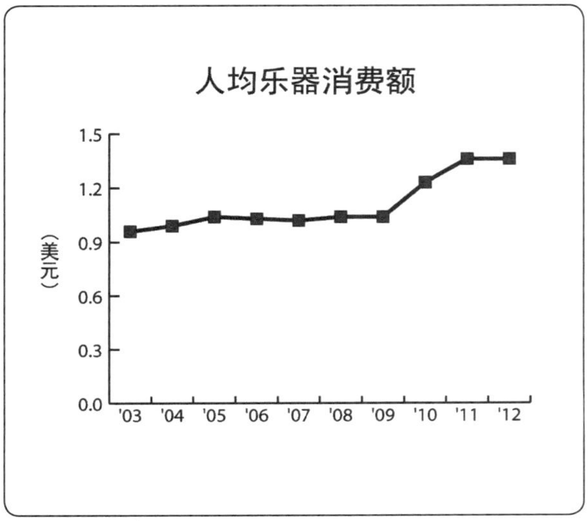

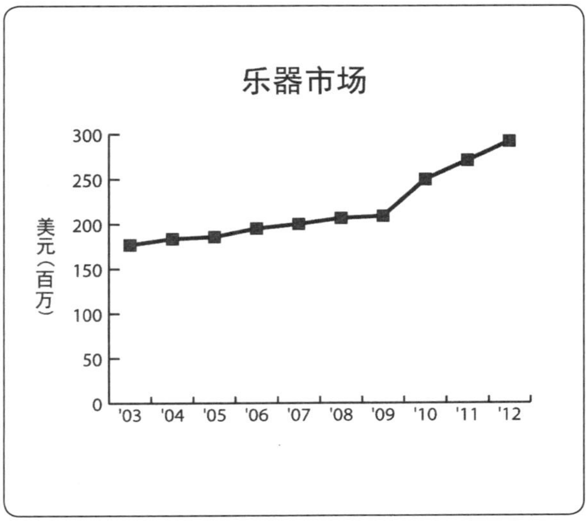

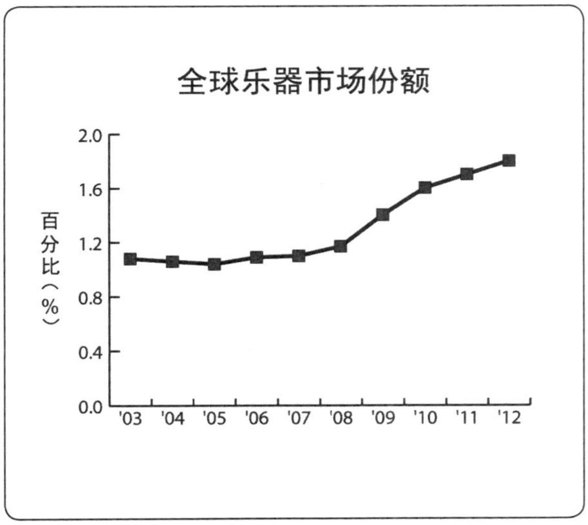

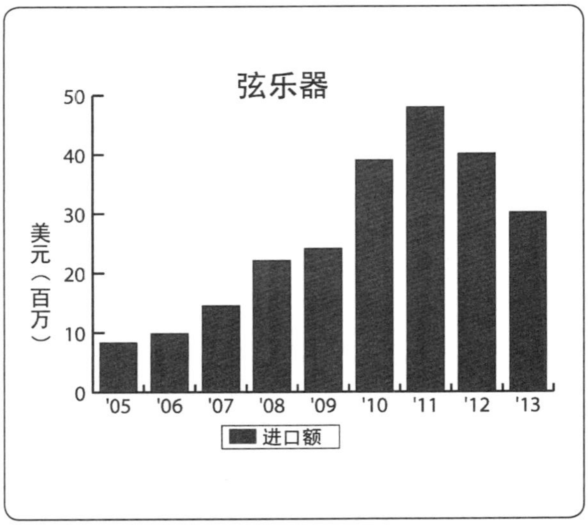

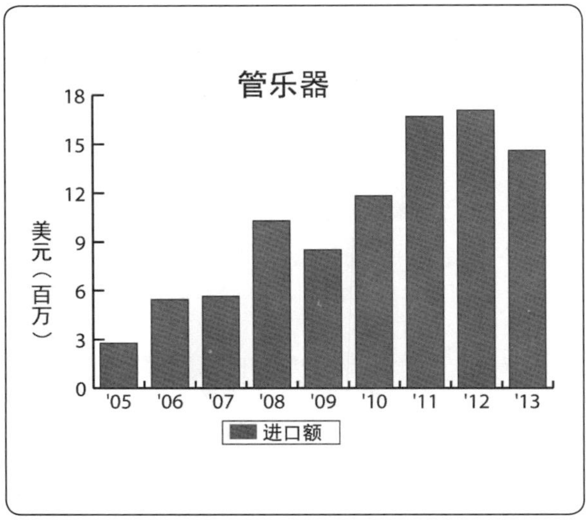
管乐器
18
15
12
9
6
3
0
美元（百万）
'05 '06 '07 '08 '09 '10 '11 '12 '13
进口额

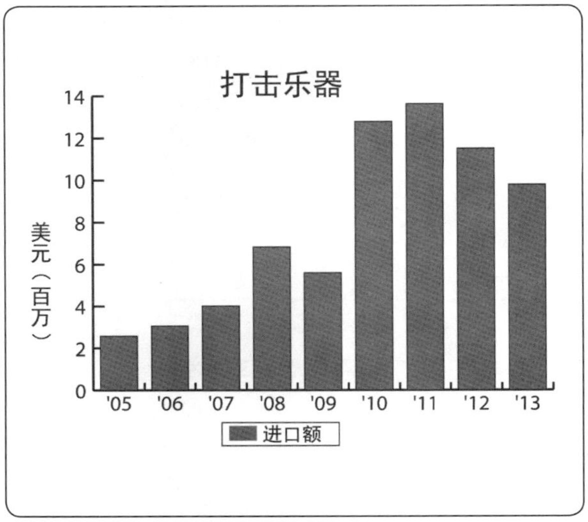
打击乐器
14
12
10
8
6
4
2
0
美元（百万）
'05 '06 '07 '08 '09 '10 '11 '12 '13
进口额

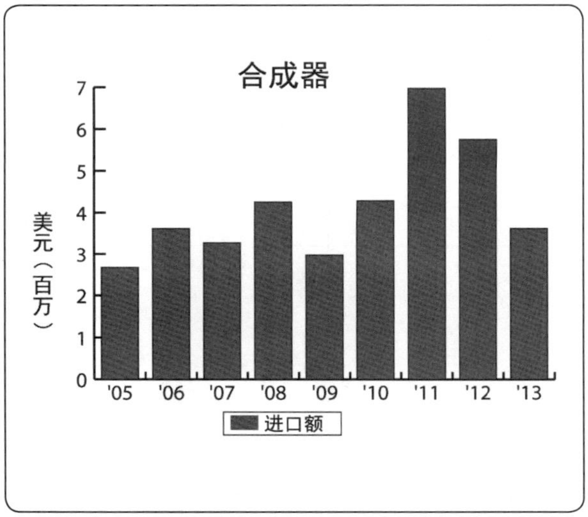
合成器
7
6
5
4
3
2
1
0
美元（百万）
'05 '06 '07 '08 '09 '10 '11 '12 '13
进口额

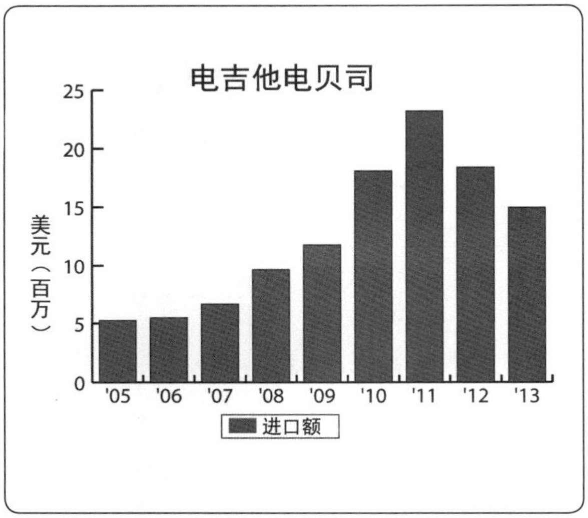
电吉他电贝司
25
20
15
10
5
0
美元（百万）
'05 '06 '07 '08 '09 '10 '11 '12 '13
进口额

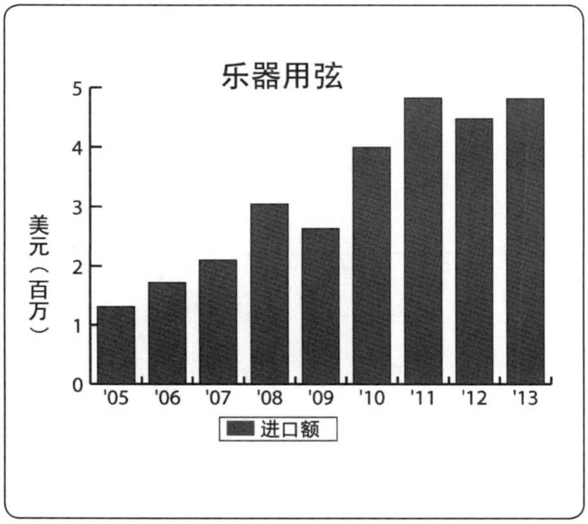
乐器用弦
5
4
3
2
1
0
美元（百万）
'05 '06 '07 '08 '09 '10 '11 '12 '13
进口额

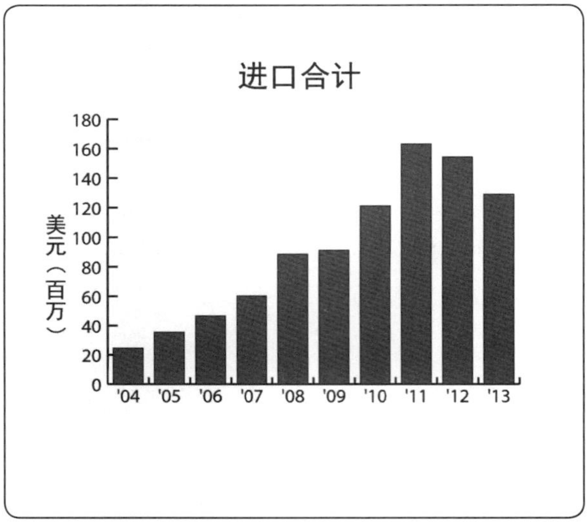
进口合计
180
160
140
120
100
80
60
40
20
0
美元（百万）
'04 '05 '06 '07 '08 '09 '10 '11 '12 '13

韩国

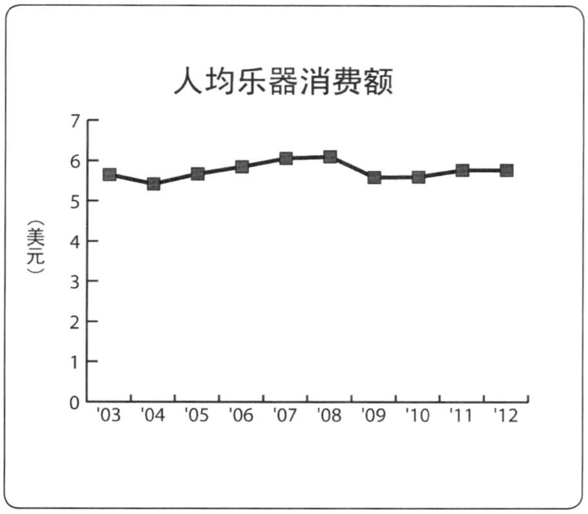
人均乐器消费额
（美元）
7
6
5
4
3
2
1
0
'03 '04 '05 '06 '07 '08 '09 '10 '11 '12

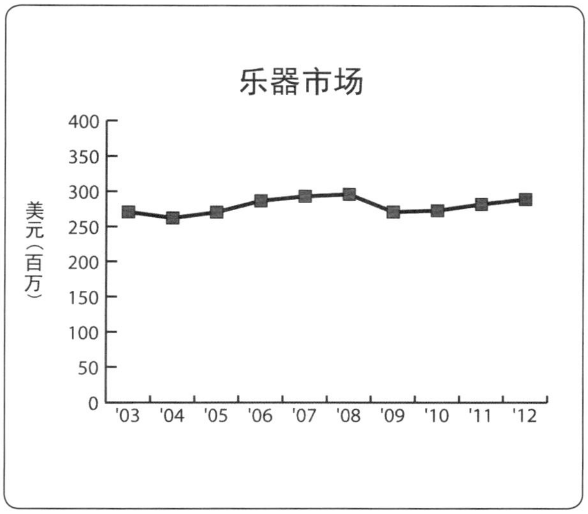
乐器市场
美元（百万）
400
350
300
250
200
150
100
50
0
'03 '04 '05 '06 '07 '08 '09 '10 '11 '12

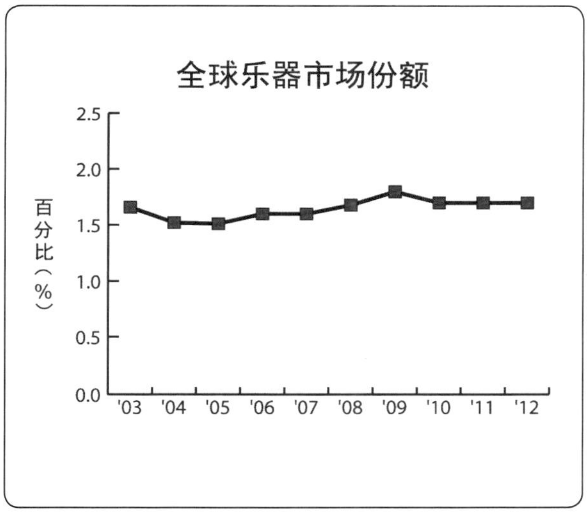
全球乐器市场份额
百分比（%）
2.5
2.0
1.5
1.0
0.5
0.0
'03 '04 '05 '06 '07 '08 '09 '10 '11 '12

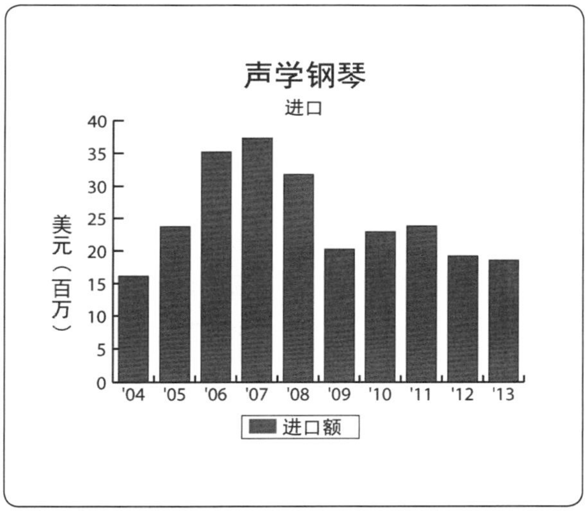
声学钢琴
进口
美元（百万）
40
35
30
25
20
15
10
5
0
'04 '05 '06 '07 '08 '09 '10 '11 '12 '13
进口额

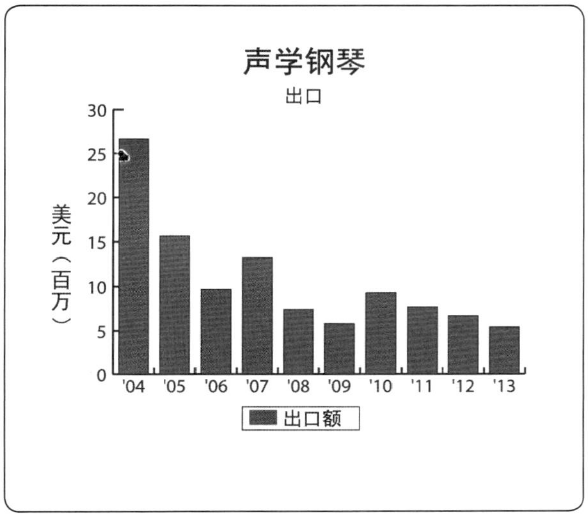
声学钢琴
出口
美元（百万）
30
25
20
15
10
5
0
'04 '05 '06 '07 '08 '09 '10 '11 '12 '13
出口额

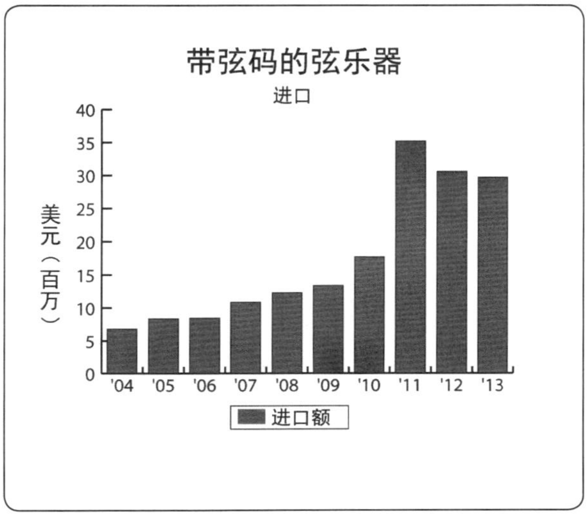
带弦码的弦乐器
进口
美元（百万）
40
35
30
25
20
15
10
5
0
'04 '05 '06 '07 '08 '09 '10 '11 '12 '13
进口额

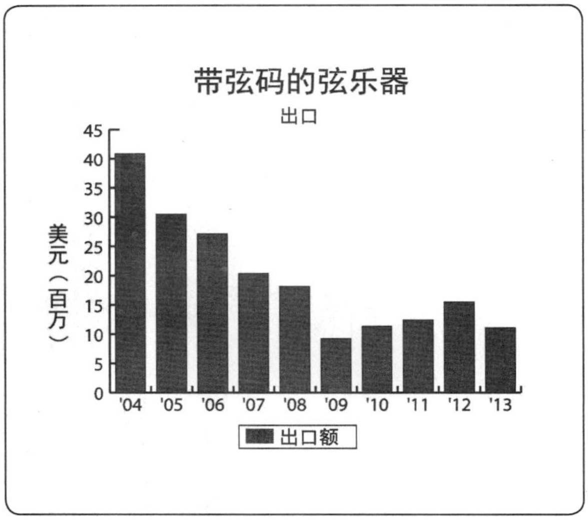
带弦码的弦乐器
出口
美元（百万）
45
40
35
30
25
20
15
10
5
0
'04 '05 '06 '07 '08 '09 '10 '11 '12 '13
出口额

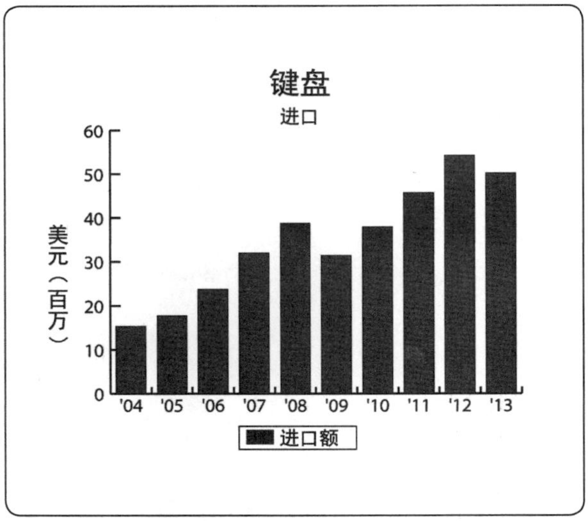
键盘
进口
美元（百万）
60
50
40
30
20
10
0
'04 '05 '06 '07 '08 '09 '10 '11 '12 '13
进口额

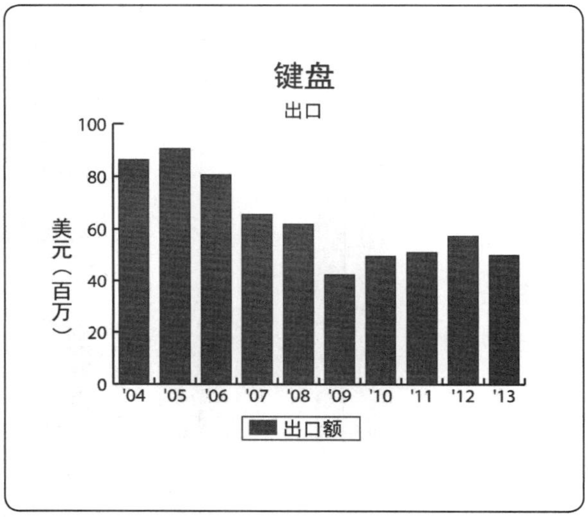
键盘
出口
美元（百万）
100
80
60
40
20
0
'04 '05 '06 '07 '08 '09 '10 '11 '12 '13
出口额

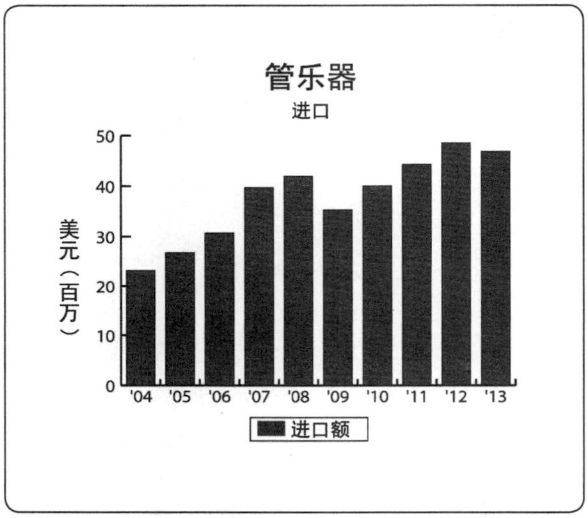
管乐器
进口
美元（百万）
50
40
30
20
10
0
'04 '05 '06 '07 '08 '09 '10 '11 '12 '13
进口额

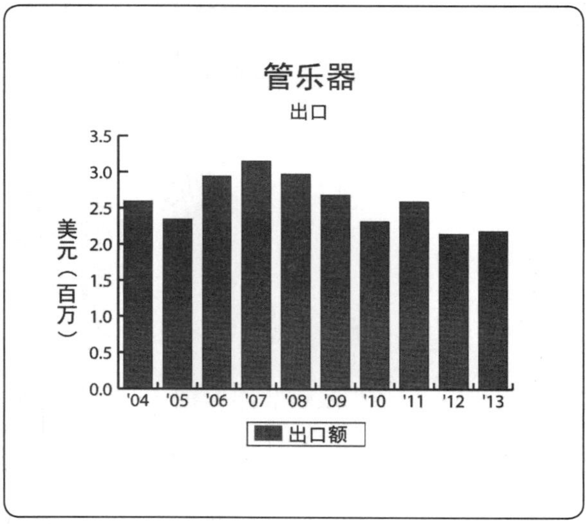
管乐器
出口
美元（百万）
3.5
3.0
2.5
2.0
1.5
1.0
0.5
0.0
'04 '05 '06 '07 '08 '09 '10 '11 '12 '13
出口额

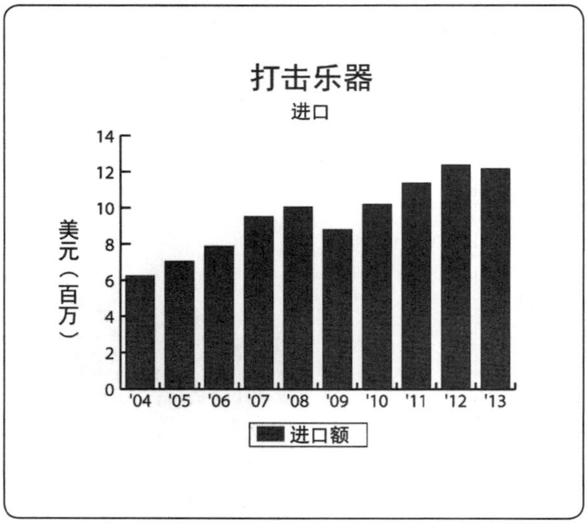
打击乐器
进口
美元（百万）
14
12
10
8
6
4
2
0
'04 '05 '06 '07 '08 '09 '10 '11 '12 '13
进口额

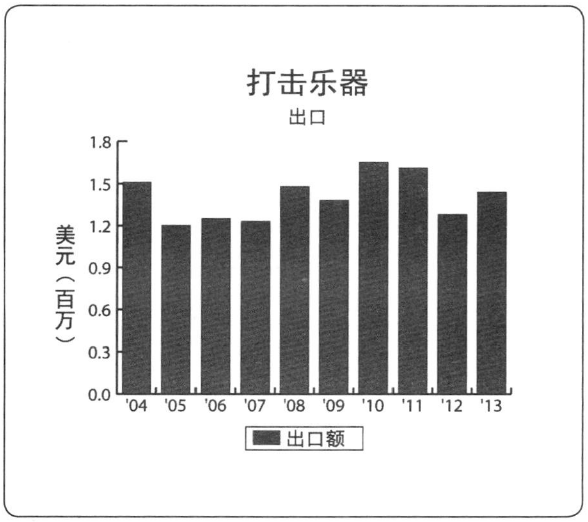
打击乐器
出口
美元（百万）
1.8
1.5
1.2
0.9
0.6
0.3
0.0
'04 '05 '06 '07 '08 '09 '10 '11 '12 '13
出口额

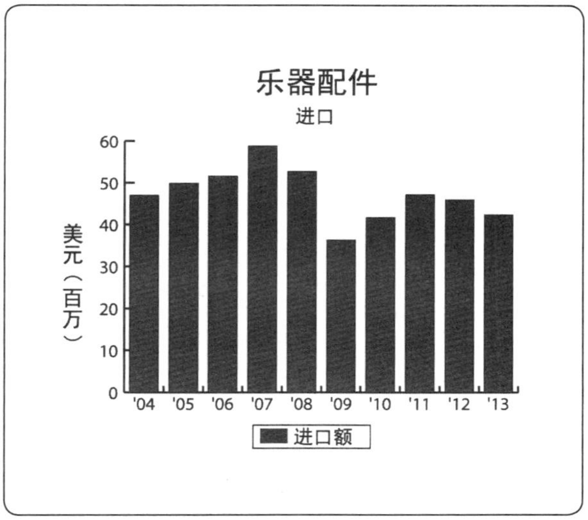
乐器配件
进口
美元（百万）
60
50
40
30
20
10
0
'04 '05 '06 '07 '08 '09 '10 '11 '12 '13
进口额

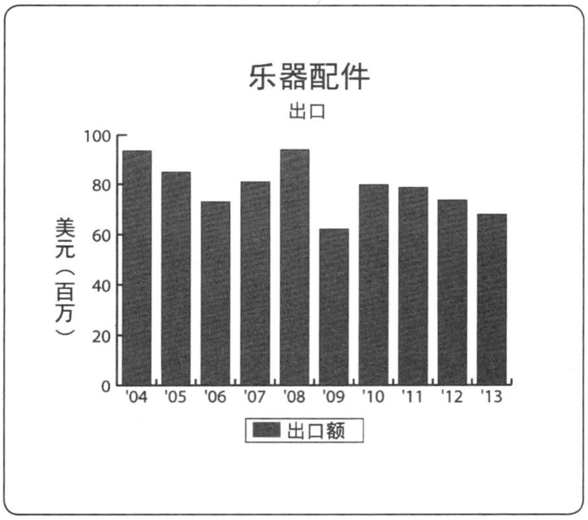
乐器配件
出口
美元（百万）
100
80
60
40
20
0
'04 '05 '06 '07 '08 '09 '10 '11 '12 '13
出口额

俄罗斯

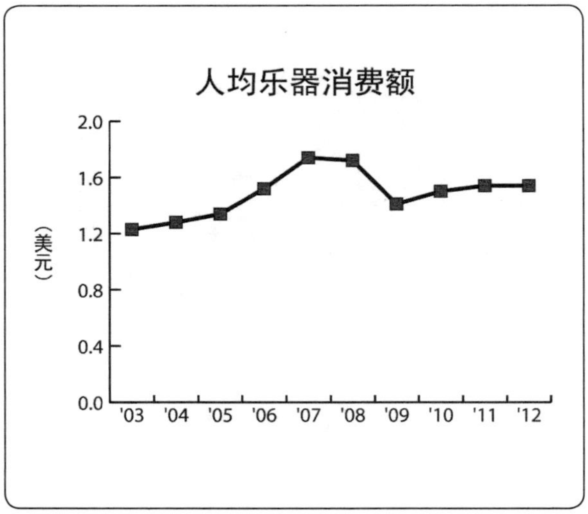
人均乐器消费额
（美元）
2.0
1.6
1.2
0.8
0.4
0.0
'03 '04 '05 '06 '07 '08 '09 '10 '11 '12

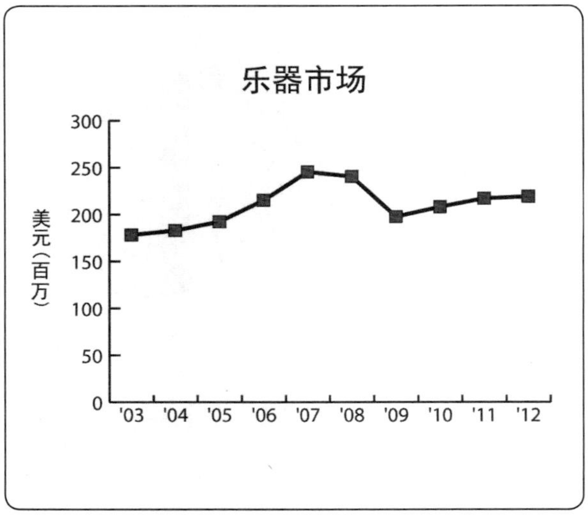
乐器市场
美元（百万）
300
250
200
150
100
50
0
'03 '04 '05 '06 '07 '08 '09 '10 '11 '12

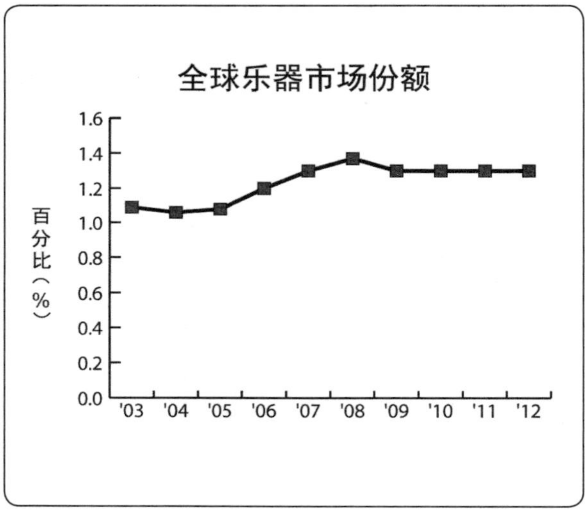
全球乐器市场份额
百分比（%）
1.6
1.4
1.2
1.0
0.8
0.6
0.4
0.2
0.0
'03 '04 '05 '06 '07 '08 '09 '10 '11 '12

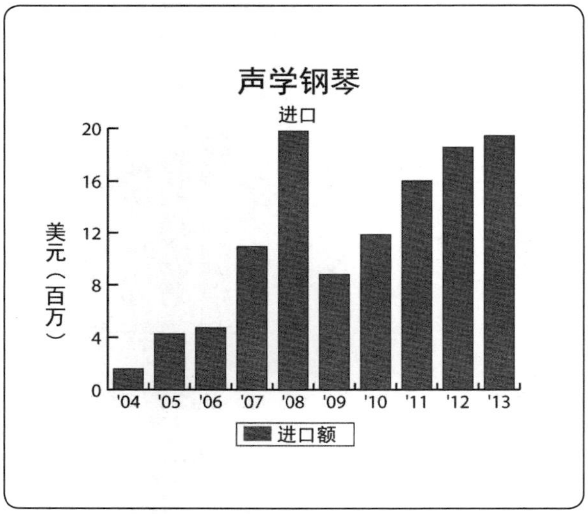
声学钢琴
进口
美元（百万）
20
16
12
8
4
0
'04 '05 '06 '07 '08 '09 '10 '11 '12 '13
进口额

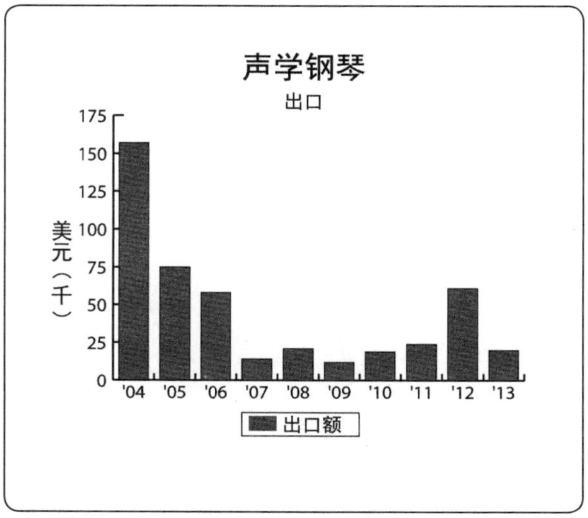
声学钢琴
出口
美元（千）
175
150
125
100
75
50
25
0
'04 '05 '06 '07 '08 '09 '10 '11 '12 '13
出口额

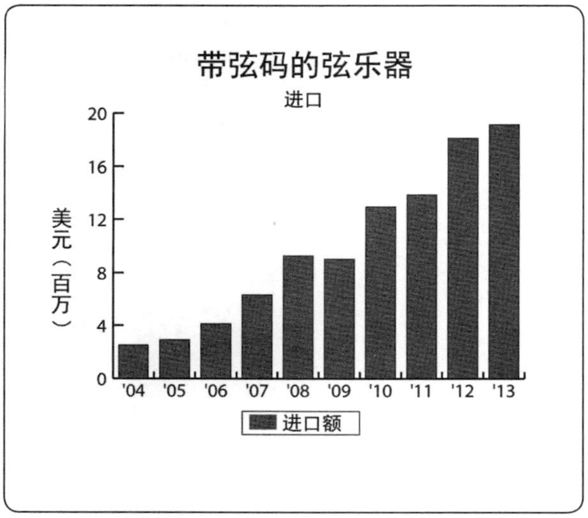
带弦码的弦乐器
进口
美元（百万）
20
16
12
8
4
0
'04 '05 '06 '07 '08 '09 '10 '11 '12 '13
进口额

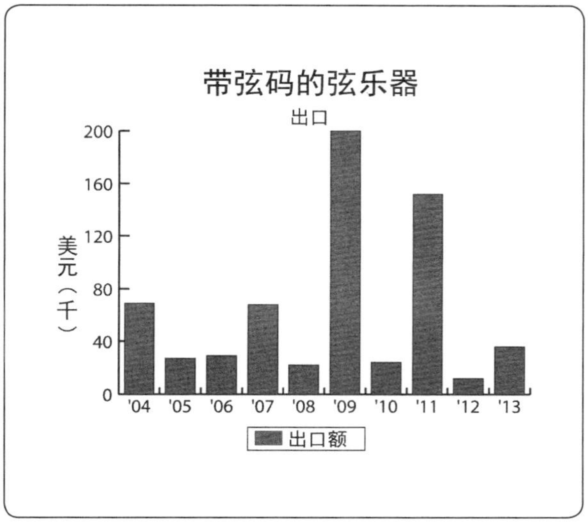
带弦码的弦乐器
出口
美元（千）
200
160
120
80
40
0
'04 '05 '06 '07 '08 '09 '10 '11 '12 '13
出口额

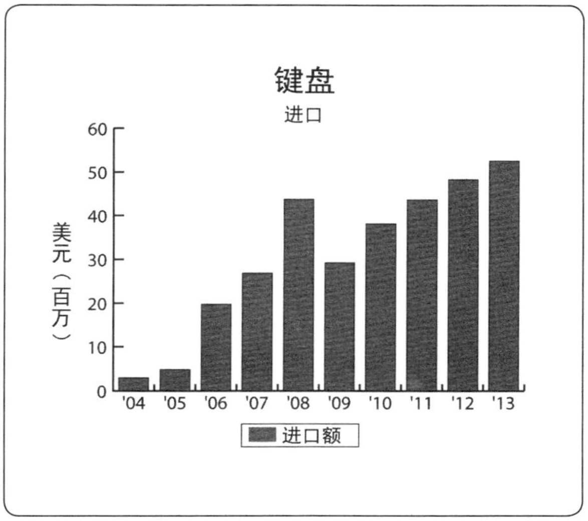
键盘
进口
美元（百万）
60
50
40
30
20
10
0
'04 '05 '06 '07 '08 '09 '10 '11 '12 '13
进口额

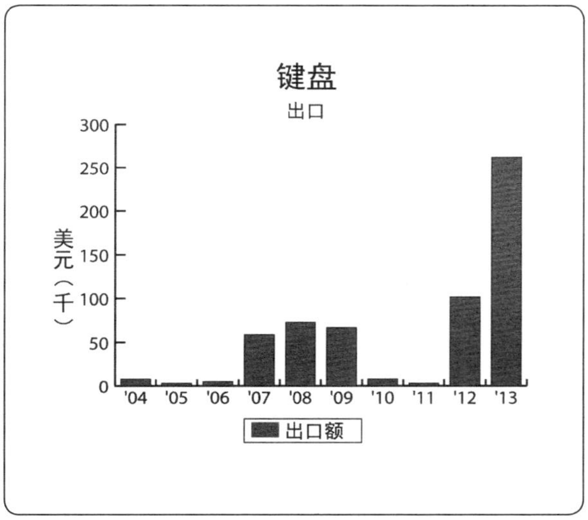
键盘
出口
美元（千）
300
250
200
150
100
50
0
'04 '05 '06 '07 '08 '09 '10 '11 '12 '13
出口额

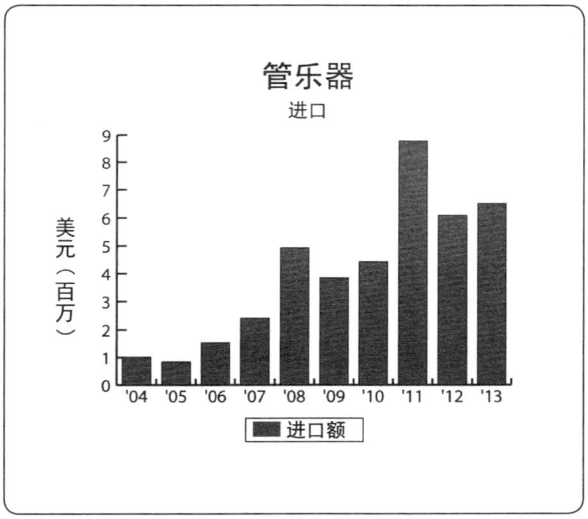
管乐器
进口
美元（百万）
9
8
7
6
5
4
3
2
1
0
'04 '05 '06 '07 '08 '09 '10 '11 '12 '13
进口额

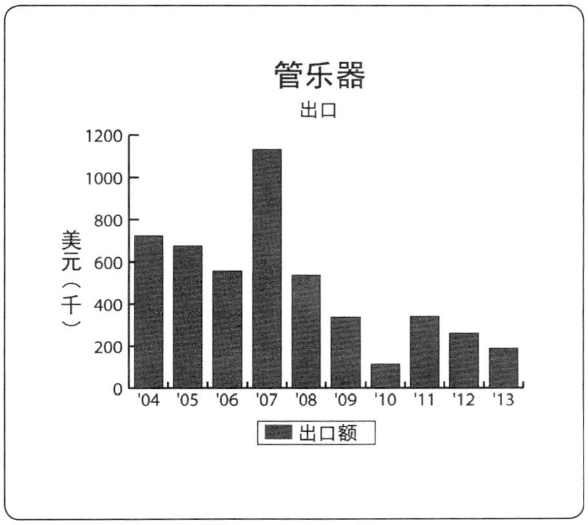
管乐器
出口
美元（千）
1200
1000
800
600
400
200
0
'04 '05 '06 '07 '08 '09 '10 '11 '12 '13
出口额

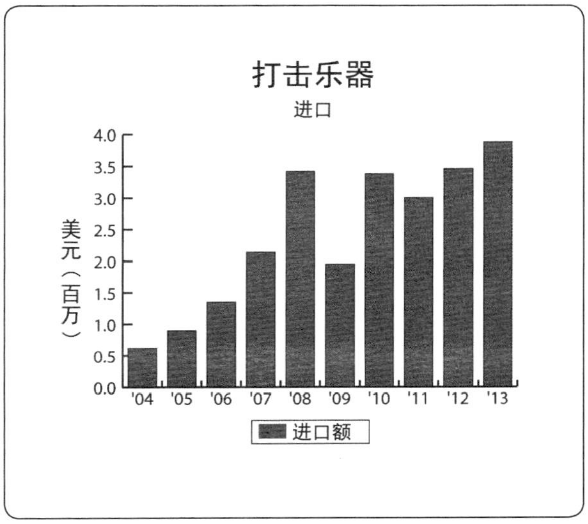
打击乐器
进口
美元（百万）
4.0
3.5
3.0
2.5
2.0
1.5
1.0
0.5
0.0
'04 '05 '06 '07 '08 '09 '10 '11 '12 '13
进口额

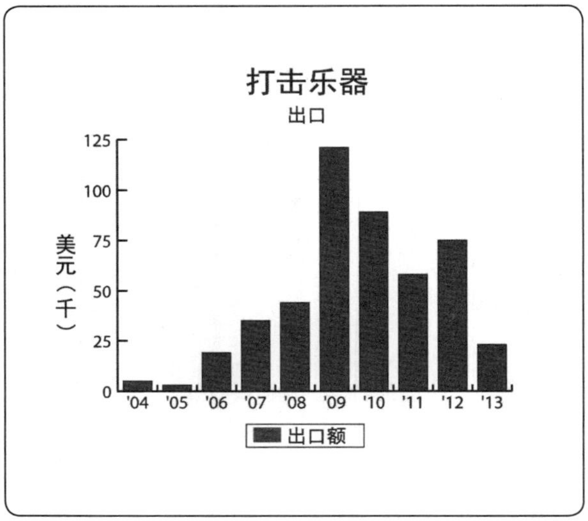
打击乐器
出口
美元（千）
125
100
75
50
25
0
'04 '05 '06 '07 '08 '09 '10 '11 '12 '13
出口额

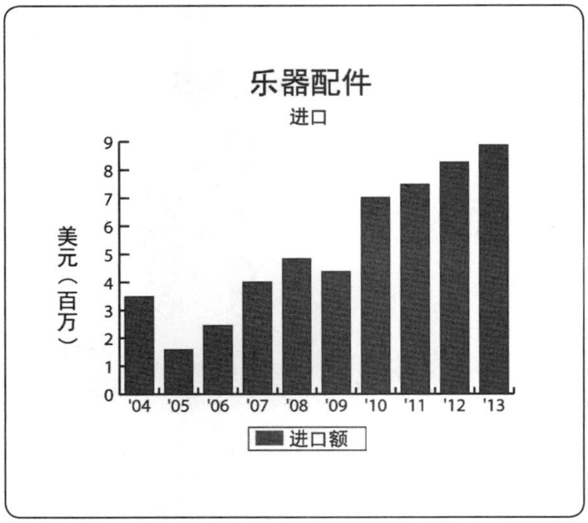
乐器配件
进口
美元（百万）
9
8
7
6
5
4
3
2
1
0
'04 '05 '06 '07 '08 '09 '10 '11 '12 '13
进口额

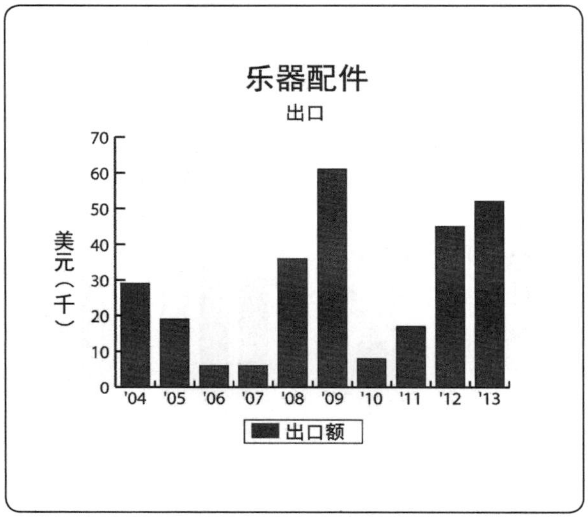
乐器配件
出口
美元（千）
70
60
50
40
30
20
10
0
'04 '05 '06 '07 '08 '09 '10 '11 '12 '13
出口额

墨西哥

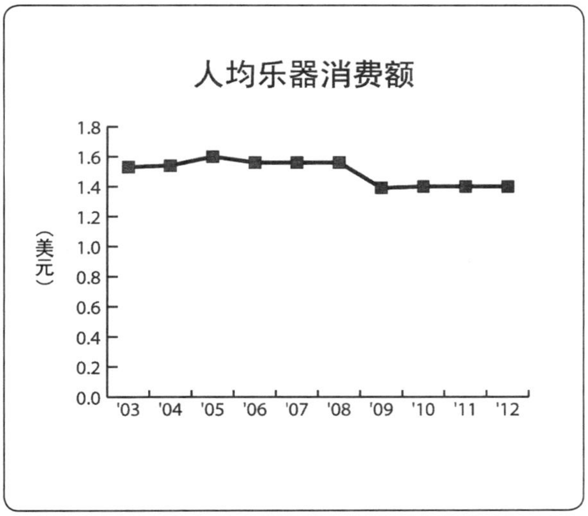
人均乐器消费额
（美元）
1.8
1.6
1.4
1.2
1.0
0.8
0.6
0.4
0.2
0.0
'03 '04 '05 '06 '07 '08 '09 '10 '11 '12

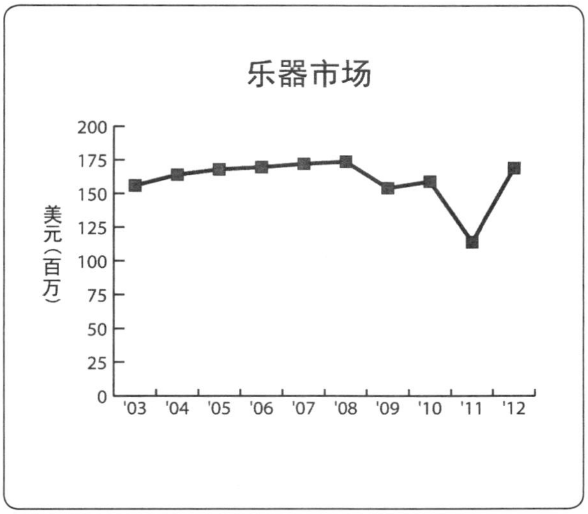
乐器市场
美元（百万）
200
175
150
125
100
75
50
25
0
'03 '04 '05 '06 '07 '08 '09 '10 '11 '12

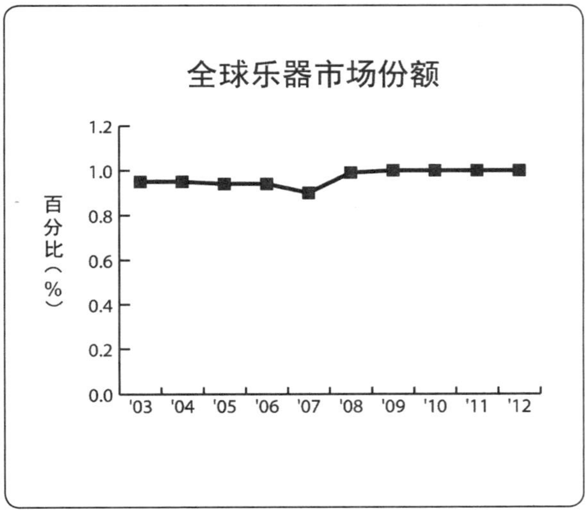
全球乐器市场份额
百分比（%）
1.2
1.0
0.8
0.6
0.4
0.2
0.0
'03 '04 '05 '06 '07 '08 '09 '10 '11 '12

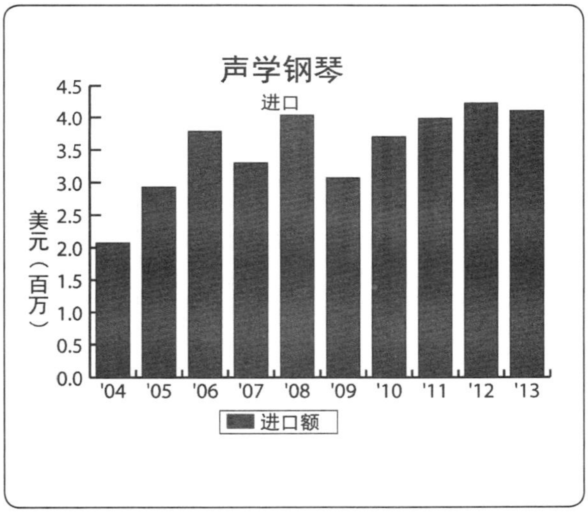
声学钢琴
进口
美元（百万）
4.5
4.0
3.5
3.0
2.5
2.0
1.5
1.0
0.5
0.0
'04 '05 '06 '07 '08 '09 '10 '11 '12 '13
进口额

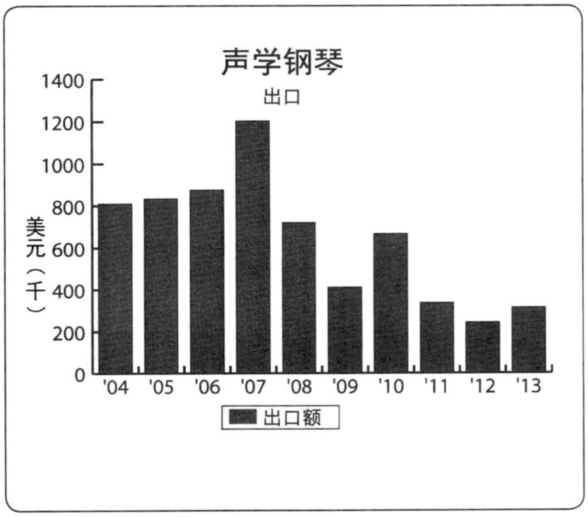
声学钢琴
出口
美元（千）
1400
1200
1000
800
600
400
200
0
'04 '05 '06 '07 '08 '09 '10 '11 '12 '13
出口额

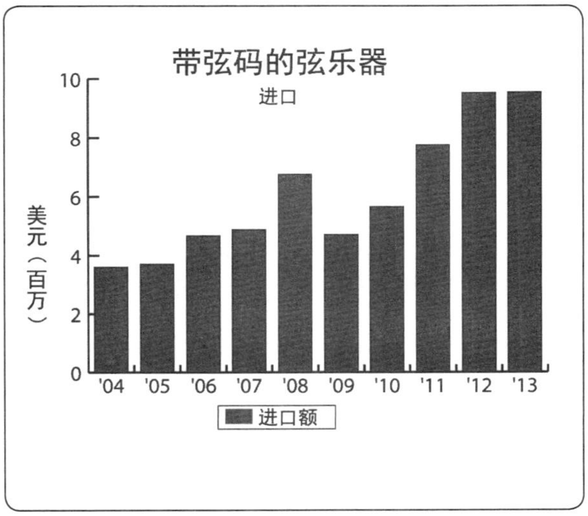
带弦码的弦乐器
进口
美元（百万）
10
8
6
4
2
0
'04 '05 '06 '07 '08 '09 '10 '11 '12 '13
进口额

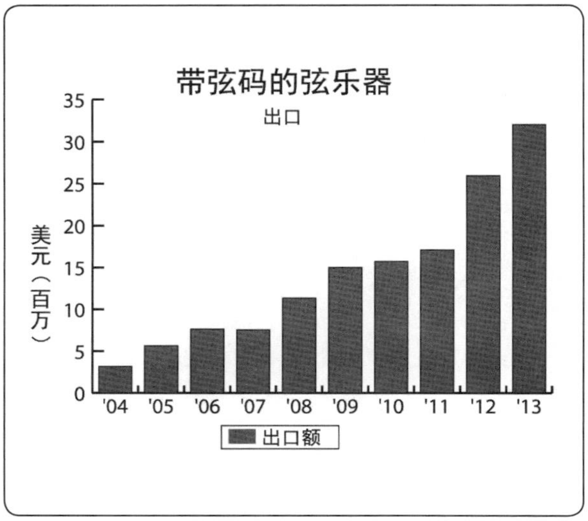
带弦码的弦乐器
出口
美元（百万）
35
30
25
20
15
10
5
0
'04 '05 '06 '07 '08 '09 '10 '11 '12 '13
出口额

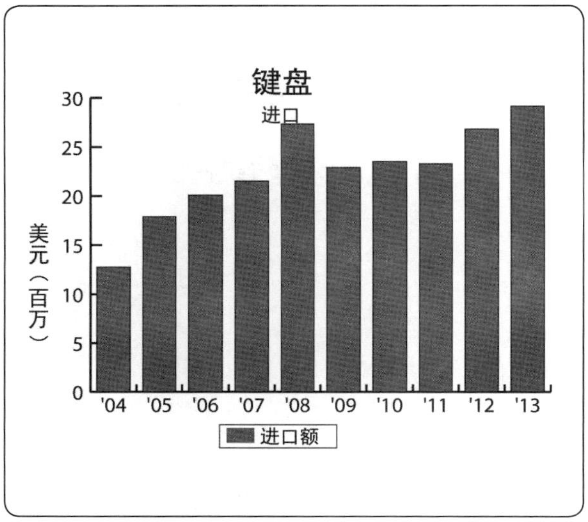
键盘
进口
美元（百万）
30
25
20
15
10
5
0
'04 '05 '06 '07 '08 '09 '10 '11 '12 '13
进口额

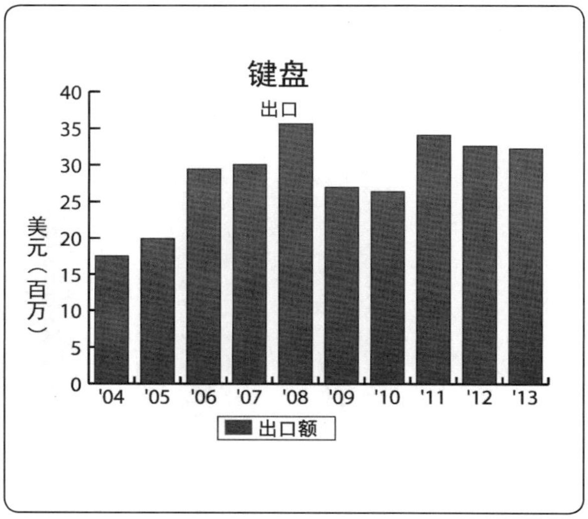
键盘
出口
美元（百万）
40
35
30
25
20
15
10
5
0
'04 '05 '06 '07 '08 '09 '10 '11 '12 '13
出口额

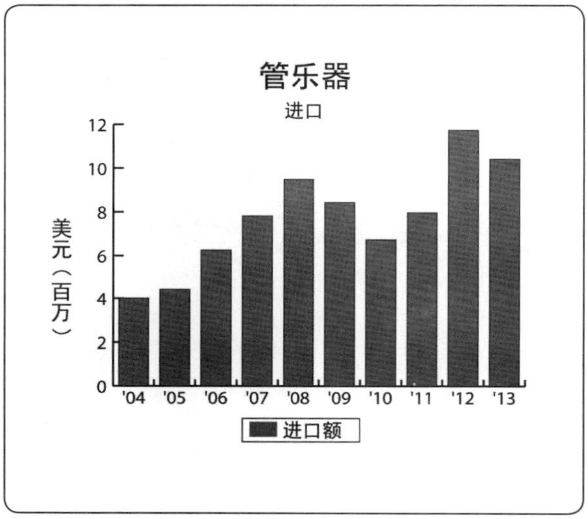
管乐器
进口
美元（百万）
12
10
8
6
4
2
0
'04 '05 '06 '07 '08 '09 '10 '11 '12 '13
进口额

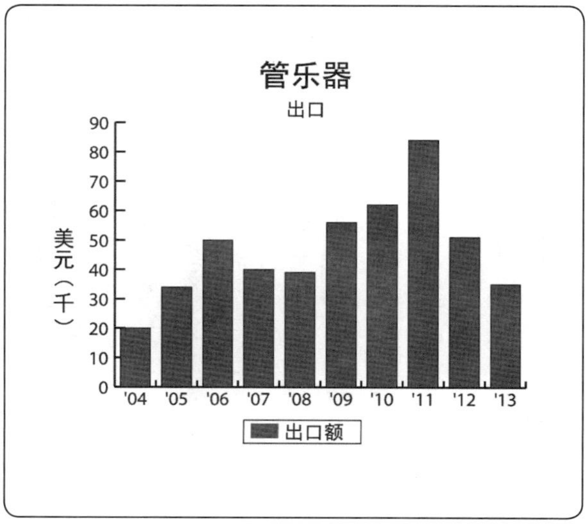
管乐器
出口
美元（千）
90
80
70
60
50
40
30
20
10
0
'04 '05 '06 '07 '08 '09 '10 '11 '12 '13
出口额

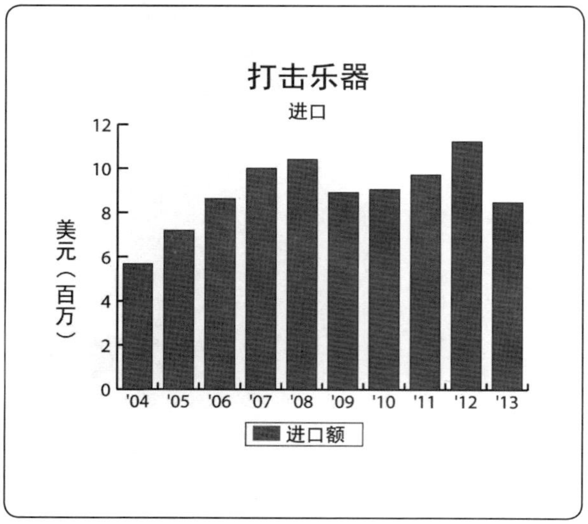
打击乐器
进口
美元（百万）
12
10
8
6
4
2
0
'04 '05 '06 '07 '08 '09 '10 '11 '12 '13
进口额

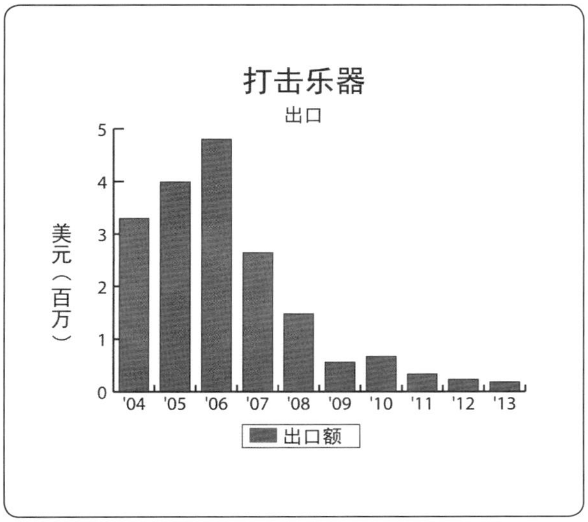
打击乐器
出口
美元（百万）
5
4
3
2
1
0
'04 '05 '06 '07 '08 '09 '10 '11 '12 '13
出口额

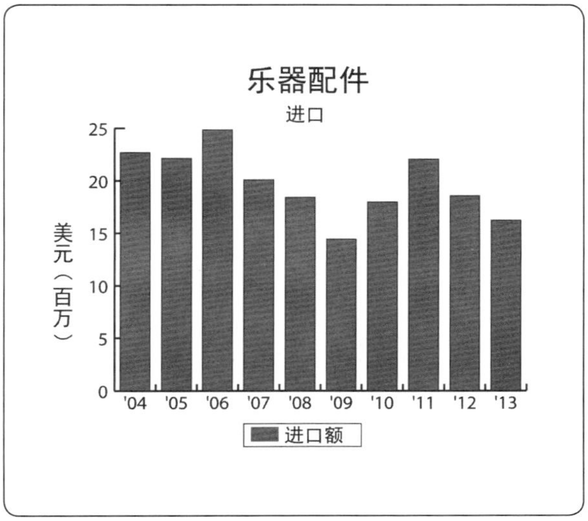
乐器配件
进口
美元（百万）
25
20
15
10
5
0
'04 '05 '06 '07 '08 '09 '10 '11 '12 '13
进口额

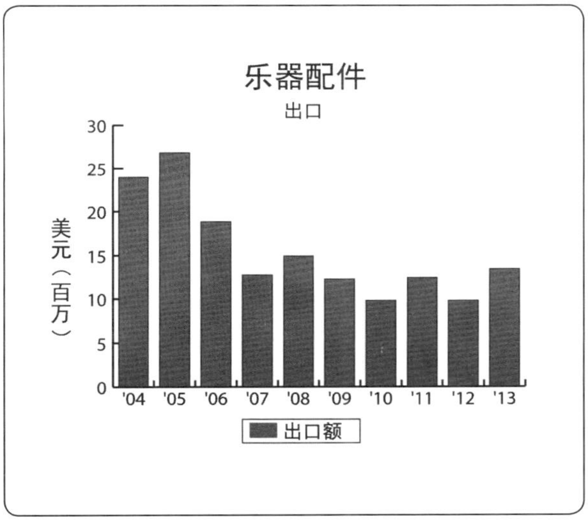
乐器配件
出口
美元（百万）
30
25
20
15
10
5
0
'04 '05 '06 '07 '08 '09 '10 '11 '12 '13
出口额

瑞士

瑞士失业率低于3%，经济一直很平稳，乐器市场同样如此。据估计，瑞士从国外进口的功放、音响系统、效果器等电声类音乐制品进口总额为6000-7000万瑞士法郎。

瑞士网络乐器业务也在拓展，但速度不像之前专家所说的那么快，乐器销售增长主要依靠实体店，这主要归因于经销商能提供良好服务。（评注：欧洲音乐产业联盟瑞士代表、罗兰瑞士公司董事长迈克尔）

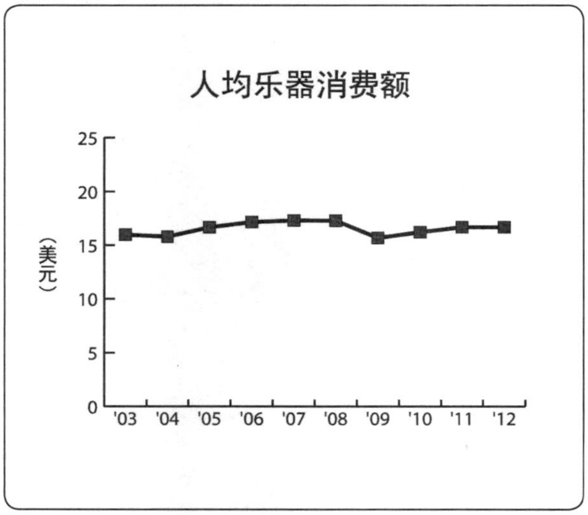

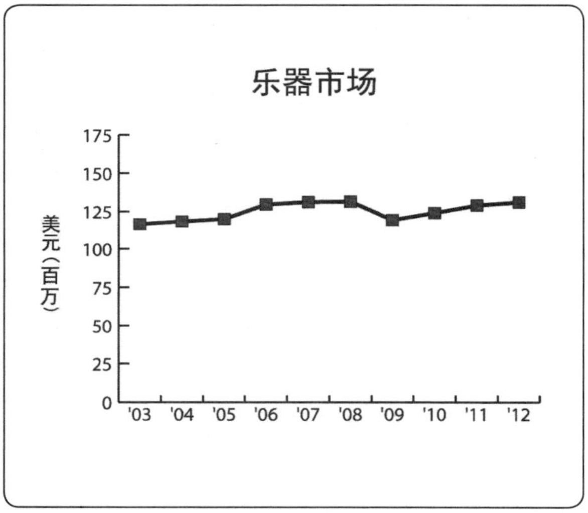

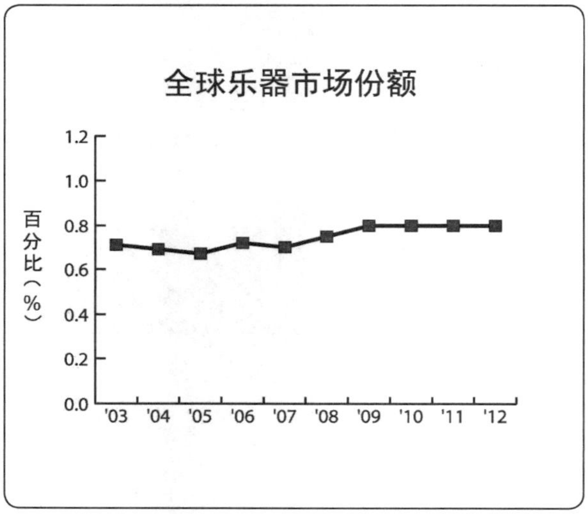

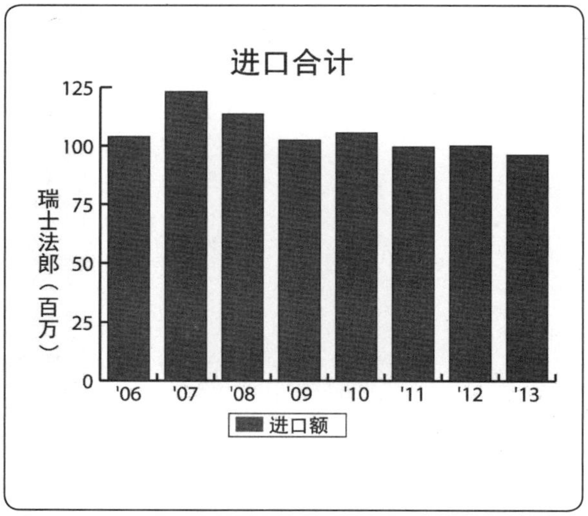

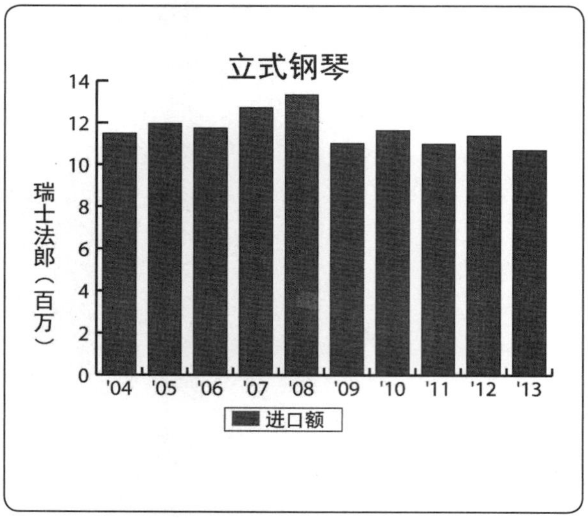

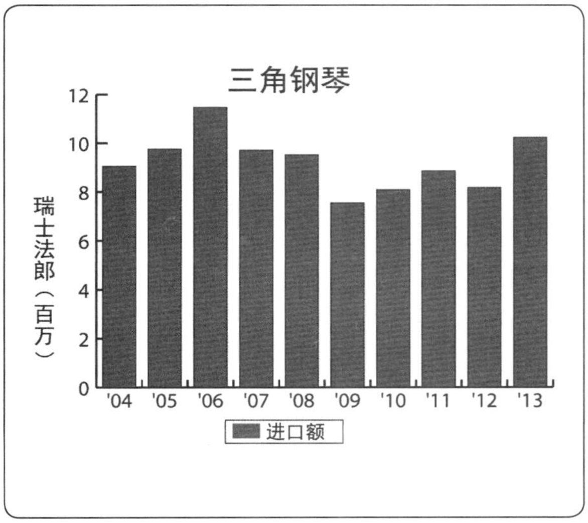
三角钢琴
瑞士法郎（百万）
0
2
4
6
8
10
12
'04 '05 '06 '07 '08 '09 '10 '11 '12 '13
进口额

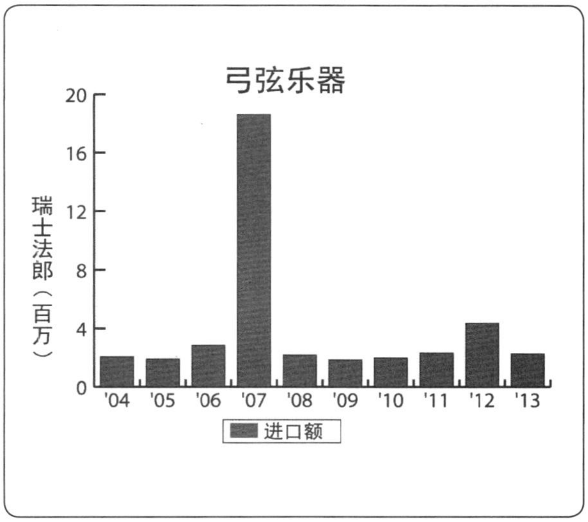
弓弦乐器
瑞士法郎（百万）
0
4
8
12
16
20
'04 '05 '06 '07 '08 '09 '10 '11 '12 '13
进口额

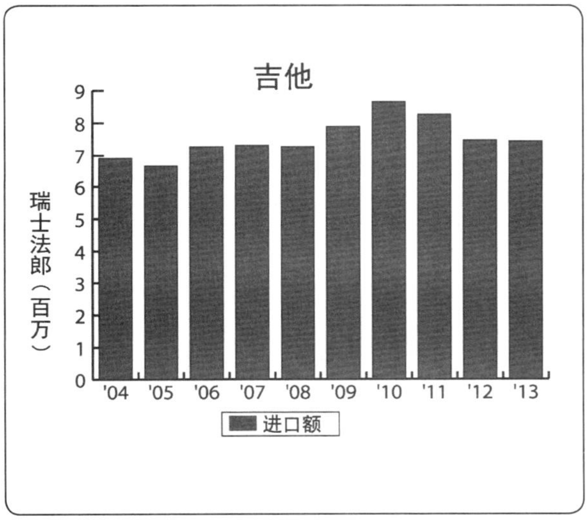
吉他
瑞士法郎（百万）
0
1
2
3
4
5
6
7
8
9
'04 '05 '06 '07 '08 '09 '10 '11 '12 '13
进口额

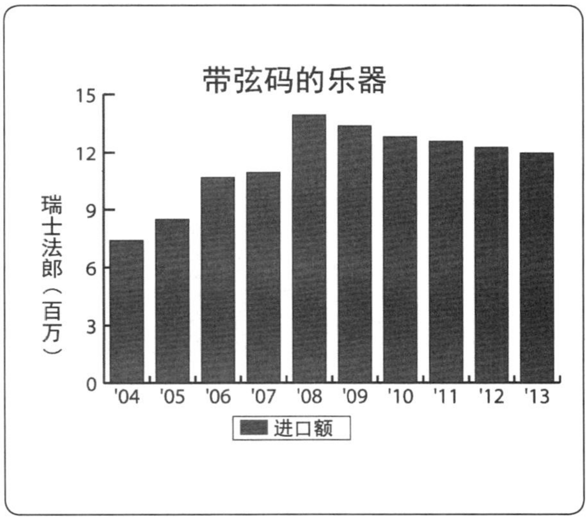
带弦码的乐器
瑞士法郎（百万）
0
3
6
9
12
15
'04 '05 '06 '07 '08 '09 '10 '11 '12 '13
进口额

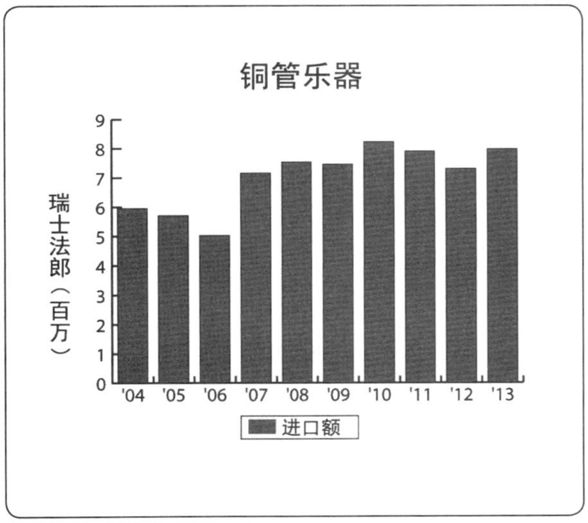
铜管乐器
瑞士法郎（百万）
0
1
2
3
4
5
6
7
8
9
'04 '05 '06 '07 '08 '09 '10 '11 '12 '13
进口额

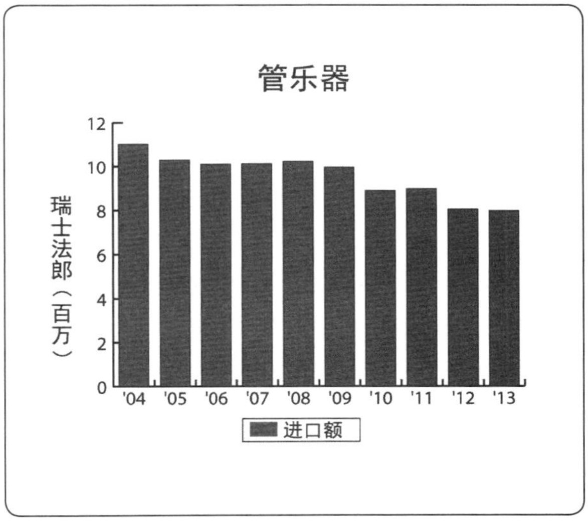
管乐器
瑞士法郎（百万）
0
2
4
6
8
10
12
'04 '05 '06 '07 '08 '09 '10 '11 '12 '13
进口额

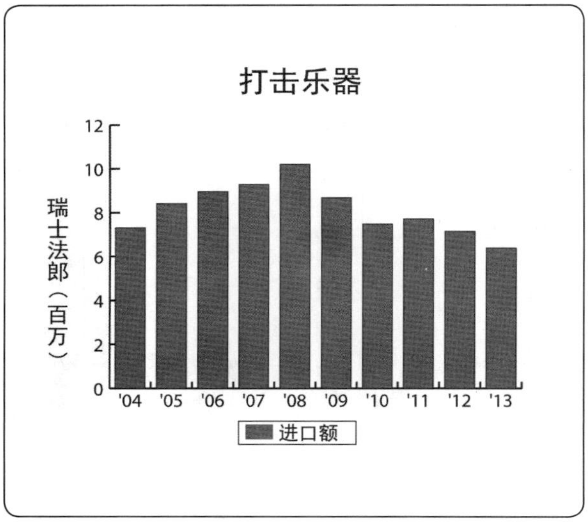
打击乐器
瑞士法郎（百万）
12
10
8
6
4
2
0
'04 '05 '06 '07 '08 '09 '10 '11 '12 '13
进口额

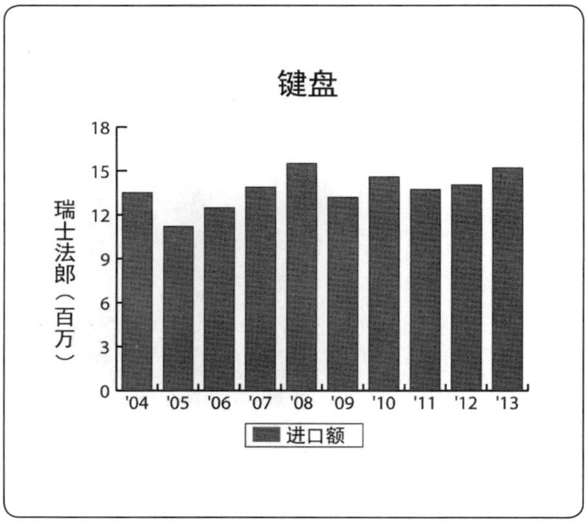
键盘
瑞士法郎（百万）
18
15
12
9
6
3
0
'04 '05 '06 '07 '08 '09 '10 '11 '12 '13
进口额

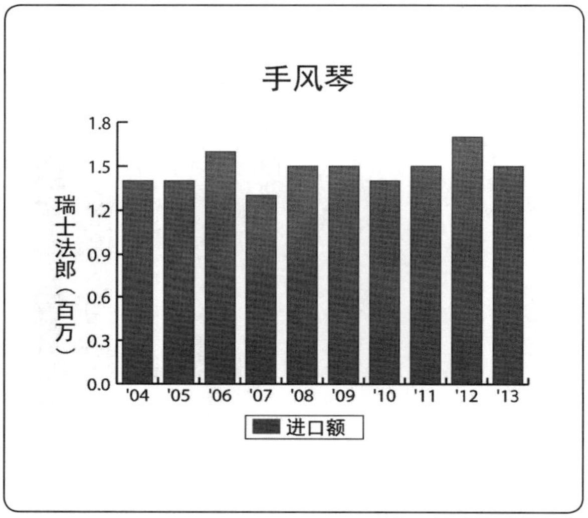
手风琴
瑞士法郎（百万）
1.8
1.5
1.2
0.9
0.6
0.3
0.0
'04 '05 '06 '07 '08 '09 '10 '11 '12 '13
进口额

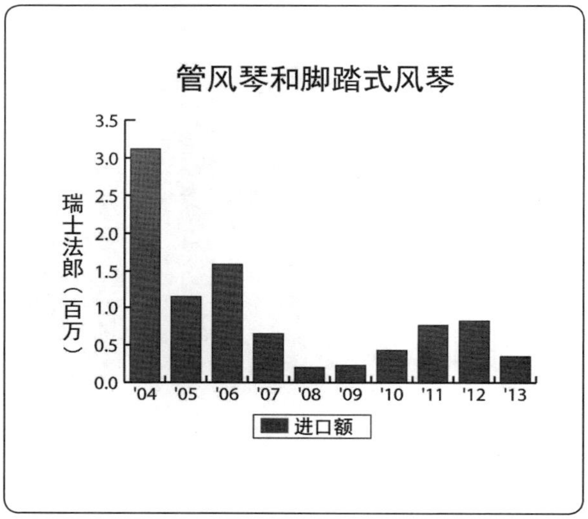
管风琴和脚踏式风琴
瑞士法郎（百万）
3.5
3.0
2.5
2.0
1.5
1.0
0.5
0.0
'04 '05 '06 '07 '08 '09 '10 '11 '12 '13
进口额

奥地利

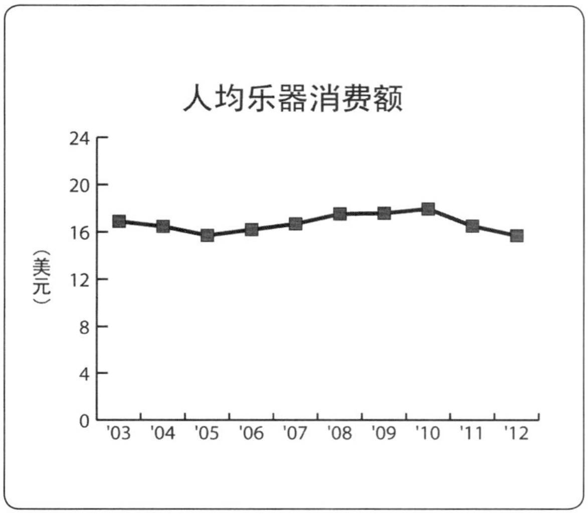
人均乐器消费额
24
20
16
12
8
4
0
（美元）
'03 '04 '05 '06 '07 '08 '09 '10 '11 '12

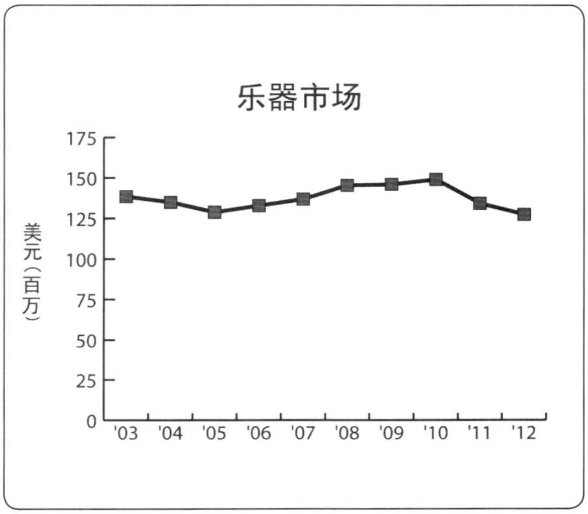
乐器市场
175
150
125
100
75
50
25
0
美元（百万）
'03 '04 '05 '06 '07 '08 '09 '10 '11 '12

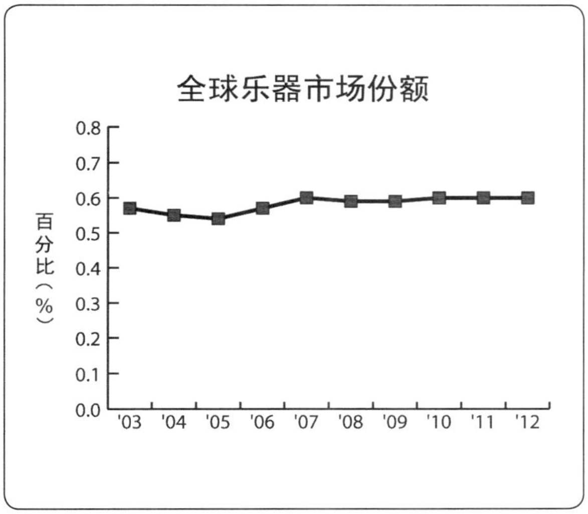
全球乐器市场份额
0.8
0.7
0.6
0.5
0.4
0.3
0.2
0.1
0.0
百分比（%）
'03 '04 '05 '06 '07 '08 '09 '10 '11 '12

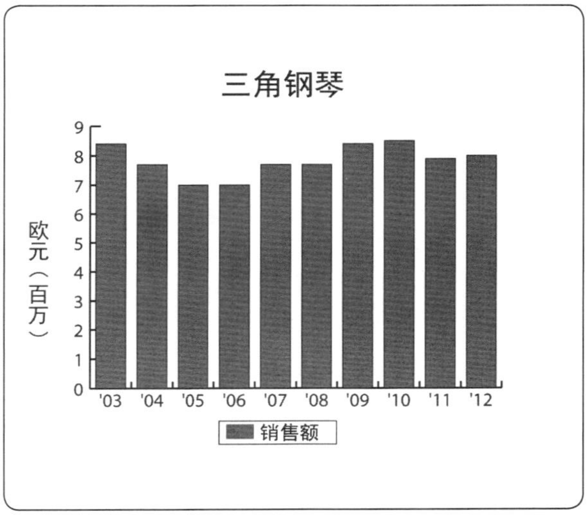
三角钢琴
9
8
7
6
5
4
3
2
1
0
欧元（百万）
'03 '04 '05 '06 '07 '08 '09 '10 '11 '12
销售额

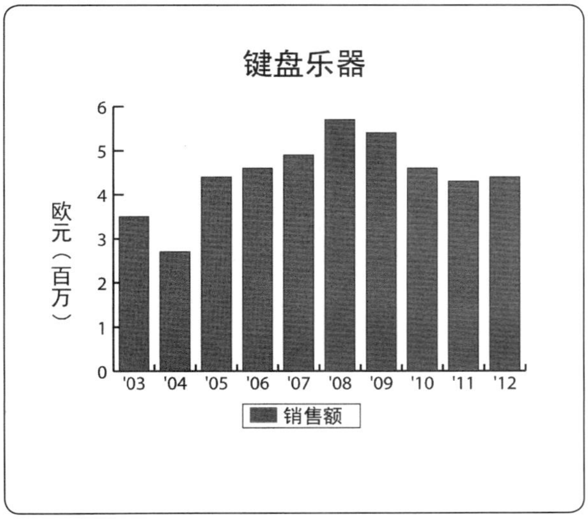
键盘乐器
6
5
4
3
2
1
0
欧元（百万）
'03 '04 '05 '06 '07 '08 '09 '10 '11 '12
销售额

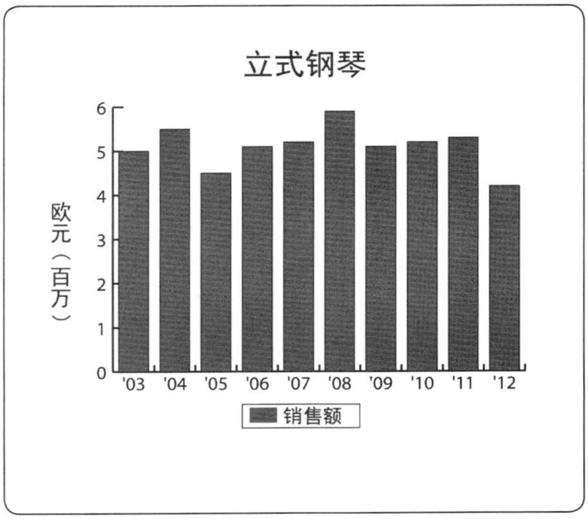
立式钢琴
6
5
4
3
2
1
0
欧元（百万）
'03 '04 '05 '06 '07 '08 '09 '10 '11 '12
销售额

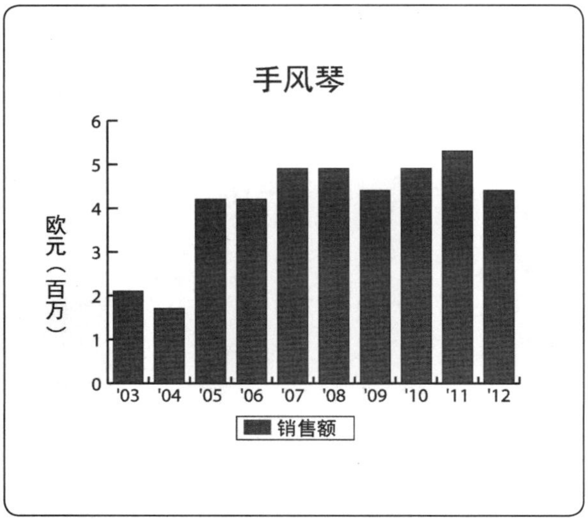
手风琴
欧元（百万）
6
5
4
3
2
1
0
'03 '04 '05 '06 '07 '08 '09 '10 '11 '12
销售额

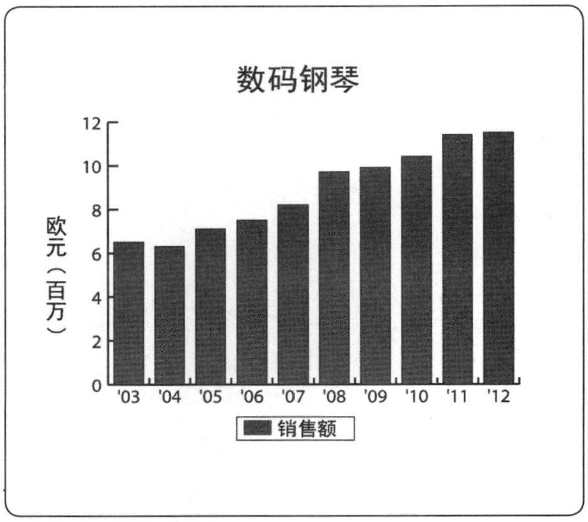
数码钢琴
欧元（百万）
12
10
8
6
4
2
0
'03 '04 '05 '06 '07 '08 '09 '10 '11 '12
销售额

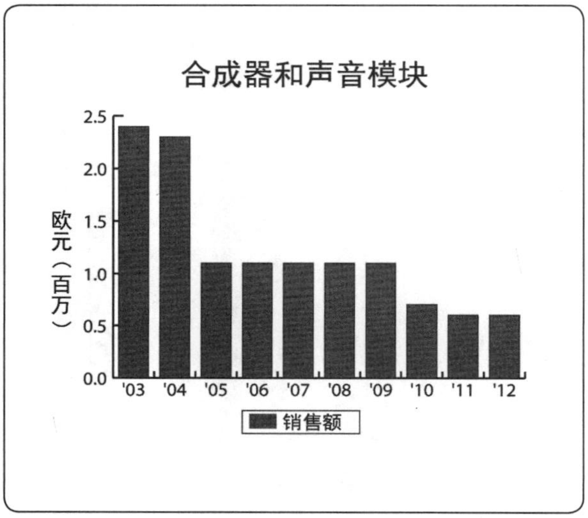
合成器和声音模块
欧元（百万）
2.5
2.0
1.5
1.0
0.5
0.0
'03 '04 '05 '06 '07 '08 '09 '10 '11 '12
销售额

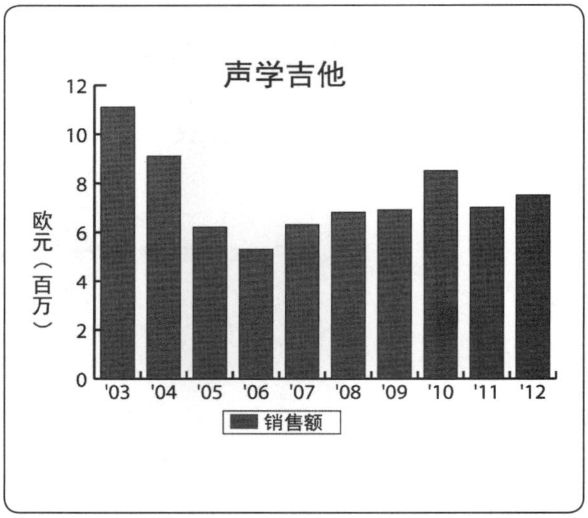
声学吉他
欧元（百万）
12
10
8
6
4
2
0
'03 '04 '05 '06 '07 '08 '09 '10 '11 '12
销售额

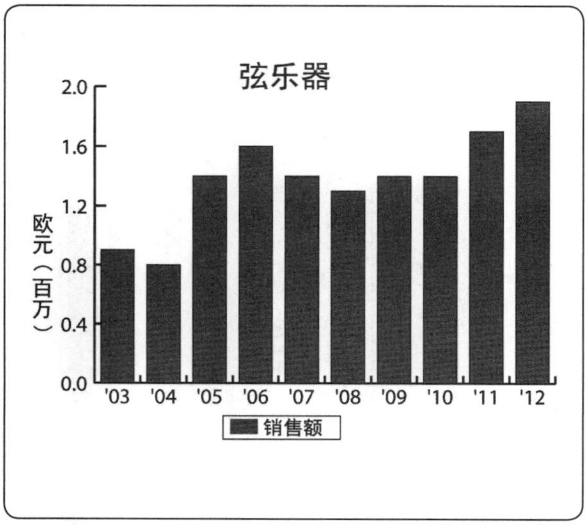
弦乐器
欧元（百万）
2.0
1.6
1.2
0.8
0.4
0.0
'03 '04 '05 '06 '07 '08 '09 '10 '11 '12
销售额

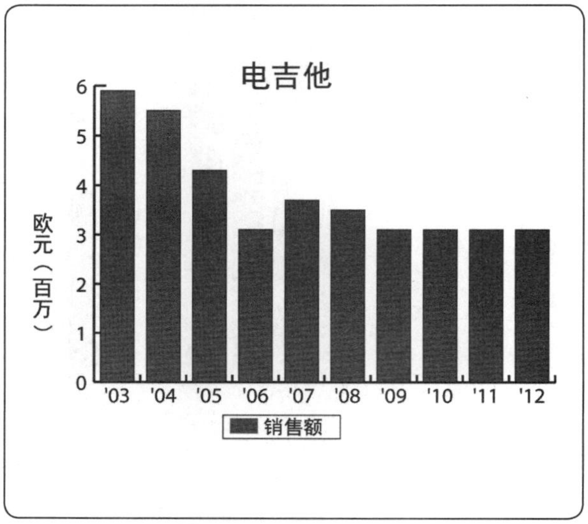
电吉他
欧元（百万）
6
5
4
3
2
1
0
'03 '04 '05 '06 '07 '08 '09 '10 '11 '12
销售额

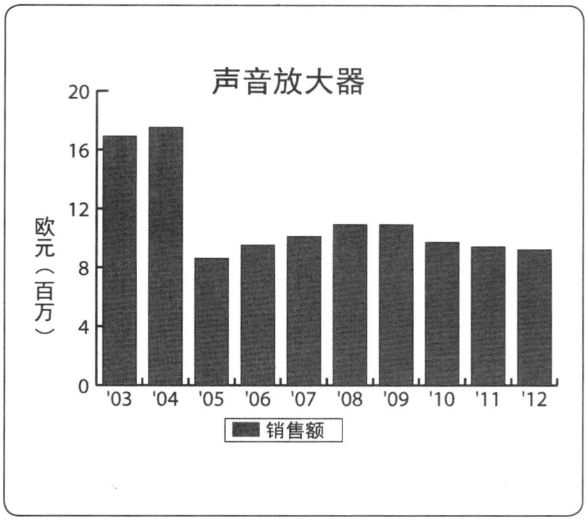
声音放大器
20
16
12
8
4
0
欧元（百万）
'03 '04 '05 '06 '07 '08 '09 '10 '11 '12
销售额

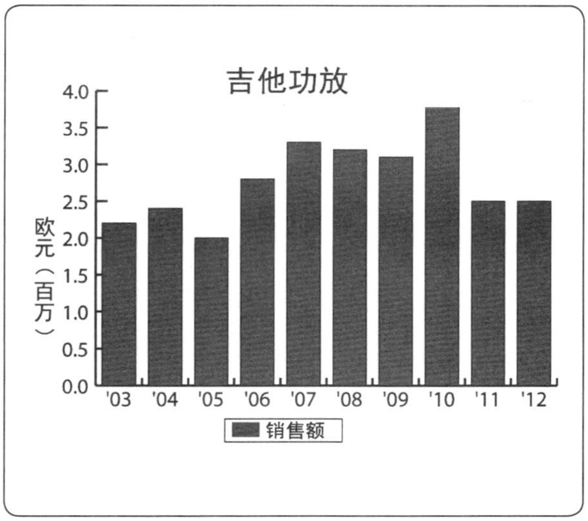
吉他功放
4.0
3.5
3.0
2.5
2.0
1.5
1.0
0.5
0.0
欧元（百万）
'03 '04 '05 '06 '07 '08 '09 '10 '11 '12
销售额

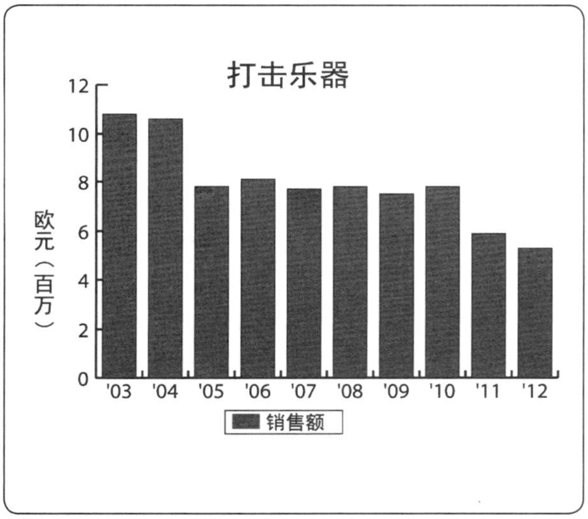
打击乐器
12
10
8
6
4
2
0
欧元（百万）
'03 '04 '05 '06 '07 '08 '09 '10 '11 '12
销售额

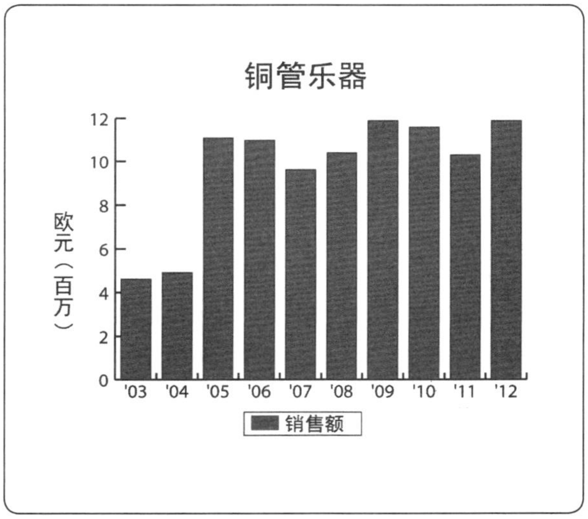
铜管乐器
12
10
8
6
4
2
0
欧元（百万）
'03 '04 '05 '06 '07 '08 '09 '10 '11 '12
销售额

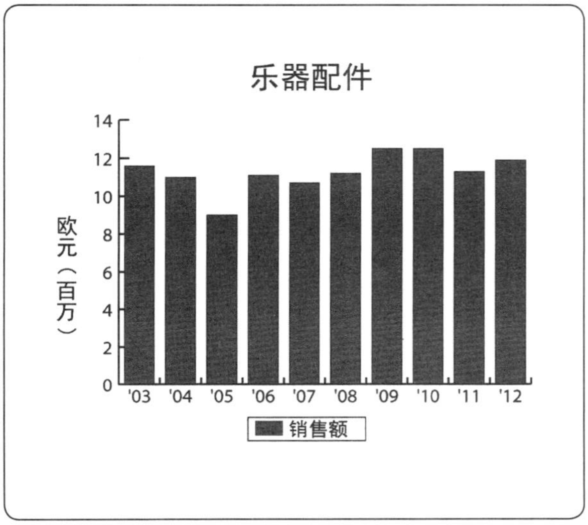
乐器配件
14
12
10
8
6
4
2
0
欧元（百万）
'03 '04 '05 '06 '07 '08 '09 '10 '11 '12
销售额

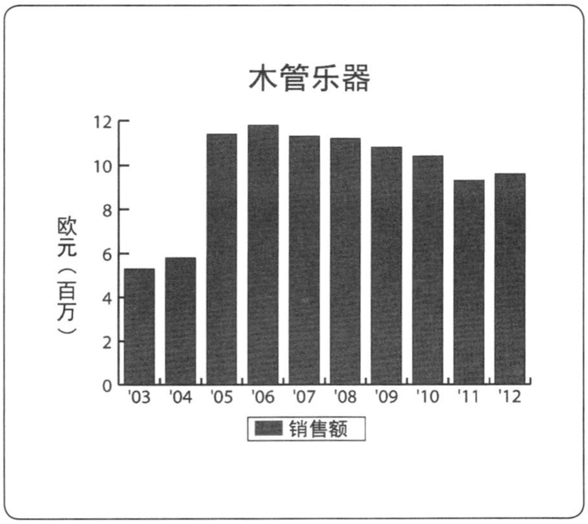
木管乐器
12
10
8
6
4
2
0
欧元（百万）
'03 '04 '05 '06 '07 '08 '09 '10 '11 '12
销售额

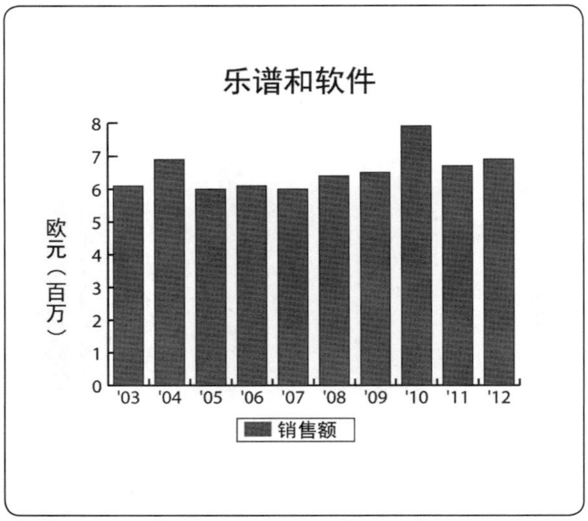

西班牙

在对乐器批发商和零售商调研基础上，西班牙乐器协会对2013年西班牙乐器销售状况做了简要分析。该协会调查的批发商有18家，其批发总额占到西班牙销售总额的70%，2013年全年批发销售总额降低11.42%；调查的零售商有23家，2013年零售额平均下滑6.24%。

2013年，西班牙乐器市场随时间节点而出现明显变化。上半年销售形势非常糟糕，市场零售额下滑17%，而下半年表现良好，销售额显著回升。

仅从批发额和零售额，我们无法推断贸易是否出现明显下滑。但估计市场销售业绩高于批发，说明了琴行在快速处理库存。

目前协会无法直接掌握国外网上销售数据变化的信息，但总体研判销售下滑幅度大于西班牙国内。通过受调查的乐器公司及顾客意见，我们推测2014年销售特点将是“缓慢而平稳”。（评注：西班牙乐器协会会长格雷科斯）

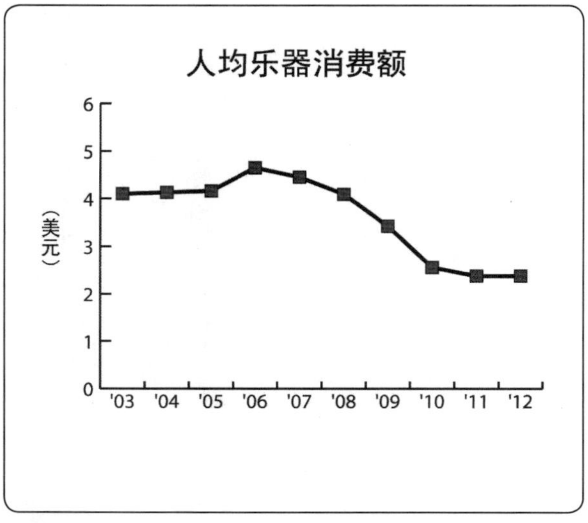

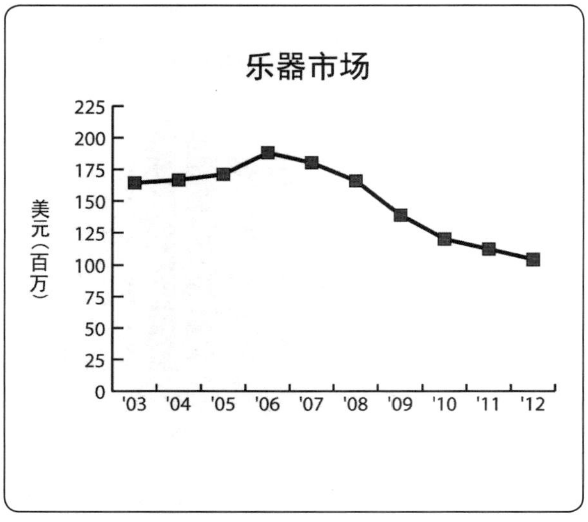

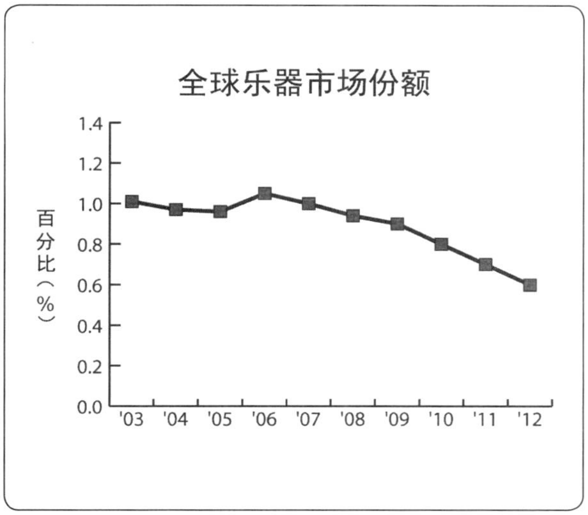
全球乐器市场份额
百分比（%）
1.4
1.2
1.0
0.8
0.6
0.4
0.2
0.0
'03 '04 '05 '06 '07 '08 '09 '10 '11 '12

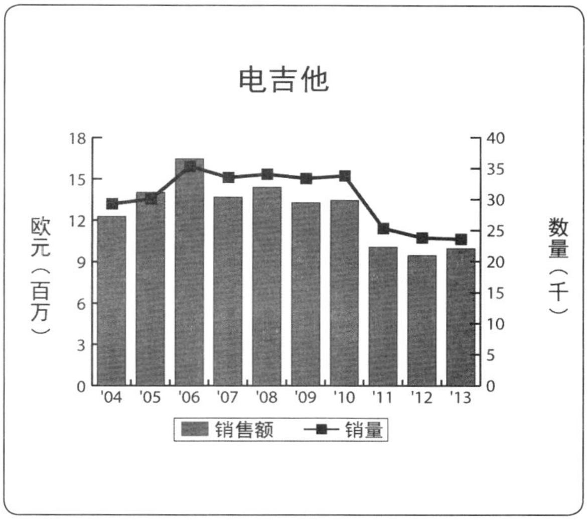
电吉他
欧元（百万）
数量（千）
'04 '05 '06 '07 '08 '09 '10 '11 '12 '13
销售额
销量

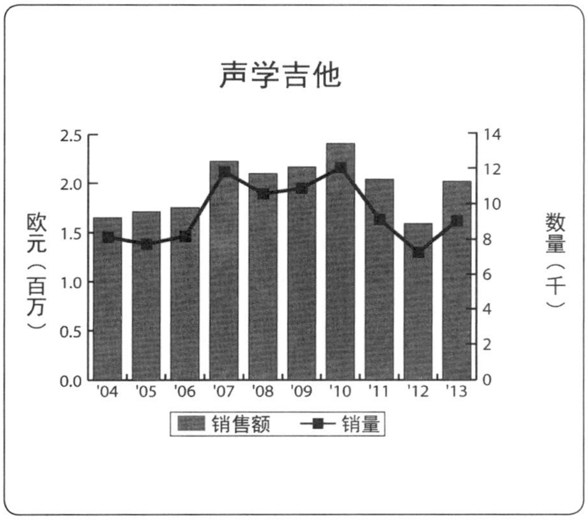
声学吉他
欧元（百万）
数量（千）
'04 '05 '06 '07 '08 '09 '10 '11 '12 '13
销售额
销量

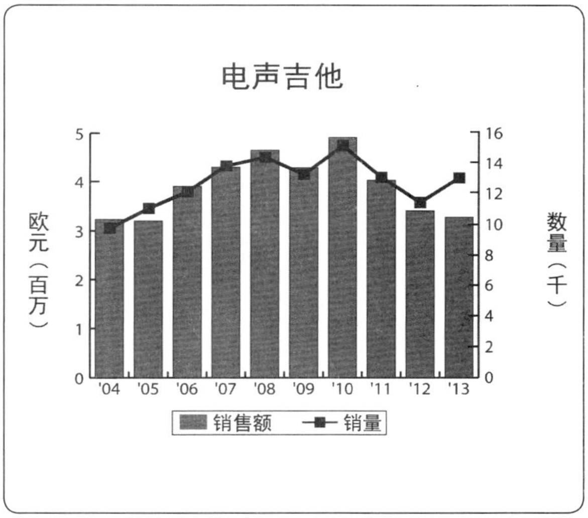
电声吉他
欧元（百万）
数量（千）
'04 '05 '06 '07 '08 '09 '10 '11 '12 '13
销售额
销量

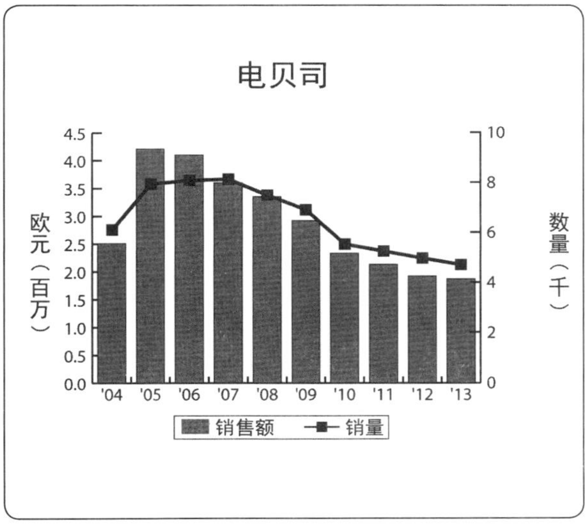
电贝司
欧元（百万）
数量（千）
'04 '05 '06 '07 '08 '09 '10 '11 '12 '13
销售额
销量

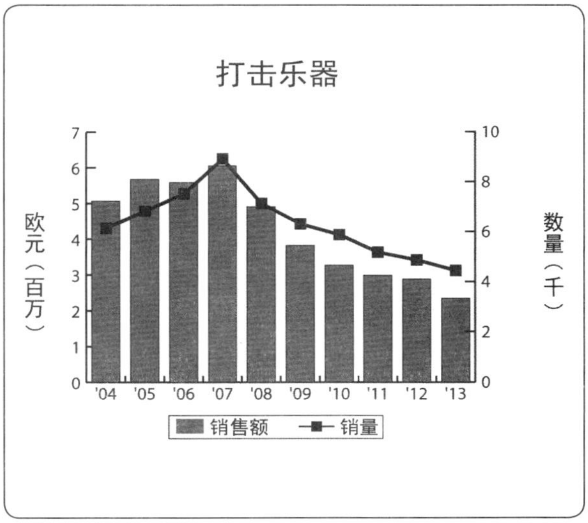
打击乐器
欧元（百万）
数量（千）
'04 '05 '06 '07 '08 '09 '10 '11 '12 '13
销售额
销量

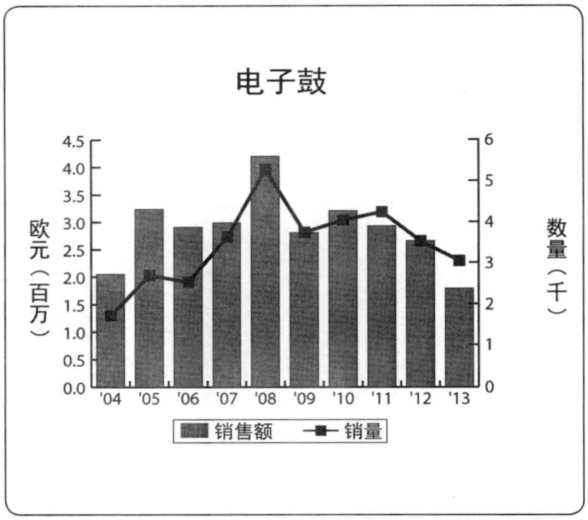
电子鼓
欧元（百万）
数量（千）
'04 '05 '06 '07 '08 '09 '10 '11 '12 '13
销售额
销量

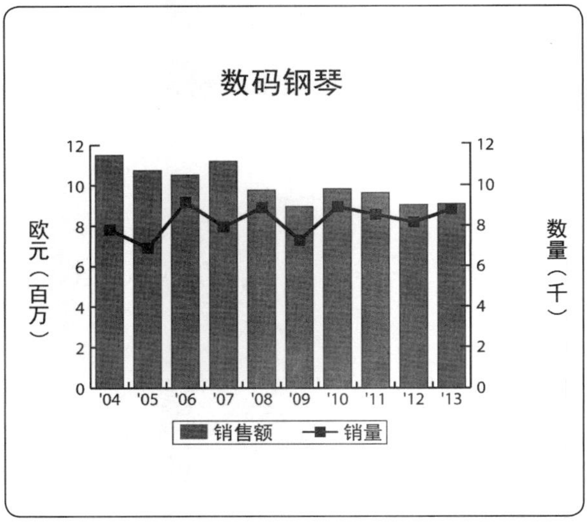
数码钢琴
欧元（百万）
数量（千）
'04 '05 '06 '07 '08 '09 '10 '11 '12 '13
销售额
销量

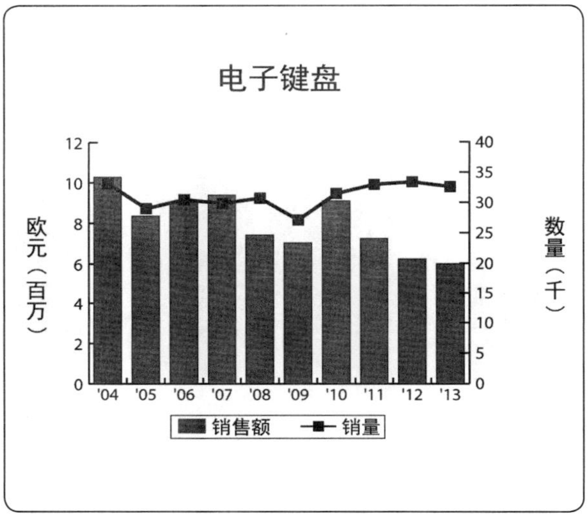
电子键盘
欧元（百万）
数量（千）
'04 '05 '06 '07 '08 '09 '10 '11 '12 '13
销售额
销量

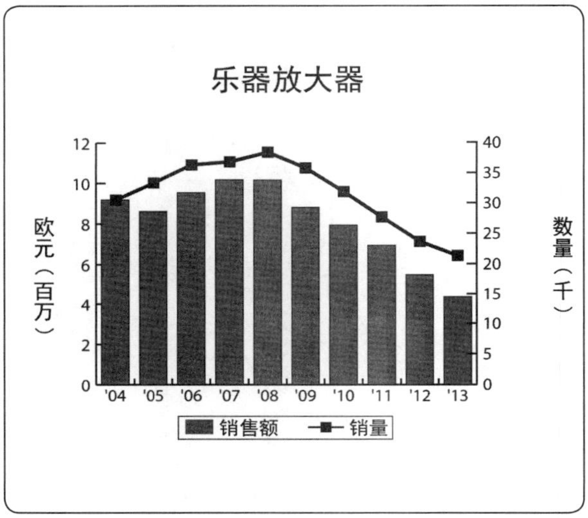
乐器放大器
欧元（百万）
数量（千）
'04 '05 '06 '07 '08 '09 '10 '11 '12 '13
销售额
销量

印度

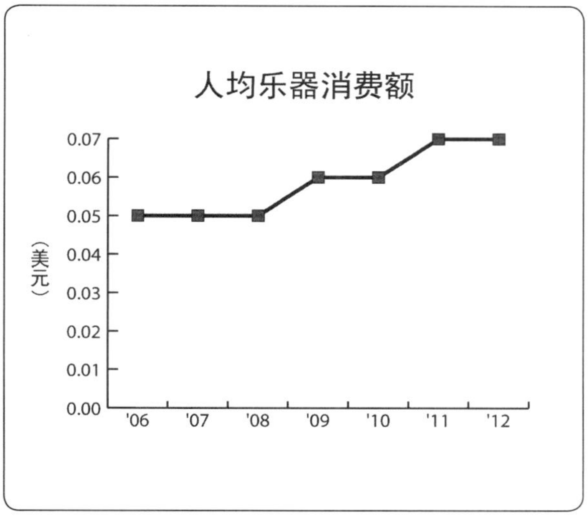
人均乐器消费额
（美元）
0.07
0.06
0.05
0.04
0.03
0.02
0.01
0.00
'06 '07 '08 '09 '10 '11 '12

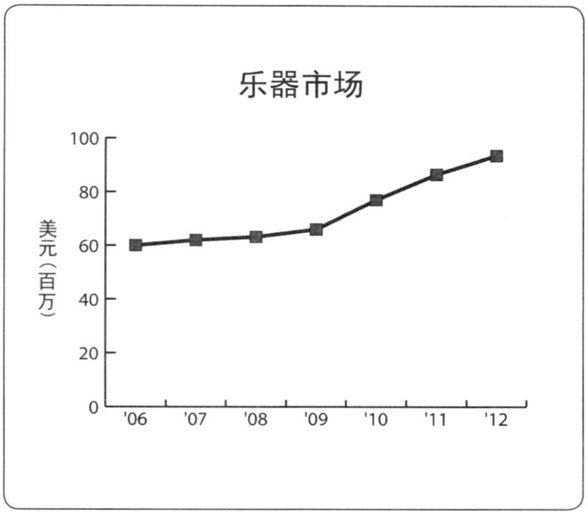
乐器市场
美元（百万）
100
80
60
40
20
0
'06 '07 '08 '09 '10 '11 '12

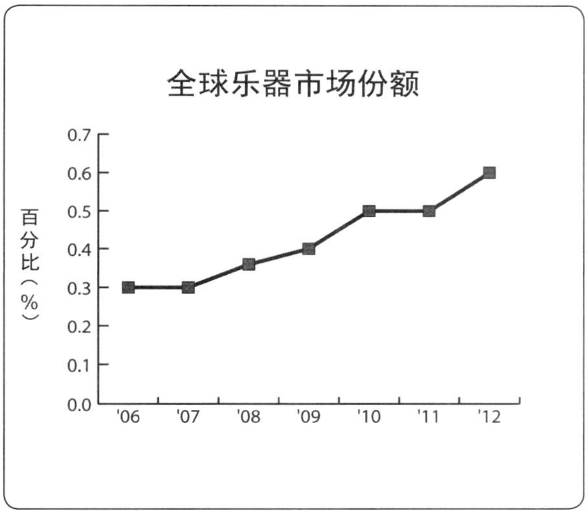
全球乐器市场份额
百分比（%）
0.7
0.6
0.5
0.4
0.3
0.2
0.1
0.0
'06 '07 '08 '09 '10 '11 '12

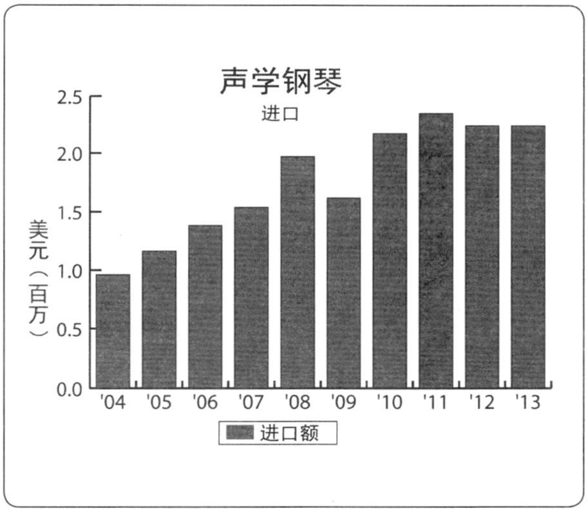
声学钢琴
进口
美元（百万）
2.5
2.0
1.5
1.0
0.5
0.0
'04 '05 '06 '07 '08 '09 '10 '11 '12 '13
进口额

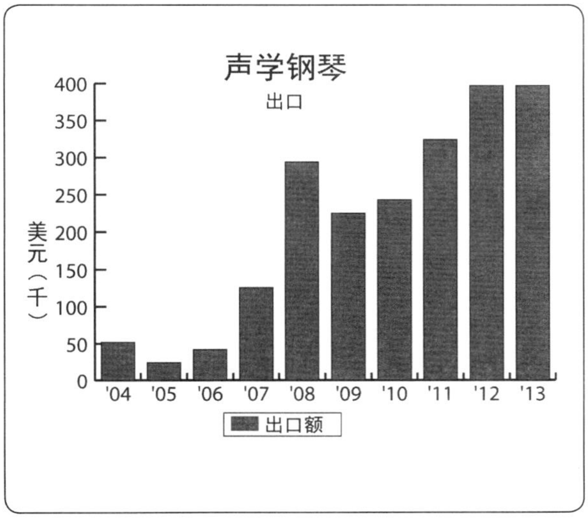
声学钢琴
出口
美元（千）
400
350
300
250
200
150
100
50
0
'04 '05 '06 '07 '08 '09 '10 '11 '12 '13
出口额

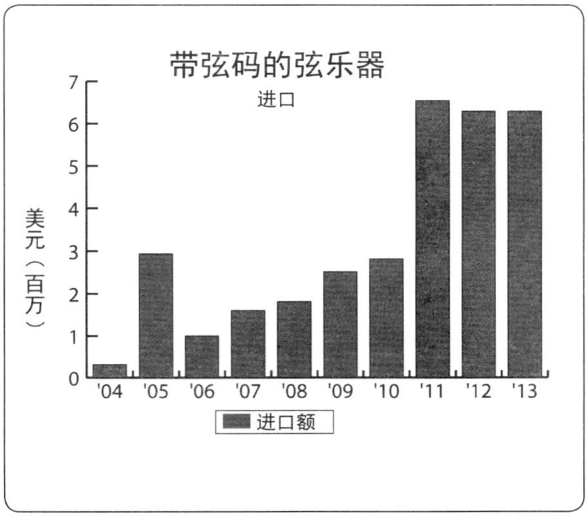
带弦码的弦乐器
进口
美元（百万）
7
6
5
4
3
2
1
0
'04 '05 '06 '07 '08 '09 '10 '11 '12 '13
进口额

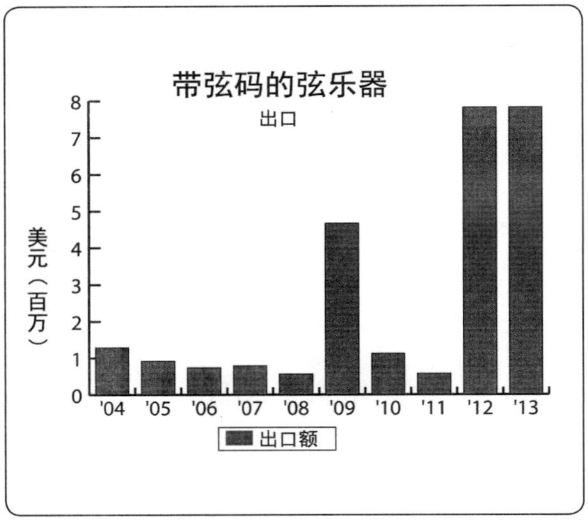
带弦码的弦乐器
出口
美元（百万）
8
7
6
5
4
3
2
1
0
'04 '05 '06 '07 '08 '09 '10 '11 '12 '13
出口额

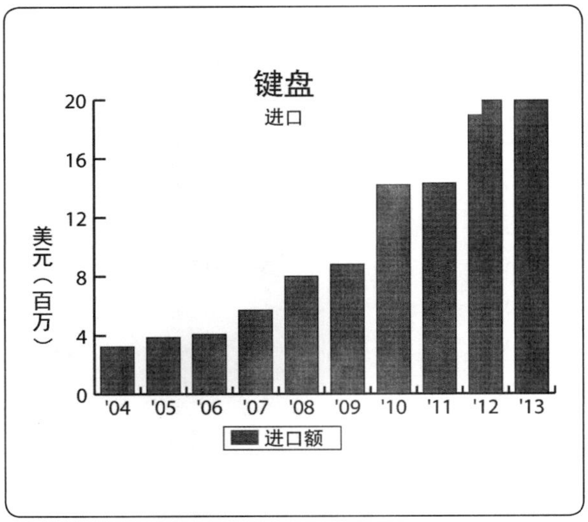
键盘
进口
美元（百万）
20
16
12
8
4
0
'04 '05 '06 '07 '08 '09 '10 '11 '12 '13
进口额

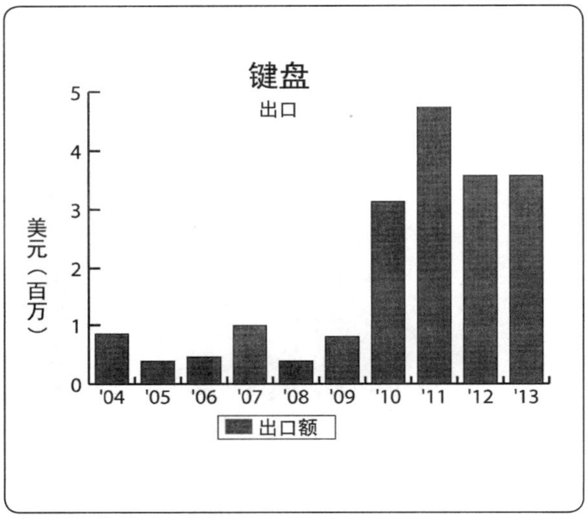
键盘
出口
美元（百万）
5
4
3
2
1
0
'04 '05 '06 '07 '08 '09 '10 '11 '12 '13
出口额

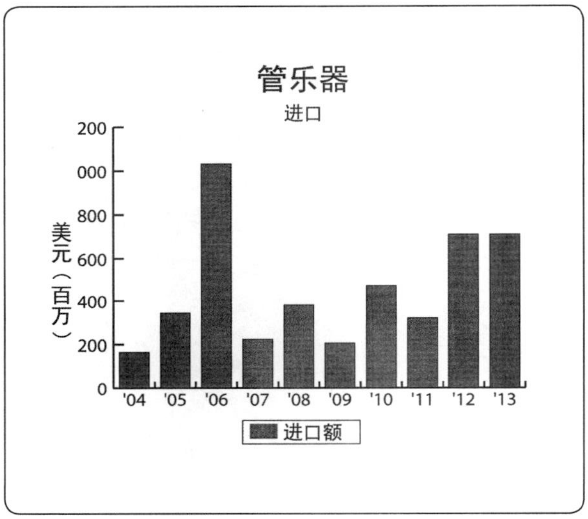
管乐器
进口
美元（百万）
200
000
800
600
400
200
0
'04 '05 '06 '07 '08 '09 '10 '11 '12 '13
进口额

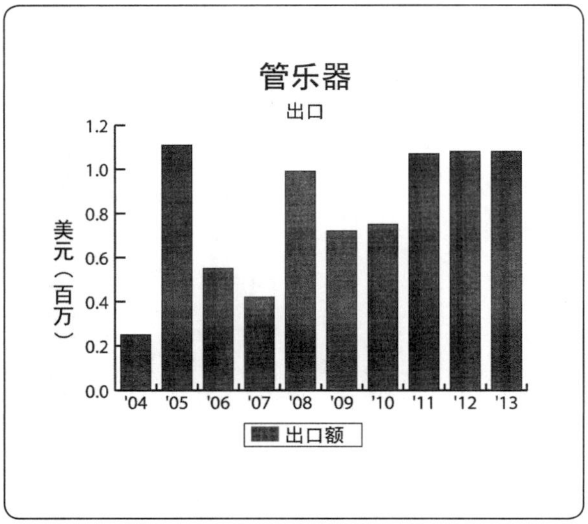
管乐器
出口
美元（百万）
1.2
1.0
0.8
0.6
0.4
0.2
0.0
'04 '05 '06 '07 '08 '09 '10 '11 '12 '13
出口额

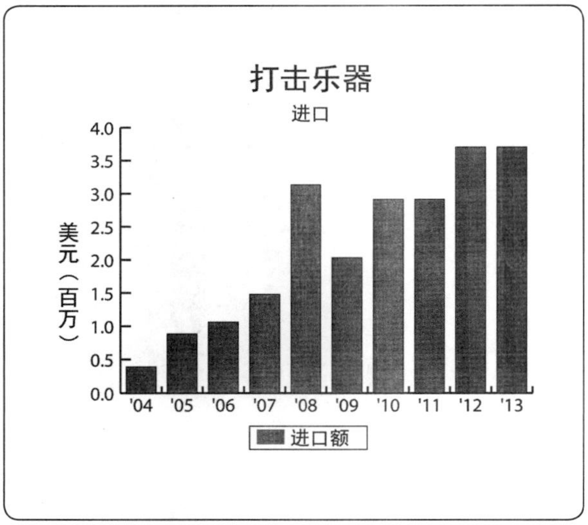
打击乐器
进口
美元（百万）
4.0
3.5
3.0
2.5
2.0
1.5
1.0
0.5
0.0
'04 '05 '06 '07 '08 '09 '10 '11 '12 '13
进口额

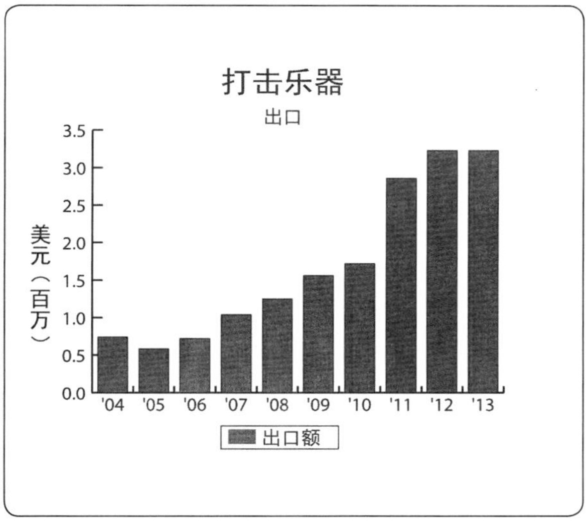
打击乐器
出口
美元（百万）
3.5
3.0
2.5
2.0
1.5
1.0
0.5
0.0
'04 '05 '06 '07 '08 '09 '10 '11 '12 '13
出口额

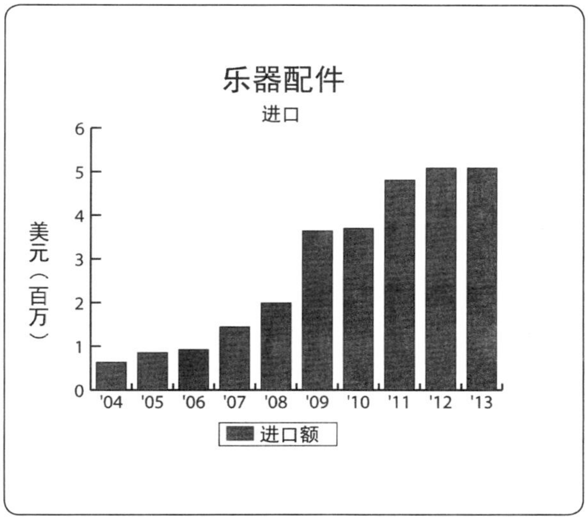
乐器配件
进口
美元（百万）
6
5
4
3
2
1
0
'04 '05 '06 '07 '08 '09 '10 '11 '12 '13
进口额

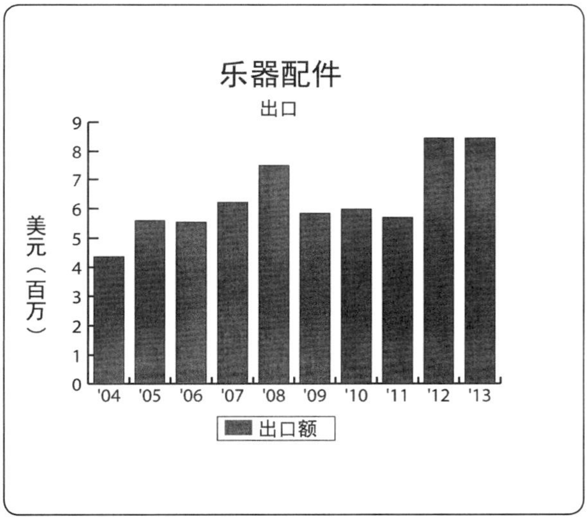
乐器配件
出口
美元（百万）
9
8
7
6
5
4
3
2
1
0
'04 '05 '06 '07 '08 '09 '10 '11 '12 '13
出口额

阿根廷

阿根廷有数以千计的琴行、分销商、音乐学校和活跃的艺术社区，在南美洲是继巴西之后的第二大乐器市场，紧接着是智利和秘鲁。但是，进口市场开放多年后，从2011年起，阿根廷政府开始采取进口限制。

首先，为保护和鼓励国内乐器产业，阿根廷进口限制针对部分产品（如声学吉他、箱包和支架），目前，这类产品要想进口到阿根廷非常困难，达到几乎“不可能”的地步。

自2012年2月1日起，进口限制措施更加严厉，而且不分种类地扩展到所有产品，政府出台了一项名为“关于进口必要性的保证书”（DJAI）的措施，实际上成为政府全面控制各类进口的手段。

此外，外汇市场也被全面控制，外国货币被限制流入，今年1月情况最糟糕，致使市场汇率对官定汇价升值100%（截至本文定稿时汇率又抬高了30%）。从这时起，对于每项产品，进口商都必须填写DJAI表申请进口许可，由政府部门决定是否颁发并批准。许可如未批准，也不会有书面解释或说明；即使获批，也会规定有效期仅为180天。业内都知道，有效期180天对产品制造商而言非常短暂，因为生产制造需提前4-5个月就要下订单确认，再加上近60天产品转运、通关时间，DJAI表往往在产品未到达阿根廷就已到期。因此，进口商只能申请有效期再次延长180天，在不确定能否获批的情况下，产品只能暂存自由贸易区或在港口停留一段时间（有的产品在海关口岸滞留了整整1年，但申请还未获批）。

接下来，各项开支大幅上升，只能迫使产品转口其他国家或自由贸易区。这种情形对于海外生产和订单计划往往风险较大，最终会达到政府限制进口的目的，而且，对于本国产品所需的原材料或产品，也采用相同措施，同时也达到限制出口的目的，因此商界今后面临的经营前景非常不明朗。

（评注：Import乐器公司创办人阿弗莱德）

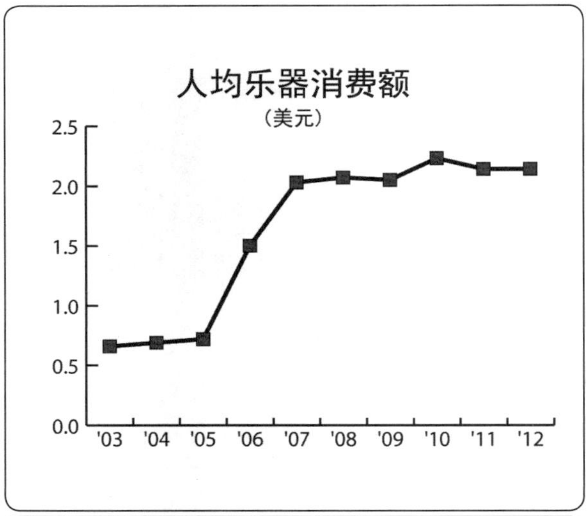

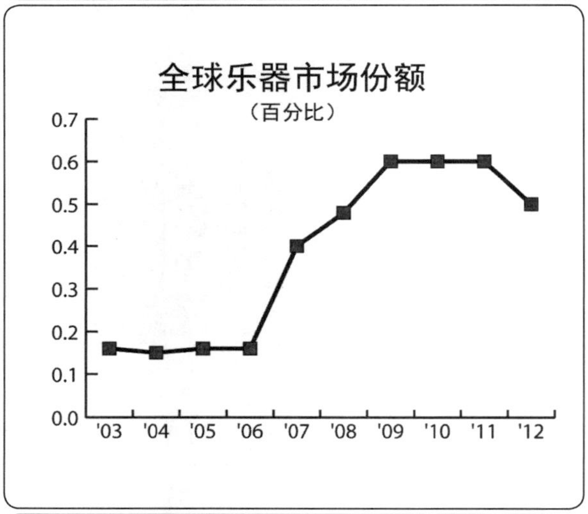

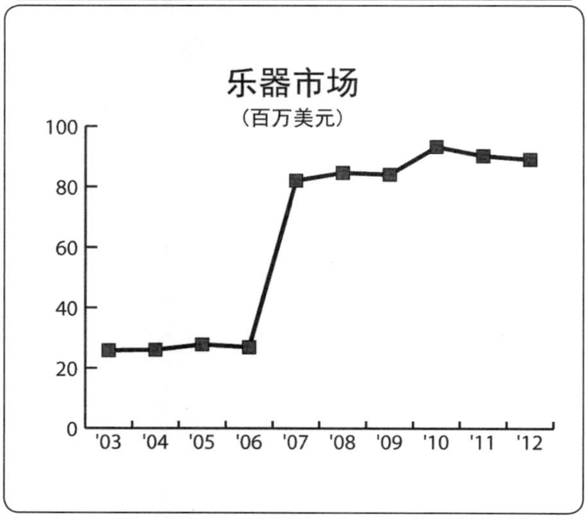

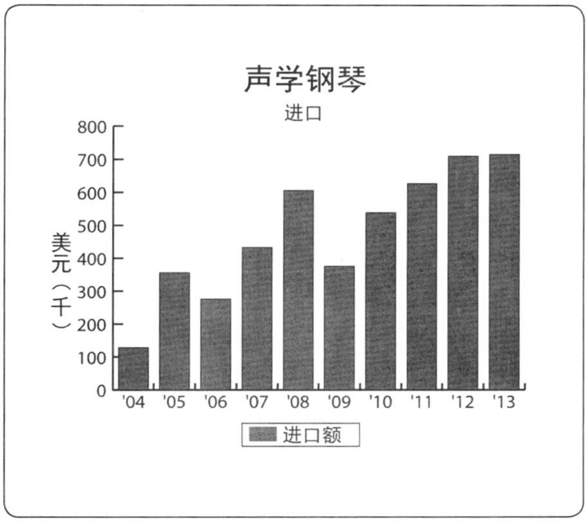
声学钢琴
进口
美元（千）
800
700
600
500
400
300
200
100
0
'04 '05 '06 '07 '08 '09 '10 '11 '12 '13
进口额

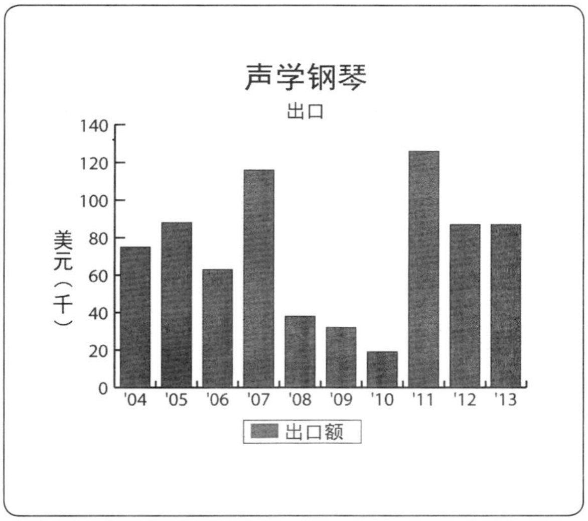
声学钢琴
出口
美元（千）
140
120
100
80
60
40
20
0
'04 '05 '06 '07 '08 '09 '10 '11 '12 '13
出口额

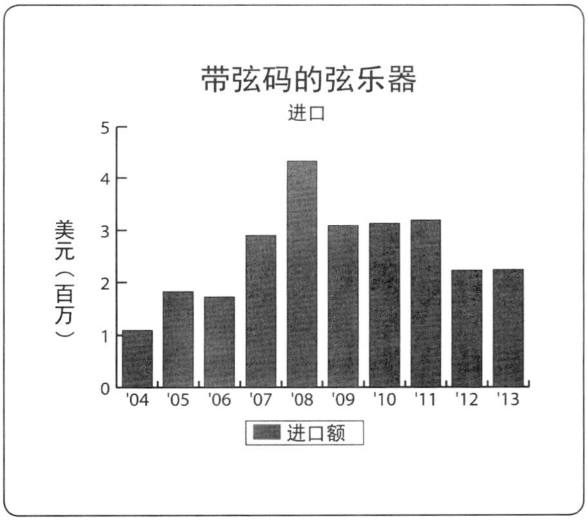
带弦码的弦乐器
进口
美元（百万）
5
4
3
2
1
0
'04 '05 '06 '07 '08 '09 '10 '11 '12 '13
进口额

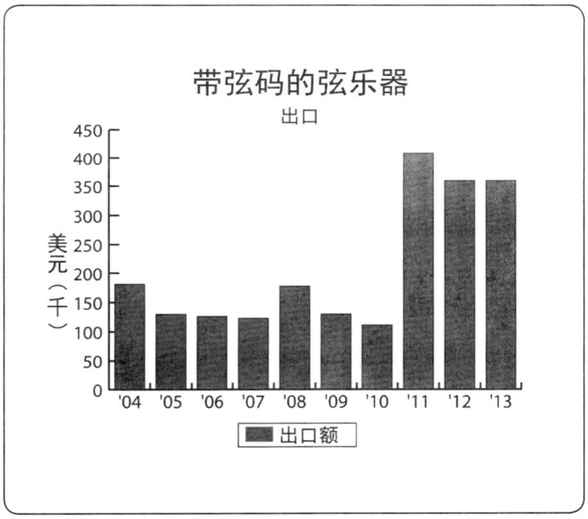
带弦码的弦乐器
出口
美元（千）
450
400
350
300
250
200
150
100
50
0
'04 '05 '06 '07 '08 '09 '10 '11 '12 '13
出口额

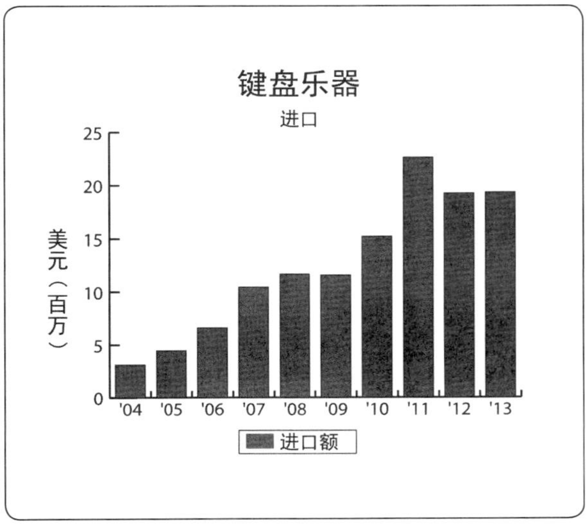
键盘乐器
进口
美元（百万）
25
20
15
10
5
0
'04 '05 '06 '07 '08 '09 '10 '11 '12 '13
进口额

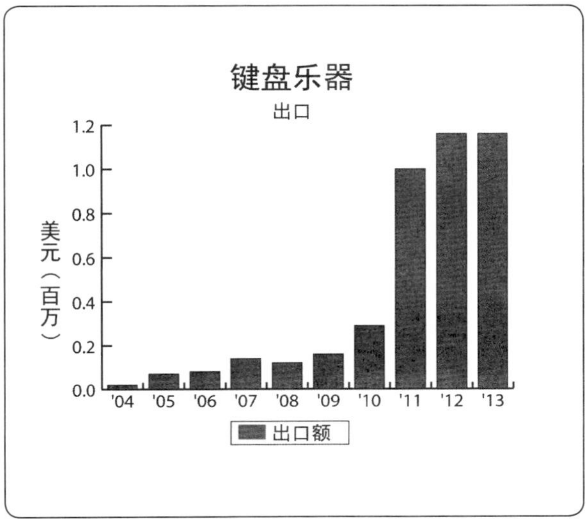
键盘乐器
出口
美元（百万）
1.2
1.0
0.8
0.6
0.4
0.2
0.0
'04 '05 '06 '07 '08 '09 '10 '11 '12 '13
出口额

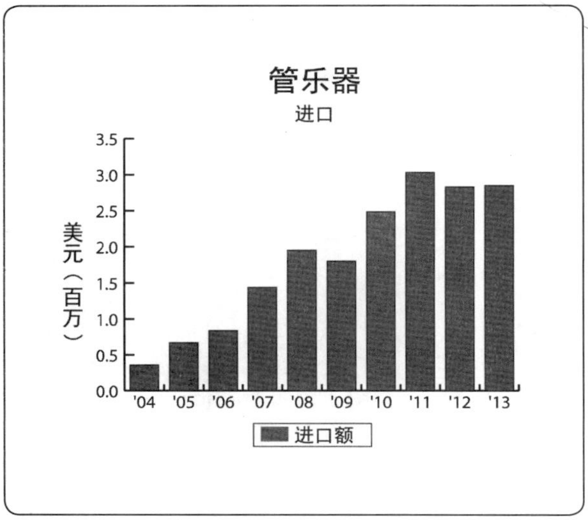
管乐器
进口
美元（百万）
3.5
3.0
2.5
2.0
1.5
1.0
0.5
0.0
'04 '05 '06 '07 '08 '09 '10 '11 '12 '13
进口额

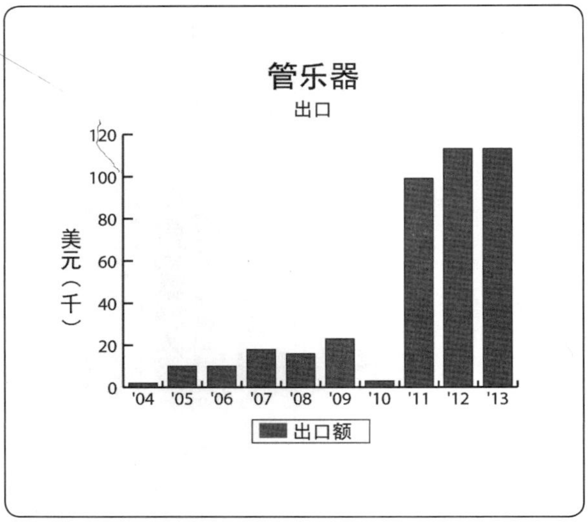
管乐器
出口
美元（千）
120
100
80
60
40
20
0
'04 '05 '06 '07 '08 '09 '10 '11 '12 '13
出口额

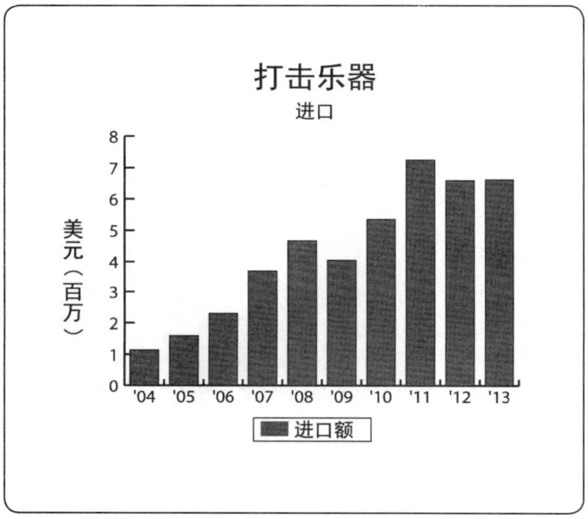
打击乐器
进口
美元（百万）
8
7
6
5
4
3
2
1
0
'04 '05 '06 '07 '08 '09 '10 '11 '12 '13
进口额

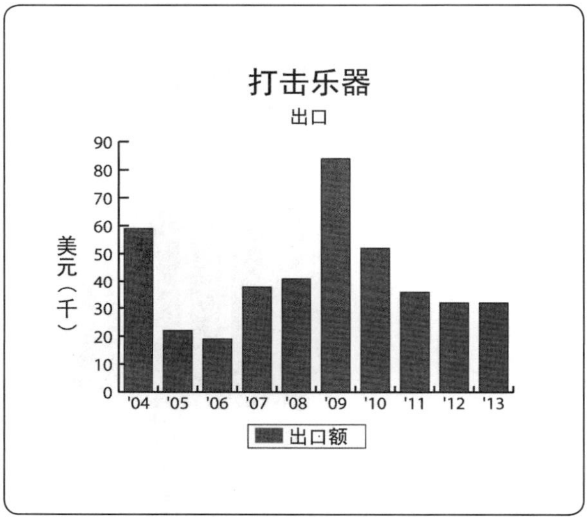
打击乐器
出口
美元（千）
90
80
70
60
50
40
30
20
10
0
'04 '05 '06 '07 '08 '09 '10 '11 '12 '13
出口额

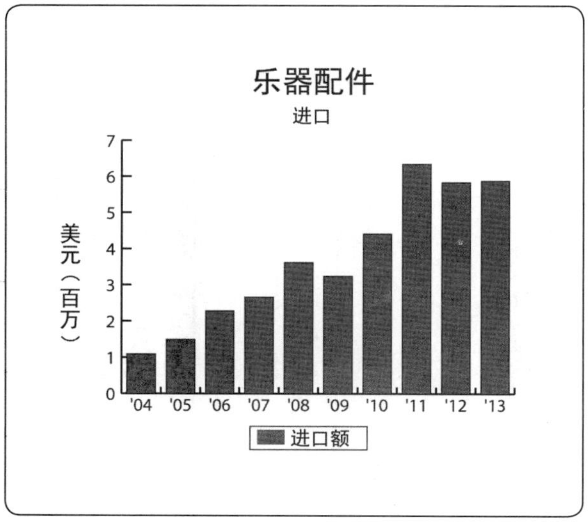
乐器配件
进口
美元（百万）
7
6
5
4
3
2
1
0
'04 '05 '06 '07 '08 '09 '10 '11 '12 '13
进口额

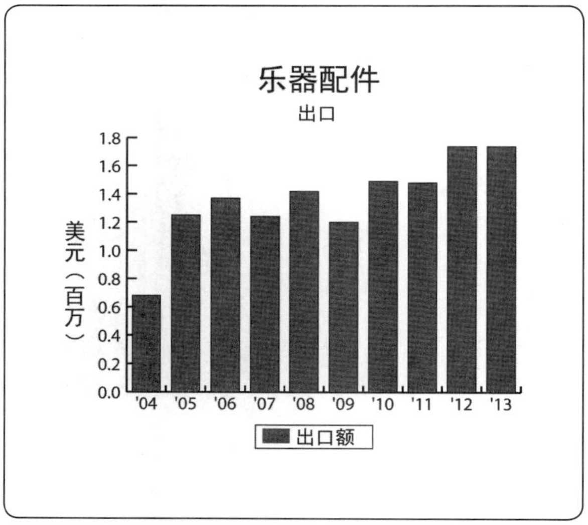
乐器配件
出口
美元（百万）
1.8
1.6
1.4
1.2
1.0
0.8
0.6
0.4
0.2
0.0
'04 '05 '06 '07 '08 '09 '10 '11 '12 '13
出口额

捷克

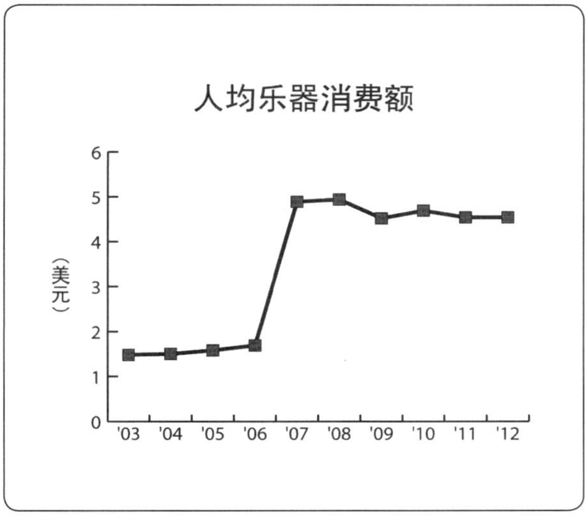
人均乐器消费额
(美元)
0
1
2
3
4
5
6
'03
'04
'05
'06
'07
'08
'09
'10
'11
'12

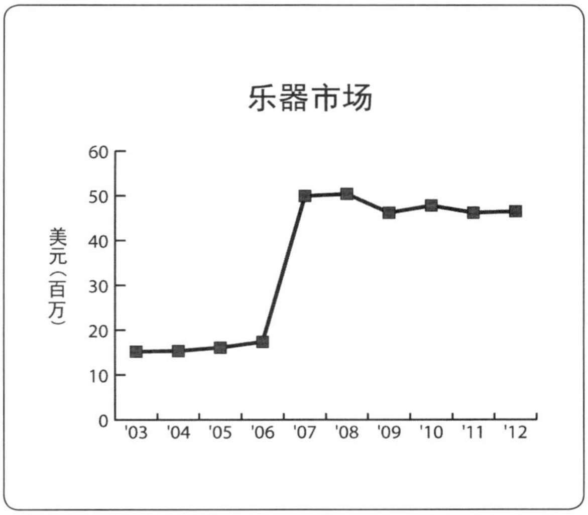
乐器市场
美元(百万)
0
10
20
30
40
50
60
'03
'04
'05
'06
'07
'08
'09
'10
'11
'12

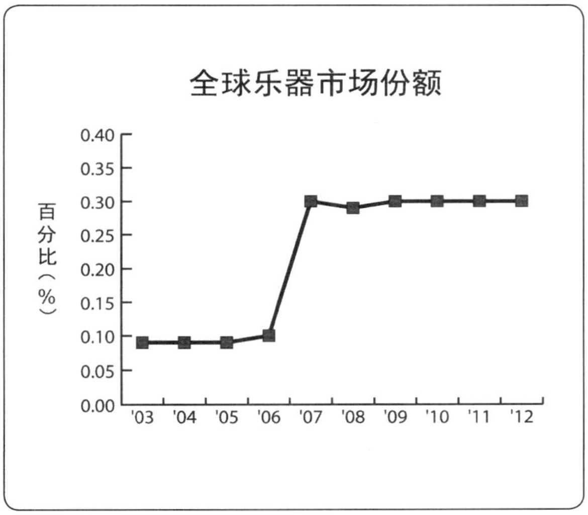
全球乐器市场份额
百分比(%)
0.00
0.05
0.10
0.15
0.20
0.25
0.30
0.35
0.40
'03
'04
'05
'06
'07
'08
'09
'10
'11
'12

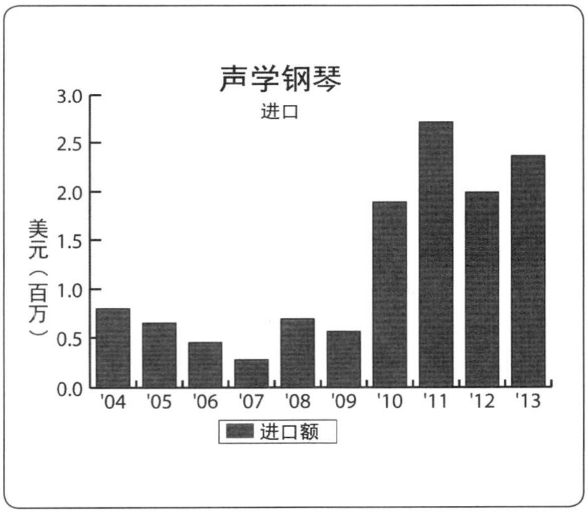
声学钢琴
进口
美元(百万)
0.0
0.5
1.0
1.5
2.0
2.5
3.0
'04
'05
'06
'07
'08
'09
'10
'11
'12
'13
进口额

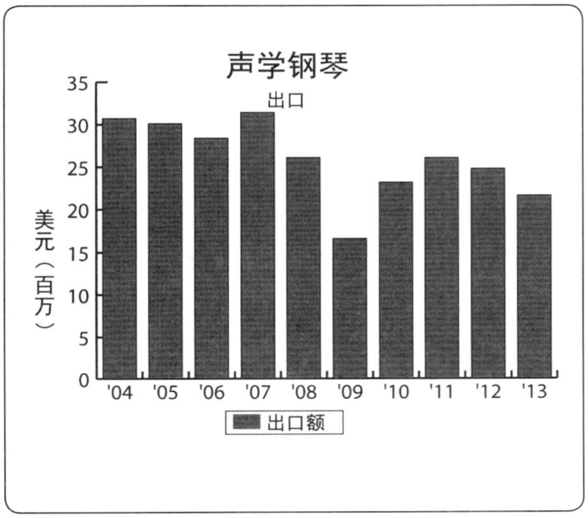
声学钢琴
出口
美元(百万)
0
5
10
15
20
25
30
35
'04
'05
'06
'07
'08
'09
'10
'11
'12
'13
出口额

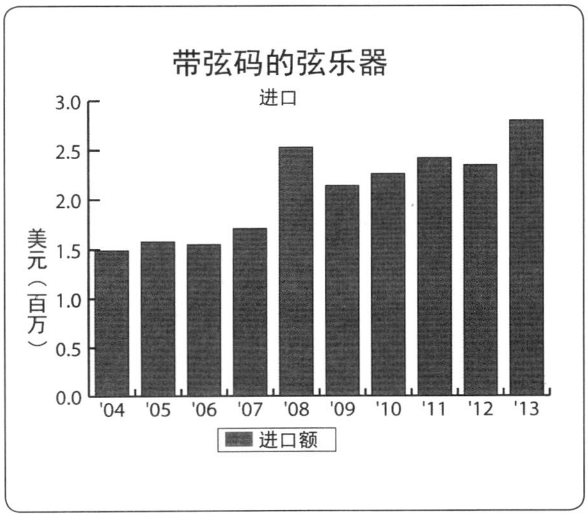
带弦码的弦乐器
进口
美元(百万)
0.0
0.5
1.0
1.5
2.0
2.5
3.0
'04
'05
'06
'07
'08
'09
'10
'11
'12
'13
进口额

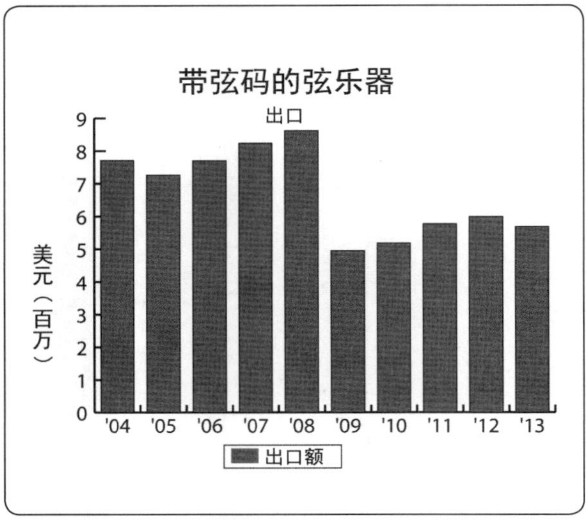
带弦码的弦乐器
出口
美元（百万）
9
8
7
6
5
4
3
2
1
0
'04 '05 '06 '07 '08 '09 '10 '11 '12 '13
出口额

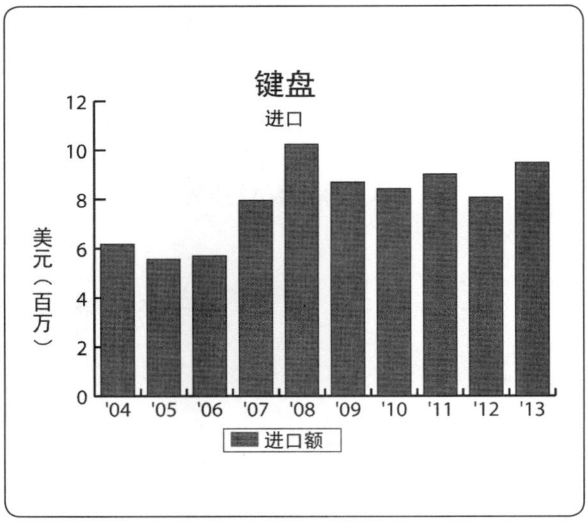
键盘
进口
美元（百万）
12
10
8
6
4
2
0
'04 '05 '06 '07 '08 '09 '10 '11 '12 '13
进口额

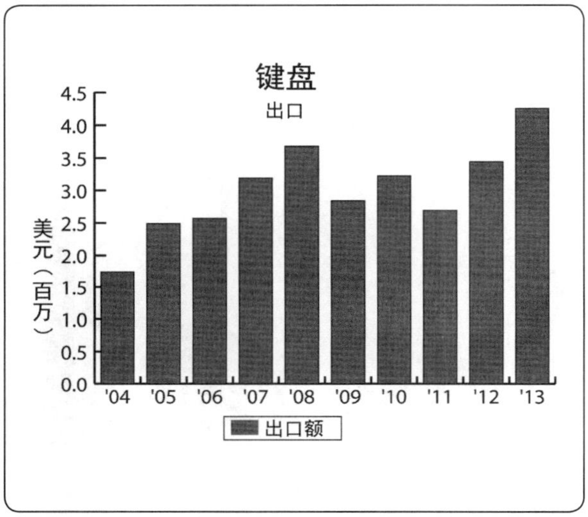
键盘
出口
美元（百万）
4.5
4.0
3.5
3.0
2.5
2.0
1.5
1.0
0.5
0.0
'04 '05 '06 '07 '08 '09 '10 '11 '12 '13
出口额

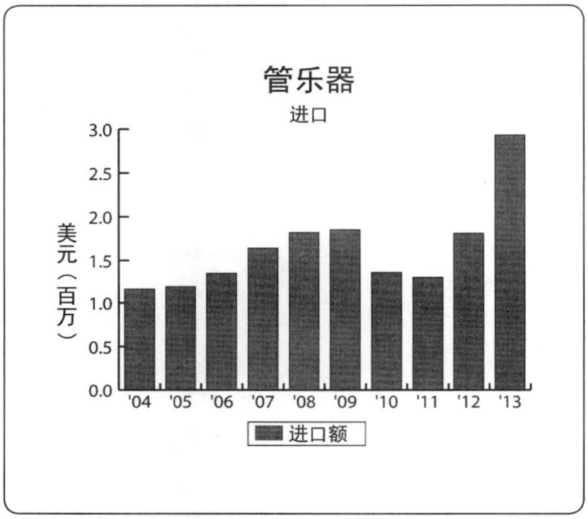
管乐器
进口
美元（百万）
3.0
2.5
2.0
1.5
1.0
0.5
0.0
'04 '05 '06 '07 '08 '09 '10 '11 '12 '13
进口额

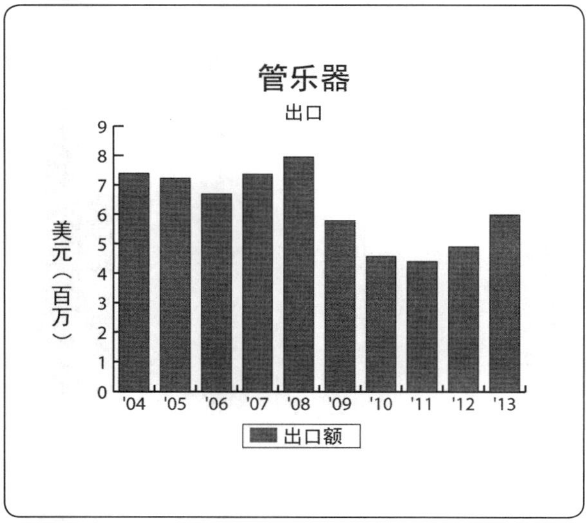
管乐器
出口
美元（百万）
9
8
7
6
5
4
3
2
1
0
'04 '05 '06 '07 '08 '09 '10 '11 '12 '13
出口额

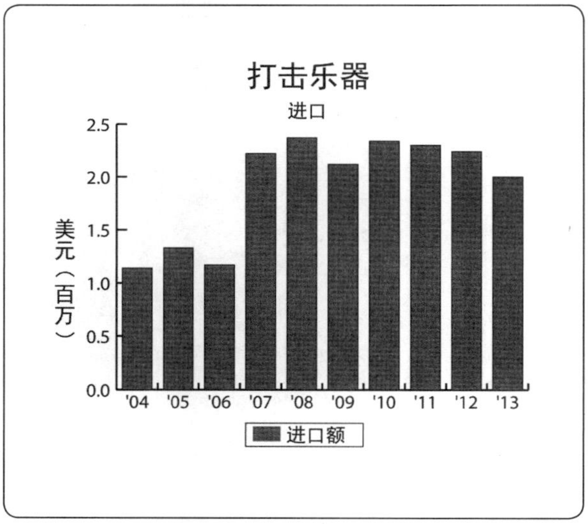
打击乐器
进口
美元（百万）
2.5
2.0
1.5
1.0
0.5
0.0
'04 '05 '06 '07 '08 '09 '10 '11 '12 '13
进口额

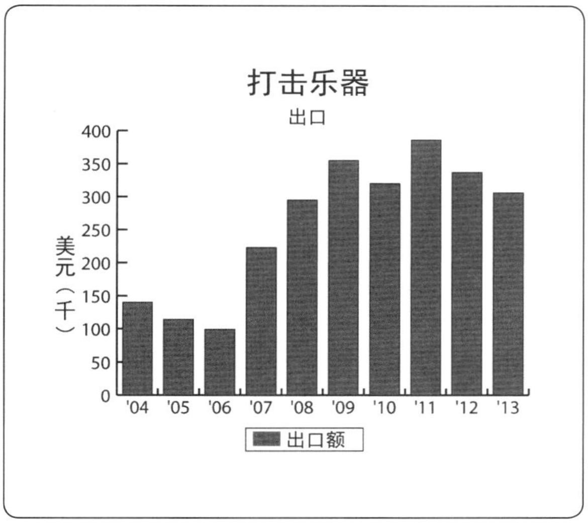
打击乐器
出口
400
350
300
250
200
150
100
50
0
美元（千）
'04 '05 '06 '07 '08 '09 '10 '11 '12 '13
出口额

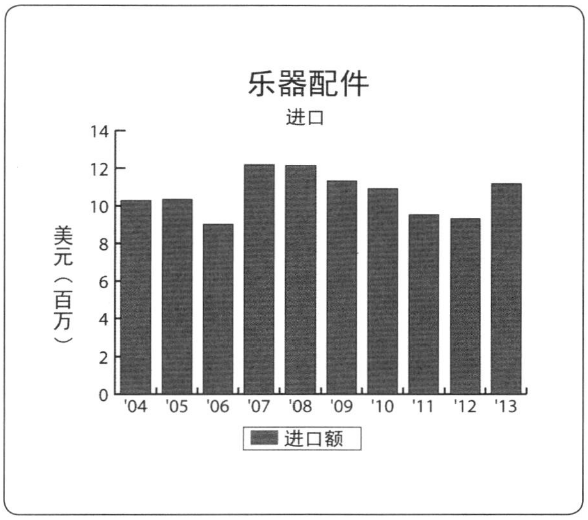
乐器配件
进口
14
12
10
8
6
4
2
0
美元（百万）
'04 '05 '06 '07 '08 '09 '10 '11 '12 '13
进口额

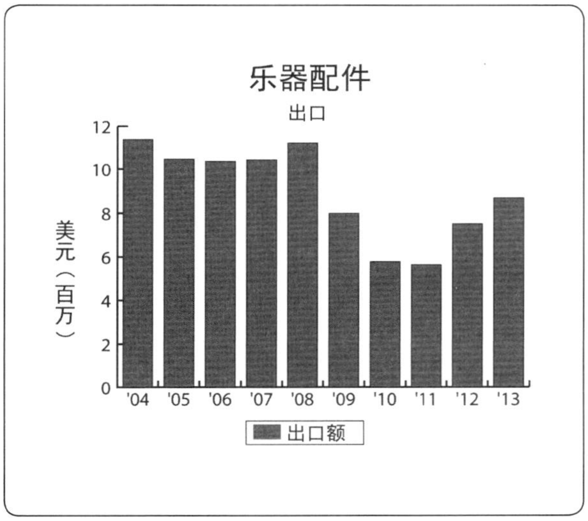
乐器配件
出口
12
10
8
6
4
2
0
美元（百万）
'04 '05 '06 '07 '08 '09 '10 '11 '12 '13
出口额

2014 中国乐器年鉴
CHINA MUSICAL INSTRUMENT YEARBOOK

2013年度中国乐器专利发布及分析

经中国乐器协会信息部编辑整理，2013年，由国家知识产权局公布的中国各类乐器专利共计975项，发布数量较2012年度的943项小幅增长3%，其中发明专利208项，同比减少70%，实用新型476项，同比增长36%，外观设计289项，基本与上年持平，同比增长0.3%。乐器行业的知识产权专利申请结构更加优化，质量逐步提升。

数据显示，中国乐器专利发布数量继续持稳定上升势头，专利发布质量凸显专业化、成熟化。新发布专利类型增长最主要体现在“实用新型”上，表明乐器企业在乐器产品体现出更多创新型特点，有效强化了自身创新发展优势，为加快乐器行业创新驱动发展发挥了积极的促进作用。

2013年，乐器行业专利发布特点与全国水平总体相似。据国家知识产权局规划发展司有关负责人表示，专利申请质量逐步提升，发明专利授权发布数量回落，显示出我国专利申请结构进一步优化，此外，我国发明专利授权量同比降低了4.1%，我国提升发明专利质量举措已现成效，企业知识产权创造主体地位逐步稳固。

2013年中国乐器专利发布目录

类别	名称	专利类型	申请(专利)号	公开(公告)日	申请（专利）人	发明(设计)人
乐器综合类	箜篌乐器的单臂挂弦导轮装置	发明专利	201210344665.5	2013.01.02	成都新海星文化传播有限公司	邓东红、赵世全
	乐器踏板	外观设计	201230308519.8	2013.01.02	哈曼国际工业有限公司	约翰·B·伯格登、克雷格·B·德弗里斯、詹姆斯·D·彭诺克、罗宾·M·厄里、罗格·T·约翰逊
	一种弓弦乐器琴筒蒙制方法	发明专利	201210389236.X	2013.01.09	佘亚明	佘亚明
	一种改善皮木振动发声类乐器的加工方法	发明专利	201110208182.8	2013.01.16	李振茂	李振茂
	便携式乐器辅助学习装置	实用新型	201220168300.7	2013.01.23	北京工业大学	郝伟琦、林平分、万培元、王枭、邓睿、童成盛
	活塞管乐器	实用新型	201220379437.7	2013.01.23	郑福建	郑福建
	一种弦乐器的琴颈	实用新型	201220346653.1	2013.01.23	周万昊、赵健魁	周万昊、赵健魁
	乐器柜	外观设计	201230481215.1	2013.01.23	梁杰	梁杰
	电子打击乐器用的声源播放器	外观设计	201230404528.7	2013.02.06	罗兰株式会社	上杉哲也
	弦乐器手柄（包括琴头）	外观设计	201230461260.0	2013.02.06	乐盟国际股份有限公司	蔡昌守

类别	名称	专利类型	申请（专利）号	公开（公告）日	申请（专利）人	发明(设计)人
乐器综合类	一种竹制打击乐器音板的制作方法	发明专利	201210383479.2	2013.02.06	江西省贵竹发展有限公司	熊晓洪、熊晓晶、邹善旺、罗久兴、邬康文
	电子打击乐器用的声源播放器	外观设计	201230404528.7	2013.02.06	罗兰株式会社	上杉哲也
	碳纤维弦乐器及其制造方法	发明专利	201210445195.1	2013.02.13	何思源、储瑞林	何思源、储瑞林
	用于铜管乐器的弱音器	发明专利	201210279994.6	2013.02.13	雅马哈株式会社	增田英之、末永雄一朗
	陕北说书组合打击乐器	实用新型	201220452706.8	2013.02.20	贺改明	贺改明
	笙乐器的吹嘴构造	实用新型	201220210026.5	2013.02.20	何枫杰	何枫杰
	一种多路乐器效果器电源	实用新型	201220327173.0	2013.02.27	宁波市鄞州奥创电子有限公司	于春志
	乐器架	外观设计	201230470602.5	2013.03.06	RKS投资有限责任公司	拉维·库玛·索尼、兰斯·G·赫西、拜伦·C·李
	乐器架	实用新型	201110266196.5	2013.03.06	星野乐器株式会社	古田肇、长绳祐子
	乐器用支撑架组装件	外观设计	201230326127.4	2013.03.06	雅马哈株式会社	杉浦由久
	乐器支架	实用新型	201110434427.9	2013.03.06	星野乐器株式会社	岛田正弘
	铜管乐器用消音器	发明专利	201210256447.6	2013.03.06	最高金管有限会社	滨永晋二
	便携式电声乐器练习机	实用新型	201220269111.9	2013.03.13	游华	游华
	新民族弓弦乐器汉琴	发明专利	201210502968.5	2013.03.13	孟建军	孟建军
	一种自动感应拨弦乐器	发明专利	201210527113.8	2013.03.13	王良波	王良波
	一种弹拨乐器的义甲指套	实用新型	201210525551.0	2013.03.20	东华大学	倪敏娜、赵伟
	吹管乐器	发明专利	201210510216.3	2013.03.27	马宏川	马宏川
	乐器调音器	外观设计	201230549971.3	2013.03.27	达达里奥有限公司	詹姆斯·达达里奥、理查德·N·斯坦伯格
	乐器盒（泡沫轻体）	外观设计	201230563147.3	2013.03.27	刘露	刘露
	电子键盘乐器的开关体	发明专利	201210483551.9	2013.04.03	雅马哈株式会社	西田贤一
	弦乐器用的弦轴	发明专利	201180015264.9	2013.04.03	好买家股份有限公司	克里斯托弗·亚当斯
	调节弦乐器的弦张力的调节驱动	发明专利	201180015986.4	2013.04.03	好买家股份有限公司	克里斯托弗·亚当斯
	用于电子键盘乐器的键盘装置以及用于电子键盘乐器的释放传递构件的安装结构	发明专利	201210367205.4	2013.04.10	株式会社河合乐器制作所	石田秀行
	用于电子键盘乐器的音槌装置	发明专利	201210366887.7	2013.04.10	株式会社河合乐器制作所	铃木昭裕、石田秀行
	开关装置及电子乐器	发明专利	201210385455.0	2013.04.17	卡西欧计算机株式会社	中村真、阪下彰

类别	名称	专利类型	申请(专利)号	公开(公告)日	申请（专利）人	发明(设计)人
乐器综合类	种侧端开闭式乐器盒	实用新型	201220529436.6	2013.04.03	乐盟国际股份有限公司	蔡昌守
	木管乐器助学器	实用新型	201220625876.1	2013.04.10	浙江海洋学院	刘方超、刘枫琛、谭银朝、李国强、耿宝阳、李达特、刘雪峰、张柔佳、陈奇、徐超、石晶鑫、李旭辉
	四胡乐器	实用新型	201220626697.X	2013.04.10	张朝殿	张朝殿
	一种新型单簧吹管乐器巴查	实用新型	201220569228.9	2013.04.10	周昆	周昆
	多功能乐器笔	实用新型	201220486212.1	2013.04.17	浙江工业大学	陈文敏、黄薇、恽佳琳、廖春安、阮湘婷
	乐器支架管接头	实用新型	201220519184.9	2013.04.24	天津市津宝乐器有限公司	刘羽
	乐器（笛箫）	外观设计	201230511780.8	2013.04.03	郑月明	郑月明
	乐器盒开启遥控装置	实用新型	201220434109.2	2013.04.24	宁波市鄞州奥创电子有限公司	于春志
	乐器盒开启遥控装置	实用新型	201220647665.8	2013.04.24	齐齐哈尔大学	郭旭、陈大炜、陈曦泽
	乐器支架管接头	实用新型	201220520090.3	2013.04.24	天津市津宝乐器有限公司	刘羽、王敬
	一种乐器盒湿度控制器	实用新型	201220647340.X	2013.04.24	齐齐哈尔大学	郭旭、陈大炜、陈曦泽
	乐器用支撑架组装管	外观设计	201230326128.9	2013.04.17	雅马哈株式会社	杉浦由久
	民族弓弦乐器汉琴（新）	外观设计	201230592978.3	2013.04.24	孟建军	孟建军
	乐器调音器（FT-119）	外观设计	201230579542.0	2013.04.24	李卫	李卫
	一种乐器音色高精度检测方法	发明专利	201310009550.5	2013.05.01	天津理工大学	刘慧敏、姜训勇
	键盘乐器	发明专利	201210570228.5	2013.05.01	雅马哈株式会社	大西健太、万谷六郎太
	乐器	发明专利	201210244728.X	2013.05.08	罗兰株式会社	横关笃、村井崇浩
	具有单侧薄膜电容式触摸传感器的乐器	发明专利	201180039994.2	2013.05.08	普尔想象力有限责任公司	菲利普·T·奥多姆、迈克尔·华莱士
	弦乐器用弓杆的制造方法及弦乐器用弓杆	发明专利	201210429957.9	2013.05.15	雅马哈株式会社	山本晓夫、仲井一志、平工达也、福岛敏晴
	一种自动感应拨弦乐器	实用新型	201220675441.8	2013.05.01	王良波	王良波
	交响乐器（多米索）	外观设计	201330015791.1	2013.05.08	李宋	李宋

类别	名称	专利类型	申请(专利)号	公开(公告)日	申请（专利）人	发明(设计)人
乐器综合类	乐器调音器（CT-301）	外观设计	201230579310.5	2013.05.08	李卫	李卫
	电子键盘乐器	外观设计	201230655247.9	2013.05.15	雅马哈株式会社	佐藤真实、柏濑一辉
	乐器（陶埙）	外观设计	201230578702.X	2013.05.22	刘新安	刘新安
	可调式乐器用共鸣箱	发明专利	201310046983.8	2013.06.05	张树岩	张树岩
	弦乐器用调弦装置	发明专利	201210021517.X	2013.06.05	后藤格特有限会社	后藤昌甲
	一种键盘乐器示教系统和示教方法	发明专利	201310086709.3	2013.06.12	浙江大学	孟濬、高恩博、陈啸、刘琼
	电子乐器信号的处理方法及系统	发明专利	201310064277.6	2013.06.12	上海罗兰数字音乐文化投资有限公司	程建铜、宫旭生、张昆仑
	键盘乐器	发明专利	201210570181.2	2013.06.12	雅马哈株式会社	大西健太、万谷六郎太
	键盘乐器	发明专利	201210570184.6	2013.06.12	雅马哈株式会社	大西健太、万谷六郎太、石井润
	打击乐器	发明专利	201210350795.X	2013.06.19	罗兰株式会社	森田豊、森良彰
	用于电子键盘乐器的琴槌装置及键盘装置	发明专利	201210541629.8	2013.06.19	株式会社河合乐器制作所	铃木昭裕、石田秀行
	脚踏电子乐器	发明专利	201110426015.0	2013.06.19	张鲁波、冯滢瀛	张鲁波、冯滢瀛
	一种基于麦克风输入实现手机吹奏乐器的系统及方法	发明专利	201210379088.3	2013.06.19	深圳市金立通信设备有限公司	刘艳华
	一种乐器教学多媒体教学技术	发明专利	201310113635.8	2013.06.26	广西环球音乐图书有限公司、周庆	周健、周庆
	明馨国际有限公司	实用新型	201220335277.6	2013.06.05	明馨国际有限公司	周有宏
	一种乐器的音梁	实用新型	201220444681.7	2013.06.05	何志伟	何志伟
	具有安全开关的乐器架扣环结构	实用新型	201220565061.9	2013.06.05	廖元藤	廖元藤
	一种乐器用贴式拾音片	实用新型	201220746594.7	2013.06.05	惠州市韩音乐器贸易有限公司	邓瑞虾
	弦乐器用调音器	实用新型	201220710682.1	2013.06.12	株式会社扩乐格	德田洋志
	乐器踏板打击装置	实用新型	201220682275.4	2013.06.12	廖村淇	廖村淇
	一种基于动作识别的乐器模拟训练与评测系统	实用新型	201220604281.8	2013.06.26	安徽寰智信息科技股份有限公司	陈拥权、王略志、刘思杨、胡翀豪
	乐器谱台（一）	外观设计	201330073273.5	2013.06.12	齐齐哈尔大学	张德俊、孙培聪
	乐器谱台（二）	外观设计	201330073274.X	2013.06.12	齐齐哈尔大学	张德俊、孙培聪
	乐器谱台（三）	外观设计	201330073275.4	2013.06.12	齐齐哈尔大学	张德俊、孙培聪
	打击乐器用支架	外观设计	201230525000.5	2013.06.12	罗兰株式会社	森良彰

类别	名称	专利类型	申请(专利)号	公开(公告)日	申请（专利）人	发明(设计)人
乐器综合类	一种电子竹材弦乐器	发明专利	201220650746.3	2013.07.03	许逸欣	许逸欣
	交响乐器	实用新型	201220504488.8	2013.07.03	乔成林	乔成林
	一种琴弦类乐器清洁刷	发明专利	201320072975.6	2013.07.10	张树岩	张树岩
	用于乐器的提升轨的驱动机构和包括其的乐器	发明专利	201310133888.1	2013.07.10	江苏凤灵乐器文化产业有限公司	李书、殷留堂、钱富民、李晓凌、李晓晨、李瑞林、何莹贵
	电子打击乐器	外观设计	201330057013.9	2013.07.10	雅马哈株式会社	伊夫·普拉塔尔
	电子键盘乐器的键盘装置	实用新型	201220656588.2	2013.07.10	马宏川	马宏川
	一种可随运动节奏调整韵律的音乐器械	实用新型	201220051381.2	2013.07.10	赵振伟	赵振伟、周万昊
	乐器	实用新型	201210244728.X	2013.07.13	罗兰株式会社	横关笃、村井崇浩
	吹管乐器	发明专利	201210439175.3	2013.07.17	罗兰株式会社	森良彰
	表面覆有彩色图案的弦乐器及其制作方法	实用新型	201310010351.6	2013.07.17	株式会社河合乐器制作所	石田秀行
	吹管类乐器教学用口型观察矫正镜	发明专利	201210480655.4	2013.07.17	吴大旷	吴大旷
	一种弓拉弦鸣乐器	实用新型	201320066086.9	2013.07.24	周斌	周斌
	用于乐器的制音器驱动装置和乐器	发明专利	201310018644.9	2013.07.24	雅马哈株式会社	松尾祥也、大场保彦、藤原佑二
	一种有琴弦的乐器的音板	实用新型	201310019366.9	2013.07.24	雅马哈株式会社	大场保彦、藤原佑二、松尾祥也
	一种可随运动节奏调整韵律的电子音乐器械	实用新型	201220714814.8	2013.07.24	张景亮、郑州华信学院	张景亮、徐秀娟、米亮、崔艳丽、宇婷、李有勇、陈振相、路鹏飞、刘乐
	一种可随运动节奏调整韵律的电子音乐器械	实用新型	201220714813.3	2013.07.24	张景亮、郑州华信学院	张景亮、李少旭、袁彬、李莹莹、李有勇、陈振相、李彦林、张向莉、段丽花
	乐器夹持结构	外观设计	201230567119.9	2013.08.07	砮设计有限公司	亚当·普拉斯
	七彩荧光键盘乐器	实用新型	201320073934.9	2013.08.07	陈兴华	陈兴华
	一种打击乐器鼓皮结构	实用新型	201220733382.5	2013.08.07	王景超	王景超
	一种用于冬夏季练习或演奏键盘乐器的装置	发明专利	201310133486.1	2013.08.07	河北金音乐器集团有限公司	陈学孔
	一种6维度感官交互的虚拟乐器系统及其实现方法	发明专利	201310086072.8	2013.08.07	浙江大学	孟濬、高恩博、刘琼、陈啸
	正面双圆音孔直立音板双音箱拉弦乐器	实用新型	201320125888.2	2013.08.07	陈兴华	陈兴华

类别	名称	专利类型	申请(专利)号	公开(公告)日	申请(专利)人	发明(设计)人
乐器综合类	三音箱弦鸣乐器	实用新型	201320029747.0	2013.08.14	功学社教育用品股份有限公司	范亮
	一种6维度感官交互的虚拟乐器系统及其实现方法	发明专利	201310171689.X	2013.08.14	河北金音乐器集团有限公司	陈学孔
	乐器电子仿真学习工具	实用新型	201220589261.8	2013.08.14	张胜祥	张胜祥
	电子键盘乐器	外观设计	201330087088.1	2013.08.21	雅马哈株式会社	冈村淳
	用于乐器的扬声器单元	发明专利	201310012829.9	2013.08.21	雅马哈株式会社	高桥裕史
	乐器盒	实用新型	201320168226.3	2013.08.21	刘露	刘露
	乐器拨片	外观设计	201330049698.2	2013.08.21	尹星	尹星
	电子键盘乐器	实用新型	201320083991.5	2013.08.21	尤宗耀	尤宗耀
	用于乐器的肩托	外观设计	201330087088.1	2013.08.21	雅马哈株式会社	冈村淳
	电子乐器信号的处理系统	发明专利	201180060671.1	2013.08.21	维特纳有限两合公司	乔治·沃切泽
	一种管弦乐器的表面处理方法	实用新型	201310138023.4	2013.08.21	雅马哈株式会社	大须贺一郎、西田贤一、市来俊介、播本宽、山本信
	一种铜质乐器零部件表面抛光方法	发明专利	201310132367.4	2013.08.21	初绍军	初绍军
	球形乐器	实用新型	201320029195.3	2013.08.28	李宋	李宋
	电子乐器信号的处理系统	实用新型	201320092835.5	2013.08.28	上海罗兰数字音乐文化投资有限公司	程建铜、宫旭生、张昆仑
	一种用于冬夏季练习或演奏键盘乐器的装置	发明专利	201310220303.X	2013.08.28	刘旺平	刘旺平
	一种电子竹材弦乐器	实用新型	201320194679.3	2013.09.04	江苏凤灵乐器文化产业有限公司	李书、殷留堂、钱富民、李晓凌、李晓晨、李瑞林、何莹贵
	装配踏板的乐器及其方法	发明专利	201310082169.1	2013.09.04	雅马哈株式会社	大场保彦、藤原佑二、松尾祥也
	一种具有触控功能的乐器装置	发明专利	201310234944.0	2013.09.04	苏州旭宇升电子有限公司	朱红玲
	一种具有触控功能的乐器装置	发明专利	201310234972.2	2013.09.04	苏州旭宇升电子有限公司	朱红玲
	乐器教育装置	实用新型	201320203300.0	2013.09.11	大连民族学院	张韬、张幸运、张天一、王先冬、丁纪峰
	电子乐器及其控制方法	实用新型	201310061251.6	2013.09.11	雅马哈株式会社	丸山刚志
	用于电子乐器的键盘设备	发明专利	201310121436.1	2013.09.11	雅马哈株式会社	大须贺一郎、西田贤一、市来俊介、播本宽、山本信
	一种弦乐器用自粘胶纱布松香	发明专利	201210060230.8	2013.09.11	王新林	王新林、王东、赵冬香

类别	名称	专利类型	申请(专利)号	公开(公告)日	申请（专利）人	发明(设计)人
乐器综合类	声乐练习音乐器	实用新型	201320114572.3	2013.09.18	许倩	许倩
	用于电子乐器的键盘设备	发明专利	201310121365.5	2013.09.18	雅马哈株式会社	大须贺一郎、西田贤一、市来俊介、播本宽、山本信
	用于电子乐器的键盘设备	发明专利	201310138025.3	2013.09.18	雅马哈株式会社	大须贺一郎、西田贤一、市来俊介、播本宽、山本信
	用于电子乐器的键盘设备	发明专利	201310138024.9	2013.09.18	雅马哈株式会社	大须贺一郎、西田贤一、市来俊介、播本宽、山本信
	改善弦乐器声音品质的元件	发明专利	201180063287.7	2013.09.18	安德里亚斯·赫林格	安德里亚斯·赫林格
	用于弦乐器的信号处理装置	发明专利	201310069967.0	2013.09.18	雅马哈株式会社	黑木隆一郎
	一种改进型拨弦类电子乐器	实用新型	201320282885.X	2013.09.18	王良波	王良波
	一种电子乐器静音多媒体教学系统及方法	发明专利	201310295172.1	2013.09.18	长沙县律动文化艺术传播有限公司	王江、孙胜文、陈思、肖力文、朱正委、何梦芳、陈紫燕
	一种适用于编钟编磬等大型打击乐器的集控演奏台	发明专利	201310185554.9	2013.09.18	临沂大学	胡原原
	乐器（1301）	外观设计	201330138723.4	2013.09.25	江苏省华茂科教设备有限公司	祁霞
	乐器背带	外观设计	201320154787.8	2013.09.25	吕季峯	吕季峯
	用于吹奏乐器的支承装置	发明专利	201180059611.8	2013.09.25	西尔温·M·扬西克	西尔温·M·扬西克
	一种自动识别中国少数民族传统乐器音频数据的方法	发明专利	201310226990.6	2013.09.25	大连民族学院	郑蕊蕊、李敏、张俊星、吴宝春
	板膜弦协和共鸣式低音拉弦乐器	发明专利	201310254572.8	2013.09.25	张辉	张辉、周和明、王晓东、程岩、潘晓红、宁淑云、铁梅、肖迪、李香波、王钥琪、郭颖璇
	乐器DIY组件	实用新型	201320071746.2	2013.10.02	深圳市东兴文化投资发展有限公司	叶其亮;谢绍荣;陈树平;叶倩
	多管活塞乐器	实用新型	201320227599.3	2013.10.02	郑福建	郑福建
	一种弦乐器桥式音梁	发明专利	201310216621.9	2013.10.23	苏州工业园区金海鸥研琴社	金海鸥;金磊
	夹持式弓弦乐器纠错器	实用新型	201320316537.X	2013.10.23	李周红	李周红
	一种可变功乐器拾音器	实用新型	201320325395.3	2013.10.23	李跃;鲍大伟	李跃;鲍大伟

类别	名称	专利类型	申请(专利)号	公开(公告)日	申请(专利)人	发明(设计)人
乐器综合类	乐器组合玩具	外观设计	201330146183.4	2013.10.23	浙江木佬佬玩具工艺品有限公司	廖华波;廖灵飞
	电子打击乐器组和演奏评价装置	发明专利	201310098878.9	2013.10.23	雅马哈株式会社	山田祐嗣
	音符位置检测装置、电子乐器及音符位置推测方法	发明专利	201310148279.3	2013.10.30	卡西欧计算机株式会社	佐佐木博之
	一种民族管乐器	实用新型	201320203002.1	2013.10.30	黄山学院	胡亮;孙峰;刘家琪;井玲玲;申仪炜;孙炎玮;余景;赵敏;王丹;章娇娇
	练习用弓弦乐器显示器	实用新型	201320316536.5	2013.10.30	李周红	李周红
	电子键盘乐器	外观设计	201330292293.1	2013.11.06	雅马哈株式会社	竹井邦浩
	打击乐器	外观设计	201330166036.3	2013.11.06	罗兰株式会社	森良彰
	金属体鸣乐器	实用新型	201320067650.9	2013.11.06	李卫江;明毅	李卫江;明毅
	碳纤维弦乐器	实用新型	201320219403.6	2013.11.06	宁波市九阜碳纤维有限公司	孙世
	碳纤维弦乐器的琴身模具	实用新型	201320219369.2	2013.11.06	宁波市九阜碳纤维有限公司	孙世
	冬不拉乐器盒	实用新型	201320298210.4	2013.11.20	叶尔泰·哈布德开	叶尔泰·哈布德开;阿哈提
	一种弦乐器支撑架	实用新型	201320378840.2	2013.11.20	天津市海天昂特乐器架制造有限公司	王兵
	带灯光显示的乐器助学器	实用新型	201320345302.3	2013.11.27	张祎	张祎
	电子打击乐器用踏板装置	实用新型	201320297155.7	2013.11.27	雅马哈株式会社	佐藤正男;宫下慎也
	一种空气乐器玩具及其使用方法	发明专利	201310189354.0	2013.11.27	浙江理工大学	汪颖;聂良丹
	管弦乐器清理器	实用新型	201320376958.1	2013.11.27	王玉霞	王玉霞;孙红灵;郑德友
	乐器领域蜗杆螺纹加工的旋刀装置	发明专利	201310310087.8	2013.11.27	瑞安市中联电声乐器有限公司	林瑞荣
	乐器弹奏指甲	发明专利	201310373924.1	2013.12.04	蒋建孝	蒋建孝
	键盘单元及键盘乐器	发明专利	201310306488.6	2013.12.04	卡西欧计算机株式会社	永妻成之
	敲奏乐器	外观设计	201330124180.0	2013.12.04	江苏省华茂科教设备有限公司	祁霞
	键盘乐器	发明专利	201310306489.0	2013.12.04	卡西欧计算机株式会社	永妻成之;岛田和夫
	一种电子乐器静音多媒体教学系统	实用新型	201320418363.8	2013.12.04	长沙县律动文化艺术传播有限公司	王江;孙胜文;陈思;肖力文;朱正委;何梦芳;陈紫燕
	新型红外线乐器	实用新型	201320278750.6	2013.12.04	浙江理工大学	汪颖;聂良丹
	打击乐器	外观设计	201330267586.4	2013.12.11	高德·诺曼德	高德·诺曼德

类别	名称	专利类型	申请(专利)号	公开(公告)日	申请（专利）人	发明(设计)人
乐器综合类	一种同步显示演奏乐器位置的数字音频播放方法及其系统	发明专利	201310402109.3	2013.12.11	叶鼎	叶鼎
	一种水果组合乐器玩具	实用新型	201320369877.9	2013.12.11	浙江新云木业集团有限公司	廖复新
	一种复合结构乐器用音柱	实用新型	201320441399.8	2013.12.11	陆俊豪	陆俊豪
	一种音乐授课用乐器架装置	实用新型	201320415913.0	2013.12.11	马刚	马刚
	一种乐器支架	发明专利	201310008414.4	2013.12.18	RKS投资有限责任公司	拉维·K·索尼;保罗·K·雅诺夫斯基;科特·G·鲍特塞;理查德·K·费尔斯
	一种具有乐器演奏功能的显示器	发明专利	201310461827.8	2013.12.25	福建捷联电子有限公司	罗福根;罗明;余何保
	乐器背包	实用新型	201320368608.0	2013.12.25	黄灿东	黄灿东
	一种用于冬夏季练习或演奏键盘乐器的装置	实用新型	201320320522.0	2013.12.25	刘旺平	刘旺平
钢琴	钢琴乐谱托架	实用新型	201220336564.9	2013.01.02	潍坊市高新技术产业开发区东明学校	赵晓艺
	钢琴指法练习装置	实用新型	201220308299.3	2013.01.02	徐金铃	徐金铃
	一种装有楔形木的钢琴键盘	实用新型	201220306949.0	2013.01.02	海伦钢琴股份有限公司	陈海伦
	一种卧式钢琴键盘手感调节装置	实用新型	201220294669.2	2013.01.02	福州和声钢琴有限公司	林建忠、黄苏东
	一种立式钢琴键盘手感调节装置	实用新型	201220294772.7	2013.01.02	福州和声钢琴有限公司	林建忠、黄苏东
	一种钢琴琴盖夹	实用新型	201220290830.9	2013.01.09	鞍山师范学院	李艺
	键盘乐器的盖打开/关闭机构	发明专利	201210236804.2	2013.01.09	雅马哈株式会社	土本纱代、中屋博喜、根木裕已
	一种钢琴键盖缓降器	实用新型	201220294484.1	2013.01.09	陈锋	陈锋
	钢琴编辑线(usbmidicable)	外观设计	201230403133.5	2013.01.16	孙菊化、	孙菊化
	折叠式钢琴	外观设计	201230234733.3	2013.01.16	郑雪梅、	郑雪梅
	钢琴脚轮的安装结构	实用新型	201220319315.9	2013.01.16	广州珠江钢琴集团股份有限公司、	张鸿超、潘启槟
	钢琴琴盖阻尼器	发明专利	201220386013.3	2013.01.23	东北石油大学	刘佳
	钢琴凳	实用新型	201220419703.4	2013.01.30	迟英娟	迟英娟
	光色变化丰富的钢琴	实用新型	201110227400.2	2013.02.06	吴建澜	吴建澜
	一种带有强磁铁的钢琴谱架	实用新型	201220369326.8	2013.02.06	海伦钢琴股份有限公司	陈海伦
	一种钢琴引导系统	实用新型	201220364289.1	2013.02.13	张贤峰	张贤峰
	带MP3播放装置的电子琴及电子钢琴	实用新型	201220473127.1	2013.02.27	张伟雄	张伟雄

类别	名称	专利类型	申请(专利)号	公开(公告)日	申请（专利）人	发明(设计)人
钢琴	钢琴调律微调器	实用新型	201220474948.7	2013.03.06	李松	李松
	钢琴手位矫正器	实用新型	201220570924.1	2013.03.13	中北大学	郭亚静、徐诺、李文杰、范浩、王珮莺、王高
	一种防湿功效的钢琴	实用新型	201220346792.4	2013.03.13	滁州学院	庄虹子
	一种钢琴静音装置	实用新型	201220243864.2	2013.03.13	北京一轻研究院、北京乐器研究所、唐建、韩国芳	韩国芳、唐建
	一种数码钢琴键架模块	实用新型	201220487592.0	2013.03.13	浙江友谊电子有限公司	陈天浩、骆游、蒋巍
	一种钢琴	实用新型	201220346779.9	2013.03.13	滁州学院	庄虹子
	一种钢琴复合音板	实用新型	201220466956.7	2013.03.20	成都川雅木业有限公司	张华君
	一种钢琴轴架拔针机及拔针方法	发明专利	201210509441.5	2013.03.20	广州珠江钢琴集团股份有限公司	区迎、李建宁、梁志和、廖勇、黄耿志、林鸣亚、梁国华
	一种钢琴轴架穿针机及穿针方法	发明专利	201210509370.9	2013.03.20	广州珠江钢琴集团股份有限公司	梁志和、李建宁、廖勇、梁国华、黄耿志、林鸣亚
	一种钢琴轴架浸泡机及浸泡方法	发明专利	201210508974.1	2013.03.27	广州珠江钢琴集团股份有限公司	区迎、李建宁、梁志和、廖勇、黄耿志、林鸣亚、王耀华
	一种电子钢琴键盘力度自动修正方法	发明专利	201210480743.4	2013.04.03	广州市天艺电子有限公司	董玉金
	一种钢琴轴架处理设备及处理方法	发明专利	201210509520.6	2013.04.10	广州珠江钢琴集团股份有限公司	梁志和、李建宁、梁国华、林启东、黄耿志、林鸣亚、廖志辉、王耀华、何建文、廖勇
	用于电子钢琴的键开关	发明专利	201210366660.2	2013.04.10	株式会社河合乐器制作所	岩濑胜彦、石田秀行
	一种可兼顾儿童使用的钢琴椅	实用新型	201220597448.2	2013.04.03	东北石油大学	孔夺
	一种钢琴手指训练器	实用新型	201220572534.8	2013.04.10	孙浩然	孙浩然
	一种钢琴手掌手指扩张板	实用新型	201220588401.X	2013.04.10	孙浩然	孙浩然
	钢琴学习用高度可调式脚踏凳	实用新型	201220585821.2	2013.04.17	牡丹江师范学院	于丹
	钢琴学习遮谱器	实用新型	201220575770.5	2013.04.17	牡丹江师范学院	于丹
	钢琴学习用遮手器	实用新型	201220576526.0	2013.04.17	牡丹江师范学院	于丹、邵铁夫
	钢琴学习用琴键遮挡器	实用新型	201220585855.1	2013.04.17	牡丹江师范学院	于丹

类别	名称	专利类型	申请(专利)号	公开(公告)日	申请（专利）人	发明(设计)人
钢琴	具有声音交互功能的钢琴	发明专利	201310026106.4	2013.05.01	浙江大学	王冠云、陶冶、郦家骥
	一种钢琴擦亮剂的组合物	发明专利	201110348343.3	2013.05.08	王叶红	王叶红
	立式钢琴的击弦机	发明专利	201310016926.5	2013.05.08	宜昌金宝乐器制造有限公司	吴天延
	钢琴琴键清洗器	实用新型	201220753313.0	2013.05.01	黑龙江艺术职业学院	何宇、王序、刘宵宁、王博、李晓蕾、高杨
	吸盘式钢琴琴谱照明灯	实用新型	201220622707.2	2013.05.01	牡丹江师范学院	张雅囡、张海波、李楠楠、国栋、姜东华、邵东伟
	钢琴教学辅助装置	实用新型	201220127587.9	2013.05.01	位博宇	位博宇
	钢琴盖固定对吸磁扣	实用新型	201220622405.5	2013.05.01	佳木斯大学	李楠楠、张海波、国栋、杨少昆、刘向阳、邵东伟、姜东华、胡雪
	钢琴琴盖防压硅胶条	实用新型	201220622672.2	2013.05.01	佳木斯大学	李楠楠、张海波、国栋、刘向阳、杨少昆、姜东华、邵东伟
	钢琴谱夹子	实用新型	201220622788.6	2013.05.01	佳木斯大学	李楠楠、张海波、国栋、刘向阳、杨少昆、姜东华、邵东伟
	钢琴练习凳	实用新型	201220753155.9	2013.05.08	黑龙江艺术职业学院	何宇、王序、李媛、孙卉、王博、王娟
	钢琴弦轴自动压入机	实用新型	201220593581.0	2013.05.08	北京东奇众科技术有限公司	郭学成
	钢琴弦轴衬圈自动压入机	实用新型	201220594041.4	2013.05.08	北京东奇众科技术有限公司	郭学成
	钢琴弦槌成形油压机	实用新型	201220593596.7	2013.05.08	北京东奇众科技术有限公司	郭学成
	自动演奏三角钢琴延音踏瓣	实用新型	201220514413.8	2013.05.15	宜昌金宝乐器制造有限公司	吴天延
	一种立式钢琴	实用新型	201220587625.9	2013.05.22	孙长江	孙长江
	三角钢琴音源系统结构	实用新型	201220656342.5	2013.05.29	丁弘戬	丁弘戬、任殿璞
	一种三角钢琴音源系统优化结构	实用新型	201220673641.X	2013.05.29	秦敏静	秦敏静
	一种立式钢琴音源系统优化结构	实用新型	201220673645.8	2013.05.29	秦敏静	秦敏静
	立式钢琴音源系统结构	实用新型	201220656303.5	2013.05.29	丁弘戬	丁弘戬、任殿璞

类别	名称	专利类型	申请(专利)号	公开(公告)日	申请（专利）人	发明(设计)人
钢琴	家私装饰钢琴	外观设计	201230605995.6	2013.05.01	上海云鹤钢琴有限公司	李凤强
	钢琴（PS50Y）	外观设计	201230532403.2	2013.05.08	株式会社三益乐器	李炯国
	钢琴（SC310CRD）	外观设计	201230532404.7	2013.05.08	株式会社三益乐器	李炯国
	钢琴	外观设计	201230541521.X	2013.05.22	孙长江	孙长江
	钢琴（P2A）	外观设计	201230640633.0	2013.05.22	广州珠江钢琴集团股份有限公司	潘启槟
	立式钢琴	外观设计	201230613316.X	2013.05.29	秦敏静	秦敏静
	智能钢琴弹奏系统	发明专利	201310053909.9	2013.06.05	中国矿业大学	陈岱、赵之克、马麒超、谢正明
	IT数码钢琴	发明专利	201210220086.X	2013.06.26	黄继杰	黄继杰
	一种儿童用钢琴凳	实用新型	201220749065.2	2013.06.05	哈尔滨师范大学	王艳杰
	钢琴用静电除尘器	实用新型	201220738728.0	2013.06.05	高子涵	高子涵
	一种脚动翻页钢琴	实用新型	201220666192.6	2013.06.05	郑波	不公告发明人
	一种升降钢琴架	实用新型	201220700130.2	2013.06.05	宁波卓一工业设计有限公司	张英、吴王斌、王银银
	一种钢琴轴架穿针机	实用新型	201220653073.7	2013.06.05	广州珠江钢琴集团股份有限公司	梁志和、李建宁、廖勇、梁国华、黄耿志、林鸣亚
	一种钢琴轴架拔针机	实用新型	201220653074.1	2013.06.05	广州珠江钢琴集团股份有限公司	区迎、李建宁、梁志和、廖勇、黄耿志、林鸣亚、梁国华
	一种钢琴轴架浸泡机	实用新型	201220653540.6	2013.06.05	广州珠江钢琴集团股份有限公司	区迎、李建宁、梁志和、廖勇、黄耿志、林鸣亚、梁国华
	一种钢琴轴架处理设备	实用新型	201220656058.8	2013.06.05	广州珠江钢琴集团股份有限公司	梁志和、李建宁、梁国华、林启东、黄耿志、林鸣亚、廖志辉、王耀华、何建文、廖勇
	一种多功能钢琴谱架	实用新型	201220749064.8	2013.06.05	哈尔滨师范大学	王艳杰
	钢琴低音弦	实用新型	201320010920.2	2013.06.12	宁波四海琴业有限公司	何四海
	一种电钢琴测试仪电路	实用新型	201220620002.7	2013.06.12	广州市天艺电子有限公司	梁文进、董玉金
	一种彩屏显示的电钢琴电路	实用新型	201220619980.X	2013.06.12	广州市天艺电子有限公司	梁文进、董玉金

类别	名称	专利类型	申请(专利)号	公开(公告)日	申请（专利）人	发明(设计)人
钢琴	一种电钢琴键盘	实用新型	201220620005.0	2013.06.12	广州市天艺电子有限公司	陆文君
	一种电钢琴琴键	实用新型	201220620014.X	2013.06.12	广州市天艺电子有限公司	陆文君
	一种钢琴与电子琴弹奏手法统一工具	实用新型	201220720662.2	2013.06.19	姜秦胤	姜秦胤
	钢琴踏脚	实用新型	201320010900.5	2013.06.19	宁波四海琴业有限公司	何四海
	钢琴专用台灯	实用新型	201320053483.2	2013.06.26	鸡西大学	于丹、曲雁、张沛巍、纪虹、赵晶玉、燕茹
	数码钢琴（KG76）	外观设计	201330007356.4	2013.06.05	吟飞科技（江苏）有限公司	赵平、梁俊伟
	钢琴键盖缓降器	外观设计	201330009467.9	2013.06.05	陈锋	陈锋
	电钢琴	外观设计	201330019320.8	2013.06.05	株式会社扩乐格	滝沢直树
	数码演奏钢琴（粉红）	外观设计	201330057898.2	2013.06.05	丁意然、方怀群	方怀群
	钢琴（KF123）	外观设计	201330013301.4	2013.06.12	烟台金斯波格钢琴有限责任公司	初林杰、王凤海、胡晓红、王宇真
	钢琴凳	外观设计	201330047643.8	2013.06.19	王斌	王斌
	钢琴键盖缓降器（内置）	外观设计	201330077574.5	2013.06.19	陈锋	陈锋
	钢琴（AT110X）	外观设计	201230532672.9	2013.07.03	株式会社三益乐器	李炯国
	钢琴（KM43C）	外观设计	201230532664.4	2013.07.03	株式会社三益乐器	李炯国
	钢琴专用谱夹	实用新型	201320053488.5	2013.07.03	鸡西大学	王序、田雷、曲雁、李媛、孙卉
	钢琴加湿器	实用新型	201320053490.2	2013.07.03	鸡西大学	刘晓峰、常晓红、田雷、曲雁、于丹
	一种多功能钢琴	实用新型	201320023913.6	2013.07.03	哈尔滨学院	张春风
	钢琴演奏折指矫正贴	实用新型	201220745327.8	2013.07.03	佳木斯大学	高立丽、李丹丹、韩岩岭
	立式钢琴共鸣盘数控钻孔与铲坡精准加工系统	发明专利	201320041368.3	2013.07.03	宜昌金宝乐器制造有限公司	熊南方
	一种钢琴脚踏高度调节装置	实用新型	201320024905.3	2013.07.10	叶嘉曦	叶嘉曦
	一种带后视镜的教学钢琴	实用新型	201320030516.1	2013.07.10	周一帆	周一帆
	立式钢琴	发明专利	201180028716.7	2013.07.17	保罗·潘奇诺	保罗·潘奇诺
	带节拍器的钢琴凳	发明专利	201320073793.0	2013.07.17	陈露	陈露
	钢琴学习机	外观设计	201330076400.7	2013.07.24	北京趣乐科技有限公司	王正盛、吴晓军、赵红振
	立式钢琴弦码结构	实用新型	201220701696.7	2013.07.24	鲍德温（中山）钢琴乐器有限公司、	周有恩

类别	名称	专利类型	申请(专利)号	公开(公告)日	申请（专利）人	发明(设计)人
钢琴	立式钢琴音板	实用新型	201220701909.6	2013.07.24	鲍德温（中山）钢琴乐器有限公司	周有恩
	钢琴音板的制造方法和钢琴音板的制造系统	发明专利	201310147694.7	2013.07.24	成都川雅木业有限公司	张华君
	立式钢琴外壳	实用新型	201220701756.5	2013.07.24	鲍德温（中山）钢琴乐器有限公司	周有恩
	水晶钢琴音乐盒电子式mp3机芯	外观设计	201330114497.6	2013.07.24	夏龙	夏龙
	一种立式钢琴的选择延音装置	实用新型	201220701680.6	2013.07.24	鲍德温（中山）钢琴乐器有限公司	周有恩
	一种移动方便的数码钢琴	实用新型	201320035986.7	2013.07.24	吟飞科技(江苏)有限公司	赵平、梁俊伟
	立式钢琴击弦机轴衬加工方法及装置	发明专利	201310077443.6	2013.07.24	宜昌三盈乐器制造有限公司	吴天延
	钢琴翻谱器	实用新型	201320123388.5	2013.07.31	涂骅	涂骅
	智能钢琴	实用新型	201220733744.0	2013.07.31	熊世林	熊世林、侯旻、张侠、汪洋、尹甸
	数码电钢琴（交互式）	外观设计	201230609550.5	2013.07.31	安徽天脉文化传播有限公司	熊世林
	一种智能电子钢琴	实用新型	201220455461.4	2013.07.31	熊世林	熊世林、侯旻
	钢琴指法练习器	实用新型	201320129577.3	2013.07.31	汪超	汪超
	一种用于智能钢琴的转换板	实用新型	201220733741.7	2013.07.31	侯旻	熊世林、侯旻、张侠、汪洋、尹甸
	多功能钢琴指法训练器	实用新型	201320129565.0	2013.07.31	柯朝颖	柯朝颖
	立式钢琴击弦机轴衬装置	发明专利	201320110454.5	2013.08.07	宜昌三盈乐器制造有限公司	吴天延
	辅助钢琴弹奏的练习手掌支撑托架	实用新型	201320143203.7	2013.08.07	湖南城市学院	周勇
	一种方便固定乐谱的立式钢琴	实用新型	201320087346.0	2013.08.07	中国计量学院	刘政
	立式钢琴共鸣盘数控栽钉精准加工系统	实用新型	201320041196.X	2013.08.07	宜昌金宝乐器制造有限公司	熊南方
	基于声学品质改良的新型立式钢琴音板	实用新型	201320113455.5	2013.08.07	李子晋	李子晋
	带灯的钢琴	实用新型	201220710089.7	2013.08.14	王怡、	王怡
	立式钢琴脚轮	实用新型	201320010897.7	2013.08.14	宁波四海琴业有限公司	何四海
	一种基于DSP的钢琴电子教学装置	发明专利	201310178657.2	2013.08.14	河北工业大学	李玲玲、鲁修学、马东娟、王婧、高建森、吉海涛、艾子豪

类别	名称	专利类型	申请（专利)号	公开(公告)日	申请（专利）人	发明(设计)人
钢琴	一种安装有阻尼器的钢琴顶盖结构	实用新型	201320146652.7	2013.08.14	海伦钢琴股份有限公司、	陈海伦
	一种新型钢琴键盘	实用新型	201320191120.5	2013.08.21	哈尔滨学院	吴冰
	一种电子钢琴键盘杠杆臂	实用新型	201320163805.9	2013.08.28	得理乐器（珠海）有限公司	蒋峰、祈明辉、陈立、顾冰峰
	一种钢琴弹奏指力练习装置	实用新型	201320197484.4	2013.08.28	齐齐哈尔大学	张金石、赵云、郑妍
	一种钢琴弦槌自动切割机及切割弦槌的方法	发明专利	201310193578.9	2013.08.28	广州珠江恺撒堡钢琴有限公司	梁志和、李建宁、董胜、区迎、梁家文、梁国华
	带后视镜的钢琴	实用新型	201320186578.1	2013.09.04	吴礼种	吴礼种
	一种钢琴LED节能灯	实用新型	201320207359.7	2013.09.04	黄利伟	黄利伟
	钢琴键盖缓降器（三角琴）	外观设计	201330077605.7	2013.09.04	陈锋	陈锋
	钢琴键盖缓降器（半内置）	外观设计	201330077611.2	2013.09.04	陈锋	陈锋
	一种钢琴中音弦槌自动钻孔机及钻孔加工方法	发明专利	201310236750.4	2013.09.04	广州珠江恺撒堡钢琴有限公司	廖志辉、梁志和、董胜、区迎
	钢琴	外观设计	201330130093.6	2013.09.11	雅马哈株式会社	冈村淳
	手卷钢琴(PN88)	外观设计	201330120344.2	2013.09.11	康新红	康新红
	机械钢琴弹奏信息的采集装置	实用新型	201320103724.X	2013.09.11	福州飞翔音乐电子科技有限公司	林峥嵘
	一种带滚轮结构的钢琴	实用新型	201320053864.0	2013.09.11	陆芸	陆芸
	多功能钢琴翻谱器	实用新型	201320225329.9	2013.09.11	张威	张威
	一种电子钢琴键盘检测仪电路	实用新型	201220619945.8	2013.09.11	广州市天艺电子有限公司	董玉金、梁文进、陆文君
	一种利于钢琴初学者保持手臂正确姿势的矫形器	实用新型	201320153280.0	2013.09.11	泰山医学院	于学美、崔西泉、吴雅迪、王荣梅
	钢琴键盘及一体式钢琴	实用新型	201220642436.7	2013.09.18	海尔集团公司、苏州海尔信息科技有限公司	刘元强、肖楠、于尊、陈小为、孙消难、辛国超、雷志锋、王怀玉
	多功能钢琴架	实用新型	201220700136.X	2013.09.18	宁波卓一工业设计有限公司	张英、吴王斌、王银银、杜熔
	一种弹片钢琴	实用新型	201320141222.6	2013.09.18	朱泽策	不公告发明人
	带风扇的钢琴凳	实用新型	201320162274.1	2013.09.18	陈静	陈静
	钢琴键盘及一体式钢琴	实用新型	201220642716.8	2013.09.25	海尔集团公司、苏州海尔信息科技有限公司	刘元强、肖楠、于尊、陈小为、孙消难、辛国超、雷志锋、王怀玉
	一种便于学习的LED闪烁发光钢琴	实用新型	201320202165.8	2013.10.02	杭州蓝湖乐器有限公司	姜洪平

类别	名称	专利类型	申请(专利)号	公开(公告)日	申请（专利）人	发明(设计)人
钢琴	一种练习用电声钢琴	实用新型	201320202247.2	2013.10.02	杭州蓝湖乐器有限公司	姜洪平
	一种智能钢琴	实用新型	201320202246.8	2013.10.02	杭州蓝湖乐器有限公司	姜洪平
	一种钢琴肋木上中半径圆弧面的加工设备	发明专利	201310320899.0	2013.10.09	广州珠江钢琴集团股份有限公司	李瑞龙;廖志辉;黄耿志;朱沛枝
	一种基于DSP的钢琴电子教学装置	实用新型	201320262962.5	2013.10.09	河北工业大学	李玲玲;鲁修学;王婧;马东娟;高建森;吉海涛;艾子豪
	一种钢琴肋木上大半径圆弧面的加工设备	发明专利	201310320902.9	2013.10.09	广州珠江钢琴集团股份有限公司	张鸿超;肖巍;李瑞龙;梁志和;廖志辉;黄耿志;林启东
	一种具有纠错功能的学习钢琴	实用新型	201320263411.0	2013.10.09	李卫华	李卫华
	多功能数码钢琴（推拉书桌式）	外观设计	201330157860.2	2013.10.09	杨群力	杨群力
	一种钢琴	实用新型	201320247325.0	2013.10.16	叶如康	叶如康
	电子钢琴	外观设计	201330221353.0	2013.10.16	雅马哈株式会社	冈村淳
	智能电钢琴（交互式）	外观设计	201230609239.0	2013.10.23	安徽天脉文化传播有限公司	熊世林
	多功能钢琴音乐婴儿游戏垫玩具	外观设计	201330161885.X	2013.10.23	黄兵修	黄兵修
	玩具踢踏钢琴	外观设计	201330162082.6	2013.10.30	唐启佑	唐启佑
	一种钢琴练习器	发明专利	201210120622.9	2013.10.30	姜秦胤	姜秦胤
	成套钢琴套和钢琴凳套	外观设计	201330071640.8	2013.10.30	崔胜利	崔胜利
	一种钢琴弦槌自动切割机	实用新型	201320284590.6	2013.11.06	广州珠江恺撒堡钢琴有限公司	梁志和;李建宁;董胜;区迎;梁家文;梁国华
	一种钢琴弹奏击键力度显示装置	实用新型	201320287158.2	2013.11.06	齐齐哈尔大学	张金石;赵云;郑妍
	一种钢琴弦槌	实用新型	201320300040.9	2013.11.06	森鹤乐器股份有限公司	罗锐育;陈求灿;罗铁丰
	多功能钢琴音乐学步车	外观设计	201330161825.8	2013.11.06	黄兵修	黄兵修
	用于具有声学和静音模式的钢琴的琴槌止动器	发明专利	201310122276.2	2013.11.06	施坦威音乐器材有限公司	S·琼斯;J·M·洛姆比诺;S·Y·肯内吉;S·G·利姆
	一种电子钢琴键盘中白键和黑键的导向储油结构	实用新型	201320190509.8	2013.11.06	得理乐器（珠海）有限公司	蒋峰;祁明辉;陈立;顾冰峰
	一种带液晶触摸屏的多媒体数码钢琴	实用新型	201320353200.6	2013.11.06	郑英才	郑英才

类别	名称	专利类型	申请(专利)号	公开(公告)日	申请（专利）人	发明(设计)人
钢琴	钢琴（KE3）	外观设计	201330268326.9	2013.11.06	广州珠江钢琴集团股份有限公司	黄歌农;梁志和;李建萍
	筷子钢琴	外观设计	201330154246.0	2013.11.06	王艳童	王艳童
	新型钢琴	实用新型	201320338795.8	2013.11.13	东北农业大学	韩雪;项多
	一种电子钢琴键盘的杠杆臂吸震消噪装置	实用新型	201320271432.7	2013.11.20	得理乐器（珠海）有限公司	蒋峰;祁明辉;陈立;顾冰峰
	一种钢琴面板嵌入式花边的制作工艺	发明专利	201310293449.7	2013.11.27	福州和声钢琴有限公司	林建忠;黄苏东
	一种钢琴铁板铸造造型用型砂及其制备方法	发明专利	201310344809.1	2013.11.27	三峡大学;贺清礼	孙宜华;贺清礼;向道海
	大学钢琴教学使用的模拟键盘	实用新型	201320441760.7	2013.12.04	李爽	李爽
	迷你钢琴	实用新型	201320303039.1	2013.12.04	杨可人	杨可人
	一种连页钢琴谱夹	实用新型	201320278851.3	2013.12.04	河南科技大学	安静;刘长飞;高石磊
	一种新型的实用型钢琴	实用新型	201320426086.5	2013.12.04	东北农业大学	李思囡;卢丹
	一种钢琴用自动打销机	发明专利	201310369046.6	2013.12.11	徐小亮	徐小亮
	一种钢琴用粘呢机	发明专利	201310366012.1	2013.12.11	徐小亮	徐小亮
	基于距离传感器的智能钢琴教学装置	实用新型	201320353453.3	2013.12.11	上海渐华科技发展有限公司	王奇迪
	一种连杆式结构木质电钢琴键盘	实用新型	201320404208.0	2013.12.11	北京乐器研究所;孙朝平;陈晋武;唐建;韩国芳;俞兆祥;陈青	孙朝平;陈晋武;唐建;韩国芳
	钢琴	外观设计	201330353702.4	2013.12.11	武汉轻工大学	李婷
	一种钢琴粘呢机的粘呢装置	发明专利	201310366011.7	2013.12.11	徐小亮	徐小亮
	一种用于矫正钢琴弦码的装置及弦码和音板的装配方法	发明专利	201310426061.X	2013.12.11	广州珠江钢琴集团股份有限公司	肖巍;张鸿超;李瑞龙;梁志和;龚承忠
	一种纯木质数码钢琴标准力度键盘	发明专利	201310386694.2	2013.12.11	德清玛米亚乐器有限公司	朱建通;沈宏伟
	一种悬臂式结构木质电钢琴键盘	实用新型	201320404210.8	2013.12.11	北京乐器研究所;孙朝平;陈晋武;唐建;韩国芳;俞兆祥;陈青	孙朝平;陈晋武;唐建;韩国芳;俞兆祥;陈青
	钢琴	外观设计	201330218838.4	2013.12.11	林丽如	林丽如
	音乐盒立体拼图三角钢琴	外观设计	201330240202.X	2013.12.18	舒刚	舒刚

类别	名称	专利类型	申请(专利)号	公开(公告)日	申请（专利）人	发明(设计)人
钢琴	电子钢琴的琴键压下开关	发明专利	201310191343.6	2013.12.18	株式会社河合乐器制作所	吉田浩二
	钢琴键盘	实用新型	201320444213.4	2013.12.18	森鹤乐器股份有限公司	张开峰;邬立平;罗铁丰;胡央丹;胡建迪;罗迪;岑迪锋
	立式钢琴键盘	实用新型	201320444116.5	2013.12.18	森鹤乐器股份有限公司	胡建迪;邬立平;罗铁丰;张开峰;胡央丹;罗迪;岑迪锋
	钢琴弦码	实用新型	201320444240.1	2013.12.18	森鹤乐器股份有限公司	罗迪;邬立平;罗铁丰;张开峰;胡央丹;胡建迪;岑迪锋
	钢琴弦码	实用新型	201320444175.2	2013.12.18	森鹤乐器股份有限公司	岑迪锋;邬立平;罗铁丰;张开峰;胡央丹;胡建迪;罗迪
	音乐盒立体拼图立式钢琴	外观设计	201330240200.0	2013.12.18	舒刚	舒刚
	钢琴琴键加工机的下料机构	实用新型	201320401065.8	2013.12.25	浙江工商职业技术学院	徐生;汪建武
	一种采用双色数码管来实现琴键指示灯的钢琴学习机	实用新型	201320469507.2	2013.12.25	邓江涵	邓江涵
	钢琴实木音板拼板机	发明专利	201310441483.4	2013.12.25	成都川雅木业有限公司	张华君;郝明生;商继红;张蕾
	钢琴琴键加工机的刨刀机构	实用新型	201320401032.3	2013.12.25	浙江工商职业技术学院	徐生;熊运星
	一种采用脚踏开关来辅助操作的钢琴学习机	实用新型	201320469430.9	2013.12.25	邓江涵	邓江涵
	钢琴琴键加工机的顶键结构	实用新型	201320401242.2	2013.12.25	浙江工商职业技术学院	徐生;葛鲁波
吉他	吉他（30）	外观设计	201230291498.3	2013.01.09	泰兴福仕特乐器有限公司	李晓凌
	吉他（18）	外观设计	201230291603.3	2013.01.09	泰兴福仕特乐器有限公司	李晓凌
	吉他（34）	外观设计	201230291432.4	2013.01.09	泰兴福仕特乐器有限公司	李晓凌
	吉他（8）	外观设计	201230291423.5	2013.01.09	泰兴福仕特乐器有限公司	李晓凌
	光色变化丰富的发光吉他	外观设计	201110200071.2	2013.01.16	吴建澜	吴建澜
	一种吉他架的自锁式上托叉	实用新型	201220293774.4	2013.01.16	宁波音王电声股份有限公司	尹旺军
	一种新型木吉他面音板	实用新型	201220328518.4	2013.01.16	汪宏齐	汪宏齐
	吉他均衡器（MET-A20）	外观设计	201230352604.4	2013.01.16	宋冠雄	宋冠雄

类别	名称	专利类型	申请(专利)号	公开(公告)日	申请（专利）人	发明(设计)人
吉他	吉他效果器	外观设计	201230403131.6	2013.01.16	孙菊化	孙菊化
	吉他柄头（摇滚鸟）	外观设计	201230489159.6	2013.01.30	蔡国强	蔡国强
	电吉他琴桥的后置弹簧	发明专利	201210447661.X	2013.01.30	李社	李社
	一种电磁式民谣吉他音孔拾音器	实用新型	201220441856.9	2013.02.06	惠州市天音乐器有限公司	张又文
	吉他均衡器（MET-A21）	外观设计	201230357813.8	2013.02.06	宋冠雄	宋冠雄
	一种吉他耳机放大器	实用新型	201220415658.5	2013.02.06	叶思佳	叶思佳
	木吉他琴桥(Smile)	外观设计	201230446654.9	2013.02.13	邹宏鹰	邹宏鹰
	雅特乐器有限公司、	外观设计	201230324364.7	2013.02.27	雅特乐器有限公司	林炳烈
	吉他音箱	外观设计	201230553350.2	2013.02.27	卢进安	卢进安
	一种携带校音器和拨片的吉他	实用新型	201220493839.X	2013.02.27	鹤岗师范高等专科学校	王仕琪
	发光吉他背带	实用新型	201220445878.2	2013.03.06	殷宝山	殷宝山
	电吉他效果器支架	实用新型	201220445889.0	2013.03.06	范朝辉	范朝辉
	音箱（吉他）	外观设计	201230532050.6	2013.03.13	郑杰	郑杰
	吉他	外观设计	201230504079.3	2013.03.13	陕西华林商标事务有限公司	叶静
	一种吉他架的上托叉	实用新型	201220405890.0	2013.03.13	宁波音王电声股份有限公司	尹旺军、史文国
	一种吉他弹片冲孔机	实用新型	201220364136.7	2013.03.20	吴春辉	吴春辉
	吉他头(1)	外观设计	201230303352.6	2013.03.27	伍德布拉斯有限公司	帕崔斯·布兰克
	吉他（二）	外观设计	201230587847.6	2013.03.27	陈火炎	陈火炎
	吉他头(2)	外观设计	201230303354.5	2013.03.27	伍德布拉斯有限公司	帕崔斯·布兰克
	木质桶盖与塑料桶身组合吉他及其制作方法	发明专利	201210430569.2	2013.04.03	深圳市天怡乐器有限公司	黄卫平
	便于变调的吉他	发明专利	201310010646.3	2013.04.17	苏州市伦琴工业设计有限公司	仲炳华
	木吉他均衡器	实用新型	201220545577.7	2013.04.03	宋冠雄	宋冠雄
	吉他变调夹	实用新型	201220544931.4	2013.04.17	周玉梅	周玉梅
	木质桶盖与塑料桶身组合吉他	实用新型	201220571668.8	2013.04.24	深圳市天怡乐器有限公司	黄卫平
	一种新型的木质折叠吉他支架	实用新型	201220634012.6	2013.04.24	张学民	张学民
	吉他盒	外观设计	201230531333.9	2013.04.03	广州市尚律曼森乐器制造有限公司	汪宏齐
	吉他（一）	外观设计	201230587845.7	2013.04.03	陈火炎	陈火炎

类别	名称	专利类型	申请(专利)号	公开(公告)日	申请（专利）人	发明(设计)人
吉他	吉他拨片切片机	外观设计	201230553345.1	2013.04.10	深圳德成五金有限公司	龙德成
	吉他用鞍状部件	外观设计	201230511345.5	2013.04.10	株式会社成音乐器	朴仁载
	吉他（1）	外观设计	201230573736.X	2013.04.10	河北金音乐器集团有限公司	朱涵旺、李二东
	吉他（4）	外观设计	201230573737.4	2013.04.10	河北金音乐器集团有限公司	朱涵旺、李二东
	吉他（2）	外观设计	201230573741.0	2013.04.10	河北金音乐器集团有限公司	朱涵旺、李二东
	吉他（3）	外观设计	201230573742.5	2013.04.10	河北金音乐器集团有限公司	朱涵旺、李二东
	木吉他均衡器	外观设计	201230508061.0	2013.04.10	宋冠雄	宋冠雄
	吉他	外观设计	201230535512.X	2013.04.17	阿尔伽姆公司	热拉尔·加尼耶
	吉他	外观设计	201230581754.2	2013.04.17	李隆潭	李隆潭
	吉他变调夹	外观设计	201230515846.0	2013.04.17	周玉梅	周玉梅
	吉他柄	外观设计	201230506901.X	2013.04.24	易平	易平
	吉他变调夹	外观设计	201230559090.X	2013.04.24	韶凤毛	韶凤毛
	民谣吉他（OSD-190）	外观设计	201230650941.1	2013.04.24	广东红棉乐器有限公司	何志强、郑胜洲、唐家泉、黄毅
	民谣吉他（PSD-150）	外观设计	201230651145.X	2013.04.24	广东红棉乐器有限公司	黄毅、郑胜洲、唐家泉
	电吉他（LGM-2VSB）	外观设计	201230651747.5	2013.04.24	广东红棉乐器有限公司	郑胜洲、何志强、陈广发
	民谣吉他（TLO-190CEQ）	外观设计	201230651811.X	2013.04.24	广东红棉乐器有限公司	唐家泉、郑胜洲、黄毅
	吉他挂钩（GS110）	外观设计	201230657590.7	2013.04.24	宁波市鄞州奥创电子有限公司	于春志
	一种吉他效果器分享方法	发明专利	201210480751.9	2013.05.08	广州市天艺电子有限公司	邝树伟、董玉金
	一种可变换弦演奏和按键演奏的吉他	发明专利	201110357254.5	2013.05.15	李青青	李青青
	吉他	实用新型	201220620669.7	2013.05.08	宁波北仑大港科技创新服务中心	华旭、王书海、柯春松、彭力明、熊瑞斌、王熙福、刘林强、洛江锋、夏天、吴敏
	吉他功放架	实用新型	201220656347.8	2013.05.15	宁波利坤电子有限公司	刘存飞
	吉他充气式调节高度谱架	实用新型	201220716835.3	2013.05.15	王帅	王帅

类别	名称	专利类型	申请（专利）号	公开（公告）日	申请（专利）人	发明(设计)人
吉他	电吉他	外观设计	201330013981.X	2013.05.08	李宏	李宏
	电吉他	外观设计	201330013982.4	2013.05.08	李宏	李宏
	电吉他	外观设计	201330033784.4	2013.05.08	李宏	李宏
	电吉他柄头（PJM-2SB）	外观设计	201230651240.X	2013.05.15	广东红棉乐器有限公司	陈广发、郑胜洲、何志强
	电吉他柄头（STM-2CS）	外观设计	201230651810.5	2013.05.15	广东红棉乐器有限公司	何志强、郑胜洲、陈广发
	电吉他	外观设计	201330013988.1	2013.05.22	李宏	李宏
	电吉他	外观设计	201330013989.6	2013.05.22	李宏	李宏
	电吉他	外观设计	201330014003.7	2013.05.22	李宏	李宏
	能转换吉他贝斯的乐器	发明专利	201110381472.2	2013.06.05	陈晓容	陈晓容
	一种吉他支架	发明专利	201310034321.9	2013.06.05	宁波音王电声股份有限公司	王国友、安泽
	一种触摸平板电脑的音效合成吉他	发明专利	201110381468.6	2013.06.05	陈晓容	陈晓容
	一种能产生吉他多音效的效果器	发明专利	201310072185.2	2013.06.12	广州市天艺电子有限公司	邝树伟、董玉金、梁文进、陆文君
	吉他供电装置	发明专利	201210243567.2	2013.06.12	金美兰	韩万根
	生物可降解的机器人吉他和弦拨	发明专利	201080069278.4	2013.06.12	卡洛斯·阿尔贝托·伊巴涅斯维格诺罗	卡洛斯·阿尔贝托·伊巴涅斯维格诺罗
	一种供手臂残疾者演奏吉他的机械装置	发明专利	201310080825.4	2013.06.19	上海市七宝中学	高俊、林晨阳、金林毅、王鼎元、朱兴翔、张徐玮、王子源、杨捷、许青芸、崔琛炜、姚平成
	一种吉他指法器	实用新型	201220635779.0	2013.06.05	周建峰	周建峰
	一种吉他悬挂装置	实用新型	201220675629.2	2013.06.05	王春倩	王春倩
	吉他	实用新型	201220674074.X	2013.06.12	李艾泽	李艾泽
	一种吉他	实用新型	201320017515.3	2013.06.12	彭爱平	彭爱平
	一种吉他效果器的后抽弹出装置	实用新型	201220625438.5	2013.06.12	广州市天艺电子有限公司	叶建华
	一种有声吉他	实用新型	201220630886.4	2013.06.12	吴小敏	吴小敏
	一种新型吉他面板	实用新型	201220658943.X	2013.06.26	郭玉龙	郭玉龙
	电吉他琴桥的后置弹簧	实用新型	201220590852.7	2013.06.26	李社	李社
	数字化吉他音响	实用新型	201220706713.6	2013.06.26	广州飞达音响专业器材有限公司	何欢潮、何伟峰

类别	名称	专利类型	申请(专利)号	公开(公告)日	申请（专利）人	发明(设计)人
吉他	电子吉他	外观设计	201230601232.4	2013.06.05	苏州工艺美术职业技术学院	曹一华、路彬彬、张宗敏
	电吉他	外观设计	201330013986.2	2013.06.05	李宏	李宏
	电吉他	外观设计	201330085888.X	2013.06.12	李宏	李宏
	吉他	外观设计	201330079566.4	2013.06.26	杭州乐卡麦尔工业设计有限公司	应晓东
	电吉他	外观设计	201330085887.5	2013.07.03	李宏	李宏
	电吉他	外观设计	201330085886.0	2013.07.03	李宏	李宏
	音箱（AER Compact603原声吉他音箱）	外观设计	201330003201.3	2013.07.03	张豪	张豪
	吉他	外观设计	201330057014.3	2013.07.10	雅马哈株式会社	铃木俊英
	带乐谱架的吉他包	实用新型	201320061927.7	2013.07.10	张航	张航
	一种吉他挂钩	实用新型	201220712119.8	2013.07.17	中山市精艺木器制品有限公司	萧杏江
	吉他架	实用新型	201220736896.6	2013.07.24	宁波利坤电子有限公司、	刘存飞
	电吉他(5)	外观设计	201330041079.9	2013.07.24	赵卫国	赵卫国
	一种能产生吉他音效的效果器	发明专利	201310072201.8	2013.07.24	广州市天艺电子有限公司	邝树伟、董玉金、梁文进、陆文君
	音棒(夏威夷吉他)	外观设计	201330102802.X	2013.07.24	张学民	张学民
	吉他	外观设计	201330039940.8	2013.07.31	吉安尼尼公司	乔治奥·柯恩·吉安尼尼
	塑料桶电吉他	实用新型	201320029306.0	2013.07.31	深圳市天怡乐器有限公司	黄卫平
	一种木吉他鼓身的上部	实用新型	201220727264.3	2013.07.31	徐瑞和	徐瑞和
	吉他	外观设计	201330080146.8	2013.08.07	张可清	张可清
	装饰吉他	实用新型	201220568741.6	2013.08.07	唐文进	唐文进
	具沙铃功能的吉他	实用新型	201320120634.1	2013.08.07	郑启富	郑启富
	吉他弹力式变调夹	实用新型	201320125066.4	2013.08.07	齐齐哈尔大学	张德俊、李铁、孙培聪
	一种利用移动终端辅助吉他调音的方法及装置	发明专利	201310097869.8	2013.08.07	广东欧珀移动通信有限公司	魏旭
	吉他齿扣式变调夹	实用新型	201320125098.4	2013.08.07	齐齐哈尔大学	张德俊、李铁、孙培聪
	吉他弦锁	实用新型	201320172612.X	2013.08.14	瑞安市中联电声乐器有限公司	林瑞荣
	吉他颤音器	实用新型	201320172603.0	2013.08.14	瑞安市中联电声乐器有限公司	林瑞荣
	电吉他琴码	实用新型	201320172586.0	2013.08.14	瑞安市中联电声乐器有限公司	林瑞荣

类别	名称	专利类型	申请(专利)号	公开(公告)日	申请（专利）人	发明(设计)人
吉他	多功能便携电吉他	实用新型	201320172601.1	2013.08.14	瑞安市中联电声乐器有限公司	林瑞荣
	卷入式吉他颤音器	实用新型	201320172587.5	2013.08.14	瑞安市中联电声乐器有限公司	林瑞荣
	一种吉他颤音器	实用新型	201320172646.9	2013.08.14	瑞安市中联电声乐器有限公司	林瑞荣
	加工吉他琴箱面板与琴颈配合处的铣削装置	发明专利	201310160978.X	2013.08.14	广州市尚律曼森乐器制造有限公司	汪宏齐
	吉他（2）	外观设计	201330142831.9	2013.08.21	张立强	张立强
	触摸屏吉他	发明专利	201180022805.0	2013.08.21	IP音乐集团有限公司	乌尔里希·贝林格、布赖恩·克劳奇
	吉他固定装置	发明专利	201180054144.X	2013.08.21	爱乐威纳克有限责任公司	乔迪·卡尼韦利·格里福尔斯、里卡多·埃斯卡拉达·雷克托、戴维·马诺萨·里波利
	用于在吉他琴头上切削弦钮安装槽的装置	发明专利	201310161894.8	2013.08.21	广州市尚律曼森乐器制造有限公司	汪宏齐
	一种多功能吉他均衡器	实用新型	201320128597.9	2013.08.21	宋冠雄	宋冠雄
	吉他组件下码	外观设计	201330187961.4	2013.08.28	何成	何成
	一种吉他支架	实用新型	201320049729.9	2013.08.28	宁波音王电声股份有限公司	王国友、安泽
	激光吉他记谱器	发明专利	201310189274.5	2013.09.04	四川大学	李玖鸿、程枢、汪贵林、汪仕元、范雲鹤、李亚玲、胡潇月、颜冬梅、姜晓琼
	吉他	外观设计	201330185400.0	2013.09.11	尤丰	尤丰
	一种吉他椅	实用新型	201320189141.3	2013.09.11	朱丹蕾、刘珊珊、沈玉洁	朱丹蕾、刘珊珊、沈玉洁
	吉他拾音器安装结构	实用新型	201220576795.7	2013.09.11	王哲宏	王哲宏
	吉他底板(凸形)	外观设计	201330199221.2	2013.09.18	郭新庆	郭新庆
	新型原声吉他	实用新型	201320090453.9	2013.09.18	李昌慧	李昌慧
	木吉他	实用新型	201320194536.2	2013.09.18	门龙飞	门龙飞
	吉他（PS-310&PS-300Jun）	外观设计	201330201605.3	2013.09.25	广州市尚律曼森乐器制造有限公司	汪宏齐
	能改变吉他空弦音的吉他弦桥	发明专利	201310226686.1	2013.10.02	陈浩	陈浩
	一种吉他变调夹	实用新型	201320216299.5	2013.10.02	深圳市阿诺玛乐器有限公司	陈海华
	吉他用变调夹	发明专利	201310291275.0	2013.10.09	蔡伟琦	蔡伟琦
	玩具吉他	实用新型	201320130530.9	2013.10.09	林俊和	林俊和

类别	名称	专利类型	申请(专利)号	公开(公告)日	申请（专利）人	发明(设计)人
吉他	一种多功能电吉他音箱	实用新型	201320256126.6	2013.10.09	杭州顺联科技有限公司	钟海伟
	玩具吉他	实用新型	201320130530.9	2013.10.09	林俊和	林俊和
	吉他用变调夹	发明专利	201310291275.0	2013.10.09	蔡伟琦	蔡伟琦
	加工吉他琴箱面板与琴颈配合处的铣削装置	实用新型	201320237724.9	2013.10.16	广州市尚律曼森乐器制造有限公司	汪宏齐
	加工吉他琴颈与琴箱上端部对接处的切削装置	实用新型	201320237723.4	2013.10.16	广州市尚律曼森乐器制造有限公司	汪宏齐
	一种带木质共鸣箱的古典、民谣吉他	实用新型	201320183897.7	2013.11.06	程国强	程国强
	一种古典、民谣吉他	实用新型	201320183898.1	2013.11.06	程国强	程国强
	吉他（KA-JTECP)	外观设计	201330263365.X	2013.11.06	钰丰乐器（福建）有限公司	陈永茂
	吉他用滚轮变调夹	实用新型	201320057901.5	2013.11.13	夏伯卡博丝	里克·夏伯
	吉他（KA-JTE2TS)	外观设计	201330263926.6	2013.11.13	钰丰乐器（福建）有限公司	陈永茂
	吉他和弦指法器及安装此吉他和弦指法器的吉他	发明专利	201310325791.0	2013.11.20	周建峰	周建峰
	一种玩具吉他	实用新型	201320138329.5	2013.11.20	晋江嘉隆玩具有限公司	蔡渊富
	一种红外感应玩具吉他	实用新型	201320138403.3	2013.11.20	晋江嘉隆玩具有限公司	蔡渊富
	激光吉他记谱器	实用新型	201320278234.3	2013.11.20	四川大学	李玖鸿;程枢;汪贵林
	吉他弦音器（2）	外观设计	201330288823.5	2013.11.20	瑞安市中联电声乐器有限公司	林瑞荣
	吉他弦枕	外观设计	201330292179.9	2013.11.20	瑞安市中联电声乐器有限公司	林瑞荣
	吉他拾音器	外观设计	201330288856.X	2013.11.20	瑞安市中联电声乐器有限公司	林瑞荣
	吉他弦音器（1）	外观设计	201330288860.6	2013.11.20	瑞安市中联电声乐器有限公司	林瑞荣
	吉他弦桥（4）	外观设计	201330288884.1	2013.11.20	瑞安市中联电声乐器有限公司	林瑞荣
	一种碳纤维增强复合材料制作吉他的方法	发明专利	201310387616.4	2013.11.27	连云港神鹰碳纤维自行车有限责任公司	徐艳;张建国;张斯纬;周恒香
	一种吉他用颤音装置	实用新型	201320331999.9	2013.11.27	蔡国强	洛思提.毕克佛
	封闭式吉他旋钮	实用新型	201320350874.0	2013.11.27	申民	申民
	电子无弦吉他	实用新型	201320303836.X	2013.12.04	南昌航空大学	张建林;陈凤英;李陈伟;蔡静
	吉他开音养护器	发明专利	201310392101.3	2013.12.04	项泽玉	项泽玉

类别	名称	专利类型	申请(专利)号	公开(公告)日	申请（专利）人	发明(设计)人
吉他	一种用碳纤维及玻纤预浸料复合制作吉他的方法	发明专利	201310387615.X	2013.12.11	连云港神鹰碳纤维自行车有限责任公司	张建国;徐艳;张斯纬;周恒香
	吉他弦钮（1）	外观设计	201330361062.1	2013.12.11	瑞安市中联电声乐器有限公司	林瑞荣
	吉他弦钮（2）	外观设计	201330361233.0	2013.12.11	瑞安市中联电声乐器有限公司	林瑞荣
	一种吉他面板	实用新型	201320334901.5	2013.12.18	申民	申民
	用于电吉他的档位控制开关	发明专利	201310396472.9	2013.12.25	瑞安市中联电声乐器有限公司	林瑞荣
	吉他音梁成型夹具	发明专利	201310456303.X	2013.12.25	成都川雅木业有限公司	张华君;商继红;郝明生;张蕾
提琴	小提琴盒	外观设计	201230360297.4	2013.01.16	赵容赞	赵容赞
	可变音质提琴	实用新型	201220280919.7	2013.01.30	杜瑾、杜洁铭	杜瑾、杜洁铭
	小提琴面板检测调试方法与装置	实用新型	201210424667.5	2013.01.30	河北金音乐器集团有限公司	李承邦、李二飞、刘洋
	尾部锁提琴倒钩锁片	发明专利	201210420060.X	2013.02.06	郑福建	郑福建
	一种大提琴止滑垫	实用新型	201220243018.0	2013.02.06	吴伟豪	吴伟豪
	垂直音板小提琴	实用新型	201220163032.X	2013.02.06	臧铁淞	臧铁淞
	提琴弓	外观设计	201230464580.1	2013.02.13	陈顺宝	陈顺宝
	尾部锁提琴倒钩防滑块	实用新型	201220559078.3	2013.03.20	郑福建	郑福建
	一种可防止撑脚杆滑脱的大提琴	实用新型	201220556208.8	2013.03.20	湖州师范学院	闫萍
	一种撑脚杆调节方便的大提琴	实用新型	201220557503.5	2013.03.20	湖州师范学院	闫萍
	提琴尾缝夹	实用新型	201220570793.7	2013.03.27	郑福君	郑福君
	小提琴把位器	实用新型	201220518830.X	2013.03.27	周媛媛	周媛媛
	一种带有把柄的提琴专用松香	实用新型	201220551913.9	2013.04.03	王高圣	王高圣
	框式电声小提琴	实用新型	201220564209.7	2013.04.10	河北金音乐器集团有限公司	李承邦、李二飞、李世其
	球形提琴	实用新型	201220565043.0	2013.04.17	郑福君	郑福君
	闪光式小提琴	实用新型	201220573308.1	2013.04.24	林道新	林道新
	大提琴（电声框式）	外观设计	201230573735.5	2013.04.10	河北金音乐器集团有限公司	李承邦、李二飞、李世其
	大提琴（电声箱式）	外观设计	201230573740.6	2013.04.10	河北金音乐器集团有限公司	李承邦、李二飞、李世其
	提琴弓子练习定位器（IABC）	外观设计	201230606758.1	2013.04.24	克里斯托弗汉考尔	克里斯托弗汉考尔

类别	名称	专利类型	申请(专利)号	公开(公告)日	申请（专利）人	发明(设计)人
提琴	一种练习用小提琴弓	实用新型	201220662787.4	2013.05.15	南京爱韵贸易实业有限公司	顾萍、董其伟
	支承在演奏者两肩部位的小提琴托架装置	实用新型	201220273033.X	2013.05.15	田雄文	田雄文
	大提琴胸托	实用新型	201220670491.7	2013.05.22	伍彩琼	伍彩琼
	反手缺角连体弦钮大提琴	外观设计	201330035542.9	2013.05.08	湖州师范学院	于晓欧、闫萍
	小提琴盒	外观设计	201230444127.4	2013.05.22	R·威尔克	R·威尔克
	提琴座（10）	外观设计	201330035792.2	2013.05.22	湖州师范学院	牛少岩、闫萍
	一种一体式提琴音响系统	发明专利	201310052334.9	2013.06.05	吴祖亮	吴祖亮
	声学构型提琴及其制作方法	发明专利	201180049443.4	2013.06.26	黄孝珍、侯凌云、杨世珍	黄孝珍、侯凌云、杨世珍
	带螺纹的提琴尾钉	实用新型	201220638904.3	2013.06.12	郑福建	郑福建
	左撇子提琴腮托（1）	外观设计	201330035467.6	2013.06.05	湖州师范学院	洪英、闫萍
	缺角中提琴	外观设计	201330035480.1	2013.06.05	湖州师范学院	于晓欧、闫萍
	反手吉他头中提琴	外观设计	201330035482.0	2013.06.05	湖州师范学院	张志海、闫萍
	吉他头小提琴（2）	外观设计	201330035483.5	2013.06.05	湖州师范学院	张志海、闫萍
	反手吉他头小提琴（2）	外观设计	201330035499.6	2013.06.05	湖州师范学院	张志海、闫萍
	缺角连体弦钮大提琴	外观设计	201330035545.2	2013.06.05	湖州师范学院	于晓欧、闫萍
	反手连体弦钮大提琴（2）	外观设计	201330035789.0	2013.06.05	湖州师范学院	孙一波、闫萍
	提琴座（9）	外观设计	201330035794.1	2013.06.05	湖州师范学院	牛少岩、闫萍
	连体弦钮大提琴（1）	外观设计	201330035802.2	2013.06.05	湖州师范学院	孙一波、闫萍
	提琴音柱尺	外观设计	201330035481.6	2013.06.05	湖州师范学院	张志海、闫萍
	提琴座（6）	外观设计	201330035524.0	2013.06.05	湖州师范学院	李合洲、闫萍
	提琴座（8）	外观设计	201330035790.3	2013.06.05	湖州师范学院	牛少岩、闫萍
	左撇子提琴腮托（3）	外观设计	201330035477.X	2013.06.12	湖州师范学院	洪英、闫萍
	提琴座（7）	外观设计	201330035788.6	2013.06.12	湖州师范学院	牛少岩、闫萍
	提琴腮托螺丝（1）	外观设计	201330035469.5	2013.06.19	湖州师范学院	洪英、闫萍
	左撇子提琴腮托（2）	外观设计	201330035470.8	2013.06.19	湖州师范学院	洪英、闫萍
	左撇子提琴腮托（4）	外观设计	201330035478.4	2013.06.19	湖州师范学院	洪英、闫萍
	低音提琴撑脚杆	外观设计	201330035548.6	2013.06.26	湖州师范学院	于晓欧、闫萍
	一种低音提琴	发明专利	201310133913.6	2013.07.10	江苏凤灵乐器文化产业有限公司	李书、殷留堂、钱富民、李晓晨、李瑞林
	提琴肩托	外观设计	201330019072.7	2013.07.10	赵西林	赵西林
	电提琴	外观设计	201330057332.X	2013.07.10	雅马哈株式会社	胜又良宏
	提琴磨码器	外观设计	201330035783.3	2013.07.10	湖州师范学院	孙一波、闫萍

类别	名称	专利类型	申请(专利)号	公开(公告)日	申请（专利）人	发明(设计)人
提琴	吉他头中提琴	外观设计	201330035484.X	2013.07.10	湖州师范学院	张志海、闫萍
	一种提琴肩托	实用新型	201320033433.8	2013.07.10	赵西林	赵西林
	反手提琴座（1）	外观设计	201330035507.7	2013.07.31	湖州师范学院	李合洲、闫萍
	一种便携式小提琴	实用新型	201320112586.1	2013.07.31	陕西理工学院	王旸
	反手提琴座（2）	外观设计	201330035457.2	2013.07.31	湖州师范学院	李合洲、闫萍
	电提琴	外观设计	201330057335.3	2013.08.07	雅马哈株式会社	胜又良宏
	大提琴防滑盘	实用新型	201320147157.8	2013.08.07	德州学院	杨慧洁
	小提琴调音装置	发明专利	201320147435.X	2013.08.07	德州学院	朱晓艺
	迷你小提琴校音器	发明专利	201320146979.4	2013.08.07	德州学院	刘婕
	小提琴乐女台式钟座	外观设计	201330152449.6	2013.08.07	叶冬凤	叶冬凤
	一种一体式提琴音响系统	实用新型	201320075464.X	2013.08.07	吴祖亮	吴祖亮
	提琴调音装置	实用新型	201320188861.8	2013.08.21	瑞安市中联电声乐器有限公司	林瑞荣
	小提琴曲谱架	实用新型	201320144629.4	2013.08.21	哈尔滨师范大学	刘洋、张永全、徐薇、马玉萍
	提琴弦准	外观设计	201330134403.1	2013.08.21	瑞安市中联电声乐器有限公司	林瑞荣
	提琴座（11）	外观设计	201330035796.0	2013.08.21	湖州师范学院	牛少岩、闫萍
	小提琴助学定位器	实用新型	201320144626.0	2013.08.21	哈尔滨师范大学	刘洋、张永全、尹婷
	反手提琴座（4）	外观设计	201330035522.1	2013.08.21	湖州师范学院	李合洲、闫萍
	低音提琴音准矫正贴膜	实用新型	201320145197.9	2013.08.21	佳木斯大学	张永全、刘洋、赵娜、曹哲铭
	大提琴音准律标记贴膜	发明专利	201320145159.3	2013.08.21	佳木斯大学	张永全、刘洋、赵娜、宋永全、曹哲铭
	多功能小提琴练习凳	实用新型	201320144612.9	2013.08.21	哈尔滨师范大学	刘洋、张永全、徐薇、王博
	智能控制提琴存储箱	实用新型	201320145143.2	2013.08.21	佳木斯大学	张永全、刘洋、李双海、宋永全
	提琴软质可调音柱	发明专利	201210596363.7	2013.08.21	覃炳林、覃涌祚	覃炳林、覃涌祚
	一种竹制小提琴的制作工艺	发明专利	201310133915.5	2013.08.21	江苏凤灵乐器文化产业有限公司	李书、殷留堂、钱富民、李晓凌、李晓晨、李瑞林、何莹贵
	反手连体弦钮大提琴（1）	外观设计	201330035787.1	2013.08.21	湖州师范学院	一波、闫萍

类别	名称	专利类型	申请(专利)号	公开(公告)日	申请（专利）人	发明(设计)人
提琴	一种低音提琴	实用新型	201320194656.2	2013.09.04	江苏凤灵乐器文化产业有限公司	李书、殷留堂、钱富民、李晓晨、李瑞林
	一种用碳纤维复合材料制作小提琴的方法	发明专利	201310228266.7	2013.09.04	连云港神鹰碳纤维自行车有限责任公司	张国良、周恒香、顾良娥、刘树爱、于洋
	提琴弦轴孔钻孔器	实用新型	201310228043.0	2013.09.11	郑福建	郑福建
	尾部锁提琴门柱	实用新型	201320111468.9	2013.09.11	郑福建	郑福建
	一种小提琴专用无线传输装置	实用新型	201320267523.3	2013.09.25	河北金音乐器集团有限公司	李承邦、彭柏顺、刘洋、李二飞
	侧壁音孔提琴共鸣箱	实用新型	201320227592.1	2013.10.02	郑福建	郑福建
	一种小提琴整体声振动激振设备及频谱测量系统和方法	发明专利	201310251305.5	2013.10.09	山西大学	杨阳
	小提琴	实用新型	201320275563.2	2013.10.16	王择儒	王择儒
	提琴支架	发明专利	201310305302.5	2013.10.23	郑福建	郑福建
	垂直音板小提琴	发明专利	201210112680.7	2013.10.30	臧铁淞	臧铁淞
	扬声器（小提琴天使支架）	外观设计	201330037999.3	2013.10.30	广州市越秀区华星乐器行	吴祖亮
	小提琴扬声器	外观设计	201330034758.3	2013.10.30	吴祖亮	吴祖亮
	一种低音提琴琴套	实用新型	201320362426.2	2013.11.06	齐齐哈尔大学	张婧;李明溪;王丽丹
	一种带木质共鸣箱的提琴	实用新型	201320183896.2	2013.11.06	程国强	程国强
	一种低音提琴加湿器	实用新型	201320363889.0	2013.11.06	齐齐哈尔大学	李明溪;王丽丹;张婧
	塑胶充气玩具(提琴1)	外观设计	201330320050.4	2013.11.06	宿迁申联塑胶有限公司	薛建平
	碳纤维小提琴（Ⅱ）	外观设计	201330251237.3	2013.11.06	连云港神鹰碳纤维自行车有限责任公司	张国良;徐亚飞;顾良娥;刘树爱;王明珠
	一种低音提琴演奏架	实用新型	201320363571.2	2013.11.13	齐齐哈尔大学	李明溪;张婧;王丽丹
	低音提琴练习凳	实用新型	201320363543.0	2013.11.20	齐齐哈尔大学	王丽丹;李明溪;张婧
	一种多功能低音提琴凳	实用新型	201320363545.X	2013.11.20	齐齐哈尔大学	张婧;王丽丹;李明溪
	一种小提琴整体声振动激振设备及频谱测量系统	实用新型	201320361888.2	2013.11.20	山西大学	杨阳
	提琴弓子练习定位器(IABC-2)	外观设计	201330232624.2	2013.11.20	克里斯托弗汉考尔	克里斯托弗汉考尔

类别	名称	专利类型	申请(专利)号	公开(公告)日	申请（专利）人	发明(设计)人
提琴	具有外接共振腔的并联提琴	发明专利	201310315057.6	2013.11.27	金华职业技术学院	赵永建;张向平;曹鹦鹉;胡扬慧
	小提琴指法练习装置	发明专利	201310376588.6	2013.11.27	韩盟	韩仲林;韩盟
	带曲谱架的低音提琴凳	实用新型	201320362931.7	2013.11.27	齐齐哈尔大学	王丽丹;张婧;李明溪
	带阶梯坎的提琴背板	实用新型	201320253394.2	2013.11.27	郑福建	郑福建
	大提琴	外观设计	201230485400.8	2013.11.27	陕西华林商标事务有限公司	叶静
	碳纤维小提琴（Ⅰ）	外观设计	201330250987.9	2013.12.04	连云港神鹰碳纤维自行车有限责任公司	张国良;周恒香;顾良娥;刘树爱;于洋
	木纹饰面碳纤维小提琴（Ⅱ）	外观设计	201330381245.X	2013.12.18	连云港神鹰碳纤维自行车有限责任公司	张斯纬;周恒香;孙宝娟;李保峰
电子琴	一种电子琴	实用新型	202662273U	2013.01.09	叶如康	叶如康
	一种电子琴	实用新型	201220305455.0	2013.01.09	叶如康	叶如康
	电子琴	外观设计	201230153475.6	2013.01.16	孙菊化	孙菊化
	一种电子琴侧面板与后板的封装治具	实用新型	201220337133.4	2013.01.16	东莞市龙健电子有限公司	欧阳以柏
	一种电子琴的控制电路	发明专利	201110196098.9	2013.01.16	苏州经贸职业技术学院	倪海玲
	一种基于USB_MIDI接口的电子琴键盘控制系统	实用新型	201220365547.8	2013.02.13	赵昭旺、王威	赵昭旺、王威
	电子琴	外观设计	201230267892.3	2013.03.06	深圳市中凯鑫科技有限公司	姚军
	电子琴	外观设计	201230371535.1	2013.03.06	雅马哈株式会社	冈村淳、柏濑一辉
	电子琴（玛斯卡三排键）	外观设计	201230248400.6	2013.03.13	于春兰	于春兰、古光均、马志正、于青立
	一种新型玩具电子琴	实用新型	201220453936.6	2013.03.27	高铭胜	高铭胜
	一种智能电子琴	实用新型	201220604394.8	2013.04.10	南京铁道职业技术学院	王啸东
	电子琴支架	实用新型	201220672859.3	2013.04.17	张筱璐	张筱璐
	一种LED触摸电子琴及检测方法	发明专利	201310032107.X	2013.05.22	大连理工大学	李航、秦晓程、李裕礤、冯林
	一种基于单片机控制的电子琴	实用新型	201220556288.7	2013.05.08	长安大学	李龙辉、王少勇、时付伟、白苡琨、乔洁、姚丁茂、梅迎
	一种新型电子琴	实用新型	201220618709.4	2013.06.12	晋江声乐玩具有限公司	苏子微
	一种多键式电子琴	发明专利	201210250410.2	2013.06.26	叶如康	叶如康

类别	名称	专利类型	申请(专利)号	公开(公告)日	申请（专利）人	发明(设计)人
电子琴	一种电子琴	发明专利	201210197687.3	2013.06.19	叶如康	叶如康
	电子琴（TB100）	外观设计	201330007350.7	2013.06.05	吟飞科技（江苏）有限公司	赵平、梁俊伟
	一种无线电子琴系统	实用新型	201320030094.8	2013.06.26	洛阳理工学院	李传锋、李蒙、张焕龙、李京秀、高翔、贾欢欢、蒋欣倩、葛芯宇
	自带琴架的电子琴	实用新型	201220599401.X	2013.06.05	重庆市双桥区危思科技有限公司	邓小丽
	电子琴键盘力度一致性测试系统	发明专利	201310065299.4	2013.06.05	吟飞科技（江苏）有限公司	赵平、范廷国、陈国斌、朱小宏、叶鑫
	一种电子琴键盘功能的测试系统	发明专利	201310064060.5	2013.06.05	吟飞科技（江苏）有限公司	赵平、范廷国、陈国斌、朱小宏、叶鑫
	电子琴功能按键和指示灯的测试系统	发明专利	201310082672.7	2013.07.10	吟飞科技(江苏)有限公司	赵平、范廷国、陈国斌、叶鑫、徐仁武
	一种电子琴通用音量踏脚电路	发明专利	201310137129.2	2013.07.17	吟飞科技(江苏)有限公司	赵平、陈国斌、梁俊伟
	音乐播放器（电子琴）	外观设计	201230623841.X	2013.07.31	哈尔滨理工大学	柳雨红、付小波
	一种多功能的电子琴	实用新型	201320158438.3	2013.08.07	福建省南安市同盛体育器材有限公司	陈文生、陈成龙
	一种防夹手的电子琴	实用新型	201320150901.X	2013.08.07	福建省南安市同盛体育器材有限公司	陈文生、陈成龙
	一种结构新颖的电子琴	实用新型	201320150976.8	2013.08.07	福建省南安市同盛体育器材有限公司	陈文生、陈成龙
	一种儿童用电子琴手套	实用新型	201220748174.2	2013.08.28	李响	李响
	便携式电子琴谱	实用新型	201320082142.8	2013.09.04	辛珍宏	辛珍宏
	一种基于DSP控制的智能化电子琴	发明专利	201310249152.0	2013.09.11	苏刚	苏刚
	具有电子琴的组合桌子	发明专利	201320176047.4	2013.09.18	林君怡	林君怡
	一种改进型电子琴	实用新型	201320188927.3	2013.09.18	福建省南安市同盛体育器材有限公司	陈文生、陈成龙
	88键电子琴	外观设计	201330178843.7	2013.10.02	刘明炜	刘明炜
	电子琴支架	外观设计	201230420056.4	2013.10.09	朱增斌	朱增斌
	学习型电子琴	实用新型	201320290464.1	2013.10.09	蒋小辉	蒋小辉;王帅
	电子琴	外观设计	201330259604.4	2013.10.16	冯山	冯山

类别	名称	专利类型	申请(专利)号	公开(公告)日	申请（专利）人	发明(设计)人
电子琴	简易虚拟电子琴	实用新型	201320368198.X	2013.11.27	安徽省科普产品工程研究中心有限责任公司	包义钊;车杰;许庆;于重生;刘伟
	子母扣电子琴模块	外观设计	201330278656.6	2013.11.27	王文渭	王文渭
	电子琴谱机	实用新型	201320399828.X	2013.12.18	吴佳怡	吴佳怡
	一种读卡片式电子琴	实用新型	201320393997.2	2013.12.25	郑海霞	郑海霞
鼓	一种平面鼓鼓盘	实用新型	201220468420.9	2013.04.10	得理乐器（珠海）有限公司	廖照华、汪林勇
	鼓（凤阳花鼓）	外观设计	201230601230.5	2013.04.10	滁州学院	高静
	电子鼓地鼓的固定结构	实用新型	201220645819.X	2013.04.24	陈兴国	陈兴国
	桑巴鼓	实用新型	201220556336.2	2013.04.24	天津市津宝乐器有限公司	李中华
	一种非接触触发型电子鼓鼓皮	实用新型	201220473550.1	2013.04.24	深圳市海星王科技有限公司	曹辉、李秋实
	鼓筒壁卡	实用新型	201220520148.4	2013.04.24	天津市津宝乐器有限公司	刘羽
	鼓筒壁卡	实用新型	201220520138.0	2013.04.24	天津市津宝乐器有限公司	刘羽、张国辉
	鼓筒壁卡	实用新型	201220519185.3	2013.04.24	天津市津宝乐器有限公司	刘羽、王敬
	一种非洲鼓	实用新型	201220498669.4	2013.04.10	天津乐海城乐器配件有限公司	李京辉
	木箱鼓打击器	实用新型	201220529471.8	2013.04.17	廖村淇	廖村淇
	外架式电子爵士鼓	发明专利	201110319809.7	2013.04.24	爱铭科技股份有限公司	魏国雄
	交响乐大鼓用橡胶套	实用新型	201220557303.X	2013.04.24	天津市津宝乐器有限公司	李中华
	一种非接触触发型电子鼓	实用新型	201220475121.8	2013.04.24	深圳市海星王科技有限公司	李秋实、赵晓萌
	双触发布局的木鼓桶电子鼓	实用新型	201220645794.3	2013.05.15	陈兴国	陈兴国
	电鼓支架	发明专利	201310080199.9	2013.05.29	天津市津宝乐器有限公司	李中华
	玩具手鼓	外观设计	201230613702.9	2013.05.29	刘金生	刘金生
	音箱（鼓形）	外观设计	201230623744.0	2013.05.08	陈汉年	陈汉年
	多层鼓	外观设计	201330038259.1	2013.05.22	李道应	李道应
	用于连接鼓盘和支架的连接件	发明专利	201310079404.X	2013.05.29	天津市津宝乐器有限公司	李中华

类别	名称	专利类型	申请(专利)号	公开(公告)日	申请（专利）人	发明(设计)人
鼓	对规律性鼓点节奏的音乐进行乐纹特征提取及表示方法	发明专利	201310027662.3	2013.05.01	南京邮电大学	林晓勇、蒋玲慧、张跃、赵静、穆祥女
	电子鼓（TD36）	外观设计	201330007347.5	2013.06.05	吟飞科技（江苏）有限公司	赵平、梁俊伟
	脚踩式电子鼓	发明专利	201110432610.5	2013.06.26	襄樊学院	方亮
	空中虚拟电子乐鼓	实用新型	201220244376.3	2013.06.12	张崎	张思辰、张崎
	电子鼓（TD36）	外观设计	201330007347.5	2013.06.05	吟飞科技（江苏）有限公司	赵平、梁俊伟
	民族鼓（WD221）	外观设计	201230607151.5	2013.06.12	重庆沃德工业设计有限公司	谢剑波
	一种爵士鼓模具	实用新型	201220749932.2	2013.07.03	天津市华跃模具制造有限公司	陈英跃、程浩、李洪喜、陈磊、杨斌、张和明、李洪全、李剑锐、尹长海
	珍贝鼓	外观设计	201330110302.0	2013.07.17	霸州市威名乐器有限公司	张江
	一种低音鼓脚踏	发明专利	201310151967.5	2013.07.17	得理乐器（珠海）有限公司	廖照华、谭雨良
	带鼓棒固定环的架子鼓	实用新型	201320109284.9	2013.07.24	黎洋	黎洋
	带录音笔的架子鼓	发明专利	201320033200.8	2013.07.24	童贞瑜	童贞瑜
	定音鼓专用椅	发明专利	201310080198.4	2013.07.31	天津市津宝乐器有限公司	李中华
	电鼓鼓盘的固定座	实用新型	201320114276.3	2013.08.07	天津市津宝乐器有限公司	李中华
	一种打击乐器鼓皮结构	实用新型	201220583237.3	2013.08.07	郑学勇	郑学勇
	一种多功能电子鼓教学装置	实用新型	201320162169.8	2013.08.14	河南职业技术学院	杨红心、武霄、祁姗姗、胡娟、张成伟、肖旭伟、张凯、尹霞、郭晓雯、石保艳、李超、靳艳
	一种架子鼓支架	实用新型	201320111145.X	2013.08.21	翟高科	翟高科
	一种堂鼓	发明专利	201320202992.7	2013.09.18	黄山学院	胡亮、孙峰、刘家琪、井玲玲、申仪炜、孙炎玮、余景、赵敏、王丹、章娇娇
	新型鼓棒	实用新型	201320197542.3	2013.09.18	唐秘林	唐秘林

类别	名称	专利类型	申请(专利)号	公开(公告)日	申请（专利）人	发明(设计)人
鼓	一种板鼓	实用新型	201320188622.2	2013.09.18	黄山学院	胡亮、孙峰、刘家琪、井玲玲、申仪炜、孙炎玮、余景、赵敏、王丹、章娇娇
	架子鼓桌子	发明专利	201320131382.2	2013.09.18	刘峻豪	刘峻豪
	一种瑶族长鼓	实用新型	201320184803.8	2013.09.18	黄山学院	胡亮、孙峰、刘家琪、井玲玲、申仪炜、孙炎玮、余景、赵敏、王丹、章娇娇
	架子鼓设备	实用新型	201320195275.6	2013.09.18	门龙飞	门龙飞
	鼓	外观设计	201330198971.8	2013.09.25	刘伟	刘伟
	金贝鼓（非洲手鼓）	外观设计	201330272794.3	2013.10.02	王景川	王景川
	鼓凳（C DZ1305-03）	外观设计	201330163431.6	2013.10.30	施国勤	施国勤
	细腰鼓(仿唐鲁山花瓷2)	外观设计	201330193982.7	2013.10.30	梅国建	梅国建
	非洲手鼓	实用新型	201320362708.2	2013.11.06	王景川	王景川
	训练用架子鼓鼓锤	实用新型	201320287483.9	2013.11.06	田杨	田杨
	定音鼓的支撑架	实用新型	201320300526.2	2013.11.06	李东国	史久明
	手鼓	外观设计	201330213425.7	2013.11.06	黄少敏	黄少敏
	平面鼓(DT001)	外观设计	201330185637.9	2013.11.06	杭州爱尔科电子有限公司	彭广根
	定音鼓的鼓面结构	实用新型	201320301490.X	2013.11.13	李东国	史久明
	花鼓共振音响	外观设计	201330236361.2	2013.11.13	李群如	李群如
	玩具电子鼓（2216A-33）	外观设计	201330276695.2	2013.11.27	陈彦秋	陈彦秋
	电子式鼓垫	实用新型	201320348380.9	2013.12.11	李俊明	李俊明
	空中虚拟电子乐鼓	发明专利	201210169505.1	2013.12.18	张崎	张思辰;张崎
	音乐铜鼓的定音方法	发明专利	201210183749.5	2013.12.18	东兰音乐铜鼓文化传播有限责任公司	牙运永;谭安益
	一种三弦琴鼓	发明专利	201310422995.6	2013.12.25	深圳市宝安区进科统筹电子开发部	李一林;王学辉;陈玉安
	一种锣鼓器具的击打架	实用新型	201320333627.X	2013.12.25	童忠根	童忠根
	一种非洲鼓	实用新型	201320487487.1	2013.12.25	天津乐海城乐器配件有限公司	李京辉

类别	名称	专利类型	申请(专利)号	公开(公告)日	申请（专利）人	发明(设计)人
号	扬口行进小号	实用新型	201220564764.X	2013.04.10	河北金音乐器集团有限公司	郭万军、张唤迎、张苏棣
	小号（金蝶形）	外观设计	201230573739.3	2013.04.10	河北金音乐器集团有限公司	郭万军、张唤迎、张苏棣
	小号弱音器	实用新型	201220402913.2	2013.05.22	马培铮	马培铮
	小号的活塞装置	实用新型	201320256049.4	2013.11.06	张宁	张宁
	一种具有无线音频传输功能的便携式小号	实用新型	201320318346.7	2013.11.06	青岛罡川器乐文化有限责任公司	吴宗良;官卫岗;李昱涛
	小号	实用新型	201320476648.7	2013.12.18	河北金音乐器集团有限公司	郭万军;张唤迎;张苏棣
笛	长笛演奏指环	发明专利	201210584966.5	2013.04.03	河北金音乐器集团有限公司	孙洪刚
	木质长笛	实用新型	201220630028.X	2013.04.24	陈国栋	陈国栋
	长笛演奏指环	实用新型	201320001305.5	2013.06.12	河北金音乐器集团有限公司	孙洪刚
	竹笛（3）	外观设计	201330001345.5	2013.06.26	杭州余杭区中泰灵声乐器厂	董雪华、董寅聪
	一种加键笛子	实用新型	201220590300.6	2013.06.19	李复斌	李复斌
	多层圆环竹笛	实用新型	201220714367.6	2013.06.12	芦蓉	芦蓉
	竹笛（裂纹）	外观设计	201230551816.5	2013.04.17	杭州余杭区中泰街道我韵乐器厂	丁丙兴
	竹笛（龙）	外观设计	201230552065.9	2013.04.17	杭州余杭区中泰街道我韵乐器厂	丁丙兴
	一种新型闷笛	实用新型	201220569227.4	2013.04.03	周昆	周昆
	竹笛（青花瓷）	外观设计	201230552373.1	2013.04.17	杭州余杭区中泰街道我韵乐器厂	丁丙兴
	竹笛（彩虹）	外观设计	201230552241.9	2013.04.17	杭州余杭区中泰街道我韵乐器厂	丁丙兴
	竹笛（金色）	外观设计	201230552389.2	2013.04.17	杭州余杭区中泰街道我韵乐器厂	丁丙兴
	竹笛（1）	外观设计	201330001272.X	2013.04.24	杭州余杭区中泰街道我韵乐器厂	董雪华、董寅聪
	竹笛（2）	外观设计	201330001485.2	2013.04.24	杭州余杭区中泰街道我韵乐器厂	董雪华、董寅聪
	笛箫	实用新型	201220724241.7	2013.07.10	贾文瑞	贾文瑞
	陶笛的制作方法	发明专利	201310053059.2	2013.07.10	刘延田	刘延田
	排笛	发明专利	201310165323.1	2013.07.17	冯敏德	冯敏德
	爱尔兰哨笛	外观设计	201330125030.1	2013.07.31	李洋	李洋
	陶笛	实用新型	201330098717.0	2013.08.07	蒋璐	蒋璐
	笛子（牛头笛）	外观设计	201330080001.8	2013.08.07	伍华德	伍华德

类别	名称	专利类型	申请(专利)号	公开(公告)日	申请（专利）人	发明(设计)人
笛	笛子（牛头白竹笛）	外观设计	201330080004.1	2013.08.07	伍华德	伍华德
	笛（苗乡牛角口笛）	外观设计	201330080009.4	2013.08.07	伍华德	伍华德
	笛（苗乡紫竹口笛）	外观设计	201330080193.2	2013.08.07	伍华德	伍华德
	笛子（京剧脸谱紫竹调笛）	外观设计	201330080150.4	2013.08.07	伍华德	伍华德
	笛子（地戏脸谱紫竹调笛）	外观设计	201330079800.3	2013.08.07	伍华德	伍华德
	陶笛（十二生肖—鼠）	外观设计	201330067433.5	2013.08.07	程建华	程建华
	陶笛（十二生肖—羊）	外观设计	201330067432.0	2013.08.07	程建华	程建华
	陶笛（十二生肖—狗）	外观设计	201330067509.4	2013.08.07	程建华	程建华
	陶笛（十二生肖—马）	外观设计	201330067436.9	2013.08.07	程建华	程建华
	陶笛（十二生肖—牛）	外观设计	201330067441.X	2013.08.07	程建华	程建华
	陶笛（十二生肖—兔）	外观设计	201330067434.X	2013.08.07	程建华	程建华
	一种具有和音功能的竖笛	实用新型	201320098133.8	2013.08.07	黄山学院	朱蕾、胡亮、孙峰、徐常丰、刘家琪、井玲玲、申仪炜、孙炎玮、余景
	陶笛（十二生肖—龙）	外观设计	201330067445.8	2013.08.07	程建华	程建华
	陶笛（十二生肖—猪）	外观设计	201330067431.6	2013.08.07	程建华	程建华
	一种便于演奏的陶笛	实用新型	201320181231.8	2013.08.28	天津盛兴元乐器有限公司	王泽云
	十三孔陶笛	实用新型	201220341873.5	2013.09.04	王勇武	王勇武
	整体一节式爱尔兰长笛	实用新型	201320235504.2	2013.09.04	陈磊	陈磊
	全金属四方平口哨笛	实用新型	201320235505.7	2013.09.04	陈磊	陈磊
	回声笛	实用新型	201320172932.5	2013.09.11	牛峥	牛峥
	一种笛膜内置的笛子	发明专利	201320056388.8	2013.09.11	李凯	李凯
	雨花笛	外观设计	201330140600.4	2013.09.11	郑安邦	郑安邦
	全金属双重弧形口哨笛	实用新型	201320235503.8	2013.09.11	陈磊	陈磊
	一种口笛	实用新型	201320184933.1	2013.09.18	黄山学院	胡亮、孙峰、刘家琪、井玲玲、申仪炜、孙炎玮、余景、赵敏、王丹、章娇娇
	一种新型竹笛	实用新型	201320178823.4	2013.09.18	黄山学院	胡亮、孙峰、刘家琪、井玲玲、申仪炜、孙炎玮、余景、赵敏、王丹、章娇娇

类别	名称	专利类型	申请(专利)号	公开(公告)日	申请（专利）人	发明(设计)人
笛	一种新型弯管竖笛	实用新型	201320178816.4	2013.09.18	黄山学院	胡亮、孙峰、刘家琪、井玲玲、申仪炜、孙炎玮、余景、赵敏、王丹、章娇娇
	一种竹笛	实用新型	201320202984.2	2013.10.30	黄山学院	胡亮;孙峰;刘家琪;井玲玲;申仪炜;孙炎玮;余景;赵敏;王丹;章娇娇
	排笛	实用新型	201320242802.4	2013.10.30	冯敏德	冯敏德
	雨花陶笛	外观设计	201330199587.X	2013.11.13	郑安邦	郑安邦
	一种串联笛子	发明专利	201310318136.2	2013.11.27	金华职业技术学院	赵永建;张向平;曹鹦鹉;宋建法
	苗笛	外观设计	201330080284.6	2013.11.27	伍华德	伍华德
	一种袖珍笛	实用新型	201320302396.6	2013.12.04	贵州省玉屏县箫笛厂	姚茂禄
	一种袖珍笛	实用新型	201320302408.5	2013.12.04	贵州省玉屏县箫笛厂	姚茂禄
	一种袖珍笛	实用新型	201320302416.X	2013.12.04	贵州省玉屏县箫笛厂	姚茂禄
	一种袖珍笛	实用新型	201320302421.0	2013.12.04	贵州省玉屏县箫笛厂	姚茂禄
	木管长笛	实用新型	201220494606.1	2013.12.25	李廷东	李廷东;姜明
	海星陶笛	外观设计	201330374051.7	2013.12.25	姜洪建	姜洪建
口琴	一种变音和声口琴	实用新型	201220170940.1	2013.01.30	陈红梅	陈红梅
	小口琴（粉红迷你方型）	外观设计	201230267733.3	2013.01.30	王秋新	王秋新
	小口琴（蓝色迷你圆筒）	外观设计	201230267681.X	2013.01.30	王秋新	王秋新
	带音标的翻折口琴	实用新型	201210490206.8	2013.02.13	庄森彬	庄森彬
	小口琴（酒红迷你方型）	外观设计	201230267716.X	2013.02.20	王秋新	王秋新
	一种14孔56音口琴	发明专利	201210406443.1	2013.02.27	陈红梅	陈红梅
	一种10孔40音口琴	发明专利	201210406639.0	2013.02.27	陈红梅	陈红梅
	一种12孔48音口琴	发明专利	201210406776.4	2013.02.27	陈红梅	陈红梅
	一种16孔64音口琴	发明专利	201210406580.5	2013.02.27	陈红梅	陈红梅
	弹出式音标口琴	发明专利	201210493814.4	2013.02.27	庄森彬	庄森彬
	感应指示灯音标口琴	发明专利	201210501890.5	2013.02.27	庄森彬	庄森彬
	带有音标指示灯的口琴	实用新型	201210500274.8	2013.03.20	庄森彬	庄森彬

类别	名称	专利类型	申请(专利)号	公开(公告)日	申请（专利）人	发明(设计)人
口琴	口琴音阶识别装置	实用新型	201220449416.8	2013.04.17	刘飞	刘飞
	一种带指南针的口琴	实用新型	201220612050.1	2013.04.24	德州学院	李全、王远志
	带梳子的口琴	实用新型	201110323460.4	2013.04.24	苏义君	不公告发明人
	24孔口琴盒（纪念43）	外观设计	201230518241.7	2013.05.08	陈红梅	陈红梅
	一种口琴	实用新型	201220675713.4	2013.05.01	李晓茹	李晓茹
	感应指示灯音标口琴	实用新型	201220647769.9	2013.05.01	庄森彬	庄森彬
	带音标的翻折口琴	实用新型	201220635416.7	2013.05.01	庄森彬	庄森彬
	带有音标指示灯的口琴	实用新型	201220645921.X	2013.05.01	庄森彬	庄森彬
	一种口琴的发音装置	实用新型	201220750103.6	2013.06.26	周桂德	周桂德
	一种口琴话筒	实用新型	201220678694.0	2013.06.05	宁波市鄞州奥创电子有限公司	于春志
	一种随意变调口琴	实用新型	201320040284.8	2013.07.10	王豫宁	王豫宁
	带口琴的面具	发明专利	201220583641.0	2013.07.24	万雪	万雪
	双组口琴	发明专利	201310160329.X	2013.07.31	郑福建	郑福建
	一种21孔口琴	发明专利	201310160348.2	2013.07.31	陈红梅	陈红梅
	一种14孔56音口琴	发明专利	201310160356.7	2013.07.31	陈红梅	陈红梅
	一种10孔20音船形口琴	发明专利	201310160357.1	2013.07.31	陈红梅	陈红梅
	16孔64音双音孔板口琴	发明专利	201310160349.7	2013.07.31	陈红梅	陈红梅
	一种口琴	实用新型	201320170309.6	2013.08.28	孙科新	孙科新
	一种口琴的发音簧片	发明专利	201320059992.6	2013.09.11	陈启乐	陈启乐
	一种口琴型翅片管	实用新型	201320004489.0	2013.09.18	北京龙源冷却技术有限公司	栾艺铭、张建华
	口琴用覆盖膜的加工方法	发明专利	201210114201.5	2013.10.30	陈红梅	陈红梅
	变音和声口琴	发明专利	201210118161.1	2013.10.30	陈红梅	陈红梅
	薄型吹口口琴	实用新型	201320433524.0	2013.12.04	江苏东方乐器有限公司	孔文忠
	口琴（薄型24孔）	外观设计	201330343477.6	2013.12.11	江苏东方乐器有限公司	孔文忠
	口琴（10孔）	外观设计	201330343480.8	2013.12.25	江苏东方乐器有限公司	孔文忠
二胡	一种二胡音准仪	实用新型	201220263090.X	2013.01.09	王钟林	王钟林
	可调金属二胡千斤	实用新型	201220077621.6	2013.01.23	梁洪浪	梁洪浪
	一种二胡	实用新型	201220473670.1	2013.03.13	陈国兵	陈国兵
	一种电二胡传感器装置	实用新型	201220346031.9	2013.03.13	徐海涛、徐松年	徐松年、金宏仁
	玉石二胡	实用新型	201220512287.2	2013.03.20	吕玉强	吕玉强

类别	名称	专利类型	申请(专利)号	公开(公告)日	申请（专利）人	发明(设计)人
二胡	二胡	外观设计	201230463494.9	2013.04.03	高振保	高振保
	二胡（游龙戏珠1213）	外观设计	201230561936.3	2013.04.17	上海民族乐器一厂	龚耀宗、陈民杰、周力
	二胡（猴首式1212）	外观设计	201230565733.1	2013.04.17	上海民族乐器一厂	陈民杰
	新型二胡	实用新型	201220536806.9	2013.05.01	曾北平	曾北平
	一种二胡指槽音位管	实用新型	201220648729.6	2013.05.15	朱从栋	朱从栋
	二胡（春晓之声1211）	外观设计	201230560128.5	2013.05.15	上海民族乐器一厂	王琳琳、孙云
	一种椭圆体二胡琴筒	实用新型	201220584800.9	2013.06.05	石阡县泉都民族乐器厂	杨大军
	一种牛角型二胡琴筒	实用新型	201220587585.8	2013.06.05	石阡县泉都民族乐器厂	杨大军
	双共鸣箱二胡	实用新型	201220714593.4	2013.06.12	龙颖	龙颖
	一种改良二胡	实用新型	201220644465.7	2013.06.12	聊城大学	王海华
	二胡	外观设计	201220747099.8	2013.06.12	聊城大学	王海华
	二胡专用松香	外观设计	201230513653.1	2013.06.19	王高圣	王高圣
	带共鸣器二胡的加工方法	发明专利	201210010526.9	2013.07.17	陈广林	陈广林
	宽音域二胡	实用新型	201220744361.3	2013.07.17	张建刚	张建刚、张树伟
	带节拍器的二胡	发明专利	201320071793.7	2013.07.24	刘炳钰	刘炳钰
	无源可互换式电子板二胡琴头	发明专利	201220373062.3	2013.07.24	李凤明	李凤明
	一种可拆装式二胡	实用新型	201320113058.8	2013.07.31	陕西理工学院	王旸
	一种新型二胡	实用新型	201320146184.3	2013.08.07	郭山雨	郭山雨
	调音和共鸣功能增强型的二胡	实用新型	201220247113.8	2013.08.14	幸志斌、幸哲熙	幸志斌
	二胡用电子传声装置	发明专利	201320114515.5	2013.08.14	秦晶	秦晶
	一种调皮二胡	实用新型	201320129590.9	2013.08.21	赵胜辉	赵胜辉
	带有指位定位装置的二胡	实用新型	201320194402.0	2013.08.28	孙菁菁	孙菁菁、安扬
	一种二胡琴弦微调器	实用新型	201320230818.3	2013.09.04	朱实践	朱实践
	椭圆型端口二胡胡筒	实用新型	201320125371.3	2013.09.11	陈志恺	陈志恺
	二胡护琴码	外观设计	201330174122.9	2013.09.11	夏路	夏路
	一种新型二胡	实用新型	201320150048.1	2013.09.18	黄山学院	胡亮、孙峰、刘家琪、井玲玲、申仪炜、孙炎玮、余景、赵敏、王丹、章娇娇
	一种二胡结构	实用新型	201320150080.X	2013.09.18	黄山学院	胡亮、孙峰、刘家琪、井玲玲、申仪炜、孙炎玮、余景、赵敏、王丹、章娇娇

类别	名称	专利类型	申请(专利)号	公开(公告)日	申请（专利）人	发明(设计)人
二胡	二胡音位尺	实用新型	201320225019.7	2013.09.25	王景国	王景国
	一种二胡	实用新型	201320188606.3	2013.11.06	黄山学院	胡亮;孙峰;刘家琪;井玲玲;申仪炜;孙炎玮;余景;赵敏;王丹;章娇娇
	音箱（新二胡）	外观设计	201330233503.X	2013.11.20	广州市创宏电子有限公司	郑吉芳
	二胡新型调音器	发明专利	201310365760.8	2013.11.27	刘森石	刘森石;刘凡琴;刘瑞瑶
	多功能二胡	发明专利	201310376314.7	2013.12.11	陈兆平	陈兆平
	二胡琴托防滑防磨护垫	外观设计	201330322063.5	2013.12.11	李玉贵	李玉贵
	新型二胡	实用新型	201320287215.7	2013.12.18	黎嘉宾	黎嘉宾
	大二胡	实用新型	201320477906.3	2013.12.25	王有光	王有光
古筝	一体式古筝指甲	实用新型	201220345475.0	2013.01.02	朱翠	朱翠
	古筝架(C7Y14)	外观设计	201230389982.X	2013.01.16	浙江工业大学	程犁、竺稼玮、沈应平、梁勇、叶丽倩
	一种古筝转调琴码	实用新型	201220237719.3	2013.01.23	张福生	张福生
	古筝（老红木刻诗国乐飘香）	外观设计	201230394979.7	2013.01.30	刘庆阳	刘庆阳
	古筝（楠木银梅梅开如意）	外观设计	201230395164.0	2013.01.30	刘庆阳	刘庆阳
	古筝（黑胡桃饰木刻诗知音）	外观设计	201230395151.3	2013.01.30	刘庆阳	刘庆阳
	古筝（黑檀银诗板桥江晴）	外观设计	201230394928.4	2013.01.30	刘庆阳	刘庆阳
	古筝指甲套	实用新型	201210390216.4	2013.02.13	程雷	程雷
	古筝（紫檀饰木刻诗鸣筝曲）	外观设计	201230395178.2	2013.02.20	刘庆阳	刘庆阳
	古筝（胡桃饰木荷塘月色）	外观设计	201230394981.4	2013.02.20	刘庆阳	刘庆阳
	古筝练指器	实用新型	201220285690.6	2013.02.20	王恋	王恋
	古筝码子	外观设计	201230467286.6	2013.03.13	吴汉军	吴汉军
	半高型古筝架	实用新型	201220351897.9	2013.03.20	高星月	高星月
	少儿古筝识谱练习器	发明专利	201110269803.3	2013.03.27	李蓬	李蓬
	五拼面板双音梁古筝	实用新型	201220423445.7	2013.03.27	汪扬	汪扬
	古筝指甲套	实用新型	201220526400.2	2013.04.10	程雷	程雷
	新型古筝指甲	实用新型	201310010014.7	2013.04.17	四川大学	阳莉汶、周家树、汪仕元、熊林云

类别	名称	专利类型	申请(专利)号	公开(公告)日	申请（专利）人	发明(设计)人
古筝	古筝（雨滴式）	外观设计	201230551392.2	2013.04.17	上海琴园乐器有限公司	沈正国
	古筝（繁花如梦1246）	外观设计	201230556485.4	2013.04.17	上海民族乐器一厂	钱冰菁、王琳琳
	古筝（莲梦恬园1243）	外观设计	201230555715.5	2013.04.17	上海民族乐器一厂	钱冰菁、王琳琳
	古筝（鹊跃金枝1245）	外观设计	201230556458.7	2013.04.17	上海民族乐器一厂	钱冰菁
	古筝（天然存真-便携式1247）	外观设计	201230555675.4	2013.04.17	上海民族乐器一厂	胡国平、李素芳
	古筝（双鹤朝阳-80寿诞1244）	外观设计	201230555606.3	2013.04.17	上海民族乐器一厂	胡国平
	古筝（GZ1532125E）	外观设计	201230467883.9	2013.05.01	刘庆阳	刘庆阳
	古筝（GZ1532124E）	外观设计	201230467645.8	2013.05.01	刘庆阳	刘庆阳
	古筝除尘刷	外观设计	201220714323.3	2013.05.15	黄谷麦	黄谷麦
	古筝（花团锦簇1241）	外观设计	201230556358.4	2013.05.15	上海民族乐器一厂	钱冰菁、周力、孙云、
	水晶古筝结构	外观设计	201220065879.4	2013.06.12	徐松年	徐松年、
	古筝（国色天香）	外观设计	201230647915.3	2013.06.12	李娟	李娟、
	新型古筝指甲	实用新型	201320013923.1	2013.07.03	四川大学	阳莉汶、周家树、汪仕元、熊林云
	一种电古筝竹条与导向套结构装置	实用新型	201220094202.3	2013.07.03	徐松年	徐松年
	古筝12平均律快速转调筝码	发明专利	201310080811.2	2013.07.03	仇云青	仇云青
	一种可调节的古筝指甲套	实用新型	201320069570.7	2013.07.03	邹珺	邹珺
	一种古筝琴架	实用新型	201320049562.6	2013.07.10	吕志昊	吕志昊
	便携式古筝架	实用新型	201320005276.X	2013.07.17	安徽工贸职业技术学院	陈林、李金华
	一种防戳古筝面板的D调码位图板	发明专利	201220740969.9	2013.07.17	张立君	张立君
	古筝指甲套	实用新型	201220753868.5	2013.07.24	苍禹桦	苍禹桦
	古筝	外观设计	201330102291.1	2013.07.24	陈后勇	陈后勇
	古筝装弦器	发明专利	201320087657.7	2013.07.31	周晓秋	周晓秋
	古筝脚架	外观设计	201330145466.7	2013.08.07	达镍有限公司	杨奂桐
	古筝	外观设计	201330145685.5	2013.08.14	达镍有限公司	杨奂桐
	一种多功能电子古筝教具	实用新型	201320162017.8	2013.08.14	河南职业技术学院	杨红心、张凯、胡娟、王志鹏、陈瞳、张华英、殷广乐、郭晓雯、王达亮、武霄、魏振雷、靳艳

类别	名称	专利类型	申请(专利)号	公开(公告)日	申请（专利）人	发明(设计)人
古筝	一种古筝	发明专利	201320001719.8	2013.08.21	陈后勇	陈后勇
	古筝	发明专利	201320001805.9	2013.08.21	陈后勇	陈后勇
	一种古筝指甲	实用新型	201220614766.5	2013.08.28	彭偲林	彭偲林
	轮式古筝袋	实用新型	201220466155.0	2013.10.09	盐城工学院	曹兆熊;曹原;张益云
	LED古筝	实用新型	201320279986.1	2013.10.16	冯晓晗	冯晓晗
	古筝	外观设计	201330213163.4	2013.12.25	许昌武	许昌武
琵琶	琵琶弱音器	实用新型	201220448407.7	2013.02.13	刘冰	刘冰
	琵琶（双龙头花1221）	外观设计	201230556459.1	2013.04.17	上海民族乐器一厂	周力
	内嵌电子校音器式琵琶、柳琴或中阮	实用新型	201320062850.5	2013.07.31	常汇雯	杨悦、常汇雯、齐瑶、金婷婷、朱丽姝
	一种琵琶弱音器	实用新型	201320215417.0	2013.10.16	平顶山工业职业技术学院	赵莉;石志宏
胡琴	低音胡琴	外观设计	201130476462.8	2013.01.02	胡雪平、赵一辉	胡雪平、赵一辉
	胡琴弓马尾松紧调整装置	实用新型	201220350703.3	2013.02.13	李清源	李清源
	一种胡琴反音装置	发明专利	201210445769.5	2013.02.13	李复斌	李复斌
	胡琴用复合琴皮	实用新型	201220502195.6	2013.03.13	姜乃武	姜乃武
葫芦丝	葫芦丝（1）	外观设计	201230589352.7	2013.04.24	叶建军	叶建军
	葫芦丝（2）	外观设计	201230589353.1	2013.04.24	叶建军	叶建军
	葫芦丝（3）	外观设计	201230589354.6	2013.04.24	叶建军	叶建军
	一种活咀葫芦丝	实用新型	201320044147.1	2013.06.19	天津市静海县盛兴乐器厂	王泽云
	葫芦丝（艺豪）	外观设计	201330041189.5	2013.06.26	郝艺豪	郝艺豪
	一种便于演奏的葫芦丝	实用新型	201320095435.X	2013.07.17	天津盛兴元乐器有限公司	王泽云
	一种音阶可调的葫芦丝	实用新型	201320098134.2	2013.08.07	黄山学院	朱蕾、胡亮、孙峰、徐常丰、刘家琪、井玲玲、申仪炜、孙炎玮、余景
	一种具有扩音功能的葫芦丝	实用新型	201320178818.3	2013.09.18	黄山学院	胡亮、孙峰、刘家琪、井玲玲、申仪炜、孙炎玮、余景、赵敏、王丹、章娇娇
	一种葫芦丝	实用新型	201320188563.9	2013.09.18	黄山学院	胡亮、孙峰、刘家琪、井玲玲、申仪炜、孙炎玮、余景、赵敏、王丹、章娇娇

类别	名称	专利类型	申请(专利)号	公开(公告)日	申请（专利）人	发明(设计)人
	葫芦丝副音管滑动式开关	实用新型	201320260822.4	2013.10.23	肖友杰	肖友杰
	一种新型葫芦丝	实用新型	201320178821.5	2013.10.30	黄山学院	胡亮;孙峰;刘家琪;井玲玲;申仪炜;孙炎玮;余景;赵敏;王丹;章娇娇
	葫芦丝包（2）	外观设计	201330313303.5	2013.11.06	天津盛兴元乐器有限公司	王泽云
	葫芦丝包（1）	外观设计	201330313302.0	2013.11.06	天津盛兴元乐器有限公司	王泽云
	内外转换葫芦丝	发明专利	201310349475.7	2013.11.13	王勇武	王勇武;杨春良
	葫芦丝	外观设计	201330177711.2	2013.11.27	肖友杰	肖友杰
	多调一体葫芦丝	实用新型	201320430785.7	2013.12.11	任忠家	任忠家
	一种低音葫芦丝	实用新型	201320382487.5	2013.12.18	黄山学院	胡亮;孙峰;刘家琪;井玲玲;申仪炜;孙炎玮;余景;赵敏;王丹;章娇娇
扬琴	扬琴的音梁	发明专利	201220505958.2	2013.04.24	吴汉军	吴汉军
	扬琴的琴体结构	实用新型	201220505809.6	2013.04.24	吴汉军	吴汉军
	音色均衡的扬琴	实用新型	201220505869.8	2013.04.24	吴汉军	吴汉军
	一种扬琴以及扬琴滚珠	实用新型	201320040515.5	2013.08.14	蔡定武	蔡定武
	一种扬琴及其框架结构	实用新型	201320040837.X	2013.08.14	蔡定武	蔡定武
	一种扬琴以及扬琴弦轴	实用新型	201320040861.3	2013.08.14	蔡定武	蔡定武
	扬琴转调铜车	实用新型	201320295003.3	2013.11.06	宋从甲	宋从甲
	一种扬琴	实用新型	201320092496.0	2013.11.06	刘晓	刘晓
萨克斯	萨克斯风吹嘴装置	实用新型	201220180607.9	2013.01.02	陈和发	陈和发
	一种演奏舒适的萨克斯手钩	实用新型	201220227428.6	2013.01.23	天津阿尔班乐器有限责任公司	马继长
	一种萨克斯	实用新型	201220465116.9	2013.03.20	吴丹舟	吴丹舟、姜波
	萨克斯手钩	实用新型	201220741411.2	2013.06.05	河北金音乐器集团有限公司	郭万军
	可调整音孔密合度的萨克斯风	实用新型	201320072504.5	2013.07.24	功学社教育用品股份有限公司	颜庆贤
	萨克斯吊带	实用新型	201320274735.4	2013.12.11	王骏	王骏
	一种儿童用萨克斯	实用新型	201320374277.1	2013.12.25	吴丹舟	吴丹舟

2014 中国乐器年鉴
CHINA MUSICAL INSTRUMENT YEARBOOK

广州珠江钢琴集团股份有限公司

一、恺撒堡KN梦幻系列立式钢琴

为满足高档钢琴细分市场的需求，恺撒堡品牌再推出KN梦幻系列立式钢琴，此系列产品的市场定位介于KA系列和UH系列之间，新产品重点提升击弦共鸣系统的加工工艺，优化产品的设计和材料配置，整体性能卓越，具有极佳的艺术表现力。

产品采用了弦列不和谐系数设计技术、音板振动模态分析技术、音板框拟合曲面设计、不等厚音板设计、弯压结构弦码、加强型背柱不对称分布等先进设计技术。配置了进口鱼鳞松音板、德国雷诺弦槌、乌木（檀木）黑键等优质材料。为增加产品的档次和视觉效果，采用最新研制的金葱粉铁板涂饰工艺，凸显铁板的金属质感，闪金的颜色效果提高了产品的档次，配以相同涂饰的新型框架式弱音档，使产品更具欧式风格。

KN系列产品共有4个型号，包括KN1、KN2、KN3和KN6，对应的高度分别是121cm、123cm、126cm和130cm 4个规格。外观以家族化的设计思路，四款琴采用同一款造型，上门采用弧线边缘的透音孔造型，既具时尚、动感的风格，又可以提升音量效果。安装键盖缓降装置，具有良好的安全性能。

产品的共鸣系统运用最新研制达到国际领先水平的共鸣系统数控加工设备进行制作，使零部件加工精度大幅提升，共鸣效果更佳，音色更完美。

二、里特米勒牌RN典雅系列立式钢琴
珠江牌PN精雅系列立式钢琴
珠江牌TN高雅系列立式钢琴

配合公司营销策略，重点提升中高档钢琴的品牌形象，针对市场需求打造多个特色鲜明的新产品，在原PRT三大系列的基础上再推出“典雅”、“精雅”、“高雅”系列立式钢琴系列共9款产品，融入更多新工艺、新材料精心创作而成。

产品采用了弦列不和谐系数设计技术、音板振动模态分析技术、音板框拟合曲面设计、不等厚音板设计、弯压结构弦码、加强型背柱不对称分布等先进设计技术。配置了进口鱼鳞松音板、德国ABEL弦槌（RN和PN）、德国加厚毡自产弦槌（TN）、乌木（檀木）黑键等优质材料。为增加产品的档次

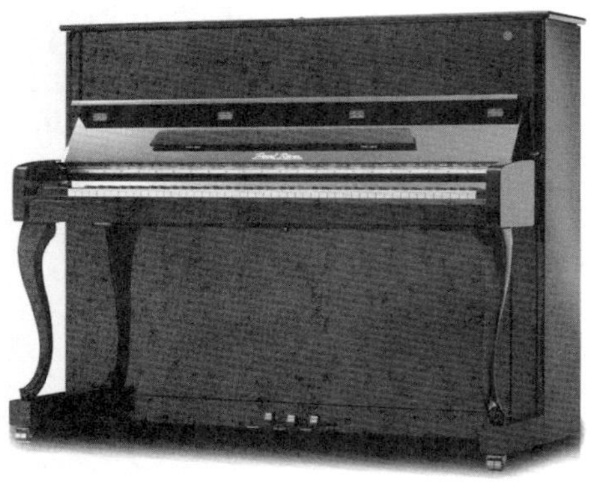

和视觉效果，采用最新研制的金葱粉铁板涂饰工艺，凸显铁板的金属质感，闪金的颜色效果提高了产品的档次，配以相同涂饰的新型框架式弱音档，使产品更具欧式风格。

RN、PN、TN每个系列各有3个型号，对应的高度分别是121cm、123 cm和126 cm 3个规格。外观以家族化的设计思路，三款琴采用同一款造型，RN系列的上门增加两条装饰条；PN系列采用蝶型双开顶盖造型；TN系列采用仿三角琴侧向单开顶盖的造型。各系列的造型主要以简约、时尚的现代风格，又各具特色。安装键盖缓降装置，具有良好的安全性能。

产品的共鸣系统运用最新研制达到国际领先水平的共鸣系统数控加工设备进行制作，使零部件加工精度大幅提升，共鸣效果更佳，音色更完美。

三、恺撒堡牌欧美系列立式钢琴

针对国内市场对亚光美式外形钢琴的需求，我司开发了恺撒堡品牌旗下的首个美式琴高档产品系列。“欧美”系列钢琴不但进一步的丰富了恺撒堡品牌的产品系列，也突破了我集团钢琴多年来以亮光涂饰和简洁直线条造型的局面，塑造了多款气质古典高雅、线条丰富优美的艺术外形。

本系列产品运用了经典的欧洲和北美家具的造型特征、色彩和光洁度进行造型、配色和涂装，整琴的色彩柔和且凸显木皮纹理。对于亚光琴的外观

光泽度，我们着力控制在50～60度的范围，改变以往亮光涂装形成镜面反射的效果，使强光经过钢琴表面亚光涂装后形成漫反射，减弱光线对眼睛的刺激，特别是对保护孩子的视力有一定的作用，同时可以增添家居环境的艺术气息。

“欧美”系列钢琴是以恺撒堡钢琴的击弦共鸣系统作为设计基础，产品用材和制作工艺完全按高档钢琴的级别进行制作，使其不仅拥有华丽的外形，还兼具卓越的声学品质和弹奏性能。产品采用了弦列不和谐系数设计技术、音板振动模态分析技术、音板框拟合曲面设计、不等厚音板设计、弯压结构弦码、加强型背柱不对称分布等先进设计技术。配置了进口鱼鳞松音板、德国雷诺弦槌、乌木（檀木）黑键等优质材料。为增加产品的档次和视觉效果，采用最新研制的金葱粉铁板涂饰工艺，凸显铁板的金属质感，闪金的颜色效果提高了产品的档次，配以相同涂饰的新型框架式弱音档，使产品更具欧式风格。

美式琴的造型不但带来新的外观，而且具有更大的内部空间，增大的空间使部分产品的键盘击弦系统得以进行提升改进。本次的欧美系列新产品中，118和121中型美式琴的键盘系统采用了新设计的加长型键盘，提升了键盘的传动结构和配重比例关系，从而改善了产品的键盘触感。

产品的共鸣系统运用最新研制达到国际领先水平的共鸣系统数控加工设备进行制作，使零部件加工精度大幅提升，共鸣效果更佳，音色更完美。

四、恺撒堡牌KA180三角钢琴

KA180型三角钢琴是恺撒堡品牌旗下艺术家系列的新产品，市场定位是高档专业用钢琴，适用于钢琴专业院校和高端消费群。艺术家系列三角琴是由世界著名钢琴设计大师托马先生和欧洲资深钢琴技师史提芬先生领衔珠江钢琴技术精英团队，按欧洲高端钢琴的技术工艺标准，在原恺撒堡GH钢琴的技术工艺基础上升级并达到演奏会钢琴音乐表现力的高品质钢琴。

工艺上采用了人工挑选弦槌柄、手工音板配作加工及装配、手工弦槌音色处理、键盘击弦系统人工调校、琴键配重、铁板爆花涂饰、加长静置期、恒温恒湿装配、真空包装等多项在演奏会钢琴上应用的先进工艺。

材料上特别选用了世界著名的德国Röslau琴弦、德国STRUNZ单板实木音板、德国RENNER原装击弦系统、德国Otto Heuss键盘、乌木（檀木）黑键、榉木踏瓣系统、色木夹红木弦码等演奏会级别的材料和零部件。

五、恺撒堡牌KN系列三角钢琴

为满足高档钢琴细分市场的需求，恺撒堡品牌再推出KN系列三角钢琴，此系列产品的市场定位介于KA系列和GH系列之间，由国际钢琴设计制造大师托马先生和史提芬先生领衔设计和监制，对多项技术工艺进行了升级，重点加强音色和触感。

其中KN151G、KN160G采用我司自产的单板实木音板，这是本产品一个重要的技术特点。我司多年来通过不断的创新、积累和改进，形成了稳定的单板实木音板加工处理技术。精选了径切纹理的俄罗斯白松木作为音板材料，以手工配作工艺加工成纺锤形不等厚的单板实木音板具有更大的动态范围，从而产生层次更丰富、音色更优美的声音。今年我司将从南方市场开始逐步推出更多的实木音板产品，满足市场对传统制作工艺钢琴的需求。同时，键盘采用了德国矿物质白键面，外观与象牙纹理类似，触感更灵敏细腻，弹奏舒适不滑手。

KN151E、KN160E与G系列两款产品基本相同，唯一不同之处就是采用了加强型实木音板，这种音板的尺寸稳定性更强，更适合北方严寒干燥地区使用。

北京星海钢琴集团有限公司

一、65周年纪念版钢琴

为纪念星海公司成立65周年，星海钢琴公司生产纪念版钢琴，其中立式琴三款JH-123、JH-125、JH-132，卧式琴两款JHG-168、JHG-185。纪念版琴预期技术等级为星海产品系列高级水平。工艺借鉴了欧洲传统制作工艺，产品经耐候性处理。

纪念版立式琴设计

（1）音源部分沿用欧洲设计理念，铁板油漆涂饰首次使用金色亮闪涂料，开拓了钢琴铁板装饰涂料的新品种，使铁板变得既美观又时尚，同时还提高了铁板平整度。音板使用优质鱼磷云杉，经过严格的干燥工艺处理。

（2）德国进口Röslau琴弦，可承受较大张力，保持经久耐用,保证声音的纯静 、优美。德国标准弦轴板能很好的保证弦轴的握钉力，使音准稳定更加持久。

（3）外观设计延承典型欧洲风格，典雅简洁,颜色黑色，给人以高档大方的感觉。

（4）击弦机支架采用闪光金色涂料装饰表面，即提高了支架表面质量，又提升了击弦机的档次。弦槌使用德国able弦槌，以保证琴声饱满悠扬。

（5）键盘挑选优质鱼鳞云杉琴首板进行严格的干燥处理加工，颜色均匀一致，避免了因木材的各项异型产生的变形，使键盘经久耐用，仿象牙色白键配乌木黑键使键盘弹奏舒适。采用琴键逐一配重加工工艺，使键盘弹奏达到统一的触键手感，保证弹奏流畅，声音稳定。

（6）总装部分每架琴都经技师精细整理，使弹奏更加舒畅。

（7）踏板及外观金属零件

采用专利新型踏板，严格遵守人体工程学原理，造型精美，新型压铸钢踏板表面镀铬，实用新造型踏瓣在右踏瓣转动轴上安装了轴承，以获得更加灵敏的运动效果。

钢琴五金件采用精美，高质量的五金件。

钢琴轮脚采用设计精美的双轮结构，运转灵活。

纪念版三角琴设计

（1）音源部分

由德国钢琴制造专家设计，铁板采用树脂砂硬壳造型铸造，弦轴板采用德国进口弦轴板，能使弦轴保持持久的张力；音板采用精心挑选的优质鱼鳞云杉材料，严格控制含水量6%～8%，同时对音板的几何尺寸保证特殊的工艺制作方式，使音板的传导性发挥最大效能；琴弦采用德国进口Röslau琴弦。

可承受持久张力，保持经久耐用。保证声音连贯、平稳，音色优美、纯正。

（2）击弦机键盘部分

击弦机弦槌采用德国制造。键盘设计符合欧洲标准，实木琴键板，仿象牙色白键，黑键为纯天然乌木，弹奏舒适。琴键逐一精心配重加工，使键盘弹奏达到统一的触键手感，保证弹奏流畅，声音稳定，表现力强。

（3）外壳部分

外形造型简洁，线条流畅，采用纯黑亮光色，彰显庄重大方的风格。安装优质键盖缓降装置。

（4）金属件：

采用高品质，高精度缓冲器。

钢琴五金件采用精美，高质量的五金件。

键盖合页、顶盖合页、谱架合页两端封头。

钢琴轮脚采用设计精美的双轮结构，运转灵活。

二、X系列立式钢琴

X系列钢琴是北京星海钢琴集团有限公司旗下的一分支系列立式钢琴产品，该产品沿用了星海在六十余年的生产过程中总结出的成熟制作技术及经验,以制作优质德国钢琴的标准为技术规范，完成的顶级立式钢琴产品系列。

外观——线条简洁流畅，造型精美。有三种琴腿造型可选：T型琴腿，不对称T琴型腿、L型琴腿。配优质缓降结构键盖，下门采用星海专利技术太级合页连接，牢固美观。

键盘与击弦机：全新设计击弦机，结构更加合理，设计人员寻找出击弦机最佳运动状态，减少了杂音的产生，弦槌采用德国进口弦槌，有效的保证弦槌的击弦力度和连续击弦的性能，给演奏者带来安静、舒适的感觉。键盘采用乌木黑键，仿象牙白键，并经过严格的配重工艺加工。

张弦设计——实木音板音质纯正，标识采用激光雕刻工艺加工，更加美观。弦码材质为色木实木。铁板喷涂金色闪光涂料专利工艺。德国进口Röslau琴弦，可承受较大张力，保持经久耐用,保证声音的纯静 、优美。在声学品质控制方面，特别注重低音浑厚、圆润，具备良好的延展性。低、中、高音音阶过渡连贯，无跳跃感。高音清晰、明亮、不飘不燥，极具穿透力、表现力。

踏瓣机械——采用双架弱音梁结构，强度高，稳定性好，拆装方便。新型专利踏板，安静舒适。

三、“梦蝶”系列工艺钢琴

钢琴采用多种中国传统手工艺打造，其中包括晕金工艺、景泰蓝工艺、錾铜工艺等等。材料以纯金和紫铜为主要材质。

金漆——无勾勒晕金。材料采用纯金粉结合没骨画的技法，渲染出画面的层次和结构，工艺过程极其复杂。晕金艺术就是在传统漆艺深厚的基础上发展起来的，它是由福建工艺美术大师吴守端女士结合没骨花鸟画的画法和传统的沙金枷花漆艺技法，经过多年的研究实践，开创发展成为一套成熟而严密的工艺，其艺术效果精美细腻、华贵典雅，令人叹为观止。

景泰蓝工艺——景泰蓝又称“铜胎掐丝珐琅”，距今已有600多年的历史，是最具民族特色的北京手工艺品之一，它采用金银铜及多种天然矿物质为原材料，集美术、工艺、雕刻、镶嵌、玻璃熔炼、冶金等专业技术融为一体。由于它产生于15世纪中期明代景泰年间，而且初创时风格以蓝为主，所以被称为“景泰蓝”。

景泰蓝古朴典雅，精美华贵，具有鲜明的民族风格和深刻文化内涵，被称为国宝“京”粹，2006年入选首批国家级非物质文化遗产名录。

景泰蓝的工序极为复杂，景泰蓝以紫铜为胎，第一步要用小锤把铜敲出需要的造型形来，然后掐丝做花纹。花纹不是像瓷器那样画上去的，而是用铜丝掐出花形，一根一根粘上去，然后焊牢。第二部是“点蓝”点蓝的难度在于，粘在胎体上的铜丝花纹有1毫米左右的厚度，填进去的釉料要跟铜丝一样厚，但是釉料入火一烧，又会变薄，所以烧过后再填，再烧，反复三四遍才完成。点蓝之后，在硫酸里泡一天，然后还要磨光，由于胎体是异形的，所以需要手工用不同型号的抛光石，一点点打磨直到金属丝完全光亮，最后一步镀金。

铜錾刻工艺——我国流传甚早的传统手工技艺。始源于夏商，兴盛于大唐，距今已有近3000多年历史。铜錾刻工艺它不仅要求艺人们有较高的艺术天赋和精湛过硬的技艺水平，且心、手、力均需通融配合。铜錾刻工艺非常复杂。它是在纯手工直接操作下利用铜板其柔软和延展之肌理特性，并据其设计的纹饰要求分别选用平面雕刻、镌刻或镂刻，也可剔地錾刻而将花纹突出呈浮雕状，从而产生丰富多彩的艺术效果。

《梦蝶》钢琴理念

《梦蝶》系列钢琴从理念到创意无不围绕着中国传统文化展开。他的灵感源于庄周梦蝶的典故。在先秦诸子百家中，庄子提出“虚静”“坐忘”，然而在心灵领域里，庄子几乎无时不刻地在作精神“逍遥游”。

音乐之美如同梦境，置身于音乐之中的人如同置身于梦境的蝴蝶一般遨游于其中，天籁之音只有置身于其中的人才能理解。在梦境中，庄子忘却了自我肉身的存在，与那只蝴蝶浑为一体。

“逍遥”一词 并非庄子首创，《诗经》中早有此二字。遥是安闲自得之意。庄子说的“逍遥游”是一种精神和心灵的自由，描绘的是一种无拘无束、自由自在的 心态，所追求的是一种无限开放的精神自由；它也是取名的重要经典出处。要做到“逍遥游”很难，而这就是人生的终点和最高境界。

背板设计——钢琴背板的设计极为大胆，打破原有钢琴的顶板翻盖造型，以蝴蝶翅膀作为整体造型。

支枕设计——琴双侧支枕为景泰蓝缠枝蝴蝶造型。在设计这个造型过程中，设计师融入了自己对中国传统的理解，对蝴蝶进行了重新塑造，整体配色参考了明朝景泰年间出产的景泰蓝配色。整个设计既体现景泰蓝华丽精致的一面又不失东方古朴韵味。

琴谱架设计—— 在琴谱架正中设计有“庄周梦蝶”的形象，这是钢琴里面唯一一处带有庄子人物形象的设计。庄子卧于苍松之下，当琴谱架支起放上乐谱弹奏的那一刻便是庄周梦起之时，随着音乐的从琴腔中传出，如同蝶翼的背板带着音乐一同升腾。

琴谱架边缘的装饰灵感来源于古曲《猿鹤双清》，此曲描写了猿与鹤在林间嬉戏游玩，悠然自得的意境，曲子流畅优美，欢快明亮，表现了山林之乐，自然之美，和平共处。 山猿野鹤,天地自由,万物清和,来其何乐.去亦无忧,得山水性情者之曲,为天地正音之乐,忘情于林泉,得趣于山野.

琴腿设计——为了体现蝴蝶的柔美造型，琴腿被设计为曲线。琴腿包角处的金属雕件造型灵感来源于“茧”和“花蕾”，层叠外翻造型及象征着“蝴蝶破茧而出”同时也象征着“花蕾即将怒放”。

上海民族乐器一厂

一、蝙蝠琴首琵琶

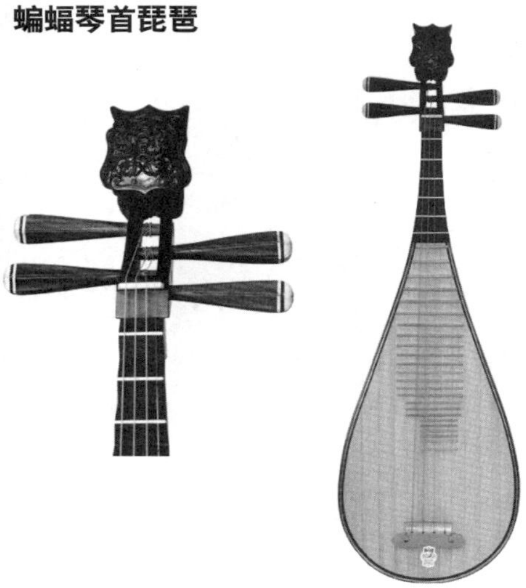

该款琵琶琴首部分运用蝙蝠、桃子元素设计而成。以谐音（“蝙蝠”即“福”，“桃子”即“寿”）和象征的手法，寓意幸福、长寿都将来临，即福从天降、福运到来之意。

二、蝶舞飞扬二胡

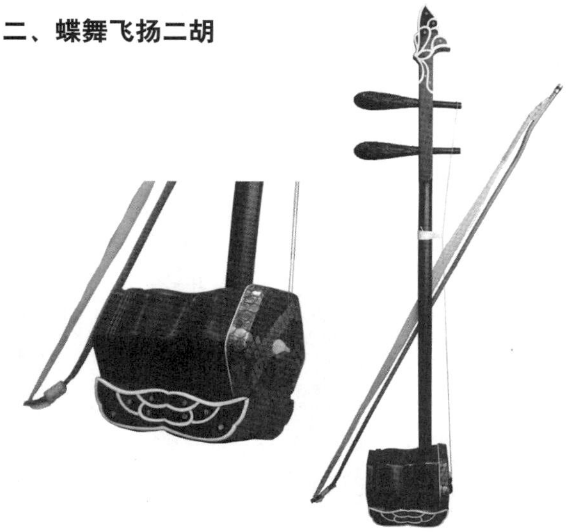

1958年，弦乐四重奏《梁祝》创作成功，2013年正值55周年。蝴蝶与《梁祝》的爱情故事息息相关，该款二胡以曼妙飞舞的蝴蝶元素创作而成，名为“蝶舞飞扬”。琴首和托板用骨片勾勒出花丛中的蝴蝶形态，而琴轴形如含苞的花朵，描绘出动人的梁祝爱情故事。

三、国色沉香古筝

该款古筝主材香特耐，采用漂变推光彩绘工艺表现雍容华贵的牡丹花。牡丹五彩缤纷，雍容华贵，被誉为国色天香，是花中之王。国人把牡丹看作是人类和平、幸福、繁华与富足的象征。

四、徽派印象二胡

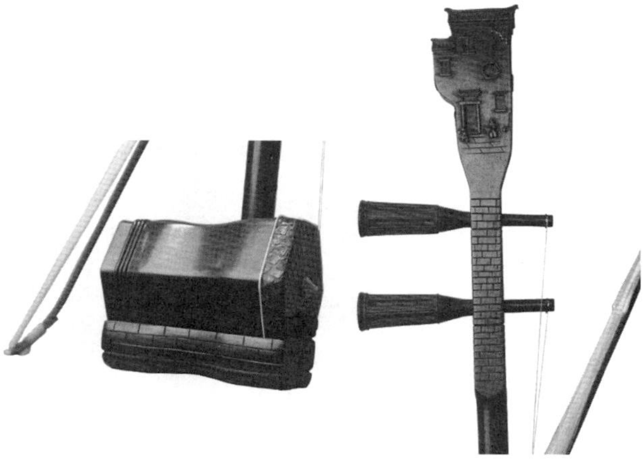

这款二胡是以形象雕刻为表现形式，生动地显示出徽派民居的意境。民居上也有人物造型的表现，写生、拉琴，植物呼应，使得画面充满故事性，既不失民宅质朴又优雅恬静。二胡的轸子、琴杆、音窗及琴托也是配合琴头设计，整体感强。

五、群雀盼春古筝

该款古筝主材玫瑰檀，以极其精细的浮雕工

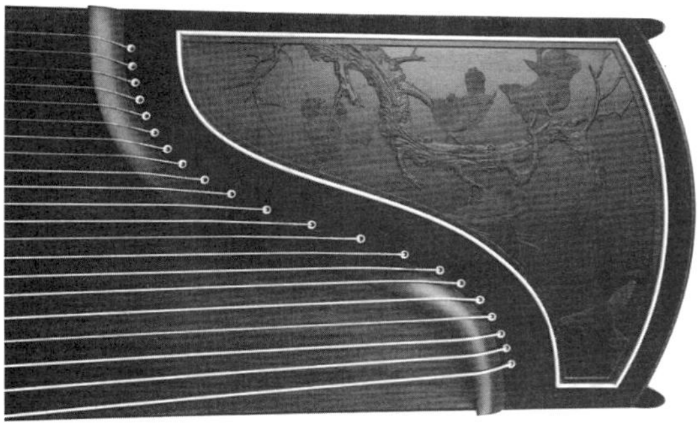

艺表现隆冬的黄昏，一群麻雀在古木枯枝上争夺位置，等待春柳萌发的景象。灵动的鸟雀，干枯的树枝，其雕刻手法细致，形象真实，生动传神，富于逸情野趣。

六、竹福二胡

竹福谐音于祝福，取名于二胡的外观装饰，即竹子和蝙蝠，寓意幸福美满。该款二胡的琴头呈弯月式，琴杆雕刻成竹鞭状，并刻有五只栩栩如生的蝙蝠，有五福临门之意。竹鞭上的芽头清晰可见，与琴筒和琴托造型相呼应，具有较高的工艺价值。

该款二胡内置双重音窗，利用声波振动原理，可根据演奏需求自行微调音孔大小，扩大或缩小音孔的出音量，有效减轻了皮膜因天气原因收缩或放松对二胡的影响力，将二胡调试到最佳状态。

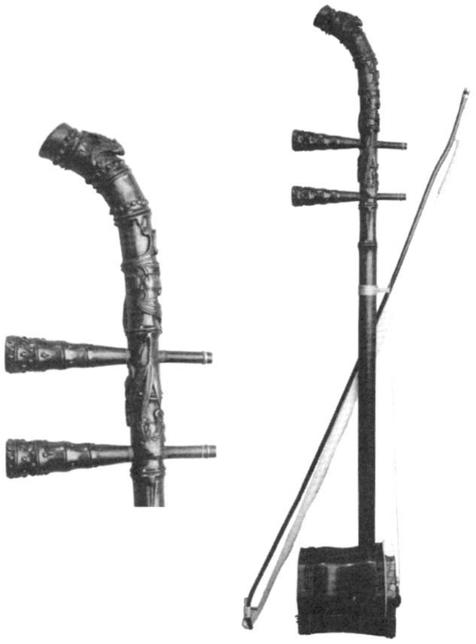

泰兴凤灵乐器集团

贝拉乐器

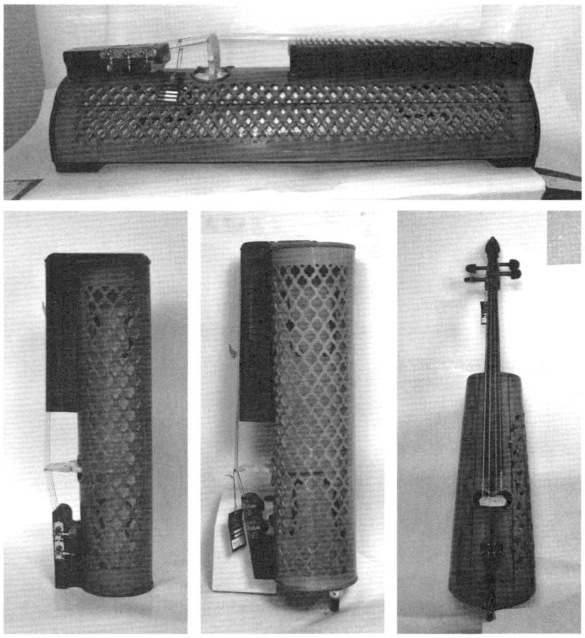

贝拉乐器是有着直立音板双音箱的乐器共鸣体，这是一种合理创新且具专有性的乐器共鸣体结构，其特点是在一块直立设置从而易于振动的音板的两侧结构形成共鸣体，从而使乐器音量较大，共鸣丰富，含蓄柔和，浑厚丰满。这种结构初为木制拉弦乐器系列化而设计，进而又可在竹材上实施实现，且又可结构制作弹拨乐器。该产品于2011年获得国家实用新型专利（专利号：ZL201120571129.X），经过充分的科学分析和改良以后，今年的第三代创新产品已申报国家发明专利。2013年，被评定为《2013年度文化部科技创新项目》。整个系列包含怀贝琴、台贝琴、中竹贝和凤贝琴。

其中怀贝琴是贝拉竹系列的高音弹拨乐器，定音GDAE（5263），其作为学习拉弦乐器的前期准备乐器是设计这件乐器的动机之一。其指板置于音箱平面之上是一种新颖的设计，如此简约了琴颈位置，增加了音箱容积，使琴体结构完全稳定，且造型别具一格。演奏持琴左手大指位于指板下方孔内，另四指在指板上触弦按指。其名为怀贝琴意为怀抱式的贝拉乐器。

台贝琴是平台式的贝拉乐器，拟用弦七条，定音7362514。现用弦六条，定音362514，左手五指按弦取音，右手五指弹弦发声，可以很方便地奏出丰富的和声。其设计的巧思之处是指板和主体音箱之间又构成一个音箱，这一音箱的音孔又恰为音品的徽记即尤为巧妙。中竹贝是贝拉竹系列的中音拉弦乐器，凤贝琴是贝拉竹系列的低音拉弦乐器。

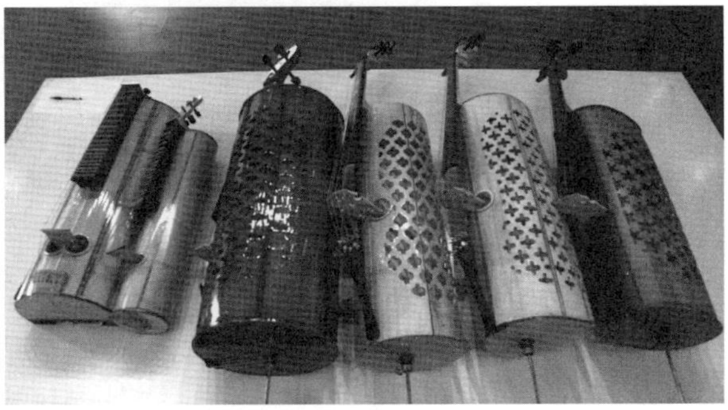

福州和声钢琴有限公司

“R版”系列创新技术的钢琴

“R版”系列创新技术荣获2013年度中国轻工业联合会科技进步三等奖。该系列钢琴历经十年的积累和完善，产品日趋成熟得到市场的认可。

“R版”系列创新技术的钢琴，是指在钢琴铸铁板上清晰铸造出“Real Harmony Piano”意为真正的哈曼尼钢琴，并以R字代表“R版”，突出创新的特点，应用多项专利技术为国内首创。专利1：以真空铸造技术生产的铸铁板表面光滑，可清晰地铸出浮雕式的花纹图案、并在每片上铸出一个编码号可为品质跟踪编码也可作为防伪的标识，为国内首创。该铸铁板获得外观设计专利【ZL 200530130497.0】。专利2：镶嵌式弦枕获实用新型专利【ZL 200520076151.1】。在铸铁板的高音区沿着弦枕最高点处铸造出一条半径为1.25㎜的半圆形凹槽，镶嵌一根2.5㎜直径的不锈钢条作为弦枕。专利3：高音区音响双泛音装置【ZL 200520076153.0】。在高音区弦枕分成几组，延长弦枕之后琴弦的无效弦长，使琴弦在有效振动发音时，产生与有效振动频率谐和的倍频谐波，形成音响双泛音效果，从而丰富了高音区的音色。专利4：“V”型压弦条【ZL 200520076152.6】。为了实现高音区音响双泛音的更好效果，将传统的压弦条的纵截面半圆形，改为“V”型，该“V”型与琴弦接触的压弦点为圆弧形。专利5：立式钢琴中踏瓣选择延音控制装置【ZL 01262616.3】。完全实现了三角琴的中踏瓣选择延音功能在立式钢琴中的应用，突破了立式钢琴制造与弹奏的局限性，极大地丰富了立式钢琴的音乐表现力，许多钢琴演奏家对此项专利充分肯定。专利6：立式钢琴手动升降弱音呢的结构【ZL 01262617.1】。动作灵活、可靠、操作方便，可有效地避免少儿与初学者弹奏时，因误踩中踏瓣引起弱音呢动作而影响弹奏效果。专利7：立式钢琴琴谱板自动开启装置【ZL 201020253974.8】。该钢琴以其独特的功能及造型命名领航者获得的专利8：外观设计专利【ZL 200430015760.7】。专利9：一种加强弹奏断连感的立式钢琴击弦机构【ZL 201020254982.4】。大大提高了立式钢琴的弹奏品质。专利10：一种立式钢琴键盘手感调节装置【ZL201220294772.7】。体现的是一种人性化的键盘，钢琴是为成年人设计的，当初学琴的4-5岁幼童，手指纤细，力度不够很难实现弹奏的动作要领。该专利优点是不改变击弦机、键盘的结构，仅仅在键盘的下端装上5个档次的可调节配重的装置，根据弹奏者的需要随时调节键盘静阻力的大小，就可以适应不同人群弹奏不同曲目的需求。专利11：一种钢琴用高音音响共鸣钟

【ZL201220314545.6】。该共鸣钟安装在琴背架背面高音处，钟内与铸铁板有一螺栓连接，传导铸件振动波产生共鸣，改善高音音响效果，丰富了高音的音色。

“R版”系列创新技术的钢琴如下：

1、哈曼尼H-133T6-R(领航者)

2、哈曼尼HG-123J-R

3、哈曼尼HG-123L-R

4、哈曼尼HG-153R 三角钢琴

该系列三角琴的推出是为了适合家庭使用，体积小，便于电梯及上下楼梯的搬运。内外造型美观大方，音色优美，堪称一绝。

5、哈曼尼HG-153R8 三角钢琴

上海钢琴有限公司

一、施特劳斯STRAUSS经典系列J-126K立式钢琴

该琴为全新弦列设计，新型宽幅强化框架铁板，最大限度地增大音量、确保音准持久稳定；特殊工艺优化处理纯木质音板，有效提升系统整体共鸣性能；进口纯羊毛毡制作的琴槌有效确保音质与音量；德国Röslau顶级品牌琴弦，确保琴声更加圆润柔和、音质更优美悦耳；采用考级键盘击弦机芯，反应更迅捷可靠、手感更佳，能将演奏者细微的情感力度，最忠实的呈现而出。

该型钢琴造型线条舒展、流畅、大气，给人以美的享受。琴体表面采用特殊材料覆贴，能有效避免渗漆等涂装隐患,并饰以进口高强度耐侯性不饱和聚酯，抗污抗损能力强、漆膜光亮持久；且其标配键盖缓降器，能有效保证演奏者的安全。产品主要针对专业及考级市场，端庄的外形、出色的品质，是追求品质生活的音乐爱好者的上佳之选。

规格:156×61×126厘米（宽×深×高）

特色:

1、特殊弦轴板与特加工音板

2、德国进口ROSLAU顶级琴弦

3、日本100%纯羊毛弦槌毡

4、考级款键盘击弦机系统

5、标配键盖缓降器

二、施特劳斯STRAUSS经典系列J-123G 立式钢琴

该型琴共鸣系统采用先进的框式构架，辅以经特殊工艺处理的弦轴板、倒阻矩弦销，提高了产品的结构强度和使用期限，配以德国优质琴弦、新款击弦机键盘系统、日本进口100%纯羊毛毡弦槌，确保音色优美、音准持久稳定。整琴结构合理、坚固可靠、共鸣性能良好、音量较大、音色优美悦耳富有层次，弹奏灵敏、触键手感舒适。

该琴为传统款式，采用T型琴腿、叠式门板…整体简洁大方，表面以高档钢琴漆涂饰，抗污损能力强。整琴做工精良，适合家庭休闲娱乐使用。

规格:150×61×123厘米（宽×深×高）

特色:

1、全喷砂铁板数控钻眼

2、德国进口优质琴弦

3、日本100%纯羊毛弦槌毡

4、新款键盘击弦机系统

5、标配键盖缓降器

功学社(天津)商贸有限公司

一、JUPITER萨卡斯新品——JAS-767& JTS-787

JUPITER杰普特全新推出的JAS-767-III中音萨克斯&JTS-787-III次中音萨克斯拥有多项获得专利的技术以及优良的特性。

JAS-767-III中音萨克斯& JTS-787-III次中音萨克斯在整个音域上优异的音准表现与灵敏的吹奏反应，以及新设计的喇叭管和手工吹口管提供的温暖的音色，使您无论是演奏爵士，流行还是经典曲目，都会感受到不一样的音乐体验。使您的表现更加出色。

特点：

获专利的可调式掌键结构，为您提供定制般的舒适。

获专利的G键可调螺丝结构，让调节变得更容易。

反应灵敏的高性能蓝钢弹针。

$C^{\#}$-B^{b} 联动结构，提供更轻松的操作。

为笛头配置的单独卡子。

可拆卸管口/喇叭口，维修保养更简便。

可调拇指挂。

可调式护盖毛毡。

二、JUPITER萨克斯新品—— JAS-1167 & JTS-1187

JUPITER杰普特拥有超凡品质与音色的新品萨克斯JAS-1167&JTS-1187，融合了传统的手工设计与21世纪的高科技，是专业水平的全新选择。

从特殊处理过的“Sona-Pure”吹口管到手工精心打造的管体，给演奏者带来饱满圆润又不失穿透力的声音，新的专利结构。是任何演奏者卓越的演出表现不可或缺的，值得任何演奏者拥有！

特点：

获专利的可调式掌键结构为您提供最舒适的按压位置。

获专利的可调螺丝联动结构，将联动结构造成的间隙调整到最小。

获专利的G键可调螺丝结构，矫正音准，提升稳定度。

“Sona-Pure”黄铜吹口管让音色更为饱满圆润。

蓝钢弹针及磷青铜弹片让按键反应更灵敏，更出色。

可调拇指挂与可调式护盖毛毡。

配有BG萨克斯吊带。

天然珍珠母贝按键。

刻有别致兰花图案的喇叭管。

三、MAPEX鼓组新品——军火库系列

军火库系列鼓组是MAPEX复合式鼓肚概念的最新体现，其核心价值在于MAPEX业界首创SONIClear™技术，鼓肚倒角让Remo 鼓皮与鼓肚完美贴合。更进一步地让鼓肚共鸣发挥到极致。如此无懈可击的组合成为了鼓手的最佳武器 – 一套只需细微调整即可完美演出的鼓组。

河北乐海民族乐器有限公司

一、新型竹乐器——绿色环保

河北乐海乐器有限责任公司经过长期研发，精心制作了扬琴、古筝、二胡、琵琶、阮等竹乐器产品，并于2014年6月5日参加了由中国绿色碳汇基金会、国家大剧院和北京竹乐团共同主办的“绿韵”竹乐器暨竹文化艺术展，受到了参展嘉宾和观众的普遍关注和好评。

用竹材制成的乐器，声音清脆明亮、通透性好，稳定性高。竹材的发声和高音传导比一般的木材都要好，但也有其缺点。与较珍贵的红木相比，竹在低音共振性和柔美度方面有着先天不足。乐海公司针对竹材的天然特性，在研制乐器时对竹材进行二次加工。

竹乐器的声音清脆、通透、明亮，而木质乐器的声音较为柔美、厚重，因而两者在高音区与低音区各有优势。为了让它们各自的优点相融合、性能更稳定，在研制竹乐器时，乐海公司对竹的原材使用了现代科技手段和工艺方法对原竹进行二次加工，改变其存在的不足，使其音域更宽广，低音更柔美，性能更稳定，从而代替相应的木材。

如今，木材资源越来越紧缺，且木材生长周期漫长，使用率低。为了改变现状，提倡低碳节能和绿色环保，乐海公司投入大量的人力、财力和精力，潜心研制新型的竹乐器产品。绿色、环保、节能、低碳是竹带给我们的物质财富，竹的音乐文化又给了我们丰富的精神财富。在大力发展中国音乐文化的同时，充分挖掘和利用可再生资源，从而保护我们的绿色家园。

二、“飞花点翠”系列乐器

飞花点翠系列产品是乐海公司推出的一套民族乐器，原材料采用天然的珍稀木材，历经数载，材质优良，纹理华美。在产品设计上融入传统文化符号与东方哲学，结合传统手工艺和现代加工技术，由选材、木工、粗雕、精雕、打磨、抛光等上百道工序精制而成，期间，凝结了国内顶尖乐器制作技师的大量心血，音质清澈灵动，胜似天籁，充分满足了广大民乐爱好者演奏的需求。

目前，该系列产品的种类有古筝、琵琶、扬琴、二胡和阮，分为第一和第二两代产品，其中第一代产品已经上市，得到了广大顾客的喜爱和认同，很多经销商与培训单位、乐团都纷纷下单订货，产品供不应求；即将要上市的第二代产品，选材与做工更为精致，制作工艺均采用更为上乘的材料和高端技术，预计今年上半年上市，是很多客户及民乐爱好者翘首企盼的年度新品。

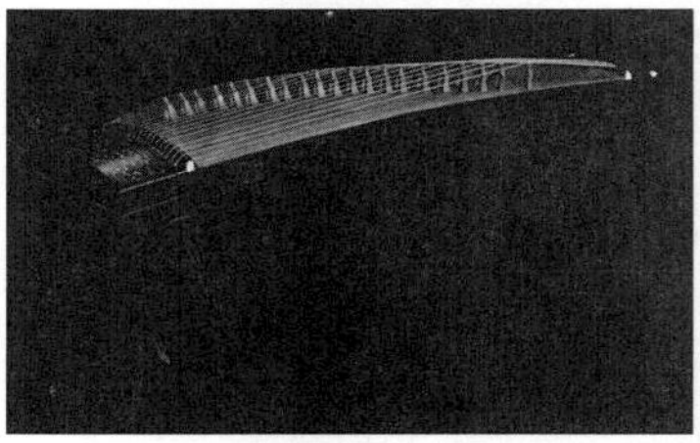

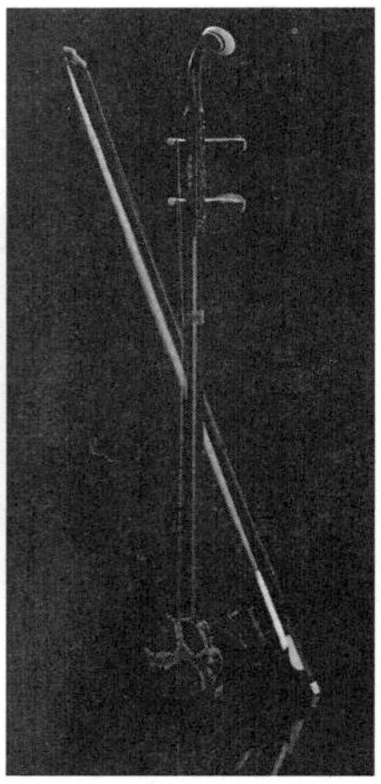

上海玛珂琴业有限公司

公爵125G2(A-L)

外观及优势：德国大师最新力作，现代浪漫与理性交织，兼容并蓄，处处流露出品位尊贵的领袖风范。成功人士的最佳选择

技术及配置：

实木键盘，东非乌木黑键，触键感觉舒适灵敏

采用鱼鳞松实木音板

德国进口Dehonit弦轴板，保证音准稳定

码桥材料为俄罗斯优质色木，韧性好、不易开

裂，声音传递性能卓越

弦轴由全数控机床自动植入，整齐标准，使钢琴音准更稳定

琴弦采用德国进口的Röslau（罗斯劳）专业制琴钢丝

进口德国Renner(雷诺)榔头，德国成型技术，使击弦力度、击弦历时充分符合钢琴声学品质要求

韩国进口液压缓冲装置

杭州嘉德威钢琴有限公司

斯瑞特SY2立式钢琴

欧美风格，外观简洁大方，线条明快，键盖配有世界流行、造型别致的进口缓降器。在传统风格中融汇了现代时尚，技术工艺成熟。质量稳定，音乐表现力佳。是斯瑞特使用最广泛的型号之一，特别适合家庭休闲娱乐等场所。

产品定位：纯欧洲血统、钢琴业发源地、体现奢华、雅致、高贵

★音板之材——进口俄罗斯鱼鳞松音板，足以保证S.RITTER钢琴的音色美丽清澈，任何环境下都可以发挥最佳状态，达到最佳的声音力度和音色共鸣，古铜色的铁排伴珠光漆，灯光下尤显唯美浪漫。

★独家击弦机工艺——采用S.RITTER独家传承的德国皇家工艺——维也纳式击弦机，进口红木木芯、德国榔头、特别防虫药水处理，德国AA级FFW纯羊毛呢毡，并所有呢毡麂皮采用天蓝色，稀有高贵。转机器采用压板式，制音器使用微调螺丝，这些德国技术和工艺确保了出色的稳定性与灵敏度。

★琴弦之道——S.RITTER 钢琴选用德国勒斯劳（ROSLAU)钢丝，加以230多年的独特设计技术定性琴弦，使每根琴弦的有效弦长更精确，音准更加稳定，音色更加优美。

★特别键盘工艺——S.RITTER钢琴键盘严格选用A级欧洲进口白松实木制作，经久耐用。每个琴键都通过测定配重技术，确保了触键重量的统一与平衡性、灵敏度。

★精致外观——S.RITTER钢琴采用进口漆，德国烤漆技术，外贴防火板。支架银色镀镍，商标、五金配件镀金。人性化设计，线条简洁流畅，典雅大方，舒适美观。每架琴都经过二次深加工，手感、音色更胜一筹。

烟台金斯波格钢琴有限公司

一、金斯波格KF126-2

KF126型立式钢琴是最早进入世界级中档钢琴行列的中国钢琴，它浑厚的低音被国外专家誉为“小型三角钢琴的立式琴”。

1、采用了使音板振动更具活力，低音更加浑厚悠长的强振式音板专利设计。

2、德国FFW“A级”“Abel”红木榔头，对榔头多次整音的欧洲经典工艺，带来完美的音色，丰富的表现力。

3、云杉实木键盘，非洲乌木黑键，日本矿物质白键，逐键测重配铅工艺，弹奏更加舒适流畅。

4、日本进口申达针和申达呢，日本引进的世界最先进的全套精密设备加工的击弦机，更加灵活可靠。

5、德国著名的“Röslau”钢丝弦，纯实木不等厚音板，音色更优美、层次更清晰。

6、德国多层坚硬的榉木交错拼接“dehonit”弦轴板，保证了音准稳定性。

7、精选实木加工的踏板传动系统，具有浓郁的欧洲经典感受。

8、外壳使用韩国进口油漆，经过意大利SCM公司的淋漆、砂光、抛光等设备加工，更显华美高贵。

9、韩国进口内置式缓降器，使键盖开启、关合更安全。

10、高档翻盖升降琴凳，高档立式钢琴琴罩

二、金斯波格KF128-2

KF128型立式钢琴是在吸收了钢琴设计大师克劳斯·芬纳先生的设计精髓，结合现代世界名琴的设计思想，具有独特的欧式风格外观的新高端立式钢琴。

1、严格、严谨、精确的德国手工制作工艺，独特的不均布排列立柱，拱形拉张双音板设计，使钢琴更稳定，共鸣更持久。

2、精选优质云杉纯实木不等厚音板，德国“Röslau”钢丝弦，使音色更优美、层次更清晰。

3、德国多层坚硬的榉木交错拼接“dehonit”弦轴板，保证了钢琴音准稳定性。

4、高音区谐音下弦枕的设计，低音区按照三角钢琴安装压弦钮，使音色丰富多彩。

5、全实木键盘，非洲乌木黑键，日本矿物质白键，逐键测重配铅工艺，弹奏更加舒适流畅。

6、日本进口的申达针和申达呢材料，日本引进的全套精密设备加工的击弦机，使击弦机更加灵敏。

7、德国FFW“A级”“Abel”红木榔头，对榔头多次整音的欧洲经典工艺，带来完美的音色，丰富的表现力。

8、精选实木加工的踏板传动系统，具有浓郁的欧洲经典感受。

9、外壳使用韩国进口油漆，经过意大利SCM公司的淋漆、砂光、抛光等设备加工，更显华美高

贵。

10、韩国进口内置式缓降器，使键盖开启、关合更安全。

11、高档翻盖升降琴凳，高档立式钢琴琴罩。

三、金斯波格KU121B

KU121B型立式钢琴源自欧洲经典设计，浑厚的低音，明亮的高音，简洁的欧式外观造型，古朴典雅。

1、采用了悬浮式音板专利设计，使音板的振动更具活力，延音更加悠长。

2、逐键测重配铅的实木键盘，日本申达针和申达呢材料和日本引进的世界最先进的全套精密设备加工的击弦机，触感更加灵敏，弹奏更加舒适流畅。

3、采用进口毡红木榔头，选用德国著名的“Röslau”钢丝弦，使共鸣更持久，音色更优美，层次更清晰。

4、使用韩国进口油漆，经过意大利SCM公司的淋漆、砂光、抛光等设备加工的外壳，更显华美高贵。

5、内置式缓降器，使键盖开启、关合更安全。

德国博兰斯勒钢琴（中国）有限公司

德国博兰斯勒原装进口水晶幻彩系列钢琴

这是可以激发你无限灵感的水晶幻彩系列钢琴。它透明的外壳延续了传统三角钢琴简洁优雅的外部线条特征，而其内饰部分，则是由其设计者开辟了一个充满了无限想象与可能的创意空间，令人仿佛走进了一个奢华的梦幻世界。水晶般晶莹剔透的外壳，与闪耀的LED幻彩光线，呈现出流光溢彩的画面，令人不仅仅是为博兰斯勒钢琴内部击弦机械的精密构造而赞叹，更是为其巧夺天工的外表所征服。

只要您是有品味，有追求，有梦想的人，博兰斯勒钢琴愿意为您打造世界上独一无二属于您的专属尊贵艺术收藏系列钢琴。

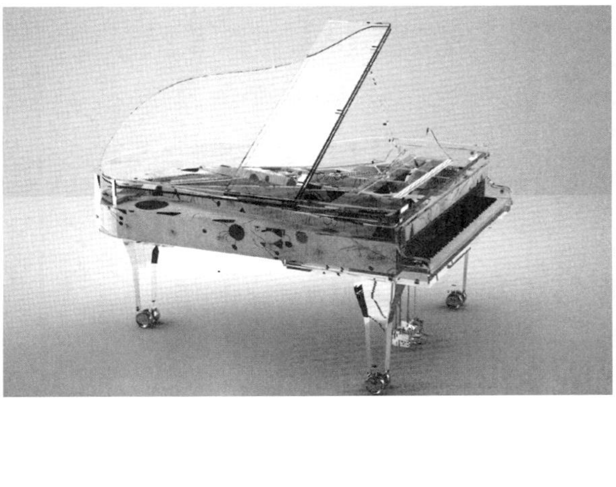

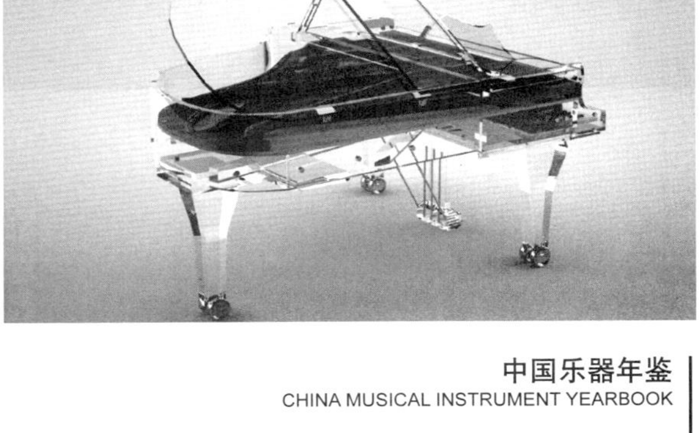

江苏奇美乐器有限公司

一、套笛

奇美系列套笛为超高音、高音、中音、次中音、低音竖笛5件套，取代高音竖笛单一演奏形式的历史格局，除了用于音乐课堂教学外，奇美系列套笛演奏时能将音色从超高音到低音进行完美融合，更适用于音乐课堂教育、组建学生竖笛乐队或竖笛交响乐团以及社会各界音乐爱好者以及专业艺术者的演奏、合奏等多种艺术表现形式。套笛演奏风格和演奏方式多元化，演奏效果更富立体感、节奏感，音色温润纯朴别具风味，可做不同乐团角色的诠释，在欧洲已风靡多时。公司在2008年就荣获国家竖笛行业质量标准起草单位，同时与南京师范大学音乐学院技术合作，聘请南师大音乐学院院长、我国著名竖笛教育家、演奏家、我国中小学竖笛课程教材主编韩中健教授，以及从事竖笛教学研究的专家学者，和我公司具有丰富实际经验的模具技术人员，共同参与奇美套笛的技术研究与开发合作。

二、木质竖笛

采用加拿大进口枫木原料制造的绿色环保竖笛产品，公司引进德国木质竖笛生产设备，聘请德国和瑞士木质竖笛制造专家现场进行技术指导和质量把关，每支木质竖笛经过一百多道工序，进口木材经五年以上的储存和五次音准调整而制成的高档木质竖笛产品。木质竖笛音色明亮、柔和、优美，具备木管乐器特有的音质，是塑料竖笛所无法比拟的品质，不但是中小学生音乐课堂学习首选的高档木质竖笛产品，更是专业竖笛演奏大师和班级竖笛乐队的首选乐器。

三、钻石牌口风琴

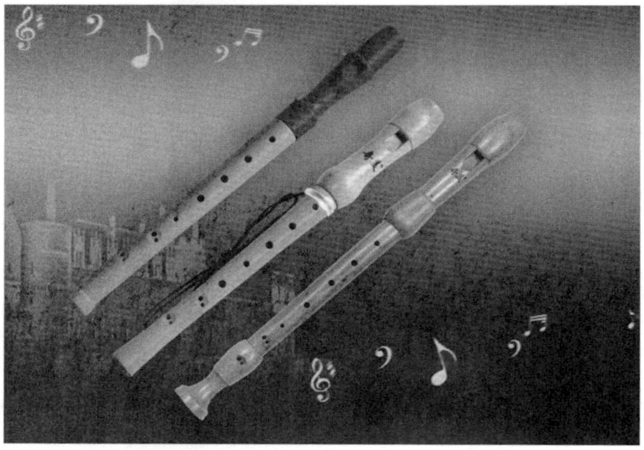

钻石牌口风琴是用簧片发音的乐器，采用德国进口音簧和环保卫生的ABS原料，与德国口风琴制造企业进行技术合作，由于设有键盘，故又称之为“键盘口琴”。口风琴以它音色柔美、简单易学、携带方便等优点进入了音乐课堂，一台口风琴的音量能抵8只24孔复音口琴，口风琴的固定音高与标准钢琴的固定音高完全相同，口风琴只吹不吸，比较卫生，属高品质、高质量口风琴，并已达到国际领先水平。它有利于中小学生和音乐爱好者以及中老

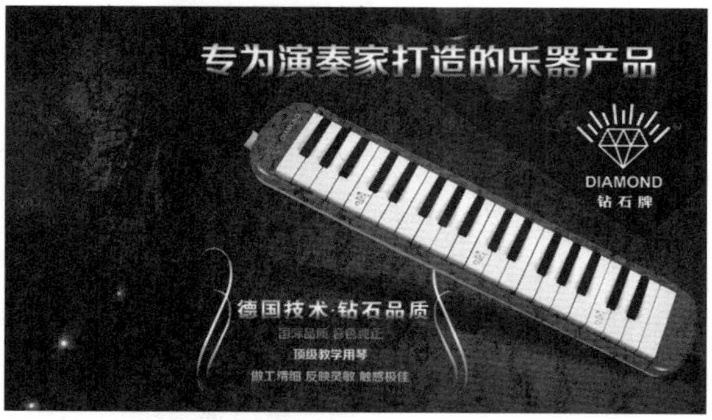

年朋友学习键盘乐器以及简单的音乐知识，促进简谱或五线谱视谱的学习，了解浅显的和弦、和声知识。它既是吹奏乐器，也是键盘乐器；既能吹奏单音，又能吹奏和弦；既能独奏，又能齐奏、合奏。通过学习吹奏口风琴，有益于中小学生和音乐爱好者的身心健康，手指活动起来可以锻炼大脑的反应能力，提高思维能力，增强记忆能力，从而改善生活品质，同时也可以使老年人使之扩大肺活量，血脉顺畅。

上海乐兰电子有限公司

MP-100:数码钢琴

功能强大，价格实惠的MP-100将是您选购入门级数码钢琴的理想选择。搭载Roland一直以来备受赞誉的钢琴音源技术，精致、现代的外形设计，外加各种趣味十足的辅助功能，是引领您走进多彩音乐世界的最佳伴侣。88键全键盘动态立体声采样的真实钢琴音色将极大的激发您的演奏热情；各种演绎功能：录音、节拍器、内置节奏伴奏和上百种音色（包含中国民乐音色）可满足各种演奏和练习需求。另外，通过免费的Roland钢琴iOS App应用软件，您可以将MP-100与iPad进行连接，感受和体验前所未有的钢琴练习、演奏方式。

RP-401R: 数码钢琴

外形小巧而优美的RP-401R内置了众多Roland备受赞誉的功能特点，它是年轻一代为家庭增添音乐气息的理想之选。RP401R的顶级音色和演奏手感以及合理的价格将为进行音乐学习的儿童和成人打下坚实的音乐基础。除此之外，内置的伴奏功能不仅能让您体验随着和弦演奏而呈现的大乐队般的自动伴奏，而且能帮助您塑造精准的演奏时值感。由于革新的耳机3D声场环境效果，即使进行个人即兴练习，演奏者同样可以感受独特的原声钢琴声场效果。RP-401R同样为您提供了各种除钢琴音色以外的乐器音色并支持iPhone和iPad的免费Roland钢琴应用软件，这将大大提高年轻学生经常进行钢琴练习的兴趣。

F-130R: 数码钢琴

F-130R以其节约空间的设计、外观时尚的造型以及强大的Roland技术，让高端数码钢琴融入您的生活之中。Roland广受赞誉的高品质钢琴音色与键盘手感会让您感觉有如在演奏真实的原声钢琴，而且它体积小巧，价格适中，完全适合现代生活中户

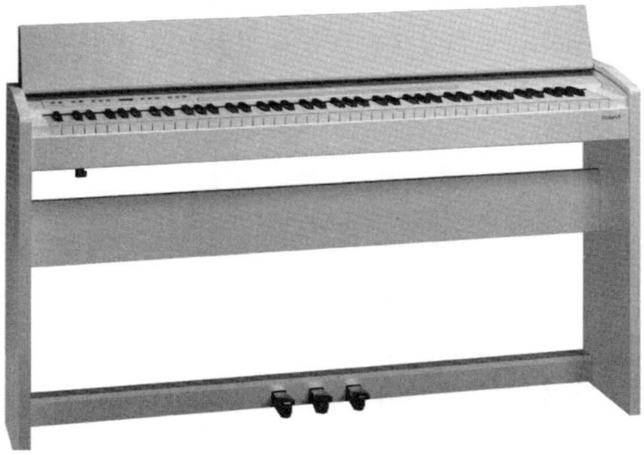

型较小的公寓住宅。F-130R内置立体声扩声系统，为您的练习或娱乐活动带来饱满圆润的钢琴音色，独特的耳机3D环绕效果让您完全沉浸在音乐之中。预置的伴奏模板能够提升演奏乐趣，只需按下一个和弦就能触发伴奏，让您掌控音乐作品整体。另外，F-130R还具有众多实用的功能，可以帮助您提高演奏技巧，增加练习乐趣，例如录音功能、U盘乐曲伴奏功能，还有多款免费的iOS系统应用程序可供您下载使用。

XPS-10：专业的键盘、合理的价格

XPS-10是现场演绎乐手和音乐爱好者的最佳选择，它不仅给予您Roland品质的音色，而且价格十分合理。XPS-10的外形设计时尚并内置有1500多种源于Roland音色库的音色，包括JUNO-Di极富表现力的现代音色、D-50和XP系列的经典音色以及其他各种音色，它是为随时随地的现场演绎而准备的。XPS-10同样内置各种传统民族乐器音色，您还可以通过U盘将自定义的音色指定于键盘中！各种触手可及的操作选项和通过一键触发节奏与背景音轨的Audio Pad（音频打击垫）更大大提升现场演绎的表现力。携带便捷、操作方便、内置顶级音色——这就是外形靓丽的XPS-10。Roland顶级品质的音色将通过您的双手展现于任何演绎场所！

RD-800：舞台电钢琴

25年以来，Roland备受赞誉的RD系列舞台电钢琴一直是世界顶尖音乐家们的首选。新一代舞台电钢琴RD-800以其赏心悦目的外形、各种革新的音色以及多种功能引领RD系列电钢琴晋升至崭新的高度。您不仅可以选择更多世界级传统钢琴的音色，而且更将体验最新旗舰型顶级配重88键琴键所带来的音槌行为触感。RD-800不仅内置各种经典的电钢琴音色，其管风琴音色、合成音色和其他顶级音色也将为您的现场演绎增添色彩。彩色屏幕、专用的控制、通过一个旋钮进行音色大幅度改变的Tone Color功能等直观的操作界面将使您的现场演绎更为从容。集合Roland各种顶级钢琴功能的RD-800将给与您最佳的演绎效果和舞台表现力。

HP-508：数码钢琴

配备了Roland最新的技术，HP508数码钢琴为家用钢琴提供了杰出的音色、感觉及功能。最新融入于超真实钢琴声音引擎的Dynamic Harmonic技术，让您在演奏最强乐段时也能够展现出更加深厚的动态表现力。全新的PHA-4键盘为您提供超高灵敏度的键盘响应，与此同时，独特的耳机3D环境效果为您的练习带来与原声钢琴一样真实的声场。HP508配备了创新的Acoustic Projection技术，当通过内置的扬声器系统演奏时为您提供多维度的声音表现力，如同在音乐厅演奏。此外，还添加了录音功能以及与苹果操作系统设备上的Roland钢琴应用程序的兼容性，HP508数码钢琴将传统与现代完美结合，将为所有钢琴发烧友，不管是学生、业余爱好者还是高级钢琴演奏家，带来无限灵感。

TD-15KV: V-Tour系列电鼓

具有突破性的TD-30 V-Drums电鼓是历史上第一个采用超真实技术和“行为模拟”的电鼓。现在，中档的V-Drums电鼓沿用了这一广受赞誉的技术，推出了TD-15KV和TD-15K V-Tour电鼓。这两款电鼓性价比高，体积小巧，并可以为您带来旗舰级的超真实音色和表现力。

河合贸易（上海）有限公司

一、新Shigeru Kawai系列：SK-2、SK-3、SK-5、SK-6、SK-7、SK-EX

在迎来公司成立85周年之际，KAWAI公司全面升级了旗下的顶级SHIGERU KAWAI系列。

SHIGERU KAWAI三角钢琴是KAWAI公司的最高端系列，采用“无限接近专业音乐会用琴”的概念，于1999年开始售卖。12年以来，SHIGERU KAWAI一边守护着钢琴制造的传统精神，一边致力于不断的技术革新。

至今为止的12年历程中，SHIGERU KAWAI三角钢琴致力于“革新”的代表一例为，第三代超反应击弦器。它在最核心部位大胆采用了加入碳素纤维的ABS树脂，大幅提高了钢琴的演奏性能。

SHIGERU KAWAI保留了钢琴制造传统的部分也有很多。其中最具代表性的部分就是“音板”“琴弦”“弦槌”。音板越为干燥，声音的奏鸣和延展性便会越好。而根据研究证明，在自然环境中经过长时间干燥的音板，其声音特性更易稳定在一个较高水平。SHIGERU KAWAI三角钢琴为了追求最高的品质，相比一般钢琴花费了更长的时间为音板进行自然干燥。

其次，低音区的琴弦由机器进行加工的情况居多，但工艺水准远远低于由熟练工匠进行手工缠绕的琴弦。SHIGERU KAWAI三角钢琴为了在一切方面均追求极致完美，现在仍在采用由工匠一根一根手工缠绕的低音弦。

另外，SHIGERU KAWAI三角钢琴采用的是在世界级钢琴竞赛及演奏会上大放异彩的专业音乐会用琴的弦槌。这种在SHIGERU KAWAI钢琴研究所的标准作业下，由熟练工匠们手工制成的弦槌，其优异品质使得钢琴从极强音到极弱音均极富表现力，可以毫不谦虚地说，这正是最为理想的弦槌。

新的SHIGERU KAWAI三角钢琴的改良之处有以下三点：①更轻的触键感,源于键盘的长度；②更舒展的声音,源于琴身的刚性改进；③更美观的设计,源于鸟眼枫木材的运用。

二、GX系列：GX-1、GX-2、GX-3、GX-5、GX-6、GX-7

2013年KAWAI公司推出新的三角钢琴产品线—GX系列。这一产品线是KAWAI公司倾注了最新的科技，以精益求精的技术标准来实现的新一代钢琴，它的手感和音色都比从前有了很大的提高。GX系列又叫“THE GRAND”，是继承了KAWAI的钢琴制造传统，融合了最新科技而实现的原装三角钢琴的正统之作。

首先，GX系列的击弦机采用了最新科技。击弦机发挥的作用是把演奏者手指的动作转化成榔头的击打琴弦动作，是钢琴里最重要的构造，可以说是钢琴的引擎。GX系列搭载的第三代超反应击弦机，就是KAWAI公司独自开发的、划时代的击弦机。击弦机的主要部件使用了最先进的素材，也就是加入碳素纤维的ABS树脂，具有出色的精度、强度、耐久性、均衡、低摩擦力。

第二，为了实现大音乐会三角钢琴的轻盈的触感，GX系列还大胆的实施了“大幅延长键盘”的改革。延长键盘后，键盘的支点向内部移动，演奏时的触感和表现力都得到了大幅的提高。

第三，为了创造立体的音响效果，GX系列提高了琴身的刚性。弦钮板支撑着超过200根以上的琴弦、产生大约20个音调，新GX通过扩大弦钮板的面积和连接左右侧板的前框厚度，实现了琴弦的更好的张力。从而使每个音节都独立丰满，产生有富有立体感的声响。再通过提高弦轴钉周边的稳定性，让调律更安定，具备了满足钢琴家细致要求的能力。

第四，GX系列的弯背前档采用组合木材的层叠式弯背前档，和形成外圈形状的侧板一体，能够实现从温柔到绚丽的各种不同音响，让钢琴的音色更加丰富多彩。

第五，GX系列继承了KAWAI历史悠久的三角钢琴外观设计，在细节上修饰革新，形成具有华贵感的高格调外表。全系列有GX-7到GX-1，共6个型号，可以根据不同的用途来选择。

三、立式钢琴新K系列：K300、K500、K600、K700、K800

2014年KAWAI推出的新K系列的关键词在于「PURE SOUND」也就是“纯净的音色”。

这次的型号升级的要点主要是以下三点。第一，新K系列不惜使用了最高级别的三角钢琴SHIGERU KAWAI系列中的设计和技术，使用了加长琴键、第三代超反应击弦机、以及本公司特有的人工象牙和黑檀键盘表皮等，让钢琴的触键手感和演奏性能得到很大提高。

第二，新K系列全部机型的音板上、都采用了锥形音板，这也是在三角钢琴上才使用的技术。为了实现钢琴的耐久性、不发生走音，全机型都装载了连接铁板和背柱的柱顶螺丝，经过调律后、钢琴音调更加稳定。此外在增加高度的同时，针对背板部分做了从零开始的全新设计，确保了只有大型机种才能发出的优美音色。

第三，本次新K系列是全系列统一更新、实现了具有统一感的设计和精致的做工。设计有两种、共分成6个机型。同时，把键盘盖中间的谱台尺寸增加了很多、甚至有长达一米的谱台、在四手联弹的时候、可以轻松放下两人分的乐谱。K-500以上的机型打开琴盖后可以看到的表面也采用黑色涂光层、更具高贵感。琴盖反面的设计也全面更新、印有「The Future Of The Piano」的标语和龙洋工厂的松叶标志、具有高雅简练的观感。

四、KAWAI钢琴·数码系列：CA15、CL26III、ES100、KDP90、KCP90

KAWAI在钢琴之外，2013年起还在中国开始了数码钢琴“KAWAI钢琴·数码系列”的销售。KAWAI钢琴·数码系列的基本理念是：「都是“KAWAI钢琴”」。

KAWAI钢琴·数码系列的音色源，采自KAWAI的巅峰之作——EX三角钢琴的88键。EX是在肖邦国际钢琴大赛等著名赛事中多次被使用、取得了世界范围内认可的三角钢琴。能将这举世认可的琴音运用于数码钢琴，正得益于KAWAI身为钢琴制造企业的先决优势。而这也是其他品牌数码钢琴所无法效仿之处。

同时，由击弦机产生的“触键感”与音色同等重要。经过多年研究，KAWAI取制琴技术之粹，使数码钢琴的击弦机亦能产生与传统钢琴相同的触键感。

KAWAI钢琴·数码系列所搭载的击弦机同样不同凡响。CA15机型配置的RM3 Grand II击弦机有两大特点，一是它采用了木质键盘，二是其与三角钢琴一样，在键盘中央位置设置了支点，可以像跷跷板一样运动。而CL26III, ES100, KDP90, KCP90配置的AHA IV-F击弦机虽为塑料键盘，但其利用击锤和“杠杆原理”，巧妙再现了传统钢琴击弦机的触感。

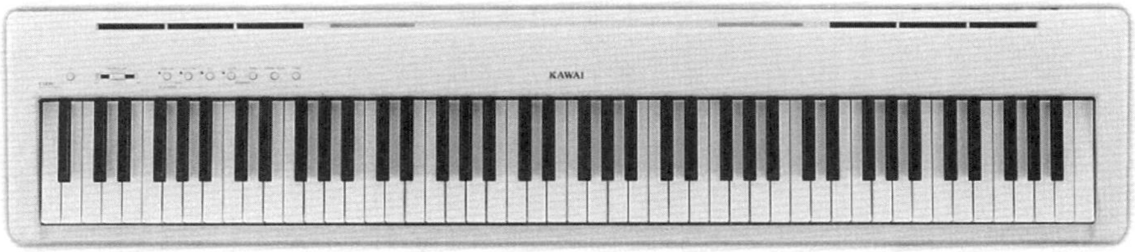

赛乐尔三益乐器（上海）有限公司

一、J-303E-IVHP

蒙德里安式的明快色彩，与直线折线完美结合，精巧地将钢琴与时尚融为一体，

拥有J-303E,似平淡时光里加了蜜糖，灵动音色，沁入心脾，侵润生活集乐器与艺术于一身，值得拥有的钢琴珍藏瑰宝。

二、JM-600BS

将钢琴与时尚完美的融为一体在蒙德里安式的色块上，

主人公的阳光生活用时尚的波普风表现出来，

音色清脆柔和，键感软硬适中，

听觉、触觉、视觉完美统一，

打造世界顶级钢琴的典范。

三、JS122Y-EBHP

云杉木制成的坚固双层音板

碾压而成的云杉木背柱

黑檀木黑键，

德国FFW顶级榔头

前轮黄铜制品

真空处理的钢板

四、JS300NSTD

真空处理的钢板

云杉木核心的音板

垂直碾压而成的槭木琴马

改进的消音毡

缓降键盘盖

图书在版编目（C I P）数据

中国乐器年鉴 . 2014 / 中国乐器协会编 . -- 北京 : 中国轻工业出版社 , 2014.9

ISBN 978-7-5019-9918-7

Ⅰ . ①中… Ⅱ . ①中… Ⅲ . ①乐器—制造工业—中国—2014—年鉴 Ⅳ . ① TS953-54

中国版本图书馆 CIP 数据核字 (2014) 第 210374 号

责任编辑：刘云辉

责任终审：劳国强　　责任监印：张　可

封面设计：郑　雷　　版式设计：王　超　郑　雷

出版发行：中国轻工业出版社（北京东长安街 6 号，邮编：100740）

印　　刷：北京华睿林彩色印刷有限公司

经　　销：各地新华书店

版　　次：2014 年 9 月第 1 版第 1 次印刷

开　　本：889×1194　1/16　　印张：25.00

字　　数：800 千字　　插页：21

书　　号：ISBN 978-7-5019-9918-7　　定价：300.00 元

邮购电话：010-65241695　　传真：65128352

发行电话：010-85119835　85119793　　传真：85113293

网　　址：http://www.chlip.com.cn

Email：club@chlip.com.cn

如发现图书残缺请直接与我社邮购联系调换

150001K4X101HBW